公路施工安全教育系列丛书

《公路施工安全视频教程》
测试题集

广东省交通运输厅
广东省交通集团有限公司　组织编写

人民交通出版社股份有限公司

北　京

内容提要

本书是《公路施工安全视频教程》和《公路施工安全教育系列丛书》的配套测试题集。根据公路施工管理、技术人员与工人日常施工中的安全知识与安全操作要点命制试题，编制中注重理论与实践相结合，可用于专业技术辅助交底和安全教育培训。

本书可供公路施工管理、技术人员与现场作业工人使用，也可作为相关人员安全学习、培训的参考资料。

图书在版编目(CIP)数据

《公路施工安全视频教程》测试题集/广东省交通运输厅,广东省交通集团有限公司组织编写. —北京：人民交通出版社股份有限公司,2023.4
ISBN 978-7-114-18702-5

Ⅰ.①公⋯ Ⅱ.①广⋯ ②广⋯ Ⅲ.①道路施工—安全管理—习题集 Ⅳ.①U415.12-44

中国国家版本馆 CIP 数据核字(2023)第 046765 号

《Gonglu Shigong Anquan Shipin Jiaocheng》Ceshi Tiji

书　　　名：	《公路施工安全视频教程》测试题集
著 作 者：	广东省交通运输厅
	广东省交通集团有限公司
责任编辑：	韩亚楠　朱明周
责任校对：	席少楠
责任印制：	张　凯
出版发行：	人民交通出版社股份有限公司
地　　　址：	(100011)北京市朝阳区安定门外外馆斜街 3 号
网　　　址：	http://www.ccpcl.com.cn
销售电话：	(010)59757973
总 经 销：	人民交通出版社股份有限公司发行部
经　　　销：	各地新华书店
印　　　刷：	北京建宏印刷有限公司
开　　　本：	787×1092　1/16
印　　　张：	30.75
字　　　数：	756 千
版　　　次：	2023 年 4 月　第 1 版
印　　　次：	2023 年 4 月　第 1 次印刷
书　　　号：	ISBN 978-7-114-18702-5
定　　　价：	86.00 元

(有印刷、装订质量问题的图书，由本公司负责调换)

健全安全教育体系
筑牢安全发展基石

改革开放40年来特别是党的十八大以来,广东交通运输主动服务国家重大战略,全面贯彻省委省政府决策部署,抢抓机遇,深化改革,加快推进现代化综合交通运输体系建设,交通运输发展的先行作用不断凸显。党的十九大开启了建设交通强国的新征程,为深入贯彻落实习近平总书记亲自谋划、亲自部署、亲自推动的粤港澳大湾区发展战略,我们以推进湾区交通基础设施互联互通为重点,开始了新一轮的综合交通规划布局,交通建设迎来了新的战略机遇期。

"求木之长者,必固其根本;欲流之远者,必浚其泉源"。在当前交通运输基础设施发展、服务水平提高和转型发展的黄金时期,既要深刻认识到高质量发展带来的新机遇,同时,也要看到行业发展面临的风险和挑战,尤其是安全发展任重道远。我们要始终牢固坚守"底线思维"和"红线意识",始终把人民群众生命安全放在第一位,发展绝不能以牺牲安全为代价。为切实保障交通建设安全生产,我厅秉持安全发展理念,着眼于"以技术保安全,以管理促安全",凝聚专业力量,合力集中攻关,在系统、全面总结以往安全生产管理经验的基础上,组织编制了《公路施工安全视频教程》及配套用书。《教程》及配套用书分为安全管理、路基路面施工安全技术、桥梁施工安全技术、隧道施工安全技术、工种安全操作五个方面介绍安全生产知识要点,对相关管理人员、专业技术人员和现场作业工人均具有一定学习和参考价值。

《教程》及配套用书的编制和出版,是贯彻落实中央和省关于安全生产重要决策部署的具体行动,是我们响应和贯彻交通运输部要求,提高交通建设"本质安全"、打造"品质工程"、深化"平安交通"的重要举措,也是我省交通基础设施建设快速发展的迫切需要。希望广大交通建设管理和施工、监理人员宣贯好、推广好,在工作中严监管、真落实、见长效,坚持不懈地抓好交通建设安全生产,为交通强国建设做出新的贡献,不断实现交通延伸人民美好生活的愿景!

广东省交通运输厅
2018年12月

前 言
Foreword

保障人民生命财产安全,实现安全生产,关乎民生福祉、经济社会发展大局。交通建设是安全生产的重要领域,全面遵循习近平总书记关于安全生产的一系列重要指示批示精神,牢固树立"红线意识"和"底线思维",深入践行以人民为中心的发展思想,坚持奉行"生命至上、安全第一"的建设理念,是实现交通建设目标的前提和基石。

为夯实行业安全生产基础,切实提高从业人员的安全意识和安全技能,着力解决当前公路施工安全生产教育培训缺乏系统性和针对性强的培训教材等问题,广东省交通运输厅主动作为,创新实践,在系统总结、全面梳理以往行业安全生产管理经验的基础上,组织专业力量编制了《公路施工安全视频教程》(以下简称"视频教程")及配套用书。

"视频教程"已由人民交通出版社先行出版发行,分为安全管理、专业安全技术、工种安全操作和事故案例分析等四方面内容,其中专业安全技术又分为路基路面施工、桥梁施工和隧道施工三个部分。以动画和视频为主要表现形式,讲解了公路施工专业技术基础知识、安全风险和防范措施,生动直观,通俗易懂。"配套用书"的安全管理和路基路面、桥梁、隧道施工安全技术以及工种安全操作五个部分也已由人民交通出版社发行,图文并茂,易学易懂易记,与视频教程配套使用。其中工种安全操作以"口袋书"的形式单独细分成册,由《作业人员基本安全知识》《班组日常安全管理》《个人劳动保护及工程临边防护》《施工现场临时用电安全操作手册》《现场急救常识》及架子工、混凝土、隧道工等22个工种安全操作手册组成(共27分册),全面介绍工人操作与安全生产施工的核心知识和现场安全操作要点,以促进工人综合素质和技能提升,培育交通工匠精神。本次出版的为《公路施工安全视频教程》的配套测试题集,根据公路施工管理、技术人员与工人必知必会的安全知识与安全操作要点命制试题,编制中注重理论与实践相结合。

"视频教程"和"配套用书"的编制历时两年,由广东省南粤交通投资建设有限公司、中铁隧道局集团有限公司、武汉博晟安全技术股份有限公司等单位的相关技术人员,组成一支近百人的专业团队,收集了50个高速公路建设项目的工程和视频资料,广泛吸取了各有关单位的意见和建议,进行了数十次的修改和完善。编制工作注重理论与实践相结合,力求兼顾管理层、技术层和操作层的相关人员安全教育培训需求,可用于专业技术辅助交底和安全教育培训。在实际使用中应结合工作实际,对其中未涉及的法律和标准规范进行补充和完善。

在编制过程中,编写组参阅借鉴了大量资料,得到了许多领导、专家和同行的关心、指导和帮助,在此一并致以真诚的感谢和敬意！同时,由于我们的知识水平和工作能力所限,难免存在不足、疏漏甚至错误,恳请各位专家、读者将发现的问题和意见建议,及时函告广东省交通运输厅工程质量管理处(地址:广州市白云路27号,邮政编码:510101),或者广东省南粤交通投资建设有限公司安全生产监督管理部(地址:广州市天河区珠江新城珠江东路32号利通广场36楼,邮政编码:510623),帮助我们更好地改进提升。

本书编写组
2023 年 4 月

目 录

第一部分 安全管理 ... 1

1. 安全生产法规 ... 2
2. 安全教育培训 ... 6
3. 安全技术管理 ... 9
4. 安全生产费用管理 ... 13
5. 职业健康管理 ... 17
6. 工伤保险及意外伤害保险 ... 21
7. 施工现场消防管理 ... 25
8. 常用危险化学品管理 ... 29
9. 民用爆炸物品管理 ... 33
10. 劳动防护用品管理 ... 37
11. 安全风险评估 ... 41
12. 重大（重要）危险源管理 ... 45
13. 生产安全事故隐患排查治理 ... 49
14. 生产安全事故报告与调查 ... 53
15. 临时设施建设与管理 ... 57
16. 施工现场机械设备管理 ... 61
17. 特殊环境施工 ... 64
18. 有限空间作业 ... 68
19. 事故应急救援组织与常用救援装备 ... 72

第二部分 路基路面施工 ... 75

1. 路基基础知识 ... 76
2. 路基土石方施工 ... 79
3. 特殊路基施工 ... 88
4. 边坡防护与支挡工程施工 ... 98
5. 涵洞施工 ... 108
6. 路面基础知识 ... 115

  7 路面施工 …… 118
  8 交通安全设施施工 …… 124

第三部分 桥梁施工 …… 128
  1 桥梁基础知识 …… 129
  2 人工挖孔灌注桩施工 …… 133
  3 钻孔灌注桩施工 …… 143
  4 围堰施工 …… 150
  5 承台施工 …… 157
  6 墩台施工 …… 167
  7 系、盖梁施工 …… 172
  8 梁板预制施工 …… 177
  9 架桥机拼装及拆卸 …… 182
  10 预制梁板运输安装 …… 187
  11 支架现浇法施工 …… 193
  12 悬臂现浇法施工 …… 199
  13 移动模架施工 …… 205
  14 悬臂拼装法施工 …… 209
  15 桥面系施工 …… 214

第四部分 隧道施工 …… 220
  1 隧道基础知识 …… 221
  2 超前地质预报 …… 225
  3 洞口工程 …… 229
  4 超前支护 …… 234
  5 洞身开挖 …… 239
  6 装运渣作业 …… 248
  7 初期支护 …… 254
  8 仰拱施工 …… 259
  9 二次衬砌 …… 263
  10 辅助作业 …… 267
  11 隧道斜井施工 …… 271
  12 隧道竖井施工 …… 275
  13 瓦斯隧道施工 …… 278
  14 岩溶隧道施工 …… 282

	15	机电安装及隧道装饰施工	286
	16	隧道常见事故抢险救援	290
第五部分		工种安全操作	293
	1	作业人员基本安全常识	294
	2	班组日常安全管理	298
	3	个人劳动防护及工程临边防护	302
	4	施工现场临时用电	306
	5	施工现场急救常识	310
	6	爆破作业人员安全培训	314
	7	架子工安全培训	319
	8	模板台车操作工安全培训	323
	9	张拉工安全培训	328
	10	隧道工安全培训	332
	11	瓦斯检测员安全培训	339
	12	电工安全培训	343
	13	焊割工安全培训	349
	14	钢筋工安全培训	355
	15	混凝土工安全培训	361
	16	模板工安全培训	369
	17	沥青混凝土摊铺机操作工安全培训	377
	18	防水工安全培训	386
	19	挖掘机操作工安全培训	395
	20	起重机械操作工安全培训	399
	21	起重机械指挥人员安全培训	404
	22	载货汽车驾驶员安全培训	407
	23	装载机操作工安全培训	412
	24	混凝土搅拌设备操作工安全培训	416
	25	机修钳工安全培训	420
	26	砌筑工安全培训	425
	27	压路机操作工安全培训	429
参考答案			433

第一部分 PART 1
安全管理

1 安全生产法规

一、单选题

1. 我国的安全生产方针是（　　）。
   A. 安全第一、预防为主
   B. 安全第一、预防为主、综合治理
   C. 安全第一、综合治理
   D. 安全第一、预防为主、防治结合
2. 安全生产法律法规中法律效力最高的是（　　）。
   A. 行政法规　　B. 地方法规　　C. 部门规章　　D. 法律
3. 行政法规由国务院依法制定并以（　　）形式发布。
   A. 主席令　　B. 部长令　　C. 总理令　　D. 人民政府令
4. 全国建设工程安全生产综合监管最高机构是（　　）。
   A. 应急管理部
   B. 交通运输部
   C. 国务院安全生产委员会
   D. 建设部
5. 下列不属于安全生产行政法规的是（　　）。
   A.《建设工程安全生产管理条例》
   B.《民用爆破物品安全管理条例》
   C.《工伤保险条例》
   D.《建设工程质量管理条例》
6. 工程项目安全作业环境及安全施工措施所需的安全生产费用由（　　）提供。
   A. 设计单位　　B. 建设单位　　C. 施工单位　　D. 勘察单位
7. （　　）应当对有可能引发工程隐患的地质灾害提出防治建议。
   A. 设计单位　　B. 勘察单位　　C. 建设单位　　D. 施工单位
8. 监理单位应当审查施工组织设计中的安全技术措施或者专项施工方案是否符合（　　）要求。
   A. 工程建设强制性标准
   B. 施工需要
   C. 质量目标
   D. 进度目标
9. 以下各参建单位中对安全生产承担主体责任的是（　　）。
   A. 勘察设计单位　　B. 建设单位　　C. 监理单位　　D. 施工单位
10. 某公路工程项目年度施工产值为1.8亿元，需要配备至少（　　）名专职安全生产管理人员。
    A. 1　　B. 2　　C. 3　　D. 4
11. 在公路工程报价中应当包含安全生产费用，一般不得低于投标价的（　　）。
    A. 0.5%　　B. 1%　　C. 1.5%　　D. 2%
12. 施工单位专职安全管理人员每年安全培训应不少于（　　）学时。
    A. 10　　B. 20　　C. 30　　D. 40
13. 管理人员与作业人员每年进行不少于（　　）次的安全生产教育培训，并记入个人档案。
    A. 1　　B. 2　　C. 3　　D. 4
14. 施工单位特种作业人员每年安全培训应不少于（　　）学时。

A. 10　　　　　　B. 20　　　　　　C. 30　　　　　　D. 40

15. (　　)为施工现场的人员办理意外伤害保险并承担费用。
　　A. 建设单位　　B. 总承包单位　　C. 专业承包单位　　D. 分包单位

16. 与施工企业建立合法劳动关系的人员,其保险金额不得低于(　　)万元。
　　A. 10　　　　　　B. 20　　　　　　C. 30　　　　　　D. 40

17. 分包单位不服从总承包单位的安全生产管理导致安全生产事故的,由分包单位承担(　　)。
　　A. 全部责任　　B. 主要责任　　C. 连带责任　　D. 部分责任

18. 施工现场发生生产安全事故时,在特殊情况下,事故发现人可立即向(　　)报告。
　　A. 施工负责人　　　　　　　　B. 事发地交通运输局
　　C. 当地安全生产监督管理部门　　D. 总承包单位

19. 下列安全生产违法行为属于作为是(　　)。
　　A. 未制订本单位规章制度　　　B. 主要负责人不履职
　　C. 安全管理人员不履职　　　　D. 强令冒险作业

20. 下列不属于承担安全生产违法行为的行政责任的是(　　)。
　　A. 责令改正　　B. 赔偿责任　　C. 停止使用　　D. 吊销证照

21. 因安全生产资金投入不足而发生重大伤亡事故或者造成其他严重后果的,可判处(　　)。
　　A. 重大责任事故罪　　　　　　B. 强令违章冒险作业罪
　　C. 重大劳动安全事故罪　　　　D. 工程重大安全事故罪

22. 《中华人民共和国刑法》规定,强令他人违章冒险作业,发生重大伤亡事故或者造成其他严重后果的,处(　　)年以下有期徒刑或者拘役。
　　A. 3　　　　　　B. 5　　　　　　C. 7　　　　　　D. 10

23. 因存在事故隐患拒不整改而发生重大伤亡事故或者造成其他严重后果的,可判处(　　)。
　　A. 重大责任事故罪　　　　　　B. 强令违章冒险作业罪
　　C. 重大劳动安全事故罪　　　　D. 工程重大安全事故罪

24. 建设单位、设计单位、施工单位、工程监理单位违反国家规定,降低工程质量标准,造成重大安全事故的,可判处(　　)。
　　A. 重大责任事故罪　　　　　　B. 强令违章冒险作业罪
　　C. 重大劳动安全事故罪　　　　D. 工程重大安全事故罪

25. 不报、谎报安全事故罪中情节严重的,将判处(　　)。
　　A. 5年以上10以下有期徒刑　　　B. 3年以下有期徒刑或者拘役
　　C. 3年以上7年以下有期徒刑　　 D. 5年以下有期徒刑或者拘役

二、判断题

1. 省交通运输厅或市县交通运输局对属地范围内的公路工程安全生产工作实施综合监管。(　　)

2. 个人不得对建设中违反法律、法规的行为进行监督、检举和投诉,只能通过公司进行。(　　)

3. 建设单位招标时应当确定工程项目安全作业环境及安全施工措施所需的安全生产费用。( )
4. 监理单位在实施监理工程中发现存在任何事故隐患都可直接下达工程暂停令。( )
5. 安全生产费用可以作为竞争性报价。( )
6. 危险性较大的分部分项工程仅需编制专项施工方案。( )
7. 施工现场的办公、生活区与作业区分开设置,并保持安全距离。( )
8. 对管理人员和作业人员每年进行不少于两次的安全生产教育培训。( )
9. 施工单位专职管理人员安全培训学时每年不低于40学时。( )
10.《建设工程安全生产管理条例》规定,施工单位应当为施工现场从事危险作业的人员办理意外伤害保险,被保险人为与施工企业建立合法劳动关系的人员。( )
11. 若场地有限时,施工现场的办公区、生活区、作业区可设置在一起。( )
12. 总承包单位对分包工程的安全生产事故不承担连带责任。( )
13. 事故发现人报告应在事故发生1小时内向事发地交通运输局报告。( )
14. 安全生产法规定对重大、特别重大生产安全事故负有责任的,5年内不得担任本行业生产经营单位的主要负责人。( )
15. 安全生产违法行为中,作为包括安全费用投入不足。( )

三、多选题

1. 我国的安全生产管理机制是( )。
   A. 生产经营单位负责   B. 政府监管   C. 职工参与
   D. 行业参与   E. 社会监督
2. 我国公路工程安全生产实施( )相结合的分级负责制。
   A. 综合监管   B. 行业监管   C. 政府监管
   D. 企业管理   E. 社会监管
3. 下列部门中,对公路工程实行安全生产综合监督的是( )。
   A. 应急管理部   B. 省级安全生产监督管理部门   C. 交通运输部
   D. 市级安全生产监督管理部门   E. 市级交通运输局
4. ( )对公路工程各参建单位的安全生产责任进行了相关规定。
   A.《中华人民共和国安全生产法》 B.《建设工程安全生产管理条例》
   C.《危险化学品安全管理条例》 D.《特种设备安全监察条例》
   E.《公路水运工程安全生产监督管理办法》
5. 下列有关公路工程各参建单位主要安全责任的说法,正确的是( )。
   A. 建设单位审核监理单位安全监理方案和实施细则,督导其依法履行安全监理职责
   B. 设计单位无须在设计文件中提供保障作业人员的措施建议
   C. 监理单位在实施监理过程中,发现安全隐患时应要求施工单位整改
   D. 施工单位应当配备安全生产管理机构或者兼职安全生产管理人员
   E. 勘察单位应保证勘察文件的真实、准确,满足工程安全生产的需要
6. 采用( )的工程,设计单位应在设计文件中提出保障施工作业人员安全和预防生产安全事故的措施和建议。
   A. 新结构   B. 新设备   C. 新材料

D. 新工艺　　　　　　　　　E. 特殊结构

7. 下列安全生产违法行为中,属于作为的是(　　)。
   A. 安全费用投入不足　　　B. 强令冒险作业　　　　　C. 违法分包
   D. 主要负责人不履职　　　E. 不立即组织抢救

8. 下列安全生产违法行为中,属于不作为的是(　　)。
   A. 瞒报事故　　　　　　　B. 谎报事故
   C. 未制订本单位规章制度　D. 安全管理人员不履职
   E. 不立即组织抢救

9. 下列承担安全生产法律责任的形式中,属于行政责任的有(　　)。
   A. 赔偿责任　　　　　　　B. 责令改正　　　　　　　C. 停止使用
   D. 强令违章冒险作业　　　E. 行政拘留

10. 下列违法行为中,将构成重大责任事故罪的有(　　)。
    A. 安全生产资金投入不足　B. 未按规定设置安全管理机构
    C. 安全交底不到位　　　　D. 安全专项方案未审批
    E. 未提供劳动防护用品

2 安全教育培训

一、单选题

1. 安全生产三类人员所需具备的管理能力不包括( )。
   A. 公路工程安全生产组织管理　　　B. 报告和处置生产安全事故
   C. 熟悉规章制度和标准规范　　　　D. 发现和消除安全事故隐患
2. 安全生产考核合格证书的有效期为( )年。
   A. 2　　　　　B. 3　　　　　C. 4　　　　　D. 5
3. 安全生产三类人员必须通过考试,取得( ),方可参加公路水运投标及施工活动。
   A. 安全生产考核合格证书　　　　　B. 安全生产操作合格证
   C. 安全生产施工许可证　　　　　　D. 安全生产执业合格证
4. 安全生产三类人员应在安全生产考核合格证书有效期内至少参加( )次省级交通运输主管部门组织的不低于8学时的继续教育。
   A. 1　　　　　B. 2　　　　　C. 3　　　　　D. 4
5. 施工单位法定代表人、项目经理每年接受安全培训的时间不少于( )学时。
   A. 10　　　　B. 20　　　　C. 30　　　　D. 40
6. 专职安全管理人员每年接受安全技术专业培训的时间不得少于( )学时。
   A. 10　　　　B. 20　　　　C. 30　　　　D. 40
7. 下列不属于特种作业项目的是( )。
   A. 电工作业　　　　　　　　　　　B. 起重机械作业
   C. 爆破作业　　　　　　　　　　　D. 模板安装作业
8. 特种作业人员每年接受有针对性的安全培训的时间不少于( )学时。
   A. 10　　　　B. 20　　　　C. 30　　　　D. 40
9. 取得特种作业操作证者必须每( )年按规定时间进行一次复审。
   A. 1　　　　　B. 2　　　　　C. 3　　　　　D. 4
10. 新进场工人必须接受三级安全教育,下列不属于三级安全教育的是( )。
    A. 公司级　　　B. 班组级　　　C. 社会级　　　D. 项目级
11. 项目级安全教育不得少于( )学时。
    A. 10　　　　B. 15　　　　C. 20　　　　D. 25
12. 项目级安全教育内容不包括( )。
    A. 工种安全操作规程　　　　　　　B. 工地安全制度
    C. 工程施工特点　　　　　　　　　D. 施工现场环境
13. 班组级安全教育不得少于( )学时。
    A. 10　　　　B. 20　　　　C. 30　　　　D. 40
14. 下列不属于班组级安全教育内容的是( )。
    A. 工地安全制度　　B. 劳动纪律　　C. 岗位讲评　　D. 安全操作规程
15. 初次申请爆破作业人员许可证的爆破工程技术人员,应参加不少于( )学时的安全技术培训。
  A.48   B.72   C.120   D.240
16.初次申请爆破作业人员许可证的爆破员应参加不少于(　　)学时的安全技术培训。
  A.18   B.36   C.48   D.72
17.初次取得爆破作业人员许可证的爆破员,应在有经验的爆破员指导下实习(　　)个月后方可独立爆破作业。
  A.1   B.2   C.3   D.4
18.爆破工程技术人员每年应参加不少于(　　)学时的继续教育培训。
  A.10   B.20   C.30   D.40
19.企业待岗、转岗、换岗的职工,在重新上岗前必须接受一次安全培训,时间不得少于(　　)学时。
  A.10   B.20   C.30   D.40
20.施工单位应对管理人员和作业人员进行每年不少于(　　)次的安全生产教育培训。
  A.1   B.2   C.3   D.4
21.施工单位其他员工每年接受安全培训的时间不得少于(　　)学时。
  A.10   B.15   C.20   D.25
22.爆破作业安全员培训考核内容不包括(　　)。
  A.爆破安全技术   B.爆破作业人员资格要求
  C.爆破作业现场安全管理要求 D.爆破设计与施工
23.从业人员的安全培训工作由(　　)组织。
  A.政府部门 B.培训机构 C.监管部门 D.生产经营单位
24.委托其他机构进行安全培训的,保证安全培训的责任由(　　)负责。
  A.委托单位 B.受委托机构 C.员工所属部门 D.单位法定代表人
25.负责组织制订并实施本单位安全培训计划的是(　　)。
  A.安全部长 B.单位主要负责人 C.专职安全员 D.安全负责人

二、判断题

1.安全教育培训应遵循"先上岗、后培训,考核不合格不得上岗"的原则。(　　)
2.施工企业主要负责人每年接受安全培训的时间不得少于40个学时。(　　)
3.特种作业人员上岗前应参加相关主管部门的安全培训,取得特种作业操作资格证书后方可上岗。(　　)
4.特种作业操作证复审不合格,但通过培训后,操作证依然有效。(　　)
5.新进场工人必须接受公司级、班组级、社会级三级安全教育。(　　)
6.公司级安全教育不少于15个学时。(　　)
7.爆破工程技术人员每年应参加不少于40学时的继续教育培训。(　　)
8.企业待岗、转岗、换岗的员工,在重新上岗前应接受一次不少于18学时的安全培训。(　　)
9.施工单位其他管理人员和技术人员每年接受培训的时间不得少于15学时。(　　)
10.公司级安全教育内容主要为国家和地方有关安全生产的方针、政策、法规以及企业的规章制度等。(　　)
11.施工单位班组级安全教育内容不包括岗位讲评。(　　)

12.从业人员的安全培训由负有监督管理职能的政府部门组织实施,培训合格后方可上岗。
                                                                    (   )
13.安全教育培训当以自主培训为主,也可以委托具备安全培训条件的机构进行。(   )
14.委托其他机构进行安全培训的,安全培训责任由培训机构负责。   (   )
15.单位主要负责人负责组织制订并实施本单位安全培训计划。   (   )

三、多选题

1.生产经营单位应当接受安全培训的从业人员包括(   )。
　　A.企业主要负责人　　　　B.安全生产管理人员　　　C.特种作业人员
　　D.参观观摩人员　　　　　E.实习生

2.安全生产三类人员应具备的管理能力包括(   )。
　　A.公路工程安全生产组织管理
　　B.建立和执行安全生产管理制度
　　C.掌握安全生产方面的法律法规
　　D.报告和处置生产安全事故
　　E.安全生产基本理论和管理办法

3.公路工程安全生产三类人员包括(   )。
　　A.特种作业人员　　　　　B.企业负责人　　　　　　C.项目负责人
　　D.专职安全员　　　　　　E.施工员

4.下列属于特种作业人员的是(   )。
　　A.电工　　B.焊工　　C.架子工　　D.木工　　E.起重司机

5.新进场工人必须接受(   )三级安全教育。
　　A.公司级　　B.项目级　　C.培训机构　　D.班组级　　E.社会级

6.下列有关涉爆人员的说法,正确的是(   )。
　　A.爆破工程技术人员每年参加不少于40学时的继续教育培训
　　B.爆破员、安全员和保管员每年应参加不少于20学时的继续教育培训
　　C.初次申请爆破作业人员许可证的爆破员,应参加不少于72学时的教育培训
　　D.组织爆破人员培训的单位不提供固定教学场所,仅需提供统一的培训教材
　　E.保管员培训考核内容包括民用爆炸物品领取、发放和清退的安全管理规定

7.施工单位在采用(   )时应对作业人员进行相应的安全教育培训。
　　A.新技术　　B.新工艺　　C.新设施　　D.新材料　　E.新设备

8.下列属于项目级安全教育培训内容的是(   )。
　　A.工地安全制度　　　　　B.相关法律、法规等　　　C.施工现场环境
　　D.工程施工特点　　　　　E.可能存在的不安全因素

9.班组级教育培训内容应包括(   )。
　　A.工种安全操作规程　　　B.典型事故案例　　　　　C.岗位讲评
　　D.劳动纪律　　　　　　　E.工地安全制度

10.爆破员培训考核的内容包括(   )。
　　A.炸药与爆破基本理论　　B.爆破设计与施工
　　C.爆破安全技术　　　　　D.处理盲炮或其他安全隐患的操作程序
　　E.民用爆炸物品领取

3 安全技术管理

一、单选题

1. 下列不属于安全风险控制措施的是( )。
   A. 综合管理措施   B. 个体防护措施
   C. 施工技术管理措施   D. 安全技术管理措施
2. 下列不属于安全技术管理的是( )。
   A. 危险性较大工程管理   B. 防火防爆管理
   C. "四新"技术管理   D. 文明施工管理
3. 安全技术交底步骤有:①检查验收;②编制审批;③改进完善;④过程监督。正确顺序为( )。
   A. ①②③④   B. ②①③④   C. ②④①③   D. ①③②④
4. 监理单位应对安全技术措施内容是否符合( )要求进行重点审查。
   A. 施工合同   B. 业主   C. 强制性标准   D. 管理
5. 下列不属于项目安全技术控制要点的是( )。
   A. 特殊工艺   B. 关键工艺   C. 一般工艺   D. 不良地质
6. 专项应急救援预案不包括( )。
   A. 事故风险分析   B. 应急组织机构及职责
   C. 安全督导   D. 处置程序
7. 根据《公路工程施工安全技术规范》(JTG F90—2015),下列不属于危险性较大工程的是( )。
   A. 基坑开挖   B. 隧道工程   C. 起重吊装工程   D. 路基填土
8. 根据《公路工程施工安全技术规范》(JTG F90—2015),下列属于超过一定规模的危险性较大工程的是( )。
   A. 开挖深度3m的基坑   B. 高度45m的墩柱
   C. 滑坡处理   D. 水深8m的围堰工程
9. 危险性较大的分部分项工程不包括( )。
   A. 深度为10m的基坑的土方开挖 B. 高度为18m的土质边坡
   C. 高度为36m的岩质边坡   D. 深度为12m的挡墙基础
10. 专项施工方案主要内容不包括( )。
    A. 施工工艺   B. 施工费用   C. 施工进度   D. 施工保证措施
11. 超过一定规模的专项施工方案专家论证会由( )组织召开。
    A. 建设单位   B. 监理单位   C. 施工单位   D. 设计单位
12. 专家组成员应由( )名以上符合相关专业要求的专家组成。
    A. 3   B. 5   C. 7   D. 9
13. 专项施工方案经审核合格后,由施工单位( )签字。

A. 项目经理 B. 技术负责人
C. 监理工程师 D. 专职安全管理人员
14. 分包单位制订的专项施工方案由( )审核签字。
A. 分包单位技术负责人 B. 项目经理
C. 项目总工 D. 总承包单位技术负责人
15. 经专家论证的专项施工方案应由( )、建设单位技术负责人签字后实施。
A. 项目技术负责人 B. 总监理工程师
C. 专业监理工程师 D. 项目经理
16. 施工单位应根据论证报告修改完善专项施工方案,( )签字后方可实施。
A. 项目经理 B. 建设单位负责人
C. 总监理工程师、建设单位技术负责人 D. 施工单位技术负责人
17. ( )应提供真实准确的工程、水文地质和周边环境的资料。
A. 勘察单位 B. 建设单位 C. 设计单位 D. 监理单位
18. 监理单位对项目安全生产承担( )。
A. 主要责任 B. 连带责任 C. 监理责任 D. 管理责任
19. ( )对危险性较大工程安全生产负总责。
A. 建设单位 B. 总承包单位 C. 监理单位 D. 分包单位
20. 危险性较大工程安全管控第一责任人是( )。
A. 项目经理 B. 总监理工程师 C. 专职安全员 D. 安全部门负责人
21. 项目经理必须在危险性较大工程施工期间现场带班,每月带班生产时间不得少于当月施工时间的( )。
A. 50% B. 70% C. 80% D. 90%
22. 施工单位负责人必须在危险性较大工程施工期间带班检查,每月检查时间不得少于其工作时间的( )。
A. 20% B. 25% C. 30% D. 35%
23. 工程开工前,对参建各方进行施工图设计交底的是( )。
A. 建设单位 B. 施工单位 C. 监理单位 D. 设计单位
24. 下列不属于施工单位交底内容的是( )。
A. 工程概况 B. 风险因素 C. 施工进度 D. 施工工艺
25. 安全技术交底实行逐级安全技术交底制度,施工单位交底顺序为:①项目技术负责人;②作业人员;③施工班组长;④主管施工员。正确顺序为( )。
A. ①②③④ B. ②①③④ C. ②④①③ D. ①④③②

二、判断题
1. 针对项目特殊过程和关键工序,须编制专项施工方案。 ( )
2. 专项施工方案编制依据不包括施工进度计划。 ( )
3. 基础工程不属于危险性较大工程,不需要编制专项施工方案。 ( )
4. 基坑开挖深度超过4m,必须编制专项施工方案并进行专家评审。 ( )
5. 边坡高度不大于15m的路堤,无须编制专项施工方案。 ( )
6. 超过一定规模的专项施工方案专家论证会,专家组成员应不少于3名,且符合相关专业要求。 ( )

7. 分包单位制订的专项施工方案,应由分包单位技术负责人审核签字。（　　）
8. 不需专家论证的专项施工方案,经施工单位审核合格后报监理单位审批。（　　）
9. 专项施工方案经论证后需要做出重大修改的,施工单位按照论证报告进行修改后即可实施。（　　）
10. 施工单位应严格按照专项施工方案组织实施,不得擅自修改、调整施工方案。（　　）
11. 监理单位应将危险性较大工程列入监理规划与监理实施细则。（　　）
12. 项目总工程师是危险性较大工程安全管控的第一负责人。（　　）
13. 项目经理每月带班生产时间不得少于当月施工时间的70%。（　　）
14. 施工总承包单位对危险性较大工程安全生产负总责,分包单位对分包范围内的危险性较大工程安全生产负责。（　　）
15. 安全技术交底实行逐级安全技术交底制度,口头交底的可以不签字。（　　）

三、多选题

1. 安全生产控制措施包括(　　)。
   A. 综合管理措施　　B. 安全设施管理措施　　C. 施工现场管理措施
   D. 个体防护措施　　E. 安全技术管理措施
2. 安全技术管理的内容包括(　　)。
   A. 机械设备管理　　B. 电气设备管理　　C. 防火防爆管理
   D. 现场管理　　E. 危险性较大工程管理
3. 下列属于安全技术措施的是(　　)。
   A. 安全管理目标　　　　　　　　B. 施工人员安全教育培训
   C. 生产事故应急救援预案　　　　D. 制订项目安全技术控制要点
   E. 制订施工进度计划
4. 专项施工方案编制内容包括(　　)。
   A. 编制依据　　B. 工程概况　　C. 安全管理制度
   D. 施工保证措施　　E. 计算书及图纸
5. 根据《公路工程施工安全技术规范》(JTG F90—2015),下列属于危险性较大工程的是(　　)。
   A. 大型临时工程　　B. 桥涵工程　　C. 路面工程
   D. 基础工程　　E. 隧道工程
6. 桥涵工程中须编制专项施工方案的有(　　)。
   A. 打桩船作业　　B. 顶进工程　　C. 边通航边施工作业
   D. 桥面铺装作业　　E. 上跨管线施工
7. 隧道工程中须编制专项施工方案的有(　　)。
   A. 不良地质隧道　　B. 特殊地质隧道　　C. Ⅲ级围岩地段的隧道
   D. 小净距隧道　　E. 瓦斯隧道
8. 需要专家论证的专项施工方案修改完善后经(　　)审批后实施。
   A. 施工单位技术负责人　　B. 项目经理　　C. 项目总工程师
   D. 项目总监理工程师　　E. 建设单位项目负责人

9. 施工单位安全技术交底应包括( )。
   A. 工程概况   B. 安全技术措施   C. 风险因素
   D. 施工计划   E. 施工工艺
10. 施工单位应加强对安全技术交底工作的( )。
   A. 监督检查   B. 效果评价   C. 督促整改
   D. 安全复查   E. 考核完善

4 安全生产费用管理

一、单选题

1. 房屋建筑工程安全生产费用提取比例不得低于( )。
   A. 1%　　　　　　B. 1.5%　　　　　　C. 2%　　　　　　D. 2.5%

2. 下列不属于公路水运建设工程安全生产费用的是( )。
   A. 职业病防治费用　　　　　　B. 安全生产检查支出
   C. 作业人员安全防护用品费　　D. 安全宣传费

3. 下列有关安全生产费用提取的说法,错误的是( )。
   A. 公路工程安全生产费用应以国家、地方相关规定或招标控制价所包含的全部建筑安装工程费用为计算基数计取
   B. 建设单位对工程项目的安全防护有特殊要求的,应当在招标文件中明确增加安全生产费用
   C. 房屋建筑工程安全生产费用提取不得低于 5000 元
   D. 在招标时安全生产费用不得列入竞争性报价

4. 下列可以列入安全生产费用的是( )。
   A. 意外伤害险　　　　　　B. 工伤保险
   C. 医疗保险　　　　　　　D. 安全办公用品

5. 安全事故隐患分为一般事故隐患和( )。
   A. 较大隐患　　　B. 重大隐患　　　C. 超大隐患　　　D. 特大隐患

6. 应急演练是( )依据应急预案,模拟应对突发事件组织的应急救援活动。
   A. 建设单位或施工单位　　B. 设计单位　　C. 监理单位　　D. 咨询单位

7. ( )应为施工人员办理团体人身意外伤害险或个人意外伤害险。
   A. 施工单位　　　B. 监理单位　　　C. 建设单位　　　D. 地方政府

8. 需要建设单位与监理单位共同认定,才能作为安全生产费用计取的是( )。
   A. 施工现场与外界的隔离　　　B. 安全办公用品
   C. 安全检查费用　　　　　　　D. 安全宣传费

9. ( )是指施工单位按照有关规定或者合同约定开展安全生产方面的标准化建设费用。
   A. 安全生产咨询评估费　　　B. 安全生产标准化建设费
   C. 安全生产评价费　　　　　D. 安全生产风险评估费

10. 下列不属于其他安全生产费用的是( )。
    A. 办公费　　　　　　　B. 人工费
    C. 不可预见费　　　　　D. 安全设施安装费

11. 有关安全生产费用使用管理,说法正确的是( )。
    A. 监理单位不需对施工单位的安全生产费用使用情况进行监督检查
    B. 施工单位未能在规定期限内完成事故隐患整改的,建设单位不得委托其他单位进

行整改
  C. 监理单位发现施工现场存在事故隐患、施工单位拒不整改的,监理单位应暂停安全生产费用及工程款的计量
  D. 安全生产费用可由劳务单位承担并合理使用
12. 下列费用不得列入安全生产费用的是(　　)。
  A. 专职安全人员办公用品费　　　　B. 团体意外伤害险
  C. 交通协管员雇工费　　　　　　　D. 应急演练费
13. 监理单位应根据施工单位(　　)安全生产费用使用计划,对照相关资料,与现场实物逐一核对签认。
  A. 年度　　　B. 季度或月度　　　C. 月度　　　D. 总体
14. 监理单位应及时核查(　　)安全生产费用支出。
  A. 安全标志　　　　　　　　　　　B. 周转性材料
  C. 临时用电　　　　　　　　　　　D. 特种设备检测费
15. 施工单位应按照合同约定,制订(　　)安全生产费用使用计划,报监理单位审批后实施。
  A. 年度　　　B. 季度或月度　　　C. 月度　　　D. 总体
16. 下列有关安全生产费用计量支付的说法中正确的是(　　)。
  A. 安全生产专项费用的计量与支付应由监理单位申报,建设单位审批
  B. 计量与支付应以总额包干为主
  C. 实行工程总承包的,分包合同中应明确安全生产费用支付条款
  D. 计量报表、计价清单等相关材料应由建设单位审定
17. 项目开工前,建设单位预付的安全生产费用不得低于该费用总额的(　　)。
  A. 10%　　　B. 20%　　　C. 30%　　　D. 40%
18. 计量与支付应以现场计量为主、现场计量与总额包干相结合的方式进行,原则上以(　　)计价施工产值为计提依据。
  A. 每年　　　B. 每季度　　　C. 每月　　　D. 每日
19. 计量是安全生产费用投入使用的直接依据,其审定结果由(　　)决定。
  A. 建设单位　　B. 监理单位　　C. 施工单位　　D. 咨询单位
20. 因(　　)造成安全生产费用实际投入总额与合同约定不一致的,差额部分由建设单位按照批复变更金额和规定提取比例同时调整。
  A. 一般设计变更　B. 较大设计变更　C. 重大设计变更　D. 特大设计变更
21. 跟踪审计机构对安全生产费用资金使用管理进行审计监督,确保资金(　　)。
  A. 落实到位　　B. 专款专用　　C. 全部使用　　D. 基本使用
22. 在开展工程项目招标监管时,应当认真审查招标文件中(　　)、投标报价、计量支付规则等有关内容。
  A. 具体使用要求　　　　　　　　　B. 调整方式
  C. 预付金额或比例　　　　　　　　D. 安全生产费用清单
23. 安全费用计量与支付以(　　)为主。
  A. 总额包干　　B. 文件计量　　C. 发票计量　　D. 现场计量
24. 工程结算时,安全生产费用未计量部分原则上(　　)。

A. 不再支付　　　B. 一次性支付　　　C. 分期支付　　　D. 全部支付

25. 各级交通运输主管部门按照( )的原则对安全生产费用计取、支付和使用实施监督管理。
A. 属地管理
B. 分级负责
C. 属地管理、分级负责
D. 分级负责、监督管理

二、判断题

1. 安全生产费用不足时,应当协商解决。　　　　　　　　　　　　　　　　(　)
2. 桥梁作业面远程监控系统发生的费用不能作为安全生产费用计取。　　(　)
3. 按照"三同时"要求,初期投入的安全设施费用可以作为安全生产费用计取。(　)
4. 除建设单位与监理单位共同认定外,施工现场与外界的隔离、围挡设施费用不得作为安全生产费用计取。　　　　　　　　　　　　　　　　　　　　　　　　(　)
5. 建设单位应为施工人员办理团体人身意外伤害险或个人意外伤害险。　(　)
6. 考核奖励费用可列入安全生产费用当中,以鼓励安全生产管理人员。　(　)
7. 建设单位应定期对施工单位的安全生产费用使用情况进行监督检查。　(　)
8. 实行工程总承包的,总包单位应当将安全生产费用足额直接支付给分包单位并监督使用,不得拖欠。　　　　　　　　　　　　　　　　　　　　　　　　　　(　)
9. 安全生产专项费用的计量与支付应按照施工单位申报、监理单位审查、建设单位审批的程序实施。　　　　　　　　　　　　　　　　　　　　　　　　　　(　)
10. 施工单位未能在规定期限内完成事故隐患整改的,建设单位不可直接委托其他单位代为整改,需本单位监督施工单位整改落实。　　　　　　　　　　　　　(　)
11. 项目开工前,项目建设单位预付安全生产费用不得低于该费用总额的20%。
(　)
12. 监理单位发现施工现场存在事故隐患、施工单位拒不整改的,监理单位可在不停工的情况下向建设单位报告。　　　　　　　　　　　　　　　　　　　　(　)
13. 施工单位应建立安全生产费用使用台账,并附安全生产费用使用环节的影像资料和有关票据凭证等资料。　　　　　　　　　　　　　　　　　　　　　　(　)
14. 劳务分包单位应相应承担安全生产费用。　　　　　　　　　　　　　(　)
15. 计量与支付应以现场计量为主、现场计量与总额包干相结合的方式进行。(　)

三、多选题

1. 安全生产专项费用管理应坚持( )原则。
A. 规范计取
B. 定期支付
C. 合理计划
D. 计量支付
E. 确保投入

2. 下列属于设置、完善、改造和维护安全防护设备设施支出的是( )。
A. 施工现场安全防护费
B. 安全用电防护费
C. 警示标志标牌费
D. 警示照明灯具费
E. 隧道通风系统

3. 下列不得列入安全生产费用的是( )。
A. 医疗保险费用
B. 人工费
C. 用于基坑支护的临时钢支撑费用

D.日常安全检查费用
E.重大风险源监控费

4. 需要建设单位与监理单位共同认定,才能作为安全生产费用计取的是( )。
   A.临时用电费　　　　B.施工现场围挡设施　　C.临时安全标志牌
   D.施工现场与外界的隔离　E.安全检查费

5. 监理单位发现施工现场存在事故隐患,施工单位拒不整改的,应暂停( ),并及时向建设单位报告。
   A.专项施工方案批复　　B.文件批复　　　　　C.现场检查
   D.安全生产费用计量　　E.工程款计量

6. 安全生产推广应用费是指施工单位配合相关科研机构,对其安全生产方面的( )等研究成果进行试用而发生的相关费用。
   A.新技术　　B.新工艺　　C.新标准　　D.新装备　　E.新方法

7. 安全生产培训费是指施工单位在施工现场对安全生产进行宣传,对施工人员进行( )等发生的相关费用。
   A.安全知识教育　　　　B.安全操作规程培训　　C.安全技术交底
   D.安全应急演练　　　　E.特种作业操作规程培训

8. 监理单位应及时核实( )等资料作为审核计量的依据。
   A.周转性材料　　　　　B.一次性材料
   C.实物性的安全生产费用支出　D.非实物性的安全生产费用支出
   E.相关的照片及视频

9. 下列属于安全生产费用的是( )。
   A.安全生产教育费　　　B.职工意外伤害险　　　C.应急演练费
   D.考核奖励费　　　　　E.重大事故隐患整改费

10. 安全事故隐患是指因其他因素在生产经营活动中存在,可能导致事故发生的( )。
    A.物的危险状态　　　　B.人的不安全行为　　　C.管理的缺陷
    D.组织的缺陷　　　　　E.技术不合理

5 职业健康管理

一、单选题

1. 职业病防治工作坚持(　　)的方针。
   A. 安全第一、预防为主　　　　　　　　B. 预防为主、防治结合
   C. 安全第一、防治结合　　　　　　　　D. 预防为主

2. 《职业病分类和目录》列出了13种法定尘肺病。下列职业病中,不属于法定尘肺病的是(　　)。
   A. 硅肺　　　　B. 石墨尘肺　　　　C. 电焊工尘肺　　　　D. 石棉所致肺癌

3. 职业病共分为(　　)。
   A. 十大类100种　　B. 五大类100种　　C. 十大类132种　　D. 五大类132种

4. 下列不属于职业性眼病的是(　　)。
   A. 化学性眼部灼烧　　　　　　　　　　B. 眼角炎
   C. 电光性眼炎　　　　　　　　　　　　D. 三硝基甲苯白内障

5. 职业健康检查费用由(　　)承担。
   A. 政府　　　　B. 劳动者　　　　C. 工会　　　　D. 用人单位

6. 某大型企业集团根据《职业病分类和目录》中的职业病分类方法,对近年来职业病案例进行了分类。下列分类中,错误的是(　　)。
   A. 将化学性皮肤灼伤归类为职业性皮肤病
   B. 将激光所致视网膜损伤归类为职业性眼病
   C. 将爆震聋归类为职业性耳鼻喉口腔疾病
   D. 将苯所致白血病归类为职业性肿瘤

7. 机械制造工业生产中,加热金属等可成为红外线辐射源,铸造工、锻造工、焊接工等工种可接触到红外线辐射。长期接触红外线辐射可引起的职业病是(　　)。
   A. 皮肤癌　　　　　　　　　　　　　　B. 辐射性白内障
   C. 慢性外照射放射病　　　　　　　　　D. 电光性眼炎

8. 职业性尘肺病,又称肺尘埃沉积症,是劳动者在职业活动中长期吸入生产性粉尘并在肺内滞留而引起的,以肺组织弥漫性纤维化为主的疾病。下列职业病中,不属于职业性尘肺病的是(　　)。
   A. 劳动者甲在煤矿从事采煤作业,因接触煤尘所罹患的职业病
   B. 劳动者乙在水泥厂从事包装作业,因接触水泥粉尘所患的职业病
   C. 劳动者丙在造船厂从事电焊作业,因电焊烟尘所患的职业病
   D. 劳动者丁在棉织厂从事棉花作业,因接触棉尘所罹患的职业病

9. 下列不属于职业性化学中毒的是(　　)。
   A. 食物中毒　　　B. 一氧化碳中毒　　　C. 二氧化碳中毒　　　D. 汽油中毒

10. 下列不属于物理因素所致的职业病的是(　　)。

A. 中暑　　　　　B. 航空病　　　　C. 爆震聋　　　　D. 冻伤

11. 根据卫生管理机构配置要求,以下公司中需要配置职业卫生管理机构的是(　　)。
   A. 甲公司有职工89人　　　　　B. 乙公司有职工91人
   C. 丙公司有职工101人　　　　　D. 丁公司有职工98人

12. 用人单位必须依法参加工伤保险,接受(　　)以上地方人民政府劳动保障行政部门的监督。
   A. 区级　　　　B. 县级　　　　C. 市级　　　　D. 省级

13. 用人单位应当定期对工作场所进行职业病危害因素检测、评价,检测、评价结果存入用人单位职业卫生档案,定期向所在地(　　)报告并向劳动者公布。
   A. 安全生产监督管理部门　　　　B. 卫生监督管理部门
   C. 劳动保障部门　　　　　　　　D. 市级人民政府

14. 对于电工作业,职业病健康检查周期为(　　)年。
   A. 1　　　　　B. 2　　　　　C. 3　　　　　D. 4

15. (　　)劳动保障行政部门负责对用人单位工伤保险情况进行监督管理,确保劳动者依法享受工伤保险待遇。
   A. 国务院和县级以上地方人民政府　　B. 国务院和市级以上地方人民政府
   C. 国务院和区级以上地方人民政府　　D. 国务院和省级以上地方人民政府

16. 职业性化学中毒是指劳动者生产劳动过程中接触生产性毒物而引起的中毒,下列作业中可能导致一氧化碳中毒的是(　　)。
   A. 焊接　　　　B. 路面摊铺　　　C. 水泥搬运　　　D. 油漆配料

17. 下列属于职业性尘肺病预防措施的是(　　)。
   A. 佩戴防护眼罩　B. 人工洒水　　C. 减少作业时间　D. 采用低噪声设备

18. 下列不属于职业性眼病预防措施的是(　　)。
   A. 严禁裸眼观看强光源　　　　B. 佩戴防护眼罩
   C. 佩戴专门的面罩　　　　　　D. 弱光下作业

19. 下列属于职业性皮肤病预防措施的是(　　)。
   A. 机械洒水　　B. 湿式作业　　C. 佩戴防护眼罩　D. 自动化机械化

20. 下列不属于职业性耳病预防措施的是(　　)。
   A. 低噪声设备代替高噪声设备　　B. 加强个人防护
   C. 加强通风　　　　　　　　　　D. 定期健康检查

21. 下列不属于职业性化学中毒预防措施的是(　　)。
   A. 优先进行通风　B. 湿式作业　　C. 改革生产工艺　D. 无毒代替有毒

22. 下列物理因素所致职业病的预防措施中,不能有效预防中暑的是(　　)。
   A. 密闭抽风除尘　B. 交叉作业时间　C. 避开高温时段　D. 发放防暑降温饮料

23. 下列物理因素所致职业病的预防措施中,不能有效预防手臂振动病的是(　　)。
   A. 控制振动源　　B. 采用减振措施　C. 限制作业时间　D. 交叉作业时间

二、判断题

1. 接触职业病危害因素的劳动者只需在上岗前和离岗时进行职业健康检查。(　　)
2. 用人单位可以安排未成年工从事接触职业病危害因素的工作,但必须为其配备相应的职业病防护用具。(　　)

3. 国务院和县级以上地方人民政府劳动保障行政部门负责对用人单位工伤保险情况进行监督管理。（　）

4. 用人单位可将产生职业病危害的作业转移给不具备职业病防护条件的单位和个人。（　）

5. 用人单位应当对劳动者进行上岗前职业卫生培训和在岗期间的定期职业卫生培训，指导劳动者正确使用职业病防护用品。（　）

6. 发生职业病危害事故时，用人单位应及时对受到职业病危害的劳动者组织救治、健康检查和医学观察，所需费用由地方人民政府承担。（　）

7. 用人单位可视情况安排未成年人从事接触职业病危害因素的作业。（　）

8. 职业机动车驾驶作业人员中，大型车及运营性职业驾驶员的职业健康体检周期为2年。（　）

9. 任何单位和个人有权对《中华人民共和国违反职业病防治法》的行为进行检举和控告。（　）

10. 采用沥青进行防腐、防水处理作业可能引起电光性皮炎。（　）
11. 手工电弧焊作业可能引起铝及化合物中毒。（　）
12. 采用湿式作业、人工洒水或机械洒水降尘属于职业性尘肺病预防措施。（　）
13. 施工工人佩戴防护眼罩可对职业性皮肤病进行有效预防。（　）
14. 定期进行健康监护体检可对职业性耳病起到良好的预防作用。（　）
15. 采用交叉作业时间可有效预防手臂振动病的发生。（　）
16. 低温作业时，做好保暖措施、采取机械化作业等方式可有效预防冻伤。（　）
17. 以低噪声设备代替高噪声设备、减少噪声分贝等措施可有效预防职业性耳病。（　）

三、多选题

1. 我国的职业病防治工作机制是（　　）。
   A. 行政机关监管　　B. 行业监管　　C. 行业自律
   D. 职工参与　　E. 社会参与

2. 用人单位对采用的技术、工艺、设备、材料，应当知悉其产生的职业病危害，不得隐瞒其危害，还应通过（　　）等方式告知劳动者。
   A. 劳动合同　　B. 口头告知　　C. 警示标识
   D. 设置公告栏　　E. 提供说明书

3. 负责全国职业病防治的监督管理工作的是（　　）。
   A. 应急管理部　　B. 人力资源和社会保障部
   C. 国家卫生健康委员会　　D. 住房和城乡建设部
   E. 交通运输部

4. 下列属于职业性皮肤病的是（　　）。
   A. 光敏性皮炎　　B. 电光性皮炎　　C. 黑变病
   D. 溃疡　　E. 电光性眼炎

5. 下列属于公路行业常见的职业性化学中毒的是（　　）。
   A. 一氧化碳中毒　　B. 汽油中毒　　C. 二甲苯中毒
   D. 光气中毒　　E. 氯气中毒

6. 下列属于公路行业常见的职业性皮肤病的是( )。
   A. 光敏性皮炎　　　　　B. 黑变病　　　　　　　C. 电光性皮炎
   D. 白斑　　　　　　　　E. 化学性皮肤灼烧

7. 公路施工作业过程中可能导致职业性耳病的是( )。
   A. 土石方爆破　　　　　B. 手工电弧焊　　　　　C. 隧道掘进
   D. 金属抛光　　　　　　E. 深井作业

8. 公路施工作业过程中不会导致职业性眼病的是( )。
   A. 钢筋焊接作业　　　　B. 金属酸洗　　　　　　C. 喷浆作业
   D. 蓄电池充电作业　　　E. 金属喷砂

9. 下列属于物理因素所致职业病的是( )。
   A. 中暑　　　　　　　　B. 冻伤　　　　　　　　C. 高原病
   D. 减压病　　　　　　　E. 黑变病

10. 以下属于职业性尘肺病预防措施的是( )。
    A. 采用低尘设备　　　　B. 湿式作业　　　　　　C. 交叉作业
    D. 机械洒水降尘　　　　E. 密闭抽风除尘

6 工伤保险及意外伤害保险

一、单选题

1. 下列情形中,不属于工伤的是( )。
   A. 在工作场所由于工作原因受到伤害的
   B. 患职业病的
   C. 下班途中受到本人负主要责任的交通事故伤害的
   D. 工作时间由于履行职责受到暴力伤害的
2. 下列情形中,属于视同工伤的是( )。
   A. 工作时间由于工作原因受到伤害的
   B. 患职业病的
   C. 工作时间由于履行职责受到暴力伤害的
   D. 在抢险救灾中受到伤害的
3. 发生事故伤害或者被诊断、鉴定为职业病的,所在单位应当自事故伤害发生之日或者被诊断、鉴定为职业病之日起( )日内向统筹地区社会保险行政部门提出工伤认定申请。
   A. 15　　　　　B. 30　　　　　C. 45　　　　　D. 60
4. 用人单位未提出工伤认定申请的,工伤职工或者其近亲属、工会组织在事故伤害发生之日或者被诊断、鉴定为职业病之日起( )内可以直接向用人单位所在地统筹地区社会保险行政部门提出工伤认定申请。
   A. 6个月　　　B. 1年　　　　C. 2年　　　　D. 3年
5. 职工或者其近亲属认为是工伤,用人单位不认为是工伤的,由( )承担举证责任。
   A. 用人单位　　B. 用人单位工会　　C. 职工　　D. 职工亲近家属
6. 劳动功能障碍分为( )个伤残等级。
   A. 3　　　　　B. 5　　　　　C. 8　　　　　D. 10
7. 工伤停工留薪期一般不超过( )个月。
   A. 3　　　　　B. 6　　　　　C. 12　　　　D. 24
8. 生活完全不能自理的工伤生活护理费标准为统筹地区上年度职工月平均工资的( )。
   A. 50%　　　　B. 60%　　　　C. 70%　　　　D. 80%
9. 因工致残被鉴定为( )的,保留劳动关系,退出工作岗位,由工伤保险基金按伤残等级支付一次性伤残补助金。
   A. 一到三级伤残　B. 一到四级伤残　C. 三到七级伤残　D. 六到十级伤残
10. 一级伤残等级的一次性伤残补助金为( )个月的本人工资。
    A. 21　　　　B. 23　　　　C. 25　　　　D. 27
11. 二级伤残等级的伤残津贴每月为( )的本人工资。
    A. 75%　　　B. 80%　　　C. 85%　　　D. 90%
12. 职工因工死亡,由工伤保险基金支付( )个月的统筹地区上年度职工月平均工资的丧葬补助金。

  A. 6   B. 8   C. 10   D. 12

13. 一次性工亡补助金标准为上一年度全国城镇居民人均可支配收入的(　　)倍。

  A. 10   B. 15   C. 20   D. 25

14. 小明在一家道路运输公司工作,工资为每月5000元,则用人单位每个月应该为他缴纳(　　)元工伤保险费(假设基准费率为单位缴费费率)。

  A. 45   B. 55   C. 65   D. 75

15. 职工因工致残被鉴定为一级至四级伤残的,保留劳动关系,退出工作岗位,从工伤保险基金按伤残等级支付一次性伤残补助金。对于二级伤残,一次性伤残补助金为(　　)个月的本人工资。

  A. 27   B. 26   C. 25   D. 24

16. 职工因工致残被鉴定为七级至十级伤残的,从工伤保险基金按照伤残等级支付一次性伤残补助金。对于九级伤残,一次性伤残补助金为(　　)个月的本人工资。

  A. 13   B. 11   C. 9   D. 7

17. 房屋建筑工程以(　　)为保险费计算基础。

  A. 工程项目   B. 建筑面积   C. 合同总造价   D. 工程规模

二、判断题

1. 我国《工伤保险条例》规定,依法参保的用人单位全部职工均有享受工伤保险待遇的权利,但雇工不享受该权利。(　　)

2. 工伤保险费由用人单位和职工一起缴纳。(　　)

3. 劳动功能障碍最重的为一级。(　　)

4. 工伤保险是通过社会统筹的办法,集中用人单位缴纳的工伤保险费,建立工伤保险基金,对劳动者在生产经营活动中遭受的意外伤害,给予劳动者必要的经济补偿的一种社会制度。(　　)

5. 工伤保险的覆盖对象包括企业、事业单位、社会团体、民办非企业单位、基金会、律师事务所等组织的职工,但不包括个体商户的雇工。(　　)

6. 工作时间前后在工作场所内,从事与工作有关的预备性或者收尾性工作受到事故伤害的应当认定为工伤。(　　)

7. 在上下班途中,受到非本人负主要责任的交通事故或者城市轨道交通、客运轮渡、火车事故伤害的应当认定为工伤。(　　)

8. 在抢险救灾等维护国家利益、公共利益活动中受到伤害的应该视同为工伤。(　　)

9. 劳动功能障碍分为10个伤残等级,最轻的为一级,最重的为十级。(　　)

10. 职工因工作遭受事故伤害或者患职业病进行治疗,经医疗机构出具证明,报经办机构同意,参照统筹地区人民政府规定,可以享受统筹区以外治疗交通费及食宿费的工伤医疗待遇。(　　)

11. 工伤职工安装假肢、矫形器、假眼、假牙和配置轮椅等辅助器具,费用由工伤保险基金支付。(　　)

12. 工伤职工评定伤残等级后,仍旧可以享受原待遇。(　　)

13. 工伤职工已经评定伤残等级并经劳动能力鉴定委员会确认需要生活护理的,从工伤保险基金按月支付生活护理费,处于生活大部分不能自理等级的,标准为统筹地区上年度职

工月平均工资的50%。 ( )
14. 工伤保险基金按月支付伤残津贴,其中三级伤残标准为本人工资的85%。 ( )
15. 职工因工致残被鉴定为七级至十级伤残的,应保留与用人单位的劳动关系,由用人单位安排适当的工作。 ( )
16. 职工在停工留薪期间因工伤导致死亡的,其近亲按照规定从工伤保险金中领取的供养亲属的抚恤金之和高于因工死亡职工生前的工资。 ( )
17. 建筑施工单位除依法参加工伤保险外,还应当为施工现场从事管理和作业的人员购买意外伤害保险,保险费由建设单位支付。 ( )
18. 施工企业和保险公司应本着平等协商的原则,根据各类风险因素商定建筑意外伤害保险费率,提倡差别费率和浮动费率。 ( )
19. 保险期限为工程施工合同约定的开工时间至竣工时间,提前竣工的工程保险责任自竣工验收之日起自行终止。因故延长工期的工程,施工企业必须在保险合同规定的期限内办理续保手续。 ( )

三、多选题

1. 工伤保险的特点有( )。
   A. 强制性　　B. 营利性　　C. 保障性　　D. 互助互济性　　E. 福利性
2. 下列情形中,属于视同工伤的是( )。
   A. 下班途中受到本人主要责任的交通事故伤害的
   B. 工作时间由于履行职责受到暴力伤害的
   C. 在抢险救灾中受到伤害的
   D. 在工作时间和工作岗位,突发疾病死亡或48h内经抢救无效死亡
   E. 职工原在军队服役,因战负伤,取得革命伤残军人证,到用人单位后旧伤复发的
3. 下列属于不得认定为工伤或视同工伤情形的是( )。
   A. 在公益活动中受到伤害的　　B. 故意犯罪　　C. 吸毒
   D. 自杀　　E. 醉酒
4. 工伤认定申请应当提交的资料有( )。
   A. 工伤认定申请表
   B. 劳动合同或相关证明材料
   C. 医疗诊断证明或者职业病诊断证明
   D. 职工考勤记录
   E. 工会证明
5. 生活自理障碍分为( )。
   A. 生活可以自理　　　　　　B. 生活完全不能自理
   C. 生活大部分不能自理　　　D. 生活小部分不能自理
   E. 生活部分不能自理
6. 我国二类至八类行业的工伤保险差别费率分为5个档次,即在基准费率的基础上,可分别向上或向下浮动至( )。
   A. 110%　　B. 120%　　C. 80%　　D. 150%　　E. 50%
7. 用人单位未提出工伤认定申请的,( )在事故伤害发生之日或者被诊断、鉴定为职业病之日起1年内,可以直接向用人单位所在地统筹地区社会保险行政部门提出工伤认定申请。

A. 工伤职工　B. 近亲属　　　C. 工会组织　　　D. 律师

8. 申报劳动能力鉴定所需的常规材料及要求为( )。
   A. 劳动能力鉴定申请表
   B. 工伤认定决定书原件及复印件
   C. 被鉴定人本人身份证原件及复印件
   D. 医疗诊断证明或者职业病诊断证明
   E. 职工考勤记录

9. 工伤保险不予赔付的情形是( )。
   A. 用人单位未在规定时限内提出工伤认定申请的
   B. 无相关病例记录的
   C. 工伤保险目录规定项之外的
   D. 不符合住院条件的住院医疗费用
   E. 拒绝治疗的

10. 职工因工作遭受事故伤害或者患职业病进行治疗,享受的工伤医疗待遇包括( )。
    A. 治疗费　　　　　　B. 住院治疗伙食费　　　　　C. 工伤康复费
    D. 辅助器具配置费　　E. 工伤治疗期内护理费

11. 工伤职工应在签订服务协议的医疗机构就医(急救除外),治疗工伤所需费用符合( )的可从工伤保险基金支付。
    A. 工伤保险诊疗项目目录　　B. 工伤保险药品目录
    C. 工伤保险门诊目录　　　　D. 工伤保险住院服务标准
    E. 住院治疗期间的伙食补助

12. 职工因工致残被鉴定为一级至四级伤残的,保留劳动关系,退出工作岗位,享受( )待遇。
    A. 从工伤保险基金按伤残等级支付一次性伤残补助金
    B. 从工伤保险基金按月支付伤残津贴
    C. 从工伤保险基金中按年支付伤残津贴
    D. 工伤职工达到退休年龄并办理退休手续后,停发伤残津贴,按照国家有关规定享受基本养老保险待遇
    E. 从工伤保险基金中按照工资标准支付一次性伤残补助金

13. 工伤职工有( )情形的,停止享受工伤保险待遇。
    A. 丧失享受待遇条件的　　B. 拒不接受劳动能力鉴定的
    C. 达到退休年龄的　　　　D. 拒绝治疗的
    E. 已经享受一次性伤残补助的

7 施工现场消防管理

一、单选题

1. 我国消防工作的方针是（   ）。
   A. 安全第一、预防为主　　　　　　　　B. 预防为主、防消结合
   C. 安全第一、防消结合　　　　　　　　D. 安全第一、预防为主、防消结合
2. 下列灭火器中,已经被淘汰的是（   ）。
   A. 干粉灭火器　　　B. 二氧化碳灭火器　　　C. 水基灭火器　　　D. 酸碱灭火器
3. 室外消火栓的间距不应大于（   ）m。
   A. 80　　　　　　　　B. 100　　　　　　　　C. 120　　　　　　　　D. 140
4. 临时消防应急照明灯具宜选用自带蓄电池的应急照明灯具,蓄电池的连续供电时间不应小于（   ）h。
   A. 1　　　　　　　　B. 2　　　　　　　　　C. 3　　　　　　　　　D. 4
5. 临时用房的建筑构件或金属夹芯板芯材的燃烧等级应为（   ）级。
   A. A　　　　　　　　B. B1　　　　　　　　C. B2　　　　　　　　D. B3
6. 临时办公用房、宿舍建筑层数不应超过（   ）层。
   A. 2　　　　　　　　B. 3　　　　　　　　　C. 4　　　　　　　　　D. 5
7. 房间疏散门到疏散楼梯的最大距离不应大于（   ）m。
   A. 10　　　　　　　B. 15　　　　　　　　C. 20　　　　　　　　D. 25
8. 房间内任一点至最近疏散门的距离不应大于（   ）m。
   A. 15　　　　　　　B. 16　　　　　　　　C. 18　　　　　　　　D. 20
9. 总面积超过（   ）m² 的大型临时设施,应备有专用的消防桶、消防锹、消防钩、盛水桶等消防器材。
   A. 500　　　　　　　B. 800　　　　　　　　C. 1200　　　　　　　D. 1500
10. 火工用品库房应为1层且建筑面积不应大于（   ）m²。
    A. 100　　　　　　　B. 200　　　　　　　　C. 300　　　　　　　　D. 400
11. 可燃材料堆场及其加工场、固定动火作业场与在建工程的防火间距不应少于（   ）m。
    A. 10　　　　　　　B. 12　　　　　　　　C. 15　　　　　　　　D. 18
12. 距配电柜（   ）m范围内不得堆放可燃物。
    A. 1　　　　　　　　B. 2　　　　　　　　　C. 3　　　　　　　　　D. 4
13. 氧气瓶与乙炔瓶的工作间距不应小于（   ）m。
    A. 2　　　　　　　　B. 3　　　　　　　　　C. 4　　　　　　　　　D. 5
14. 气瓶内的气体不应用光,剩余气体的压力不应少于（   ）MPa。
    A. 0.01　　　　　　B. 0.05　　　　　　　C. 0.1　　　　　　　　D. 0.2
15. 按照燃烧对象,火灾可分为（   ）大类。

A.4 B.5 C.6 D.7

16.临时用房建筑面积之和大于1000m²或在建工程单体体积大于( )m³时,应设置临时室外消防给水系统。

A.1000 B.10000 C.100000 D.1000000

17.室外消火栓应沿在建工程、临时用房与可燃材料堆场及其加工场均匀布置,距在建工程、临时用房与可燃材料堆场及其加工厂的外边线不应小于( )m。

A.4 B.5 C.6 D.7

18.火工品库房储存库区可设置高位水池或消防水池并配备消防水泵,水池储水量不少于( )m³。

A.5 B.10 C.15 D.20

19.电气设备与可燃、易燃易爆和腐蚀性物品的安全距离应该大于等于( )m。

A.15 B.20 C.25 D.30

二、判断题

1.燃烧,是指可燃物与氧化剂发生的放热反应,全部伴有火焰、发光、发烟现象。( )
2.A类火灾要用到B、C类干粉灭火器。( )
3.室外消火栓的最大保护半径不应大于150m。( )
4.普通灯具与易燃物距离不应小于30cm。( )
5.火灾是指在时间或空间上失去控制的燃烧所造成的灾害。( )
6.造成10人以上30人以下死亡或50人以上100人以下重伤,或者5000万元以上1亿元以下直接财产损失的为特别重大火灾。( )
7.为了防止短路和触电,不得选用装有喇叭金属喷筒的二氧化碳灭火器;如果电压超过600V,应先断电后灭火。( )
8.手提式灭火器宜设置在灭火器箱内或挂钩、托架上,其顶部离地面高度不应大于2.0m,底部离地面高度不宜小于0.08m。( )
9.临时消防给水系统的给水压力应满足消防水枪充实水柱长度不小于10m。( )
10.施工现场的取水泵和消火栓泵应采用专用配电线路,专用配电线路应自施工现场总配电箱的总断路器上端接入,并应保持连续不间断供电。( )
11.监理单位应参加建设单位组织的建设工程竣工验收,对建设工程消防施工质量签字确认。( )
12.临时用(板)房建筑层数不超过3层,每层建筑面积不大于200m²。( )
13.临时消防车道宽度和高度不小于5m,车道的路基、路面应能承受消防车通行压力及工作荷载,宜设置成环形道路。( )
14.易燃易爆危险品库房应远离明火作业区、人员密集区和建筑物相对集中区,与在建工程的防火间距不小于15m,可燃材料堆场及其加工场与在建工程的防火间距不小于10m。( )
15.遇四级及以上大风,应停止焊接、切割等室外动火作业。( )
16.固定动火作业场应布置在临时办公用品房、宿舍、可燃材料库房、可燃材料堆场及其加工场、易燃易爆危险品库房等全年最小频率风向的上风侧。( )
17.普通灯具与易燃物距离不应小于300mm,聚光灯等高热灯具与易燃物距离不应小于500mm。( )

三、多选题

1. 火灾是指在( )失去控制的燃烧所造成的灾害。
   A. 地点上　　B. 空间上　　C. 时间上　　D. 范围内　　E. 能量上

2. 按造成的损失程度分类,火灾主要有( )等级。
   A. 特别重大　B. 重大　　　C. 较大　　　D. 大　　　　E. 一般火灾

3. 下列说法中正确的是( )。
   A. 易燃易爆危险品应分类分库储存,库房内通风良好
   B. 易燃易爆物品存放和使用场所等重点部位的灭火器配备应满足最高配置标准要求
   C. 火工品库房储存库区可设高位水池或消防水池并配备消防水泵
   D. 爆破现场临时存放的火工品必须分开存放,专人看管
   E. 固定动火作业场所应布置在临时办公用房、宿舍、可燃材料库房、堆场及加工场全年最小频率风向的下风侧

4. 下列关于动火作业的说法中,错误的是( )。
   A. 在裸露的可燃材料上动火作业应加强防护
   B. 动火作业应办理动火许可证
   C. 签发动火许可证前,签发人应前往现场查验防火措施
   D. 遇6级及以上大风应停止焊接、切割等室外动火作业
   E. 动火作业后应对现场进行检查,确认无火灾隐患后方可离开

5. 下列说法中正确的是( )。
   A. 应采用专用气瓶盛装易燃、易爆气体
   B. 气瓶应分类专库储存,库房内应阴凉通风
   C. 存放气瓶时,应保持倒放平稳
   D. 空瓶和实瓶同库存放时,应分开放置,两者的间距不应小于1m
   E. 气瓶运输、使用过程中严禁碰撞、敲打、抛掷或滚动

6. 气瓶入库时,应对气瓶的( )进行全面检查。
   A. 外观　　　B. 漆色　　　C. 标志　　　D. 附件　　　E. 质量

7. 消防工作的基本任务是( )。
   A. 消除火灾、爆炸隐患　　　　B. 限制火灾、爆炸的蔓延和扩大
   C. 定期进行防灾防火宣传　　　D. 保证安全出口和逃生通道畅通
   E. 对火灾、爆炸事故进行处理

8. 根据公路工程施工特点,易发生火灾的场所和部位主要有( )。
   A. 临时驻地　　　　　B. 可燃材料　　　　　C. 易燃易爆品库房
   D. 临时存放点　　　　E. 瓦斯隧道

9. 下列说法中正确的是( )。
   A. 对有视线障碍的灭火器设置点,应设置指示其位置的发光标志
   B. 灭火器应摆放稳固,铭牌应朝外
   C. 灭火器宜设置在潮湿或强腐蚀性的地点
   D. 灭火箱不得上锁
   E. 在可能发生固体物质火灾的场所,需配备二氧化碳灭火器

10. 临时消防给水系统的消防水源应满足临时消防用水的基本需求,可采用的水源有( )。

A. 市政管网　　　　　B. 工业用水　　　　　C. 天然水源
D. 化学用水　　　　　E. 城市污水

11. 施工单位应制订消防安全操作规程,包括(　　)。
A. 施工现场重大火灾危险源辨识
B. 施工现场防火技术措施
C. 临时消防设施
D. 临时疏散设施配备
E. 消防警示标识布置图

12. 施工单位建立消防档案,保存相关文件和记录,消防档案应包括的文件和记录有(　　)。
A. 施工现场防火安全管理制度及其审批记录
B. 施工现场火灾事故应急预案及其审批记录
C. 施工现场灭火和应急疏散演练方案
D. 施工现场临时消防安全管理制度
E. 施工现场防火安全技术交底记录

13. 可燃材料、易燃易爆品库房及临时存放点应满足的要求有(　　)。
A. 可燃材料库房单间不超过 $30m^2$
B. 易燃易爆危险品库房单间不超过 $30m^2$
C. 可燃材料成垛堆放高度不超过 2m
D. 可燃材料单垛堆放高度不超过 $50m^2$
E. 可燃材料垛与垛之间距离不小于 3m

14. 关于用气作业的说法中,正确的是(　　)。
A. 气瓶应分类专库储存,库房内应阴凉通风
B. 气瓶的空瓶和实瓶同库存存放时,间距不应该小于 2m
C. 气瓶内的气体可以全部用完
D. 氧气瓶和乙炔瓶的工作间距不应小于 5m
E. 氧气瓶和乙炔瓶与明火的间距不应小于 5m

8 常用危险化学品管理

一、单选题

1. 燃料、油脂库房设置地点应距离生活区( )m以上。
   A. 20　　　　　　B. 30　　　　　　C. 40　　　　　　D. 50

2. 危险品库区设置"严禁烟火"标识标牌,库区四周应设密实围墙,围墙高度不低于( )m。
   A. 1.5　　　　　　B. 1.8　　　　　　C. 2　　　　　　D. 2.5

3. 气瓶瓶身应设置( )道减振胶圈。
   A. 1　　　　　　B. 2　　　　　　C. 3　　　　　　D. 4

4. 沥青如果储存不当,接触氧、光和过热,就会引起沥青的硬化,造成( )。
   A. 软化点下降、针入度下降、延度变差　　B. 软化点下降、针入度上升、延度变差
   C. 软化点上升、针入度上升、延度变差　　D. 软化点上升、针入度下降、延度变差

5. 发生硫酸意外时,可用( )扑救。
   A. 喷射水　　　　B. 二氧化碳　　　C. 水　　　　　　D. 压力水

6. 库区四周应设密实围墙,围墙高度不应低于2m,墙顶应有防攀越的措施,围墙到库房墙脚的距离不宜小于( )m。
   A. 5　　　　　　B. 6　　　　　　C. 7　　　　　　D. 8

7. 氧气瓶应与其他易燃气瓶、油脂和易燃、易爆物品分别存放,严禁氧气与乙炔混库存放,且不得靠近热源和电器设备,与明火的距离不得小于( )m。
   A. 5　　　　　　B. 10　　　　　　C. 15　　　　　　D. 20

8. 库区外应设置"严禁烟火"、消防安全责任牌等标识、标牌,并且( )m范围内不得有明火作业。
   A. 5　　　　　　B. 10　　　　　　C. 15　　　　　　D. 20

9. 下列说法错误的是( )。
   A. 隧道内作业时严禁烟火
   B. 隧道内应轮流作业,轮流休息
   C. 在隧道进风洞口应安装大功率排风机引风
   D. 沥青铺摊作业应尽量采取顺风向铺摊

10. 硫酸、电瓶电解液必须储存于阴凉、通风的危险品库房或专用充电房,库房温度不超过35℃,相对湿度不超过( )。
    A. 75%　　　　　B. 80%　　　　　C. 85%　　　　　D. 90%

11. 充电的电压、电流不许超过工艺的规定,电解液的温度不得超过( )℃,否则应暂停充电。
    A. 30　　　　　　B. 35　　　　　　C. 40　　　　　　D. 45

12. 下列不能用于扑救硫酸、电瓶电解液导致的火灾的消防器材是( )。
    A. 干砂　　　　　B. 二氧化碳灭火器　C. 雾状水　　　　D. 干粉灭火器

13. 下列不属于燃料库房设置要求的是( )。

A. 保持干燥　　　　　　　　　　B. 通风良好
C. 库区设置"严禁烟火"标牌　　　D. 地点距离生活区 40m 以上

14. 下列不属于压缩气体库房安全管理要求的是(　　)。
   A. 严禁氧气与乙炔混库存放　　B. 仓库应密闭不通风
   C. 仓库应防晒、防冻　　　　　D. 距仓库 10m 范围内不得有明火作业

15. 下列不属于沥青安全管理要求的是(　　)。
   A. 沥青操作人员必须体检合格后才能上岗
   B. 沥青混合料必须在沥青拌和站采用拌和机械拌制
   C. 沥青生产和使用时需要分标号在储罐内保温储存
   D. 沥青铺摊作业应尽量采取逆风向铺筑

16. 关于沥青拌和站的规定,错误的说法是(　　)。
   A. 拌和厂应设置在潮湿、通风条件较好的地方
   B. 拌和厂应有良好的排水设施
   C. 拌和厂应具有可靠的电力供应
   D. 各类拌和机均应有防止矿粉飞散的密封性能

二、判断题

1. 在施工过程中,根据实际需要,油料储存罐可采用地上储罐、覆土立式储罐、覆土卧式储罐等储存方式。　　　　　　　　　　　　　　　　　　　　　　　　　　　(　　)
2. 用链绳吊装直接捆绑在瓶体上时应控制提升速度。　　　　　　　　　　(　　)
3. 危险化学品是指具有毒害、腐蚀、爆炸、燃烧、助燃等性质,对人体、设施、环境具有危害的剧毒化学品和其他化学品。　　　　　　　　　　　　　　　　　　(　　)
4. 燃料油脂具有易挥发、易聚集静电荷、流动与膨胀的特性,操作不当会造成火灾、爆炸、中毒等事故。　　　　　　　　　　　　　　　　　　　　　　　　　(　　)
5. 仓库应以防火材料建造,仓库内应使用防爆灯,库区应装有避雷设备。避雷设备应每年检测一次,并做好记录。　　　　　　　　　　　　　　　　　　　　　(　　)
6. 各种油料按照品种、牌号分别存放、标识,不得混放。对存放较久的要每季度检查一次,发现变质异状时应抽样化验。　　　　　　　　　　　　　　　　　　(　　)
7. 油罐计量器应安装有铜或铝合金套,开启桶口、槽车盖时应使用铁扳手,防止摩擦生火,引起爆炸。　　　　　　　　　　　　　　　　　　　　　　　　　(　　)
8. 乙炔瓶应侧卧,不能直立,在其管路上应安装防回火装置。　　　　　　(　　)
9. 气瓶内的气体不能全部用完,必须留有剩余压力,冬天应留 $0.1 \sim 0.2$ MPa,夏天应留有 0.3 MPa 的剩余压力,并注"空瓶"标记。　　　　　　　　　　　　　　(　　)
10. 沥青是一种防水、防潮和防腐的有机胶凝材料,可分为煤焦沥青、石油沥青和天然沥青三种。　　　　　　　　　　　　　　　　　　　　　　　　　　　　(　　)
11. 沥青操作人员上岗前必须接受体检,凡是患有结膜炎、皮肤病及对沥青过敏者,不宜从事沥青作业。　　　　　　　　　　　　　　　　　　　　　　　　　(　　)
12. 沥青在生产和使用过程中需要分标号在储罐内保温储存。如果处理不当,接触氧、光和过热,就会引起沥青软化,软化点下降,延度变好,使沥青的使用性能受到损失。(　　)
13. 应用沾有有机物并涂有防黏薄膜剂的自卸槽斗车辆运送混合料。　　　(　　)
14. 在公路工程施工中,硫酸一般用作机械设备电瓶电解液。　　　　　　(　　)

15. 硫酸、电瓶电解液必须储存于潮湿、通风的危险品库房。（   ）

16. 稀释或制备电解液时,应把蒸馏水缓慢地注入硫酸中,并不断用玻璃棒搅拌,避免沸腾和飞溅伤人。（   ）

17. 硫酸、电瓶电解液在发生意外起火时,最好用干砂、干粉灭火器、雾状水进行扑救。（   ）

18. 在进行硫酸、电瓶电解液相应工作时,操作人员应佩戴自吸过滤式防毒全面罩,穿耐酸性服装,戴耐酸性手套。（   ）

三、多选题

1. 下列关于危险品库区的说法,正确的是(   )。
   A. 塔顶应有防攀越的措施　　B. 围墙到库房墙脚的距离不宜小于3m
   C. 库区应装有避雷设备　　　D. 避雷设备应每年检测一次
   E. 仓库应以防火材料建造,仓库内应使用防爆灯

2. 沥青烟和粉尘可经(   )引起中毒,发生皮炎、视力模糊、心悸、头痛等症状。
   A. 耳朵　　B. 呼吸道　　C. 皮肤　　D. 肠胃　　E. 接触

3. 硫酸的特性包括(   )。
   A. 强腐蚀性　　B. 毒性　　C. 强氧化性　　D. 脱水性　　E. 灼伤性

4. 公路工程施工中,除民用爆炸物品外,常见的危险化学品主要有(   )。
   A. 燃料油脂　　B. 压缩气体　　C. 二氧化碳　　D. 沥青　　E. 硫酸

5. 燃料油脂具有(   )的特性。
   A. 易燃　　B. 腐蚀　　C. 易爆　　D. 有毒　　E. 助燃

6. 在施工过程中,根据实际需要,油料储存罐可采用(   )储存方式。
   A. 地上储罐　　　　B. 覆土立式储罐　　　　C. 覆土卧式储罐
   D. 立式储罐　　　　E. 倾斜储罐

7. 公路工程施工中常用的压缩气体有(   )。
   A. 氮气　　B. 氧气　　C. 乙炔　　D. 二氧化碳　　E. 氢气

8. 压缩气体具有的特性有(   )。
   A. 易燃易爆　　　　B. 易产生或聚集静电　　　　C. 腐蚀毒害
   D. 流动扩散性强　　E. 受热膨胀(氧气和压缩空气除外)

9. 关于压缩气体的安全管理要求的说法中,正确的是(   )。
   A. 氧气、乙炔使用间距不小于5m
   B. 气瓶内的气体可以全部用完
   C. 氧气和乙炔可以共用一条管路
   D. 乙炔瓶不能侧卧,必须直立
   E. 氧气、乙炔瓶可以在阳光下暴晒

10. 沥青可分为(   )。
    A. 煤焦沥青　　B. 石油沥青　　C. 天然沥青　　D. 柴油沥青　　E. 乳化沥青

11. 关于沥青的危害,正确的说法是(   )。
    A. 沥青及其烟气对皮肤黏膜具有刺激性
    B. 有光毒作用
    C. 沥青可对皮肤造成黑变病

D.职业性痤疮

E.化学灼伤

12.拌和站的设置应符合的规定有( )。

A.拌和厂应设置在空旷、湿润、运输条件好的地方

B.拌和厂应该具有良好的排水设施

C.拌和厂应有可靠的电力供应,同时具备临时电力供应发电机

D.各类拌和机均应有防止矿粉飞扬散失的密封性能及除尘设备

E.拌和站应设置在河流湖泊等水源附近

13.关于硫酸、电瓶电解液的安全管理要求,下列说法中正确的是( )。

A.充电时,应根据需要,调整供给的电压、电流,不得超负荷

B.稀释或制备电解液时,应把蒸馏水缓慢地注入硫酸中,并不断用玻璃棒搅拌

C.操作人员应佩戴自吸过滤式防毒全面罩,穿耐碱服装,戴耐碱手套

D.发生意外时可用干砂、二氧化碳灭火器、雾状水进行扑救

E.硫酸、电瓶电解液库房应设置在变压器附近

14.危险化学品一般具有( )性质。

A.有毒 B.腐蚀 C.爆炸 D.燃烧 E.助燃

15.下列属于燃料油脂的是( )。

A.汽油 B.柴油 C.润滑剂

D.油性脱模剂 E.润滑油

16.燃料库房应该遵守的安全管理要求包括( )。

A.仓库应以防火材料建造

B.仓库内应使用防爆灯

C.库区不必装避雷设备

D.库区应设置密实围墙,高度不低于1m

E.库房必须采用钢筋混凝土结构

9 民用爆炸物品管理

一、单选题

1. 爆破作业单位必须取得(　　)公安部门颁发的爆破作业单位许可证。
   A. 县级　　　　　　B. 市级　　　　　　C. 省级　　　　　　D. 当地
2. 炸药库与雷管库之间的安全距离应不小于(　　)m。
   A. 10　　　　　　　B. 12　　　　　　　C. 15　　　　　　　D. 20
3. 关于民用爆炸物品库房的说法,下列错误的是(　　)。
   A. 采用不产生火花的地面
   B. 库房窗应配置铁栅栏和金属网
   C. 库房窗下靠近地面的适当部位设置通风孔
   D. 火工用品以包装箱方式储存,且在库房内开箱时可采用一般地面
4. 库区四周应设密实围墙,围墙到最近库房墙脚的距离不宜小于(　　)m。
   A. 5　　　　　　　　B. 6　　　　　　　　C. 7　　　　　　　　D. 8
5. 库区内单个库房应配备至少(　　)个5kg及以上的磷酸铵盐干粉灭火器。
   A. 1　　　　　　　　B. 2　　　　　　　　C. 3　　　　　　　　D. 4
6. 防爆土堆应高出雷管库、炸药库房顶平面(　　)cm以上。
   A. 20　　　　　　　B. 30　　　　　　　C. 40　　　　　　　D. 50
7. 民用爆炸物品库房应至少每(　　)h巡视一次。
   A. 1　　　　　　　　B. 2　　　　　　　　C. 3　　　　　　　　D. 4
8. 爆破作业单位安全负责人至少每(　　)抽查一次治安防范措施落实情况。
   A. 天　　　　　　　B. 周　　　　　　　C. 月　　　　　　　D. 2个月
9. 下列关于爆破作业的说法中,错误的是(　　)。
   A. 施工前必须进行爆破作业评估
   B. 爆破作业时,爆破作业技术负责人、安全员、爆破员必须同时在场
   C. 安全员全面负责爆破现场的安全管理
   D. 在安全距离以外设置警示标志、安排警戒人员
10. 爆破作业后,由(　　)对作业面进行检查,及时上报盲炮和不安全因素。
    A. 爆破技术负责人　　B. 安全员　　　　　C. 爆破员　　　　　D. 施工员
11. 初次申请爆破作业人员许可证的爆破工程技术人员参与市级公安机关培训,学时要求为(　　)课时。
    A. 36　　　　　　　B. 72　　　　　　　C. 120　　　　　　　D. 240
12. 营业性爆破作业单位(设计施工)必须具备(　　)级以上的资质,才能进行B级爆破作业项目。
    A. 一　　　　　　　B. 二　　　　　　　C. 三　　　　　　　D. 四
13. 当危险性建筑物紧靠山脚布置、山高大于20m、山的坡度大于15°时,其与山背后建筑物之间的外部距离可减少(　　)。

A.20% B.30% C.40% D.50%

14.民用爆炸物品库房应为单层建筑,可采用砖墙承重,屋盖宜为钢筋混凝土结构,净高度不低于( )m。
A.2 B.3 C.4 D.5

15.民用爆炸物品库区值班室为单层,单库计算药量小于3000kg,未设置防护屏障,则值班室与库房最小允许距离为( )m。
A.30 B.60 C.65 D.90

16.民用爆炸物品库房内应放置温度计和湿度计,相对湿度不超过( )。
A.60% B.65% C.70% D.75%

二、判断题

1.民用爆炸物品库房应由有资质的单位进行设计和预评估,报所在地县级公安部门审核后方可建设。( )

2.民用爆炸物品库房上的窗应封闭并设置铁栅栏和金属网。( )

3.库房值班室朝库房方向应设置窗户,以便于查看库房情况。( )

4.爆破工程技术人员、爆破员、安全员、保管员,必须经设区的省级公安机关培训考核合格并取得爆破作业人员许可证后方可从事爆破作业。( )

5.爆破工程技术人员高级/B后连续从事爆破相关工作3年以上,且主持过不少于5项B级爆破作业项目的设计施工,可取得高级/A资格。( )

6.民用爆炸物品库房应布置在城镇地段,不应设置在有山洪、滑坡和其他地质危害的地点,应尽量避免山丘等地段。( )

7.民用爆炸物品库房应由有资质的单位进行设计和预评估,报所在地市级公安部门审核同意后方可建设;建成后应由同一家具备相应资质的单位进行评估;由所在地市级公安部门验收合格并取得储存许可证后方可投入使用。( )

8.炸药库与雷管库必须分开建造,各库之间的距离应不小于15m,每个库房距生活区等保护对象的允许距离应满足相关要求。( )

9.民用爆炸物品地面储存库(3000kg<药量≤5000kg)距离人数大于50人的居民点边缘、企业住宅区建筑物边缘、其他单位围墙,应大于或等于300m。( )

10.民用爆炸物品库房应为单层建筑,可采用砖墙承重,屋盖宜为钢筋混凝土结构,净高度不低于3m。( )

11.民用爆炸物品库房实行单门、单扇、单锁,门应向外开启。( )

12.民用爆炸物品库区四周应设密实围墙。围墙到最近库房墙脚的距离不宜小于6m,围墙高度不应低于3m,墙顶应有防攀越的措施。( )

13.民用爆炸物品库区值班室为单层,单库计算药量大于3000kg、且不超过5000kg,已设置防护屏障,则值班室与库房最小允许距离为90m。( )

14.库区周围应设置警戒隔离区和明显的警戒标志,库区可设高位水池,或设消防水池并配备消防水泵,水池储水量不少于20m^3。( )

15.涉爆单位储存民用爆炸物品,必须严格执行"日核对、周清点、月检查"制度。( )

16.民用爆炸物品必须使用爆破器材专用运输车运输,除经公安部门批准的爆炸物品混装运输车辆外,炸药、雷管不可同车运输。( )

17. 在爆破作业现场临时存放民用爆炸物品的,应设置专用防爆箱,雷管和炸药必须分开存放,加强防盗、防流失、防火、防潮管理,并设专人管理、看护。( )

18. 当班爆破作业结束后,项目技术负责人、爆破员及安全员共同清点、核对、记录剩余民用爆炸物品的品种、数量,全部清退回库,交由保管员签字确认,存档备查。( )

19. 对于变质、过期失效、工程完工后剩余的民用爆炸物品,必须严格清点、登记造册,在所在地省级公安机关的组织监督下销毁。( )

20. 爆破工程结束后,应及时清库和撤库,并在所在地公安机关办理撤库手续,同时妥善保管原始资料或移交相关部门存档。( )

三、多选题

1. 关于民用爆炸物品库房的说法,下列正确的是( )。
   A. 单门、双扇　　　　　　B. 门向内开启　　　　　　C. 外层门为防盗门
   D. 双锁　　　　　　　　　E. 内层门为加金属网的通风栅栏门

2. 民用爆炸物品过程管理应严格执行的制度包括( )。
   A. 日清点　　　　　　　　B. 周清点　　　　　　　　C. 周核对
   D. 日核对　　　　　　　　E. 月检查

3. 发放民用爆炸物品时,( )必须同时在场、登记签字。
   A. 班组长　　　　　　　　B. 施工员　　　　　　　　C. 保管员
   D. 安全员　　　　　　　　E. 爆破员

4. 公路工程中常用的民用爆炸物品有( )。
   A. 炸药　　　　　　　　　B. 雷管　　　　　　　　　C. 导爆索
   D. 起爆器材　　　　　　　E. 震源弹

5. 公路工程中涉及民用爆炸物品的施工项目主要有( )。
   A. 隧道爆破　　　　　　　B. 路基土石方爆破　　　　C. 拆除爆破
   D. 围堰施工　　　　　　　E. 桩基施工

6. 关于民用爆炸物品库房地面储存库与外部距离,下列说法正确的是( )。
   A. 地面储存库(3000kg < 药量≤5000kg)距离二级以上公路、国家铁路225m及以上
   B. 地面储存库(2500kg < 药量≤3000kg)距离高压输电线(110kV)200m以上
   C. 地面储存库(3000kg < 药量≤5000kg)距离二级以上公路、国家铁路200m及以上
   D. 地面储存库(2500kg < 药量≤3000kg)距离高压输电线(110kV)225m以上
   E. 地面储存库(3000kg < 药量≤5000kg)距离人数大于10万的城镇最小距离为800m

7. 民用爆炸物品库房建设应该满足的要求有( )。
   A. 库房应为双层建筑,可采用砖墙承重
   B. 库房屋盖宜为钢筋混凝土结构
   C. 库房应实行单门、单扇、单锁
   D. 采用不发生火花的地面
   E. 窗应能开启并应配置铁栅栏和金属网

8. 关于民用爆炸物品库区围墙建设的说法,正确的有( )。
   A. 围墙到最近库房墙脚的距离不小于5m
   B. 围墙到最近库房墙脚的距离不小于6m

C. 围墙高度不应低于 2m

D. 围墙高度不应低于 3m

E. 围墙可设置为镂空结构

9. 关于民用爆炸物品库区安防设施建设的说法,正确的有( )。

   A. 库区可设高位水池,或设消防水池并配备消防水泵,水池储水量不少于 15m³

   B. 库区内单个库房应配备至少两个 5kg 及以上的磷酸铵盐干粉灭火器

   C. 炸药库与雷管库之间应设置防爆土堆,应高出雷管库、炸药库房顶平面 30cm 以上

   D. 库房温度以 15~30℃为宜,不超过 35℃,相对湿度不超过 70%

   E. 库区门口应安装门禁系统

10. 购买民用爆炸物品,应在公安机关备案的内容有( )。

   A. 购买申请   B. 运输路线   C. 采购合同

   D. 运输合同   E. 库房设计图

11. 关于民用爆炸物品储存管理的说法,正确的有( )。

   A. 必须严格执行"日清点、周核对、月检查"制度

   B. 发放、领取民用爆炸物品时,保管员、安全员、爆破员可以不同时在场,只需签字即可

   C. 民用爆炸物品库房必须严格落实人防、技防、物防、犬防措施

   D. 民用爆炸物品丢失、被盗、被抢,应当立即报告当地公安机关

   E. 民用爆炸物品库房储存的爆炸物品数量可适当超出设计容量

12. 关于民用爆炸物品现场运输的说法,正确的有( )。

   A. 民用爆炸物品必须使用爆破器材专用运输车运输

   B. 炸药、雷管运输都可同车运输

   C. 运输车辆必须由熟悉性能、具有相应驾驶资格的驾驶人驾驶

   D. 爆破员或安全员必须同车押运

   E. 可以自行改装民用爆炸物品的运输车辆

13. 爆破作业安全监理的职责有( )。

   A. 审验爆破作业人员的资格,禁止无资格人员从事爆破作业

   B. 发现违章指挥和违章作业并上报委托单位,无权停止爆破作业

   C. 审查爆破有害效应是否控制在设计范围内

   D. 审查爆破作业单位是否按照设计方案施工

   E. 监督爆炸物品领取、清退制度的落实情况

14. 爆破作业时,下列关于项目技术负责人、爆破员、安全员职责的说法中,正确的是( )。

   A. 项目技术负责人全面负责现场的安全管理

   B. 安全员现场监督爆破员按照操作规程装药、填塞、爆破

   C. 只需要爆破员签字确认爆破物品的品种、数量

   D. 三人中仅需两人同时在场

   E. 爆破员、安全员每年的继续教育不少于 15 学时

10 劳动防护用品管理

一、单选题

1. 劳动防护用品的分类中,属于按作业人员分类的是( )。
    A. 一般劳动防护用品　　　　　　　B. 头部防护用品
    C. 眼面部防护用品　　　　　　　　D. 听力防护用品
2. 立网、平网、密目式立网在工作平面高于基准面( )m 及以上时使用。
    A. 1　　　　　B. 2　　　　　C. 3　　　　　D. 4
3. 以下不属于劳动防护用品验收检查项的是( )。
    A. 型号　　　　B. 规格　　　　C. 生产日期　　　　D. 购买日期
4. 在( )m 以上的无可靠安全防护设施的高处、悬崖和陡坡作业时,必须系挂安全带。
    A. 2　　　　　B. 3　　　　　C. 4　　　　　D. 5
5. 塑料安全帽使用超过( )年必须进行更换。
    A. 1　　　　　B. 1.5　　　　C. 2　　　　　D. 2.5
6. 施工单位需制订劳动防护用品配备标准及采购计划,购买具有( )的劳动防护用品。
    A. 三证一标志　　B. 两证两标志　　C. 三证两标志　　D. 一证一标志
7. 施工单位需制定劳动防护用品配备标准及采购计划,购买具有"三证一标志"的劳动防护用品。以下不属于"三证"的是( )。
    A. 生产许可证　　B. 安全环保证　　C. 产品合格证　　D. 安全鉴定证
8. 下列不是应该向电工发放的一般个体防护装备的是( )。
    A. 普通防护服　　B. 劳动防护手套　　C. 防寒服　　D. 雨衣
9. 下列不是劳动防护用品管理的基本规定的是( )。
    A. 用人单位应建立健全劳动防护用品管理制度
    B. 用人单位只需对新进场员工发放劳动防护用品
    C. 用人单位应督促作业人员在日常生产作业中按要求佩戴劳动防护用品
    D. 使用进口的劳动防护用品,其防护性能不得低于我国相关标准
10. 下列不属于对特种劳动防护用品应该验收的材料的是( )。
    A. 安全标志证书　　B. 生产许可证　　C. 生产资质　　D. 使用资质
11. 下列不属于施工单位的职责的是( )。
    A. 对劳动者进行劳动防护用品的使用、维护等专业知识的培训
    B. 督促劳动者对劳动防护用品进行检查
    C. 及时对检查中发现的过期、损坏的劳动用品进行更换和报废
    D. 发现损害、过期的劳动防护用品,应及时报告建设单位要求更换
12. 每一个工种都需要发放的特种个体防护装备是( )。
    A. 胶面防砸安全靴　　B. 安全帽　　C. 防冲击护目镜　　D. 防尘口罩
13. ( )kg 钢锤自 1m 高度自由落下,冲击到戴在木质头模上的安全帽具有足够的强

度和良好的缓冲效果,这是安全帽的有效防护功能最低指标。

  A.4   B.5   C.6   D.7

14.进入施工现场必须正确佩戴安全帽,在( )m以上的无可靠安全防护设施的高处、悬崖和陡坡作业时,必须系挂安全带。

  A.1.5   B.2   C.2.5   D.3

二、判断题

1.用人单位应当安排专项经费用于配备劳动防护用品,可以通过发放补贴让作业人员自行购买。( )

2.对于安全性能要求高、易损耗的劳动防护用品,应当按照有效防护功能最高指标和有效使用期定期进行检查试验。( )

3.长期在90dB(A)以上或者短时在115dB(A)以上环境中工作时,应使用听力护具。( )

4.用人单位应当为劳动者提供符合国家标准或者行业标准的劳动防护用品。使用进口的劳动防护用品,其防护性能不得低于我国相关标准。( )

5.用人单位应当安排专项经费用于配备劳动防护用品,可以以货币或者其他物品代替。( )

6.用人单位应组织计划、采购、安全、劳动者代表等人员对采购的劳动防护用品进行检查验收,并做好记录,签字确认,不得发放未经过验收的劳动防护用品。( )

7.建设单位应当对劳动者进行劳动防护用品的使用、维护等专业知识的培训。( )

8.施工单位应当督促劳动者对劳动防护用品进行检查,确保外观完好、部件齐全、功能正常,并妥善保存,过期的应及时更换。( )

9.监理单位应当按照劳动防护用品购买时间及有效期限定期进行检查,检查中发现过期、损坏的,及时更换或报废。( )

10.建设单位应定期对现场使用的劳动防护用品进行检查,发现有过期、损坏的,督促施工单位及时更换或报废处理。( )

11.安全性能要求高、易损耗的劳动防护用品,应当按照有效防护功能最高指标和有效使用期,定期进行检查试验,对不合格的劳动防护用品要强制报废。( )

12.劳动防护用品是指由用人单位为劳动者配备的,使其在劳动过程中免遭或者减轻事故伤害及职业病危害的特种个体防护装备。( )

13.按照防护部位的不同,劳动防护用品可分为5类,分别为头部防护用品、呼吸防护用品、眼部防护用品、听力防护用品、手部防护用品。( )

14.护肤洗涤用品也属于劳动防护用品,分为护肤类(如护肤霜、遮光型护肤剂)和清洗类(如皮肤清洗剂)等。( )

15.劳动防护用品的"三证一标志"是指:生产许可证、产品合格证、安全鉴定证和劳动防护安全标志。( )

16.劳动者在使用过程中,发现劳动防护用品存在损坏、过期的,有权要求进行更换。( )

17.4kg钢锤自1m高度自由落下,冲击到戴在木质头模上的安全帽具有足够的强度和良好的缓冲效果,这是安全帽的有效防护功能最低指标。( )

三、多选题

1. 劳动防护用品按防护部位可分为( )。
   A. 手部劳动防护用品　　B. 特种劳动防护用品
   C. 一般劳动防护用品　　D. 头部劳动防护用品

2. 用人单位应建立健全劳动防护用品管理制度,加强劳动防护用品( )等工作。
   A. 配备　　B. 发放　　C. 回收　　D. 使用

3. 购买劳动防护用品时,应注意是否具有( )。
   A. 生产许可证　　B. 安全鉴定证　　C. 产品合格证
   D. 安全防护证　　E. 安全标志

4. 按作业人员不同,劳动防护用品可分为( )。
   A. 特种劳动防护用品　　B. 坠落防护用品　　C. 一般劳动防护用品
   D. 头部防护用品　　E. 足部防护用品

5. 属于特种劳动防护用品的是( )。
   A. 防砸防刺鞋　　B. 电焊手套　　C. 水鞋　　D. 雨衣　　E. 安全带

6. 属于一般劳动防护用品的是( )。
   A. 防砸防刺鞋　　B. 电焊手套　　C. 水鞋　　D. 雨衣　　E. 电绝缘鞋

7. 呼吸防护用品按用途可分为( )。
   A. 防尘类　　B. 过滤类　　C. 防毒类　　D. 供氧类　　E. 隔绝类

8. 呼吸防护用品按作用原理可以分为( )。
   A. 过滤式　　B. 供氧式　　C. 隔绝式　　D. 防尘式　　E. 防毒式

9. 眼面部防护用品可以保护作业人员的眼睛、面部,防止外来伤害,主要有( )。
   A. 焊接面罩　　B. 防冲击护目镜　　C. 防强光护目镜
   D. 紫外线护目镜　　E. 近视眼镜

10. 防护手套用于手部保护,主要有( )。
    A. 防振手套　　B. 耐酸碱手套　　C. 防静电手套
    D. 电工绝缘手套　　E. 电焊手套

11. 关于劳动防护用品管理基本规定的说法中,正确的是( )。
    A. 用人单位应建立健全劳动防护用品管理制度
    B. 用人单位应对新进场的作业人员进行劳动防护用品使用教育培训
    C. 用人单位应督促作业人员在日常生产作业中按照要求佩戴劳动防护用品
    D. 使用进口的劳动防护用品,防护性能只需满足国外标准即可
    E. 劳动防护用品可以以货币形式发放

12. 劳动防护用品采购时,应购买具有"三证一标志"的劳动防护用品,其中"三证一标志"是指( )。
    A. 生产许可证　　B. 产品合格证　　C. 安全鉴定证
    D. 劳动防护安全标志　　E. 劳动用品防护标志

13. 关于劳动防护用品验收的说法中,正确的是( )。
    A. 不得发放未经过验收的劳动防护用品
    B. 特种劳动防护用品需要相应的资格证书
    C. 用人单位应组织专人对劳动防护用品进行检查验收,并做好记录,不需签字确认

D.劳动防护用品验收时,应检查防护用品的型号、规格、出厂日期、LA标志、合格证等

E.劳动防护用品由物资采购部门验收即可

14.关于劳动防护用品使用的说法中,正确的是( )。

A.施工单位应当对劳动者进行劳动防护用品的使用、维护等专业知识培训

B.建设单位应当督促劳动者对劳动防护用品进行检查

C.劳动者必须按照安全生产规章制度和劳动防护用品使用规范,正确佩戴和使用劳动防护用品

D.施工单位应确保劳动防护用品外观完好、部件齐全、功能正常

E.劳动防护用品在使用过程中损坏的,由劳动者负责更换

15.关于劳动防护用品的报废的说法中,正确的是( )

A.监理单位应督促施工单位及时更换或报废劳动防护用品

B.劳动者发现劳动防护用品存在损坏、过期的,应及时报告并要求更换

C.易损耗的劳动防护用品,应当按照有效防护功能最高指标和有效使用期,定期检查试验,不合格的要强制报废

D.劳动防护用品有效使用期是指能达到有效防护功能最低指标的使用时间

E.劳动防护用品的更换标准由用人单位制定

16.坠落防护用品主要有( )。
A.安全带 B.安全网 C.坠落器 D.坠落网 E.防护栏杆

17.劳动者在使用劳动防护用品时的职责包括( )。

A.劳动者必须按照安全生产规章制度和劳动防护用品使用规范,正确佩戴和使用劳动防护用品

B.劳动者在使用过程中,发现劳动防护用品存在损坏、过期的,有权要求进行更换

C.劳动者应自觉组织劳动防护用品的使用、维护等专业知识培训

D.劳动者督促施工单位及时对过期、损坏的劳动防护用品进行更换或报废处理

E.劳动防护用品损坏后,劳动者在自行修复后可继续使用

18.根据劳动用品分类,防砸防穿刺鞋可以归为( )。
A.特种劳动防护用品 B.一般劳动防护用品 C.足部防护用品
D.躯干防护用品 E.普通防护用品

19.听力护具包括( )。
A.耳塞 B.耳罩 C.帽盔 D.棉签 E.头盔

20.按照规定,用人单位应当发放劳动防护用品,其中钢筋工、模板工和混凝土工都要配备的一般个体防护装备包括( )。
A.普通防护服 B.劳动防护手套 C.普通工作鞋
D.防寒服 E.安全帽

11 安全风险评估

一、单选题

1. 施工安全风险评估应遵循( )的原则。
   A. 静态管理　　　　B. 动态管理　　　　C. 规范管理　　　　D. 全方位管理
2. 风险评估报告经监理单位审核后应向建设单位报备,对( )级风险施工作业,建设单位须组织专家或安全评价机构,进行论证或复评估,提出降低风险的措施建议。
   A. Ⅰ　　　　　　　B. Ⅱ　　　　　　　C. Ⅲ　　　　　　　D. Ⅳ
3. 当公路水运工程风险复评估后,风险等级仍无法降低时,应及时调整设计、施工方案,并向( )备案。
   A. 监理单位　　　　　　　　　　　B. 公路水运工程安全生产监督管理部门
   C. 建设单位　　　　　　　　　　　D. 施工企业
4. 施工安全风险评估程序为:成立评估小组→( )→编制评估报告。
   A. 制订评估计划→选择评估方法→开展风险分析→进行风险估测→确定风险等级→提出措施建议
   B. 选择评估方法→制订评估计划→开展风险分析→进行风险估测→确定风险等级→提出措施建议
   C. 制订评估计划→选择评估方法→进行风险估测→开展风险分析→确定风险等级→提出措施建议
   D. 选择评估方法→制订评估计划→进行风险估测→开展风险分析→确定风险等级→提出措施建议
5. 隧道桥梁工程总体风险评估方法推荐采用( )。
   A. 指标体系法　　　B. 专家调查法　　　C. 检查表法　　　　D. LEC 评价法
6. 经总体风险评估为( )级风险及以上的工程,应开展专项风险评估。
   A. Ⅰ　　　　　　　B. Ⅱ　　　　　　　C. Ⅲ　　　　　　　D. Ⅳ
7. 桥梁工程施工安全总体风险值 R 为 2 分时,安全总体风险等级为( )级。
   A. Ⅰ　　　　　　　B. Ⅱ　　　　　　　C. Ⅲ　　　　　　　D. Ⅳ
8. 桥梁工程施工安全总体风险等级划分为中度风险,则风险值 R 的取值范围为( )。
   A. 0~4 分　　　　　B. 5~8 分　　　　　C. 9~13 分　　　　D. 14 分及以上
9. 桥梁工程施工安全总体风险值 R 为 9~13 分时,安全总体风险等级为( )级。
   A. Ⅰ　　　　　　　B. Ⅱ　　　　　　　C. Ⅲ　　　　　　　D. Ⅳ
10. 桥梁工程施工安全总体风险值 $R=15$ 分时,安全总体风险等级为( )级。
    A. Ⅰ　　　　　　　B. Ⅱ　　　　　　　C. Ⅲ　　　　　　　D. Ⅳ
11. 路堑高边坡施工安全总体风险值 $F=20$ 分时,安全总体风险等级为( )级。
    A. Ⅰ　　　　　　　B. Ⅱ　　　　　　　C. Ⅲ　　　　　　　D. Ⅳ
12. 路堑高边坡施工安全总体风险等级为中度风险,则风险值 F 的取值范围为( )。

A. $F \leqslant 30$ B. $30 < F \leqslant 45$ C. $45 < F \leqslant 60$ D. $F > 60$

13. 路堑高边坡施工安全总体风险等级为高度风险,则风险值 F 的取值范围为( )。
    A. $F \leqslant 30$ B. $30 < F \leqslant 45$ C. $45 < F \leqslant 60$ D. $F > 60$

14. 路堑高边坡施工安全总体风险等级为极高风险,则风险值 F 的取值范围为( )。
    A. $F \leqslant 30$ B. $30 < F \leqslant 45$ C. $45 < F \leqslant 60$ D. $F > 60$

15. 隧道工程施工安全总体风险值 $R = 6$ 分时,安全总体风险等级为( )级。
    A. Ⅰ   B. Ⅱ   C. Ⅲ   D. Ⅳ

16. 隧道工程施工安全总体风险等级为中度风险时,风险值 R 的取值范围为( )。
    A. 0~6 分   B. 7~13 分   C. 14~21 分   D. 22 分及以上

17. 隧道工程施工安全总体风险等级为高度风险时,风险值 R 的取值范围为( )。
    A. 0~6 分   B. 7~13 分   C. 14~21 分   D. 22 分及以上

18. 隧道工程施工安全总体风险等级为极高风险时,风险值 R 的取值范围为( )。
    A. 0~6 分   B. 7~13 分   C. 14~21 分   D. 22 分及以上

19. 专项风险评估以达到( )及以上的工程为评估单元。
    A. 低度风险   B. 中度风险   C. 高度风险   D. 极高风险

20. 风险评估的基础是( )。
    A. 风险源普查   B. 风险源辨识   C. 风险源分析   D. 重大风险源估测

21. 关于重大风险源风险估测,事故严重程度的估测方法推荐采用( )。
    A. 指标体系法   B. 风险评价矩阵法   C. 专家调查法   D. LEC 评价法

22. 关于重大风险源风险估测,事故可能性的估测方法应采用( )。
    A. 指标体系法   B. 风险评价矩阵法   C. 专家调查法   D. LEC 评价法

23. 根据事故发生的可能性和严重程度等级,采用( )确定桥梁具体施工作业活动的风险等级。
    A. 指标体系法   B. 风险矩阵法   C. 专家调查法   D. LEC 评价法

24. 风险控制应根据风险评估结果,按照( )准则,提出风险控制措施。
    A. 风险管理   B. 风险控制   C. 风险评价   D. 风险接受

25. 一般风险源控制措施由( )按常规制订。
    A. 建设单位   B. 施工单位   C. 监理单位   D. 风险评估单位

二、判断题

1. 施工安全风险评估工作费用,应在项目安全生产费用中列支。 ( )
2. 风险评估等级从高到低,依次为一至四级。 ( )
3. 总体风险评估属于静态风险评估。 ( )
4. 专项风险评估属于静态风险评估。 ( )
5. 监理单位在审查工程施工组织设计文件、危险性较大分部分项工程专项施工方案、应急预案时,应同时审查施工安全风险评估报告;无风险评估报告的,不得签发开工令。 ( )
6. 分部分项工程开工前,应完成施工前专项风险评估,形成专项风险评估报告。 ( )
7. 风险大小 = 事故发生的可能性 × 事故严重程度。 ( )
8. 一般风险源的风险估测,应强调精确量化。 ( )
9. 评估事故可能性,应重点考虑人员伤亡和直接经济损失。 ( )

10. 事故严重程度主要考虑物的状态、人的因素及施工管理缺陷。（ ）
11. 选取物的不安全状态引起的事故可能性评估指标时,主要考虑某些典型事故类型。（ ）
12. 路堑高边坡工程评估指标应按重要性从低到高顺序排列,通过权重系数调节各评估指标的重要性。（ ）
13. 边坡变形破坏迹象可根据现场的裂缝展布情况确定。（ ）
14. 重大风险源控制措施应按照预案、预警、预防三阶段逐一明确要求。（ ）
15. 风险评估报告是施工安全风险评估过程的记录,应反映风险评估过程的部分工作。（ ）

三、多选题

1. 施工安全风险评估主要是针对工程施工过程中(　　)进行风险源辨识、分析、估测、预控等系列工作。
   A. 各项作业活动　　　　B. 施工方案中潜在的风险　　C. 危险物品
   D. 施工设备　　　　　　E. 工程成本
2. 施工安全风险评估中,当(　　)等发生重大变化时,应重新进行风险评估。
   A. 施工方案　　　　　　B. 工程设计方案　　　　　　C. 施工队伍
   D. 水文地质　　　　　　E. 管理人员
3. 常用的安全风险评估方法有(　　)。
   A. 指标体系法　　　　　B. 专家调查法　　　　　　　C. 风险评价矩阵法
   D. LEC 评价法　　　　　E. 工程类比法
4. 对于路堑高边坡工程总体风险评估,推荐采用(　　)。
   A. 指标体系法　　　　　B. 专家调查法　　　　　　　C. 风险评价矩阵法
   D. LEC 评价法　　　　　E. 工程类比法
5. 施工单位应根据风险评估结论,完善(　　),制订相应的专项应急预案,对项目施工过程实施预警预控。
   A. 应急措施
   B. 施工组织设计
   C. 预警体系
   D. 危险性较大工程专项施工方案
   E. 安全生产规章制度
6. 工程开工后,监理单位应及时提出施工中存在的重大隐患并督促整改;施工单位拒不整改的,应及时向(　　)报告。
   A. 评估单位　　　　　　B. 公路水运工程安全生产监督管理部门
   C. 建设单位　　　　　　D. 施工企业　　　　　　　　E. 新闻媒体
7. 总体风险评估是指开工前根据工程的(　　)等孕险环境及致险因子,评估工程整体风险,确定安全风险等级并提出控制措施建议。
   A. 建设规模　　　　　　B. 结构特点　　　　　　　　C. 资料完整性
   D. 地质环境条件　　　　E. 施工单位业绩
8. 专项风险评估前应按照施工组织设计所确定的施工工法,分解施工作业程序,结合(　　)等致险因子,辨识施工作业活动中典型事故类型。

A. 建设规模　　　　　B. 工序作业特点　　　　C. 施工组织
   D. 环境条件　　　　　E. 施工人员经验
9. 施工过程中出现(　　),应开展施工过程专项风险评估。
   A. 经论证出现了新的重大风险源
   B. 致险因子发生了重大变化
   C. 发生生产安全事故
   D. 主要施工工艺发生实质性改变
   E. 机械设施增加
10. 风险分析一般可采用(　　)。
   A. 鱼刺图法　　　　　B. 故障树分析法　　　　C. 事件树分析法
   D. LEC 法　　　　　　E. 工程类比法

12　重大(重要)危险源管理

一、单选题

1. 国家相关法律或标准对重大危险源的定义,主要是针对(　　)行业。
   A. 交通运输　　　　B. 危险化学品　　　C. 建筑　　　　　　D. 电力
2. 国家相关法律或标准规定的重大危险源是指长期地或临时地生产、加工、使用或储存危险化学品,且危险化学品的(　　)等于或超过临界量的单元,该单元辨识为重大危险源。
   A. 质量　　　　　　B. 临界值　　　　　C. 数量　　　　　　D. 重量
3. 建设工程重要危险源是指在生产过程中存在的,一旦失控可能导致作业人员伤亡或对项目安全生产造成较大不良影响的(　　)。
   A. 危险源　　　　　B. 危险因素　　　　C. 风险源　　　　　D. 风险因素
4. (　　)是危险源控制的基础。
   A. 危险因素　　　　　　　　　　　　　B. 危化品数量
   C. 危险源分析　　　　　　　　　　　　D. 危险源辨识
5. 危险源辨识的程序为:危险源的调查→(　　)→危险源等级划分。
   A. 危险区域的界定→存在条件的分析→触发因素的分析→潜在危险性分析
   B. 危险区域的界定→存在条件的分析→潜在危险性分析→触发因素的分析
   C. 存在条件的分析→危险区域的界定→触发因素的分析→潜在危险性分析
   D. 危险区域的界定→触发因素的分析→存在条件的分析→潜在危险性分析
6. 危险源转化为事故,其表现是(　　)的释放。
   A. 能量　　　　　　B. 能量和危化品　　C. 能量和危险物质　D. 危险物质
7. 危险源辨识程序中,触发因素可分为(　　)。
   A. 人为因素和自然因素　　　　　　　　B. 人为因素和环境因素
   C. 人为因素和灾害因素　　　　　　　　D. 环境因素和灾害因素
8. 下列属于安全检查表分析法(SCL法)的优、缺点的是(　　)。
   A. 简单易行,受分析评价人员主观因素影响
   B. 较复杂、详尽,受分析评价人员主观因素影响
   C. 简便、易于掌握,编制检查表难度及工作量大
   D. 简单实用,受分析评价人员主观因素影响
9. LEC法的应用条件是(　　)。
   A. 有事先编制的各类检查表,有赋分、评级标准
   B. 熟悉系统、元素间的因果关系,有各事件发生概率
   C. 熟悉掌握方法和事故基本事件间的联系
   D. 赋分人员熟悉系统,有丰富的安全生产知识和实践经验
10. 下列属于事件树分析法(ETA法)评价目标的是(　　)。

A. 事故原因, 触发条件, 事故概率　　B. 危险有害因素分析, 安全等级
C. 危险有害因素分析, 危险性等级　　D. 危险性等级

11. LEC 法是进行建筑行业危险性分析及(　　)的有效方法。
A. 作业条件分析　　　　　　　　B. 事故发生的可能性
C. 风险评价　　　　　　　　　　D. 危害分析

12. 作业条件危险性分析法(LEC 法)中, L 代表(　　)。
A. 人员暴露于危险环境中的频繁程度　　B. 事故发生的可能性
C. 事故可能造成的后果　　　　　　　　D. 风险大小

13. 作业条件危险性分析法(LEC 法)中, E 代表(　　)。
A. 人员暴露于危险环境中的频繁程度　　B. 风险大小
C. 事故可能造成的后果　　　　　　　　D. 事故发生的可能性

14. 作业条件危险性分析法(LEC 法)中, C 代表(　　)。
A. 风险大小　　　　　　　　　　　　　B. 事故发生的可能性
C. 事故可能造成的后果　　　　　　　　D. 人员暴露于危险环境中的频繁程度

15. LEC 法中, 根据危险性 $D(D=L\times E\times C)$ 的分值不同, 将危险性等级分为(　　)级。
A. 3　　　　　B. 4　　　　　C. 5　　　　　D. 6

16. LEC 法中, 危险性 $(D=L\times E\times C)$ 用来评价操作人员伤亡风险大小。若 D 值大于 300, 代表危险程度为(　　)。
A. 稍有危险, 可以接受　　　　　B. 一般危险, 需要注意
C. 高度危险, 需要立即整改　　　D. 极其危险, 不能继续作业

17. LEC 法中, 危险性 $(D=L\times E\times C)$ 用来评价操作人员伤亡风险大小。若危险程度为"高度危险, 需要立即整改", 则 D 值范围为(　　)。
A. 100~200　　　B. 200~300　　　C. 160~300　　　D. 160~200

18. LEC 法中, 危险性 $(D=L\times E\times C)$ 用来评价操作人员伤亡风险大小。若 D 值范围为 70~160, 代表危险程度为(　　)。
A. 高度危险, 需要立即整改　　　B. 显著危险, 需要整改
C. 一般危险, 需要注意　　　　　D. 稍有危险, 可以接受

19. LEC 法中, 危险性 $(D=L\times E\times C)$ 用来评价操作人员伤亡风险大小。若 D 值范围为 20~70, 代表危险程度为(　　)。
A. 稍有危险, 可以接受　　　　　B. 一般危险, 需要注意
C. 高度危险, 需要立即整改　　　D. 极其危险, 不能继续作业

20. LEC 法中, 危险性 $(D=L\times E\times C)$ 用来评价操作人员伤亡风险大小。若 D 值小于 20, 代表危险程度为(　　)。
A. 稍有危险, 可以接受　　　　　B. 一般危险, 需要注意
C. 高度危险, 需要立即整改　　　D. 极其危险, 不能继续作业

21. LEC 法中, 危险性 $(D=L\times E\times C)$ 用来评价操作人员伤亡风险大小。若 D 值大于(　　), 应列为重要危险源进行管理。
A. 50　　　　　B. 70　　　　　C. 100　　　　　D. 160

22. 重要危险源监控的目的是对重要危险源的(　　)进行实时监控。
A. 安全状况　　　B. 事故隐患　　　C. 危险状况　　　D. 稳定状况

23. 确保重要危险源受控是重要危险源管理的( )。
    A. 目的　　　　　B. 措施　　　　　C. 手段　　　　　D. 关键
24. 从重大事故隐患治理到重要危险源监控是重大事故预防思想的进步,是从源头上抓预防,是落实( )的具体体现。
    A. 预防为主,防治结合　　　　　B. 预防为主,关口前移
    C. 预防为主,安全第一　　　　　D. 预防为主,综合治理
25. 生产经营单位要加强重要危险源的安全管理与( ),建立健全重要危险源安全管理规章制度。
    A. 管控措施　　　B. 风险管理　　　C. 风险分析　　　D. 检测监控

二、判断题
1. 公路建设工程中使用的危险化学品数量一般难以突破临界量。　　　　　　　( )
2. 施工过程中应根据施工计划,定期辨识下阶段施工内容中涉及的危险源,以实现动态管理。　　　　　　　　　　　　　　　　　　　　　　　　　　　　　　　　　　　( )
3. 危险源辨识方法中的系统安全分析法,适用于有以往经验可借鉴的情况。　　　( )
4. 危险源辨识方法中的对照法,适用于有以往经验可借鉴的情况。　　　　　　( )
5. 危险源的潜在危险性可用能量的强度和危险物质的量来衡量。　　　　　　　( )
6. 危险源辨识程序中,关于触发因素的分析,人为因素包括个人因素和管理因素。
　　　　　　　　　　　　　　　　　　　　　　　　　　　　　　　　　　　( )
7. 为了从根本上预防和控制重大及以上事故发生,必须对已辨识出的危险源进行评价,进一步辨识出重要危险源并制订管控措施。　　　　　　　　　　　　　　　　　( )
8. LEC 法中,若 $D(D=L\times E\times C)$ 值为 60 分,应列为重要危险源进行管理。( )
9. LEC 法中, $D(D=L\times E\times C)$ 值越小,则说明作业条件的危险性越小。　( )
10. 有危险源存在,就一定存在事故隐患。　　　　　　　　　　　　　　　　　( )
11. 确认重要危险源受控或销号是重要危险源监控的主要内容之一。　　　　　( )
12. 根据管理层级、管理深度不同,为充分调动各方管理力量,确保重要危险源受控,一般采取集中监控的方式。　　　　　　　　　　　　　　　　　　　　　　　　　　( )
13. 生产经营单位要在重要危险源现场设置明显的安全警示标志。　　　　　　( )
14. 生产经营单位在排除重大事故隐患后,即可恢复生产经营和使用。　　　　( )

三、多选题
1. 重大危险源辨识的法律或标准依据包括( )。
    A.《建设工程安全生产管理条例》　B.《中华人民共和国安全生产法》
    C.《中华人民共和国消防法》　　　D. 危险化学品重大危险源辨识
    E.《中华人民共和国劳动法》
2. 公路工程使用危化品的特点是( )。
    A. 多为施工现场临时储存　　　B. 品种少　　　　　C. 数量小
    D. 品种多　　　　　　　　　　E. 危险性高
3. 工程开工前,施工单位项目负责人应组织工程技术人员、管理人员、班组长等成立危险源辨识小组,根据( )等辨识施工过程中可能存在的危险源。
    A. 设计文件　　　　　　B. 施工组织设计　　　　　C. 施工工艺流程

D. 有关事故案例   E. 施工人员经验

4. 危险源辨识方法可粗略地分为( )。
   A. 对照法   B. 经验法   C. 比较法
   D. 系统安全分析法   E. 打分法

5. 危险源调查的主要内容有( )。
   A. 作业环境   B. 生产工艺设备及材料   C. 设计方案
   D. 安全防护   E. 施工材料

6. 危险源辨识程序中,存在条件的分析包括( )。
   A. 作业环境   B. 生产工艺设备及材料   C. 设备状况
   D. 防护条件   E. 管理条件

7. 国内外已经开发出的危险源风险评价方法有几十种之多,应根据( )选用。
   A. 评价目标   B. 适用范围   C. 应用条件
   D. 优、缺点   E. 工程规模

8. 因危险源管控不到位,出现( ),会造成事故隐患。
   A. 人的不安全行为   B. 物的危险状态   C. 场所的不安全因素
   D. 管理上的缺陷   E. 外界因素干扰

9. 重要危险源的监控主要包含( )。
   A. 分析重要危险源转化为事故隐患的临界条件及造成的后果
   B. 根据改进前的控制措施,动态跟踪监控
   C. 针对重要危险源的控制措施,明确管控责任人
   D. 相关责任人对照控制措施跟踪落实,掌握重要危险源状况
   E. 重要危险源公示情况

10. 安全生产监督管理部门在监督检查中发现生产经营单位有( )行为,依据《中华人民共和国安全生产法》等有关法律法规规定,责令限期改正,逾期未改正的,责令停产停业整顿,并处罚款。
    A. 未对从业人员进行安全教育和技术培训的
    B. 未对重要危险源进行安全评估的
    C. 未在重要危险源现场设置明显的安全警示标志的
    D. 未对重要危险源登记建档的
    E. 未上报重要危险源管控资料的

13 生产安全事故隐患排查治理

一、单选题

1. 在建筑施工行业,( )是工程项目事故隐患排查、治理、报告和防控的责任主体。
   A. 建设单位　　　B. 监理单位　　　C. 施工单位　　　D. 检测单位
2. 在施工单位项目部,( )为隐患排查治理第一责任人。
   A. 项目经理　　　B. 安全总监　　　C. 生产副经理　　D. 土木总工
3. 施工单位委托技术管理服务机构提供事故隐患排查治理服务的,事故隐患排查治理的责任由( )负责。
   A. 技术管理服务机构　　　　　　B. 施工单位
   C. 监理单位　　　　　　　　　　D. 建设单位
4. 施工单位在工程项目开工前,依据工程实际,参照有关清单,制订工程项目的重大事故隐患清单,由施工单位项目负责人审核发布,并向( )备案。
   A. 属地安全生产监督管理机关　　B. 施工企业法人单位
   C. 监理单位　　　　　　　　　　D. 建设单位
5. 施工单位应当建立事故隐患排查治理( )制度,鼓励从业人员发现、报告和消除事故隐患。
   A. 激励约束　　　B. 自查　　　　　C. 消除　　　　　D. 报告
6. 事故隐患排查治理的程序为( )。
   A. 根据隐患判定标准、排查清单→排查隐患→分工治理→分级建档→及时通报
   B. 排查隐患→分级建档→分工治理→及时通报
   C. 排查隐患→分工治理→分级建档→及时通报
   D. 根据隐患判定标准、排查清单→排查隐患→分级建档→分工治理→及时通报
7. 对排查出的事故隐患,施工单位应当按照事故隐患的( )进行记录,建立事故隐患信息档案。
   A. 类别　　　　　B. 等级　　　　　C. 大小　　　　　D. 内容
8. 施工单位应当( )对本单位事故隐患排查治理情况进行统计分析。
   A. 每天　　　　　B. 每周　　　　　C. 每月　　　　　D. 每季度
9. 下列不属于重大事故隐患专项治理方案内容的是( )。
   A. 目标和任务　　B. 时限与要求　　C. 方法和措施　　D. 安全技术交底
10. 对因自然灾害可能引发事故的隐患,施工单位应当按照有关要求进行排查治理,采取可靠的预防措施,制订应急预案。下列不属于自然灾害的是( )。
    A. 台风　　　　　B. 边坡坍塌　　　C. 泥石流　　　　D. 洪水
11. 在接到自然灾害预报时,应及时( )。
    A. 撤离人员　　　B. 发出预警通知　C. 停产停业　　　D. 撤离设备
12. 生产安全事故灾难预警级别分为( )级。

A. 两   B. 三   C. 四   D. 五

13. 生产安全事故灾难预警级别按颜色划分,蓝色代表(　　)级预警。
    A. Ⅰ   B. Ⅱ   C. Ⅲ   D. Ⅳ

14. 生产安全事故灾难预警级别按颜色划分,黄色代表(　　)级预警。
    A. Ⅰ   B. Ⅱ   C. Ⅲ   D. Ⅳ

15. 生产安全事故灾难预警级别按颜色划分,橙色代表(　　)级预警。
    A. Ⅰ   B. Ⅱ   C. Ⅲ   D. Ⅳ

16. 生产安全事故灾难预警级别按颜色划分,红色代表(　　)级预警。
    A. Ⅰ   B. Ⅱ   C. Ⅲ   D. Ⅳ

17. 安全生产监督管理部门责令停产停业治理重大事故隐患的,治理工作结束后,经(　　)流程,方可恢复生产。
    A. 治理结果评估→评估合格
    B. 申请验收→验收合格
    C. 治理结果评估→评估合格→申请验收
    D. 治理结果评估→评估合格→申请验收→验收合格

18. 安全生产监督管理部门收到生产经营单位恢复生产经营的申请后,应当在(　　)个工作日内进行现场审查。
    A. 5   B. 7   C. 10   D. 12

19. 对治理事故隐患不力、导致事故发生的生产经营单位,安全生产监督管理部门应当将其行为录入安全生产(　　)信息库。
    A. 违规行为   B. 违法   C. 违规   D. 违法行为

20. 施工单位出现(　　)情形,不用承担相应法律责任。
    A. 未建立事故隐患排查治理制度
    B. 未按规定将事故隐患排查治理情况如实记录
    C. 未制订重大事故隐患治理方案
    D. 主要负责人在本单位隐患排查治理中履行职责,及时组织消除事故隐患

21. 施工单位未采取措施消除事故隐患的,负有安全生产监督管理职责的管理部门应责令其立即消除或限期消除隐患,施工单位拒不执行的,责令其停产停业整顿,并处(　　)的罚款。
    A. 5 万元以上 10 万元以下   B. 10 万元以上 20 万元以下
    C. 10 万元以上 50 万元以下   D. 20 万元以上 50 万元以下

22. 施工单位未建立事故隐患排查治理制度的,负有安全生产监督管理职责的管理部门应责令其限期改正,可以处(　　)的罚款。
    A. 1 万元以上 3 万元以下   B. 2 万元以上 5 万元以下
    C. 10 万元以下   D. 10 万元以上 50 万元以下

23. 施工单位未制订重大事故隐患治理方案的,由安全监督管理部门处(　　)的罚款。
    A. 1000 元以上 1 万元以下   B. 5000 元以上 3 万元以下
    C. 1 万元以上 3 万元以下   D. 2 万元以上 5 万元以下

24. 施工单位未建立隐患排查治理奖励约束制度的,由安全监督管理部门责令其限期改正,对其直接负责的主管人员和其他直接责任人可处(　　)的罚款。

A.1000元以上1万元以下 　　　　B.5000元以上3万元以下
C.1万元以上3万元以下 　　　　　D.2万元以上5万元以下

25.安全评估中介机构出具虚假评价证明,违法所得在10万元以上的,处违法所得(　　)的罚款。

A.2倍以上4倍以下 　　　　　　B.2倍以上5倍以下
C.3倍以上5倍以下 　　　　　　D.5倍以上8倍以下

二、判断题

1.一般事故隐患的特点为:危害小,整改快,难度小。（　　）
2.重大事故隐患的特点为:危害大,整改快,难度大。（　　）
3.施工单位应当建立健全事故隐患排查治理制度,完善事故隐患自查、自改、自报的管理机制。（　　）
4.建设、监理及相关单位应积极配合施工单位做好重大事故隐患的排查治理工作。（　　）
5.工程项目重大事故隐患清单无须纳入岗前教育培训。（　　）
6.施工单位应对瞒报事故隐患或者排查治理不力的人员予以相应处理。（　　）
7.一般事故隐患,由施工项目负责人或有关人员立即组织整改。（　　）
8.施工单位在事故隐患治理过程中,应当采取相应的安全防范措施,防止事故发生。（　　）
9.事故隐患排除前,可继续进行生产作业。（　　）
10.生产安全事故灾难预警级别从一级到四级,严重程度依次升高。（　　）
11.安全生产监督管理部门应当指导、监督生产经营单位的事故隐患排查治理工作。（　　）
12.安全生产监督管理部门对存在重大事故隐患的生产经营单位依法作出相应处理决定,生产经营单位拒不执行的,安全生产监督管理部门无权采取强制执行措施。（　　）
13.施工单位未按规定将事故隐患排查治理情况如实记录的,责令其限期改正,可以处5万元以下的罚款。（　　）
14.施工单位已制订重大事故隐患治理方案,但治理方案不符合规定的,按照规定要承担相应法律责任。（　　）
15.安全生产监督管理部门的工作人员对督办的重大事故隐患,未督促施工单位进行整改的,按照规定要承担相应法律责任。（　　）

三、多选题

1.生产安全事故隐患是指生产经营单位违反安全生产法律、法规、规章、标准、规程和安全生产管理制度的规定或因其他因素,在生产经营活动中存在可能导致事故发生的(　　)。

A.人的不安全行为 　　B.物的危险状态 　　C.场所的不安全因素
D.管理上的缺陷 　　　E.不合规的言论

2.事故隐患分类为(　　)。

A.一般事故隐患 　　　B.较大事故隐患 　　C.重大事故隐患
D.特大事故隐患 　　　E.特殊事故隐患

3.下列属于一般事故隐患的有(　　)。

A. 夜间施工照明不足　　　　B. 未按规范或方案要求安装或拆除模板
C. 临边防护不到位　　　　　D. 临时用电存在"一闸多机"
E. 基坑临时支撑架设不及时

4. 下列属于重大事故隐患的有(　　　)。
A. 未按规范或方案要求开展超前地质预报、监控测量
B. 未按规范或方案要求安装或拆除模板
C. 使用未经检验或验收不合格的起重机械
D. 临时用电存在"一闸多机"
E. 不系安全帽下颚带

5. 下列属于施工单位隐患排查治理责任的有(　　　)。
A. 建立制度　　　　　B. 登记建档　　　　　C. 落实责任
D. 及时报告　　　　　E. 投入专项资金

6. 施工单位建立的事故隐患排查治理制度应当包括(　　　)。
A. 明确隐患判定程序,按照规定对本单位存在的一般事故隐患做出判定
B. 明确重大事故隐患、一般事故隐患的处理措施及流程
C. 组织对重大事故隐患治理结果的评估
D. 组织开展相应培训,提高从业人员隐患排查治理能力
E. 制订事故隐患分级标准

7. 施工单位建立的事故隐患排查治理制度应明确主要负责人、分管负责人、部门和岗位人员隐患排查治理(　　　)。
A. 工作要求　B. 职责范围　C. 工作内容　D. 防控责任　E. 工作流程

8. 当(　　　)发生变化,施工单位应对工程项目重大事故隐患清单进行及时调整,经审核重新备案。
A. 施工设备　　　　　B. 施工环境　　　　　C. 工程建设条件
D. 施工作业内容　　　E. 一般管理人员

9. 施工单位应当按照(　　　)组织安全生产管理人员、工程技术人员和其他相关人员排查本单位的事故隐患。
A. 事故隐患判定标准　　B. 事故隐患内容　　　C. 工程建设条件
D. 事故隐患排查清单　　E. 工程类别

10. 对于重大事故隐患,除依照规定报送外,应当提交书面材料,内容应包括(　　　)。
A. 事故隐患判定标准
B. 隐患的现状及其产生原因
C. 隐患的治理方案
D. 隐患的危害程度和整改难易程度分析
E. 隐患排查过程

14 生产安全事故报告与调查

一、单选题

1. 根据生产安全事故造成的人员伤亡或者直接经济损失,事故一般分为(　　)级。
   A. 2　　　　　　　B. 3　　　　　　　C. 4　　　　　　　D. 5

2. 根据生产安全事故造成的人员伤亡,下列情况为一般事故的是(　　)。
   A. 造成 3 人以下死亡,或者 10 人以下重伤
   B. 造成 3 人以上 10 人以下死亡,或者 10 人以上 50 以下重伤
   C. 造成 10 人以上 30 人以下死亡,或者 50 人以上 100 人以下重伤
   D. 造成 30 人以上死亡,或者 100 人以上重伤

3. 根据生产安全事故造成的人员伤亡,下列情况为较大事故的是(　　)。
   A. 造成 3 人以下死亡,或者 10 人以下重伤
   B. 造成 3 人以上 10 人以下死亡,或者 10 人以上 50 以下重伤
   C. 造成 10 人以上 30 人以下死亡,或者 50 人以上 100 人以下重伤
   D. 造成 30 人以上死亡,或者 100 人以上重伤

4. 根据生产安全事故造成的人员伤亡,下列情况为重大事故的是(　　)。
   A. 造成 3 人以下死亡,或者 10 人以下重伤
   B. 造成 3 人以上 10 人以下死亡,或者 10 人以上 50 以下重伤
   C. 造成 10 人以上 30 人以下死亡,或者 50 人以上 100 人以下重伤
   D. 造成 30 人以上死亡,或者 100 人以上重伤

5. 根据生产安全事故造成的人员伤亡,下列情况为特别重大事故的是(　　)。
   A. 造成 3 人以下死亡,或者 10 人以下重伤
   B. 造成 3 人以上 10 人以下死亡,或者 10 人以上 50 以下重伤
   C. 造成 10 人以上 30 人以下死亡,或者 50 人以上 100 人以下重伤
   D. 造成 30 人以上死亡,或者 100 人以上重伤

6. 根据生产安全事故造成的直接经济损失,下列情况为一般事故的是(　　)。
   A. 直接经济损失 1000 万元以下
   B. 直接经济损失 1000 万元以上 5000 万元以下
   C. 直接经济损失 5000 万元以上 1 亿元以下
   D. 直接经济损失 1 亿元以上

7. 根据生产安全事故造成的直接经济损失,下列情况为较大事故的是(　　)。
   A. 直接经济损失 1000 万元以下
   B. 直接经济损失 1000 万元以上 5000 万元以下
   C. 直接经济损失 5000 万元以上 1 亿元以下
   D. 直接经济损失 1 亿元以上

8. 根据生产安全事故造成的直接经济损失,下列情况为重大事故的是(　　)。

A. 直接经济损失 1000 万元以下

B. 直接经济损失 1000 万元以上 5000 万元以下

C. 直接经济损失 5000 万元以上 1 亿元以下

D. 直接经济损失 1 亿元以上

9. 根据生产安全事故造成的直接经济损失,下列情况为特别重大事故的是( )。

A. 直接经济损失 1000 万元以下

B. 直接经济损失 1000 万元以上 5000 万元以下

C. 直接经济损失 5000 万元以上 1 亿元以下

D. 直接经济损失 1 亿元以上

10. 生产安全事故发生后,事故现场有关人员应当立即向本单位负责人报告,单位负责人接到报告后,应当于( )小时内向事故发生县级以上人民政府安全生产监督管理部门和负有安全生产监督管理职责的有关部门报告。

A. 0.5　　　　B. 1　　　　C. 2　　　　D. 3

11. 生产安全事故发生后,事故现场有关人员应当立即向本单位负责人报告,单位负责人接到报告后,应当于( )小时内以正式书面报告向事故发生县级以上人民政府安全生产监督管理部门和负有安全生产监督管理职责的有关部门报告。

A. 12　　　　B. 24　　　　C. 36　　　　D. 48

12. 生产安全事故发生后,应逐级上报事故情况,每级上报的时间不得超过( )小时。

A. 1　　　　B. 2　　　　C. 3　　　　D. 4

13. 安全生产监督管理部门和负有安全生产监督管理职责的有关部门上报事故,同时应报告( )。

A. 本级人民政府　　B. 上级人民政府　　C. 上级主管部门　　D. 省级人民政府

14. 事故发生地有关地方人民政府、安全生产监督管理部门和负有安全生产监督管理职责的有关部门接到事故报告后,( )应当立即赶赴事故现场,组织事故救援。

A. 其主要负责人　　B. 其负责人　　C. 其有关人员　　D. 其分管领导

15. 自道路交通事故、火灾事故发生之日起( )日内,事故造成的伤亡人数发生变化的,应当及时补报。

A. 3　　　　B. 5　　　　C. 7　　　　D. 15

16. 自生产安全事故发生之日起( )日内,事故造成的伤亡人数发生变化的,应当及时补报。

A. 5　　　　B. 7　　　　C. 15　　　　D. 30

17. 事故调查处理应当坚持( )的原则。

A. 实事求是　　　　　　B. 实事求是、尊重科学

C. 安全第一　　　　　　D. 尊重科学

18. 事故调查组应当自事故发生之日起( )日内提交事故调查报告。

A. 15　　　　B. 30　　　　C. 50　　　　D. 60

19. 特殊情况下,提交事故调查报告的期限经批准可适当延长,但延长的期限最长不超过( )日。

A. 15　　　　B. 30　　　　C. 50　　　　D. 60

20. ( )由国务院或者国务院授权有关部门组织事故调查组进行调查。

  A.一般事故 B.较大事故 C.重大事故 D.特别重大事故
 21.较大事故由事故发生地( )负责调查。
  A.县级人民政府   B.设区的市级人民政府
  C.省级人民政府   D.安监部门
 22.对重大事故、较大事故、一般事故,负责事故调查的人民政府,应当自收到事故调查报告之日起( )日内做出批复。
  A.15 B.30 C.50 D.60
 23.负责特别重大事故调查的人民政府,应当自收到事故调查报告之日起( )日内做出批复。
  A.15 B.30 C.50 D.60
 24.特殊情况下,批复事故调查报告时间可适当延长,但延长的时间最长不超过( )日。
  A.15 B.30 C.50 D.60
 25.为发生事故的单位提供虚假证明的( ),由有关部门依法暂扣或者吊销其有关证照及其相关人员的职业资格,构成犯罪的,依法追究刑事责任。
  A.中介机构 B.事故单位 C.事故调查人员 D.安监部门

二、判断题

 1.生产安全事故造成2人死亡以及1500万元直接经济损失,则该事故应划分为一般事故。( )
 2.生产安全事故造成60人重伤以及6500万元直接经济损失,则该事故应划分为重大事故。( )
 3.生产安全事故情况紧急时,事故现场有关人员可直接向有关部门报告。( )
 4.生产安全事故上报时,事故发生的时间应精确到小时。( )
 5.生产安全事故发生后,有关单位和人员应当妥善保护事故现场以及相关证据,任何单位和个人不得破坏事故现场、毁灭相关证据。( )
 6.一般事故由事故发生地设区的市级人民政府负责调查。( )
 7.重大事故由事故发生地县级人民政府负责调查。( )
 8.未造成人员伤亡的一般事故,县级人民政府可以委托事故发生单位组织事故调查组进行调查。( )
 9.特别重大事故以下等级,事故发生地与事故发生单位不在同一个县级以上行政区域的,由事故发生单位所在地人民政府负责调查。( )
 10.事故调查组有权向有关单位和个人了解与事故有关的情况,并要求其提供相关文件、资料,有关单位和个人不得拒绝。( )
 11.事故发生单位的负责人和有关人员在事故调查期间不得擅离职守。( )
 12.事故发生单位防范和整改措施的落实情况应当接受工会和职工的监督。( )
 13.事故发生单位应当按照负责事故调查的人民政府的批复,对本单位负有事故责任的人员进行处理。( )
 14.事故发生单位应当认真吸取事故教训,落实防范和整改措施,防止事故再次发生。( )

三、多选题

 1.生产安全事故是指生产经营单位在生产经营活动中突然发生的,( )的意外事件。

A. 伤害人身安全和健康　　　B. 损坏设备设施　　　C. 造成经济损失
D. 导致原生产经营活动暂时中止或永远中止　　　E. 造成社会影响

2. 安全生产监督管理部门和负有安全生产监督管理职责的有关部门上报事故的同时应通知(　　)。
　　A. 公安机关　　　B. 劳动保障行政部门　　　C. 工会
　　D. 人民检察院　　　E. 保险公司

3. 国务院安全生产监督管理部门和负有安全生产监督管理职责的有关部门以及省级人民政府接到发生(　　)的报告后,应当立即报告国务院。
　　A. 一般事故　　　B. 较大事故　　　C. 重大事故
　　D. 特别重大事故　　　E. 任何等级事故

4. 事故上报内容中,事故发生单位概况应包括(　　)。
　　A. 单位的全称　　　B. 所处地理位置　　　C. 持有各类证照情况
　　D. 单位负责人基本情况　　　E. 企业性质

5. 事故上报内容应包括(　　)。
　　A. 事故的简要经过　　　B. 事故已经造成或者可能造成的伤亡人数
　　C. 已经采取的措施　　　D. 未经证实的事故相关情况
　　E. 事故造成的经济损失

6. 根据事故的具体情况,事故调查组由(　　)派人组成。
　　A. 有关人民政府　　　B. 生产安全监督管理部门　　　C. 公安机关
　　D. 工会　　　E. 当地社区代表

7. 事故发生单位主要负责人有(　　)行为的,处上一年年收入40%至80%的罚款。
　　A. 不立即组织事故抢救的　　　B. 迟报或者漏报事故的
　　C. 在事故调查处理期间擅离职守的　　　D. 事故发生后逃匿的
　　E. 谎报或瞒报事故的

8. 事故主要负责人有(　　)行为的,处上一年年收入60%~100%的罚款。
　　A. 谎报或者瞒报事故的
　　B. 伪造或者故意破坏事故现场的
　　C. 拒绝接受调查或者拒绝提供有关情况和资料的
　　D. 在事故调查中作伪证或者指使他人作伪证的
　　E. 迟报或者漏报事故的

9. 有关地方人民政府、安全生产监督管理部门和负有安全生产监督管理职责的有关部门,在发生安全事故后,有(　　)行为的,对直接负责的主管人员和其他直接责任人员依法给予处分,构成犯罪的,依法追究刑事责任。
　　A. 不立即组织事故抢救的　　　B. 迟报、漏报、谎报或者瞒报事故的
　　C. 阻碍、干涉事故调查工作的　　　D. 在事故调查中作伪证或者指使他人作伪证的
　　E. 事故发生后主动接受新闻采访的

10. 在安全生产事故发生后,负有报告职责的人员不报或者谎报事故情况,贻误事故抢救,情节严重的,可处(　　)。
　　A. 3年以下有期徒刑　　　B. 3年以上7年以下有期徒刑　　　C. 拘役
　　D. 5年以下有期徒刑　　　E. 5年以上10年以下有期徒刑

15 临时设施建设与管理

一、单选题

1. 临时设施建设应编制专项方案,并满足消防、环水保、卫生、临时用电等相关规定及标准要求。临时设施专项方案应报( )审批后开始施工。
   A. 监理单位　　　B. 建设单位　　　C. 当地交通局　　　D. 当地安监局

2. 临时设施场地必须进行混凝土硬化处理。场地硬化按照"四周低,中心高"的原则进行,面层排水坡度不小于( )。
   A.1%　　　B.1.5%　　　C.0.5%　　　D.2%

3. 食堂与厕所、垃圾站、有害场所等污染源的距离以及与办公、生活用房距离,应分别不小于( )m。
   A.15、15　　　B.15、20　　　C.20、10　　　D.20、15

4. 对区域物品的标示和定置点动态信息管理台账的建立,是钢筋加工场定置管理中的( )。
   A. 人员定置　　　B. 物品定置　　　C. 区域定置　　　D. 信息动态定置

5. 预制场道路硬化标准为:底部采用不小于____cm厚片石夯实,上面硬化____cm厚C20混凝土。预制场场地硬化标准为:底部采用不小于____cm厚片石垫层,上面硬化不小于____cm厚的C15混凝土。正确选项是( )。
   A.10;15;15;15
   B.15;15;15;15
   C.10;10;15;10
   D.10;15;15;10

6. 存梁区要保证平整,无积水,梁板存放应符合设计要求:空心梁板叠放层数不得超过____层;小箱梁叠放层数不得超过____层;T梁不得叠放,存梁台座高度不应小于30cm。正确选项是( )。
   A.3;3　　　B.4;3　　　C.3;2　　　D.2;2

7. 运输梁板时,运梁炮车行驶速度不宜超过( )km/h,运输通道应保持平顺、通畅。
   A.3　　　B.4　　　C.5　　　D.6

8. 梁板运输通道宽度不应小于( )m。
   A.3　　　B.4　　　C.5　　　D.6

9. 火工品库建设须由具备专业资质的单位进行设计和预评估,并由( )审核同意后方可建设。
   A. 监理单位　　　　　　　　B. 公路水运工程安全生产监督管理部门
   C. 建设单位　　　　　　　　D. 当地公安部门

10. 下面须经过海事局验收的临时设施是( )。
    A. 库房　　　B. 拌和站　　　C. 弃渣场　　　D. 码头

11. 氧气、乙炔储存间间距不得小应于( )m,空、重瓶按区域分类存放。
    A.5　　　B.10　　　C.15　　　D.20

12. 施工便道双车道宽度不应小于____m,单车道宽度不应小于____m,路基宽度不应小于4.5m。正确答案是( )。
    A.6.5;3.5   B.6.0;4.0   C.4.0;4.0   D.5.0;5.0

13. 施工便道每300m范围内,设置一个错车道,转弯半径不应小于( )m,困难情况下不应小于15m。
    A.20   B.25   C.30   D.35

14. 人行栈桥宽度不应小于____m,人车混行的栈桥宽度不应小于____m。正确答案是( )。
    A.2.0;3.0   B.3.0;4.0   C.2.5;4.5   D.3.0;3.0

15. 栈桥两边应设置防护栏杆,并挂过塑钢丝网。栏杆应采用直径不小于( )mm的钢管制作。
    A.48   B.36   C.12   D.24

16. 主线路预制梁场宜选择架梁运输便利、桥梁相对集中的位置,并尽量设在( )。
    A.路基挖方段   B.路基填方段
    C.施工便道   D.桥面

17. 钢筋加工场运输通道单车道宽度不应小于____m,安全通道宽度不应小于____m,且应设置对应线路指示标志。正确答案是( )。
    A.3.5;3.5   B.3.0;4.0   C.4.0;4.0   D.3.5;4.0

18. 拌和站库房内外加剂的存放高度不得超过( )m。
    A.0.5   B.1.0   C.1.5   D.2.0

19. 在广东内陆地区,拌和站储料仓和储料罐应满足的抗风等级为( )级。
    A.6   B.8   C.10   D.12

20. 当钢筋加工用量为3000~6000t时,钢筋场加工场地面积应大于( )m²。
    A.500   B.1000   C.1500   D.2000

21. 预制场占地面积应满足施工要求,主要工程为桥梁的合同段预制场面积应有( )m²。
    A.4000   B.6000   C.8000   D.5000

22. 关于运梁的要求,下面说法错误的是( )。
    A.运梁炮车应设置警示标志及警示灯,跨越道路时须进行警戒
    B.运梁炮车驾驶员应持有驾驶证,信号工、司索工须持有相应有效证件
    C.运梁运输宽度不应小于4m
    D.运梁横坡坡度不宜大于2%,纵坡坡度不应大于4%

23. 关于预制梁场建设,下列说法错误的是( )。
    A.预制梁场临时用电应满足规范要求
    B.存放梁板时,应在梁板两侧设置支撑设施,确保存放稳定不倾覆,梁板支撑材料可选用柔性支撑架
    C.梁场出入口宜设置洗车池,场地四周应设置排水沟
    D.梁场各功能区域设置提示标牌,在机械设备的醒目位置悬挂安全操作规程牌

24. 水上栈桥护栏上每隔( )m设置一个救生圈,两侧错开配置。
    A.20   B.50   C.80   D.100

25.施工便道应做好临边防护及警示,在便道陡坡、急转弯宜采用( )防护。
　　A.水马　　　　　B.警示柱　　　　　C.安全网　　　　　D.防撞墩

二、判断题

1.食堂建设及管理应符合《中华人民共和国食品安全法》和《建筑施工环境与卫生标准》(JGJ 146—2013)的要求。（　　）

2.驻地内应设置消防通道和应急指示标志,禁止在消防通道上堆物、堆料或挤占消防通道。（　　）

3.钢筋棚施工时,不能提前预埋地锚,施工完成后需及时设置缆风绳。（　　）

4.工地试验室规划遵循总体布局规划合理、功能分区明确、组织协调顺畅的原则。（　　）

5.便道出入口处设置限速标志,在转角、视线不良地段、道路危险路段、跨越或邻近道路施工地段应设置安全警示牌及广角镜。（　　）

6.汛期应加强对弃渣场巡查,必要时应进行监测,发现沉降、坡顶位移、挡护变形、排水不畅等特殊情况需及时进行处理。（　　）

7.弃渣场防护应严格执行"三同时"制度,先挡后弃,先工程措施再植物措施,工程措施应安排在主汛期。（　　）

8.钢构件加工场均应设置防雷接地装置,通风良好,并满足防晒、防潮、防雨、防雷要求。（　　）

9.易燃易爆品仓库、油库应远离明火作业区、人员密集区和建筑物相对集中区,并满足消防、通风、防晒、防雨、防雷的要求。（　　）

10.油库应划分消防区域,油库管理员应定期对库区消防器材进行检查维护,库房应设置防盗、防火、防毒设施及视频监控系统。（　　）

11.项目驻地食堂不一定要有卫生许可证,但是厨房工作人员必须持健康证上岗。（　　）

12.拌和站各罐体应采用连接件连接,拌和楼及储料基座处应设置防撞墩,储料罐上应装设缆风绳及避雷装置。（　　）

13.栈桥栏杆与平台应采用焊接连接,栏杆底部需安装挡脚板,栈桥应设置满足要求的照明设施,采用具有防滑措施的压型钢板或花纹钢板铺设桥面。（　　）

14.临时便道与既有道路交叉处应设置警示标志,与国道、省道等交通量大的平交路口不宜设置"一车一挡"。（　　）

15.可自建驻地或者租用沿线坚固、安全的单位或者民房。（　　）

三、多选题

1.工程项目临时设施建设必须根据所在自然条件,从满足( )方面要求做好选址工作。
　　A.安全管理　　　　　B.环境保护　　　　　C.消防保卫
　　D.职业健康　　　　　E.企业形象

2.工程项目临时设施包括( )等。
　　A.驻地、拌和站　　　　B.施工便道、栈桥　　　　C.各类库房、临时码头
　　D.钢筋场、预制场、弃渣场　　　E.主体工程临时支撑

3. 项目部驻地应配备( )等临时设施。
   A. 灭火器　　　　　　　B. 临时消防给水系统　　　C. 消防沙池
   D. 应急照明　　　　　　E. 救护车

4. 钢构件加工场应采用封闭式管理,合理划分各个功能区域,并在生产过程中推行定置管理,定置管理包括( )。
   A. 区域定置　　　　　　B. 物品定置　　　　　　C. 信息动态定置
   D. 人员定置　　　　　　E. 设备定置

5. 拌和楼采取隔离设施封闭并安装除尘器,同时应设置安全警示牌,( )等涉及人身安全的部位均应设置安全防护装置。
   A. 作业平台　B. 储料仓　C. 集料仓　D. 水泥罐　E. 休息区

6. 渣场的设计变更需履行审批程序,未经批准不得擅自更改弃渣场场址及扩大占地,弃渣场选址确认后应联系当地( )提出临时用地申请,并根据国家和当地的环水保要求确定渣场建设方案,批准后方可实施。
   A. 环保部门　　　　　　B. 自然资源管理部门　　　C. 安全监督局
   D. 质量技术监督局　　　E. 公安局

7. 拌和站应采用封闭式管理,合理划分作业区域并设置( )。
   A. 洗车池　　　　　　　B. 污水沉淀池　　　　　　C. 排水系统
   D. 视频监控系统　　　　E. 喷雾系统

8. 油库管理员应定期对库区消防器材进行检查维护,库房内应设置( )。
   A. 防火措施　　　　　　B. 防盗措施　　　　　　　C. 防毒措施
   D. 视频监控系统　　　　E. 防疫措施

9. 下面说法中,正确的是( )。
   A. 驻地内应设置防雷设施、报警装置和监控设施
   B. 钢构件原材料、半成品及成品应按照规格型号垫高堆放并设置标识牌,台座高度不小于30cm,堆放高度不大于2m
   C. 梁场制梁区、存梁区、吊装作业区、安全通道设置安全警示标志。在机械设备的醒目位置悬挂安全操作规程牌
   D. 库房配电应单独安装开关箱。库房应采用防爆开关和灯具。储存大量易燃物品的仓库场地应设置独立的避雷装置,库房入口处及内部应设置安全责任牌、安全管理制度、严禁明火等安全警示标志
   E. 沿海地区储料仓棚须抗8级以上大风

10. 下列临时设施中,需要消防部门验收的是( )。
    A. 项目驻地　　　　　　B. 栈桥和临时码头　　　　C. 弃渣场
    D. 危化品和火工库房　　E. 钢筋加工场

16 施工现场机械设备管理

一、单选题

1. 租用机械设备施工单位应对在用特种设备进行经常性日常维护保养,(　　)自行检查并记录。
   A. 每月一次　　　B. 每周一次　　　C. 每月两次　　　D. 每天一次

2. 在特种设备投入使用前或进投入使用后(　　)日内,施工单位应向特种设备安全监督管理部门登记。
   A. 10　　　　　　B. 20　　　　　　C. 30　　　　　　D. 60

3. 对于报废的特种设备,施工单位应当向(　　)部门办理注销。
   A. 监理
   B. 工程质量监督
   C. 建设
   D. 特种设备安全监督管理

4. 建筑起重机械在验收前,应当由有相应资质的检验检测机构(　　)检验合格。
   A. 委托　　　　　B. 监督　　　　　C. 型式　　　　　D. 出厂

5. 叉车首次使用前,向产权单位所在地的(　　)申请首次检验。
   A. 特种设备检验机构
   B. 特种设备安全管理部门
   C. 工程质量监督部门
   D. 评估机构

6. 新进场的特种设备作业人员等所有施工作业人员,应接受培训和(　　)。
   A. 训斥　　　　　B. 安全技术交底　　　C. 谈心　　　　　D. 操练

7. 门式起重机和塔式起重机的金属结构必须设置可靠的防雷接地,接地电阻不大于(　　)Ω。
   A. 4　　　　　　B. 10　　　　　　C. 30　　　　　　D. 40

8. 办理特种设备使用登记证属于(　　)业务。
   A. 违法　　　　　B. 委托　　　　　C. 行政许可　　　D. 代办

9. 特种设备安装后应由具备资质的机构进行检验,这属于(　　)业务。
   A. 行政许可　　　B. 委托　　　　　C. 违法　　　　　D. 代理

10. 起重作业的安全风险有起重伤害、高处坠落、触电和(　　)。
    A. 机体倾覆　　　B. 溺水　　　　　C. 坍塌　　　　　D. 火灾

11. 起重机与110kV的架空线路的最小安全距离,沿垂直方向为5m,沿水平方向为(　　)m。
    A. 4　　　　　　B. 5　　　　　　C. 6　　　　　　D. 7

12. 钢丝绳公称直径不大于10mm时,绳夹最少数量为3个;钢丝绳公称直径为10~20mm时,绳夹最少数量为(　　)个。
    A. 4　　　　　　B. 5　　　　　　C. 6　　　　　　D. 7

13. 固定钢丝绳的夹板的安装要求是(　　)。
    A. 都在受力绳一侧
    B. 都在绳尾一侧
    C. 交错安装
    D. 无所谓

14. 流动式起重机起重臂伸缩按规定程序进行,伸臂的同时下降吊物,且( )。
   A. 可以带负载伸缩臂杆　　　　B. 不得带负载伸缩臂杆
   C. 可以带负载行驶　　　　　　D. 不得带负载行驶

15. 起重臂伸出后,( )时不得小于各长度所规定的仰角。
   A. 回转　　　B. 伸缩　　　C. 变幅　　　D. 举升

16. 汽车起重机吊装时不得超越驾驶室上方,且不得在车的( )部起吊。
   A. 上　　　B. 下　　　C. 前　　　D. 后

17. 物料吊运中需较长时间滞空时,须将起升卷筒制动锁住,操作人员( )。
   A. 可以离开操纵室　　　　　　B. 不得离开操纵室
   C. 可以玩手机　　　　　　　　D. 可以上厕所

18. 物料吊运回转作业时,应观察并确认回转区域内没有人或障碍物后,方可进行;垂直吊运作业须( )回转制动装置。
   A. 放松　　　B. 锁紧　　　C. 盯紧　　　D. 不管

19. 采用双机抬吊时,单机载荷不应超过本机额定起重量的( )。
   A. 60%　　　B. 70%　　　C. 80%　　　D. 90%

20. 塔式起重机提升重物做水平移动时,应高出需跨越的障碍物( )m 以上。
   A. 1　　　B. 2　　　C. 0.5　　　D. 1.5

21. 塔式起重机吊钩提升接近臂杆顶部、小车行至端点时,应减速缓行至停止位置,吊钩至臂杆顶部距离不得小于( )m。
   A. 1　　　B. 2　　　C. 3　　　D. 0.5

22. 台风天气时,塔式起重机臂杆( )。
   A. 应锁定,防止风吹摆动　　　B. 不应锁定以能自由旋转,防止折断
   C. 应锁定,防止折断　　　　　D. 无所谓

23. 两台门式起重机配合作业时,应使用平稳梁,走行、吊放等动作要协调一致,并保持安全距离大于或等于( )m。
   A. 2　　　B. 3　　　C. 5　　　D. 10

二、判断题

1. 租用机械设备,应签订设备租赁合同,合同中无须包含安全责任等内容。( )
2. 项目进场设备无须经设备、工程和安全等部门进行验收评估即可使用。( )
3. 特种设备出现故障或者发生异常情况,施工单位应当对其进行全面检查,消除事故隐患后,方可重新投入使用。( )
4. 履带挖掘机司机无须持证上岗。( )
5. 汽车起重机属于特种设备。( )
6. 汽车起重机操作工无须持证上岗。( )
7. 对于违章指挥、强令冒险作业,有权拒绝。( )
8. 门式起重机和塔式起重机的所有电气设备的金属外壳均应接地。( )
9. 起重机械的安装、拆卸应当由具有相应安装许可资质的单位实施。( )
10. 门式起重机和架桥机进场时,无须核对机身铭牌与出厂合格证是否相符。( )
11. 吊装作业中须精力集中,严禁做无关事情,如玩手机等。( )

12. 塔式起重机司机认为,既然有限位装置,操作时就不用人为减速了。这种想法是正确的。( )
13. 起重吊装时,钢丝绳可以采用打结方式系结吊物。( )
14. 起重机吊钩的吊点应与吊物重心在同一铅垂线上,使吊物处于稳定平稳状态。( )
15. 散物捆扎不牢、堆放不整齐或物料装放过满时,不准吊装。( )

三、多选题

1. 下列设备属于特种设备的是( )。
   A. 叉车　　　　　　　　B. 门式起重机　　　　　C. 隧道用空气压缩罐
   D. 沥青拌和站热载体炉　E. 常压锅炉
2. 下列设备安装前,需要编制专项安装方案的有( )。
   A. 门式起重机　　　　　B. 架桥机　　　　　　　C. 塔式起重机
   D. 电梯　　　　　　　　E. 起重质量1t的手拉葫芦
3. 特种设备投入使用前,施工单位应当核对其是否附有技术规范要求的( )。
   A. 设计文件　　　　　　B. 产品质量合格证明　　C. 安装及使用维修证明
   D. 监督检验证明　　　　E. 日常使用状况记录
4. 特种设备安全技术档案应包括( )。
   A. 特种设备设计文件　　B. 定期检验和定期自行检查的记录
   C. 日常使用状况记录　　D. 日常维护保养记录　　E. 运行故障和事故记录
5. 特种设备安全附件包括( )。
   A. 安全阀　　　　　　　B. 爆破片　　　　　　　C. 紧急切断装置
   D. 安全联锁装置　　　　E. 压力表
6. 特种设备安全保护装置包括( )。
   A. 防雷避电安全装置　　B. 防爆电气装置　　　　C. 漏电保护装置
   D. 设备接零接地装置　　E. 火灾报警装置
7. ( )的作业人员及其相关管理人员,应当按照国家有关规定经特种设备安全监督管理部门考核合格,取得国家统一格式的特种作业人员证书,方可从事相应的作业或者管理工作。
   A. 锅炉　　　　　　　　B. 压力容器　　　　　　C. 起重机械
   D. 场(厂)内专用机动车辆　E. 汽车起重机
8. 叉车定期检验的项目包括( )。
   A. 铭牌和安全警示标志检查　　B. 转向与操纵系统检查
   C. 安全带等安全保护与防护装置检查　　D. 作业环境
   E. 空调装置
9. 施工单位应当根据叉车具体型式,按照有关安全技术规程及标准、使用维护保养的要求,选择( )的项目。
   A. 日常维护保养　　　　B. 自行检查　　　　　　C. 全面检查
   D. 首次检查　　　　　　E. 定期检查
10. 起重机的安全装置包括( )。
    A. 幅度限制装置　　　　B. 力矩限制装置　　　　C. 重量限制装置
    D. 高度限位装置　　　　E. 回转限位装置

17 特殊环境施工

一、单选题

1. 下列不属于特殊环境施工的是( )。
   A.台风季节施工　　B.夜间施工　　　　C.高温季节施工　　D.边坡施工

2. 雨季来临前,应清除基坑、孔口、沟边过剩弃土,以( )。
   A.保证排水通畅　　B.保证道路通畅　　C.减轻坡顶压力　　D.防止积水

3. 下列关于雨季来临前的预防措施,错误的是( )。
   A.清除孔口过剩弃土　　　　　　　　B.检查防雷装置
   C.对围堰进行加固　　　　　　　　　D.雨季来临前停止施工

4. 雨季来临前,施工单位应根据( ),结合现场地形情况设置排水沟。
   A.施工总平面图　　B.排水工程设计图　C.桥涵设计图　　　D.路基横断面设计图

5. 雨季来临前,若施工现场临近高地,应在高地的边沿设置( ),防止洪水冲入现场。
   A.排水沟　　　　　B.截水沟　　　　　C.盲沟　　　　　　D.边沟

6. 雨季来临前,现场配电箱宜采用( )进行遮盖。
   A.土工布　　　　　B.棉布　　　　　　C.防雨布　　　　　D.麻布

7. 台风是指形成于热带洋面上的热带气旋,其中心附近最大风力为( )以上。
   A.5级　　　　　　B.6级　　　　　　　C.7级　　　　　　　D.8级

8. 台风中心附近最大风速至少为( )m/s以上。
   A.8　　　　　　　B.10.8　　　　　　C.13.8　　　　　　D.17.1

9. 台风预警信号分为( )级。
   A.2　　　　　　　B.3　　　　　　　　C.4　　　　　　　　D.5

10. 台风蓝色预警信号表示( )。
    A.24小时内可能或者已经受热带气旋影响,沿海或者陆地平均风力达6级以上,或者阵风8级以上并可能持续
    B.24小时内可能或者已经受热带气旋影响,沿海或者陆地平均风力达8级以上,或者阵风10级以上并可能持续
    C.12小时内可能或者已经受热带气旋影响,沿海或者陆地平均风力达10级以上,或者阵风12级以上并可能持续
    D.6小时内可能或者已经受热带气旋影响,沿海或者陆地平均风力达12级以上,或者阵风达14级以上并可能持续

11. 台风黄色预警信号表示( )。
    A.24小时内可能或者已经受热带气旋影响,沿海或者陆地平均风力达6级以上,或者阵风8级以上并可能持续
    B.24小时内可能或者已经受热带气旋影响,沿海或者陆地平均风力达8级以上,或者阵风10级以上并可能持续
    C.12小时内可能或者已经受热带气旋影响,沿海或者陆地平均风力达10级以上,

或者阵风12级以上并可能持续

D.6小时内可能或者已经受热带气旋影响,沿海或者陆地平均风力达12级以上,或者阵风达14级以上并可能持续

12. 台风橙色预警信号表示( )。

A.24小时内可能或者已经受热带气旋影响,沿海或者陆地平均风力达6级以上,或者阵风8级以上并可能持续

B.24小时内可能或者已经受热带气旋影响,沿海或者陆地平均风力达8级以上,或者阵风10级以上并可能持续

C.12小时内可能或者已经受热带气旋影响,沿海或者陆地平均风力达10级以上,或者阵风12级以上并可能持续

D.6小时内可能或者已经受热带气旋影响,沿海或者陆地平均风力达12级以上,或者阵风达14级以上并可能持续

13. 台风红色预警信号表示( )。

A.24小时内可能或者已经受热带气旋影响,沿海或者陆地平均风力达6级以上,或者阵风8级以上并可能持续

B.24小时内可能或者已经受热带气旋影响,沿海或者陆地平均风力达8级以上,或者阵风10级以上并可能持续

C.12小时内可能或者已经受热带气旋影响,沿海或者陆地平均风力达10级以上,或者阵风12级以上并可能持续

D.6小时内可能或者已经受热带气旋影响,沿海或者陆地平均风力达12级以上,或者阵风达14级以上并可能持续

14. 接到台风( )及以上预警时,临时驻地、临时设施、机械设备应加固或增设缆风绳。

A. 蓝色　　　　　B. 黄色　　　　　C. 橙色　　　　　D. 红色

15. 绑扎安装墩柱的钢筋骨架后,未浇筑混凝土部分的骨架和模板超过( )m时,应设置缆风绳进行加固。

A. 3　　　　　B. 5　　　　　C. 6　　　　　D. 8

16. 高温作业中的高气温是指日最高气温( )℃以上的天气。

A. 30　　　　　B. 32　　　　　C. 35　　　　　D. 37

17. 工作场所温度达到( )℃或在日最高温度达35℃以上的露天环境下工作,用人单位应当向劳动者支付高温津贴。

A. 30　　　　　B. 32　　　　　C. 33　　　　　D. 34

18. 日最高气温达到38℃时,当日工作时间不得超过( )h。

A. 3　　　　　B. 4　　　　　C. 5　　　　　D. 6

19. 当室外日平均气温连续( )日稳定低于5℃时,应采取冬期施工措施。

A. 3　　　　　B. 5　　　　　C. 7　　　　　D. 15

20. 冬季施工时,明火作业点应由专人看管,易燃物与火源保持不小于( )m的安全距离。

A. 3　　　　　B. 5　　　　　C. 10　　　　　D. 12

21. 施工车辆行驶在坡道或冰雪路面时,速度不得超过( )km/h。

A.20   B.30   C.40   D.50

22.施工车辆行驶在坡道或冰雪路面时,与前车安全距离不得小于( )m。

A.10   B.20   C.30   D.50

23.夜间施工是指( )的施工。

A.晚上22:00至凌晨6:00   B.晚上22:00至凌晨7:00
C.晚上23:00至凌晨6:00   D.晚上23:00至凌晨7:00

24.水上作业平台防护栏杆一般采用直径( )mm的管材。

A.18   B.28   C.38   D.48

25.水上作业平台防护栏杆内侧每隔( )m距离安放救生圈、救生衣等水上安全防护用品。

A.10   B.20   C.30   D.50

二、判断题

1. 雨季(含汛期)施工不属于特殊环境作业。 ( )
2. 在雨季施工时,应采取必要的防雨、防潮、防汛措施,保证工程雨季施工安全。( )
3. 冬季施工不属于特殊环境作业。 ( )
4. 当地气象部门发布大雨预警,有可能遇洪水灾害时,施工单位所有在临时砖砌宿舍住宿的人员必须全部撤到安全地点。 ( )
5. 汛期施工时,施工单位工地宿舍设专人负责,昼夜值班,每个宿舍配备不少于2个手电筒。 ( )
6. 雨季来临前,对易冲刷部位应采取防冲刷或疏导措施。 ( )
7. 大雨过后,应及时清除截、排水沟中的沉积物,保持排水畅通。 ( )
8. 施工单位应提前备足雨季施工所需的防汛应急物资和器材。 ( )
9. 雨季来临前,应在现场的大型临时设备周边设置排水沟,严防雨水冲入设备内。 ( )
10. 台风最多发的月份一般是3月和4月。 ( )
11. 台风、暴雨过后,各参建单位应组织对现场特种施工设备、重要设施等进行复查,确认安全后才能恢复使用、继续施工。 ( )
12. 日最高温度达到38℃时,当日应停止工作。 ( )
13. 当室外日平均气温连续3日稳定高于5°C时,可解除冬季施工措施。 ( )
14. 水上施工使用的各种船只,应按航运部门的规定设置航运标志,并备有救生、消防以及靠绑设备。 ( )
15. 能见度不良时,水上作业场所应按规定启用声响警示设备和红光信号灯。 ( )

三、多选题

1. 建筑施工中常见的特殊环境作业种类有( )。

A.台风季节施工   B.夜间施工   C.高温季节施工
D.冬季施工   E.大雾天气施工

2. 针对特殊关键施工,应编制( )并报监理审批后方可实施。

A.专项施工方案   B.总体施工组织设计
C.安全生产检查制度   D.应急预案

3. 雨季来临前,施工单位应检查现场( )。
   A. 防雷装置　　　　　　B. 接地装置　　　　　　C. 用电设备
   D. 排水设施　　　　　　E. 防火设施

4. 施工单位驻地宿舍、办公室选址必须在安全可靠的地点,避开( )等灾害地段。
   A. 滑坡　　　B. 泥石流　　　C. 山洪　　　D. 坍塌

5. 雨季施工期间,应采取的措施包括( )。
   A. 及时排除现场积水
   B. 在河道、河滩上进行施工时,应及时疏通河道,确保行洪面
   C. 位于洪水可能淹没地带的设备,应及时移到安全地带
   D. 位于洪水可能淹没地带的材料,应及时移到安全地带
   E. 加固临时设施

6. 大风大雨后,应及时检查( ),发现问题立即处理。
   A. 临时设施是否受损　　　　　B. 塔式起重机垂直度是否变化
   C. 起重设备基础是否下沉　　　D. 门式起重机轨道是否倾斜、变形
   E. 原材料是否流失

7. 台风一般多发于( )。
   A. 春季　　　B. 夏季　　　C. 秋季　　　D. 冬季　　　E. 春夏之交

8. 台风来临前,对( )应进行防风加固。
   A. 拌和站料仓　　　　　　B. 施工现场临时用房　　　　　　C. 架桥机
   D. 门式起重机　　　　　　E. 隧道内变压器

9. 台风期间,( )应落实主要负责人值班制度,发现险情及时按程序上报,必要时启动相应应急预案。
   A. 建设单位　B. 监理单位　C. 施工单位　D. 设计单位　E. 咨询单位

10. 以下属于基坑支护防台风检查要点的是( )。
    A. 检查基坑内外排水是否通畅
    B. 检查抽排水设备是否准备齐全
    C. 检查支护、临边防护等是否连接牢固
    D. 重点监控基坑内外及支护结构等的变形情况
    E. 基坑周边护栏是否完整

18 有限空间作业

一、单选题

1. 有限空间分为(　　)类。
   A. 2　　　　　　B. 3　　　　　　C. 4　　　　　　D. 5

2. 下列属于封闭及半封闭设备的是(　　)。
   A. 船舱　　　　B. 暗沟　　　　C. 温室　　　　D. 废井

3. 下列属于地下有限空间的是(　　)。
   A. 船舱　　　　B. 暗沟　　　　C. 温室　　　　D. 储罐

4. 下列属于地上有限空间的是(　　)。
   A. 船舱　　　　B. 暗沟　　　　C. 温室　　　　D. 储罐

5. 下列不属于有限空间的是(　　)。
   A. 船舱　　　　B. 暗沟　　　　C. 生活房间　　D. 废井

6. 有限空间内氧浓度应保持在(　　)。
   A. 23%～38%　　B. 20%～38%　　C. 19.5%～23.5%　　D. 15%～23.5%

7. 有限空间内氧浓度为6%～8%时,人员产生症状为(　　)。
   A. 正常
   B. 工作能力降低、感到费力
   C. 呼吸减弱,嘴唇变紫
   D. 达6min,导致死亡概率是50%

8. 当通过人体的电流超过(　　)mA时,就会使人因呼吸和心脏停止而死亡。
   A. 10　　　　　B. 20　　　　　C. 30　　　　　D. 50

9. 下列不属于垃圾站的主要危险有害因素的是(　　)。
   A. 缺氧　　　B. 可燃性气体爆炸　　C. 硫化氢中毒　　D. 一氧化碳中毒

10. 下列属于锅炉的主要危险有害因素的是(　　)。
    A. 缺氧　　　B. 可燃性气体爆炸　　C. 硫化氢中毒　　D. 粉尘爆炸

11. 下列人员中,能进行有限空间作业的是(　　)。
    A. 孕期的女性　　B. 患高血压人员　　C. 普通近视人员　　D. 患哮喘人员

12. 用人单位应当对有限空间作业的负责人和从业人员进行(　　),并经体检合格后方可从事有限空间作业。
    A. 安全生产培训　　　　　　B. 安全技术交底
    C. 安全教育　　　　　　　　D. 安全生产培训及安全技术交底

13. 下列不属于有限空间作业责任人职责的是(　　)。
    A. 履行有限空间作业安全审批制度
    B. 按规定对有限空间作业场所进行有害气体及粉尘浓度检测
    C. 负责检查和确认作业环境、作业程序、防护及应急设施符合要求后,方可组织作业人员进行作业
    D. 及时掌握作业过程中可能发生的安全风险,如遇突发情况立即终止作业,组织人员撤离

14. 下列不属于有限空间作业人员职责的是( )。
    A. 履行有限空间作业安全审批制度
    B. 作业前应检查作业场所安全措施是否符合要求
    C. 严格按照安全审批表上签署的任务、地点、时间作业
    D. 熟悉并掌握应急救援预案、现场处置方案及报警联络方式

15. 下列不属于有限空间监护人员职责的是( )。
    A. 必须要有较强的责任心,熟悉作业区域的环境、工艺流程,能及时判断和处理异常情况
    B. 做好检测仪器标定、检校及日常维护保养
    C. 应对安全措施落实情况进行检查,发现安全措施不到位时,有权终止作业
    D. 熟悉应急预案及现场处置方案,熟练掌握应急救护设备、设施、报警装置等的使用方法

16. 下列属于有限空间检测人员职责的是( )。
    A. 履行有限空间作业安全审批制度
    B. 对安全措施落实情况进行检查,发现安全措施不到位时,有权终止作业
    C. 严格按照安全审批表上签署的任务、地点、时间作业
    D. 做好检测仪器标定、检校及日常维护保养

17. 有限空间作业前严格履行申报手续,填写《进入有限空间危险作业安全审批表》,由( )审批后,方可进行作业。
    A. 单位安全负责人 B. 监理单位 C. 建设单位 D. 施工企业法定代表

18. 有限空间作业中,作业场所硫化氢最高允许浓度为( )mg/m³。
    A. 5 B. 10 C. 15 D. 20

19. 有限空间作业中,作业场所一氧化碳最高允许浓度为( )mg/m³。
    A. 5 B. 10 C. 15 D. 20

20. 有限空间作业中,作业场所甲烷浓度的爆炸下限为( )。
    A. 2% B. 5% C. 10% D. 20%

21. 有限空间作业中,作业场所一氧化碳浓度的爆炸下限为( )。
    A. 5% B. 10% C. 12.5% D. 15%

22. 对有限空间作业场所的氧气浓度、易燃易爆物质浓度、有毒有害气体浓度进行检测时,检测时间不得早于作业开始前( )min。
    A. 15 B. 30 C. 40 D. 60

23. 有限空间作业时,操作人员所需的适宜新风量为( )m³/h。
    A. 5~10 B. 10~20 C. 20~40 D. 30~50

24. 作业中断超过( )min,人员再次进入有限空间作业前,应当重新通风、检测合格后方可进入。
    A. 15 B. 30 C. 40 D. 60

25. 在锅炉、金属容器、管道、密闭舱室等狭窄的作业场所时,手持行灯的额定电压不应超过( )V。
    A. 5 B. 10 C. 12 D. 15

二、判断题

1. 船舱属于地上有限空间。（　）
2. 有限空间内氧浓度为 15%～19% 属于正常。（　）
3. 有限空间内氧浓度低于 23.5% 时会导致缺氧反应。（　）
4. 空气中氧浓度超过 23.5% 时，形成富氧环境。（　）
5. 缺氧是隧道的主要危险有害因素。（　）
6. 压力容器主要危险有害因素有缺氧、CO 中毒等。（　）
7. 有外伤疤口尚未愈合者不能进行有限空间作业。（　）
8. 对有限空间作业进行辨识，建立管理台账，作业前应对作业环境进行评估，分析存在的危险有害因素。（　）
9. "按规定对有限空间作业场所进行有害气体及粉尘浓度检测"是检测人员的职责。（　）
10. "严格按照安全审批表上签署的任务、地点、时间作业"是监护人员的职责。（　）
11. "对安全措施落实情况进行检查，发现安全措施不到位时，有权终止作业"是检测人员的职责。（　）
12. 生产经营单位按规定为作业人员配备符合国家标准或行业标准的个人劳动防护用品及相应的检测仪器、设备。（　）
13. 有限空间作业单位应定期组织应急演练，提高应急处置能力。（　）
14. 有限空间作业时，应在出入口设置警示标示，保持出入口畅通，严禁无关人员进入。（　）
15. 有限空间作业过程中，可以用纯氧进行换气。（　）

三、多选题

1. 有限空间的特征包括(　　)。
   A. 出入口较为狭窄　　B. 封闭或者部分封闭，与外界相对隔离
   C. 自然通风不良　　D. 作业人员不能长时间在内工作
   E. 需多人配合作业
2. 有限空间按类别分为(　　)。
   A. 封闭及半封闭设备　　B. 地下有限空间　　C. 地上有限空间
   D. 水下有限空间　　E. 半敞开有限空间
3. 有限空间作业的特点包括(　　)。
   A. 照明不足　　B. 通信不畅　　C. 适合动火作业
   D. 应急救援困难　　E. 作业条件有限
4. 公路工程常见的有限空间作业主要有(　　)。
   A. 人工挖孔桩　　B. 竖井　　C. 箱梁内部作业
   D. 边坡施工　　E. 水上施工
5. 公路工程有限空间作业危险因素主要有(　　)。
   A. 有害气体中毒　　B. 缺氧窒息　　C. 可燃气体爆燃
   D. 粉尘爆燃　　E. 坍塌
6. 有限空间作业中，引起有害物质中毒的主要原因是(　　)。

A. 有限空间内存储的有毒化学品残留泄漏或挥发
B. 有限空间内物质发生化学反应,产生有毒物质
C. 某些相连或接近的设备或管道的有毒物质渗漏或扩散
D. 作业过程中引入或产生有毒物质
E. 防护装备失效

7. 下列属于有限空间内易燃易爆气体的是(　　)。
   A. 甲烷　　　B. 天然气　　　C. 二氧化碳　　D. 氢气　　　E. 氧气

8. 用人单位应建立健全有限空间作业制度规定,包括(　　)。
   A. 奖惩制度　　　　　　B. 安全管理制度　　　　　C. 安全操作规程
   D. 现场应急处置方案　　E. 安全责任制

9. 有限空间作业应确定(　　),并明确各自岗位职责。
   A. 负责人　　B. 检测人员　　C. 监护人员　　D. 作业人员　　E. 兼职安全员

10. 有毒有害气体主要有(　　)。
    A. 硫化氢　　B. 一氧化碳　　C. 氧气　　　D. 二氧化碳　　E. 氮气

19 事故应急救援组织与常用救援装备

一、单选题

1. 国家部门级应急组织机构由应急领导小组及办公室、应急工作组、(   )等构成。
   A. 通信组　　　　B. 技术专家组　　　C. 医疗组　　　　D. 机械物资组
2. 公路工程施工属于(   )行业。
   A. 危险化学品　　B. 非煤矿山　　　　C. 高危　　　　　D. 服务
3. 项目应急组织机构由项目(   )单位牵头。
   A. 建设　　　　　B. 监督　　　　　　C. 监理　　　　　D. 施工
4. 项目建设单位应制订项目生产安全事故(   )应急预案，并组织项目应急演练。
   A. 总体　　　　　B. 专项　　　　　　C. 现场处置　　　D. 以上都不对
5. 项目施工单位组织应急演练和应急知识培训的频率应为(   )。
   A. 每年两次　　　B. 每年一次及以上　C. 每年一次　　　D. 以上都不对
6. 危险性较大工程的桥梁、隧道和大型水上结构工程，以及存在潜在危险的作业区(易发生山体崩塌、滑坡、泥石流，存在有害气体突出的施工环境)，应制订相应的(   )。
   A. 综合应急预案　　　　　　　　　　B. 专项应急预案
   C. 综合应急预案和专项应急预案　　　D. 以上都不对
7. 当项目发生生产安全事故后，相邻合同段施工单位(   )。
   A. 应积极参与现场互救　　　　　　　B. 到现场观看
   C. 不管不顾　　　　　　　　　　　　D. 以上都不对
8. 一般事故的应急响应负责单位是(   )。
   A. 交通运输部　　B. 省交通运输厅　　C. 市交通运输局　D. 县交通运输局
9. 较大事故的应急响应负责单位是(   )。
   A. 交通运输部　　B. 省交通运输厅　　C. 市交通运输局　D. 县交通运输局
10. 重大事故的应急响应负责单位是(   )。
    A. 交通运输部　　B. 省交通运输厅　　C. 市交通运输局　D. 县交通运输局
11. 特别重大事故的应急响应负责单位是(   )。
    A. 交通运输部　　B. 省交通运输厅　　C. 市交通运输局　D. 县交通运输局
12. 各级交通运输主管部门应急管理机构在启动和实施本级应急响应的同时，应将应急响应情况报送(   )。
    A. 上级主管部门　B. 同级主管部门　　C. 下级主管部门　D. 以上都不对
13. Ⅰ级应急响应启动后，各应急工作小组立即启动(   )值班制。
    A. 8h　　　　　　B. 12h　　　　　　C. 24h　　　　　　D. 48h
14. Ⅰ级应急响应启动后，由事发地(   )级应急工作机构直接向应急领导小组办公室及时续报事故信息，并按照"零报告"制度，形成每日情况简报，情况紧急时应随时上报。
    A. 省　　　　　　B. 市　　　　　　　C. 县　　　　　　D. 项目
15. 下列不属于地方部门级应急组织机构管理原则的是(   )。

A. 分类管理　　　　B. 集中管理　　　　C. 分级负责　　　　D. 属地管理

16. Ⅱ、Ⅲ、Ⅳ级应急响应终止程序由( )参照Ⅰ级应急响应终止程序,结合本地区实际,自行确定。
    A. 地方气象部门　　　　　　　　B. 地方安监局
    C. 地方人民政府　　　　　　　　D. 地方交通运输主管部门

17. ( )是避免事故升级恶化、最大限度地减少人员伤亡及财产损失的重要保障。
    A. 救援装备的科学配置　　　　　B. 救援装备的质量
    C. 救援装备的数量　　　　　　　D. 救援装备的多样化

18. 下列救援装备中,为救援设备提供应急电力的是( )。
    A. 空压机　　　B. 应急电源车　　　C. 钻机　　　D. 组合液压破拆工具

19. 工程抢险应急电源车的厢体为整体刚性体焊接全封闭结构,下列不属于该种厢体优点的是( )。
    A. 强度高　　　B. 焊接量少　　　C. 焊接量大　　　D. 质量轻

20. 下列不属于移动式螺旋空压机特点的是( )。
    A. 耐用　　　B. 高噪声　　　C. 高效率　　　D. 低噪声

二、判断题

1. 生产安全事故发生后,及时有序、科学有效地实施救援,是最大限度减少人员伤亡和财产损失的关键。( )
2. 应急救援工作原则之一是以人为本、安全第一、居安思危、预防为主。( )
3. 应急救援工作原则之一是整合资源、协同配合、科学应对、快速高效。( )
4. 应急救援工作原则之一是条块结合、企业为主、政府领导、各司其职。( )
5. 交通运输部负责Ⅰ级应急响应的启动和实施,省交通运输厅及事发项目参建单位无须配合。( )
6. 公路工程生产安全事故的信息和新闻发布,由建设单位实行集中、统一管理,确保信息正确、及时传递,并根据国家有关法律法规、规定向社会公布。( )
7. 交通运输主管部门相关应急救援职责参照交通运输部《交通运输行业突发公共事件新闻宣传应急预案》规定执行。( )
8. Ⅰ级应急响应满足终止条件时,由应急领导小组办公室向应急领导小组提出Ⅰ级应急响应终止建议;应急领导小组决定是否终止Ⅰ级应急响应状态。如确定终止响应,签署终止指令,并宣布解散有关应急工作小组。( )
9. Ⅰ级应急响应启动后,由事发地市级应急工作机构直接向应急领导小组办公室及时续报事故信息,并按照"零报告"制度,形成每日情况简报,情况紧急时应随时上报。( )
10. 抢险救援现场组织指挥机构各专业小组,分别开展方案制订、抢险救援、监测评估、设备物资保障、警戒保卫、医疗救护、后勤保障、新闻发布、事故善后等工作。( )
11. 发生Ⅰ级事故后,交通运输部派出督导小组现场指导,协助地方人民政府做好抢险救援工作,提供技术支持,必要时向应急领导小组请求调用海事、武警交通及专业应急队伍,防止事故扩大或发生次生、衍生的安全事故。( )
12. 事故发生后,事发地项目监理单位应按规定上报事故情况,并立即组织开展自救并保护事故现场。( )
13. 发生Ⅱ、Ⅲ、Ⅳ级事故后,省、市、县级交通运输主管部门立即启动本级应急预案,派

出工作组赶赴现场,指挥抢险救援工作,选派专家对事故中遇到的问题给予技术支持,组织参与事故调查工作。( )

14.发生生产安全事故后,需紧急救援时,项目建设单位应及时向当地交通、公安、消防、卫生等相关部门报告请求。( )

15.项目监理单位应根据项目总体应急预案,建立本单位的应急组织机构,参与项目的应急演练,对现场监理人员开展应急知识培训,配备必要的安全防护用品。( )

三、多选题

1.按照人员伤亡、涉险人数、经济损失等因素,事故一般分为( )。
  A.特别重大事故　　　　B.重大事故　　　　　　C.较大事故
  D.一般事故　　　　　　E.轻微事故

2.公路工程安全事故组织体系由( )三级应急组织机构构成。
  A.国家部门级　　　　　B.地方部门级　　　　　C.项目级
  D.公司级　　　　　　　E.班组级

3.生产安全事故发生后,事发地施工单位应立即向( )报告。
  A.建设单位　　　　　　B.交通运输主管部门
  C.当地安全监督管理部门　D.当地工会
  E.公安部门

4.涉水险情发生后,事发地施工单位立即向( )报告。
  A.当地水(海)上搜救机构　B.海事部门　　　　　C.水利部门
  D.环保部门　　　　　　E.卫生防疫部门

5.公路工程安全事故应急响应级别,按事故等级分为( )。
  A.Ⅰ级　　B.Ⅱ级　　C.Ⅲ级　　D.Ⅳ级　　E.Ⅴ级

6.抢险救援现场组织指挥机构一般成立( )等专业小组。
  A.技术保障组　　　　　B.设备物资组　　　　　C.现场救援组
  D.警戒疏导组　　　　　E.医疗救护组

7.符合( )条件之一时,即满足应急响应终止条件。
  A.险情排除　　　　　　B.现场救援(人员搜救、处置等)结束
  C.被困人员已得到妥善安置　D.停电　　　　　　　E.险情扩大

8.地方交通运输主管部门分级负责( )应急响应。
  A.Ⅰ级　　B.Ⅱ级　　C.Ⅲ级　　D.Ⅳ级　　E.Ⅴ级

9.下列属于抢险救援程序的有( )。
  A.按程序报告事故　　　B.声光报警,人员自救　　C.事故现场紧急处置
  D.现场加固、处理　　　E.救援环境监测、分析

10.下列属于施工单位应急管理职责的有( )。
  A.制订本合同段应急预案(包括现场处置方案)
  B.建立本合同段应急组织机构
  C.组建应急救援队伍
  D.配备应急救援物资及装备
  E.每年至少组织本合同段员工开展一次及以上应急演练和应急知识培训

第二部分 PART 2
路基路面施工

1 路基基础知识

一、单选题

1. 架子工在施工作业时必须使用劳动防护用品,在超过( )m 高度作业时必须系好安全带,并挂在牢固物体上。
　　A.1.5　　　　　　B.2　　　　　　C.2.5　　　　　　D.3
2. 遇到( )以上大风和雾、雨、雪天时,应暂时停止脚手架的搭拆工作。
　　A.三级　　　　　　B.四级　　　　　　C.五级　　　　　　D.六级
3. 木板脚手架的厚度不应小于( )mm。
　　A.30　　　　　　B.50　　　　　　C.70　　　　　　D.90
4. 一次切断多根钢筋时,其( )应符合机械铭牌规定。
　　A.半径　　　　B.直径和截面面积　　C.总截面面积　　D.半径和总周长
5. 模板工程作业高度大于( )m 时,必须设置安全防护措施。
　　A.1　　　　　　B.2　　　　　　C.3　　　　　　D.4
6. 模板安装作业必须搭设脚手架的最低高度为( )m。
　　A.2　　　　　　B.1.8　　　　　　C.1.5　　　　　　D.2.5
7. 拆除( )模板时,为避免突然整块脱落,必要时应先设置临时支撑再拆除。
　　A.柱　　　　　　B.墙体　　　　　　C.梁　　　　　　D.承重结构
8. 混凝土工在使用振动器时,不得将其全部插入混凝土中。振动器插入混凝土的深度不应超过棒长的( )。
　　A.1/2　　　　　　B.3/4　　　　　　C.3/5　　　　　　D.2/3
9. 混凝土振捣器的电缆线不得在钢筋网上拖拉,防止电缆破损漏电。操作者应( )。
　　A.戴绝缘手套　　　　　　　　B.穿胶鞋
　　C.穿胶鞋和戴绝缘手套　　　　D.穿工作服
10. 每台用电设备应有各自专用的开关箱,必须实行( )。
　　A.一机、一闸、一漏、一箱　　　　B.一闸、一箱、一漏、一保护
　　C.一机、一闸、一漏、一保护　　　D.一机、一箱、一漏、一保护
11. 当低压电气火灾发生时,首先应做的是( )。
　　A.迅速离开现场报告领导　　　　B.迅速切断电源
　　C.迅速用干粉灭火器灭火　　　　D.迅速用二氧化碳灭火器灭火
12. 压路机在施工作业过程中的一项主要功能是( )。
　　A.填充路基　　B.修整路形　　C.压实　　D.碎石
13. 公路路基的宽度是指( )。
　　A.路基某一断面上两侧路肩外缘之间的宽度
　　B.行车道的宽度
　　C.路基某一断面上边坡坡脚之间的水平距离
　　D.行车道与中间带的宽度

14.压路机停机时应先____,然后将换向机构置于中间位置,变速器置于____,最后拉起手制动操作杆,内燃机怠速运转数分钟后熄火。正确选项是( )。
   A.熄火;任意档   B.停振;空挡   C.熄火;空挡   D.停振;任意档

15.起重设备作业中"三不伤害"是指不伤害自己、不伤害他人和( )。
   A.不伤害机器   B.不被他人伤害   C.不伤害设备   D.不伤害环境

16.起重设备引起钢丝绳损坏的主要原因是( ),断丝数随时间增长而增长。
   A.腐蚀断丝   B.疲劳断丝   C.弯曲断丝   D.磨损断丝

17.起重作业需要上下垂直作业时,必须设置专用( )或其他隔离设施。
   A.警示牌   B.防护棚   C.警戒线   D.防撞桶

18.先张法适用的构件为( )。
   A.小型构件   B.中型构件   C.中、小型构件   D.大型构件

19.后张法施工较先张法施工的优点是( )。
   A.不需要台座、不受地点限制   B.工序少
   C.工艺简单   D.锚具可重复利用

20.用两台起重机抬吊设备时,吊钩下降慢的起重机负荷( )。
   A.较重   B.较轻   C.不变   D.平衡

21."禁止合闸,有人工作"的标志牌应制作为( )。
   A.红底白字   B.白底红字   C.白底绿字   D.蓝底红字

22.爆破施工后,爆破员应在( )min后方可进入爆破地点。
   A.10   B.15   C.20   D.25

23.我国的安全生产方针是( )。
   A.安全生产,人人有责   B.安全为了生产,生命必须安全
   C.关注安全,关爱生命   D.安全第一,预防为主,综合治理

24.为保证装载机附近作业人员安全,在发动装载机和装载机行走前要( )。
   A.直接启动   B.四周看看,直接启动
   C.鸣笛示警   D.无所谓

25.推土机在高压线下作业时,距离高压线不得小于( )m。
   A.8   B.6   C.4   D.2

二、判断题

1.参加张拉作业的人员必需穿戴好劳动防护用品,正确佩戴安全帽、安全带,特别要戴好防护眼镜,以防高压油泵破裂喷油伤眼。   ( )
2.张拉作业时如遇临时停电,要立即拉闸断电,以防突然来电发生危险。   ( )
3.人工切断钢筋时,禁止用机械切断短于30cm的钢筋头。   ( )
4.绑扎钢筋时,由于钢筋长度不一,影响绑扎进度,可自行用电、气焊割掉,但要注意安全。   ( )
5.浇筑高2m以上的壁、柱、梁、板混凝土,应搭设操作平台,不得站在模板或支撑上操作。   ( )
6.混凝土工在浇筑混凝土时,模板仓内照明用电可以使用220V电压。   ( )
7.在充满可燃气体的环境中,可以使用手动电动工具。   ( )
8.使用手电钻、电砂轮机等电动工具时,为保证安全,应该装设漏电保护器。   ( )

9. 电动工具应由持证电工定期检查及维修。 ( )
10. 架子工高空作业时,安全带应该高挂低用。 ( )
11. 张拉作业时,工作区域应设置明显警示牌,非作业人员不得进入作业区。 ( )
12. 年满18周岁的男职工,经身体检查合格,受过专门的安全教育和操作起重机的专门培训,取得特殊作业操作证者,方可独立操作起重机。 ( )
13. 起重机属于特种设备。 ( )
14. 起重设备操作者发现事故隐患或者不安全因素未立即报告造成特种设备事故的,3年内不得申请特种设备作业人员证。 ( )
15. 焊接结束时,应切断焊机电源,并检查焊接场地有无火种。 ( )

三、多选题

1. 脚手架搭设和拆除作业过程中,严禁的行为和作业有( )。
   A. 用人力传运架杆 B. 上下同时拆卸
   C. 安装等立体交叉作业 D. 高空抛物
2. 特种作业人员应遵循的规定有( )。
   A. 积极参加教育特种设备安全教育和安全技术培训
   B. 证件由用人单位集中管理,作业时无须随身携带
   C. 严格执行特种设备操作规程和有关安全制度
   D. 拒绝违章指挥
3. 漏电保护器属于( )保护装置。
   A. 配电电器 B. 短路 C. 过载 D. 低电压
4. 起重设备达到( )中的任意一个条件,应立即报废。
   A. 表面有裂纹 B. 表面有碰撞
   C. 开口度比尺寸增加15%以上 D. 挂绳处磨损量超过10%
5. 塔式起重机上有效、必备的安全装置有( )。
   A. 起重机限制器 B. 力矩限制器
   C. 起升高度限制器 D. 回转限制器
6. 建筑施工安全检查时,对于扣件式钢管脚手架,检验评定标准包括( )。
   A. 施工方案 B. 立杆基础
   C. 架体与建筑结构拉结 D. 杆件间距与剪刀撑
7. 起重钢丝绳的报废标准有( )。
   A. 钢丝绳断丝严重 B. 断丝局部聚集
   C. 锈蚀严重,钢丝直径减小 D. 钢丝绳失去正常状态,产生严重变形
8. 对起重吊装使用的地锚,要求( )。
   A. 严格按照设计制作 B. 可以根据现场条件随意制作
   C. 使用时可适当超载 D. 做好制作地锚的隐蔽工程记录
9. 起重吊装作业前的安全准备工作包括( )。
   A. 检查起吊用具 B. 准备防护设施 C. 准备辅助工具 D. 确定并清理落物地点
10. 起重机机械操作工在操作过程中应做到( )。
    A. 安全检查 B. 信号确认 C. 状态判断 D. 精心操作

2 路基土石方施工

一、单选题

1. 路基施工存在的安全风险不包括(　　)。
   A. 物体打击　　　B. 触电伤害　　　C. 机械伤害　　　D. 起重伤害
2. 路基基底处理时,应从填方坡脚向上开挖台阶,台阶宽度不小于(　　)m。
   A. 1.5　　　　　B. 2　　　　　　C. 2.5　　　　　D. 3
3. 路基施工中利用炸药将岩石炸碎,再利用机械挖运的方法为(　　)。
   A. 爆破法　　　　B. 破碎法　　　　C. 横挖法　　　　D. 纵挖法
4. 路堤开工作业前应完成的准备工作不包括(　　)。
   A. 原地面复测　　B. 方案审批　　　C. 机械机具检查　　D. 人员提前进场作业
5. 关于不良地质的处理方法,错误的处理是(　　)。
   A. 填砂处理　　　B. 原土处理　　　C. 置换处理　　　D. 加固处理
6. 施工用人单位在新员工进场(　　)内为其购买工伤保险。
   A. 一个月　　　　B. 半个月　　　　C. 两个月　　　　D. 两个半月
7. 路基土石方开挖时,人员与设备必须保持(　　)m以上的安全距离。
   A. 3　　　　　　B. 4　　　　　　C. 5　　　　　　D. 6
8. 路基土石方开挖时,人员与人员必须保持(　　)m以上的安全距离。
   A. 1　　　　　　B. 1.5　　　　　C. 2　　　　　　D. 2.5
9. 上坡时,压路机与压路机之间必须保持(　　)m以上的安全距离。
   A. 15　　　　　B. 20　　　　　C. 25　　　　　D. 30
10. 机械设备与220kV架空电缆在垂直方向的安全距离是(　　)m。
    A. 5　　　　　　B. 6　　　　　　C. 7　　　　　　D. 8
11. 路基开挖过程中如遇地下水涌出,应(　　)。
    A. 先开挖再排水　B. 先排水再开挖　C. 不排水继续开挖　D. 前3种方法均可
12. 装载机驾驶员在满载情况下,铲斗不应提升过高,一般距离地面(　　)m左右为宜。
    A. 1　　　　　　B. 0.5　　　　　C. 0.4　　　　　D. 0.8
13. 挖掘机驾驶员在操作履带式挖掘机时距工作面边缘的距离和操作轮胎式挖掘机时距工作面边缘的距离,分别不应小于(　　)m。
    A. 1、1　　　　B. 1.5、1.5　　C. 1、1.5　　　D. 1.5、1
14. 操作挖掘机过程中,下列说法错误的是(　　)。
    A. 驾驶员必须持证上岗　　　　　B. 操作过程中应平稳
    C. 作业时必须有专人进行指挥　　D. 装运时应尽量升高铲斗
15. 数台推土机在同一个工点施工作业时,其前后距离和左右距离分别不应小于(　　)m。
    A. 8、1.5　　　B. 8、1　　　　C. 7、1.5　　　D. 7、1
16. 钢筋应尽量储存在仓库或料棚内,钢筋堆下应有垫木,使钢筋离地面不小于

( )mm。

　　A.100　　　　　B.20　　　　　C.200　　　　　D.50

17.压路机工作地段的纵坡不应超过压路机的最大爬坡能力,横坡不应大于( )。

　　A.15°　　　　　B.20°　　　　　C.35°　　　　　D.45°

18.挖掘机行走转弯不应过急,如弯道过大,应分次转弯,每次在( )内。

　　A.30°　　　　　B.40°　　　　　C.20°　　　　　D.10°

19.测量工进入施工现场必须佩戴( )。

　　A.安全帽　　　　B.安全带　　　　C.工作服　　　　D.安全防护用品

20.平地机作业时,应随时注意变矩器油温,超过( )℃时应立即停止作业,待油温恢复正常后再开机作业。

　　A.80　　　　　B.100　　　　　C.120　　　　　D.150

21.平地机作业前,应查明施工场地明、暗管线等地点及走向,并采用明显的标记标示,严禁在离电缆( )m距离以内作业。

　　A.1　　　　　B.2　　　　　C.3　　　　　D.4

22.压路机碾压松软路基时,应先在不振动情况下碾压( )遍,然后再进行振动碾压。

　　A.1~2　　　　B.2~3　　　　C.3~4　　　　D.4~5

23.使用中的乙炔瓶与明火的距离不应小于( )m。

　　A.5　　　　　B.8　　　　　C.10　　　　　D.12

24.挡土墙回填作业时,墙背( )m以内不宜使用重型振动压路机碾压。

　　A.0.5　　　　　B.1　　　　　C.1.5　　　　　D.2

25.装载机水温超过( )℃时应停止作业。

　　A.90　　　　　B.100　　　　　C.80　　　　　D.95

二、判断题

1.路基土石方施工过程中存在的一般安全风险,主要有物体打击、机械伤害、触电、高处坠落、车辆伤害、坍塌、火工品爆炸等。　　　　　　　　　　　　　　　　( )

2.安全事故"四不放过"处理原则的主要内容是:事故原因未查清不放过,事故责任人未处理不放过,没有受到教育不放过,整改措施未落实不放过。　　　　　　　　( )

3.自卸车必须按照规定吨位装卸,不得超载、超高,严禁自卸斗未恢复原位离开施工现场,翻斗内严禁载人。　　　　　　　　　　　　　　　　　　　　　　　　( )

4.装载机坡道行驶时可利用空挡滑行,转弯时应减速慢行。　　　　　　　　( )

5.自卸车在运输中可以用空挡滑行,下坡时发动机不准熄火,不得在坡道上倒车。( )

6.挖掘机正铲作业时,作业面应不超过本机性能规定的开挖高度和深度。　　( )

7.土石方施工作业结束后,现场机具设备须停放在坚实、平坦、安全的地带。( )

8.压路机进场后由于工期需要,作业人员可直接上岗操作,以保证工期。　　( )

9.从事平地机操作者应经过专业安全培训,取得平地机驾驶操作证,并定期接受安全教育,方可作业。　　　　　　　　　　　　　　　　　　　　　　　　　　( )

10.机械设备驾驶员进场作业前应接受安全教育,经过培训后,考试不合格者也可上岗作业。　　　　　　　　　　　　　　　　　　　　　　　　　　　　　　　　( )

11.压路机不允许在斜坡上横向行驶或停留。　　　　　　　　　　　　　　( )

12.压路机只有在机器运转缓慢时才能变换行驶方向。　　　　　　　　　　( )

13. 挖掘机在拉铲、抓铲作业时,禁止高速回转,禁止在风压大于0.245kPa的条件下工作。（　　）

14. 铲车作业时,作业面不能太滑或太陷,推运或倒运的料堆不能高于5m。（　　）

15. 装载机在能见度较低的场所进行铲运作业时,不需要专人进行指挥。（　　）

三、多选题

1. 挖掘机回转制动时应注意(　　)。
   A. 应使用回转制动器,不得用转向离合器反转制动
   B. 满载时,禁止急剧回转猛刹车,作业时铲斗起落不得过猛
   C. 下落时不得冲击车架或履带及其他机件
   D. 应使用回转制动器,可用转向离合器反转制动

2. 发现挖掘机转运异常时,应(　　)。
   A. 运行中检查　　　　　　　　B. 立即停止作业
   C. 停机检查　　　　　　　　　D. 排除故障后方可作业

3. 多台压路机相邻作业时,前后距离及左右距离应分别大于(　　)m。
   A. 8　　　　　B. 2　　　　　C. 10　　　　　D. 6

4. 翻斗车严禁(　　)。翻斗车一般不得作牵引用车;如作牵引用车,被牵引的车辆应有可靠的制动装置。
   A. 超载　　　　B. 翻斗内载人　　　C. 聊天　　　　D. 坐人

5. 施工现场的"四不伤害"是指(　　)。
   A. 不伤害自己　　　　　　　　B. 不伤害他人
   C. 不被他人伤害　　　　　　　D. 监督他人不被伤害

6. 土石方施工阶段,噪声主要来自(　　)等。
   A. 推土机　　　B. 挖掘机　　　C. 装载机　　　D. 混凝土搅拌机

7. 建筑施工中通常所说的"三宝"是指(　　)。
   A. 安全帽　　　B. 安全带　　　C. 安全鞋　　　D. 安全网

8. 挖掘机司机日常应做的工作有(　　)。
   A. 班前安全检查　B. 运行中保养　C. 班中安全控制　D. 班后保养

9. 铲车可以在一个工作循环中独立完成(　　)等工作。
   A. 挖土　　　　B. 装土　　　　C. 运输　　　　D. 卸土

10. 施工现场入口醒目处应公示"五牌一图",其内容包括(　　)。
    A. 工程概况牌　B. 消防保卫牌　C. 安全生产牌　D. 文明施工牌

案例1　压路机倾翻

一、选择题

1. 压路机工作地段的纵坡不应超过压路机的最大爬坡能力,横坡不应大于(　　)。
   A. 15°　　　　B. 20°　　　　C. 35°　　　　D. 45°

2. 在新建道路上进行碾压时,应从中间向外侧碾压,碾压时距路基边缘不应少于(　　)m。

A.0.3　　　　　B.0.5　　　　　C.0.8　　　　　D.1

3.开始工作前,仔细检查设备的磨损标记和全部功能。在接替前( )班时,询问工作条件和设备的功能。

A.0.5　　　　　B.1　　　　　C.1.5　　　　　D.2

4.检查发动机时,应把压路停放在平坦的地方,在( )进行检查。

A.熄火后　　　　　　　　　　　B.怠速时
C.高速时　　　　　　　　　　　D.启动前或熄火 30min 后

5.在压路机工作完毕,驾驶员离机前应使机车处于____状态,操纵杆处于____状态停熄发动,锁好门。正确选项是( )。

A.制动,倒挡　　　B.紧急制动,前进挡　C.制动,空挡

6.压路机上下坡时,应事先选好挡位,上坡时不得在坡上换挡,下坡时( )。

A.可以挂空挡　　　B.加速下坡　　　C.不得空挡滑行

7.压路机在施工作业过程中的一项主要功能是( )。

A.填充路基　　　B.修整路形　　　C.压实　　　D.碎石

8.两台以上压路机碾压时,其间距不得小于( )m。

A.2　　　　　B.3　　　　　C.4　　　　　D.5

9.当土的含水率超过( )时不得碾压,含水率少于5%时,宜适当洒水。

A.1　　　　　B.0.2　　　　　C.0.3

10.在横向坡度较大的场地上行驶时,向( )方向转向容易造成横向翻车。

A.上坡　　　　　B.下坡　　　　　C.两边

11.当振动压路机静止时,( )开启振动。

A.可以　　　　　B.不可以　　　　　C.可随意

12.压路机在进行路基压实时,应从路基的( )开始碾轧。

A.一边　　　　　B.两边　　　　　C.中心

13.压路机在坡道上行驶时,( )变换挡位改变其行驶速度。

A.可直接　　　　　B.不可以　　　　　C.看情况

14.压路机在碾压作业时,( )在惯性滚动的状态下变换方向。

A.可以　　　　　B.不允许　　　　　C.看情况

15.( )用牵引法拖动压路机,不允许用压路机牵引其他机具。

A.允许　　　　　B.看情况　　　　　C.不允许

16.压路机在压实工作中,( )任何人上、下机械和传送物品。

A.可以　　　　　B.速度慢时可以　　　　　C.严禁

17.压路机在振动作业时,发动机应在额定转速运转,( )用怠速的方法改变行驶速。

A.可以　　　　　B.不可以　　　　　C.随便

18.压路机压实作业时,驾驶员应始终注意( ),按照规定的压实工艺进行碾压。

A.行驶速度　　　　　B.行驶方向　　　　　C.碾压编数

19.轮胎驱动的单钢轮振动压路机( )用于压实沥青混凝土路面。

A.可以　　　　　B.不可以　　　　　C.短时间可以

20.压路机启动时间每次不超过( )s,重复起动时应停歇 10~15s,否则会缩短蓄电池和起动机的寿命。

A. 5   B. 10   C. 15

21. 压路机作业时,应先起步后起振,内燃机应先置于( ),然后再调至高速。
    A. 低速   B. 中速   C. 任意速度
22. 压路机驾驶员进入新项目,必须接受三级安全教育培训,有( )才能上岗。
    A. 驾驶证   B. 操作资格证   C. 身份证
23. 三级安全教育是指( )。
    A. 领导级、部门级、工人级   B. 国家级、省级、县级
    C. 公司级、项目级、班组级
24. 我国的安全生产方针是( )。
    A. 安全生产重于泰山   B. 安全第一、重在预防
    C. 安全第一、预防为主、综合治理
25. 压路机在危险地段作业时,必须设明显的安全警示标志,并有( )。
    A. 应急预案   B. 安全技术交底   C. 专人指挥

二、判断题

1. 压路机在上、下坡时,不得使用快速挡,下坡时不得空挡滑行。( )
2. 轮胎压路机作业前,应将轮胎气压调整到规定的作业压力范围,各个轮胎气压可以不一致。( )
3. 压路机振动压实时,在改变行走方向或振动变幅前要先停振,不准在坚硬的地面上起振或原地振动。( )
4. 单钢轮压路机主要用于压实路基、路面、场地等。( )
5. 压路机作业前,用增加和减少配重的方法,将压路机的作业线压力调整到规定数值。( )
6. 压路机制动时配合使用制动器和主离合器,禁止用突然转向的方法制动。( )
7. 压路机只有在机器运转缓慢时才能变换行驶方向。( )
8. 在新填筑的路基上进行碾压时,应事先清理障碍物,从一边向另一边碾压,路基应基本平整。( )
9. 压路机司机应熟悉所操作机械的基本性质和性能,熟练掌握压路机操作技能就可以上岗。( )
10. 压路机在危险地段作业时,必须设安全警示标志,需专人现场指挥。( )
11. 压路机不许在斜坡上横向行驶或停留。( )
12. 压路机需要变换前进、后退方向时,应待滚轮停留后进行。( )
13. 压路机,上坡不得使用快速挡,下坡不得空挡滑行。( )
14. 碾压松软路基时,应先在不振动情况下碾压3遍,然后再振动碾压。( )
15. 压路机只有在机器运转缓慢时才能变换行驶方向。( )

三、多选题

1. 影响压实效果的因素有( )。
   A. 被压材料及其级配情况   B. 含水率   C. 压实能量
   D. 施力方法   E. 碾压轮的宽度
2. 压路机械主要通过( ),对被压实材料重复加载,排除其内部的空气和水分,使之

达到一定密实度和平整度。

  A.机械自重 B.振动 C.速度 D.冲击 E.频率

3.单钢轮压路机不应在坡道上检查,如需检修必须(　　),在轮胎的下坡方向垫三角木。

  A.拉好制动 B.关闭车灯 C.工作机构 D.关闭车门

4.压路机上坡时,如遇路面不平或坡度较大,应提前(　　)低速行驶,下坡转弯时严禁(　　)。

  A.换挡 B.脱挡滑行、换挡 C.熄火 D.挂挡

5.压路机压实完成后,应停放在(　　)的场地。

  A.安全 B.平坦 C.坚实

6.压路机驾驶员在进入新工地后,必须接受(　　),持证上岗。

  A.负责人指挥 B.三级安全教育培训

  C.压路机安全技术交底

7.油料火灾一般需要用(　　)灭火。

  A.火 B.沙子 C.干粉

8.在导致事故发生的各种因素中,(　　)占主要地位。

  A.人的因素 B.物的因素 C.不可测知的因素

9.压路机振动压实作业时,在(　　)要先停振,不准在坚硬的地面上起振或原地振动。

  A.行走换向 B.关闭车门 C.振动变幅前 D.熄火

10.压路机作业前,应仔细检查各部件是否完好无损、有无(　　)的现象,不允许带病施工作业。

  A.漏油 B.漏水 C.漏电

案例2　爆破飞石伤害

一、选择题

1.装药完成后,应当将剩余的爆破器材从爆破作业面撤离至(　　),由保管员检查清点后保管。

  A.临时存放点 B.附近工棚 C.保护建筑物 D.值班房

2.爆破工接到起爆命令后,必须先发出爆破警号,至少再等(　　)s,方可起爆。

  A.3 B.5 C.8 D.10

3.通电后若未起爆,至少等待(　　)min后,方准沿线路查找拒爆原因。

  A.10 B.15 C.20 D.25

4.处理拒爆时,在距拒爆眼(　　)m外另打与拒爆眼平行的新炮眼,重新装药爆破。

  A.0.3 B.0.4 C.0.5 D.0.6

5.起爆药卷装配只能由(　　)亲自操作,其他人员不准代替或帮助。

  A.班组长 B.跟班队长 C.爆破工 D.安检员

6.爆破母线长度必须(　　)规定的爆破警戒距离。

  A.大于 B.小于 C.等于

7.炮眼封泥长度及水炮泥用量必须符合要求:当炮眼深度超过1m时,封泥长度不得小

于( )m。
  A.0.3   B.0.4   C.0.5   D.0.6

8.光面爆破时,周边光爆炮眼应用炮泥封实,且封泥长度不得小于( )m。
  A.0.1   B.0.2   C.0.3   D.0.5

9.炮眼深度超过2.5m时,封泥长度不得小于( )m。
  A.2   B.1.5   C.1   D.0.8

10.运输民用爆炸物品的车辆应按照规定的路线行驶,途中经停应当有专人看守,并远离建筑设施和( )的地方,不得在许可以外的地点经停。
  A.人少   B.50人居住   C.人口稠密

11.爆破作业人员应当参加专业技术培训,并经设区的市级人民政府公安机关( )合格,取得爆破作业人员许可证后,方可从事爆破作业。
  A.教育   B.考查   C.考核

12.当雷电、暴雨、雪来临时,应停止爆破作业,所有人员应( )撤到安全地点。
  A.立即   B.把线路接好了再   C.尽快

13.根据燃烧过程中燃烧速度的变化,炸药的燃烧可分为( )和不稳定燃烧。
  A.稳定燃烧 B.自燃 C.突发燃烧 D.主动燃烧

14.起爆电子雷管需要专门的起爆设备并需要通过( )识别,如密码正确则启动内置的延期程序,达到规定的延期时间后,才输出强的电流信号引爆雷管。
  A.数字   B.密码   C.程序   D.地址

15.爆破员、安全员、保管员的文化程度应在( )以上。
  A.小学   B.初中   C.高中

16.爆破作业人员违反国家有关标准和规范的规定实施爆破作业的,由公安机关责令限期改正,情节严重的,( )爆破作业人员许可证。
  A.暂扣   B.没收   C.吊销

17.未经公安机关许可,任何单位或者个人不得从事( )活动。
  A.民用爆炸物品生产   B.民用爆炸物品销售 C.爆破作业

18.在拆除爆破作业中敷设起爆网络时,应由有经验的爆破员或爆破工程技术人员实施( )作业制,一人操作,另一人检查监督。
  A.同步   B.联合   C.合成   D双人

19.在露天深孔台阶爆破中,爆破个别飞散物对人员的最小安全允许距离是( )。
  A.300m   B.按设计,但不大于200m
  C.按设计,但不小于150m   D.按设计,但不小于100m

20.爆破员应该掌握处理( )或其他安全隐患的操作方法。
  A.盲炮   B.炮孔   C.钻机

21.实施爆破作业,应当在安全距离以外( )并安排警戒人员,防止无关人员进入。
  A.挂红灯   B.设置警示标志   C.管制交通

22.在串联网路中,只要有一发电雷管( )断路就会造成整个网络断路。
  A.加强帽   B.外壳   C.桥丝   D.钨丝

23.一般而言,爆破结果的好坏可以从以下四个方面进行描述:爆破块度、爆堆形态、爆破效果和( )效应。

A. 爆破飞石　　　　B. 爆破振动　　　　C. 爆破噪声　　　　D. 爆破危害

24. 在炮孔内放置起爆药包时,雷管脚线要顺直,轻轻拉紧并贴在孔壁一侧,防止损坏(　　),同时可减少炮棍捣坏脚线的概率。

　　A. 炮孔　　　　　B. 雷管　　　　　C. 药包　　　　　D. 脚线

25. 迟爆是指爆炸材料比预定时间(　　)发生爆炸。

　　A. 提前　　　　　B. 滞后　　　　　C. 按时　　　　　D. 延期

二、判断题

1. 发爆器的把手、钥匙或电力起爆接线盒的钥匙,必须由爆破工随身携带,严禁转交他人。不到爆破通电时,不得将把手或钥匙插入发爆器或电力起爆接线盒内。(　　)
2. 严禁裸露爆破,因为这是一种既不安全又不经济的爆破方法。(　　)
3. 爆破工通电起爆后发生拒爆时,必须先取下把手或钥匙,将母线扭结短路,等一定时间(瞬发雷管5min、延期雷管15min)后才可沿线检查。(　　)
4. 爆破工所领取的爆炸器材不得遗失,但可以转交下一班人员。(　　)
5. 爆破前,爆破母线必须扭结成短路。(　　)
6. 爆破后,爆破地点附近20m的巷道内,必须洒水降尘。(　　)
7. 间距小于20m的平行巷道,其中一个巷道爆破时,两个工作面的人员都必须撤到安全地点。(　　)
8. 严禁用煤粉、块状材料或其他可燃性材料做炮眼封泥。(　　)
9. 安全警示标志能及时提醒从业人员注意危险,防止从业人员发生事故,因此设置得越多越好。(　　)
10. 爆破工作面遇到断层、破碎带时,应采取少装药、放小炮或不爆破的方法进行处理。(　　)
11. 爆破工应严格执行"一炮三检制"和"三人连锁放炮制"。(　　)
12. 爆破后,待炮烟吹散吹净,作业人员方可进入工作面作业。(　　)
13. 为提高爆破效率,正向装药时可装填"盖药"。(　　)
14. 爆破前,若网络正常,爆破工必须发出爆破警号,高喊数声"放炮了"或鸣笛数声,至少等5s,方可起爆。(　　)
15. 如雷管脚线或爆破母线与漏电电缆相接触,就会产生早爆事故。(　　)

三、多选题

1. 爆破员的岗位职责包括(　　)。

　　A. 保管所领取的民用爆炸物品
　　B. 按照爆破作业设计施工方案,进行装药、联网、起爆等爆破作业
　　C. 监督民用爆炸物品领取、发放、清退情况

2. 涉爆场所禁区内禁止(　　)。

　　A. 吸烟　　　　　　　　　　B. 就餐
　　C. 动用明火　　　　　　　　D. 使用无线通信设备

3. 爆破员需要考核的内容包括(　　)。

　　A. 爆炸与炸药基本理论
　　B. 装药、填塞、网络敷设、起爆等爆破工艺及安全技术要求

  C. 处理盲炮或其他安全隐患的操作程序

4. 下列属于爆破作业人员违反爆破作业安全管理规定的行为有( )。
  A. 丢失、被盗民用爆炸物品不报告   B. 不按照设计说明书要求装药
  C. 同时搬运炸药与雷管   D. 打残孔

5. 爆破作业场所有( )情形时,不应进行爆破作业。
  A. 危险区边界未设警戒的   B. 作业通道不安全或堵塞的
  C. 照明设施工作正常的

6. 搬运和装载民用爆炸物品时,不得( )。
  A. 摩擦   B. 撞击   C. 抛掷   D. 翻滚

7. 爆破作业期间安全警戒的任务是( )。
  A. 禁止无关人员进入   B. 防止爆破器材丢失
  C. 协助爆破传递工具   D. 制止人员在作业区内吸烟、打闹、违章作业等

8. 影响爆破效果的因素有( )。
  A. 岩石性质   B. 装药结构   C. 爆破参数   D. 爆破工艺

9. 下列属于爆炸物品保管员岗位职责的是( )。
  A. 验收、保管、发放、回收民用爆炸物品
  B. 制止无爆破作业资格的人员从事爆破作业
  C. 发现、报告变质或过期的民用爆炸物品

10. 对爆破安全警戒人员的要求是( )。
  A. 忠于职守、认真负责
  B. 佩戴标志,携带红旗、绿旗、对讲机、口哨等警戒用品
  C. 坚守岗位,在指定的警戒点值勤
  D. 严格执行安全警戒信号的规定

3 特殊路基施工

一、单选题

1. 特殊路基施工涉及的工种有电工、焊割工、起重机械操作工、钢筋工、模板工等,其中( )、起重机械操作工等特种作业人员必须持证上岗。
   A. 钢筋工　　　　B. 电工、焊割工　　　C. 模板工　　　　D. 设备操作工

2. 新进场员工应在体检合格、接受安全教育培训和技术交底后方可上岗作业,单位应在新员工进场( )之内为其购买工伤保险。
   A. 一个星期　　　B. 两个星期　　　　　C. 半个月　　　　D. 一个月

3. 施工现场电气设备及电气线路的安装、维修和拆除应由( )进行操作。
   A. 管理人员　　　B. 驾驶员　　　　　　C. 专职　　　　　D. 工人

4. 在岩溶、采空区地段施工时,洞穴内有害气体未排除前人员( )进入;不稳定的洞穴应采取临时支撑等安全措施。
   A. 可以　　　　　B. 不得　　　　　　　C. 随意

5. 机械设备施工过程中,应设专人指挥,各机械之间保持必要的安全距离,指挥人员距离机械设备大于( )m,挖掘机旋转半径范围内严禁站人。
   A. 5　　　　　　 B. 8　　　　　　　　 C. 10　　　　　　D. 20

6. 起吊夯锤保持匀速,不可高空长时间停留,严禁急升猛降,防止夯锤脱落。停止作业时,将夯锤落至地面。起吊后,臂杆和夯锤下及附近( )m范围内严禁站人。
   A. 10　　　　　　B. 15　　　　　　　　C. 20　　　　　　D. 30

7. 挖掘机、装载机、运输车、起重设备、打桩机等施工机械设备进场前应进行( ),使用过程中定期检查保养,确保性能良好。
   A. 验收　　　　　B. 检查　　　　　　　C. 维修　　　　　D. 保养

8. 强夯施工应远离建筑物至少( )m,减少对建筑的振动影响。同时应根据施工情况采取隔振、防振措施。
   A. 10　　　　　　B. 20　　　　　　　　C. 40　　　　　　D. 50

9. 搅拌桩、旋喷桩等钻机的钻头提升至桩顶时,及时关闭( ),防止高压浆液喷出伤人。
   A. 水泵　　　　　B. 压浆泵　　　　　　C. 电源　　　　　D. 机器

10. 桩帽施工,桩间土回填时采用小型夯机夯实,作业人员应佩戴安全帽、防尘口罩、防砸鞋和( )等劳动保护用品。
    A. 安全带　　　　B. 防振手套　　　　　C. 护眼镜　　　　D. 绝缘手套

11. 水泥搅拌桩施工中,每台桩机施工前应按规定进行工艺试桩,试验桩数不应少于( )根,经检验满足强度要求,方可进行施工。
    A. 2　　　　　　 B. 3　　　　　　　　 C. 5　　　　　　 D. 6

12. 启动钻机正循环钻进至设计深度,在反循环提钻时应提前启动喷浆泵或喷粉机,边喷浆、边搅拌、边慢速提升,当钻头提升至距离地面( )m时,可停止喷浆。

A.0.3 B.0.4 C.0.5 D.0.6

13.清理软土时将处理范围内的软弱土层,部分或全部挖除并及时回填。当原地面起伏较大时应开挖台阶,台阶的宽度宜为( )m。

A.0.2~0.4 B.0.4~0.6 C.0.6~0.8 D.0.5~1.0

14.中间土回填时,桩帽施工完成后,采用水稳定性好的填料进行分层回填,一般不少于( )层。

A.一 B.两 C.三 D.四

15.采用抛石挤淤换填法时,应从____向____,从____到____进行抛填。正确选项是( )。

A.高、低;内、外 B.低、高;外、内 C.高、低;外、内 D.低、高;内、外

16.进行换填层碾压时,夯压相接全面夯实,重叠宽度应为____夯点,一般往复碾压不少于____遍。正确选项是( )。

A.1/2;3 B.1/2;4 C.1/2;5 D.1/2;6

17.插拔套管时将排水板穿过桩靴固定,穿过桩靴上固定架之后将板体对折不小于( )m,连同桩靴一起塞入套管。

A.0.4 B.0.3 C.0.2 D.0.1

18.CFG桩施工桩机应就位平整、稳固,调整钻杆垂直并对准桩位中心,应确保钻杆垂直度偏差不大于( )。

A.3% B.2% C.4% D.1%

19.强夯前应全面检查( )滑轮组及起重机等,并进行试吊、试夯,一切正常后方可强夯。

A.轮胎 B.停机 B.钢板 D.地面

20.采用组合钢模板施工桩帽时,应控制好桩头高程,保证桩头深入桩帽的深度不少于( )cm。

A.4 B.5 C.6 D.7

21.桩帽钢筋应在钢筋加工场加工成形,运至现场进行安装。在混凝土浇筑完成以后及时覆盖养护,养护时间应不少于( )d。

A.3 B.5 C.7 D.9

22.桩帽施工完成后,采用水稳定性好的填料进行分层回填,一般回填不少于____层,采用小型夯机夯实后,厚度应为____cm。正确的选项是( )。

A.2;10~20 B.3;15~25 C.4;10~20 D.5;15~25

23.褥垫层应采用中砂、粗砂、碎石或者级配砂石等回填,其最大粒径不宜大于( )cm。

A.4 B.3 C.5 D.2

24.褥垫层应分层铺筑,每层的厚度一般应为( )cm。
A.10~25 B.15~30 C.20~35 D.25~35

25.水泥料存放场地底部用土垫高,使之高出地面( )cm,并铺设一层木板和塑料薄膜。

A.10~30 B.40~60 C.30~50 D.20~40

二、判断题

1. 夜间施工现场应照明充足,施工孔洞、沟槽、泥浆地等危险部位应设置防护栏和警示灯。（   ）
2. CFG 桩施工过程中如遇卡钻、钻杆剧烈抖动、钻机偏斜等异常情况,应立即停钻判断检查,查明原因,采取相应措施后方可继续作业。（   ）
3. 所有机械设备、机具及防护装置均应粘贴反光条或反光标志。作业人员须穿戴反光衣、配备手电筒。（   ）
4. 清除软土时,将软弱土层部分或全部挖除并及时回填,当原地面起伏较大时应开挖台阶,台阶宽度宜为 0.5~1.0m。（   ）
5. 特殊路基主要分为:软土地区路基,滑坡地段路基,岩溶地区路基,沿河、沿湖及滨海地区路基等。（   ）
6. 软土地区路基换填层碾压一般不少于 3 遍。（   ）
7. 塑料排水板施工过程中无须对板间距、长度、竖直度等进行检测,可直接使用。（   ）
8. CFG 桩桩基施工,钻孔开始前关闭钻头阀门,向下移动钻杆至钻头接近地面时,启动电机钻入,钻进过程中速度应先慢后快。（   ）
9. 桩间土分层回填压实后,层厚应为 15~25cm。（   ）
10. 采用压路机往复碾压换填层时,一般碾压不少于 4 遍,其轮距搭接不少于 50cm。（   ）
11. 环切工艺初入深度一般不小于 15cm,以尽量减少对桩头的扰动,防止形成浅层断桩。（   ）
12. 褥垫层应分层铺筑,厚度一般为 20~35cm。（   ）
13. 单位应在新员工进场一个月之内为其购买工伤保险。（   ）
14. 钻机就位应平稳坚实,支脚与履靴应同时水平着地,立柱斜撑下严禁站人。（   ）
15. 机械设备施工过程中,应设专人指挥,各机械之间应保持必要的安全距离。（   ）

三、多选题

1. 特殊路基存在的一般安全风险有(   )等。
   A. 机械伤害　　B. 车辆伤害　　C. 高处坠落　　D. 溺水
   E. 物体打击　　F. 起重伤害　　G. 触电
2. 遇(   )等恶劣天气时,应停止露天作业。
   A. 大风　　B. 晴天　　C. 雷雨　　D. 冰雪
3. 下列选项中,属于特殊路基分类标准的是(   )。
   A. 地质条件　　B. 气候　　C. 地理位置　　D. 工程项目大小
4. 软土地区路基施工的常用处理方式有(   ),以及改良土法、挤密法、真空预压法、强夯置换法、加筋土法、管桩法等。
   A. 换填法　　B. 竖向排水体　　C. CFG 桩法　　D. 水泥搅拌桩
5. 沿河、沿湖及滨海地区路基施工主要处理措施有直接防护与间接防护,具体为(   )。
   A. 抛石　　B. 石笼　　C. 填塞　　D. 丁坝　　E. 顺坝
6. 受土质影响造成的特殊路基包括(   )。
   A. 湿黏土路基　　　　　B. 软土地区路基　　　　　C. 红黏土地区路基
   D. 膨胀土地区路基　　　E. 黄土地区路基　　　　　F. 盐渍土地区路基
7. 滑坡地段路基具体施工措施有(   )。

A. 抗滑挡土墙 B. 抗滑桩法 C. 水坠碾压法
D. 爆破灌浆法 E. 锚杆加固
8. 岩溶地区路基主要处理方法有(　　)。
A. 填塞 B. 灌浆 C. 跨越 D. 疏导 E. 保温法
9. 泥石流地段路基施工的主要处理方法有(　　)。
A. 工程加固 B. 拦挡 C. 抛石排淤 D. 排导

案例1　机械伤害

一、单选题

1. 搅拌桩、旋喷桩钻机钻头提升至(　　)时,关闭压浆泵,防止高压浆液喷出伤人。
A. 桩帽 B. 桩头 C. 地面 D. 桩顶
2. 小型夯机应由(　　)人操作,严禁强行推进、后拉、按压手柄、强行猛拐或撒把不扶。
A. 2 B. 1 C. 3 D. 4
3. 压路机四周轮廓除张贴反光标志外,必须安装倒车报警器和(　　)。
A. 行车记录仪 B. 影像雷达 C. 空调 D. 音响
4. 搅拌机运转时,严禁进行维修、清理工作。当作业人员需进入搅拌筒内作业时,必须先切断电源,锁好开关箱,悬挂(　　)的警示牌,并派专人监护。
A. 当心触电 B. 禁止合闸 C. 注意安全 D. 必须佩戴安全帽
5. CFG桩、水泥搅拌桩等桩机施工时,桩机基础应夯实,支腿采取(　　)进行支垫。
A. 钢板或方木 B. 钢筋 C. 薄木板或合板 D. 水泥块
6. 两台以上压路机同时作业,前后间距不得小于(　　)m;坡道上纵队行驶时,间距不得小于20m。
A. 3 B. 4 C. 5 D. 6
7. 进入混凝土搅拌运输车的搅拌筒进行维修、铲除清理混凝土作业前,必须将发动机熄火,操作杆置于(　　)位置,将发动机钥匙取出并设专人监护,悬挂安全警示牌。
A. 空挡 B. 一挡 C. 二挡 D. 三挡
8. 在钢筋调直切断机调直块未固定、防护罩未盖好前,不得(　　),作业中严禁打开各部位防护罩并调整间隙。
A. 送料 B. 开机 C. 维修保养 D. 调整
9. 钢筋切断机切断短料时,手和切刀之间的距离应保持在(　　)mm以上。手握端小于400mm时,应采用套管或夹具将钢筋短头压住或夹牢。
A. 100 B. 150 C. 200 D. 250
10. 除抗扭钢丝绳之外的其他钢丝绳,直径减少达公称直径的(　　)时,应予报废。吊装绳扣的打头部位出现断丝时,应切弃断丝部分重新插扣。钢丝绳的断丝数量少于报废标准,但断丝聚集在小于6倍绳径的长度范围内或集中在任一绳股里,亦应予报废。
A. 5% B. 7% C. 10% D. 15%
11. 机械作业范围内不得同时进行人工作业。多台机械同时作业时,各机械(平地机、压路机等)之间应保持安全距离,前后间距应不小于(　　)m,左右间距应大于2m。

91

A.6　　　　　　B.8　　　　　　C.10　　　　　　D.12

12.强夯路段两侧50m以外设置警示牌,非工作人员严禁进入强夯区域。强夯机操作室前应安装牢固的安全防护网,注意检查滑钩、钢丝绳等。机下施工人员应距离夯点(　　)m外或站在夯机后方。

　　A.30　　　　　　B.20　　　　　　C.10　　　　　　D.5

13.在弯曲钢筋的作业半径内和机身(　　)的一侧严禁站人。弯曲好的半成品要堆放整齐,弯钩不得朝上。

　　A.设固定销　　B.不设固定销　　C.侧面　　　　　D.正面

14.钢丝绳表面锈蚀或磨损使钢丝绳直径显著减小时,钢丝径向磨损或腐蚀量超过原直径(　　)的,应予报废。

　　A.10%　　　　　B.20%　　　　　C.30%　　　　　D.40%

15.施工现场的坑洞、沟坎、水塘等边缘应设安全护栏、围挡、盖板和警示标志,夜间应设置(　　)。

　　A.信号灯　　　　B.应急灯　　　　C.指示灯　　　　D.警示灯

16.换填层碾压时应首先用振动碾压,往复碾压,一般碾压不少于(　　)遍,其轮距搭接不少于50cm。

　　A.2　　　　　　B.3　　　　　　C.4　　　　　　D.5

17.钢丝绳的断丝数量少于报废标准,但断丝聚集在小于(　　)倍绳径的长度范围内或集中在任一绳股里,应予报废。

　　A.2　　　　　　B.4　　　　　　C.6　　　　　　D.8

18.旋喷桩喷浆作业时,应注意(　　)变化,出现异常时,应停机、断电、停风,并及时排除故障。

　　A.电压表　　　　B.压力表　　　　C.水压表　　　　D.液压表

19.静力压桩机作业前,应检查并确认各传动系统、起重系统及液压系统等运转良好,各部件连接牢固。作业时,应有专人统一指挥,压桩人员和吊桩人员应密切联系,非工作人员应离机(　　)m以外。

　　A.4　　　　　　B.6　　　　　　C.8　　　　　　D.10

20.真空预压密封沟宜采用机械开挖,开挖深度超过(　　)m时,严禁人员进入沟底作业。

　　A.1　　　　　　B.1.5　　　　　C.2　　　　　　D.4

21.CFG桩、水泥搅拌桩等桩机施工时,桩机基础应(　　),并采用钢板或方木进行支垫。

　　A.浇筑混凝土　　　　　　　　　B.铺筑水稳层
　　C.夯实　　　　　　　　　　　　D.填碎石

22.钻机操作工作业前,应检查(　　)是否稳固,确认安全后方可作业。

　　A.支腿支垫　　B.钻架　　　　　C.基础　　　　　D.地面

23.软基处理、高边坡注浆作业人员以及潜孔钻钻孔操作人员应佩戴(　　)、防护口罩。

　　A.护目镜　　　　B.反光衣　　　　C.工作服　　　　D.防毒面具

24.作业前,须将各操纵杆置在(　　),驻车制动器锁死,方可起动设备。

　　A.空挡　　　　　B.上升　　　　　C.下降　　　　　D.回旋

25.CFG桩提钻作业时,现场应设置(　　)指挥,且作业前应对支腿基础牢固情况进行安全检查确认。

A. 管理人员　　　B. 专人　　　C. 施工员　　　D. 安全员

二、判断题

1. 起重吊装时设专人指挥,禁止无关人员进入警戒区域。（　）
2. 钻机操作工作业前,应检查支腿支垫是否稳固,确认安全后方可作业。（　）
3. 钻机就位应平稳坚实,支脚与履靴应同时水平着地,立柱斜撑下严禁站人。（　）
4. 机械操作员为了不耽误施工进展,可临时将机械设备交给其他无资质人员操作。（　）
5. 从业人员发现直接危及人身安全的紧急情况时,有权停止作业或者在采取可能的应急措施后撤离作业场所。（　）
6. 滑坡影响范围内应设安全警示标志,根据现场情况设置围挡等防护措施。不得在滑坡范围内布设临时生产、生活设施,不得停放机械、机具。（　）
7. 为节约能源,夜间施工现场不用照明。（　）
8. 强夯前应对脱钩器、滑轮组及起重机等进行全面检查。（　）
9. 桩机基础应夯实,并采用钢板或方木进行支垫,钻机就位应平稳坚实,支腿四周应受力均匀。（　）
10. 木材、排水板、土工织物等易燃材料应按照物资管理规定使用、分类堆放。施工过程中严禁使用烟火,现场配备足够的消防器材。（　）
11. 在滑坡地段施工时,应由专人负责监测滑坡体的稳定情况。（　）
12. 滑坡影响范围内应设安全警示标志,根据现场情况设置围挡等防护措施。不得在滑坡影响范围内布设临时生产生活设施、停放机械和机具。（　）
13. 提钻作业时,设专人指挥,严格控制提钻速度,边振动边提钻,提钻过程中对钻机的稳固情况进行监测,发现异常及时处理。（　）
14. 在岩溶、采空区地段施工时,洞穴内有害气体未排除前人员不得进入,对不稳定的洞穴应采取临时支撑等安全措施。（　）
15. 高效率心肺复苏时,每进行30次胸外心脏按压后进行2次人工呼吸,以此为1个循环。每完成5个循环后检查1次呼吸心跳,直至伤者恢复呼吸和脉搏。（　）

三、多选题

1. 公路工程施工中常见的事故类型主要有(　　)。
   A. 坍塌　　　B. 高处坠落　　C. 物体打击　　D. 触电
   E. 机械伤害　F. 冒顶片帮　　G. 爆炸　　　　H. 火灾
2. 遇有(　　)等恶劣天气时,应停止露天作业。
   A. 大风　　　B. 晴天　　　C. 雷雨　　　D. 大雪　　　E. 冰雹
3. 在不良地质条件地段施工时,受天气条件、施工环境等可能引起(　　)等自然灾害。
   A. 滑坡　　　B. 大风　　　C. 泥石流　　D. 崩塌
4. 应急急救中,止血包扎中的止血带可以用(　　)等代替。
   A. 橡皮管　　B. 纱布　　　C. 毛巾　　　D. 铁线
5. 导致CFG钻机倾覆的原因可能是(　　)。
   A. 钻机支腿未用钢板或方木支垫　　　B. 地面承载力不足
   C. 支腿塌陷　　　　　　　　　　　　D. 钻机过重

6. 发生安全事故造成伤害时,现场人员应大声呼救并立即告知现场负责人,遵循(　　)的"三快"原则。
   A. 快抢　　　B. 快救　　　C. 快送　　　D. 快跑
7. CFG 桩机提钻作业时,应设专人指挥,严格控制提钻速度,(　　),提振过程中对钻机的稳固情况进行监测,发现异常及时处理。
   A. 边振动　　B. 停止旋转　　C. 边提钻　　D. 停止泵送
8. CFG 桩机开钻前与钻进过程中,对(　　)等系统要做好检查及运行观察工作。遇到问题应及时查明原因,妥善处理,认真填写施工记录。
   A. 破岩　　　B. 回转　　　C. 升降　　　D. 洗孔排渣
9. CFG 钻机和起重机操作工存在(　　)安全风险。
   A. 机械伤害　B. 起重伤害　C. 触电　　D. 机体倾覆　E. 高处坠落
10. 在 CFG 桩机钻进过程中,应随时注意机器的状况。如出现(　　)、起吊索具破损、水龙头漏气、漏渣及其他不正常情况时,要立即停车,查明原因并采取措施后,方可继续开钻。
    A. 发生异响　B. 钢丝绳　　C. 钻杆　　　D. 转向滑车

案例 2　滑坡坍塌事故

一、单选题

1. 施工安全中,"三宝"不包括(　　)。
   A. 安全帽　　B. 安全带　　C. 安全网　　D. 安全手册
2. 须勾缝的砌石面,在砂浆初凝后,应将灰缝扣深(　　)mm,清洁湿润,然后填浆勾阴缝。
   A. 10~20　　B. 20~30　　C. 30~50　　D. 50~70
3. 进行路基填筑作业,压路机靠近路堤边缘作业时,应根据路堤(　　)留有必要的安全距离。
   A. 宽度　　　B. 高度　　　C. 平整度　　D. 坡度
4. 弃土堆的边坡不陡于1:1.5,顶面向外设不小于2%的横坡,其内侧高度不宜大于(　　)m。
   A. 3　　　　B. 4　　　　C. 8　　　　D. 10
5. 路基挖方施工中,开挖至零填、路堑路床部分后,应尽快进行路床施工;如不能及时进行,宜在设计路床顶高程以上预留至少(　　)mm 厚的保护层。
   A. 300　　　B. 400　　　C. 600　　　D. 800
6. 边坡稳定性评价不包括(　　)。
   A. 边坡稳定性状态的定性判断　　B. 边坡稳定性勘察
   C. 边坡稳定性综合评价　　　　　D. 边坡稳定性发展趋势分析
7. 影响扶壁式挡墙的侧向压力分布的主要因素不包括(　　)。
   A. 墙后填土　B. 支护结构刚度　C. 地下水　　D. 施工时间
8. 滑坡地段的开挖,应从滑坡体(　　)进行。
   A. 中部向两侧自上而下　　　B. 中部向两侧自下而上
   C. 两侧向中部自下而上　　　D. 两侧向中部自上而下
9. 抗滑桩是滑坡防治工程中较常采用的一种措施。采用抗滑桩对滑坡进行分段阻滑时,每段宜以( )布置为主。
A.两侧 B.双排 C.前后 D.单排

10.取土坑应设在背风侧路堤坡脚处( )m以外;当必须两侧取土时,应封闭或摊平取土坑。
A.1 B.2 C.3 D.5

11.路基填筑时施工时,每边一般宜加宽( )m。
A.0.3 B.0.5 C.1 D.1.5

12.滑坡防治工程可行性方案设计中应对滑坡防治工程进行效益评估,工程实施后的效益评估不包括( )。
A.人力效益 B.社会效益 C.环境效益 D.经济效益

13.关于预应力锚索施工造孔精度的要求,下列说法错误的是( )。
A.钻孔时可以自由选择造孔机械
B.钻孔位置误差:应小于100mm
C.钻孔倾角、水平角误差:与设计锚固轴线的倾角、水平角误差在±1°以内
D.孔深:必须保证张拉段穿过滑带2m

14.重力式、半重力式挡土墙墙高不宜超过( )m,否则应采用特殊形式挡土墙,或每隔4~5m设置厚度不小于0.5m、配比适量构造钢筋的混凝土构造层。
A.3 B.5 C.8 D.10

15.重力挡墙施工时,墙身砌出地面后,基坑必须及时回填夯实,并做成坡度不小于( )的向外流水坡,以免积水下渗而影响墙身稳定。
A.2% B.3% C.5% D.8%

16.公路工程石方爆破作业中,采用汽车运输爆破物品时,雷管与炸药必须分车运送,两车前后应相隔( )m以上。
A.20 B.30 C.40 D.50

17.当排水沟断面变化时,应采用渐变段衔接,其长度可取水面宽度之差的( )倍。
A.5~20 B.10~20 C.20~40 D.30~60

18.抗滑桩桩长宜小于( )m。对于滑带埋深大于25m的滑坡,采用抗滑桩阻滑时,应充分论证其可行性。
A.25 B.30 C.35 D.40

19.为了确保滑坡防治工程的安全、顺利,开工前必须编制切实可行的( )。
A.专项施工方案 B.现场处置方案 C.施工组织设计 D.综合应急预案

20.进行路基工程土石方爆破作业时,应使用锋利刀具在木板上切割导火索或导爆管。每盘导火索或每卷导爆管两端均应切除不小于( )cm。
A.2 B.4 C.5 D.8

21.进行路基工程土石方爆破作业时,装药工作开始之前,应将距岩塞爆破工作面( )m范围内的电气设备和导电器材全部撤离。
A.20 B.30 C.40 D.50

22.路基滑坡地段开挖作业时,应从滑坡体两侧向中间( )进行,严禁全面拉槽开挖。
A.自左而右 B.自上而下 C.自下而上 D.顺序

23. 土石路堤填料时,不得直接用于路堤填筑的是( )。
   A. 膨胀岩石   B. 易熔性岩石   C. 盐化岩石
24. 土方工程开挖时,应采取措施保证边坡稳定。开挖至边坡线前,应预留一定( )。
   A. 高度   B. 宽度   C. 厚度   D. 深度
25. 路基拓宽改建施工,拓宽部分的路堤采用非透水性填料时,应在地基表面按设计铺设垫层,垫层材料一般为沙砾或碎石,含泥量不大于( )。
   A.2%   B.4%   C.5%   D.7%

二、判断题

1. 建筑施工从业人员超过200人的才需要设置安全生产管理机构或者配备专职安全生产管理人员。( )
2. 为公路工程提供施工机械设备、设施和产品的单位,应确保配备齐全有效的保险、限位等安全装置,提供有关安全操作的说明,保证其提供的机械设备和设施等产品的质量和安全性能达到国家有关标准。( )
3. 施工单位应当向作业人员提供安全防护用具和安全防护服装,并书面告知危险岗位的操作规程和违章操作的危害。( )
4. 一般路堤施工中,施工取土应不占或少占良田,尽量利用荒坡、荒地。取土深度应结合地下水等因素考虑,以利于复耕。( )
5. 滑坡防治工程施工图设计,应详细说明设计的基本思路、施工条件、施工方法等。( )
6. 在排水沟纵坡变化处,应避免上坡产生壅水。断面如果发生变化,宜改变沟道深度。( )
7. 挡墙基坑全面开挖可能诱发滑坡活动时,应采用分段连续开挖。( )
8. 滑坡防治工程应根据施工的难度,安排分段施工。( )
9. 滑坡防治工程实施过程中,应由专门的具有地质灾害勘察设计咨询资质的咨询单位对各阶段的设计文件进行审查。( )
10. 滑坡防治工程设计中,应结合城镇规划,编制防治工程的保护措施和灾害风险管控措施。( )
11. 临时用电工程应定期检查。定期检查时,应复查接地电阻值和绝缘电阻值。( )
12. 爆破前应对爆区周围的自然条件和环境状况进行调查,了解危及安全的不利环境因素,采取必要的安全防范措施。( )
13. 施工前,应逐级进行安全技术教育及交底,落实所有安全技术措施和人身防护用品,未经落实时不得进行施工。( )
14. 在施工过程中,应实时对滑坡进行跟踪测绘编录,检验、补充及更正勘察结论。( )
15. 开挖土方基坑时,必须留够稳定边坡,以防坍塌。( )

三、多选题

1. 计算滑坡预应力锚固力前,应对未施加预应力的滑坡稳定系数进行计算,作为设计的依据。滑坡设计荷载包括( )。
   A. 滑坡体自重   B. 孔隙水压力   C. 静水压力   D. 渗透压力
2. 抗滑桩施工应包含的工序有( )。

A.施工准备　　B.桩孔开挖　　C.地下水处理　　D.护壁

3.根据《公路水运工程安全生产监督管理办法》,危险性较大、应当编制专项施工方案的工程包括(　　)。

A.滑坡和高边坡处理　　　　B.涵洞基础　　　　C.高瓦斯隧道
D.爆破工程　　　　　　　　E.水下焊接

4.对于不稳定地层,在开挖爆破后、永久衬砌前,应采用(　　)等临时防护措施。

A.木支撑　　　　　　　　　B.片石堆砌
C.钢支撑　　　　　　　　　D.混凝土锚杆支护

5.地下排水工程,应视滑动面状况、滑坡所在山坡汇水范围内的含水层与隔水层水文地质结构及地下水动态特征,选用(　　)等方案。

A.隧洞排水　　　　　　　　B.钻孔排水　　　　C.盲沟排水

6.施工现场从事电焊、气焊的工人,必须穿戴的劳动防护用品包括(　　)。

A.电焊专用手套　　　　　　B.绝缘鞋　　　　　C.护目镜
D.面罩　　　　　　　　　　E.验电笔

7.高速公路石方路基施工,爆破后检查的主要内容有(　　)。

A.有无盲炮　　　　　　　　B.残炮处理情况
C.露天爆破爆堆是否稳定　　D.是否破坏建(构)筑物
E.爆破警戒区内既有设施安全情况

8.报告事故时应包含的内容有(　　)。

A.事故发生单位概况　　　　B.事故发生的时间、地点以及事故现场情况
C.事故的简要经过　　　　　D.事故已经造成或者可能造成的伤亡人数
E.已经采取的措施

9.夜间施工现场的易撞部位、交叉路口应设置夜间警示灯,(　　)等部位应设置防护栏及反光警示标志。

A.临边　　　B.预留洞口　　C.行车道　　D.人行道

10.陡坡和缓坡段沟底及墙边,应设伸缩缝,缝间距可以为(　　)m。

A.8　　　B.10　　　C.12　　　D.14　　　E.16

4 边坡防护与支挡工程施工

一、单选题

1. 使用的吊绳(操作绳)规格不低于( ),吊绳顶端锚固牢靠。
   A.16mm/18000N   B.18mm/24000N   C.20mm/32000N

2. 高度超过( )m 的模板安装作业必须搭设脚手架。
   A.1.5   B.2.0   C.1.8   D.2.5

3. 配电室的顶棚与地面的距离不应小于( )m。
   A.2   B.3   C.5   D.8

4. 人工开挖支挡抗滑桩施工,孔口处应设置护圈,护圈应高出地面( )m。
   A.0.1   B.0.2   C.0.3   D.0.4

5. 固定式配电箱、开关箱中心点与地面的相对高度应为( )m。
   A.0.5   B.1.0   C.1.5   D.1.8

6. 氧气瓶与乙炔瓶放置地点不得靠近热源和电器设备,与明火的距离不得小于( )m。
   A.5   B.10   C.15   D.20

7. 施工作业区域应按规定设置警戒区,警戒区周围醒目处应设置( )等警告、警示标志。
   A.前方施工   B.禁止合闸   C.禁止停车   D.禁止开挖

8. 锚索预应力张拉过程中,操作人员不得离岗,千斤顶( )不得站人。
   A.后方   B.前方   C.左方   D.右方

9. 真空预压密封沟开挖宜采用机械开挖,开挖深度超过( )m 时,严禁人员进入沟底作业。
   A.0.5   B.1   C.1.5   D.2

10. 挖孔桩内必须配备专业安全软爬梯,爬梯宽度宜为0.5m,步距宜为0.3m,承载力应不小于( )N。
    A.1000   B.1500   C.2000   D.2500

11. 配电柜或配电线路停电维修时,应挂接地线,并悬挂( )停电标志牌,停、送电必须由专人负责。
    A.有人工作、禁止合闸   B.禁止合闸、有人工作
    C.禁止合闸、禁止工作   D.禁止工作、禁止合闸

12. 从业人员在作业过程中,应当严格遵守本单位的安全生产规章制度和操作规程,服从管理,正确佩戴和使用( )。
    A.劳动生产用品   B.劳动防护用品   C.劳动联系工具   D.生活必须用品

13. 配电室内的裸母线与地面垂直距离小于( )m 时,应采用遮栏隔离。
    A.1.5   B.2.0   C.2.5   D.3.0

14. 坡面防护方法不包括( )。
    A.植物防护   B.圬工防护   C.骨架植物防护   D.喷混凝土防护

15. 在进行脚手架设计时,脚手架上料斜道的铺设宽度不得小于( )m。
    A.0.5   B.1.0   C.1.5   D.2.0
16. 特殊路基施工前,应进行必要的基础实验,编制( ),批准后实施。
    A. 施工方案   B. 处置方案
    C. 专项施工组织设计   D. 专项应急预案
17. 路基施工时,结构物台背回填区不宜采用( )碾压。
    A. 货车   B. 挖掘机   C. 重型压路机   D. 平地机
18. 配电箱、开关箱的送电操作顺序是( )。
    A. 开关箱、分配电箱、总配电箱   B. 总配电箱、分配电箱、开关箱
    C. 总配电箱、开关箱、分配电箱   D. 开关箱、总配电箱、分配电箱
19. 抗滑桩人工开挖施工时,孔深超过____ m 的桩孔内应配备有效的通信器材,作业人员在孔内连续作业不得超过____ h。正确选项是( )。
    A.20;2   B.15;2   C.15;1   D.10;2
20. 砂浆喷射作业应严格执行操作规程,边坡喷射砂浆应按( )顺序施作。
    A. 自上而下   B. 自下而上   C. 从左往右   D. 从右往左
21. 人工开挖支挡抗滑桩施工时,孔深不宜超过( )m,孔径不宜小于1.2m。
    A.5   B.10   C.15   D.20
22. 在工程项目施工质量管理中,起决定性作用的影响因素是( )。
    A. 人   B. 材料   C. 机械   D. 方法
23. 人工开挖支挡抗滑桩施工时,挖孔作业人员的头顶部应设置护盖。弃渣吊斗不得装满,出渣时,孔内作业人员应位于护盖( )。
    A. 上面   B. 下面   C. 左面   D. 右面
24. 地面横向坡度陡于1∶10的区域,取土坑应设在路堤( )。
    A. 右侧   B. 左侧   C. 下侧   D. 上侧
25. 路基工程中,在( )边缘地段上作业的机械应采取防止机械倾覆、基坑坍塌的安全措施。
    A. 涵洞   B. 路基   C. 基坑   D. 挡墙

二、判断题

1. 在施工中发生危及人身安全的紧急情况时,作业人员有权立即停止作业或者在采取必要的应急措施后撤离危险区域。   ( )
2. 特种作业人员的安全教育,一般采取按专业分批现场培训、集中考试的方式。( )
3. 高大模板支撑系统搭设和拆除过程中,地面应设置围栏和警示标志,并派专人看守,严禁非操作人员进入作业范围。   ( )
4. 脚手架每根立杆底部应设置底座或垫板,底座底面高程宜高于自然地坪50mm。
                                                              ( )
5. 临边防护栏杆的钢管横杆及栏杆柱均采用符合要求的管材,以扣件或电焊固定。
                                                              ( )
6. 锚杆、锚索预应力张拉过程中,操作人员不得离岗,千斤顶后方不得站人。( )
7. 挖掘机作业时,任何人不得在悬臂和铲斗下面及工作面的底帮附近停留。 ( )
8. 砌筑施工抹面、勾缝作业必须先上后下。   ( )

9. 施工现场临时用电,开关箱必须装设漏电保护器。( )
10. 抗滑桩人工开挖施工时,土石层变化处和滑动面处不得分节开挖,应及时加固防护护壁内滑裂面。( )
11. 项目经理(副经理)每月组织一次项目安全大检查,发现问题或隐患立即予以整治。( )
12. 抗滑桩人工开挖施工时,孔深超过15m的孔桩内应配备有效的通信器材,作业人员在孔内连续作业不得超过2h。( )
13. 砂浆喷射作业应严格执行操作规程,边坡喷射砂浆应自上而下顺序施作。( )
14. 高边坡的防护应编制专项安全方案。( )
15. 砌筑作业中,脚手架下不得有人操作及停留,不得重叠作业。( )

三、多选题

1. 建筑施工企业和作业人员在施工过程中,应当( )。
　　A. 遵守有关安全生产的法律　　B. 遵守有关口头约定的安全协议
　　C. 遵守建筑行业安全规章　　D. 遵守建筑行业安全规程
　　E. 不得违章指挥或者违章作业

2. 作业人员有权对施工现场的作业条件、作业程序和作业方式中存在的安全问题提出( )。
　　A. 批评　　B. 教育　　C. 检举　　D. 报警　　E. 控告

3. ( )等特种设备的作业人员及其相关管理人员统称特种设备作业人员。
　　A. 锅炉　　　　　　　B. 质量检查人员
　　C. 压力容器(含气瓶)　　D. 场(厂)内专用机动车辆
　　E. 起重机械

4. 根据《建设工程安全生产管理条例》,施工单位在采用( )时,应当对作业人员进行相应的安全生产教育培训。
　　A. 新工艺　　B. 新材料　　C. 新结构　　D. 新设备　　E. 新技术

5. 应该在施工现场( )等危险部位设置明显的安全警示标志。
　　A. 施工现场出入口　　B. 电梯井口　　C. 脚手架
　　D. 分叉路口　　E. 十字路口

6. 出租单位出租的建筑起重机械和使用单位购置、租赁、使用的建筑起重机械应当具有( )。
　　A. 特种设备制造许可证　　B. 说明书　　C. 维修保养记录表
　　D. 产品合格证　　E. 制造监督检验证明

7. 安全生产的目的包括( )。
　　A. 防止和减少生产安全事故　　B. 保障人民群众生命和财产安全
　　C. 促进经济发展　　D. 减少项目成本　　E. 加快项目进度

8. 高大模板支撑系统搭设前,项目工程技术负责人应对现场管理人员、操作班组、作业人员进行安全技术交底,并履行签字手续。安全技术交底的内容包括( )。
　　A. 施工工艺　　B. 施工工序
　　C. 作业安全要点　　D. 搭设安全技术要求

9. ( )应当按照规定喷涂标志图案,安装警报器、标志灯具。

A. 警车　　　　B. 消防车　　　C. 救护车　　　D. 工程救险车
10.(　　)应采用阻燃型安全防护网。
   A. 高层建筑外脚手架的安全防护网
   B. 既有建筑外墙改造时,其外脚手架的安全防护网
   C. 临时疏散通道的安全防护网
   D. 基坑周围安全防护网

案例 1　边 坡 坍 塌

一、单选题

1. 采用机械吊运模板等材料时,被吊的模板构件和材料应绑牢,起落应听从指挥,被吊重物下方(　　)m 禁止人员停留。
   A.1　　　　　B.2　　　　　C.3　　　　　D.4
2. 高度超过(　　)m 的模板安装作业,必须搭设脚手架。
   A.2.0　　　　B.1.5　　　　C.1.8　　　　D.2.5
3. 使用中的乙炔瓶与明火的距离不小于(　　)m。
   A.3　　　　　B.6　　　　　C.10　　　　　D.15
4. 可用于预应力钢绞线下料的设备是(　　)。
   A. 砂轮锯　　　B. 电弧焊　　　C. 气焊　　　　D. 氧割
5. 高处钢筋施工作业时,脚手板的宽度不得小于(　　)cm,并有可靠安全防护。
   A.15　　　　　B.30　　　　　C.40　　　　　D.60
6. 在混凝土搅拌机运转中,(　　),不得进行维修。
   A. 可以用工具深入搅拌桶内扒料　　B. 不准出料
   C. 可以二次填料　　　　　　　　　D. 不准将工具伸入搅拌筒内
7. 用两台起重机抬吊设备时,吊钩下降慢的起重机负荷(　　)。
   A. 较重　　　　B. 较轻　　　　C. 不变　　　　D. 平衡
8. 起重作业中选择设备捆绑点的依据是设备的(　　)。
   A. 质量　　　　B. 中心位置　　C. 外形尺寸　　D. 重心
9. "禁止合闸,有人工作"的标志牌应制作为(　　)。
   A. 红底白字　　B. 白底红字　　C. 白底绿字　　D. 蓝底红字
10. 氧气瓶应涂____色,用____标明"氧气"字样;乙炔瓶应涂____色,用____标明"乙炔"字样。正确选项是(　　)。
   A. 天蓝色;黑色;红色;白色　　　　B. 天蓝色;红色;白色;黑色
   C. 天蓝色;白色;黑色;黑色　　　　D. 天蓝色;白色;白色;红色
11. 钢筋切断机切料时,操作人员应站在(　　),握紧并压住钢筋以防末端弹出伤人。
   A. 固定刀片一侧　B. 活动刀片一侧　C. 两侧　　　　D. 左侧
12. 立脚手架时,如果旁边有开挖的沟槽,应控制外立杆距沟槽边的距离。当架高在 30m 以内时,其外立杆距沟边槽边的距离不小于(　　)m。
   A.1.1　　　　　B.1.2　　　　　C.1.3　　　　　D.1.5

13. 低压带电作业时,( )。
    A. 要戴绝缘手套   B. 戴绝缘手套,不要有人监护
    C. 有人监护则不必戴绝缘手套   D. 既要戴绝缘手套,又要有人监护

14. 安全绳的有效长度不应大于( )m,有两根安全绳的安全带,单根绳的有效长度不应大于1.2m。
    A. 1.2   B. 1.5   C. 1.8   D. 2

15. 人工开挖支挡抗滑桩施工,孔口处应设置护圈,护圈应高出地面( )m。
    A. 0.2   B. 0.3   C. 0.4   D. 0.5

16. 挡土墙回填作业时,墙背( )m以内不宜使用重型振动压路机碾压。
    A. 0.5   B. 1   C. 1.5   D. 2

17. 锚索预应力张拉过程中,操作人员不得离岗,千斤顶( )不得站人。
    A. 后方   B. 前方   C. 左方   D. 右方

18. 起重机在边坡工作时,应与坑边保持一定的安全距离,一般为坑深的( )倍。
    A. 1.05   B. 1.1   C. 1.3   D. 1.4

19. 悬空作业时,如无可靠的安全设施,必须系好安全带并( ),同时挂牢安全网。
    A. 戴好安全帽   B. 扣好保险钩   C. 戴好手套   D. 穿防滑鞋

20. 锚杆锚固力抽检的抽样比例为( )。
    A. 1%   B. 2%   C. 3%   D. 以上都不对

21. 桩机作业结束后,应将桩锤落下,切断( )和电路开关、停机制动后,人方可离开。
    A. 电源   B. 水源   C. 气源   D. 油路

22. 脚手架作业层的脚手板的铺设要求是( )。
    A. 铺平整并且捆扎牢固
    B. 应铺满、铺稳,捆扎牢固
    C. 应铺满、铺稳、铺实,捆扎牢固
    D. 应铺满、铺稳、铺实,捆扎牢固,离开墙面立面不超过150mm

23. 从业人员在作业过程中,应当严格遵守本单位的安全生产规章制度和操作规程,服从管理,正确佩戴和使用( )。
    A. 劳动生产用品 B. 劳动防护用品 C. 劳动联系工具 D. 生活必须用品

24. 在电力生产工作中要做到"三不伤害",定义是( )。
    A. 不伤害自己   B. 不伤害他人   C. 不被他人伤害 D. 以上三个都是

25. 下列关于雨期施工临时用电的措施中,( )是不正确的。
    A. 落实各种室内使用的电器设备、闸箱的防雨措施
    B. 电器设备要放在较高的干燥处
    C. 配电箱要有防雨盖,电焊机要加防护雨罩
    D. 要检查现场电器设备的接零、接地保护措施是否可靠

二、判断题

1. 拆除高度3m以上的模板时,应搭设脚手架工作台;高度不足3m的可使用马凳或站在拉杆、支撑杆上操作。   ( )

2. 电工高空作业时,必须使用符合标准的安全带,并系在可靠的构件上。   ( )

3. 电焊机的安装、修理及检查由电焊工完成。（　　）
4. 施工现场模板堆放高度不大于 1.8m。（　　）
5. 向模板内灌注混凝土时，作业人员应协调配合，灌注人员应听从振捣人的指挥。（　　）
6. 开挖边坡时应沿等高线，自上而下、分层分段依次进行。（　　）
7. 接地线是为了在已停电的设备和线路上意外地出现电压时保证工作人员安全的重要工具，按规定，接地线必须由截面积 2.5mm² 以上的裸铜软线制成。（　　）
8. 在安全色标中用绿色表示安全、通过、允许、工作。（　　）
9. 手工切断钢筋时，夹料必须牢固。展开盘条钢筋时，应卡牢端头，切断过程中应防止盘条回弹。人工弯曲钢筋时，应放置平稳。（　　）
10. 进行陡坡及不良地质地段测量时，测量人员可以不系安全带、穿防滑鞋等，但应加强监护。（　　）
11. 模板吊环可以采用冷拉钢筋，吊环的计算拉应力不得大于 50MPa。（　　）
12. 电工、焊接与热切割作业人员应按规定正确佩戴、使用劳动防护用品。（　　）
13. 使用前脚手架应检查：脚手板是否有空隙、是否有探头板，护身栏、挡脚板是否齐全有效。确认安全后方可使用。（　　）
14. 锚杆张拉作业时应设警戒区，操作平台应稳固，张拉设备应安装牢固。（　　）
15. 作业人员有权拒绝为了抢进度而忽略安全防护的施工作业，同时可上报有关部门。（　　）

三、多选题

1. 漏电保护器属于（　　）保护装置。
　　A. 剩余电流　　B. 短路　　C. 过载　　D. 低电压
2. 锚杆格梁使用混凝土泵输送混凝土时，应由 2 名以上人员牵引面料杆。必须把（　　）安装牢固，输送前应试送，检修时必须卸压。
　　A. 管道接头　　B. 安全阀　　C. 管架　　D. 马道
3. 脚手架搭设和拆除作业过程中严禁的作业行为包括（　　）。
　　A. 用人力传运架杆　B. 上下同时拆卸　C. 立体交叉作业　D. 高空抛物
4. 边坡坍塌的主要原因有（　　）。
　　A. 挖土放坡系数太小　　　　B. 护壁或支撑不足以支撑土的压力
　　C. 土质太硬　　　　　　　　D. 观测频率低
5. 钢筋调直机在（　　）前不得送料。
　　A. 工作　　B. 润滑保护　　C. 调直块未固定　　D. 防护罩未盖好
6. 特种作业人员应遵循的规定包括（　　）。
　　A. 积极参加特种设备安全教育和安全技术培训
　　B. 证件由用人单位集中管理，作业时无须随身携带
　　C. 严格执行特种设备操作规程和有关安全制度
　　D. 拒绝违章指挥
7. 滑坡治理施工应符合的要求有（　　）。
　　A. 切坡必须采用自上而下分段跳槽的施工方式，严禁通长大断面开挖
　　B. 滑坡治理开挖不宜在雨期实施，应控制施工用水

C.滑坡治理不宜采用普通爆破法施工

D.各单项治理工程的施工程序应有利于施工期滑坡稳定和治理

8.在潮湿的地方进行电焊工作,焊割工应( )。

　　A.站在木板上　　　　　　　　B.穿橡胶绝缘鞋

　　C.穿雨鞋并戴好防护手套　　　D.站在绝缘胶板上

9.砌筑施工应符合的规定有( )。

　　A.边坡作业应设警戒区,并设置明显的警示标志

　　B.砌筑作业人员应佩戴安全帽、防滑鞋等防护用品

　　C.砌筑作业中,脚手架下不得有人操作及停留,不得重叠作业

　　D.不得自上而下顺坡卸落、抛掷砌筑材料

10.抗滑桩施工应遵循的原则有( )。

　　A.应落实专职安全管理人员对滑动面、滑坡体进行检测

　　B.人工挖孔抗滑桩开挖采取跳挖,不得同时开展施工

　　C.起吊设备必须设置有效可靠的限位器及防脱装置

　　D.现场应配备气体浓度检测仪器,用于检测孔内气体浓度

案例 2　起重机倾翻

一、单选题

1.高温、有尘、有毒等环境下工作的起重机,应设( )司机室。

　　A.封闭式　　B.防风　　C.防雨　　D.防晒

2.司机室的构造与布置,应使起重机械操作工具有良好的( ),并便于操作和维修。

　　A.照明　　　　　　　　B.视野　　　　　　　　C.控制

3.当高度大于10m时,应每隔6~8m设休息平台;当高度大于5m时,应从( )m高度起装设直径为650~800mm的安全圈,相邻两圈间距为500mm。

　　A.1.5　　　　　　　　B.2　　　　　　　　C.3

4.吊钩宜设防止吊重意外( )的保险装置。

　　A.碰撞　　　　　　　　B.松脱　　　　　　　　C.脱钩

5.吊钩卸去检验载荷后,在没有任何明显的缺陷和变形的情况下,开口度的增加不应超过原开口度的( )。

　　A.0.2%　　　　　　　　B.0.25%　　　　　　　　C.0.3%

6.板钩衬套磨损达原尺寸的( )时,应报废衬套。

　　A.20%　　　　　　　　B.30%　　　　　　　　C.50%

7.吊钩的危险断面的磨损量不得超过原厚度的( )。

　　A.10%　　　　　　　　B.20%　　　　　　　　C.30%

8.当吊钩处于工作位置最低点时,除固定绳尾的圈数外,钢丝绳在卷筒上缠绕,必须不少于( )圈。

　　A.1　　　　　　　　B.2　　　　　　　　C.3

9.用绳卡连接时,应保证连接强度不小于钢丝绳破断拉力的( )。

　　A.65%　　　　　　　　B.75%　　　　　　　　C.85%

10. 卷筒上钢丝绳尾端的固定装置应有防松或自紧的功能。对钢丝绳尾端的固定情况，应( )检查一次。
   A. 每月　　　　　　　　B. 每周　　　　　　　　C. 每季

11. 超载限制器的综合误差不应大于( )。
   A. 5%　　　　　　　　　B. 8%　　　　　　　　　C. 10%

12. 起重机械操作工接班时,应对制动器、吊钩、钢丝绳和安全装置进行检查。发现性能不正常时,应在( )排除。
   A 作业中　　　　　　　B. 操作中　　　　　　　C. 操作前

13. 当风力大于( )时,在轨道上露天作业的起重机一般应停止工作,并将起重机锚定住。
   A. 5 级　　　　　　　　B. 6 级　　　　　　　　C. 7 级

14. 起重作业中突然停电,起重机械操作工应首先( )。
   A. 关闭总电源　　　　　B. 鸣铃或示警
   C. 将所有控制器置零

15. 钢丝绳在破断前一般有( )预兆,易于检查,便于预防事故。
   A. 表面光亮　　　　　　B. 生锈　　　　　　　　C. 断丝、断股

16. 在起重作业中广泛用于吊索、构件或吊环之间的连接的栓连工具是( )。
   A. 链条　　　　　　　　B. 卡环　　　　　　　　C. 绳夹

17. 工作场地昏暗,无法看清场地、被吊物情况和指挥信号等情况下,起重机械操作工( )进行操作。
   A. 缓慢　　　　　　　　B. 不应　　　　　　　　C. 听号令

18. 千斤顶工作时,放在平整坚实地面并垫枕木、木板或钢板的目的是( )。
   A. 加大千斤顶的举升力　B. 扩大受压面积,防止塌陷　C. 缩小受压面积

19. 用两台或多台起重机吊运同一重物时,钢丝绳应保持垂直;各台起重机的升降、运行应保持同步;各台起重机所承受的载荷均不得超过( )额定起重能力。
   A. 最大的　　　　　　　B. 各自的　　　　　　　C. 最小的

20. 吊物运检要保持平衡,吊挂绳之间的夹角不得大于( ),吊运特殊物件时应选用专用吊具。
   A. 80°　　　　　　　　B. 100°　　　　　　　　C. 120°

21. 磨损使钢丝绳的断面积减小,因而强度降低。当外层钢丝磨损达到其直径的( )时,钢丝绳应报废。
   A. 30%　　　　　　　　B. 40%　　　　　　　　C. 50%

22. 起升装置停止工作( )以上,在重新使用前,应检查钢丝绳。
   A. 1 个月　　　　　　　B. 2 个月　　　　　　　C. 3 个月

23. 流动式起重机和塔式起重机的钢索绳,应至少( )检验一次。
   A. 每星期　　　　　　　B. 每个月　　　　　　　C. 每季度

24. 关于流动式起重设备安全施工,正确的做法是( )。
   A. 在平整地基上吊装时,支腿不应铺设垫木
   B. 支腿应可靠地支撑起重机
   C. 吊装前只需前支腿打开
   D. 吊装前只需后支腿打开

25. 机械安全生产管理"三定"制度中的"三定"是( )。
　　A. 定时、定量、定风险　　　　B. 定人、定机、定岗位
　　C. 定编、定员、定风险　　　　D. 定时、定费、定岗位

二、判断题

1. 起重机械可以使用铸造的吊钩。（　　）
2. 吊钩表面若有裂缝,可采用焊补的办法消除后再使用。（　　）
3. 进入悬吊重物下方时,应先与起重机械操作工联系并设置支承装置。（　　）
4. 主要受力构件失去整体稳定性时,应及时修复才能使用。（　　）
5. 卷筒出现下述情况之一时,应报废：①裂纹;②筒壁磨损达原壁厚的20%。（　　）
6. 起重机专用馈电线进线端应设总断路器。总断路器的出线端可连接与起重机无关的其他设备。（　　）
7. 起重机必须设失压保护和零位保护。（　　）
8. 吊钩开口度比原尺寸增加10%以上时,应予报废。（　　）
9. 在高空拆卸、修理或检查起重机时,一定要佩戴安全带。（　　）
10. 超载限制器的综合误差不应大于8%;当载荷达到额定起重量的100%时,应能发出提示性报警信号。（　　）
11. 起吊作业时,必须鸣铃或报警。操作中接近人时,亦应给以断续铃声或报警。（　　）
12. 起重操作应按指挥信号进行。对紧急停车信号,不论何人发出,都应立即执行。
（　　）
13. 露天工作的起重机,其电气设备应装设防雨罩。（　　）
14. 起重机工作时可以进行检查和维修。（　　）
15. 起重指挥信号规定：小臂水平置于胸前、五指伸开、手心朝下、水平挥向一侧,表示"停止"。（　　）

三、多选题

1. 汽车起重机起吊前,应对( )进行检查确认并试吊。
　　A. 吊具、索具安全性能　　　　B. 吊物吊点设置
　　C. 捆扎方式　　　　　　　　　D. 汽车起重机轮胎
2. 起重机的各项安全装置( )应完好、有效,防护措施(转动部位的防护罩,机体上的安全爬梯、警灯、警铃、高空障碍指示灯、风速仪等)完善。
　　A. 幅度限制　　　　　　　　　B. 力矩限制、质量限制
　　C. 高度限位、变幅限位　　　　D. 回转限位装置、断绳保护装置
3. 起重机械按结构形式可分为( )。
　　A. 桥式起重机　　　　B. 门式起重机、塔式起重机　　　C. 流动式起重机
　　D. 门座式起重机　　　E. 升降机
4. 起重机作业存在的安全风险有( )。
　　A. 起重伤害　　B. 高处坠落　　C. 触电　　D. 机体倾覆　　E. 爆炸
5. 如无特殊要求,对于( )信号,指挥人员应一次性完成。
　　A. 上升　　　　B. 停止　　　　C. 微微上升　　　D. 微微下降　　　E. 预备
6. 下列关于起重机械指挥人员的职责及其要求的说法中,正确的有( )。

A. 起重机械指挥人员应佩戴鲜明的标志

B. 负载降落前,起重机械指挥人员必须确认降落区域安全后,方可发出降落信号

C. 起重机械指挥人员可干涉起重机械操作工对操作手柄和旋钮的选择

D. 起重机械指挥人员发出的信号必须清晰、准确

7. 下列关于起重机械指挥人员站立位置的说法中,正确的是(　　)。

A. 站在起重机械操作工能看清手势、听到信号的地方且面向起重机械操作工

B. 站在有退路的安全位置

C. 站在一旦发生事故可避免受到伤害的位置

D. 站在方便起重指挥的地方

8. 关于音响信号,下列说法中正确的有(　　)。

A. 音响信号是一种辅助信号　　B. "上升"音响信号为"三短声"

C. "下降"音响信号为"三短声"　　D. "微动"的音响信号为"断续短声"

9. 音响信号中,"一长声"可与(　　)手势信号配合使用。

A. 预备　　　　B. 微微下降　　C. 停止　　　D. 水平移动

10. 在运行中突然停电时,起重机械操作工应采取的应急措施是(　　)。

A. 切断电源　　　　　　　B. 将控制手柄转到零位

C. 报告电工进行检修　　　D. 将重物悬留在空中

5 涵洞施工

一、单选题

1. 下列关于涵洞的说法,错误的是( )。
   A. 涵洞是为了使道路顺利通过水渠、沟谷、洼地等,修筑于路面以下便于流水、行人、动物和车辆通行的孔道
   B. 涵洞按建筑材料可分为石涵、混凝土涵、钢筋混凝土涵等
   C. 涵洞按功能可分为交通涵、过水涵、动物通道涵等
   D. 为了保证路基作业的连续性,宜完成路基后再施作涵洞

2. 涵洞与桥梁的区别主要在于跨径大小,单孔跨径小于____或多孔总跨度小于____的称为涵洞。正确选项是( )。
   A. 3m;5m   B. 5m;6m   C. 3m;8m   D. 5m;8m

3. 涵洞的施工方法多种多样,公路涵洞常用( )施工。
   A. 现浇法   B. 预制法   C. 顶进法   D. 砌筑法

4. 现浇法、预制法涵洞施工工艺流程主要有:①施工准备;②测量放线;③基坑开挖;④基础施工;⑤涵身施工;⑥端、翼墙及附属施工;⑦回填。正确的排序是( )。
   A. ①②③④⑤⑥⑦   B. ①②③④⑤⑦⑥
   C. ②①③④⑤⑥⑦   D. ①③②④⑤⑥⑦

5. 下列关于涵洞基础的说法,错误的是( )。
   A. 基坑采用人工开挖、机械配合成形
   B. 基坑开挖时一般在基坑两侧留出临时排水沟,以降低基坑水位
   C. 基底承载力验收合格后,采用低强度等级混凝土铺设垫层,施作钢筋混凝土基础
   D. 浇筑混凝土基础的混凝土前需预埋涵身连接钢筋

6. 下列不属于基坑开挖时编制专项施工方案依据的是( )。
   A. 基坑深度   B. 地质条件   C. 周边环境   D. 工人情况

7. 开挖深度超过____或虽未超过____但地质条件和周边环境复杂的基坑,需要编制专项施工方案。开挖深度超过____或虽未超过____但地质条件、周边环境、地下管线复杂,影响毗邻建筑物安全的基坑,需要编制专项施工方案且应组织专家论证。正确选项是( )。
   A. 2m;2m;3m;3m   B. 1m;1m;3m;3m   C. 2m;2m;5m;5m   D. 3m;3m;5m;5m

8. 待涵洞基础混凝土达到设计强度的( )后,方能进行涵身施工。
   A. 50%   B. 60%   C. 70%   D. 80%

9. 下列关于盖板涵墙身的说法,错误的是( )。
   A. 盖板涵墙身一般采用混凝土、片石混凝土、浆砌片石
   B. 盖板涵混凝土墙身应连续浇筑,振捣密实
   C. 盖板涵片石混凝土墙身施工应采用机械抛填
   D. 盖板涵浆砌片石墙身应采取挤浆法砌筑

10. 盖板涵片石混凝土墙身的片石掺量应在30%以下,石料表面要清洁,强度不得低于

108

( )MPa。

  A.8   B.10   C.20   D.30

11. 盖板涵墙身施工完成后,应搭设盖板支架,盖板支架的立杆横向间距≤____,纵向步距≤____,且应设置剪刀撑和扫地杆。正确选项是( )。

  A.1m;2m   B.1.5m;2m   C.2m;3m   D.1.5m;3m

12. 沉降缝和防水层施工前应将混凝土表面清理干净,确保防水材料紧密粘贴。冷作再生橡胶沥青防水层施工时气温不应低于( ),不得使用明火加热防水涂料。

  A.2℃   B.3℃   C.4℃   D.5℃

13. 顶进法施工工艺流程主要有:①施工准备;②开挖工作坑;③修筑滑板;④修筑后背;⑤预制涵节;⑥安装顶进设备;⑦设备调试、试顶;⑧顶进;⑨端、翼墙及附属施工。正确的排序是( )。

  A.①②③④⑤⑥⑦⑧⑨   B.①③②④⑤⑥⑦⑧⑨
  C.②③①④⑤⑥⑦⑧⑨   D.②①③④⑤⑥⑦⑧⑨

14. 下列关于涵洞顶进法施工的说法,错误的是( )。

  A. 顶进法施工准备:编制专项施工方案,调查施工区域地下管线、电缆及其他障碍物情况,对既有线路基的加固

  B. 顶进法开挖工作坑:开挖前应做好降水及临时排水措施,工作坑边坡一般采取1:0.75~1:1.5,靠近既有线路基一侧的边坡可缓于1:1.5,采用人工、机械配合开挖成形

  C. 顶进法修筑滑板:滑板要满足涵节顶进所需强度及稳定性要求,滑板中心线与涵洞一致,滑板与地基接触面应有防滑措施,必要时设置锚梁

  D. 顶进法修筑后背:后背是承受顶进时水平力的临时结构物,后背要有足够的强度和稳定性,有适当的安全储备,常用的后背形式有板桩式和重力式两种,重力式后背墙钢筋应与滑板钢筋连接

15. 顶进法涵洞施工中,涵节预制前在滑板顶面铺设润滑隔离层。润滑隔离层铺设要求为:在滑板上涂抹均匀,并铺上两层塑料薄膜,夏季润滑材料熬制温度为____,冬季为____,趁热涂刷,使其渗入混凝土孔隙内以保证不易擦掉或剥落,以减少摩擦力和加强混凝土的防水性能。正确选项是( )。

  A.100~120℃;120~150℃   B.100~120℃;150~180℃
  C.100~120℃;150~180℃   D.120~150℃;150~180℃

16. 顶进法涵洞施工中,涵节预制前在滑板顶面铺设润滑隔离层,涵节前端轮廓较后端宽( )cm,严禁前窄后宽,防止阻力逐渐增大,影响顶进。

  A.0.5   B.1   C.2   D.3

17. 安装顶进设备前,根据计算的最大顶力确定顶进设备,千斤顶顶力可按照额定顶力的( )计算,并配置备用千斤顶。

  A.30%~40%   B.50%~60%   C.40%~50%   D.60%~70%

18. 新进场员工应在体检合格、接受安全教育培训和技术交底后方可上岗作业,单位应在新员工进场( )之内为其购买工伤保险。

  A. 一个月   B. 半个月   C. 两个月   D. 三个月

19. 下列不属于引起基坑坍塌的原因的是( )。

A. 基坑边缘堆载 B. 放坡过陡
C. 支护降排水不到位 D. 基坑石质类土丰富

20. 在模板、钢筋等材料吊装及预制盖板、涵身安装作业中,下列关于造成起重伤害事故发生的原因的说法中,错误的是( )。
A. 地基承载力不足 B. 违规操作
C. 设备检查不到位 D. 吊装区域未设置警戒

21. 下列涵洞施工安全控制要点中关于人员的要求,错误的是( )。
A. 作业人员应结合各自岗位及作业环境在施工过程中正确佩戴劳动防护用品
B. 施工现场电气设备及电气线路的安装、维修和拆除应由专职人员进行
C. 起重吊装时设专人指挥,禁止无关人员进入警戒区域
D. 既有线涵洞顶进施工时,人员可以穿越既有道路

22. 涵洞基坑开挖,人工辅助机械开挖时,作业人员之间、人员与机械之间应保持安全距离,其中作业人员之间的距离应大于____ m,人员与机械之间的距离应大于____ m。正确选项是( )。
A. 2;3 B. 1;3 C. 2;5 D. 1;5

23. 下列涵洞施工安全控制要点中关于机械、机具与设施的说法,错误的是( )。
A. 挖掘机、装载机、运输车、起重设备等施工机械设备应定期检查保养,确保性能良好
B. 带传动装置的机械设备可以不设置防护罩
C. 起重吊装前应检查基底承载力是否满足要求
D. 起重吊装前应检查吊钩、吊具是否完好,安装装置是否有效

24. 涵洞下穿铁路顶进施工时,应按照《铁路技术管理规程》要求,在施工区间设立移动信号等防护措施,其中移动信号防护与顶进作业区域的距离不小于____ m,移动信号防护与指挥人员的距离不小于____ m。正确选项是( )。
A. 20;780 B. 10;780 C. 20;580 D. 10;580

25. 氧气乙炔现场使用时应满足安全距离要求,其中氧气瓶、乙炔瓶的安全距离应不小于____ m,氧气、乙炔瓶与明火的安全距离应不小于____ m。正确选项是( )。
A. 3;5 B. 5;8 C. 3;10 D. 5;10

二、判断题

1. 倒虹吸是指当渠道与道路高程接近并发生平面交叉时,修建于路面以下呈弓形的过水通道。   (   )
2. 现浇盖板的墙身施工完成后,搭设盖板支架、铺筑底模,然后施作钢筋混凝土现浇盖板,可立即拆除支架。   (   )
3. 既有线交通安全风险主要有既有道路沉降、交通组织不力、车辆违规行驶等原因造成的安全风险。   (   )
4. 顶进施工时,工作坑内可以站人。   (   )
5. 脚手架及作业平台可以随意搭设,并设置人员上下通道、防护栏杆、安全网等安全设施。   (   )
6. 涵洞施工临近公路时,基坑周围应设置导向牌,与既有线之间按照现行《公路养护安全作业规程》(JTG H30)的要求,布置作业控制区,做好隔离,必要时设专人指挥。 (   )

7. 每次顶进前,应重点检查液压系统、千斤顶、顶铁、顶柱、后背等顶进传力设备。（　　）
8. 现场使用的材料、渣土可以堆放在基坑边缘。（　　）
9. 各类物料应混合堆码整齐,做到下垫上盖。（　　）
10. 木材、防水卷材、油料等易燃材料存放场所,应配备足够的消防器材。（　　）
11. 在基坑四周设置截水沟,必要时进行降水,避免地表水或地下水影响基坑稳定。（　　）
12. 基坑应在雨季施工,做好水流导排工作,配备足够的抽水设备,开挖过程中遇基坑积水应及时抽排。（　　）
13. 做好深基坑监测及巡查,检查基坑边缘有无裂缝、坑壁有无松散坍落现象,发现异常及时处理。（　　）
14. 向基坑内卸料或浇筑混凝土时,车辆必须与坑边缘保持一定的安全距离,防止边坡坍塌。（　　）
15. 夜间施工应照明充足,设置警示灯,所有机械设备、机具及各防护装置均应粘贴反光条或反光标志。（　　）

三、多选题

1. 涵洞主要由（　　）组成。
   A. 基础　　　　B. 洞身　　　　C. 端墙　　　　D. 翼墙
2. 涵洞按结构形式可分为（　　）等。
   A. 箱涵　　　　B. 盖板涵　　　C. 圆管涵　　　D. 倒虹吸
3. 涵洞主要施工方法有（　　）等。
   A. 现浇法　　　B. 预制法　　　C. 顶进法　　　D. 砌筑法
4. 顶进法涵节预制前,在滑板顶面铺设的润滑隔离层材料主要有（　　）等。
   A. 石蜡　　　　B. 滑石粉　　　C. 硅油　　　　D. 机油
5. 涵节试顶时重点检查（　　）,出现异常情况要及时处理。
   A. 后背　　　　B. 滑板　　　　C. 液压系统、千斤顶　　D. 顶铁、涵洞结构
6. 下列关于箱涵顶进异常及纠偏方法的说法中,正确的是（　　）。
   A. 当出现"顶偏"异常情况,首节顶进时,利用方向墩控制和调整顶进方向;进入既有路基后,利用增减千斤顶顶力调整顶进方向
   B. 当出现"抬头"异常情况,根据"抬头"量的大小,可采用降低前端基底高程或负重顶进的方法进行调整
   C. 当出现"扎头"异常情况,首节顶进时,前端1m设置5%的船头坡,预防"扎头"现象;如在顶进时出现"扎头",可采取基底加固处理措施
   D. 顶进分为两个阶段进行:第一阶段,在滑板空顶至刃角接触路基边坡时停止顶进;第二阶段,开始挖土运土,当刃角前方挖土达到一个顶程长度时,可继续顶进。如此反复直至涵节全部就位。顶进过程中要安排专人对中线、水平进行观测,出现"顶偏""抬头""扎头"现象时应及时处理
7. 涵洞施工过程中,主要存在的一般风险有（　　）等。
   A. 机械伤害、车辆伤害　　　　　　B. 高处坠落、物体打击
   C. 触电、起重伤害　　　　　　　　D. 基坑坍塌、爆模
8. 涵洞施工涉及的工种有（　　）等。
   A. 电工、焊割工　　　　　　　　　B. 架子工、起重机械操作工

C.混凝土工、钢筋工　　　　　　　　D.模板工、设备操作人员
9.涵洞施工涉及的(　　)等作业人员应持证上岗。
　　A.电工　　　　B.混凝土工　　　　C.焊割工　　　　D.起重机械操作工
10.严禁有(　　)等不适宜高处作业的人员进行登高作业。
　　A.恐高症　　　B.高血压　　　　　C.冠心病　　　　D.癫痫

案例 1　基 坑 坍 塌

一、单选题

1.某公司承建的高速公路在进行涵洞施工时,发生一起基坑坍塌事故,造成2人死亡,构成生产安全(　　)事故。
　　A.一般　　　　B.较大　　　　　　C.重大　　　　　D.特别重大
2.下列做法错误的是(　　)。
　　A.在基坑上方距边缘1.0m位置堆载组合钢模板
　　B.在基坑上方距边缘0.5m位置堆载组合钢模板
　　C.在基坑上方距边缘1.5m位置堆载组合钢模板
　　D.在基坑上方距边缘2.0m位置堆载组合钢模板
3.基坑内作业人员一旦发现基坑边坡有裂缝产生并有松土下滑,应立即采取(　　)措施。
　　A.立即报告　　B.观察　　　　　　C.紧急撤离　　　D.尽快施工完成
4.基础清理作业时,现场应设置专人对(　　)进行监测。
　　A.基底高程　　B.基底沉降　　　　C.放坡坡度　　　D.边坡稳定情况
5.应严格按照(　　)进行基坑放坡开挖。
　　A.原有坡度　　B.测量坡度　　　　C.设计坡度　　　D.实际坡度
6.基坑顶边缘(　　)m范围内禁止堆放材料。
　　A.0.5　　　　 B.1　　　　　　　 C.2　　　　　　 D.3
7.深度超过(　　)m的基坑应编制专项施工方案并组织专家论证。
　　A.2　　　　　 B.3　　　　　　　 C.4　　　　　　 D.5
8.施工单位下列做法中,错误的是(　　)。
　　A.加强现场安全管理　　　　　　　　B.及时排除安全隐患
　　C.不按专项施工方案实施　　　　　　D.及时制止冒险作业
9.施工单位应及时制止现场(　　)。
　　A.消极怠工　　B.早退现象　　　　C.违章作业　　　D.迟到现象

二、判断题

1.某公司承建的高速公路在进行涵洞施工时,发生一起基坑坍塌事故,造成3人死亡,构成生产安全较大事故。(　　)
2.基坑开挖应采用垂直开挖。(　　)
3.可在基坑上方距边缘0.5m位置堆载2.5t的组合钢模板。(　　)
4.基坑开挖过程中,应根据需要安排兼职人员对深基坑边坡稳定情况进行监测。(　　)

5.深度为8.6m的涵洞基坑方案必须经专家论证。( )
6.专职安全员应视情况及时制止现场违章作业行为。( )
7.作业人员不用对现场危险因素进行辨识。( )
8.基坑监测人员发现异常,应立即组织人员撤离并及时上报处理。( )
9.施工单位应及时排除安全隐患。( )

三、多选题

1.某高速公路涵洞施工中,发生一起基坑坍塌事故,造成2人死亡,导致事故的原因可能是( )。
  A.基坑开挖作业时未严格按照设计坡度放坡开挖
  B.违规在基坑边缘堆载材料
  C.未能及时组织施工人员立即撤离
  D.基坑施工方案未经专家论证

2.需要进行专家论证的基坑开挖专项施工方案情况为( )。
  A.开挖深度超过5m(含5m)
  B.开挖深度虽未超过5m,但地质条件复杂
  C.开挖深度虽未超过5m,但地下管线复杂
  D.周边环境条件较好

3.基坑监测人员应巡查的内容包括( )。
  A.工人是否戴安全帽　　　　　　　B.坡顶有无裂隙
  C.坑壁有无松散坍落现象　　　　　D.临时用电是否规范

案例2　既有线交通事故

一、单选题

1.某公司承建一高速公路拓宽工程,在进行涵洞施工时发生一起既有线交通安全事故,造成3人死亡,该事故属于( )事故。
  A.一般　　　　B.较大　　　　C.重大　　　　D.特别重大

2.在进行高速公路拓宽工程涵洞施工时,应控制车辆速度不超过( )km/h。
  A.80　　　　　B.60　　　　　C.40　　　　　D.30

3.施工单位在既有线道路施工时,现场应设( )指挥交通。
  A.兼职施工员　B.作业工人　　C.管理人员　　D.专人

4.施工单位在既有线道路施工时,应严格落实现行( )中布置作业控制区的相关要求。
  A.《公路工程施工安全技术规范》(JTG F90)
  B.《公路桥涵施工技术规范》(JTG/T F50)
  C.《公路养护安全作业规程》(JTG H30)
  D.《建筑施工安全技术统一规范》(GB 50870)

5.施工单位在既有线道路施工时,现场应设置有效的( ),防止车辆失控,冲出护栏。
  A.防撞措施　　B.导流措施　　C.警告措施　　D.排水措施

6. 既有线道路施工中,驾驶员在驶入施工影响路段时应( )。
   A. 加速通过　　　B. 停车观察　　　C. 减速慢行　　　D. 掉头返回
7. 下列不是既有线涵洞施工作业控制区的是( )。
   A. 上游过渡区　　B. 下游警告区　　C. 缓冲区　　　　D. 警告区
8. 在限速120km/h的高速公路上施工,警告区最小长度为( )m。
   A. 2000　　　　　B. 1600　　　　　C. 1500　　　　　D. 1000
9. 在限速80km/h的二级公路上施工,警告区最小长度为( )m。
   A. 2000　　　　　B. 1600　　　　　C. 1000　　　　　D. 1500

二、判断题

1. 某公司承建一高速公路拓宽工程,在进行涵洞施工时发生一起既有线交通安全事故,造成2人死亡,构成生产安全一般事故。　　　　　　　　　　　　　　　　　　　　　( )
2. 排水箱涵总长度12m,宽2.5m,高2m,可以采用预制安装法施工。　　　( )
3. 箱涵吊装施工时,施工单位可在既有线公路最右侧车道前方30m处设置交通导流警示标识。　　　　　　　　　　　　　　　　　　　　　　　　　　　　　　　　　　　( )
4. 在进行高速公路拓宽工程涵洞施工时,载货汽车可以约80km/h的速度行驶至箱涵吊装施工区域。　　　　　　　　　　　　　　　　　　　　　　　　　　　　　　　　( )
5. 施工现场发生事故后,现场人员应立即将伤者送至医院。　　　　　　　( )
6. 施工单位在既有线道路施工时,现场应设专职安全员指挥交通。　　　( )
7. 施工单位在既有线道路施工时,应严格落实现行《公路桥涵施工技术规范》(JTG/T F50)中布置作业控制区的相关要求。　　　　　　　　　　　　　　　　　　　　　( )
8. 在高速公路上行驶时,驾驶员发现车道变窄应立即采取紧急措施。　　( )
9. 设计速度为80km/h的一级公路,警告区最小长度为800m。　　　　　　( )

三、多选题

1. 生产安全事故分为( )等级。
   A. 一般事故　　　B. 较大事故　　　C. 重大事故　　　D. 特别重大事故
2. 由某公司承建的高速公路拓宽工程在进行涵洞施工时发生一起既有线交通安全事故,事故原因是( )。
   A. 未设专人指挥交通
   B. 未严格落实现行《公路养护安全作业规程》(JTG H30)中布置作业控制区的相关要求
   C. 现场未设置有效的防撞措施
   D. 未提前告知施工区域地点
3. 高速公路拓宽工程中,在涵洞施工时发生一起既有线交通安全事故,应吸取的事故教训是( )。
   A. 应布置好作业控制区
   B. 与既有线设置防撞隔离措施
   C. 取消该项施工作业
   D. 车辆在进入既有线施工区域时,应注意观察,减速慢行
4. 既有线涵洞施工时,现场施工作业控制区可布置为( )。
   A. 提醒区　　　　B. 警告区　　　　C. 上游过渡区　　D. 缓冲区

6 路面基础知识

一、单选题

1. 由水泥混凝土、沥青混凝土、沥青碎石混合料、沙砾或碎石掺土或不掺土的混合料以及块料组成的结构层是( )。
   A. 路基　　　　　B. 垫层　　　　　C. 基层　　　　　D. 面层
2. 介于基层与土基之间的层次是( )。
   A. 土基　　　　　B. 垫层　　　　　C. 基层　　　　　D. 面层
3. 路基结构中的承重部分是( )。
   A. 土基　　　　　B. 垫层　　　　　C. 基层　　　　　D. 面层
4. 直接同车和大气接触的层次是( )。
   A. 土基　　　　　B. 垫层　　　　　C. 基层　　　　　D. 面层
5. 水泥混凝土路面的优点不包括( )。
   A. 适应变形的能力强　　　　　B. 养护费用低
   C. 耐久性好　　　　　　　　　D. 利于夜间行车
6. 路面等级分为( )。
   A. 优良路面、普通路面
   B. 高级路面、次高级路面
   C. 高级路面、中级路面、低级路面
   D. 高级路面、次高级路面、中级路面、低级路面
7. 水泥混凝土路面的使用年限为( )年。
   A. 10　　　　　　B. 15　　　　　　C. 20　　　　　　D. 30
8. 沥青混凝土、厂拌沥青碎石、整齐石块和条石的使用年限为( )年。
   A. 10　　　　　　B. 15　　　　　　C. 20　　　　　　D. 30
9. 低级路面的使用年限为( )年。
   A. 5　　　　　　　B. 8　　　　　　　C. 10　　　　　　D. 15
10. 三级公路属于( )。
    A. 次高级公路　　B. 优良公路　　　C. 普通公路　　　D. 低级公路
11. 面层类型为碎、砾石、半整齐石块、其他粒料的公路为( )。
    A. 一级公路　　　B. 二级公路　　　C. 三级公路　　　D. 四级公路
12. 面层类型为粒料加固土,以其他当地材料加固或改善的公路为( )。
    A. 次高级公路　　B. 优良公路　　　C. 普通公路　　　D. 低级公路
13. 由于人们对道路交通环境越来越重视,部分人口密度较高的地区开始采用( )。
    A. 沥青混凝土路面　B. 低噪声路面　　C. 彩色沥青路面　D. 融雪化冰路面
14. 由于美化道路空间环境效果明显,显著提升道路交通安全功能,因而逐步被应用于标志性新建城市道路、广场、高等级公路的交通诱导路段等区域的新型路面为( )。
    A. 沥青混凝土路面　B. 低噪声路面　　C. 彩色沥青路面　D. 融雪化冰路面

15. 在设计年限内,经过车辆荷载的反复碾压,经受水、温度等自然环境周期性作用,仍具有较好的强度、刚度,从而满足交通需要的性能称为路面的( )。
    A. 耐久性　　　　B. 水、温度稳定性　　C. 强度　　　　　　D. 刚度

16. 需使用水准仪检测的路基基层项目是( )。
    A. 强度　　　　　B. 压实度　　　　　　C. 平整度　　　　　D. 横坡

17. 路基基层横坡的允许偏差为( )。
    A. ±2%　　　　　B. ±3%　　　　　　　C. ±4%　　　　　　D. ±5%

18. 水泥混凝土路面结构层厚度检测方法为( )。
    A. 钻芯取样　　　B. 钻孔检查　　　　　C. 劈裂试验　　　　D. 连续式平整度仪

19. 水泥混凝土路面平整度质量要求为( )mm。
    A. 不超过 0.5　　B. 不超过 1　　　　　C. 不超过 1.2　　　D. 不超过 1.5

20. 下列不属于水泥混凝土路面实测项目的是( )。
    A. 压实度　　　　B. 抗折强度　　　　　C. 结构层厚度　　　D. 平整度

21. 沥青混凝土路面横坡的允许偏差为( )。
    A. ±0.2%　　　　B. ±0.3%　　　　　　C. ±0.4%　　　　　D. ±0.5%

22. 沥青混凝土路面压实度的质量要求为( )。
    A. 大于或等于 90%　B. 大于或等于 95%　C. 大于或等于 98%　D. 大于或等于 99%

23. 沥青路面主要施工方法是( )。
    A. 热拌沥青混合料路面施工法　　　B. 滑膜摊铺机铺筑法
    C. 三辊轴机组铺筑法　　　　　　　D. 轨道摊铺机铺筑法

24. 机械化程度适中,设备投入少,技术容易掌控,适用于二级及二级以下公路水泥混凝土面层的施工方法是( )。
    A. 热拌沥青混合料路面施工法　　　B. 滑膜摊铺机铺筑法
    C. 三辊轴机组铺筑法　　　　　　　D. 轨道摊铺机铺筑法

25. 布料、摊铺、振捣密实、挤压成型、抹面装饰等施工流程在摊铺机行进过程中连续完成的施工方法是( )。
    A. 热拌沥青混合料路面施工法　　　B. 滑膜摊铺机铺筑法
    C. 三辊轴机组铺筑法　　　　　　　D. 轨道摊铺机铺筑法

二、判断题

1. 路面是按照线路位置和一定技术要求修筑的带状结构物。( )
2. 面层是路面结构中的承重部分,主要承受车辆荷载的竖向力,并把面层传下来的力扩散到垫层或土基。( )
3. 路面通常分为水泥混凝土路面(柔性路面、半刚性路面)和沥青混凝土路面(刚性路面)。( )
4. 水泥混凝土路面具有强度高、刚度大、稳定性好、耐久性好、抗侵蚀能力强、养护费用少、利于夜间行车等优点。( )
5. 水泥混凝土路面具有易产生沉陷、车辙、疲劳开裂、推移、隆起、松散和坑槽等缺点。( )
6. 高级路面的面层类型为沥青混凝土和水泥混凝土。( )
7. 次高级路面适用于城镇支路、停车场。沥青贯入碎石使用年限为 8 年;经沥青表面处治后使用年限为 10 年。( )

8. 太阳能土壤蓄热、导电混凝土、添加盐化物类以及橡胶颗粒类等的路面被称为融雪化冰路面。（　　）
9. 路面的结构承载力是指随着深度的增加,应力、应变会逐渐变大。（　　）
10. 路基基层平整度采用水准仪检测法检测。（　　）
11. 水泥混凝土路面结构层厚度检测频率为路面摊铺宽度内每 100m 左右各 2 处,连续摊铺情况下每 100m 单边 1 处。（　　）
12. 沥青混凝土路面强度检测方法为标准立方体无侧限抗压。（　　）
13. 滑膜摊铺机铺筑法是沥青路面主要施工方法。（　　）
14. 机械化程度高、劳动强度低、施工的路面质量好、生产效率高是滑膜摊铺机铺筑法的优点。（　　）
15. 路面施工具有施工战线长、机械化程度低、工作衔接紧密、沥青作业温度高等特点。（　　）

三、多选题

1. 路面结构层中的垫层分为（　　）。
   A. 稳定土　　B. 水泥混凝土　　C. 砾石　　D. 碎石
2. 沥青混凝土路面的优点有（　　）。
   A. 平整度好　　　　B. 行车舒适　　　　C. 易养护维修
   D. 强度高　　　　　E. 利于夜间行车　　F. 适应变形的能力强
3. 高级路面的面层类型有（　　）。
   A. 沥青混凝土　B. 水泥混凝土　C. 沥青碎石　D. 半整齐石块
4. 新型路面有（　　）。
   A. 砂石路面　B. 融雪化冰路面　C. 低噪声路面　D. 彩色沥青路面
5. 路面的性能要求主要涉及（　　）。
   A. 结构承载力　B. 水、温度稳定性　C. 耐久性　D. 路面平整度、抗滑性
6. 路面基层实测项目有（　　）。
   A. 强度　　　　B. 压实度　　　　C. 平整度　　　　D. 横坡
7. 沥青混凝土路面面层检测项目有（　　）。
   A. 温度　　　　　　　　B. 强度　　　　　　　　C. 压实度
   D. 平整度　　　　　　　E. 横坡　　　　　　　　F. 结构层厚度
8. 路面施工机械主要有（　　）。
   A. 拌和设备　　　　　　B. 摊铺设备　　　　　　C. 压路机
   D. 自卸汽车　　　　　　E. 洒水车　　　　　　　F. 混凝土运输车
9. 水泥混凝土路面主要施工方法有（　　）。
   A. 热拌沥青混合料路面施工法　　B. 滑膜摊铺机铺筑法
   C. 三辊轴机组铺筑法　　　　　　D. 轨道摊铺机铺筑法
10. 路面施工存在的安全风险有（　　）。
    A. 机械伤害　　　　　　B. 车辆伤害　　　　　　C. 触电
    D. 火灾　　　　　　　　E. 中暑　　　　　　　　F. 中毒

7 路面施工

一、单选题

1. 基层、垫层均采用( )摊铺机施工。
   A. 沥青混凝土　　B. 水泥混凝土　　C. 砾石混凝土　　D. 碎石混凝土

2. ( )采用滑模摊铺机施工。
   A. 水泥混凝土路面　　　　　　B. 聚合物混凝土路面
   C. 石膏混凝土路面　　　　　　D. 沥青混凝土路面

3. 滑模摊铺机行驶速度一般为( )m/min。
   A. 1.4~3.0　　B. 1.5~3.0　　C. 1.3~3.0　　D. 1.2~3.0

4. 滑模摊铺机每天能铺筑( )m双车道路面。
   A. 2000　　B. 1800　　C. 1600　　D. 1500

5. 高等级公路一般采用____拌和站集中拌和,____摊铺机摊铺,压路机压实的施工方法。正确选项是( )。
   A. 沥青混凝土;沥青混凝土　　　　B. 沥青混凝土;水泥混凝土
   C. 水泥混凝土;水泥混凝土　　　　D. 水泥混凝土;沥青混凝土

6. 沥青混凝土路面采用热拌( )摊铺机施工。
   A. 水泥　　B. 聚合物　　C. 沥青　　D. 碎石

7. 基层、垫层施工工艺流程是( )。
   A. 准备下承层→混合料搅拌、运输→摊铺→碾压→养生→检查验收
   B. 摊铺→混合料搅拌、运输→准备下承层→碾压→养生→检查验收
   C. 摊铺→准备下承层→混合料搅拌、运输→碾压→养生→检查验收
   D. 准备下承层→摊铺→碾压→混合料搅拌、运输→养生→检查验收

8. 路基施工横坡坡度允许偏差为( )。
   A. ±0.1%　　B. ±0.3%　　C. ±0.2%　　D. ±0.4%

9. 采用厂拌设备严格按( )集中拌和水泥稳定碎石。
   A. 水泥　　B. 混合料　　C. 配合比　　D. 石灰

10. 摊铺是指根据( ),采用多台摊铺机前后组合,匀速、连续摊铺。
    A. 路基宽度　　B. 路肩宽度　　C. 路面宽度　　D. 面层宽度

11. 运料车在摊铺机前方( )cm停车。
    A. 10~30　　B. 20~30　　C. 10~20　　D. 10~40

12. 摊铺机前进速度应与供料速度协调,摊铺速度按( )m/min控制。
    A. 1~3　　B. 2~4　　C. 1~2　　D. 2~3

13. 养生的要求是每天洒水次数以保持基层表面湿润为度,养生期不小于( )d。
    A. 30　　B. 1　　C. 7　　D. 5

14. 水泥混凝土路面施工工艺流程是( )。

A. 测量放样→混凝土搅拌、运输→摊铺机调整就位→摊铺→路面修整→防滑处理与养生→切缝

B. 测量放样→摊铺机调整就位→摊铺→混凝土搅拌、运输→路面修整→防滑处理与养生→切缝

C. 测量放样→摊铺机调整就位→混凝土搅拌、运输→摊铺→路面修整→切缝→防滑处理与养生

D. 测量放样→摊铺机调整就位→混凝土搅拌、运输→摊铺→路面修整→防滑处理与养生→切缝

15. 根据混合料的坍落度,摊铺速度宜控制在( )mm/min。
A.0.8~1.5　　　B.0.7~1.5　　　C.0.75~2.5　　　D.0.7~1.6

16. 热拌沥青混凝土路面施工工艺流程是( )。
A. 下承层准备→混合料拌制→施工测量放样→混合料运输和摊铺→碾压→接缝处理→检查验收

B. 下承层准备→施工测量放样→接缝处理→混合料运输和摊铺→混合料拌制→碾压→检查验收

C. 下承层准备→施工测量放样→混合料拌制→混合料运输和摊铺→碾压→接缝处理→检查验收

D. 施工测量放样→下承层准备→混合料拌制→混合料运输和摊铺→碾压→接缝处理→检查验收

17. 透层油一般采用乳化沥青、液体沥青、煤沥青,透入深度不小于( )mm。
A.5　　　B.10　　　C.2　　　D.3

18. 大型机械设备停放场地应平整坚实并避开( )。
A. 狭窄区域　　B. 管理人员　　C. 危险区域　　D. 作业人员

19. ( )是指有高气温或有强烈的热辐射或伴有高空气湿度的异常作业。
A. 超高温作业　B. 高温作业　　C. 低温作业　　D. 一般高温作业

20. ( )应设置在人口较少、场地空旷的地段。
A. 沥青拌和站　B. 水泥拌和站　C. 混合料拌和站　D. 混凝土拌和站

21. 初压阶段,在正常施工情况下,温度应不低于( )。
A.90℃　　　B.100℃　　　C.120℃　　　D.110℃

22. 终压是指采用双轮双振压路机静压( )遍。
A.1~4　　　B.1~2　　　C.1~5　　　D.1~3

23. 摊铺搭接厚度为( )cm,摊铺后人工清除混合料。
A.8~15　　　B.8~10　　　C.5~10　　　D.5~15

24. ( )与路缘石及其他构筑物应密贴接顺。
A. 垫层　　　B. 面层　　　C. 基层　　　D. 上基层

25. 碾压是指先用____静压一遍,然后用____振压3~4遍,最后用____光面。正确选项是( )。
A. 光轮压路机;振动压路机;轻型压路机　B. 振动压路机;重型压路机;光轮压路机
C. 轻型压路机;重型压路机;光轮压路机　D. 振动压路机;轻型压路机;重型压路机

二、判断题

1. 常用垫层材料有砂、砾石、炉渣、水泥和石灰稳定土等。（ ）
2. 常用面层材料有水泥混凝土、沥青混凝土、沥青碎(砾)石混合料、沙砾或碎石掺土或不掺土的混合料以及块料。（ ）
3. 滑模摊铺机应用较广泛,施工质量较低。（ ）
4. 滑模摊铺机的布料、摊铺、振捣、挤压成形、抹面装饰等施工流程可在摊铺机行进过程中间断完成。（ ）
5. 三辊轴压路机适用于二、三、四级公路及县乡公路水泥混凝土路面的施工。（ ）
6. 采用厂拌设备严格按配合比集中拌和水泥稳定碎石。（ ）
7. 集料必须分仓配料,集料、水泥和水必须自动计量,保证用量准确。（ ）
8. 拌和时混合料的含水率高于最佳含水率0.5%~0.9%,以补偿后续工序的水分损失。（ ）
9. 水泥剂量不用严格按照设计要求控制。（ ）
10. 摊铺前根据摊铺厚度测量并架设导线钢丝绳。（ ）
11. 碾压时遵循先轻后重、先慢后快、由低到高的原则。（ ）
12. 严禁压路机在已完成的或正在碾压的路段上掉头或紧急制动。（ ）
13. 每日摊铺结束或摊铺因故中断,应设置纵向接缝。（ ）
14. 要确保摊铺料在运输过程中不变干、不离析、不超时。（ ）
15. 上坡时,挤压底板前仰角宜适度调大,减小抹平板压力;下坡时,则相反。（ ）

三、多选题

1. 路面按结构组成分为(   )。
   A. 垫层　　　　　B. 基层　　　　　C. 面层　　　　　D. 找平层
2. 基层常用材料包括(   )。
   A. 各种结合料,如石灰稳定土、水泥稳定土、沥青稳定土以及碎、砾石混合料
   B. 各种工业废渣,如粉煤灰、煤渣、矿渣、石灰渣等
   C. 土、砂及碎石、砾石组成的混合料
   D. 各种碎石、砾石混合料或天然沙砾,各种片石
3. 路面按铺筑材料分为(   )。
   A. 水泥混凝土路面　　　　　B. 普通混凝土路面
   C. 沥青混凝土路面　　　　　D. 聚合物混凝土路面
4. 路基施工检查项目有(   )。
   A. 压实度　　　　　B. 弯沉　　　　　C. 平整度　　　　　D. 边坡坡度
5. 路面施工检查验收的要求有(   )。
   A. 控制每层的厚度和密度,以达到规定的密实度
   B. 压实后表面应平整,无轨迹、隆起、裂纹搓板及起皮松散等现象
   C. 压实度须达到重型击实试验确定最大干容重的98%
   D. 检测水稳层的高程、宽度、平整度及纵横坡
6. 导向线的要求有(   )。
   A. 导向线要满足当日的工作量

B. 导向线距待摊铺路面 1~1.4cm,高度为路面延伸至导向线实测高程加 20cm
   C. 导向线距待摊铺路面 1~1.5cm,高度为路面延伸至导向线实测高程加 20cm
   D. 导向桩点间距为 5~10cm
7. 黏层油一般采用(　　)。
   A. 固体沥青　　　B. 液体沥青　　　C. 煤沥青　　　D. 乳化沥青
8. 路面施工中存在的一般安全风险主要有(　　)。
   A. 车辆伤害　　　B. 触电　　　C. 机械伤害　　　D. 火灾
9. 路面施工主要涉及的工种有(　　)。
   A. 测量工、试验工　　　　　　　　B. 混凝土工、模板工
   C. 电工、焊割工　　　　　　　　　D. 设备操作工

案例 1　机械伤害

一、单选题

1. 在进行沥青路面摊铺作业时,发生一起机械伤人事故,造成一人死亡,该事故属于(　　)事故。
   A. 一般　　　B. 较大　　　C. 重大　　　D. 特别重大
2. 对新进场作业人员,必须进行(　　)教育培训。
   A. 二级　　　B. 一级　　　C. 四级　　　D. 三级
3. 施工单位在机械设备施工时,现场应设(　　)指挥交通。
   A. 兼职施工员　　B. 作业工人　　C. 管理人员　　D. 专人
4. 施工单位在机械设备施工时,应严格落实现行(　　)中的相关要求。
   A.《公路工程施工安全技术规范》(JTG F90)
   B.《公路桥涵施工技术规范》(JTG/T F50)
   C.《机械设备安全操作规程》
   D.《建筑施工安全技术统一规范》(GB 50870)
5. 施工单位在机械设备施工时,现场应设置有效的(　　),防止发生意外。
   A. 防撞措施　　　B. 安全措施　　　C. 警告措施　　　D. 防滑措施
6. 摊铺机操作工在进行沥青路面摊铺作业时,应(　　)。
   A. 加速通过　　　B. 左右观察　　　C. 减速慢行　　　D. 注意力集中
7. 作业人员应加强自我保护意识,现场作业时应对周边(　　)进行提前判断。
   A. 不确定因素　　B. 危险因素　　C. 不可控因素　　D. 客观因素
8. 施工单位应加强对现场作业人员的(　　)教育。
   A. 一级培训　　　B. 安全培训　　　C. 二级培训　　　D. 三级交底

二、判断题

1. 在进行沥青路面摊铺作业时,发生一起机械伤人事故,造成一人死亡,构成生产安全一般事故。　　　　　　　　　　　　　　　　　　　　　　　　　　　　　(　　)
2. 在压路机倒车时中途玩手机,容易造成注意力分散。　　　　　　　　　(　　)
3. 在压路机倒车时中途玩手机,未能及时发现倒车线上的人员,导致事故发生,全部责

任在于施工方。( )

4. 压路机倒车时,现场必须设置专人进行指挥。( )

5. 试验人员王某在进行温度检测时,对工作区域内的危险因素置之不理,造成事故发生,责任在于其自身。( )

6. 施工单位在对新进场作业工人进行安全教育培训时,不用全员覆盖。( )

7. 摊铺机操作工在作业时应保持注意力集中,严禁玩手机、开小差、疲劳驾驶等。( )

8. 摊铺机操作工应对设备行走范围内的人员及障碍物进行识别,但不用采取措施。( )

9. 相关大型设备作业时,现场应设置专人指挥,确保施工安全。( )

三、多选题

1. 在进行沥青路面摊铺作业时,发生一起机械伤人事故,造成一人死亡,事故原因可能是( )。

   A. 未严格落实安全操作规程　　B. 安全教育培训未到位
   C. 未设专人指挥交通　　　　　D. 未提前告知施工区域地点

2. 压路机安全操作规程包括( )。

   A. 作业中应加强观察和瞭望,与沟槽、堤岸、障碍物等保持足够的安全距离
   B. 视线不良或夜间施工时应开启工作灯,保持充足的照明
   C. 停机后,须将各手柄置于空挡,拔掉钥匙关闭门窗后,方可离开
   D. 压路机碾压行驶速度宜控制在 3~4km/h,在一个碾压行程中不得变速

3. 在进行沥青路面摊铺作业时,发生一起机械伤人事故,造成一人死亡,应吸取的事故教训是( )。

   A. 设备操作司机在作业时应保持注意力集中
   B. 压路机、摊铺机、自卸车等大型设备作业时,现场应设置专人指挥
   C. 施工单位应加强对现场作业人员的安全教育培训
   D. 作业人员应加强自我保护意识

案例2　中暑事故

一、单选题

1. 在进行沥青路面摊铺作业时,发生一起中暑事故,造成一人死亡,该事故属于( )事故。

   A. 一般　　　　B. 较大　　　　C. 重大　　　　D. 特别重大

2. 夏季进行沥青混凝土摊铺作业时,施工单位应当根据( ),适当调整作业时间。

   A. 天气情况　　B. 工程进度　　C. 作业人员情况　　D. 材料储备量

3. 当施工现场发生人员中暑事件时,下列做法错误的是( )。

   A. 出现中暑时,应迅速将中暑人员移到阴凉通风处,解开衣服
   B. 中暑病人若失去知觉,可指掐人中、合谷等穴位,促使其苏醒
   C. 可将风油精擦在中暑人员的额头或太阳穴
   D. 中暑病人苏醒后,应喝浓盐水补充水分

4. 日最高温度 T 为( )时,露天作业时长不得超过4h。

   A. $T \geq 40℃$　　B. $35℃ \leq T < 40℃$　　C. $38℃ \leq T < 40℃$　　D. $35℃ \leq T < 38℃$

5. 现场急救应遵循的"三快"原则指的是( )。
   A. 快抢、快救、快送 B. 快急、快救、快送 C. 快抢、快呼、快送 D. 快抬、快救、快送

6. 现场急救时,应根据伤情全力抢救患者生命,确保呼吸、循环功能温度。要特别注意的是,越是沉默的伤员往往伤势( )。
   A. 越轻 B. 越重 C. 无大碍 D. 不严重

7. 日最高温度在35~38℃时,因行业特点不能停止露天作业的,12:00~15:00员工露天连续作业时间不得超过( )小时。
   A. 1 B. 2 C. 3 D. 1.5

二、判断题

1. 在进行沥青路面摊铺作业时,发生一起中暑事故,造成2人死亡,构成生产安全一般事故。( )
2. 施工单位可以在赶工程进度的情况下,强令作业人员在40℃的高温环境下作业。( )
3. 出现中暑时,应迅速将中暑人员移到阴凉通风处,解开衣服,将湿毛巾放在中暑人员的腋窝、大腿根部、腹股沟处,帮助其散热。( )
4. 中暑病人若失去知觉,可指掐人中、合谷等穴位,促使其苏醒。( )
5. 中暑病人苏醒后,应喝浓盐水补充水分。( )
6. 日最高温度超过40℃,应停止露天作业。( )
7. 高温天气施工时,施工单位应及时给员工发放清凉油、人丹、风油精、藿香正气水等防暑降温药品。( )
8. 高温天气施工时,施工单位不需要在固定场所搭设遮阳棚,也不需要设置应急药箱。( )
9. 施工单位应加强对现场作业人员的安全培训教育工作,提高作业人员应急处置能力。( )

三、多选题

1. 生产安全事故分为( )等级。
   A. 一般事故 B. 较大事故 C. 重大事故 D. 特别重大事故

2. 在进行沥青路面摊铺作业时,发生一起中暑事故,事故原因可能是( )。
   A. 施工单位未根据天气情况调整作业时间
   B. 施工单位强令作业人员在40℃的高温环境下作业
   C. 作业人员身体素质太差,不能抵抗中暑
   D. 施工单位对作业人员培训不到位,未能掌握中暑应急措施技能

3. 夏季进行沥青混凝土摊铺作业时,施工单位在施工现场应采取( )等防中暑应急措施。
   A. 搭设凉棚 B. 撑起遮阳伞 C. 发放藿香正气水 D. 发放风油精

4. 夏季施工时,人员在出现中暑时会有( )症状。
   A. 头晕 B. 眼花 C. 恶心 D. 呕吐

8 交通安全设施施工

一、单选题

1. 柱式板交通标志的内边缘、悬臂式标志和门架式标志的立柱内边缘,距土路肩边缘线的距离不应小于(　　)cm。
   A.15　　　　　B.20　　　　　C.22　　　　　D.25

2. 交通标志基础的承载力应满足设计要求。设计未规定时,地基承载力不得小于(　　)kPa。
   A.80　　　　　B.100　　　　C.120　　　　D.150

3. 标志基础混凝土尺寸允许偏差为(　　)mm。
   A.±50　　　　B.±55　　　　C.±65　　　　D.±80

4. 标志基础混凝土强度达到(　　)以上,方可安装标志立柱。
   A.60%　　　　B.70%　　　　C.75%　　　　D.80%

5. 我国高速公路常用的标线涂料为(　　)。
   A.溶剂型　　　B.热熔型　　　C.水性　　　　D.双组分

6. 突起路标宜在路面标线(　　)安装。
   A.施工前　　　B.施工中　　　C.施工后　　　D.施工时

7. 高速公路、(　　)的主线应全线设置轮廓标。
   A.市政公路　　B.一级公路　　C.二级公路　　D.三级公路

8. 直线路段轮廓标设置间距不应超过(　　)m。
   A.50　　　　　B.60　　　　　C.80　　　　　D.100

9. 公路护栏是通过(　　)变形吸收碰撞能量来改变汽车行驶方向的设施。
   A.汽车保险杠　B.汽车底盘　　C.汽车引擎盖　D.自体

10. 属于刚性护栏的是(　　)。
    A.波形护栏　　B.缆索护栏　　C.混凝土护栏　D.旋转护栏

11. 混凝土护栏模板厚度不应小于(　　)mm。
    A.1　　　　　B.2　　　　　C.3　　　　　D.4

12. 波形护栏板应通过(　　)相互连接。
    A.焊接　　　　B.拼接螺栓　　C.对接　　　　D.连接螺栓

13. 缆索护栏的缆索钢丝绳直径一般为(　　)mm。
    A.10　　　　　B.14　　　　　C.18　　　　　D.20

14. 高速公路、需要控制出入的(　　)沿线两侧必须连续设置隔离栅。
    A.三级公路　　B.二级公路　　C.一级公路　　D.市政公路

15. 隔离栅的网孔尺寸不宜小于(　　)。
    A.100mm×100mm　B.90mm×90mm　C.70mm×70mm　D.50mm×50mm

16. 设置在混凝土护栏上的防眩板,应在混凝土基础达到设计强度的(　　)以上时安装。
    A.55%　　　　B.60%　　　　C.65%　　　　D.70%

17. 下列工种中,需要取得特种作业资格证书后方可作业的是( )。
    A. 混凝土工   B. 焊割工   C. 钢筋工   D. 模板工
18. 单位应在新员工进场( )日内为其购买保险。
    A. 30   B. 40   C. 50   D. 60
19. 下列防护用品中,不属于高处作业人员需要佩戴的是( )。
    A. 安全帽   B. 安全带   C. 绝缘靴   D. 防滑鞋
20. 起重作业时,指挥人员应该站在( )。
    A. 吊物前方   B. 吊物后方   C. 警戒区外   D. 吊运半径内
21. 路面施工时,施工区域须设置警示围蔽设施,在施工点前、后方( )m位置应设置导向指示牌、限速牌等安全警示。
    A. 10   B. 40   C. 50   D. 100
22. 标线涂料储存仓库宜采用( )kg以上的推车式灭火器。
    A. 15   B. 20   C. 30   D. 35
23. 波形护栏立柱及护栏板堆放和运输时应成捆绑扎,堆码层数不应超过____层,且高度不大于____ m。正确选项是( )。
    A. 3;2   B. 3;1.5   C. 3;2.5   D. 4;1.5
24. 在通车道路上施工时,交通指挥人员和上路作业人员按规定( )。
    A. 佩戴安全帽   B. 穿反光背心   C. 佩戴口罩   D. 佩戴防声帽
25. 下列天气中,允许起重吊装及露天高处作业的是( )。
    A. 大雨   B. 大雾   C. 大雪   D. 3级风

二、判断题
1. 交通标志是用文字或符号传递引导、限制、警告或指示信息的道路设施。( )
2. 标志定位时,各类交通标志的横向位置可以适当侵入公路建筑限界以内。( )
3. 标线施工前,路面应清洁干燥,不得有灰尘、松散颗粒、油污等。( )
4. 隧道侧壁应设置单向轮廓标。当设有高出路面的检修道时,在检修道侧壁应增设轮廓标。( )
5. 喷涂标线时,应进行交通管制,设置警示标志。( )
6. 安装波形护栏前,应确定沿线路面以下埋设的电缆、管道等的具体位置。( )
7. 波形护栏施工时,所有的连接螺栓及拼接螺栓应在护栏的线形达到要求后才能拧紧。( )
8. 缆索应按从上向下的顺序架设,钢丝绳应符合要求。( )
9. 护栏的线形应与公路的线形相一致,曲线段应圆滑顺畅。( )
10. 隔离栅是防止人和动物随意进入高速公路,保障行车安全的重要设施。( )
11. 隔离栅遇桥梁、涵洞时,应在入口处进行围封。( )
12. 防眩设施是指防止夜间行车受对向车辆远光灯眩目的人工构造物。( )
13. 防眩板或防眩网整体可以不与公路线形协调一致。( )
14. 植物防眩应选择枝叶茂密、落叶少、养护工作量少的树种。( )
15. 作业人员小张患有高血压、心脏病,经过培训合格后可以从事高处作业施工。( )

三、多选题

1. 公路交通安全设施是( )的总称。
   A. 标志　　　　　B. 标线　　　　　C. 护栏　　　　　D. 加油站
2. 交通标志是传递引导、限制、警告或指示信息的道路设施,由( )体现。
   A. 文字　　　　　B. 符号　　　　　C. 图案　　　　　D. 颜色
3. 公路交通标线分为( )。
   A. 指示标线　　　B. 警告标线　　　C. 禁止标线　　　D. 分流标线
4. 波形护栏施工时,位于土基中的立柱可采用( )施工。
   A. 打入法　　　　B. 钻孔法　　　　C. 水冲法　　　　D. 爆破法
5. 下列几种情况中可不设置隔离栅的是( )。
   A. 路侧有水面宽度超过6m且深度超过1.5m的水渠、池塘、湖泊等天然屏障的路段
   B. 高度大于1.5m的路肩挡土墙或砌石等陡坎的填方路段
   C. 桥梁、隧道等构造物,除桥头、洞口需与路基隔离栅连接以外的路段
   D. 挖方高度超过10m且坡度大于70°的路段
6. 交通安全设施施工过程中存在的一般安全风险有( )。
   A. 火灾　　　　　B. 水灾　　　　　C. 高处坠落　　　D. 起重伤害
7. 交通安全设施施工主要涉及的工种有( )。
   A. 模板工　　　　B. 焊割工　　　　C. 起重机械操作工　D. 钢筋工
8. 交通安全设施施工主要涉及的工种中,必须持特种作业资格证书上岗的有( )。
   A. 电工　　　　　B. 焊割工　　　　C. 模板工　　　　D. 起重机械操作工
9. 严禁有( )等不适宜高处作业疾病的人员进行登高作业。
   A. 轻度沙眼　　　B. 心脏病　　　　C. 癫痫　　　　　D. 高血压
10. 下列关于交通安全设施施工作业环境的说法中,正确的是( )。
    A. 在通车道路上施工时,交通指挥人员和上路作业人员按规定穿反光背心
    B. 隧道内施工时,应安排专人在洞内作业区指挥车辆
    C. 安装桥梁防抛网时,应封闭桥下通道
    D. 遇雨雪、大雾及6级以上大风等极端恶劣天气,严禁起重吊装及露天高处作业

案例　高处坠落

一、单选题

1. 在进行交通标志牌安装作业时发生一起高处坠落事故,导致1人重伤,该事故属于( )事故。
   A. 一般　　　　　B. 较大　　　　　C. 重大　　　　　D. 特别重大
2. 在线路上进行门架式交通标志安装作业,应由施工现场( )安排工人和起重机械操作工作业。
   A. 项目经理　　　B. 总工　　　　　C. 领工员　　　　D. 安全员
3. 采用登高作业车安装标志牌时,登高作业车下方( )。

  A.可以站1人　　　B.可以站2人　　　C.站着监控人员　　　D.严禁站人

4.高速公路上高6m的门架式交通标志,宜采用(　　)进行安装。

  A.汽车起重机　　　B.登高作业车　　　C.搭设支架　　　D.特种车辆

5.高处作业人员应正确系挂(　　)。

  A.生命绳　　　B.工具箱　　　C.安全带　　　D.防坠网

6.标志牌安装过程中涉及高空作业时,现场应设(　　)进行监控。

  A.兼职施工员　　　B.作业工人　　　C.管理人员　　　D.专人

7.遇(　　)以上大风时,应立即停止露天高处作业。

  A.3级　　　B.4级　　　C.5级　　　D.6级

8.施工现场天气骤变,应及时安排停止(　　)施工。

  A.露天高空作业　　　B.隧道防水　　　C.钢筋加工　　　D.边坡防护

二、判断题

1.施工现场天气阴沉,风力3级左右,不能进行门架式交通标志牌牌面板安装的高处作业。（　　）

2.标志牌安装作业过程中,安全监控人员可站在登高作业车下方。（　　）

3.为加快安装进度,工人可以在未系挂安全带的情况下直接站在横梁上进行标志牌与横梁固定作业。（　　）

4.工人系挂安全带后,可以直接站在高6m的横梁上安装标志牌。（　　）

5.现场天气骤变,应及时安排停止施工。（　　）

6.标志牌安装作业过程中,高处作业人员应正确系挂安全带。（　　）

7.标志牌安装作业过程中,施工现场应设专人进行安全监控。（　　）

8.遇有雨雪、大雾及6级以上大风等极端恶劣天气时,不必立即停止起重吊装及露天高处作业。（　　）

三、多选题

1.门架式交通标志牌的牌面板应采用(　　)进行固定。

  A.抱箍　　　B.铁丝　　　C.螺栓　　　D.铁钉

2.在进行交通标志牌安装作业时发生一起高处坠落事故,导致1人重伤,事故原因可能是(　　)。

  A.现场3级大风未及时停止作业　　　B.工人违规站在横梁上进行作业

  C.工人未系挂安全带　　　D.施工现场未安排专人进行安全监控

3.高6m的门架式交通标志牌安装,正确做法是(　　)。

  A.作业人员系安全带　　　B.直接站在横梁上安装

  C.现场设专人进行安全监控　　　D.采用登高作业车

4.遇有(　　)时,应立即停止室外高处作业。

  A.雨雪　　　B.大雾　　　C.6级以上大风　　　D.3级以上大风

《公路施工安全视频教程》测试题集

第三部分
PART 3
桥梁施工

1 桥梁基础知识

一、单选题

1. 高处作业时,凡水、冰、霜、雪均应(　　)。
   A. 教育作业人员,注意滑倒　　　　B. 及时清除
   C. 停止作业　　　　　　　　　　　D. 继续施工

2. 拆除爬模时,爬模上施工人员必须系好安全带,每吊起一段模板或架体前,操作人员必须(　　)。
   A. 从电梯撤离至地面　　　　　　　B. 留在起吊的架体上
   C. 撤离至未拆架体上　　　　　　　D. 原地不动

3. 提升过程中,当有异常情况出现时,(　　)可发出停止指令。
   A. 只有指挥人员　　　　　　　　　B. 任何人
   C. 只有爬模操作人员　　　　　　　D. 施工管理人员

4. 桥跨下部结构包括(　　)。
   A. 墩台与基础　　B. 墩台与支座　　C. 承台与基础　　D. 桥台与墩身

5. 预应力束沿线(　　)严禁站人。
   A. 两端　　　　　B. 两侧　　　　　C. 上下　　　　　D. 外侧

6. 基坑工程施工中,基坑内应设置供人员上下的专用梯道,梯道的搭设应符合相关安全规范的要求,梯道的宽度不应小于(　　)m。
   A. 1　　　　　　B. 2　　　　　　C. 3　　　　　　D. 5

7. 雨天施工时,作业场所的脚手架、桥梁、墩台等作业面应采取(　　)措施。
   A. 防滑　　　　　B. 防坠落　　　　C. 防火　　　　　D. 防盗

8. 在桥梁施工中,翻模施工法一般用于(　　)。
   A. 高大桥墩和塔体施工　　　　　　B. 低矮桥墩　　　　　C. 梁板施工

9. (　　)患者可以参加高墩翻模作业。
   A. 高血压　　　　B. 结石　　　　　C. 心脏病　　　　D. 恐高症

10. 钢管桩采用螺栓连接时,螺栓外露长度一般不得少于(　　)。
    A. 3 丝　　　　　B. 3 cm　　　　　C. 无须外露　　　D. 1 丝

11. 满堂支架预压基础应设置(　　)。
    A. 桩基础　　　　　　　　　　　　B. 混凝土基础
    C. 剪刀撑和横向斜撑　　　　　　　D. 排水措施和隔水措施

12. 支架应设置(　　),保证支架的稳定性。
    A. 横撑　　　　　B. 竖撑　　　　　C. 斜撑　　　　　D. 不支撑

13. 墩柱高度较小时可搭设斜道,当高度小于(　　)m 时,宜采用"一"字形;当大于或等于该高度时,宜采用"之"字形爬梯。
    A. 5　　　　　　B. 10　　　　　　C. 15　　　　　D. 20

14. 钻孔桩施工时,下列说法中正确的是(　　)。

A. 钻机塔顶上方 5m 范围内不准有任何架空障碍物

B. 冲击钻停钻时,应将钻头置于孔底

C. 回旋钻机旋转钻进时,不得提升钻杆

D. 以上说法均错误

15. 悬臂施工过程中,下列说法错误的是( )。

　　A. 支撑结构体系搭设完成后必须进行预压

　　B. 挂篮走行调试到位后,作业人员才能到箱梁作业

　　C. 后锚扁担梁精钢应拧出螺母 2cm 以上,并进行双螺母安全设置

　　D. 悬臂现浇箱梁施工必须编制专项施工方案

16. 以下关于张拉设备的说法,错误的是( )。

　　A. 千斤顶与压力表应由项目部独自进行配套校验

　　B. 张拉作业时,安全阀应调至规定值,严禁任意调整;梁两端的正面不准站人,操作人员应站在预应力钢绞线的侧面

　　C. 张拉机具应由专人使用和管理,并应经常维护,定期校验

　　D. 预应力张拉作业时须设置警戒区域,放置安全警示标牌

17. 模板拆除作业时,作业人员应( )。

　　A. 站在被拆模板上　　　　　　B. 站在被拆模板下方

　　C. 站在被拆模板侧面　　　　　D. 任意位置

18. 箱梁梁柱式支架现浇施工相比满堂支架现浇施工,主要优势是( )。

　　A. 搭设简单　　　　　　　　B. 安全可靠

　　C. 受地形条件限制小　　　　D. 成本低

19. 箱梁支架现浇施工,必须对( )进行安全技术交底。

　　A. 管理人员　　　　　　　　B. 架子工

　　C. 旁站人员　　　　　　　　D. 所有参与施工的管理人员和作业人员

20. 满堂支架现浇施工适用的支架高度范围是( )。

　　A. 没有限制　　B. 不大于 10m　　C. 不大于 20m　　D. 不大于 30m

21. 采用滑动模板浇筑混凝土时,当底层混凝土强度达到( )MPa 时,可继续提升。

　　A. 0.2~0.4　　B. 0.5~1　　C. 1~1.5　　D. 1.5~2

22. 翻模由结构规格相同的上、中、下三节模板组成,循环倒用,每块模板质量不超过( )t,以适应扒杆起重。

　　A. 0.5　　B. 1　　C. 1.5　　D. 2

23. 挂篮悬浇施工的主要流程为:设计与加工、( )、挂篮悬浇、前移与定位、拆除。

　　A. 安装　　B. 预压　　C. 安装及预压　　D. 浇筑

24. 在雷雨天气、( )级及以上大风天气时,不得进行挂篮施工作业。

　　A. 4　　B. 5　　C. 6　　D. 7

二、判断题

1. 施工作业人员进场必须经过项目部、施工队、班组三级安全培训,考试合格后方可上岗作业。(　　)

2. 施工现场可以未经同意拆改、移动安全防护设施、用电设备等。(　　)

3. 作业中出现危险征兆时,作业人员必须立即停止作业,从安全通道处撤离到安全区

域,及时向主管领导汇报。 ( )
4. 施工人员在作业中必须正确佩戴和使用合格的个人防护用品。 ( )
5. 在吊运和安装大型模板或预制构件时,吊钩下方严禁站人,吊运前必须认真检查吊索和被吊点是否符合规范要求。 ( )
6. 在 2m 以上的高处作业时必须系挂安全带。 ( )
7. 进入施工现场可以穿拖鞋、高跟鞋或赤背。 ( )
8. 特种作业人员必须定期进行培训和考核。 ( )
9. 钢筋切割操作人员禁止佩戴线手套;一次切断多根钢筋时,总截面积应在规定范围内。 ( )
10. 施工人员进出施工区域必须走安全通道。严禁翻墙、跨栏和攀爬脚手架等。( )
11. 桥梁脚手架搭设高度超过 24m 时必须搭设剪刀撑,低于 24m 时必须搭设 Z 字撑。 ( )
12. 桥梁墩身施工模板安装完成后必须拉设缆风绳。 ( )
13. 振捣柱混凝土时,应注意插入深度,掌握好"快插慢拔"的振捣方法。 ( )
14. 采用串筒下料时,柱混凝土的灌注高度可不受限制。 ( )
15. 当柱高不超过 3.5m、断面大于 400mm×400mm 且无交叉箍筋时,混凝土可由柱模顶直接倒入。 ( )

三、多选题

1. 按照所使用的材料不同,模板可以分为( )。
   A. 木模板　　　B. 非定型模板　　C. 钢木模板　　D. 胶合木模板
2. 塔式起重机顶升过程中,应注意( )。
   A. 确保平衡　　　　　　　B. 不得进行起升
   C. 不得进行回转　　　　　D. 不得进行变幅
3. 按照《施工现场临时用电安全技术规范》(JGJ 46—2005),配电系统应设置配电柜或总配电箱、分配电箱、开关箱,实行三级配电;对于开关箱中装设的隔离开关,下列说法正确的是( )。
   A. 应采用分断时具有可见分断点的隔离电器
   B. 应采用能同时断开电源所有极的隔离电器
   C. 可直接控制照明电路
   D. 应设置于电源进线端
4. 滑模系统主要由( )组成。
   A. 模板　　　B. 模板系统　　　C. 操作平台系统　D. 提升系统
5. 下列分项工程需要编制专项施工方案的是( )。
   A. 爬模　　　B. 移动模架　　　C. 挂篮　　　　　D. 满堂支架
6. 下列施工部位需要安装视频监控系统的有( )。
   A. 大桥　　　　　　　　　B. 特大桥
   C. 上跨高速公路桥梁　　　D. 中桥
7. 桥梁施工时,搭设和拆除模板支架、脚手架的施工队伍应符合( )等要求。
   A. 具有相关资质
   B. 经过专业培训,考试合格,持证上岗

C. 定期体检

D. 作业时必须戴安全帽,系安全带,穿防滑鞋

8. 操作混凝土搅拌机时,下列做法正确的是( )。

A. 操作人员持证上岗

B. 物料提升后,不得在料斗下工作或穿行

C. 清理斗坑时,要将料斗双保险钩挂牢后再清理

D. 不将工具伸入运转中的搅拌筒内扒料

9. 安全标识包括( )。

A. 禁止标志(红色) B. 警示标志(黄色)

C. 指令标志(蓝色) D. 提示标志(绿色)

10. 现场施工临时用电专用的电源中性点直接接地的 220/380V 三相四线制低压电力系统,必须( )。

A. 采用三级配电箱系统 B. 采用 TN-S 接零保护系统

C. 采用三级保护系统 D. 采用二级保护系统

2 人工挖孔灌注桩施工

一、单选题

1. 人工挖孔桩的孔内照明应使用防水带罩灯泡，电压应为( )V 及以下，电缆应为防水绝缘电缆。
   A.12　　　　　B.36　　　　　C.42　　　　　D.48
2. 人工挖孔桩挖出的土方应及时运离孔口，不得堆放在孔口周边( )m 的范围内。
   A.2　　　　　B.3　　　　　C.5　　　　　D.6
3. 挖孔桩的第一节护壁宜高出地平面( )mm，以防地表水、弃土、杂物等掉入孔内。
   A.200　　　　B.300　　　　C.500　　　　D.600
4. 当人工挖孔桩挖至 5m 以下时，应在距井底( )m 左右的护壁凸缘上设置半圆形的安全护盖。出渣时，孔内作业人员应位于护盖下。
   A.2　　　　　B.2.5　　　　C.3　　　　　D.5
5. 人工挖孔桩应严格按方案及设计要求施工，每节段不超过( )m。
   A.1　　　　　B.1.5　　　　C.2　　　　　D.2.5
6. 挖孔桩作业时，孔内人员与孔上人员应( )作业，孔底与地面作业人员之间应有必要的联络设备和装置，随时保持联系。
   A.互相监督　　B.轮换　　　　C.配合　　　　D.值守
7. 挖孔桩井四周必须设置安全防护栏杆。栏杆可用钢管搭设，高度为( )m。
   A.1.0　　　　B.1.2　　　　C.1.5　　　　D.2
8. 人工挖孔桩采用潜水泵排水时，潜水泵的电缆电线必须有( )保护措施。
   A.防磨损　　　B.防断　　　　C.防漏电　　　D.防水
9. 挖孔桩作业的井下条件差、环境恶劣、劳动强度大，容易发生( )安全事故。
   A.高处坠落　　B.火灾　　　　C.中毒　　　　D.淹溺
10. 人工挖孔桩多用于( )条件。
    A.无地下水　　B.有少量地下水　C.风化岩层　　D.软土
11. 人工挖孔桩开挖后要及时支护，每节护壁均应在( )施工完毕。
    A.当日　　　　B.两天内　　　C.一周内　　　D.一个月
12. 人工挖孔桩作业时，应经常检查送风装置的胶管是否漏气，一旦发现破损应随时( )。
    A.报废处理　　B.修补堵漏　　C.更换设备　　D.不用处理
13. 下列选项中，( )不属于人工挖孔桩的施工工艺。
    A.放线定位　　B.机械成孔　　C.安放钢筋笼　D.浇筑混凝土
14. 人工挖孔桩的孔内作业人员应戴好安全帽，桩孔内传递物品时必须( )。
    A.用吊桶下放　B.用绳索拴住下放　C.向孔内抛掷　D.作业人员自取
15. 人工挖孔桩作业时，孔底作业人员必须( )上下桩孔。
    A.使用软爬梯　B.爬踩孔壁　　C.乘坐吊桶　　D.汽车起重机吊人
16. 开挖深度超过( )m 的人工挖孔桩，其混凝土模板支撑工程是重大危险源。

A. 16　　　　　　B. 20　　　　　　　C. 25　　　　　　　D. 28

17. 挖孔桩设备送风量不应小于(　　)L/s。
　　A. 10　　　　　　B. 15　　　　　　　C. 20　　　　　　　D. 25

18. 人工挖孔桩施工人员上、下(　　)。
　　A. 可以乘吊桶,不用另配钢丝绳及滑轮,不必再配断绳保护装置
　　B. 不能乘吊桶,必须另配钢丝绳及滑轮,并设有断绳保护装置
　　C. 可乘吊桶上下,但必须有断绳保护装置
　　D. 可以采用汽车起重机吊人

19. 人工挖孔时,孔下照明必须使用(　　)V 以下安全电压照明。
　　A. 36　　　　　　B. 24　　　　　　　C. 12　　　　　　　D. 9

20. 桥梁基础施工中,人工挖孔深度超过(　　)m 时,应采用机械通风。当使用风镐凿岩时,应加大送风量,吹排凿岩产生的石粉。
　　A. 12　　　　　　B. 10　　　　　　　C. 13　　　　　　　D. 20

21. 人工挖孔桩施工时,下列说法错误的是(　　)。
　　A. 挖孔桩作业时须采用跳挖方式开孔
　　B. 吊运渣土时,孔内施工人员应暂停作业,站在半月板正下方
　　C. 作业人员采用吊桶上下桩孔
　　D. 作业人员离开前必须用盖板将孔口覆盖

22. 施工现场不同层次高度同时进行交叉作业时,(　　)。
　　A. 作业人员可以在上下同一垂直面上作业
　　B. 下层作业人员可以与上层在同一垂直面上作业,但要随时观察上方情况
　　C. 上下层不得在同一垂直作业面上,或不能在上层物体可能坠落范围以内作业,当不能满足时,应设隔离防护层

23. 桥梁工程的安全管理不包括(　　)。
　　A. 基桩工程的安全管理　　　　　　B. 路面工程的安全管理
　　C. 墩台工程的安全管理　　　　　　D. 塔身工程的安全管理

二、判断题

1. 人工挖孔桩作业前,如经检测孔内有有毒有害气体,通风15～30min 后才可下井作业。　　(　　)

2. 人工挖孔桩使用的卷扬机的额定起重量应尽量和所起吊的重量相匹配,特殊情况下允许超负荷使用。　　(　　)

3. 电控保险丝可改用其他材料代替。　　(　　)

4. 电工、操作工、起重机械操作工、钳工等特种作业人员必须持证上岗。　　(　　)

5. 吊篮安全绳上应设置供人员挂设安全带的安全锁扣,安全绳可固定在吊篮上。　　(　　)

6. 吊篮上应设置上限位装置,且限位装置灵敏可靠。　　(　　)

7. 操作人员离开卷扬机或作业中停电时,应切断电源,将吊笼降至地面。　　(　　)

8. 起重吊装吊钩应有有效的防脱钩装置。　　(　　)

9. 起重吊装滑轮应有有效的钢丝绳防脱装置。　　(　　)

10. 进入施工区域的所有人员必须戴安全帽。　　(　　)

11. 特种作业人员必须持证上岗,并佩戴相应的劳保用品。（　　）
12. 钢丝绳不应有扭结、压扁、弯折、断股现象,断丝数不应超过规定数值(任1m长断丝数不超过6根)。（　　）
13. 机器保护罩的主要作用是使机器较为美观。（　　）
14. 安全帽的主要作用是防止物料下落击中头部及行进中碰撞突出物而受伤。（　　）
15. 电焊机的电箱应使用自动开关,不准使用铁壳开关。（　　）

三、多选题

1. 人工挖孔桩每班作业前,要打开孔盖进行通风,当(　　)时要进行强制通风。
　　A. 深度超过5m　　B. 遇黑色土层　　C. 遇深度土层　　D. 遇地下水
2. 人工挖孔桩作业现场应配备有害气体检测器,发现(　　)必须采取防范措施。
　　A. 有害气体　　B. 沼气　　C. 水蒸气　　D. 有毒气体
3. 机械挖土时遇到(　　)情况,应立即停止操作。
　　A. 土体不稳定　　B. 黑色土层　　C. 深色土层　　D. 地下水
4. 编制人工挖孔径桩及扩底桩施工方案,必须经(　　)签字批准。
　　A. 项目负责人　　B. 技术负责人　　C. 安全员　　D. 班组长
5. 桥梁桩基施工时,不得在(　　)情况下采用挖孔桩施工。
　　A. 地下水位较高的砂土　　B. 厚度较大的淤泥
　　C. 淤泥质土层　　D. 粉质黏土
6. 使用电夯时,必须由电工接装电源、闸箱,检查(　　)等情况,并经试夯确认安全后方可作业。
　　A. 线路　　B. 接头　　C. 零线　　D. 绝缘
7. 人工挖孔桩的安全防护措施有(　　)。
　　A. U形防护栏　　B. 软爬梯　　C. 半月板　　D. 井盖
8. 下列关于施工现场易发生中毒事故地点的说法中,正确的是(　　)。
　　A. 人工挖孔桩挖掘孔井时,孔内常有一氧化碳、硫化氰等毒气溢出。特别是在旧河床、有腐殖土等地层挖孔,更易散发有毒气体,稍一疏忽会造成作业人员中毒
　　B. 在地下室、水池、化粪池等部位作业时,作业人员要注意有害气体的伤害
　　C. 寒冷地区冬期施工时,有的作业场所使用焦炭取暖保湿,焦炭燃烧时会产生有害的一氧化碳气体
　　D. 冬季宿舍内生煤火,或用焦炭作燃料取暖,容易产生一氧化碳
9. 某工地,当人工挖孔桩的孔挖完以后,在地面绑扎钢筋笼,清晨上班不久,开始往已挖好的孔中安放钢筋笼。当第一个6m高钢筋笼被8个工人抬起,搬到孔洞的边上,准备放下去的时候,在南边角上的一个工人脚下踩空失稳,刚往下弯腰,钢筋笼随着向南倾倒,倒在了离孔洞边沿2.5m处的4m高的外电线路上,抬钢筋笼的8个工人中除1人幸免外,7人死亡。事故原因为(　　)。
　　A. 穿过施工现场的外电线路,没按规定采取防护措施,将其与作业场所隔离
　　B. 往深孔洞中放钢筋笼时,没有具体的施工方案,人工抬放时没设专人监护
　　C. 用人工抬放6m高的钢筋笼的方案是不安全的
　　D. 施工现场缺少安全监督管理,发现隐患,未能排除
10. 某工地1名工人在人工挖孔桩下面取水样时,突然倒下,随后现场3名工人在无任

何防护的情况下,相继下去救人而昏倒,工地其他人员随即报警,救援人员赶到后穿戴防毒面具和防化服,将4人救出,均已死亡。事故原因为( )。
  A.井下缺氧,换气不好
  B.无监护情况下施工
  C.下井前应先点火实验,确认安全后方可下井作业
  D.深井施工应设通风换气装置

案例1 孔壁坍塌

一、单选题

1. 引起孔壁坍塌的原因是( )。
  A.挖孔时将出渣堆放桩孔周围　　　　B.合理选用支护类型
  C.控制炸药用量,以松动为主　　　　D.挖排水沟,及时排除地表水

2. 对塌方严重的孔壁,应用( )填塞,并在护壁的相应部位设泄水孔,用以排除孔洞内水。
  A.混凝土　　　B.砂石　　　C.水泥浆　　　D.灰土

3. 孔下作业不得超过( )人。
  A.1　　　B.2　　　C.3　　　D.4

4. 混凝土护壁的混凝土强度等级不低于( )。
  A.C20　　　B.C30　　　C.C40　　　D.C55

5. 人工挖孔桩施工过程应严格按方案及设计要求控制,每节段不超过( )m。
  A.1　　　B.1.5　　　C.2　　　D.2.5

6. 挖孔桩作业时,孔内人员与孔上人员应( )作业,孔底与地面作业人员之间应有必要的联络设备和装置,随时保持联系。
  A.互相监督　　　B.轮换　　　C.配合　　　D.值守

7. 第一节井圈中心线与设计轴线的偏差不得大于( )mm。
  A.15　　　B.20　　　C.25　　　D.30

8. 第一节井圈顶面应比场地高出( )mm。
  A.50~100　　　B.100~150　　　C.150~200　　　D.200~250

9. 相邻排桩跳挖的最小施工净距不得小于( )m。
  A.4.0　　　B.4.3　　　C.4.5　　　D.4.8

10. 人工挖孔桩混凝土护壁的厚度不应小于( )mm。
  A.100　　　B.95　　　C.90　　　D.85

11. 人工挖孔桩开挖后及时支护,每节护壁均应在( )施工完毕。
  A.当日　　　B.两天内　　　C.一周内　　　D.一个月

12. 护壁应配置直径不小于( )mm的构造钢筋,竖向筋应上下搭接或拉接。
  A.6　　　B.8　　　C.10　　　D.12

13. 第一节井圈壁厚应比下面井壁厚度增加( )mm。
  A.80　　　B.90　　　C.95　　　D.100~150

14. 上下节护壁的搭接长度不得小于( )mm。
  A.45　　　B.50　　　C.60　　　D.65

15. 护壁混凝土必须保证振捣密实,应根据土层渗水情况使用( )。
   A. 速凝剂　　　B. 早强剂　　　C. 缓凝剂　　　D. 脱模剂
16. 素混凝土护壁适用于( )。
   A. 普通土　　　　　　　　　　B. 渗水量较大的流沙
   C. 渗水量较大的淤泥层　　　　D. 涌水量特别大的淤泥层
17. ( )适用于钢筋直径较小、钢筋级别较低的条件,所能焊接的钢筋直径上限根据焊机容量、钢筋级别等具体情况而定。
   A. 连续闪光焊　　B. 预热闪光焊　　C. 电阻点焊　　D. 气压焊
18. 下列焊接接头外观检查要求中,错误的是( )。
   A. 四周焊包凸出钢筋表面的高度应符合规定的尺寸
   B. 钢筋表面无烧伤缺陷
   C. 接头处的弯折角不得大于4°
   D. 接头处的轴线偏移不得大于钢筋直径的0.2倍,且不得大于2mm
19. 护壁模板的拆除应在灌注混凝土( )d之后。
   A. 20　　　　　B. 24　　　　　C. 12　　　　　D. 9
20. 某工地挖孔桩施工时发生塌方,对塌方中严重受伤者的处理,首要的是( )。
   A. 抗休克　　　B. 止血、骨折固定　　C. 防止窒息　　D. 镇静止痛
21. 人工挖孔桩施工时,下列说法错误的是( )。
   A. 挖孔桩作业须采用跳挖方式开孔
   B. 吊运渣土时,孔内施工人员应暂停作业,站在半月板正下方
   C. 作业人员采用吊桶上下桩孔
   D. 作业人员离开前必须用盖板覆盖孔口
22. 对脊柱骨折的患者,搬运时至少需要3个人,1人托住肩胛骨,1人扶住腰部,另1人托住双下肢,同时行动,把患者搬到担架上。最好用硬担架,患者应( )。
   A. 俯卧　　　　B. 仰卧　　　　C. 侧卧　　　　D. 侧俯卧
23. 对脊柱骨折的患者,搬运时至少需要3个人,1人托住肩胛骨,1人扶住腰部,另1人托住双下肢,同时行动,把患者搬到担架上。若用帆布软担架搬运,患者应( )。
   A. 俯卧　　　　B. 仰卧　　　　C. 侧卧　　　　D. 侧俯卧
24. 下面关于人工呼吸的说法,不正确的是( )。
   A. 口对口吹气法简单有效
   B. 俯卧压背法也是常用方法之一
   C. 人工呼吸运用肺内压与大气压之间的压力差,使呼吸骤停者获得被动式呼吸
   D. 以上都不对
25. 成人胸外按压的正确位置是( )。
   A. 双乳头连线的中点与胸骨交接处　　B. 胸骨上1/3处
   C. 胸骨下1/3处　　　　　　　　　　D. 胸部左侧靠近心脏处

二、判断题

1. 孔内工人必须戴安全帽。工人头顶约1m高度处应放置半圆形钢筋网罩盖,工人挖孔时一般在有罩盖的一边。　　　　　　　　　　　　　　　　　　　　　　( )
2. 人工挖孔时,工人上、下孔可不系安全绳。　　　　　　　　　　　　　( )

3. 挖孔工作暂停时,孔口可不罩盖。( )
4. 井下人员应注意观察孔壁变化情况,如发现塌落或护壁裂纹现象,应及时采取支撑措施。( )
5. 用泵抽井内积水时,可以手提水泵线上下,抽出的水可任意排放。( )
6. 对于护壁上产生的裂缝,一般可不处理,但应切实加强施工现场监视观测,发生问题,及时解决。( )
7. 已扩底的桩孔,要及时浇灌桩身混凝土或封底,无法及时浇灌混凝土的桩待有扩桩条件时方可扩底。( )
8. 当环境温度低于-20℃时,不宜进行各种焊接。( )
9. 起重吊装滑轮应有有效的钢丝绳防脱装置。( )
10. 当孔底扩头可能引起孔壁失稳时,必须采取相应的措施,经企业技术负责人审批签字后方可施工。( )
11. 同直径钢筋电渣压力焊焊接时,钢筋直径相差不宜超过7mm,上、下两钢筋轴线应在同一直线上,焊接接头处上、下钢筋轴线偏差不得超过2mm。( )
12. 孔下作业不得超过3人,作业时应戴安全帽、穿雨衣、雨裤及长筒雨靴。( )
13. 现场用电均需安装漏电保护装置,井内也可使用安全矿灯或应急灯作照明,并经常检查电线和漏电保护器是否安全。( )
14. 孔内一般不宜放炮,以防振塌土或振裂护壁造成事故;根据地质状况需爆破的,严格执行有关的爆破规程。( )
15. 井下人员应注意观察孔壁变化情况,如发现护壁塌落、裂纹现象以及遇井内水压层、流沙层时,不能盲目施工,应迅速撤离,及时向管理人员报告,并尽快采取有效措施排除险情。( )

三、多选题

1. 钢筋混凝土护壁适用于( )。
   A. 渗水量较大的流沙层　　　　B. 渗水量较大的淤泥层
   C. 涌水量特别大的流沙层　　　D. 涌水量特别大的淤泥层
2. 钢护筒护壁适用于( )。
   A. 渗水量较大的流沙层　　　　B. 渗水量较大的淤泥层
   C. 涌水量特别大的流沙层　　　D. 涌水量特别大的淤泥层
3. 下列孔壁厚度中,符合安全标准要求的是( )cm。
   A. 10　　　　B. 8　　　　C. 5　　　　D. 7
4. 焊接时,应符合的要求有( )。
   A. 应根据钢筋牌号、直径、接头形式和焊接位置,选择焊接材料,确定焊接工艺和焊接参数
   B. 焊接时,引弧应在垫板、帮条或形成焊缝的部位进行,不得烧伤主筋
   C. 焊接地线与钢筋应接触良好
   D. 焊接过程中应及时清渣,焊缝表面应光滑,焊缝余高应平缓过渡,弧坑应填满
5. 当遇有局部或厚度大于1.5m的流动性淤泥和涌土、涌砂土层时,应( )。
   A. 降低每节护壁高度　　　　B. 增加每节护壁高度
   C. 将水流方向引向下　　　　D. 采用有效降水措施
6. 两根同牌号、不同直径的钢筋可进行( )。
   A. 闪光对焊　　B. 电渣压力焊　　C. 气压焊　　D. 电弧焊

7. 当孔壁渗水量过大时,应采取( )等措施。
   A. 场地截水
   B. 降水
   C. 水下灌注混凝土月板
   D. 严禁在桩孔中边抽水边开挖边灌注(包括相邻桩的灌注)
8. 孔壁坍塌发生伤亡事故时,应( )。
   A. 有组织地抢救伤员   B. 保护事故现场
   C. 及时向上级和有关部门报告事故   D. 马上走开
9. 下列做法中可以预防挤压综合征的有( )。
   A. 解压后要限制伤肢活动,更不应抬高伤肢,以减少组织分解毒素的吸收
   B. 伤肢用凉水降温或暴露在凉爽的空气中
   C. 凡受压伤员一律饮用碱性饮料,可利尿、碱化尿液,避免肌红蛋白在肾小管中沉积。也可用 150mL 碳酸氢钠含量为 5% 的静脉注射
   D. 禁止按摩与热敷,以免加重组织缺氧
10. 胸外心脏按压的部位在( )。
    A. 胸骨体中下 1/3 交界处   B. 胸骨体中上 1/3 下交界处
    C. 两乳头连线与胸骨相交点下一横指处   D. 剑突上 2~3 横指处

案例 2　中毒窒息

一、单选题

1. 下列关于窒息性气体的说法,错误的是( )。
   A. 窒息性气体是指经吸入而直接引起窒息作用的气体
   B. 窒息性气体按作用机制可以分为单纯窒息性气体和化学窒息性气体两大类
   C. 窒息性气体主要致病环节均是可引起机体缺氧
2. 某男性在一个通风不良的环境连续工作 3~4h,突然感到头痛、头晕等,面色潮红,口唇呈樱桃红色,具有呼吸加快等表现。这可能是( )中毒。
   A. 一氧化碳   B. 氰化氢   C. 二氧化碳   D. 氮氧化物
3. 下列能够引起"电击型"死亡的毒物是( )。
   A. 硫化氢   B. 一氧化碳   C. 二氧化碳   D. 正乙烷
4. 急性氰化物中毒的主要机制是( )。
   A. 运氧功能障碍   B. 形成高铁血红蛋白
   C. 氧气的释放障碍   D. 与细胞色素氧化酶的三价铁结合
5. CO 中毒的机制是( )。
   A. 可形成 HbCO,引起细胞窒息
   B. CO 可刺激化学感受器而致缺氧
   C. 可形成 HbCO,使血红蛋白携氧能力下降,引起组织缺氧
   D. 空气中 CO 浓度增加,使空气中 O_2 含量降低
6. 一氧化碳中度中毒,血液中 HbCO 饱和度可高于( )。
   A. 10%   B. 20%   C. 30%   D. 40%

7. 下列属于窒息性气体的是( )。
   A. 氰化氢　　　　B. 氯气　　　　　C. 光气　　　　　D. 氨

8. 下列属于化学性窒息性气体的是( )。
   A. 氮气　　　　　B. 氰化氢　　　　C. 二氧化碳　　　D. 丙烷

9. 下列属于血液窒息性气体的是( )。
   A. 氯气　　　　　B. 二氧化碳　　　C. 氰化氢　　　　D. 一氧化碳

10. 缺氧环境指环境空气中氧气浓度低于( )。
    A. 21%　　　　　B. 78%　　　　　C. 30%　　　　　D. 18%

11. 焊接作业场所空气中锰浓度的国家卫生标准为( )mg/m³。
    A. 0.1　　　　　B. 0.2　　　　　C. 0.5　　　　　D. 1

12. 人工挖孔桩作业时,应经常检查送风装置的胶管是否漏气,一旦发现破损应随时( )。
    A. 报废处理　　　B. 修补堵漏　　　C. 更换设备　　　D. 不用处理

13. 某工地施工时不慎塌方,对塌方中严重伤者的处理,首要的是( )。
    A. 抗休克　　　　B. 止血,骨折固定　C. 防止窒息　　　D. 镇静止痛

14. 成人心肺复苏时打开气道的最常用方式为( )。
    A. 仰头举颏法　　B. 双手推举下颌法　C. 托颌法　　　　D. 环状软骨压迫法

15. 搬运昏迷或有窒息危险的伤员时,应采用( )的方式。
    A. 俯卧　　　　　B. 仰卧　　　　　C. 侧卧　　　　　D. 侧俯卧

16. 重度锰中毒患者主要表现是( )。
    A. 腹绞痛　　　　　　　　　　　　B. 肾功能损害
    C. 锥体外系神经障碍　　　　　　　D. 血液系统损害

17. 挖孔桩设备送风量不应小于( )L/s。
    A. 10　　　　　　B. 15　　　　　　C. 20　　　　　　D. 25

18. 下列说法错误的是( )。
    A. 窒息性气体均易引起机体缺 O_2
    B. 刺激性气体均易引起肺水肿
    C. 易挥发的有机溶剂可引起中枢神经的抑制或麻痹
    D. 以上都不对

19. 进入桩孔施工前,应保持桩孔良好通风,必须检测有害气体浓度,氧气浓度应保持在( )。
    A. 18.5%~20%　　B. 19%~20.5%　　C. 19.5%~21%　　D. 以上都对

20. 进入有害气体的场所作业时,作业人员必须佩戴( )。
    A. 防尘口罩　　　B. 防毒面具　　　C. 重型防化服　　D. 正压呼吸器

21. 在桩孔内长时间作业时,应每隔( )检测一次有害气体浓度,作业中断超过30min应重新检测。
    A. 2h　　　　　　B. 4h　　　　　　C. 6h　　　　　　D. 8h

22. 生产部门应在有限空间进入点附近设置项目的警示标志标识,并告知作业者( ),防止未经许可人员进入作业现场。
    A. 存在不安全因素　　　　　　　　B. 存在的危险有害因素和防控措施

C. 防控措施　　　　　　　　　　D. 检查空间内有害气体及易燃物质

23. 下列不属于有限空间作业者职责的是(　　)。
   A. 接受有限空间作业安全生产培训
   B. 遵守有限空间作业安全操作规程
   C. 正确使用有限空间作业安全设施与个人防护用品
   D. 进行有效的操作作业、报警、撤离等信息沟通

二、判断题

1. 二氧化碳可使血液运氧功能发生障碍。　　　　　　　　　　　　　　　(　　)
2. 氰化氢、硫化氢引起中毒缺氧的主要原因是吸入空气中氧的含量减少。　(　　)
3. 一氧化碳中度中毒,血液中 HbCO 饱和度可高于 50%。　　　　　　　　(　　)
4. CO 的毒作用主要是其与血红蛋白结合,从而造成血红蛋白运氧功能障碍,使组织缺氧。　　　　　　　　　　　　　　　　　　　　　　　　　　　　　(　　)
5. 氰化氢属于细胞窒息性气体。　　　　　　　　　　　　　　　　　　　(　　)
6. 吸入氰化氢毒物可引起"电击样"死亡。　　　　　　　　　　　　　　(　　)
7. 氮气无毒无害无刺激,不属于窒息性气体。　　　　　　　　　　　　　(　　)
8. 一氧化碳中毒时血液中含量增高的是高铁血红蛋白。　　　　　　　　　(　　)
9. 检查容器内的有害气体含量可适量超过标准。　　　　　　　　　　　　(　　)
10. 在桩孔中进行焊接作业时,应先使内部空气流通,并设专人监护。　　(　　)
11. 特种作业人员必须持证上岗,并使用相应的劳保用品。　　　　　　　(　　)
12. 电焊工长期接触金属烟尘,如防护不良易引起焊工尘肺、锰中毒和金属热等职业病。　　　　　　　　　　　　　　　　　　　　　　　　　　　　　(　　)
13. 成人胸外心脏按压深度是 4~5cm。　　　　　　　　　　　　　　　　(　　)
14. 急救呼吸困难病人时,应去除机械缺氧因子,采取半坐卧位,保持呼吸道通畅以防窒息。　　　　　　　　　　　　　　　　　　　　　　　　　　　　(　　)
15. 心脏按压的正确部位应是胸骨下 1/3 处,或将食、中两指横放在剑突上方,手指上方的胸骨正中部位为按压区。　　　　　　　　　　　　　　　　　(　　)

三、多选题

1. 接触 CO 后,会出现(　　)等症状。
   A. 头痛　　　　B. 头昏　　　　C. 心悸　　　　D. 恶心
2. 如果吸入少量的 CO 造成中毒,应该(　　)。
   A. 迅速脱离现场至空气新鲜处　　　B. 保持呼吸道通畅
   C. 吸入大量新鲜空气或者进行人工呼吸　D. 如出现呼吸困难症状应立即就医处治
3. 抢救者需迅速做出意识和呼吸是否存在的判断,可用拍打其肩部和呼喊其姓名判断意识,采用(　　)判断呼吸。
   A. 看——眼睛看其胸廓有无起伏　　　B. 听——侧耳听其有无呼吸的声音
   C. 感觉——面部感觉病人有无呼吸气流　D. 拳击胸前区
4. 胸外心脏按压的部位在(　　)。
   A. 胸骨体中下 1/3 交界处　　　　　B. 胸骨体中上 2/3 交界处
   C. 两乳头连线与胸骨相交点下一横指处　D. 剑突上 2 到 3 横指处

5. 氮氧化物的防治重点是( )。

　　A. 定期维修设备,防止跑、冒、滴、漏

　　B. 加强通风排毒

　　C. 加强安全教育,积极做好肺水肿的防治、抢救

　　D. 定期健康检查,找出职业禁忌症,如有肺部疾患不得从事该作业

6. 下列属于窒息性气体的有( )。

　　A. 一氧化碳　　　B. 硫化氢　　　C. 氰化氢　　　D. 氨气

7. 下列属于预防中毒措施的有( )。

　　A. 置换透风　　　B. 个人防护　　　C. 专人监护　　　D. 应急救援

8. 发现中毒事故时,应( )。

　　A. 有组织地抢救伤员　　　　　　B. 保护事故现场

　　C. 及时向上级和有关部门报告事故　　D. 马上走开

9. 进入有限空间作业必须采取通风措施,下列说法正确的是( )。

　　A. 打开人孔、手孔、料孔、风门、烟门等与大气相通的设施进行自然通风

　　B. 必要时可采取强制通风

　　C. 氧含量不足时,可以向有限空间充纯氧或富氧空气

　　D. 在条件允许的情况下,尽可能采取正向通风,即送风方向可使作业人员有限接触新鲜空气

10. 某工地 1 名工人在人工挖孔桩下面取水样时,突然倒下,随后现场 3 名工人在无任何防护的情况下,相继下去救人而昏倒,工地其他人员随即呼叫专业救援队伍,将 4 人救出,均已死亡。事故原因是( )。

　　A. 井下缺氧,换气不好

　　B. 无监护情况下施工

　　C. 下井前应点火试验,确认安全后方可下井作业

　　D. 深井施工应设通风换气装置

3 钻孔灌注桩施工

一、单选题

1. 钻孔桩基施工开机前必须做好各项检查,补充足够的( )和冷却水,做好各连接件间的紧固工作,保证设备在完好状态下方可启动设备,并严格按照操作程序进行作业。
   A. 燃油　　　　B. 液压油　　　　C. 润滑油　　　　D. 以上都是

2. 钻机在作业状态下,不准无关人员上机,( )不得离开操作台,离开时应停止作业。
   A. 电工　　　　B. 起重工　　　　C. 操作工　　　　D. 普工

3. 应经常检查钻机活动部位和加润滑油脂;进行维修、保养和紧固油管接头时,必须保持( )状态。
   A. 开机　　　　B. 停机　　　　C. 运转　　　　D. 任意

4. 开钻前在护筒内存进适量泥浆,开钻时( )慢速钻进。
   A. 低挡　　　　B. 中挡　　　　C. 高挡　　　　D. 任意挡

5. 钻机所属配电箱应为符合要求的专用箱,做到( )。
   A. 一机、一闸、一漏　　B. 一机　　　　C. 一闸　　　　D. 一漏

6. 在钢筋笼上端应均匀设置吊点,其吊点应有足够的( ),保证钢筋笼在起吊时不变形。
   A. 刚度　　　　B. 强度　　　　C. 垂直度　　　　D. 强度和刚度

7. 确保护筒底部进入黏土( )m以上或护筒周围用黏土分层夯实,以免护筒漏水,造成护筒底部与周围地基土松软,导致坍塌。
   A. 0.5　　　　B. 1　　　　C. 0.8　　　　D. 2

8. 钻孔过程中应保持孔口水头高度,孔内水位必须比地下水高( )m以上,维持0.02MPa静水压力。
   A. 1　　　　B. 2　　　　C. 3　　　　D. 4

9. 泥浆池周围必须设高度不小于( )m的防护栏杆,并挂设安全网,挂上安全警示标志,防止误入。
   A. 1.2　　　　B. 1.5　　　　C. 1.8　　　　D. 2

10. 钻机钻进过程中要始终保持护筒内水位高于护筒底部( )cm以上,防止塌孔。
    A. 40　　　　B. 50　　　　C. 60　　　　D. 70

11. 钻机停钻后,钻头应( )。
    A. 留在孔内　　　　　　　B. 放在桩孔旁的地面
    C. 置于钻架上　　　　　　D. 回收处理

12. 安装钻机前,底架应垫平,保持稳定,不得产生位移和沉陷,钻头和钻杆中心与护筒中心偏差不得大于( )cm。
    A. 3　　　　B. 5　　　　C. 10　　　　D. 15

13. 钻孔桩施工泥浆池周围必须设有( )。
    A. 专人看管　　B. 工作平台　　C. 护桩　　　　D. 防护设施

14. 下列关于钻孔灌注桩施工安全控制的说法,错误的是( )。

A. 钻孔中,发生故障需排除时,严禁作业人员下孔内处理故障
B. 钻机就位后,对钻机及其配套设备,应进行全面检查
C. 钻机可不设置避雷装置
D. 钻机停钻,必须将钻头提出孔外,置于钻架上,严禁钻头停留孔内过久

15. 打桩施工现场场地应按坡度不大于( )的要求进行平实。
    A. 1%　　　　　　B. 3%　　　　　　C. 5%　　　　　　D. 10%

16. 高压线下,两侧( )m以内不得安装打桩机。
    A. 3　　　　　　　B. 5　　　　　　　C. 10　　　　　　D. 20

17. 遇有雷电天气,无( )的桩基应停止作业。
    A. 缆风绳　　　　B. 避雨棚　　　　C. 避雷装置　　　D. 保险装置

18. 桩基作业结束后,应将桩锤落下,切断( )和电路开关,停机制动后,人方可离开。
    A. 电源　　　　　B. 水源　　　　　C. 气源　　　　　D. 油路

19. 对于高大模板支撑体系,其高度与宽度相比大于( )的独立支撑系统,应加设保证整体稳定的构造措施。
    A. 1倍　　　　　　B. 2倍　　　　　　C. 3倍　　　　　　D. 4倍

20. 钢筋加工机械和木工机械( )由未经专业培训的人员操作。
    A. 可以　　　　　B. 禁止　　　　　C. 允许　　　　　D. 应该

21. 在一个施工现场中,临时用电的重复接地不能少于( )处。
    A. 1　　　　　　　B. 2　　　　　　　C. 3　　　　　　　D. 4

22. 当风力在( )级以上时,不得进行塔式起重机顶升作业。
    A. 4　　　　　　　B. 5　　　　　　　C. 6　　　　　　　D. 7

23. 生产经营单位应当对( )的或者换岗的从业人员,采用新工艺、新技术、新材料或者使用新设备后的有关从业人员,进行专门的安全生产培训。
    A. 离岗3个月以上　　　　　　　　B. 离岗4个月以上
    C. 离岗6个月以上　　　　　　　　D. 离岗12个月以上

24. 施工升降机钢丝绳的安全系数不得小于( ),直径不得小于9mm。
    A. 24　　　　　　B. 16　　　　　　C. 8　　　　　　　D. 12

25. 施工现场专用电力变压器或发电机中性点直接接地的工作接地电阻值,一般情况下取( )Ω。
    A. 4　　　　　　　B. 不超过4　　　C. 10　　　　　　D. 不超过10

二、判断题

1. 对暂停施工的桩孔,必须加盖板封闭,作业区应设置安全警示牌,闲杂人员不得进入施工区域。　　　　　　　　　　　　　　　　　　　　　　　　　　( )
2. 进入施工现场的所有人员,必须佩戴安全帽,系好下颚带。　　　　( )
3. 钻机安装平稳后,钻头与钻杆中心和护筒中心不用保持一致。　　　( )
4. 钻机配电箱内的电气设备应完整无缺,可不设专用开关。　　　　　( )
5. 钻孔施工时,对沉淀池中沉渣及灌注混凝土时溢出的废弃泥浆,采用随时清除随时运弃的方式,严禁就地弃渣。　　　　　　　　　　　　　　　　　　( )
6. 在临近管线处进行钻孔桩基施工之前,必须会同相关部门对红线范围内管线进行调查、确认。　　　　　　　　　　　　　　　　　　　　　　　　　　( )

7. 桩身混凝土强度等级不应低于C30,宜用机械搅拌,浇筑时应由桩尖向桩顶连续浇筑,一次完成,严禁中断。( )
8. 桩基工人是非特种作业人员,无须经安全教育考核合格就可以上岗。( )
9. 机电设备应由专人负责管理,凡上岗者均可操作。( )
10. 高空作业时必须系好安全带,严禁从高处往下抛掷物件。( )
11. 桩基进场施工,可以不考虑场地承载力,但场地必须平整。( )
12. 钻进时,应有统一的指挥人员且信号明确,不允许多头指挥。( )
13. 随时检查钢丝绳的完好情况,发现有断丝的情况可继续使用。( )
14. 当风力超过7级时,应将桩机顺风停止摆放,并增加缆风绳。( )

三、多选题

1. 钻孔灌注桩施工中,下列关于电气设备使用的说法中,正确的是( )。
   A. 电气设备均须有良好的接地接零　　B. 电气设备应装有可靠的触电保护装置
   C. 移动所有带电设备前须切断电源　　D. 经常开展电气设备日常检查
2. 钻孔灌注桩钻孔过程中,必须设专人按规定指挥,保持( ),以防塌孔。
   A. 钢筋笼的位置　　　　　　　　　B. 孔内水位的高度
   C. 连续灌注　　　　　　　　　　　D. 泥浆的稠度
3. 打桩施工时,严禁( )等动作同时进行。
   A. 吊桩　　　　B. 回转　　　　C. 吊锤　　　　D. 走行
4. 钻孔灌注桩所出现施工事故的主要类型是( )。
   A. 高处坠落　　B. 坍塌事故　　C. 物体打击　　D. 起重伤害
5. 施工中经常说的"三宝"是指( )。
   A. 安全带　　　B. 安全锁　　　C. 安全帽　　　D. 安全网
6. 施工中经常说的"三违"是指( )。
   A. 违章指挥　　B. 违章作业　　C. 违反法律　　D. 违反劳动纪律
7. 某桩基施工现场临时用电混乱,临时用电系统设置不规范,私拉乱接电线,工人在进行接电作业时触电身亡。事故原因是( )。
   A. 没有实行三级配电两级保护　　　B. 临时用电管理混乱
   C. 工人可以自己进行接电作业　　　D. 没有由专业电工进行接电作业
8. 根据《建设工程安全生产管理条例》,施工单位在采用( )时,应当对作业人员进行相应的安全生产教育培训。
   A. 新工艺　　　B. 新材料　　　C. 新设备　　　D. 新技术
9. 公路工程施工现场安全管理中的严重违章包括( )。
   A. 中小型机械无管理制度　　　　　B. 机械操作人员无证上岗
   C. 施工过程未按要求做安全检查　　D. 施工中未做安全技术交底
10. 下列关于标志标牌设置的说法,正确的是( )。
    A. 标志牌的设置位置应合理、醒目
    B. 标志不应设置在门、窗、架等可移动的物体上
    C. 如发现标志标牌有破损、变形、褪色等,应及时修整或更换
    D. 施工现场标志牌要及时进行增补、删减或变动

案例　设备倾覆

一、单选题

1. 起重机工作完毕后,应将吊钩停在(　　)。
   A. 接近地面　　　B. 接近上极限　　　C. 中间位置　　　D. 任何位置均可

2. 遥控操作时,必须保持被吊物平稳。吊钩转动时(　　)起升,防止钢丝绳出槽。
   A. 可以　　　　　B. 不准　　　　　C. 继续

3. 起吊物件(　　)捆绑牢固,棱角快口部位应设衬垫,吊位应正确。
   A. 必须　　　　　B. 可以　　　　　C. 无所谓

4. 捆绑吊物选择绳索夹角要适当,不得大于规定(　　)。
   A. 数量　　　　　B. 质量　　　　　C. 角度

5. 用两台汽车起重机同时起吊一物件时,应按额定载重量合理分配,(　　)统一指挥,步调一致。
   A. 1人　　　　　B. 专人　　　　　C. 2人　　　　　D. 3人

6. 钢丝绳润滑必须使用(　　)。
   A. 煤油　　　　　B. 汽油　　　　　C. 柴油　　　　　D. 润滑脂

7. 减速器齿轮如有裂纹和(　　),应报废。
   A. 磨损　　　　　B. 沟槽　　　　　C. 腐蚀　　　　　D. 断齿

8. 起重机不工作时,允许重物吊在空中的时间为(　　)min。
   A. 1
   B. 3
   C. 5
   D. 0(即不允许在空中停留)

9. 起吊物品时,若起重物下面有人,(　　)。
   A. 无所谓
   B. 起吊物轻时,不需避让
   C. 以工作为主
   D. 任何情况下,下面不得有人

10. 起重作业必须听从起重指挥员一人指挥,不准多人指挥;但对任何人发出的紧急停车信号,(　　)。
    A. 无所谓　　　B. 必须立即停车　　　C. 以工作为主　　　D. 继续操作

11. 新进场工人,必须接受(　　),经考核合格后,方能上岗。
    A. 一级安全培训教育　　　　　B. 二级安全培训教育
    C. 三级安全培训教育

12. (　　)是防止起吊钢丝绳由于角度过大或挂钩不脱造成起吊钢丝绳脱钩的安全装置。
    A. 力矩限制器　　　　　　　　B. 超高限制器
    C. 吊钩保险　　　　　　　　　D. 钢丝绳防脱槽装置

13. 起重指挥人员属特种设备作业人员,须持(　　),经安全培训后,方可上岗。
    A. 特种设备作业证　　　　　　B. 特种作业操作资格证
    C. 特种人员资格证　　　　　　D. 特殊工种作业人员证

14. 固定钢丝绳的夹板应在钢丝绳受力绳一边,绳夹间距不应小于钢丝绳直径的(　　)倍。
    A. 2　　　　　B. 3　　　　　C. 5　　　　　D. 6

15. 塔式起重机拆装工艺由( )审定。
    A. 企业负责人　　B. 检验机构负责人　　C. 企业技术负责人　　D. 验收单位负责人
16. 应在起重特种作业操作证期满前( )个月内向原考核发证机关申请办理延期复核手续。
    A. 1　　B. 2　　C. 3　　D. 4
17. 起重作业应遵守安全制度,对违章指挥、强令冒险作业( ),对他人的违章操作要加以劝阻和制止。
    A. 有权拒绝　　B. 有权接受　　C. 有权批评　　D. 有权控告
18. 下列对起重力矩限制器主要作用的叙述中,正确的是( )。
    A. 限制塔机回转半径　　B. 防止塔机超载
    C. 限制塔机起升速度　　D. 防止塔机出轨
19. 塔式起重机的拆装作业必须在( )进行。
    A. 温暖季节　　B. 白天
    C. 晴天　　D. 照明条件良好的夜间
20. 塔式起重机的主参数是( )。
    A. 起重量　　B. 公称起重力矩　　C. 起升高度　　D. 起重力矩
21. 塔式起重机主要由( )组成。
    A. 基础、塔身和塔臂　　B. 基础、架体和提升机构
    C. 金属结构、提升机构和安全保护装置　　D. 金属结构、工作机构和控制系统
22. 塔式起重机最基本的工作机构包括( )。
    A. 起升机构、变幅机构、回转机构和走行机构
    B. 起升机构、限位机构、回转机构和走行机构
    C. 起升机构、变幅机构、回转机构和自升机构
23. 对小车变幅的塔式起重机,起重力矩限制器应分别由( )进行控制。
    A. 起重量和起升速度　　B. 起升速度和幅度
    C. 起重量和起升高度　　D. 起重量和幅度
24. 塔机顶升作业,必须使( )和平衡臂处于平衡状态。
    A. 配重臂　　B. 起重臂　　C. 配重　　D. 小车
25. ( )能够防止塔机超载,避免由于严重超载而引起塔机倾覆或折臂等恶性事故。
    A. 力矩限制器　　B. 吊钩保险　　C. 行程限制器　　D. 幅度限制器

二、判断题

1. 遇6级以上大风或大雨、大雾等恶劣天气时,应停止起重作业。　　(　)
2. 起重机在停止、休息或中途停电时,应将重物卸下,不得悬挂空中。　　(　)
3. 机修人员上塔身、起重臂等高空部位进行检修作业,可以不系安全带。　　(　)
4. 使用单梁行车时,可以一手操作按钮,一手扶物品。　　(　)
5. 提升重物平移时,应高出其跨越的障碍物0.10m以上。　　(　)
6. 起重吊装作业中应严格执行"十不吊"。　　(　)
7. 可以采用钢丝绳打结方式捆绑吊物。　　(　)
8. 起重机械操作工应年满18周岁、身体健康,经培训考核持有特种设备作业人员证后

方可从事相应的作业。   ( )
   9. 起重机械操作工与指挥人员做好信息沟通,严格服从指挥人员指令;对违章指挥、强令冒险作业有权拒绝。   ( )
   10. 台风季节施工,应定期对大、中型设备的锚固缆风设施、防雷接地、生活区临时用电进行检查。   ( )
   11. 高温作业是指有高气温、或有强烈的热辐射、或伴有高空气湿度(相对湿度≥80%)的异常条件作业。   ( )
   12. 指挥信号不明、重量不明、光线暗淡的情况下,可凭感觉起吊。   ( )
   13. 日常检查保养时,须切断电源,挂"设备检修,请勿合闸"警示牌。专人监护下,方可作业。   ( )
   14. 作业时氧气瓶与乙炔瓶的安全距离不得小于5m,与明火作业点的安全距离不得小于10m。   ( )
   15. 电焊机外壳必须有效接地,导线和接地线不得搭在易燃、易爆物品上。   ( )

三、多选题

1. 选择汽车起重机起吊地点时要注意(   )。
   A. 地面结实,不会下陷
   B. 起重机起吊半径尽量覆盖整个工作范围
   C. 起吊范围内没有电线等会造成安全隐患的物体
   D. 光线要明亮,视野要开阔
   E. 周边有多个同时作业面位置

2. 起重指挥通常有(   )和对讲机4种方式,目前施工中常用对讲机进行指挥。
   A. 口头   B. 哨语   C. 手势   D. 旗语   E. 手机

3. 下列选项中,属于"十不吊"的是(   )。
   A. 指挥信号不明不准吊
   B. 吊物重量不明或超负载荷不准吊
   C. 散物捆扎不牢或物料装放过满不准吊
   D. 机械安全装置失灵或带病时不准吊
   E. 4级以上强风不准吊

4. 下列属于安全生产法律法规的有(   )。
   A.《中华人民共和国安全生产法》
   B.《公路水运工程安全生产监督管理办法》
   C.《特种设备安全监察条例》
   D.《建设工程质量管理条例》
   E.《中华人民共和国消防法》

5.《中华人民共和国安全生产法》规定生产经营单位的安全生产责任包括(   )。
   A. 遵守国家有关安全生产的法律、法规
   B. 建立、健全安全生产责任制和安全生产规章制度
   C. 改善安全生产条件,推进安全生产标准化建设,提高安全生产水平
   D. 加强安全生产管理,确保安全生产

6. 危险物品的生产、经营、储存单位以及城市轨道交通运营、(   )单位应当建立应急

救援组织;生产经营规模较小的,可以不建立应急救援组织,但应当指定兼职的应急救援人员。

  A.矿山   B.金属冶炼   C.建筑施工   D.机械制造

7.《中华人民共和国安全生产法》把安全投入作为必备的安全保障条件之一,要求生产经营单位应当具备的安全投入,由(　　)予以保证。

  A.生产经营单位的财务部门   B.生产经营单位的主要负责人

  C.个人经营的投资人   D.生产经营单位的决策机构

8."综合治理"要求运用(　　)等多种手段,充分发挥社会、职工、舆论监督各个方面的作用,抓好安全生产工作。

  A.行政   B.经济   C.法治   D.科技

9.《中华人民共和国安全生产法》规定,生产经营单位应当对从业人员进行安全生产教育和培训,保证从业人员具备必要的安全生产知识,熟悉有关的安全生产规章制度和安全操作规程,(　　),未经安全生产教育和培训合格的从业人员,不得上岗作业。

  A.知悉自身在安全生产方面的权利和义务

  B.学会个人防护用品的维修

  C.了解事故应急处理措施

  D.掌握本岗位的安全操作技能

10.生产经营单位应当建立安全生产教育和培训档案,如实记录安全生产教育和培训的(　　)等情况。

  A.时间   B.内容   C.参加人员   D.考核结果

4 围 堰 施 工

一、单选题

1. 围护结构封闭后,水位降到开挖面下( )m 以下时方可进行土方开挖。
　　A.0.5　　　　　B.1　　　　　　C.1.5　　　　　D.2
2. 气割作业时,乙炔气瓶必须装( )。
　　A.回火装置　　B.防漏装置　　C.防爆装置　　D.防水装置
3. 挖掘作业时应注意( )。
　　A.选择和创造合理的工作面,严禁掏洞挖掘
　　B.从下到上,随意乱挖
　　C.逐仓对称开挖,可掏底挖掘
　　D.以上说法都对
4. 开挖深度超过( )m 的基坑的土方开挖、支护、降水工程为超过一定规模的危险性较大的深基坑工程。
　　A.2　　　　　B.3　　　　　　C.4　　　　　　D.5
5. 基坑围堰施工时,在距离基坑深度( )倍范围内,严禁设置塔式起重机等大型设备和建设职工宿舍。
　　A.2　　　　　B.3　　　　　　C.4　　　　　　D.5
6. 施工企业应采取有效的职业病防护措施,为作业人员提供必备的( )。
　　A.安全交底　　B.劳动保险　　C.饮食卫生　　D.防护用品
7. 特种作业操作证有效期满需要延期的,建筑施工特种作业人员应当于期满前( )内向原考核发证机关申请办理延期复核手续。
　　A.1个月　　　B.2个月　　　　C.3个月　　　　D.15日
8. 钢管扣件式脚手架中,高度在 24m 以下的单、双排脚手架,均必须在外侧立面的两端各设置一道剪刀撑,并应由底至顶连续设置,中间各道剪刀撑之间的净距不应大于( )m。
　　A.10　　　　　B.15　　　　　C.20　　　　　D.24
9. 气割机的使用、维护保养和检修必须由( )负责。
　　A.气割工　　　B.专人　　　　C.焊工　　　　D.电工
10. 钢丝绳与卷扬机的卷筒轴线须接近直角,其最大偏角不大于( )。
　　A.1°　　　　　B.2°　　　　　C.4°　　　　　D.50°
11. 当支撑模板的支柱高度小于4m时,应设上下( )水平撑和垂直剪刀撑。
　　A.1道　　　　B.2道　　　　　C.3道　　　　　D.4道
12. 高大模板支撑系统拆除前,项目技术负责人、项目总监应核查混凝土( )试块强度报告,浇筑混凝土达到拆模强度后方可拆除,并履行拆模审批签字手续。
　　A.同条件　　　B.标准养护　　C.7d　　　　　D.28d
13. 把电气设备正常情况下不带电的金属部分与电网的保护零线进行连接,称作

(　　)。
    A.保护接地　　B.保护接零　　C.工作接地　　D.工作接零
14.大型设备吊装作业不得在(　　)级以上的风力下进行。
    A.3　　　　　B.4　　　　　C.5　　　　　D.6
15.起重机滑轮组中的钢丝绳一般采用的型号为(　　)。
    A.6×19+1　　B.6×37+1　　C.6×61+1　　D.都可以
16.出现(　　)的情况,吊钩应报废。
    A.挂绳处断面磨损量超过原高的20%　　B.挂绳处断面磨损量超过原高的15%
    C.挂绳处断面磨损量超过原高的10%　　D.挂绳处断面磨损量超过原高的5%
17.施工现场、机动车道与220/380V架空线路交叉时,最小垂直距离是(　　)m。
    A.4　　　　　B.5　　　　　C.6　　　　　D.7
18.施焊完成或下班时必须拉闸断电,将地线和把线____,确定火星____,方可离开现场。正确选项是(　　)。
    A.分开;周围无易爆物　　　　B.连接上;已熄灭
    C.分开;已熄灭　　　　　　　D.连接上;不会燃烧
19.电焊时严禁借用金属管道、金属脚手架、结构钢筋等金属物搭接代替(　　)。
    A.导线　　　　B.支撑物　　　C.零线　　　　D.地线
20.下列不属于特种作业人员的是(　　)。
    A.起重机械司机　　B.起重机械人员　　C.起重司索工　　D.起重辅助工
21.钢管扣件式脚手架中,主节点处两个直角扣件的中心距不应大于(　　)mm。
    A.100　　　　B.150　　　　C.200　　　　D.300
22.数控气割机自动切割前必须(　　)。
    A.铺好轨道　　B.提供指令　　C.划好图样　　D.做好样板
23.电工纯铁不适用于(　　)场合。
    A.交流　　　　B.直流　　　　C.高频　　　　D.低频
24.卷扬机与最近一个导向滑轮的直线距离一般不小于(　　)倍卷扬机卷筒长度。
    A.5　　　　　B.10　　　　　C.15　　　　　D.20
25.遇有6级以上强风、浓雾等恶劣天气,(　　)进行露天攀登与悬空高处作业。
    A.根据情况安排　　　　　　B.不得
    C.先教育作业人员注意安全　　D.先教育管理人员注意安全

二、判断题

1.围堰钢围檩安装前应定位准确,支撑三脚架与围护结构联系牢固,围檩与围护桩接触面应找平,安装的围檩面与围护结构密贴。(　　)
2.围堰施工不需要实施监控测量。(　　)
3.支撑拆除应按设计或施工方案要求时间和顺序进行,对于需要换支撑的,必须先支撑后拆除,不得随意拆除。(　　)
4.围堰施工现场应进行封闭管理,设置硬质防护围栏,满布钢丝绳或密目网,高度不小于1.2m。(　　)
5.桥梁基坑深度超过1.5m,不加支撑时,应按要求放坡。(　　)
6.起重机的起升、变幅机构不得使用编结接长的钢丝绳。(　　)

7. 起重机吊装设备时,起重滑轮组的倾角一般为 10°左右。 ( )
8. 起重机的拆装必须由取得建设行政主管部门颁发的拆装资质证书的专业队进行。 ( )
9. 乙炔瓶内气体不得用尽,必须保留 0.1~0.2MPa 的余压。 ( )
10. 钢筋焊接作业时,在防水板的一侧应设阻燃挡板。 ( )
11. 电气设备发生火灾,不准用水扑救。 ( )
12. 强令工人冒险作业,发生重大伤亡事故,造成严重后果,是违法行为。 ( )
13. 遇 4 级及以上风,应停止一切吊运作业。 ( )
14. 开挖深度超过 3m(含 3m)或虽未超过 3m 但地质条件和周边环境复杂的基坑(槽)支护、降水工程,属于超过一定规模的危险性较大的分部分项工程。 ( )
15. 配电箱和开关箱应采用冷轧钢板或阻燃绝缘材料制作。 ( )

三、多选题

1. 围堰施工中容易发生的事故类型有( )。
   A. 人员坠落　　　　　　　　　B. 起重机械倾覆事故
   C. 漏电电击事故　　　　　　　D. 落物伤人事故

2. 基坑开挖过程中,排水方法有( )。
   A. 在坑底设集水井　　　　　　B. 沿坑底的周围或中央开挖排水沟
   C. 把水引入集水井　　　　　　D. 用水泵抽走

3. 下列关于临边防护栏杆的规定,正确的是( )。
   A. 防护栏杆应由上、下两道横杆及栏杆柱组成
   B. 上杆离地高度为 1.5~1.8m
   C. 下杆离地高度为 0.5~0.6m
   D. 上杆离地高度为 1.0~1.2m

4. 下列火灾中不能用水扑救的是( )。
   A. 碱金属火灾中　　　　　　　B. 高压电气装置火灾中
   C. 硫酸火灾中　　　　　　　　D. 油毡火灾中

5. 在扣件式钢管脚手架使用期间,严禁拆除的杆件有( )。
   A. 连墙件　　　　　　　　　　B. 主节点处的纵向水平杆
   C. 主节点处的横向水平杆　　　D. 纵、横向扫地杆

6. 施工现场需要编制用电组织设计的基准条件是( )。
   A. 用电设备 5 台及以上　　　　B. 用电设备 10 台及以上
   C. 用电设备总容量 50kW 及以上　D. 用电设备总容量 100kW 及以上

7. 纵向水平杆(大横杆)的接头可以搭接或对接。搭接时的具体要求为( )。
   A. 搭接长度不应小于 1m
   B. 应等间距设置 3 个旋转扣件固定
   C. 端部扣件盖板边缘至搭接杆端的距离不应小于 500mm
   D. 端部扣件盖板边缘至搭接杆端的距离不应小于 100mm

8. 脚手架所用钢管应采用 Q235A 钢,此钢材的重要质量标准和性能是( )。
   A. 标准屈服强度不低于 235N/mm²　B. 可焊性能好
   C. 抗锈蚀性能好　　　　　　　D. 低温下抗冲击性好

9.特种作业人员进场前,施工单位应编制特种作业人员基本信息表,特种作业人员基本信息表应包括( )。
  A.毕业证   B.身份证
  C.特种作业人员操作证   D.近期照片
10.特种设备的"四证"包括( )。
  A.出厂合格证   B.检验合格证
  C.特种设备操作人员证书   D.使用登记证

案例　淹溺事故

一、单选题

1.水上施工必须严格按照《中华人民共和国水上水下施工作业通航安全管理规定》,向当地海事部门申请办理( )。
  A.水上水下施工许可证   B.安全生产许可证
  C.特种设备检测合格证   D.施工船舶适航证

2.施工船舶应随时与调度室及当地气象、水文站等部门保持联系,每日收听( ),并做好记录,随时了解和掌握天气变化和水情动态,以便及时采取应对措施。
  A.气象预报   B.国内新闻   C.国际新闻   D.财经新闻

3.各种施工船舶(如配合施工作业的交通船、运输船等)必须符合安全要求,必须持有各种( ),按规定配齐各类合格船员。
  A.有效证书   B.适航证书   C.适任证书   D.船检证书

4.严格落实水上安全技术措施和个人劳动防护用品,未落实时不得进行施工。作业平台上需备足并正确放置( )。
  A.救生衣、救生圈、救生绳   B.消防器材
  C.安全网   D.警示牌

5.遇( )强风、浓雾等恶劣气候,不得进行水上作业。暴雨前后,应对水上作业安全设施逐一检查,发现有松动、变形、损坏或脱落等现象,应立即修理完善。
  A.4级以上   B.6级以上   C.7级以上   D.8级以上

6.夜间施工必须配足灯光照明,并按航运规则正确设置安全警示灯、警示牌等信号,并由( )进行安全信号设施的管理与维护。
  A.生产经理   B.安全员   C.专人   D.电工

7.施工作业前了解作业区域的( )、流速、河床地质等有关情况,为船舶行驶、抛锚定位做好安全准备工作。
  A.水深   B.浪高   C.漩涡   D.流向

8.水上作业平台周边必须设置( ),并挂设安全网;如设置有困难的,作业时必须系安全带。
  A.警示牌   B.灭火器   C.踢脚板   D.防护栏杆

9."安全第一"的含义是在生产经营过程中要贯彻以人为本,把安全放在( )位置上,在安全的前提下进行生产,切实保护劳动者的生命安全和身体健康。
  A.主要   B.重要   C.首要   D.次要

10. 在施工过程中必须有足够的安全意识,树立安全第一的思想,具有(　　)的责任心,发现安全隐患及时处理与上报,确保施工顺利进行。
    A. 一般　　　　B. 超强　　　　C. 首要　　　　D. 次要
11. 水上施工作业人员必须(　　),严禁酒后上岗作业,严禁船员在船期间饮酒。
    A. 带好安全带　　B. 穿好工作服　　C. 穿好防滑鞋　　D. 穿好救生衣
12. 建筑施工中,重特大事故多发类型是(　　)。
    A. 高处坠落　　B. 物体打击　　C. 触电　　　　D. 施工坍塌
13. 工程船舶水面上施工,应设置障碍物或夜间警示灯,施工船舶设置明显的标志。照明灯具加装遮光设施,防止(　　)干扰船舶的航行。
    A. 日光灯　　　B. 信号灯　　　C. 夜光　　　　D. 眩光
14. 处理事故的"四不放过"原则是:事故原因不查清不放过,(　　)不放过,整改措施未落实不放过,事故教训不吸取不放过。
    A. 事故未曝光　　B. 事故未调查　　C. 事故责任人未处理
15. 建筑施工安全"三宝"是(　　)。
    A. 安全带、安全帽、安全网　　　　B. 安全带、安全网、防滑鞋
    C. 安全带、安全网、防护服
16. 起吊时,先将构件提升离地面(　　)m,经检查无异常现象时,方可继续提升,保持垂直起吊;作业人员不得在已受力索具附近停留;起重臂所涉及区域的下方严禁站人。
    A. 0.2　　　　B. 1　　　　　C. 5　　　　　D. 10
17. 水上施工船舶必须锚固可靠,有足够的(　　)、水流能力,工作面四周要设栏杆或安全网;停靠船必须系好缆绳,并加保险缆,跳板要搭设牢固,有防滑功能。
    A. 航速　　　　B. 抗风浪　　　C. 高重心
18. 船舶操作驾驶人员应熟知船舶动力和管系布置、安装与修理方法、(　　),做到操作熟练,发现故障及时排除。
    A. 设计规范　　B. 检验检测　　C. 技术要求
19. 水上施工船舶必须证照齐全,按规定配备足够的(　　),船舶机械性能良好,能满足施工要求,严格按各项操作规程进行操作。
    A. 食品　　　　B. 燃油　　　　C. 船员
20. 水上施工,必须安排专人对水域通行船舶进行(　　)。施工期间严禁嬉戏打闹,严禁酒后上班,严禁单人操作。
    A. 指挥　　　　B. 引航　　　　C. 瞭望
21. 常见的安全标志有四种——红、黄、蓝、绿,分别代表(　　)、警告、指令、提示。
    A. 禁止　　　　B. 安全　　　　C. 危险
22. 《中华人民共和国安全生产法》规定的安全生产管理方针是(　　)。
    A. 安全为了生产,生产必须安全　　　B. 安全第一、预防为主、综合治理
    C. 安全生产人人有责
23. 使用灭火器扑救火灾时要对准火焰(　　)喷射。
    A. 上部　　　　B. 中部　　　　C. 根部
24. 依据我国的安全生产法律法规,任何单位和个人发现事故隐患,都(　　)向安全生产监管部门和有关部门报告。

A. 有权　　　　　B. 无权　　　　　C. 无责任

25. 从业人员在作业过程中,应当严格遵守本单位的安全生产规章制度和操作规程,服从管理,正确佩戴和使用(　　)。

A. 安全生产工具　　B. 安全防护设施　　C. 劳动防护用品

二、判断题

1. 围堰、堤坝应采取加固和防坍塌措施,对易冲刷部位应采取防冲刷或疏导措施。(　　)
2. 作业前应检查工具、设备、现场环境等是否存在不安全因素,是否正确穿戴个人防护用品。(　　)
3. 施工作业人员进场前必须经过项目部、班组二级安全教育培训,考试合格后方可上岗作业。(　　)
4. 作业中出现危险征兆时,必须立即停止作业,从安全通道处撤离到安全区域,及时向主管领导汇报。(　　)
5. 常见的安全标志有四种——红、黄、蓝、绿,分别代表禁止、警告、指令、提示。(　　)
6. 施工人员为了施工,在方便的条件下可以翻墙、跨越护栏和攀爬脚手架。(　　)
7. 建筑施工的"四口"指楼梯口、电梯井口、通道口、预留洞口,施工中不用封堵。(　　)
8. 特种作业人员经专门的安全作业培训后,即可上岗作业。(　　)
9. 船上人员必须经海事部门专业培训及特殊培训,无证人员严禁上岗。(　　)
10. 租用的交通艇必须证照齐全,按规定配足够救生器材,并公示乘员标准及乘坐规定。(　　)
11. 作业现场配备安全值班船,制订事故应急救援预案或救护措施。(　　)
12. 水上施工时,施工单位应定时与当地气象、水文站联系。当遇8级以上大风时,停止工作,检查、加固船只的锚缆等设施;如确有需要继续作业时,应采取有效措施。(　　)
13. 施工现场上游和下游必须按规定距离设置通航警示标志。(　　)
14. 每次作业前,作业人员应对所有的救生衣进行检查,确认其安全有效。(　　)
15. 船与船之间搬运物件作业,须将两船靠至最近距离并注意浪涌影响。(　　)

三、多选题

1. 安全生产法中关于安全生产工作机制的表述,正确的是(　　)。
   A. 生产经营单位负责　　　B. 职工参与　　　　　C. 政府负责
   D. 政府监管　　　　　　　E. 行业自律　　　　　F. 社会监督
2. 生产经营单位的工会在安全生产监督工作中的职责是(　　)。
   A. 依法组织职工参加本单位安全生产工作的民主管理和民主监督
   B. 维护职工在安全生产方面的合法权益
   C. 为职工交纳工伤保险
   D. 在生产经营单位制订或修改有关安全生产的规章制度时,提出意见
   E. 必要时直接对生产经营单位的安全生产工作进行管理
3. 生产经营单位的安全生产责任制应当明确的内容包括(　　)。
   A. 各岗位的责任人员　　　B. 各岗位的责任范围　　　C. 考核标准
   D. 主要负责人财产状况　　E. 安全生产执法情况记录
4. 下列关于安全生产费用的提取和使用的说法中,正确的是(　　)。

A. 安全生产费用提取的具体比例由生产经营单位根据本单位实际情况决定

B. 安全生产费用专门用于改善安全生产条件支出

C. 安全生产费用在成本中据实列支

D. 安全生产费用不得在成本中列支

5. 依据《中华人民共和国安全生产法》，生产经营单位的安全生产管理机构以及安全生产管理人员应履行的职责有(　　)。

A. 组织或者参与拟定本单位安全生产规章制度、操作规程和生产安全事故应急救援预案

B. 组织或者参与本单位安全生产教育和培训，如实记录安全生产教育和培训情况

C. 督促落实本单位重大危险源的安全管理措施

D. 检查本单位的安全生产状况，及时排查生产安全事故隐患，提出改进安全生产管理的建议

E. 组织或者参与本单位应急救援演练

6. 水上施工搭设的海上栈桥、操作平台，应(　　)。

A. 具有专业单位设计图纸　　　　B. 有承载力验算依据

C. 编制专项施工方案　　　　　　D. 有防护栏杆防滑措施

E. 检查各受力部件的受力情况

7. 乘坐交通船的员工必须自觉遵守乘船规定，听从船员统一指挥，禁止(　　)。

A. 抢上抢下　　　　　　　　　　B. 未靠稳后就跳船

C. 站立和骑坐在船头、船尾或船帮处　　D. 待船靠稳拴牢后依次上下

E. 酒后登船

8. 水上施工遇台风时，应根据项目部防台风预案，积极做好防台风应急工作，(　　)。

A. 各施工船舶之间相互协调、避让，有序进入避风锚地

B. 由专人负责收听当地气象预报并做好记录，提前做好防范准备

C. 接到发布的台风警报后，应及时通知小型施工船舶进港避风；在接到发布的紧急警报后，应及时通知大型船舶进港避风

D. 密切注意台风行经路线，并根据本船抗风能力及预定避风地点的航行时间，确定避风的起航时间

9. 施工船舶上的生活垃圾不能随意倾倒入江海水域，下列做法正确的是(　　)。

A. 生活垃圾必须装入加盖的储集容器　　B. 生活垃圾定期运至岸上倾倒

C. 船机油污直排水体　　　　　　　　　D. 剩饭剩菜倒入水体

E. 固体废料、塑料制品直接焚烧

10. 严格执行船舶供、受油规定，防止泄漏和水污染，应做到(　　)。

A. 生活垃圾必须装入加盖的储集容器　　B. 生活垃圾定期运至岸上倾倒

C. 船机油污用容器收集　　　　　　　　D. 生活用水应用容器收集

5 承台施工

一、单选题

1. 浇筑承台混凝土时,在承台表面墩身外轮廓线预埋钢筋头的作用是( )。
   A. 固定首节墩身模板　　　　　B. 增加承台强度
   C. 固定脚手架垫板　　　　　　D. 钢筋接长

2. 桥梁基础承台、悬索桥锚锭等大型的深基坑施工基坑四周搭设的安全防护网,高度不得小于( )m。
   A. 1.2　　　　B. 1.5　　　　C. 1.8　　　　D. 2.0

3. 当支架基础设在承台上时,预埋件应( )。
   A. 在承台上均匀布置　　　　　B. 定位准确
   C. 安装牢固　　　　　　　　　D. 随意布置

4. 凿毛承台表面混凝土时,作业人员应穿戴( )。
   A. 绝缘鞋　　　B. 防护手套　　　C. 护目镜　　　D. 安全带

5. 混凝土模板施工中,下列做法中正确的是( )。
   A. 作业人员私自接电　　　　　B. 拆模时强顶硬橇
   C. 未进行安全培训即作业　　　D. 班组长进行安全讲话

6. 浇筑承台混凝土过程中,下列做法中正确的是( )。
   A. 收光时洒水　　　　　　　　B. 振捣棒未标注深度线
   C. 振捣棒快插慢拔　　　　　　D. 天气炎热则不用佩戴劳保用品

7. 《建筑施工特种作业人员管理规定》规定,考核发证机关应当自收到申请人提交的申请材料之日起( )个工作日内依法作出受理或者不予受理决定。
   A. 5　　　　　B. 7　　　　　C. 15　　　　D. 30

8. 用人单位对于首次取得建筑施工特种作业人员操作资格证书的人员,应当在其正式上岗前安排不少于( )的实习操作。
   A. 2年　　　　B. 1年　　　　C. 半年　　　　D. 3个月

9. 预应力钢筋张拉时,气温不宜低于( )℃。
   A. -30　　　　B. -20　　　　C. -15　　　　D. -10

10. 遇( )级以上大风,严禁使用吊篮。
    A. 3　　　　　B. 4　　　　　C. 5　　　　　D. 6

11. 脚手板搭接铺设时,接头必须支在( )上,搭接长度和伸出横向水平杆的长度应分别为大于200mm和不小于100mm。
    A. 横向水平杆　　B. 斜向杆　　C. 竖向杆　　D. 以上都可以

12. 麻绳一般用于( )kg以内的重物的绑扎与吊装。
    A. 500　　　　B. 600　　　　C. 800　　　　D. 1000

13. 设备吊装就位后,须对设备进行找正。设备的找正,主要是找( )。

A. 水平度 B. 铅垂度
C. 中心和水平 D. 平面度

14. 对小车变幅的塔式起重机,起重力矩限制器应分别由( )进行控制。
 A. 起重量和起升速度 B. 起升速度和幅度
 C. 起重量和起升高度 D. 起重量和幅度

15. 施工现场用电工程中,PE 线上每处重复接地的接地电阻值不应大于( )Ω。
 A. 4　　　　　B. 10　　　　　C. 30　　　　　D. 100

16. 铁质配电箱箱体的铁板厚度应大于( )mm。
 A. 1.0　　　　B. 1.2　　　　C. 1.5　　　　D. 2.0

17. 电焊机一次侧电源线的长度不应大于( )m。
 A. 3　　　　　B. 5　　　　　C. 10　　　　　D. 15

18. 满堂模剪刀撑由底至顶连续设置,剪刀撑斜杆与横杆夹角应控制在( )。
 A. 35°~45°　　B. 45°~60°　　C. 55°~70°　　D. 65°~80°

19. 安全带严禁擅自接长使用。使用( )m 及以上的长绳必须加缓冲器,各部件不得任意拆除。
 A. 2　　　　　B. 3　　　　　C. 4　　　　　D. 5

20. 安全生产的验收必须坚持( )原则。
 A. "验收合格才能使用" B. "五定"
 C. "谁施工,谁验收" D. "管生产必须管安全"

21. 千斤顶的起重能力最大可达( )t。
 A. 300　　　　B. 400　　　　C. 500　　　　D. 600t

22. 高度超过 20m 的脚手架不得使用( )材料进行拉结。
 A. 钢管　　　B. 刚性　　　C. 柔性　　　D. 无所谓

23. 一般情况下,混凝土强度达到( )MPa 时,凿毛接灌面,绑扎或焊接钢筋。
 A. 1.2　　　　B. 1.5　　　　C. 2.5　　　　D. 2.8

24. 塔机附着于建筑物所用的拉结系统称为( )。
 A. 锚固环　　B. 锚固装置　　C. 附着杆　　D. 附着支座

25. 墩、台模板的荷载主要有____对侧面模板的压力和____时产生的水平荷载。正确选项是( )。
 A. 新浇混凝土;倾倒混凝土 B. 新浇混凝土;振捣混凝土
 C. 振捣混凝土;倾倒混凝土 D. 以上都不对

26. 轮式起重机起吊重物,当其荷载不超过允许负荷的( )时,可缓慢行驶。
 A. 70%　　　B. 75%　　　C. 80%　　　D. 85%

二、判断题

1. 主塔承台四周应设置警示灯带,主航道上进行施工时,应在上下游设置警戒船或防撞墩。( )

2. 从事承台墩身脚手架搭设的人员,应正确使用安全帽、安全绳和防滑鞋等防护用品。( )

3. 夏天尤其要注意氧气及乙炔气瓶之间的距离,作业时要保持两气瓶之间的距离不小于 5m。( )

4. 架子工使用的安全带绳长限定在1.5～2m,可随处挂设。（　）
5. 移动式操作平台的面积不应超过15m²。（　）
6. 小车变幅幅度限位器,用于使小车在达到臂架端部或臂架根部之前停车,防止小车发生越位事故。（　）
7. 氧气瓶体为浅蓝色,字体为红色;乙炔瓶体为白色,字体为浅蓝色。（　）
8. 在施工中发生危及人身安全的紧急情况时,作业人员有权立即停止作业或采取必要应急措施后撤离危险区域。（　）
9. 配电箱和开关箱中的N、PE接线端子板必须分别设置。其中,N端子板与金属箱体绝缘;PE端子板与金属箱体电气连接。（　）
10. 建筑登高作业,必须经专业安全技术培训,考试合格,持特种作业操作证上岗。（　）
11. 患有高血压、心脏病、癫痫病的人员,只要不是在发作的时候,就能从事登高架设作业。（　）
12. 各类建筑施工中必须按规定搭设安全网。安全网分为平支网和立挂网两种。安全网要搭接严密、牢固、外观整齐,网内不得存留杂物。安全网绳不得损坏和腐朽。（　）
13. 施工现场临时用电必须采用TN-S接零保护系统,并符合"三级配电、二级保护"。（　）
14. 焊接机械类型繁多,用于钢筋焊接的主要有对焊机、点焊机和手工弧焊机。（　）
15. 在脚手架上拉设缆风绳、泵送混凝土和砂浆的输送管及起重设备时应符合设计要求。（　）

三、多选题

1. 下列气体中,属于助燃物的为(　　)。
   A. 氧气　　　　B. 氮气　　　　C. 二氧化碳　　　D. 氢气
2. (　　)等必须按国家有关规定经过专门的安全技术培训,取得特种作业操作证后方可上岗作业。
   A. 垂直运输机械作业人员　　　　B. 质量检查人员
   C. 爆破作业人员　　　　　　　　D. 起重信号工
3. 建筑施工中通常所说的"三宝"是(　　)。
   A. 安全带　　　B. 安全锁　　　C. 安全网　　　D. 安全帽
4. 脚手架按平、立杆的连接方式,可分为(　　)。
   A. 落地式脚手架　　　　　　　　B. 悬挑脚手架
   C. 附墙悬挂脚手架　　　　　　　D. 承插式脚手架
5. 攀登和悬空高处作业人员以及搭设高处作业安全设施的人员必须经过(　　)合格,持证上岗。
   A. 专业考试合格　B. 体格检查　C. 专业技术培训　D. 思想教育
6. 千斤顶是一种用较小的力将重物(　　)的起重设备。
   A. 提高　　　　B. 降低　　　　C. 移位　　　　D. 转向
7. 临边防护栏杆的上杆、下杆应符合的规定有(　　)。
   A. 上杆离地高度1.0～1.2m　　　B. 下杆离地高度0.5～0.6m
   C. 承受外力　　　　　　　　　　D. 承受外力2000N

8. 下列选项中,不属于扣件式钢管模板支架立杆底部通常设置的是( )。
   A. 底座
   B. 通长木垫板(板长大于2个立杆间距,板厚不小于50mm)
   C. 钢柱脚
   D. 素土
9. 使用气瓶时,应符合的规定有( )。
   A. 使用前,应检查气瓶及气瓶附件的完好性,检查连接气路的气密性,采取避免气体泄漏的措施,严禁使用已老化的橡皮气管
   B. 氧气瓶与乙炔瓶的工作间距不应小于4m,气瓶与明火作业点的距离不应小于10m
   C. 氧气瓶内剩余气体的压力不应小于0.2MPa
   D. 气瓶用后,应及时归库
10. 《建筑起重机械备案登记办法》所称建筑起重机械备案登记包括建筑起重机械( )。
    A. 备案   B. 安装(拆卸)告知
    C. 使用登记   D. 使用备案

案例1 基坑顶车辆倾覆

一、单选题

1. 对安全等级为一级、二级、三级的基坑工程支护结构设计,其侧壁支护结构的重要性系数分别不小于( )。
   A. 1.3、1.2、1.1   B. 1.2、1.1、1.0   C. 1.1、1.0、0.9   D. 1.0、0.9、0.8
2. 在同样的设计条件下,下列各种基坑支挡结构中,墙外侧侧向土压力最大的是( )。
   A. 土钉墙   B. 悬臂式板桩
   C. 水泥土挡墙   D. 逆作法施工的刚性地下室外墙
3. 在某中粗砂场地开挖基坑,用插入不透水层的地下连续墙截水,当场地墙后地下水位上升时,墙背上受到的主动土压力和水土总压力的变化规律是( )。
   A. 前者变大,后者变小   B. 前者变小,后者变大
   C. 两者均变小   D. 两者均变大
4. 根据现行《建筑深基坑工程施工安全技术规范》(JGJ 311),对于支护结构安全等级为二级的基坑,采用人工降水后的间隔式排桩的桩锚结构,必须进行的监测项目是( )。
   A. 地下水位   B. 桩内钢筋的应变   C. 桩后的土压力   D. 桩的沉降
5. 当场地不具备锚拉式、支撑式和悬臂式结构施工的条件且基坑深度适宜时,钢筋混凝土排桩支护结构可考虑采用( )。
   A. 大直径灌注桩   B. 双排桩结构   C. 减小桩间距   D. 增加嵌岩深度
6. 场地类型为Ⅱ类的条件不包括( )。
   A. 基坑侧壁受水浸湿可能性较大
   B. 降水对周边环境有一定影响
   C. 坑壁土为Ⅱ级自重湿陷性黄土及中等液化土
   D. 基坑深度大于7m

7. 场地类型为Ⅲ类的条件不包括(　　)。
   A. 基坑侧壁受水浸湿可能性较小
   B. 自然水位在坑底之下
   C. 土岩组合边坡基岩倾向与基坑放坡方向相反
   D. 基坑深度小于5m

8. 喷射混凝土设计强度等级不宜低于(　　)。
   A. C15　　　　B. C20　　　　C. C25　　　　D. C30

9. 下列不属于不宜采用土钉墙、复合土钉墙的条件的是(　　)。
   A. 对变形要求较为严格的一、二级基坑
   B. 对用地红线有严格要求的基坑
   C. 坑壁土层为灵敏度较高的土
   D. 水位以下采用锚管工艺施工的液化土层

10. 基坑工程设计文件内容不包括(　　)。
    A. 基坑设计总说明、总平面图　　　　B. 支护结构平面布置图
    C. 支护结构剖面图和节点详图　　　　D. 支护计算书

11. 作用于支护结构上的土压力和水压力,计算水位应根据(　　)选取。
    A. 勘察报告提供的静止水位　　　　B. 现场实测的初见水位
    C. 施工期间可能出现的最高水位　　D. 设计文件要求的水位降深

12. 当需要严格限制支护结构的水平位移时,宜采用(　　)计算。
    A. 主动土压力　　　　　　　　B. 被动土压力
    C. 静止土压力　　　　　　　　D. 被动土压力 + 静水压力

13. 锚杆锚固段的上覆土层厚度不宜小于(　　)m。
    A. 1.5　　　　B. 2.0　　　　C. 2.5　　　　D. 4.0

14. 锚杆倾角的适宜范围是(　　)。
    A. 10°～25°　　B. 15°～25°　　C. 10°～45°　　D. 15°～45°

15. 降水井平面位置应结合建筑底板梁柱布置,深度宜(　　)帷幕深度。
    A. 小于　　　　B. 等于　　　　C. 大于　　　　D. 以上均可

16. 地下连续墙墙体混凝土设计强度等级不应低于(　　)。
    A. C20　　　　B. C25　　　　C. C30　　　　D. C35

17. 对(　　)可不进行隆起稳定性验算。
    A. 悬壁式支挡结构　　　　　　B. 锚拉式支挡结构
    C. 支撑式支挡结构　　　　　　D. 采用一定坡率放坡的边坡

18. 当搅拌深度大于15m时,单排搅拌桩帷幕的搭接宽度不应小于(　　)mm。
    A. 150　　　　B. 200　　　　C. 250　　　　D. 300

19. 围护墙或基坑边坡顶部的水平位移和竖向位移监测点应沿基坑周边布置,基坑周边中部、阳角处应布置监测点,监测点水平间距不宜大于(　　)m。
    A. 15　　　　B. 20　　　　C. 25　　　　D. 30

20. 对一、二级基坑工程,软塑、流塑状态黏性土的灵敏度宜采用(　　)测定。
    A. 十字板剪切试验　B. 静力触探试验　C. 标准贯入试验　D. 室内土工试验

21. 水泥土墙体28d无侧限抗压强度不宜小于(　　)MPa。

  A.1.0　　　　　B.1.1　　　　　C.1.2　　　　　D.1.3
 22.采用重力式水泥土墙进行支护的基坑深度不宜超过(　　)m。
  A.5　　　　　　B.6　　　　　　C.7　　　　　　D.8
 23.首层土钉高程应避开地下管线,距地表不宜大于(　　)m。
  A.1　　　　　　B.2　　　　　　C.3　　　　　　D.4
 24.锚杆的非锚固段长度不应小于(　　)m。
  A.3　　　　　　B.4　　　　　　C.5　　　　　　D.6
 25.锚杆抗拔承载力的检测数量不应少于锚杆总数的5%,且同一土层中的锚杆检测数量不应少于(　　)根。
  A.3　　　　　　B.4　　　　　　C.5　　　　　　D.6

二、判断题

 1.对需要隔水的基坑,采用钢筋混凝土排桩支护时,宜先施工钢筋混凝土排桩,后施工隔水帷幕。(　　)
 2.变形测量的基准点可在施工期间埋设。(　　)
 3.当充分利用土钉杆体的抗拉强度时,加强钢筋的截面面积不应小于土钉杆体截面面积的二分之一。(　　)
 4.钢管土钉的外径不宜小于48mm,壁厚不宜小于3mm。(　　)
 5.土钉孔注浆材料可采用水泥浆或水泥砂浆,其强度不宜低于15MPa。(　　)
 6.应对地下连续墙进行成槽检测,一般结构的成槽检测可抽测总槽段数的20%,且不少于10幅。(　　)
 7.基坑工程降水深度大于5m且降水对周边环境有一定影响的场地类型为Ⅰ类。(　　)
 8.钢筋混凝土排桩设计计算时,应进行基坑外地表变形的估算。(　　)
 9.锚杆的水平间距不宜小于1.5m,竖向间距不宜小于2.0m。(　　)
 10.喷射混凝土面层厚度小于100mm时,可一次喷射完成。(　　)

三、多选题

 1.基坑工程施工内容包括(　　)。
  A.支护结构设计　　B.支护结构施工　　C.基坑开挖、降水　　D.施工监测
 2.深基坑工程施工存在的安全风险主要有(　　)。
  A.基坑围护体系破坏　　　　　　B.土体渗透破坏
  C.自然灾害　　　　　　　　　　D.周边环境破坏
 3.下列属于深基坑工程专项方案组成部分的有(　　)。
  A.勘察设计方案　　B.施工方案　　C.监理方案　　D.监测方案
 4.深基坑工程监测对象包括(　　)。
  A.围护结构　　　　　　　　　　B.地表水状况
  C.基坑底部及周边土体　　　　　D.周边管线及设施
 5.目前常采用的基坑围护结构主要有(　　)。
  A.土钉墙　　　　　B.地下连续墙　　　C.SMW工法桩　　D.钢板桩
 6.深基坑工程安全巡查的内容有(　　)。

A. 支护结构情况　　B. 施工工况　　C. 周边环境　　D. 监测设施

7. 以下属于基坑支护、土方作业检查评定的保证项目的有(　　)。
   A. 基坑工程监测　　　　　　　B. 施工方案
   C. 临边防护　　　　　　　　　D. 基坑支护及支撑拆除

8. 当基坑隆起变形过大，基坑有失稳趋势，将对周边环境造成影响时，可(　　)。
   A. 坑内加载反压，调整分区分步分层开挖方案，及时支设支撑
   B. 基坑土方开挖前对软弱土层采用土体加固措施
   C. 对基坑外降水井进行降水后继续施工
   D. 基坑挖至基底，尽快浇筑快硬混凝土垫层

9. 基坑外地下水位下降速率过快引起周边建筑与地下管线沉降速率超过警戒值时，可采取的措施有(　　)。
   A. 调整降水井抽水速度，减缓地下水位下降速度
   B. 降压井应按需降水，防止过降，降低水头差
   C. 有回灌条件时，应启动回灌井进行回灌
   D. 检查基坑止水帷幕是否存在渗漏点并封堵渗漏点，减少基坑内降水对外界的影响

10. 基坑工程施工现场应按应急预案要求做好的抢险准备包括(　　)。
    A. 增加基坑变形监测手段与频次　　B. 储备应急物资
    C. 储备应急设备　　　　　　　　　D. 保证应急通道畅通

案例 2　模 板 坍 塌

一、单选题

1. 基础及地下工程模板安装时，必须检查基坑土壁边坡的稳定状况，基坑上口边沿(　　)m 以内不得堆放模板及材料。
   A. 0.5　　　　B. 1　　　　C. 2　　　　D. 3

2. 模板工程施工坍塌事故的主要原因是(　　)。
   A. 楼板拆模时，商品混凝土未达到设计强度
   B. 楼板上堆放物过多，使楼板超过允许荷载
   C. 现浇商品混凝土模板没有经过计算，支撑系统强度不足
   D. 在浇筑商品混凝土过程中，局部荷载过大，造成整体失稳坍塌

3. 模板安装作业必须搭设脚手架的最低高度为(　　)m。
   A. 2.0　　　　B. 1.8　　　　C. 1.5　　　　D. 2.5

4. 模板工程安装后，应由(　　)按照施工方案进行验收。
   A. 现场技术负责人　B. 项目负责人　C. 安全监督人员　D. 安装负责人

5. 模板工程作业高度在 2m 以上时，应根据高处作业安全技术规范的要求进行操作和防护。高度达 4m 或(　　)层以上时，周围应设安全网和防护栏杆。
   A. 1　　　　B. 2　　　　C. 3　　　　D. 4

6. 吊装大模板时，必须采用带卡环吊钩，当风力超过(　　)级时应停止吊装作业。
   A. 4　　　　B. 5　　　　C. 6　　　　D. 7

7. 吊运大块或整体模板时，竖向吊运点不少于(　　)。

A.1个 B.2个 C.4个 D.6个

8. 在安装模板及其支架过程中,必须( )。
   A.采取保证工程质量的措施　　　B.采取提高施工速度的措施
   C.保证节约材料计划　　　　　　D.设置有效防倾覆的临时固定设施

9. 拆除( )模板时,为避免突然整块坍落,必要时应先设立临时支撑,然后进行拆卸。
   A.柱 B.墙体 C.承重 D.梁

10. 模板体系受压构件中,支架立柱及桁架的细长比不应大于( )。
    A.80 B.150 C.160 D.170

11. 模板安装应按审批后的模板工程施工方案进行,其方法、程序( )按模板的施工设计进行,严禁任意变动。
    A.无须 B.必须 C.可以 D.尽量

12. 现浇多层房屋和构筑物,应采取分层分段支模方法,下层楼板混凝土强度达到( )MPa以后,才能上料具。
    A.0.5 B.0.8 C.1 D.1.2

13. 楼层高度为( )层及以下的建筑物,安装和拆除模板时,周围可不设安全网。
    A.1 B.2 C.3 D.4

14. 搭设高大模板支撑系统前,应由( )组织对需要处理或加固的地基、基础进行验收,并留存记录。
    A.项目经理 B.项目技术负责人 C.监理工程师 D.总监理工程师

15. 高大模板支撑系统中承重杆件的外观抽检数量不得低于搭设用量的( )。
    A.10% B.20% C.30% D.40%

16. 采用钢管扣件搭设高大模板支撑系统时,应对扣件螺栓的紧固力矩进行抽查,抽查数量应符合现行《建筑施工扣件式钢管脚手架安全技术规范》(JGJ 130)的规定,对梁底支撑系统的扣件应进行( )检查。
    A.70% B.80% C.90% D.100%

17. 对于高大模板支撑体系,其高度与宽度相比大于( )倍的独立支撑系统,应加设保证整体稳定的构造措施。
    A.1 B.1.5 C.2 D.2.5

18. 拆除高大模板支撑系统前,项目技术负责人、项目总监应核查混凝土( )试块强度报告,浇筑混凝土达到拆模强度后方可拆除,并履行拆模审批签字手续。
    A.同条件 B.标准养护 C.7d D.28d

19. 组织高大模板支撑系统专家论证时,选择专家的基本条件为:诚实守信、作风正派、学术严谨;从事专业工作( )年以上或具有丰富的专业经验;具有高级专业技术职称。
    A.5 B.8 C.10 D.15

20. 拆除大跨度梁支撑柱时,应先从( )开始。
    A.两端 B.跨中 C.一端 D.外向里

21. 若露天存放模板,其下应垫高( )cm以上,防止受潮。
    A.10 B.20 C.30 D.40

22. 模板支撑( )固定在脚手架或门窗上。
    A.允许 B.必须 C.尽量 D.不能

23. 后张预应力混凝土结构或构件施工时,侧模应在预应力张拉( )拆除。
　　A. 同时　　　　B. 前　　　　　C. 后　　　　　D. 过程中
24. 拆除模板及其支撑系统时,应( )拆完,不得留有悬空模板,避免坠落伤人。
　　A. 一次全部　　B. 分两次　　　C. 分多次　　　D. 快速
25. 高大模板支撑系统应在搭设完成后,由( )组织验收。
　　A. 项目负责人　B. 项目技术负责人　C. 企业技术负责人　D. 总监理工程师
26. 监理单位对高大模板支撑系统的搭设、拆除及混凝土浇筑实施巡视检查,发现安全隐患应责令整改;对施工单位拒不整改或拒不停止施工的,应当及时向( )报告。
　　A. 质量监督机构　B. 安全监督机构　C. 建设主管单位　D. 建设单位

二、判断题

1. 建设单位对高大模板支撑系统的搭设、拆除及混凝土浇筑实施巡视检查,发现安全隐患应责令整改;对施工单位拒不整改或拒不停止施工的,应当及时向安全监督机构报告。　　　　　　　　　　　　　　　　　　　　　　　　　　　　　(　)
2. 安装钢筋模板组合体时,应按模板设计的吊点位置绑扎吊索。　　(　)
3. 模板及其支架应具有足够的承载能力、刚度和稳定性,应能可靠地承受新浇筑混凝土的自重、侧压力和施工过程中产生的荷载及风荷载。　　　　　　　　(　)
4. 如果下层楼板不具有承受上层荷载的能力,无须加设支撑点。　　(　)
5. 一般采用短撬杠拆除模板,操作人员必要时可站在正拆除的模板下。(　)
6. 当立柱水平拉杆超过两层时,应先拆两层以上的水平拉杆,最下一道水平杆与立柱模同时拆,以确保柱模稳定。　　　　　　　　　　　　　　　　　　　(　)
7. 拆除高大模板支撑系统时,严禁向地面抛掷拆卸的杆件,应由专人传递至地面,并按规格分类均匀堆放。　　　　　　　　　　　　　　　　　　　　　　　(　)
8. 严禁站在悬臂结构上面敲拆底模。严禁在同一垂直平面上操作。　(　)
9. 搭设高大模板支撑系统前,项目工程技术负责人或方案编制人员应当根据专项施工方案和有关规范、标准的要求,对现场管理人员、操作班组、作业人员进行安全技术交底,并履行签字手续。　　　　　　　　　　　　　　　　　　　　　　　　　　(　)
10. 模板支撑系统应为独立的系统,禁止与物料提升机、施工升降机、塔式起重机等起重设备钢结构架体机身及其附着设施相连接,禁止与施工脚手架、物料周转料平台等架体相连接。　　　　　　　　　　　　　　　　　　　　　　　　　　　　　(　)
11. 搭设高大模板支撑系统前,应由总监理工程师组织对需要处理或加固的地基、基础进行验收,并留存记录。　　　　　　　　　　　　　　　　　　　　(　)
12. 施工单位应依据国家现行相关标准规范,由项目技术负责人组织相关专业技术人员,结合工程实际,编制高大模板支撑系统的专项施工方案。　　　　　(　)
13. 现浇多层房屋和构筑物,应采取分层分段支模方法,下层楼板混凝土强度达到2.5MPa以后,才能上料具。　　　　　　　　　　　　　　　　　　　　(　)
14. 大模板立放易倾倒,应采取支撑、围系、绑箍等防倾倒措施,视具体情况而定。(　)
15. 监理单位应编制安全监理规划,明确对高大模板支撑系统的重点审核内容、检查方法和频率要求。　　　　　　　　　　　　　　　　　　　　　　　　(　)

三、多选题

1. 高大模板支撑系统是指( )的建设工程施工现场混凝土构件模板支撑系统。

A. 高度超过 8m B. 或搭设跨度超过 18m
C. 或施工总荷载大于 15kN D. 或集中线荷载大于 20kN/m

2. 浇筑混凝土前,( )确认具备混凝土浇筑的安全生产条件后,签署混凝土浇筑令,方可浇筑混凝土。

A. 建设单位项目负责人 B. 施工单位项目技术负责人
C. 项目总监理工程师 D. 项目经理

3. 高大模板支撑系统专项施工方案编制依据包括( )等。

A. 投标书 B. 相关法律、法规
C. 定位放线记录 D. 规范性文件、标准、规范及图纸

4. 高大模板支撑系统的拆除作业必须( )。

A. 自上而下逐层进行 B. 严禁上、下层同时拆除作业
C. 先里后外 D. 先轻后重

5. 安装独立梁模板时,应设安全操作平台,严禁操作人员( )。

A. 站在独立梁底模操作 B. 站在支柱架上操作
C. 站在柱模支架上操作 D. 站在扶梯上操作

6. 建筑工程模板承受的恒载标准值的种类有( )。

A. 模板及其支架自重 B. 新浇混凝土自重
C. 钢筋自重 D. 立柱自重

7. 模板按施工方法分为( )模板。

A. 固定式 B. 装拆式 C. 定型组合 D. 移动式

8. 在高大模板支撑系统使用过程中,立柱底部不得松动悬空,不得( )。

A. 任意拆除任何杆件 B. 松动扣件
C. 设置扫地杆 D. 加设垫板

9. 模板及支撑的基本要求是( )。

A. 保证工程结构各部分形状尺寸和相互位置的正确性
B. 具有足够的承载能力、刚度和稳定性
C. 构造简单,装拆方便,便于施工
D. 接缝严密,不得漏浆

10. 危险性较大的分部分项工程安全管理办法中,须编制专项方案的混凝土模板工程有( )。

A. 施工总荷载 8kN/m² 及以下 B. 搭设高度 5m 及以上
C. 搭设跨度 10m 及以上 D. 用于钢结构安装等满堂支撑体系

6 墩台施工

一、单选题

1. 墩台混凝土达到拆模强度时,按照( )的原则拆除模板。
   A. 后支的先拆,先支的后拆   B. 先支的先拆,后支的后拆
   C. 同时拆除   D. A、B、C 都对

2. 爬升模板拆除顺序为( )。
   A. 模板→后移支架→导轨→主平台→液压装置
   B. 模板→液压装置→后移支架→主平台→导轨
   C. 模板→导轨→液压装置→后移支架→主平台
   D. 模板→后移支架→导轨→液压装置→主平台

3. 根据墩台施工的工艺及高处作业特点,存在( )等特有安全风险。
   A. 钢筋倾覆、爆模垮塌、起重伤害、高处坠落、火灾
   B. 钢筋倾覆、爆模垮塌、触电、高处坠落
   C. 爆模垮塌、起重伤害、高处坠落、车辆伤害
   D. 钢筋倾覆、起重伤害、高处坠落、淹溺

4. 用人单位应在新员工进场后( )日内为其购买工伤保险。
   A. 7   B. 15   C. 30   D. 60

5. 起重机工作时,臂架与 35kV 输电线沿垂直方向及水平方向最小安全距离分别为( )。
   A. 3m 和 2m   B. 4m 和 3.5m   C. 5m 和 6m   D. 3.5m 和 5m

6. 爬模爬升时,混凝土强度必须达到( )MPa 以上。
   A. 2.5   B. 9   C. 10   D. 15

7. 墩台施工操作平台应设置防护栏,立杆高度应为____ m,横杆间距应为____ m,踢脚板高度应为____ m。正确选项是( )。
   A. 1.2;2;0.18   B. 1.5;2;0.18   C. 1.2;3;0.15   D. 1.5;3;0.18

8. 墩柱钢筋笼设立完成后,每____ m 设置一道风缆,每增加____ m 高度增设一道风缆。正确选项( )。
   A. 5~8;8   B. 7~11;9   C. 8~12;10   D. 10~15;12

9. 滑升模板拆除顺序为( )。
   A. 液压系统→模板→吊平台→操作平台→提升架
   B. 吊平台→液压系统→模板→操作平台→提升架
   C. 吊平台→液压系统→提升架→模板→操作平台
   D. 模板→液压系统→吊平台→操作平台→提升架

10. 墩身高度大于 40m 时宜安装( )用于上下。
    A. 钢斜梯   B. 梯笼   C. 附着式施工电梯   D. 塔式起重机

11. 高度不小于____ m 的墩柱及高度不小于____ m 的索塔施工,需编制专项施工方案,并由专家论证、审查通过后方可实施。正确选项是( )。

167

A.40;100　　　　　B.30;80　　　　　C.32;100　　　　D.50;80

12.电工接线操作时,应佩戴绝缘手套、(　　)等安全防护用品。
　　A.绝缘鞋　　　　B.防砸鞋　　　　C.试电笔　　　　D.安全带

13.动火作业时,氧气瓶与乙炔瓶安全距离不得小于____ m,与明火作业点的安全距离不得小于____ m。正确选项是(　　)。
　　A.3;8　　　　　B.5;8　　　　　C.5;10　　　　　D.8;15

14.墩台夜间施工时,应设置足够的照明设施,其照明设施应使用(　　)V及以下的安全电压。
　　A.24　　　　　B.36　　　　　C.220　　　　　D.12

15.墩柱施工时,下列说法正确的是(　　)。
　　A.在墩身四周划定警戒区域,并设置风险告知牌
　　B.在墩身四周划定警戒区域,并设置宣传横幅
　　C.在墩身四周划定警戒区域,并安排专人警戒
　　D.安排专人警戒,并设置施工宣传标示牌

16.关于塔式起重机作业结束、临时停机或中途停电的操作,下列说法正确的是(　　)。
　　A.关闭电源开关,等待电源到来或下班离开
　　B.下班离开,将重物悬吊在空中
　　C.放松抱闸,将重物缓慢放至地面
　　D.以上都错

17.墩身施工操作平台高处作业人员须正确使用(　　)、防滑鞋、安全帽等防护用品。
　　A.绝缘手套　　　B.工作服　　　　C.安全带　　　　D.防坠器

18.遇有(　　)级以上大风时,应停止动火作业。
　　A.2　　　　　　B.3　　　　　　C.4　　　　　　D.5

19.墩台施工应搭设作业平台,平台宜采用支架、预埋托架搭设,宽度不应小于(　　)cm。
　　A.50　　　　　B.60　　　　　C.100　　　　　D.120

20.每台用电设备应有各自专用的开关箱,必须施行(　　)。
　　A.一机、一闸、一漏、一箱　　　　B.一闸、一箱、一漏、一保护
　　C.一机、一闸、一漏、一保护　　　D.一机、一箱、一漏、一保险

21.高处作业是指坠落高度在(　　)m以上的高处作业。
　　A.3　　　　　　B.2　　　　　　C.4　　　　　　D.5

22.关于爬升模板施工工艺,下列说法错误的是(　　)。
　　A.爬模施工平台上的零散物品应放入收纳箱内,并做好固定防风措施,防止高空坠落
　　B.拆除爬模时,爬模下端四周应设置警戒区域
　　C.在爬模每层对角位置应各布置2个4kg干粉灭火器,上下层应同侧放置
　　D.爬模施工平台的四周须安装安全防护网,人行通道用过塑钢丝网围蔽

23.下列关于施工爬梯的说法,错误的是(　　)。
　　A.梯笼仅供人员上下使用,不得用作材料运输通道
　　B.梯笼投入使用前应进行验收
　　C.梯笼高度达到5m时,需设置连墙件;超过5m时,每隔5m处及顶端应设置一道与

立柱等构筑物连接的水平加强件

D. 梯笼每节段高度不得大于3.5m

24. 下列关于施工照明的说法,错误的是(　　)。
   A. 灯线内的接线必须牢固,灯线外的接线必须做可靠的防水绝缘包扎
   B. 碘钨灯及其他金属卤化物灯具的安装高度宜在3m以上
   C. 模板支架上的照明电源电压不得大于12V
   D. 需大面积照明的场所,应采用LED灯、高压汞灯、高压钠灯或混用的卤钨灯

25. 翻升模板拆除顺序为(　　)。
   A. 对拉杆→螺栓→工作平台→模板　　B. 螺栓→对拉杆→模板→工作平台
   C. 对拉杆→螺栓→模板→工作平台　　D. 螺栓→对拉杆→工作平台→模板

二、判断题

1. 墩台施工操作平台可超荷载或偏压堆放钢筋、模板等物料。　　　　　　(　　)
2. 爬模爬升到位后,要及时插上悬挂插销及限位安全销。　　　　　　　　(　　)
3. 滑模支撑杆接长时,相邻的接头应相互错开。　　　　　　　　　　　　(　　)
4. 墩身高度小于5m时,一般设置钢斜梯。　　　　　　　　　　　　　　　(　　)
5. 氧气瓶、乙炔瓶可使用吊带或钢丝绳直接吊装。　　　　　　　　　　　(　　)
6. 翻模、爬模爬升和移动不得在夜间进行。　　　　　　　　　　　　　　(　　)
7. 爬模爬升时,除操作人员外,其他人员均应撤离。　　　　　　　　　　(　　)
8. 模板爬升时发现异常,应立即停止作业或撤离作业人员。　　　　　　　(　　)
9. 墩台施工模板、塔吊、电梯、爬梯等的安拆必须有专项方案,并进行验收。(　　)
10. 遇有雷雨、大雾及6级以上大风时,应立即停止高处露天作业。　　　　(　　)
11. 起重机作业时,起重机臂架与500kV输电线的最小垂直距离为8.5m。　　(　　)
12. 浇筑墩台混凝土过程中,应设专人检查支架、模板、对拉杆和预埋件等稳固情况。
　　　　　　　　　　　　　　　　　　　　　　　　　　　　　　　　　(　　)
13. 拆除模板时可硬撬,但严禁使用起吊设备硬拉硬拽。　　　　　　　　　(　　)
14. 采用泵送混凝土浇灌墩台混凝土时,严禁泵管与模板系统连接。　　　　(　　)
15. 新进场员工应在体检合格、接受安全教育培训和技术交底后方可上岗作业。(　　)

三、多选题

1. 滑模滑升施工因故中断时,应采取的停滑措施包括(　　)。
   A. 混凝土应浇筑到同一水平面上
   B. 每隔一定时间将模板提升一个千斤顶行程,直至模板与混凝土不再粘接为止,但模板的最大滑空量不得大于模板全高的1/2
   C. 继续施工时,应对液压系统进行检查
   D. 每隔一定时间将模板提升一个千斤顶行程,直至模板与混凝土不再粘接为止,但模板的最大滑空量不得大于模板全高的1/3

2. 按构造不同,桥墩可分为(　　)。
   A. 实心墩　　　　B. 空心墩　　　　C. 柱式墩　　　　D. 框架墩

3. 墩台施工中存在的一般安全风险有(　　)。
   A. 物体打击、机械伤害　　　　　　B. 触电、淹溺

C.车辆伤害 D.高处坠落

4.造成钢筋倾覆事故的主要原因有( )。
 A.墩身钢筋架体受外力冲击 B.钢筋笼自身稳定性不足
 C.防倾覆措施不到位 D.钢筋笼不顺直

5.造成起重伤害的主要形式有( )。
 A.吊物脱钩砸人 B.钢丝绳断裂伤人 C.移动吊物时撞人 D.起重设备倾覆

6.墩台施工所涉及的各工种中,须持证上岗的是( )。
 A.电工 B.架子工 C.焊割工 D.起重机械操作工

7.安装墩台钢筋时,安全注意事项有( )。
 A.严禁作业人员攀爬或站立在骨架上作业
 B.严禁随意向下投掷工具、杂物
 C.严禁攀爬拉杆、架体及防护栏
 D.严禁现场吸烟

8.焊割工在施工过程中应正确使用的劳动防护用品有( )。
 A.安全帽 B.防护面罩 C.防扎鞋 D.安全带

9.水上墩台施工时,应在操作平台上配备( )等应急物资。
 A.救生绳索 B.安全带 C.救生圈 D.救生衣

10.起重吊装作业前,应做的准备工作有( )。
 A.起重吊装设备应满足荷载要求
 B.使用前检查控制器、力矩显示器、高度限位器、长度和轴销显示器等安全装置是否有效
 C.吊装机械就位,应坚实平稳,支腿伸出支撑牢固
 D.吊物应绑扎牢固,吊点合理,严禁单点起吊

案例 钢筋墩柱倾覆

一、单选题

1.该案例事故的等级是( )。
 A.生产安全特重大事故 B.生产安全重大事故
 C.生产安全较大事故 D.生产安全一般事故

2.墩台钢筋施工设置缆风绳的标准高度是( )m。
 A.3 B.4 C.5 D.6

3.在坠落高度基准面( )m以上有可能坠落的高处进行的作业为高处作业。
 A.2 B.3 C.4 D.5

4.造成4名工人坠落事故的直接原因最有可能是( )。
 A.均未按要求正确系挂安全带 B.安全意识淡薄
 C.风力太大 D.未设置防坠网

5.墩柱施工操作平台下方应设置( )。
 A.安全带 B.风速仪 C.安全防坠网 D.安全帽

二、判断题

1. 墩柱钢筋施工中,当墩身钢筋高于6m时可不设置缆风绳。（　）
2. 墩柱钢筋施工时,作业人员必须佩戴安全带、安全帽、防滑鞋等安全防护用品。
（　）
3. 墩柱钢筋施工时应设置缆风绳等有效的防倾覆措施。（　）

三、多选题

1. 下列情况下,应停止露天作业的是(　　)。
   A. 雨雪　　　　　　　　　　B. 大雾
   C. 六级以上的大风天气　　　D. 微风
2. 墩身施工操作平台高处作业人员须正确使用(　　)。
   A. 安全带　　　B. 防滑鞋　　　C. 工作服　　　D. 安全帽
3. 导致该事故的原因是(　　)。
   A. 墩柱钢筋施工时未设置有效的防倾覆措施,未执行墩身钢筋高于4m时必须设置缆风绳的规定
   B. 6级大风天气时,未及时停止高处露天作业
   C. 进行墩身绑扎的4名工人均未按要求正确系挂安全带
   D. 操作平台底部未设置防坠网
4. 该案例给我们的经验教训是(　　)。
   A. 桥梁墩柱施工时,墩身钢筋高于4m时必须设置缆风绳
   B. 遇雨雪、大雾及6级以上大风等恶劣天气时,应停止露天高处作业
   C. 高处作业时,作业人员应正确系挂安全带
   D. 操作平台下方应设置安全防坠网

7　系、盖梁施工

一、单选题

1. 支架预压重量为支架需承受全部荷载的( )倍。
   A.1.7　　　B.1.05~1.1　　　C.0.9　　　D.1.2~1.4

2. 对混凝土进行养护,当气温低于( )℃时,应覆盖保温,不得向混凝土面上洒水。
   A.6　　　B.7　　　C.8　　　D.5

3. 系、盖梁混凝土强度达到( )MPa时可拆除侧模。
   A.1　　　B.1.5　　　C.2.5　　　D.2

4. 拆除底模和支架时,应按照( )的顺序依次进行。
   A. 后支先拆、先支后拆
   B. 后支后拆、先支先拆
   C. 先拆左边、后拆右边
   D. 先拆右边、后拆左边

5. 施工单位应在新员工进场( )月内为其购买工伤保险。
   A.2　　　B.6　　　C.3　　　D.1

6. 10kV电压的起重设备与架空线路沿垂直方向最小安全距离为( )m。
   A.3　　　B.1　　　C.2　　　D.0.5

7. 张拉设备上配套的压力表、油泵和千斤顶,使用时间超过____个月或张拉次数超过____次,需重新校准。正确选项是( )。
   A.6;250　　　B.3;300　　　C.6;300　　　D.3;600

8. 施工作业时,氧气瓶与乙炔瓶的距离不得小于____m,与明火作业点的距离不得小于____m。正确选项是( )。
   A.5;10　　　B.5;9　　　C.3;10　　　D.5;8

9. 由某单位承建的某公路特大桥施工现场发生一起高处坠落事故,造成1人死亡,构成生产安全( )事故。
   A. 一般　　　B. 较大　　　C. 重大　　　D. 特大

10. 按施工方式不同,盖梁可分为预制盖梁和( )盖梁。
    A. 混凝土　　　B. 现浇　　　C. 预制　　　D. 应力

11. 满堂支架适用于( )m及以下高度且地基处理简单的系、盖梁施工。
    A.10　　　B.20　　　C.30　　　D.15

12. 满堂支架的搭设顺序依次为( )。
    A. 立杆→横杆→扫地杆(如有)→斜撑→剪刀撑
    B. 垫板→横杆→立杆→扫地杆(如有)→斜撑→剪刀撑
    C. 垫板→立杆→横杆→扫地杆(如有)→斜撑→剪刀撑
    D. 垫板→立杆→横杆→扫地杆(如有)→剪刀撑→斜撑

13. 下列不属于特种作业人员的工种是( )。

A. 架子工　　　　B. 焊割工　　　　C. 电工　　　　D. 模板工

14. 专用通道长度超过(　　)m 时,宜安装附着式施工电梯。
    A. 30　　　　　B. 40　　　　　C. 20　　　　　D. 50

15. 遇风力(　　)级以上、高温、大雨、大雾等恶劣天气,应停止露天高处作业、脚手架安拆及起重吊装作业。
    A. 5　　　　　　B. 4　　　　　　C. 6　　　　　　D. 3

16. 系、盖梁施工中,当支架高度大于或等于(　　)m 时,须编制专项施工方案。
    A. 5　　　　　　B. 4　　　　　　C. 3　　　　　　D. 2

17. 适用于各类土、软质岩和风化岩体的地基承载力检测方法是(　　)。
    A. 平板荷载试验法　　　　　B. 螺旋板荷载试验法
    C. 动力触探　　　　　　　　D. 静力触探

18. 设计未规定时,混凝土的强度应不低于设计强度的____,弹性模量不低于混凝土 28d 弹性模量的____。正确选项是(　　)。
    A. 80%;50%　　B. 80%;80%　　C. 50%;80%　　D. 50%;50%

19. 系、盖梁施工中存在的一般安全风险不包括(　　)。
    A. 物体打击　　B 触电　　　　C. 车辆伤害　　D. 支架垮塌

20. 整体吊装钢筋骨架时,须采用(　　)吊装。
    A. 单点　　　　B. 多点　　　　C. 任一点　　　D. 以上均不对

21. 下列不属于系、盖梁支架搭设方法的是(　　)。
    A. 落地支架法　B. 钢抱箍法　　C. 穿透法　　　D. 穿心棒法

22. (　　)是采用满堂脚手架或钢管立柱作为支撑的施工方法。
    A. 落地支架法　B. 钢抱箍法　　C. 穿心棒法　　D. 预埋钢板法

23. 满堂支架不得采用(　　)支架搭设。
    A. 碗扣式　　　B. 扣件式　　　C. 盘扣式　　　D. 门扣式

24. 搭设满堂支架操作平台,从底层水平杆起逐层设置连墙件,连墙件间距不应大于(　　)m,并应设置剪刀撑。
    A. 4　　　　　　B. 5　　　　　　C. 7　　　　　　D. 6

25. 满堂支架遇____级以上大风或停用____个月以上,使用前应进行检查。正确选项是(　　)。
    A. 6;2　　　　　B. 6;1　　　　　C. 5;1　　　　　D. 5;2

二、判断题

1. 高处作业时,不得同时上、下交叉进行,操作工具应放在工具袋内。　　　　　(　　)
2. 吊装作业时,应设专人指挥,吊装区域设立警示标志。　　　　　　　　　　　(　　)
3. 系、盖梁施工工艺流程为:支架安装→底模安装→支架预压→钢筋绑扎→侧模安装→浇筑混凝土、养护→盖梁预应力张拉(如有)→拆除模板→支架体系。　　　　　(　　)
4. 系、盖梁支架搭设属于桥梁施工中危险性较大的分部分项工程。　　　　　　(　　)
5. 梁柱式支架按照钢管立柱→横撑→剪刀撑→砂箱→分配梁的顺序搭设。　　　(　　)
6. 采用钢抱箍法加工时,钢抱箍内径宜比墩身直径大 1~2m。　　　　　　　　(　　)
7. 在墩柱试拼抱箍后,吊装就位并紧固,安装机械千斤顶箱,横桥向安放分配梁,纵桥向布设承重梁。　　　　　　　　　　　　　　　　　　　　　　　　　　　　(　　)

8. 采用穿心棒法搭接支架时,钢板盒上依次安装千斤顶→称重量→分配梁和调节桁架。( )
9. 系、盖梁混凝土应分层对称浇筑并及时振捣。( )
10. 压浆作业时,作业人员应站在正面。( )
11. 起重吊装设备吊物时,应吊点合理、绑扎牢固,可以单点起吊。( )
12. 采用泵送混凝土浇灌时,可以将泵管与模板系统连接。( )
13. 钢管柱、贝雷片、支架等受力部件必须经过验收合格后方可投入使用。( )
14. 专用通道长度小于5m时,一般设置梯笼。( )
15. 钢绞线、锚具、夹片等材料进场后,应按规定全部检查合格后,方可投入使用。( )

三、多选题

1. 系、盖梁施工的特有风险有(   )。
   A. 支架垮塌　　　B. 机械伤害　　　C. 起重伤害　　　D. 火灾
2. 施工中"三违"行为指的是(   )。
   A. 违章指挥　　　B. 违反交通规则　　C. 违规作业　　　D. 违反劳动纪律
3. 按所处位置不同,系梁分为(   )。
   A. 桩系梁和柱系梁　　　　　　B. 底系梁和中系梁
   C. 桩系梁和底系梁　　　　　　D. 柱系梁和中系梁
4. 按有无预应力,盖梁分为(   )。
   A. 预应力盖梁　　B. 现浇盖梁　　　C. 普通盖梁　　　D. 预制盖梁
5. 系、盖梁按支架搭设方法分为(   )。
   A. 落地支架法　　B. 钢抱箍法　　　C. 穿心棒法　　　D. 预埋钢板法
6. 系、盖梁施工涉及的工种主要有(   )。
   A. 架子工　　　　B. 电工　　　　　C. 钢筋工　　　　D. 张拉工
7. 切断钢绞线时,应采用(   )。
   A. 砂轮机　　　　B. 液压钳　　　　C. 氧气、乙炔　　D. 以上均可以
8. 下列属于系、盖梁施工安全控制要点的是(   )。
   A. 人员　　　　　　　　　　　B. 机械、机具与设施
   C. 材料　　　　　　　　　　　D. 作业环境
9. 系、盖梁施工专项施工方案须经专家论证审查的情况有(   )。
   A. 支架高度不小于8m　　　　　B. 支架跨度不小于18m
   C. 施工总荷载不小于5kN/m²　　D. 集中荷载不小于20kN/m²
10. 下列不属于系、盖梁施工中机械伤害事故风险的有(   )。
    A. 起重设备倾覆　　　　　　　B. 张拉作业时钢绞线弹出伤人
    C. 压浆过程中浆液射入眼睛　　D. 吊物移动时撞人

案例1　盖梁浇筑垮塌

一、单选题

1. 该事故等级是(   )。

A.生产安全特重大事故　　　　　　B.生产安全重大事故
　　C.生产安全较大事故　　　　　　　D.生产安全一般事故
2.该事故类型是(　　)。
　　A.机械伤害　　　B.高处坠落　　　C.火灾　　　D.爆炸
3.导致该事故发生的直接原因是(　　)。
　　A.安全意识淡薄
　　B.现场安装的螺栓数量不足
　　C.左侧墩钢抱箍突然松动脱落,造成模板及混凝土整体垮塌
　　D.安全监督检查不到位

二、判断题

1.钢抱箍采用的钢板、螺栓、橡胶垫等材料应符合施工方案要求,应经验收合格后方可使用。　　　　　　　　　　　　　　　　　　　　　　　　　　　　　　(　　)
2.钢抱箍连接螺栓可不按方案要求进行安装,可根据实际情况进行调整。　(　　)
3.盖梁混凝土浇筑应分层对称进行,浇筑过程中派专人检查模板支架稳定情况。
　　　　　　　　　　　　　　　　　　　　　　　　　　　　　　　　(　　)
4.起重吊装设备吊物时,应吊点合理、绑扎牢固,可以单点起吊。　　　(　　)

三、多选题

1.造成该事故的原因有(　　)。
　　A.钢抱箍紧固螺栓采用普通螺栓,未按方案要求采用高强度螺栓
　　B.左侧墩钢抱箍设计采用24颗高强度螺栓连接,但现场实际安装数量不够
　　C.螺栓紧固时未按要求使用扭矩扳手,造成钢抱箍紧固力不足,摩擦力不满足支撑力要求
　　D.浇筑盖梁混凝土时未按方案要求分层对称进行,造成偏压荷载过大,钢抱箍受力不均匀
2.该事故带给我们的经验教训是(　　)。
　　A.钢抱箍采用的材料应符合施工方案要求,应经验收合格后方可使用
　　B.作业人员可在没有佩戴安全带等防护装备的情况下施工
　　C.钢抱箍连接螺栓必须按照方案要求进行安装,不得漏装
　　D.浇筑盖梁混凝土时应分层对称进行,浇筑过程中,应派专人检查模板支架稳定情况

案例2　高处坠落

一、单选题

1.该案例涉及事故的等级是(　　)。
　　A.生产安全特重大事故　　　　　　B.生产安全重大事故
　　C.生产安全较大事故　　　　　　　D.生产安全一般事故
2.下列不属于特种作业人员的工种是(　　)。
　　A.架子工　　　B.焊割工　　　C.电工　　　D.模板工
3.满堂支架适用于(　　)m及以下高度且地基处理简单的系、盖梁施工。
　　A.10　　　　　B.15　　　　　C.20　　　　D.25
4.满堂支架的搭设顺序依次为(　　)。

A. 立杆→横杆→扫地杆（如有）→斜撑→剪刀撑
B. 垫板→横杆→立杆→扫地杆（如有）→斜撑→剪刀撑
C. 垫板→立杆→横杆→扫地杆（如有）→斜撑→剪刀撑
D. 垫板→横杆→立杆→扫地杆（如有）→斜撑→剪刀撑

5. 满堂支架不得采用（　　）支架搭设。
A. 碗扣式　　　　B. 扣件式　　　　C. 盘扣式　　　　D. 门扣式

6. 造成该事故的直接原因是（　　）。
A. 监督部门监管不力
B. 工区主任李某违章指挥
C. 王某在进行高处作业时未正确系挂安全带，作业时身体失稳，发生安全事故
D. 施工现场安全管理混乱，对违章行为未能及时发现并制止

二、判断题

1. 若现场作业人员不够，可临时安排非专业架子工进行脚手架搭建工作。（　　）
2. 架子工属于特殊工种，须经过培训，考试合格后方能持证上岗。（　　）

三、多选题

1. 造成该事故的间接原因是（　　）。
A. 监督部门监管不力
B. 工区主任李某违章指挥
C. 王某在进行高处作业时未正确系挂安全带，作业时身体失稳，发生安全事故
D. 施工现场安全管理混乱，未能及时发现并制止违章行为。

2. 该事故给我们的教训是（　　）。
A. 监督部门对违章作业视而不见，得过且过
B. 施工人员高处作业时必须正确使用安全带
C. 架子工属于特殊工种，必须经培训，考试合格后持证上岗，严禁使用非专业人员代替
D. 施工人员应加强安全意识，提高安全操作技能

8 梁板预制施工

一、选择题

1. 压浆强度达到设计强度的( )后,方可进行梁体吊移。
   A.60%   B.70%   C.80%   D.90%
2. 吊绳与起吊构件的交角小于( )时,应设置吊架或起吊扁担。
   A.50°   B.60°   C.70°   D.80°
3. 存梁台座应坚固稳定,台面离地面高度不小于( )cm,并附设相应的排水设施。
   A.10   B.20   C.30   D.40
4. 箱梁存放不得超过____层,T梁禁止叠层存放,空心板叠放不得超过____层。正确答案是( )。
   A.3;3   B.3;2   C.2;3   D.2;2
5. 钢筋骨架与模板之间设置与梁体抗压强度相同的混凝土垫块,垫块数量不少于( )个/m²。
   A.2   B.3   C.4   D.5
6. 后张拉法预应力梁施工中,在安装预应力管道时,波纹管接头处应采用大一号波纹管进行连接,连接长度一般不小于( )cm。接缝处包裹严密,防止漏浆。
   A.20   B.25   C.30   D.15
7. 后张拉法预应力梁施工中,采用橡胶抽拔管或钢管抽芯成孔时,抽芯时间以混凝土抗压强度达到( )MPa为宜。
   A.0.2~0.6   B.0.4~0.8   C.0.3~0.6   D.0.2~0.8
8. 浇筑预制梁体混凝土时,一般采用门式起重机提升下料斗,按照一定顺序、方向进行分层浇筑,每层浇筑厚度宜为( )cm。
   A.10   B.20   C.30   D.40
9. 应在预制梁板混凝土终凝前开始洒水养护,养护时间不得少于( )d。
   A.14   B.10   C.15   D.12
10. 钢筋接长时可采用焊接或机械连接。采用电弧焊进行焊接时,双面焊缝的长度不应小于____倍钢筋直径,单面焊缝的长度不应小于____倍钢筋直径。正确选项是( )。
    A.3;6   B.4;8   C.5;10   D.6;12
11. 用人单位应在新员工进场后( )d内为其购买工伤保险。
    A.30   B.45   C.60   D.90
12. 张拉作业时,应设置安全警戒区域,张拉端头( )m处设置挡板。
    A.1~1.5 B.1.5~2 C.2~2.5 D.2.5~3
13. 预制梁板的混凝土强度达到( )MPa时方可拆除端模及侧模。
    A.1.5   B.2.0   C.2.5   D.3.0
14. 张拉用千斤顶与压力表应配套标定,使用时间超过____个月、或张拉次数超过____次、或使用过程出现异常、或更换配件后,应重新标定。正确选项是( )。

A.6;600 B.6;300 C.9;300 D.9;600

15. 在对后张拉法预应力梁进行预应力张拉时,梁体混凝土的强度和弹性模量应符合设计规定,设计未规定时强度不低于规范要求强度的____,弹性模量不低于28d弹性模量的____。正确选项是(　　)。

A.80%;80% B.80%;60% C.70%;70% D.60%;60%

16. 焊割作业时,氧气瓶与乙炔瓶间距不得小于____m,与明火作业点的间距不得小于____m。正确选项是(　　)。

A.3;8 B.5;8 C.5;10 D.8;15

17. 切断钢绞线时严禁采用的工具是(　　)。

A.砂轮机 B.液压钳 C.电弧 D.手锯

18. 预应力梁板张拉完成后,应在(　　)h内完成压浆。

A.24 B.36 C.48 D.60

19. 采用应力控制方法张拉预应力梁板时,以伸长值进行校核,实际伸长值与理论伸长值的差值应符合设计要求,误差一般控制在(　　)以内。

A.±6% B.±8% C.±7% D.±10%

20. 袋装水泥码放高度不得超过(　　)袋,且不得靠墙。

A.10 B.11 C.12 D.13

21. 预应力筋张拉锚固完结并经检验合格,静停____h后方可切割端头多余的预应力筋,切割长度不宜小于____mm。正确选项是(　　)。

A.8;10 B.12;15 C.16;20 D.24;30

22. 固定式配电箱中心点与地面的垂直距离应为(　　)m。

A.1.4~1.6 B.1.0~1.2 C.0.8~1.0 D.1.2~1.4

23. 配电箱与开关箱的距离不得超过____m,开关箱与其控制的固定式用电设备的水平距离不宜超过____m。正确选项是(　　)。

A.30;3 B.20;2 C.40;4 D.50;5

24. 切割钢筋时,手与刀口的距离不得小于(　　)cm。

A.15 B.10 C.5 D.8

25. 当现场出现(　　)级及以上大风、暴雨、大雪等恶劣天气时,应停止室外作业,禁止门式起重机作业。

A.7 B.4 C.6 D.5

二、判断题

1. 存梁台座应坚实牢固,承载力应经过检算满足荷载要求。支垫应牢固,且上下层在同一垂直面。梁体两侧应采取防倾覆加固措施。（　　）

2. 张拉作业的钢绞线、锚具、夹片等材料进场无须出厂合格证。（　　）

3. 吊装作业时,应在吊装区域设立警戒标志,严禁人员在吊装区域停留,但可以通行。（　　）

4. 施工现场电气设备及电气线路的安装、维修和拆除,应由工班长指定的施工人员进行操作。（　　）

5. 安装预制梁板底腹板钢筋时,钢筋连接接头应错开布置,在35倍的钢筋直径区段内同一根钢筋不得有两个接头。（　　）

6.在安装后张拉法预应力梁的预应力管道时,应采用井字筋或U形筋进行安装定位。
( )
7.制梁前,应对制梁台进行预压,待其沉降稳定后方可投入使用。( )
8.绑扎预制梁板底腹板钢筋时,应在由钢管、角钢、槽钢焊接而成的钢筋胎架上进行绑扎。( )
9.预制梁板拆模时,应先拆除端模、侧模及内模,张拉完毕后再拆除横隔板底模。( )
10.预应力梁体张拉完成后,应及时压浆,压浆顺序自上而下。( )
11.门式起重机应设有行程限位装置、卷扬机防冲顶开关、轨道挡铁等有效限位或保险装置。( )
12.安装预制梁体模板时,侧模、底模、端模应支撑、联结牢固。( )
13.存料区砂石原材料堆放高度不得超过隔墙高度。( )
14.钢绞线应放入专门的下料架内放出,以防下料时钢绞线弹出伤人。( )
15.新进场员工在体检合格、接受安全教育培训合格和技术交底后方可上岗作业。( )

三、多选题

1.根据截面形式,预制梁可分为(　　)。
　A.箱形梁　　　　B.T形梁　　　　C.空心板　　　　D.I形梁
2.张拉预应力梁板时,张拉顺序应符合设计要求,设计无要求时应采取(　　)张拉。
　A.分批　　　　B.分阶段　　　　C.两端对称　　　　D.分时间
3.施工现场出现险情时,现场人员必须立即(　　)。
　A.抓紧完成手头工作　　　　B.停止作业
　C.撤离危险区域　　　　D.报告上级领导
4.预制梁板施工属危险性较大的工程,需编制专项施工方案,其中(　　)等方案还需专家论证、审查。
　A.梁板预制　　　　B.梁体吊移　　　　C.门式起重机安拆　　　　D.梁体运输
5.锅炉工应当及时检查设备的运行状况,密切监视和调整(　　)和燃烧等情况,并填写安全状况及各项记录。
　A.压力　　　　B.水位　　　　C.温度　　　　D.水质
6.梁板预制施工中存在的一般安全风险主要有(　　)、火灾等。
　A.车辆伤害　　　　B.物体打击　　　　C.高处坠落　　　　D.触电
7.梁板预制施工中存在的特有风险有机械伤害、(　　)、梁体倾覆。
　A.起重伤害　　　　B.压力容器爆炸　　　　C.中毒窒息　　　　D.灼烫
8.电焊工在施工过程中应正确使用的劳动防护用品有(　　)。
　A.安全帽　　　　B.防护面罩　　　　C.防护手套　　　　D.工作服
9.梁板预制涉及的工种有模板工、电工、测量工、起重机械操作工、钢筋工、焊割工、混凝土工、锅炉工等,其中(　　)、锅炉工等特种作业人员必须持证上岗。
　A.模板工　　　　　　　　B.电工
　C.起重机械操作工　　　　D.焊割工
10.张拉前,应认真检查千斤顶(　　)和油嘴状况,确定合格后方可进行施工。
　A.安全阀　　　　B.油表　　　　C.油泵　　　　D.油管

案例1 锚夹片弹出伤人

一、单选题

1. 该事故等级是( )。
   A. 生产安全特重大事故　　　　　　B. 生产安全重大事故
   C. 生产安全较大事故　　　　　　　D. 生产安全一般事故
2. 千斤顶与压力表使用时间超过____月,张拉次数超过____次时,需要重新进行标定。正确选项是( )。
   A. 4;200　　　　B. 4;200　　　　C. 6;300　　　　D. 6;300
3. 张拉作业时,应在钢绞线端头____m处设置挡板( )。
   A. 1~1.5　　　　B. 1.5~2　　　　C. 2~2.5　　　　D. 2.5~3
4. 导致该事故的直接原因是( )。
   A. 使用设备前未按规定频次进行质量检测
   B. 张拉作业时未设置安全警戒区
   C. 夹片飞出速度过快
   D. 工具锚质量不合格,模具发生开裂,夹片飞出伤人

二、判断题

1. 在张拉作业前,不用检查千斤顶、油表、油泵、油管和安全阀等设备。　　　　( )
2. 施工人员应提高安全意识,作业时站在千斤顶侧面,不得正对千斤顶及预应力束。
   　　　　　　　　　　　　　　　　　　　　　　　　　　　　　　　　　　( )
3. 张拉作业的钢绞线、锚具、夹片等材料进场时无须出厂合格证。　　　　　　( )

三、多选题

1. 张拉作业前应认真检查( ),确定合格后方可施工。
   A. 千斤顶　　　B. 油表、油泵、油管　　C. 安全阀　　　　D. 油嘴状况
2. 导致该事故的间接原因是( )。
   A. 使用设备前未按规定频次进行质量检测
   B. 张拉作业时未设置安全警戒区
   C. 项目采购的张拉锚具无出厂合格证
   D. 模具发生开裂,夹片飞出伤人
3. 该事故的教训是( )。
   A. 按规定频次进行质量检测,合格后方可使用
   B. 张拉作业时应设置安全警戒区,距张拉作业端头1.5~2m处设置挡板
   C. 施工人员作业时可在千斤顶附近随意乱跑
   D. 施工人员应站在千斤顶侧面,不得正对千斤顶及预应力束

案例2 存梁区梁体坍塌

一、选择题

1. 该事故造成一人死亡,属于( )事故。

A. 生产安全特重大事故 　　　　　B. 生产安全重大事故
C. 生产安全较大事故 　　　　　　D. 生产安全一般事故

2. 梁板预制施工过程中,存放的箱梁不得超过(　　)层。
A. 一层　　　　B. 两层　　　　C. 三层　　　　D. 四层

3. 梁板预制施工过程中,支垫应牢固,且上、下层应(　　)。
A. 在同一水平面　　B. 在同一垂直面　　C. 交叉放置　　D. 随意放置

4. 梁板预制施工过程中,叠放的空心板不得超过(　　)层。
A. 一层　　　　B. 两层　　　　C. 三层　　　　D. 四层

二、判断题

1. 梁板预制施工过程中,T梁可以叠层存放。　　　　　　　　　　　　　(　　)
2. 存梁台座应坚实牢固,承载力应经过检算满足荷载要求。　　　　　　(　　)
3. 安装预制梁体模板时,侧模、底模、端模应支撑、联结牢固。　　　　(　　)

三、多选题

1. 梁板预制施工中存在的一般安全风险主要有(　　)和火灾等。
A. 车辆伤害　　　B. 物体打击　　　C. 高处坠落　　　D. 触电

2. 造成该事故的原因有(　　)。
A. 作业人员王某违反安全技术交底要求
B. 箱梁吊装存放就位后,梁体下方支垫不牢固,且两侧未采取防倾覆支撑加固措施
C. 梁场负责人孙某违反箱梁存放不得超过两层的规定,违章指挥
D. 作业人员认真负责,按规定施工

3. 该事故带给我们的教训是(　　)。
A. 梁板预制施工过程中,应加强安全意识,严禁违章施工
B. 支垫应牢固,且上、下层在同一垂直面
C. 存梁台座应坚实牢固,承载力应经过检算,满足荷载要求
D. 梁体两侧应采取防倾覆加固措施,存放的箱梁不得超过两层

9 架桥机拼装及拆卸

一、选择题

1. 架桥机拼装、拆卸作业涉及多个工种,其中不属于特种作业的是( )。
   A. 起重机械操作工 B. 焊割工 C. 装配钳工 D. 电工
2. 单位应在新员工进场( )个月之内为其购买工伤保险。
   A. 1 B. 2 C. 3 D. 4
3. 施工人员进入施工现场必须佩戴安全帽,进行高空及悬挂作业时,应( )。
   A 系挂安全带 B. 穿防滑鞋
   C. 系挂安全带及穿防滑鞋 D. 穿防滑鞋及佩戴手套
4. 采用双机抬吊时,宜选用同类型或性能相近的汽车起重机,负载分配应合理,单机荷载不应超过额定重量的( ),双机应协调起吊就位。
   A. 70% B. 75% C. 80% D. 85%
5. 用钢丝绳夹固接时,固接强度不应小于钢丝绳破断拉力的( )。
   A. 70% B. 75% C. 80% D. 85%
6. 用编插固接时,编插长度不应小于钢丝绳直径的____倍,且不小于____mm,固接长度不应小于钢丝绳破断拉力的75%。正确选项是( )。
   A. 10;100 B. 15;200 C. 20;250 D. 20;300
7. 电工作业必须执行监护制度,电气设备维修由专人负责,并悬挂( )警示牌,防止误合闸造成触电事故。
   A. 禁止合闸,有人工作 B. 施工危险,禁止靠近
   C. 止步,用电危险 D. 禁止合闸,线路有人工作
8. 横移轨道下的枕木应铺设稳固,前支腿宜采用枕木及型钢组合支撑,高度应根据桥梁横坡调整,保证钢轨( )。
   A. 横坡大于5% B. 横坡小于10%
   C. 横坡小于0.5% D. 横坡小于5%,纵坡大于5%
9. 横移轨道下的枕木应铺设稳固,枕木应采用杂木,不得采用松木,枕木搭设应不大于____层,最上层枕木方向垂直于横梁方向,相邻支撑枕木净距应不大于____m。正确选项是( )。
   A. 2;0.2 B. 3;0.5 C. 4;0.6 D. 5;0.7
10. 架桥机必须设置有效的限位装置,在轨道有效行程范围内设置( )及端部止挡。
    A. 缓冲器 B. 液压缓冲器 C. 机械缓冲器 D. 橡胶缓冲器
11. 门式起重机正式起吊主、导梁等长、大、重吊件前,必须进行试吊。起吊时,先将主梁吊离地面约( )cm后,观察起重设备制动及整车是否稳定、支腿是否松动、停置处地基是否下沉,如正常再平稳起吊。
    A. 10~40 B. 30~40 C. 40~50 D. 20~30
12. 架桥机金属结构应可靠接地,重复接地电阻不大于____Ω,保护接地电阻不大于____Ω。

正确选项是( )
  A.10;4   B.5;2   C.15;4   D.20;5

13.枕木、燃油、润滑油脂必须由( ),配备足够的消防器材。
  A.安全员管理   B.材料员管理   C.试验员管理   D.专人管理

14.在起吊桁架、横梁、支腿等构件时,必须设( ),防止构件晃动碰撞其他部件。
  A.尼龙绳   B.缆风绳   C.麻绳   D.索具

15.关于施工现场易燃易爆物品储存及管理的要求,正确的是( )。
  A.氧气瓶应有防振圈和防护帽,可以卧放,但不得倒置
  B.氧气瓶必须立放,不允许卧放或暴晒使用
  C.氧气瓶气体可以用光
  D.氧气橡胶软管应为耐腐蚀助燃管,颜色为蓝色

16.动火作业时,氧气瓶与乙炔瓶之间的距离不得小于____m,与明火的距离不得小于____m,使用时必须安装减压阀及防回火装置。正确选项是( )。
  A.3;8   B.5;8   C.5;10   D.8;15

17.吊车进行起吊作业时,不得在高压线下进行起重吊装作业或堆放机具、杂物;严禁越过无防护设施的外电架空线路作业;临近10kV高压线时,沿垂直方向距离不小于____m,沿水平方向距离不小于____m。正确选项是( )。
  A.1;2   B.2;3   C.3;2   D.3;4

18.必须按照( )拆除架桥机,提前对主桁梁采取有效的支撑加固措施,防止构件倾覆。
  A.专项施工方案   B.技术交底
  C.综合应急方案   D.分项施工方案

19.步履式架桥机由导梁、主梁、起吊天车、走行机构、前支腿、中支腿、后支腿、导梁前支腿、联系框架、( )和电控系统等组成。
  A.液压系统   B.机械系统   C.阀门系统   D.触发系统

20.特种设备安装、改造、修理的施工单位应在施工前将拟进行的特种设备安装、改造、修理等情况书面告知直辖市或者( )负责特种设备安全监督管理的部门,办理安装告知手续。
  A.省级人民政府   B.市级人民政府
  C.设区的市级人民政府   D.设区的县级人民政府

21.架桥机拼装的工艺流程为( )。
  A.安放前支腿、中支腿横移轨道→安前支腿、中支腿、后支腿拼装→拼装主梁、导梁,安装联系框架→安装导梁前支腿→安装起吊天车→安装调试液压、电控系统
  B.安装导梁前支腿→安装起吊天车→安装调试液压、电控系统→安放前支腿、中支腿横移轨道→安前支腿、中支腿、后支腿拼装→拼装主梁、导梁,安装联系框架
  C.安装调试液压、电控系统→安放前支腿、中支腿横移轨道→安前支腿、中支腿、后支腿→安装导梁前支腿→安装起吊天车→拼装主梁、导梁,安装联系框架
  D.安放前支腿、中支腿横移轨道→安前支腿、中支腿、后支腿→安装起吊天车→安装调试液压、电控系统→拼装主梁、导梁,安装联系框架→安装导梁前支腿

22.初拧扭矩和复拧扭矩为终拧扭矩的( )左右。
  A.30%   B.40%   C.50%   D.60%

23. 拆除架桥机前,要切断架桥机上所有电源,严禁带电作业,( )进行详细检查,若电源未切断不得进行拆卸起吊。
　　A. 机械管理人员　　B. 专职电工　　C. 安全管理人员　　D. 班组长

24. 架桥机应设置( ),由行程限位器、起重量限位器、起升高度限位器、风速仪、监控数据记录仪等组成,电机位置应设置防雨罩。
　　A. 动态监控系统　　B. 安全监控系统　　C. 风速监控系统　　D. 限高监控系统

二、判断题

1. 架桥机安拆单位需持安装资质、设备出厂资料、施工方案等,按照国家规定向特种设备安全监督管理部门办理安装告知手续。　　　　　　　　　　　　　　　　　（　）

2. 架桥机拆除完成后,应及时到原特种设备安全管理监督部门办理注销手续。（　）

3. 在桥头路基上拼装架桥机时,场地尺寸及地基承载力应满足架桥机安装及试运荷载要求,场地平顺,纵坡不能超过5%。　　　　　　　　　　　　　　　　　　（　）

4. 新进场员工在体检合格、接受安全教育培训并考试合格和技术交底后方可上岗作业。　　　　　　　　　　　　　　　　　　　　　　　　　　　　　　　　（　）

5. 电工、焊割工作业时必须穿戴绝缘鞋、绝缘手套,焊割施工须佩戴护目镜。（　）

6. 指挥员、司索工、司机室应配备对讲机,保证信号畅通,吊车操作司机收到信号必须确认并重复指令后方可操作。　　　　　　　　　　　　　　　　　　　　（　）

7. 使用汽车起重机前,检查安全装置是否有效,钢丝绳、吊索、卡环等是否完好。就位场地应平整坚实,支腿垫放牢固。汽车起重机不得吊人,严禁超负荷起吊。　　　（　）

8. 使用门式起重机进行吊装时,吊点棱角处要包角。包角一般采用橡胶垫、木块等材料,以免割断吊索。　　　　　　　　　　　　　　　　　　　　　　　　　（　）

9. 架桥机金属结构应可靠接地。起重机电控设备中各电路的绝缘电阻,在一般环境中不应小于2MΩ。　　　　　　　　　　　　　　　　　　　　　　　　　　　（　）

10. 安装、拆除架桥机时,应设置警戒区域,专人监控,严禁非施工人员进入。架桥机安装、拆除不宜在夜间进行。　　　　　　　　　　　　　　　　　　　　　（　）

11. 严禁在大雨天、雾天、大雪天及6级以上大风等恶劣天气作业。恢复作业前应及时清理积水、积雪并采取防滑措施。　　　　　　　　　　　　　　　　　　　（　）

12. 走行式架桥机借助导梁完成过孔作业。　　　　　　　　　　　　　　（　）

13. 使用单位应制订并严格执行以岗位责任制为核心的大型桥梁设备安全使用的管理制度和操作规程,保证大型桥梁设备技术档案的完整、准确。　　　　　　　　（　）

14. 安装架桥机前、中支腿横移轨道时,应提前清理轨道基础上的杂物。铺设轨道后,须做好顶面高程测量,找平垫实。　　　　　　　　　　　　　　　　　　　（　）

15. 架桥机的拆除流程为:拆除前支腿、中支腿横移轨道→拆除前支腿、中支腿、后支腿→拆除主梁、导梁、联系框架→拆除导梁前支腿→拆除起吊天车→拆除液压、电控系统。　　　　　　　　　　　　　　　　　　　　　　　　　　　　　　　　　（　）

三、多选题

1. 按过孔方式,架桥机可分为( )。
　　A. 导梁式架桥机　　B. 走行式架桥机　　C. 步履式架桥机　　D. 步行式架桥机

2. 架桥机安装完成,经安装单位自检合格并进行( )后,向规定的特种设备安全监督管理部门提出验收申请。

　　A.空载试验　　　B.重载试验　　　C.型式试验　　　D.轻载试验

3.须编制专项施工方案的架桥机安装拆除工程是(　　)。

　　A.起吊重量为10kN及以上的起重吊装工程

　　B.采用起重机械进行安装的工程

　　C.起重机械设备自身的安装、拆除

　　D.起吊重量为30kN及以上的设备安装工程

4.架桥机拼装拆卸的常见安全风险有(　　)。

　　A.物体打击　　　B.高处坠落　　　C.机械伤害　　　D.坍塌

5.钢丝绳报废标准有(　　)。

　　A.直径6倍长度内局部聚集断丝

　　B.易受挤压、经常弯曲的钢丝绳实测直径减少3%

　　C.当钢丝绳直径相对于公称直径减小5%或更多时,即使未发现断丝,该钢丝绳也应报废

　　D.钢丝绳因使用造成永久变形

6.安装主导梁时,保证两主桁架之间的距离,高强度螺栓应按要求进行(　　),避免漏拧,并在24h内完成。

　　A.初拧　　　B.复拧　　　C.反拧　　　D.终拧

7.安装架桥机前,应对进场的(　　)等进行详细检查验收。

　　A.构件　　　B.配件　　　C.工机具　　　D.主桁架

8.架桥机安全技术档案包括(　　)。

　　A.设计文件、产品质量合格证明、安装及使用维护保养说明、监督检验证明等相关技术资料和文件

　　B.定期检验和定期自行检查记录

　　C.月度使用状况记录

　　D.维修保养记录

9.一般在桥头路基上进行架桥机拼装,场地尺寸及地基承载力应满足架桥机安装及试运荷载的要求,当路基出现不均匀下沉时,可采用(　　)等方式进行处理。

　　A.机械夯实　　　　　　　　B.堆载预压

　　C.塑料排水带　　　　　　　D.换填垫层

10.每日上下班时,需对架桥机的(　　)进行检查。

　　A.临时锁定　　　B.锚固措施　　　C.限位装置　　　D.监控系统

案例　架桥机倒塌

一、单选题

1.该案例事故的等级是(　　)。

　　A.生产安全特重大事故　　　　　B.生产安全重大事故

　　C.生产安全较大事故　　　　　　D.生产安全一般事故

2.造成该事故的直接原因是(　　)。

A. 风力过大 B. 主桁梁失稳倒塌
C. 未对主桁梁采取加固措施 D. 工班长强令冒险作业

3. 在起吊桁梁、支腿等构件时,应按规定设置( )。
A. 缆风绳 B. 安全带 C. 安全网 D. 风速仪

4. 架桥机拼装、拆卸作业所涉及的多个工种中,不属于特种作业人员的是( )。
A. 起重机械操作工 B. 焊割工 C. 装配钳工 D. 电工

二、判断题

1. 拼装及拆卸架桥机过程中,无论工班长如何指挥,施工人员都应一致服从。 ( )
2. 架桥机安拆作业时,如遇雷雨、大雾及6级以上大风等恶劣天气,应立即停止作业。 ( )
3. 指挥员、司索工、司机室应配备对讲机,保证信号畅通,吊车操作司机收到信号必须确认并重复指令后方可操作。 ( )

三、多选题

1. 架桥机安拆作业时,遇到( )天气时,应立即停止作业。
A. 雷雨 B. 大雾
C. 6级以上的大风天气 D. 微风

2. 造成该事故的原因有( )。
A. 工班长李某在现场风力达到6级时,未及时停止拆除施工,强令冒险作业,造成起吊脱离后的桁梁在大风的作用下碰撞架桥主桁梁,导致事故发生
B. 工班长李某对待工作认真负责,按时完成任务
C. 在起吊桁梁时,未按规定设置缆风绳,导致在起吊过程中摇摆,碰撞主桁梁,使其失稳倒塌
D. 拆除过程中,未按施工方案要求对主横梁采取有效的支撑加固措施

3. 该事故带给我们的经验教训有( )。
A. 作业人员应加强安全意识,严禁违章施工
B. 架桥机安拆作业时,如遇雷雨、大雾及6级以上大风恶劣天气时,应立即停止作业
C. 起吊桁架、横梁、支腿等构件时必须设置缆风绳,防止构件晃动、碰撞其他部件
D. 拆除架桥机时,应对主横梁及支腿等构件采取可靠的临时加固措施,防止构件倾覆

10 预制梁板运输安装

一、选择题

1. 采用非常规起重设备、方法,且单件起吊重量在(　　)kN及以上的起重吊装工程须编制专项施工方案。
   A.10　　　　B.100　　　　C.20　　　　D.30

2. 采用非常规起重设备、方法,且单件起重重量在____kN及以上的起重吊装工程,以及起重重量在____kN及以上的起重设备安装、拆卸工程,须编制专项施工方案并经专家论证、审查。正确选项是(　　)。
   A.50;100　　B.100;200　　C.100;300　　D.50;200

3. 架桥机过孔第一步:收起____,主梁前移,再支好____,调整两台起吊天车位置(后移),使其作为配重满足过孔稳定性要求。正确选项是(　　)。
   A.后支腿;后支腿　B.前支腿;前支腿　C.前支腿;后支腿　D.后支腿;前支腿

4. 架桥机过孔时,起重小车应位于最稳定、最有利的位置,且抗倾覆系数不得小于(　　)。
   A.2　　　　B.1.2　　　　C.1.8　　　　D.1.5

5. 架桥机过孔操作第二步:顶高前后支腿,调整中支腿(前移)与前支腿距离,收缩____,主梁前移,至导梁前支腿到前方墩台支撑好,____伸出。正确选项是(　　)。
   A.后支腿;后支腿　B.后支腿;前支腿　C.前支腿;前支腿　D.前支腿;后支腿

6. 架桥机过孔操作第三步:顶高前后支腿,前移起重天车、中支腿。第四步:____收起并移至前方墩台支好,____过孔到位。正确选项是(　　)。
   A.前支腿;前支腿　B.后支腿;前支腿　C.后支腿;后支腿　D.前支腿;后支腿

7. 架桥机过孔操作第五步:调整两起吊天车位置(前移),收起____,主梁前移过孔到位。第六步:伸出____,调整起吊天车位置(后移),整机过孔到位。正确选项是(　　)。
   A.前支腿;前支腿　B.后支腿;前支腿　C.前支腿;后支腿　D.后支腿;后支腿

8. 架桥机过孔就位后,应采用(　　)将支腿支垫牢固,防止沉陷。
   A.钢板　　　B.枕木　　　C.木块　　　D.混凝土块

9. 梁板运输通道应保持平顺、通畅,运输通道宽度不应小于____m,横坡坡度不宜大于____,纵坡坡度不应大于____,保证运梁时不倾覆;运梁道路的最小曲率半径应不小于运梁车的允许转弯半径。正确选项是(　　)。
   A.10;2%;3%　B.4;4%;3%　C.10;5%;3%　D.6;2%;8%

10. 预制梁板运输安装作业涉及的工种中,需要持证上岗的特种作业人员有(　　)。
    A.起重机械操作工、架桥机司机、运梁车司机
    B.钳工、电工、焊割工、测量工
    C.起重机械操作工、架桥机司机、电工、焊割工
    D.架桥机司机、钳工、运梁车司机、电工

11. 用人单位应在新员工进场后(　　)日内为其购买工伤保险。
    A.30　　　　B.45　　　　C.60　　　　D.90

12. 架桥机前支腿应采用枕木及型钢组合支撑,枕木搭设应不大于____层,宜采用"井"字形垫法,最上层枕木方向应垂直于横梁方向,相邻支撑枕木净距应不大于____m。正确选项是(   )。
    A.2;0.5　　　　　B.2;0.9　　　　　C.3;0.5　　　　　D.3;0.9
13. 动火作业时,氧气瓶与乙炔瓶安全距离为不小于____m,与明火作业点的安全距离为不小于____m。正确选项是(   )。
    A.5;8　　　　　　B.3;10　　　　　C.5;10　　　　　D.3;8
14. 梁板安装作业过程中,地面应设置____,供架梁作业人员走行的通道,必须设置严格、规范的____。正确选项是(   )。
    A. 警戒区和安全警示标志;防护栏杆　　B. 指挥人员;警示标志
    C. 防护栏杆;指挥人员
15. 使用汽车起重机前,应先检查安全装置是否有效,(   )等是否完好,就位场地应平整坚实,支腿垫放牢固。
    A. 钢丝绳、吊索、卡环　　　　　　　B. 卷扬机、吊点、吊具
    C. 警示灯、缓冲器　　　　　　　　　D. 警示灯、缓冲器、钢丝绳
16. 必须在架桥机轨道有效行程范围内设置(   )及端部止挡等有效的限位装置。
    A. 警示灯　　　B. 垫木　　　C. 缓冲器　　　D. 高音喇叭
17. 每日作业前,应对架桥机(   )等部位进行检查,发现问题及时处理。
    A. 卷扬机、钢丝绳　　　　　　　　　B. 吊点、钢丝绳
    C. 卷扬机、吊点、吊具、钢丝绳　　　D. 梁板、钢丝绳
18. 运输梁板时,运梁行车速度不应大于(   )km/h。
    A.10　　　　　B.5　　　　　C.3　　　　　D.8
19. 架桥机在外电架空线路附近作业时,运架设备任何部位或梁板边缘,在最大偏斜时与架空线路的最小安全距离应符合规定:当电压等于10kV时,运、架梁设备与架空线路的安全距离是____m,最小安全距离是____m。正确选项是(   )。
    A.3;2　　　　　B.5;3　　　　　C.8;5　　　　　D.8;2
20. 吊放梁体时,前后两吊点升降速度应一致;吊装梁板的吊点应符合设计要求;经冷拉的钢筋不得用作构件吊环;吊环应顺直;吊绳与起吊构件的交角不小于(   )时应设置吊梁或起吊扁担。
    A.120°　　　　　B.60°　　　　　C.90°
21. 运输预制梁板时,应对梁体采取支垫、支撑及捆绑措施;梁体中心线与运梁平车的中心线应重合,避免运梁平车偏载、造成倾覆;运梁车在上、下坡、停放或喂梁时,应采取(   )措施。
    A. 防雨　　　　B. 防滑、防遛　　　　C. 防晒
22. 吊装梁板时,吊具的钢丝绳与梁板接触部位应设置(   ),防止梁板磨损、崩角及钢丝绳损伤。
    A. 卡槽或衬垫　　B. 安全绳　　C. 枕木　　　D. 铁丝绑扎
23. 移动吊车双机联吊属于关键性吊装,吊装前应组织相关人员查看现场,方案应经过(   )确认。起吊时保持通信、信号明确。
    A. 吊装司机　　B. 现场带班人员　　C. 运输车司机　　D. 桥梁技术员
24. 架设梁板所使用的起重设备须满足施工方案要求,并持有制造许可证及(   ),经

相关质量技术监督机构检验,取得有效的检验合格证、使用登记证等后方可投入使用。

　　A.出厂合格证　　　B.保养记录　　　C.使用单位安全许可证

25.架桥机架设梁板时,由(　　)统一指挥,其余人员不得擅自指挥,以防造成指挥信号混乱。

　　A.指挥员　　　B.运梁车司机　　　C.现场技术员　　　D.测量人员

二、判断题

1.公路施工中多采用架桥机法进行预制梁板架设。DF50/200型双导梁架桥机较为常用,主要用于架设跨度50m及以下、梁重200t及以下的公路预制梁。其辅助设备为门式起重机、运梁车。　　　　　　　　　　　　　　　　　　　　　　　　　　　(　　)

2.架桥机架设施工工艺流程为:施工准备→测量放样→架桥机拼装及试运行→架桥机过孔→预制梁板运输→预制梁板安装→落梁后检查。　　　　　　　　　　　　(　　)

3.预制梁运输安装前,根据运梁机具、设备和道路情况,确定运梁线路。架梁前不需要完成场地布设及机械、机具、材料检查等准备工作。　　　　　　　　　　　　(　　)

4.预制梁板运输安装准备工作中,测量放样工作包括:将垫石顶面清刷干净,画出支座中心线、梁板边线,核对高程、跨径尺寸,安装螺丝支座或永久支座。　　　　　　(　　)

5.预制梁板运输安装施工步骤为:门式起重机吊梁到运梁平车→运梁平车运至架桥机后跨→起吊天车配合运梁平车喂梁→起吊天车运梁至安装跨→架桥机吊梁体横移至设计位置,落梁到支座上→检查支座位置符合要求后拆除吊梁绳索→固定梁体。　　(　　)

6.装梁前,应仔细核对待架成品梁合格证,检查外观、梁长、编号等,核对无误后方可吊装。　　　　　　　　　　　　　　　　　　　　　　　　　　　　　　　　(　　)

7.在梁顶面运输梁板时,梁端缝隙及桥面预留孔洞处应铺设钢板,相邻梁片之间的横向主筋不需要焊接完成即可进行梁板运输。　　　　　　　　　　　　　　　　(　　)

8.整座桥梁板架设完成后,应及时焊接湿接缝钢筋,灌注湿接缝混凝土。　(　　)

9.运梁车驾驶员须有一定操作驾驶经验,经培训考核合格后上岗,定人定岗。运梁车行驶速度应缓慢平稳。　　　　　　　　　　　　　　　　　　　　　　　　　　(　　)

10.运梁时,梁板应支垫、支撑、捆绑牢固,由专人监控。梁板捆绑牢固以后非作业人员可以靠近。　　　　　　　　　　　　　　　　　　　　　　　　　　　　　　(　　)

11.架桥机、运梁车司机必须熟悉运梁车的结构及各项技术参数,作业前做好各项检查、确认工作。　　　　　　　　　　　　　　　　　　　　　　　　　　　　　　(　　)

12.施工现场电气设备及电气线路的安装、维修和拆除应由现场负责人指定某人进行操作。　　　　　　　　　　　　　　　　　　　　　　　　　　　　　　　　　　(　　)

13.施工作业人员应结合自身岗位及施工作业环境,在施工过程中正确佩戴劳动防护用品,其中电工需要使用的劳动防护用品是安全帽、绝缘手套。　　　　　　　　(　　)

14.单位应在新员工进场2个月之内为其购买工伤保险。　　　　　　　　(　　)

15.新进场员工在体检合格、接受安全教育培训后,不用技术交底即可上岗作业。(　　)

三、多选题

1.预制梁板安装就位后,应及时检查(　　)。

　　A.梁、板位置是否准确　　　　　B.梁间距、高程是否符合设计要求
　　C.梁底与支座接缝是否严密　　　D.成品梁外观

2.预制梁板运输安装施工过程中存在的特有安全风险有( )。
   A.起重伤害　　　B.物体打击　　　C.车辆伤害　　　D.机械伤害
   E.高处坠落　　　F.架桥机倾覆　　G.梁体倾翻

3.预制梁、板运输安装过程中,造成高处坠落伤害的原因有( )。
   A.架梁作业区域临边防护设施不到位
   B.高处作业人员不按规定佩戴劳动防护用品
   C.作业人员违规操作电器设备

4.造成架桥机倾覆的主要原因有( )。
   A.桥头路基承载力不足
   B.梁片未按规定进行横向连接
   C.架桥机横移落梁时,横向轨道支垫不牢固或限位装置失效
   D.架桥作业无防风措施
   E.架梁作业区域临边防护设施不到位

5.造成梁体倾翻的主要原因有( )。
   A.运梁通道坡度、转弯半径、承载力不满足要求
   B.运梁车超速行驶,指挥通信不当
   C.作业人员不按规定佩戴劳动防护用品

6.预制梁板运输、安装的安全控制要点有( )。
   A.人员　　　　　　　　B.机械、机具与设施　　　　　C.材料
   D.作业环境　　　　　　E.安全培训

7.预制梁板运输安装施工过程中存在的一般安全风险有( )。
   A.起重伤害　　　　　　B.物体打击　　　　　　　　C.车辆伤害
   D.机械伤害　　　　　　E.触电、淹溺　　　　　　　F.中暑、晕倒

8.架桥机由专人负责使用和管理,实行机长负责制,并保持作业人员的相对固定。以下属于架桥机作业人员的是( )。
   A.架桥机机长　B.操作司机　　C.焊割工　　D.前腿指挥员、后腿指挥员

9.预制梁板运输架设作业时,严禁运、架梁作业的天气是( )。
   A.夜间　　　　B.雨季　　　　C.6级及以上大风　　　　D.暴雨

10.预制梁板运输安装前的准备工作中,应确定( )满足设计要求。
   A.梁板强度　B.孔道压浆强度　C.支座垫石强度　D.钢筋

案例1　梁体运输倾翻

一、单选题

1.该案例事故的等级是( )。
   A.生产安全特重大事故　　　　　　B.生产安全重大事故
   C.生产安全较大事故　　　　　　　D.生产安全一般事故

2.在预制梁板运输安装、运输过程中,运梁车启动前,( )。
   A.只对梁板进行简单捆绑
   B.不用设置斜向支撑

C. 对梁板加固情况进行检查,确认安全无误,再启动
　　D. 什么都不用做,可以直接开走
3. T梁运输前,应对梁体采取(　　)措施。
　　A. 仅捆绑　　　　B. 仅支撑　　　　C. 支垫支撑和捆绑　　D. 随意放置
4. 造成该事故的直接原因是(　　)。
　　A. 对梁体只进行了简单捆绑　　　　B. 焊接人员未及时避让
　　C. 梁体安装不牢固,倾覆砸中人　　　D. 运输现场未设置安全警戒

二、判断题
1. 运梁车通过时,湿接缝钢筋焊接人员应及时避让,防止被梁体砸中。　　　(　　)
2. 在梁顶面运输梁、板时,梁端缝隙及桥面预留的孔洞处应铺设钢板并固定牢固。(　　)
3. 在对梁体进行吊装的过程中,可只对梁体进行简单捆绑,不用设置斜向支撑。(　　)

三、多选题
1. 预制梁板安装就位后,应及时检查(　　)。
　　A. 梁、板位置是否准确　　　　　　B. 梁间距、高程是否符合设计要求
　　C. 梁底与支座接缝是否严密　　　　D. 成品梁外观
2. 造成该事故的原因有(　　)。
　　A. 吊装作业人员对吊装到平板车上的T梁只进行了简单的捆绑,未设置斜向支撑
　　B. 运输司机赵某在未对梁板加固情况进行检查、确认的情况下,即启动了运梁车
　　C. 已架设完毕的梁面,横向湿接缝覆盖钢板固定不牢固,运梁平车经过导致梁体倾覆
　　D. 运梁车通过时,纵向湿接缝钢筋焊接人员未及时避让,被脱落的梁体砸中
3. 该事故带给我们的经验教训有(　　)。
　　A. 运输T梁前应对梁体采取支垫支撑和捆绑措施,运输过程中应由专人监控
　　B. 运输现场应加强安全警戒,在运梁车通过时应停止作业,避让运梁车,非作业人员严禁靠近运梁车
　　C. 司机必须熟悉运梁车的结构及各项技术参数,运输前应对梁体支撑加固情况进行检查确认
　　D. 在梁顶面运输梁、板时,梁端缝隙及桥面预留的孔洞处应铺设钢板并固定牢固

案例2　架桥机倾覆

一、单选题
1. 该事故等级是(　　)。
　　A. 生产安全特重大事故　　　　　B. 生产安全重大事故
　　C. 生产安全较大事故　　　　　　D. 生产安全一般事故
2. 架桥机过孔就位后,应采用(　　)将支腿支垫牢固,防止沉陷。
　　A. 钢板　　　　B. 枕木　　　　C. 木块　　　　D. 混凝土块
3. 造成该事故的直接原因是(　　)。
　　A. 架桥机整体失稳倾覆,造成伤亡
　　B. 监控人员王某违章指挥架桥机司机李某进行横移落梁作业
　　C. 架桥机司机李某未听取现场统一指挥人员的指令

D.梁体未就位前,两位作业人员违规从正在架设的箱梁梁面上通过

二、判断题

1.梁板在架桥机上纵横向移动、起吊和落梁,应平稳匀速进行。　　　　　　(　)

2.架设梁板时,应由指挥员统一指挥,其余人员不得擅自指挥。　　　　　　(　)

3.运梁时,梁板应支垫、支撑、捆绑牢固,由专人监控,梁板捆绑牢固以后非作业人员可以靠近。　　　　　　　　　　　　　　　　　　　　　　　　　　　　　　　　(　)

三、多选题

1.架桥机作业前,应对照安全检查确认表对(　　)等进行检查,发现问题及时处理。
  A.各个支腿支垫加固情况   B.卷扬机、吊具
  C.钢丝绳、绳卡   D.安全限位装置

2.预制梁板运输安装施工过程中存在的一般安全风险有(　　)。
  A.起重伤害   B.物体打击   C.车辆伤害   D.中暑、晕倒

3.该事故带给我们的经验教训有(　　)。
  A.架桥机作业前,应对各个支腿支垫加固情况、钢丝绳和绳卡等装置进行检查
  B.梁板在架桥机上纵横向移动、起吊和落梁,应快速进行
  C.架设梁板时,应由指挥员统一指挥,其余人员不得擅自指挥,以防造成指挥信号混乱
  D.梁体安装就位前,梁面上允许人员通过

11 支架现浇法施工

一、选择题

1. 支架现浇法施工属于危险性较大的分部分项工程,支架搭设高度不小于( )m 的须编制专项施工方案。
   A.3 B.5 C.8 D.10

2. 支架现浇法施工中,处理地基后宜采用厚度不小于( )cm 的 C20 混凝土进行硬化处理。
   A.3 B.5 C.8 D.10

3. 扣件式钢管脚手架立杆间距应不大于____ m,水平杆步距应不大于____ m。正确选项是( )。
   A.1.5;2 B.1.5;2.5 C.2;2 D.2.5;2.5

4. 扣件式钢管脚手架底座高度应不大于____ cm,顶托高度应不大于____ cm。正确选项是( )。
   A.40;45 B.40;40 C.35;40 D.30;30

5. 地基处理时,应设置横坡和排水沟,横坡坡度一般为( )。
   A.1%~3% B.2%~4% C.3%~5% D.4%~6%

6. 大体积和高性能混凝土养护时间应不少于( )d。
   A.7 B.9 C.10 D.14

7. 预应力张拉时,混凝土强度、弹性模量应符合设计要求,设计未规定时,混凝土强度应不低于设计强度的____,弹性模量应不低于混凝土 28d 弹性模量的____。正确选项是( )。
   A.70%;70% B.70%;75% C.75%;75% D.80%;80%

8. 模板、支架拆除时应按( )的顺序。
   A. 先支先拆、后支后拆
   B. 同时进行
   C. 后支先拆、先支后拆
   D. 以上都不对

9. 关于梁柱式支架拆除,正确的说法是( )。
   A. 通过下调顶托方式
   B. 通过砂箱落架装置进行落架
   C. 按拟定的卸落程序进行,卸落量先大后小
   D. 纵向应同时卸落,横向应对称均衡卸落

10. 支架现浇梁施工作业涉及的工种中,须持证上岗的有( )。
    A. 架子工、钢筋工、电工
    B. 钢筋工、焊割工、测量工
    C. 设备操作司机、焊割工、架子工
    D. 设备操作司机、电工、张拉工

11. 用人单位应在新员工进场后( )日内为其购买工伤保险。
    A.30 B.45 C.60 D.90

12. 预应力张拉时,严禁作业人员在千斤顶的( )操作。

A. 右侧　　　　　B. 左侧　　　　　C. 端部　　　　　D. 侧面

13. 下列关于支架现浇法施工安全控制要点中机械、机具与设施方面的说法,错误的是( )。
   A. 在现浇梁翼板边侧及其他临边应设置防护栏杆,立杆采用钢管制作,刷红白相间反光漆,挂设密目网,设置踢脚板和安全标志
   B. 跨越既有铁路、公路、航道时,满堂支架需按要求设置门洞,梁柱式支架要进行安全防护设计,并按规定设置限高、限宽、减速、防撞、防落物等标识及防护设施
   C. 采用梯笼上、下通道时,梯笼中梯道宽度不得小于70cm,坡度不得大于45°,节段高度不得大于2.5m
   D. 支架搭设完毕后,应对其平面位置、顶部高程、节点连接及纵、横向稳定性进行全面检查验收

14. 对于张拉设备上的压力表、油泵和千斤顶,使用时间超过____个月或张拉次数超过____次,须重新校准。正确选项是( )。
   A. 6;600　　　B. 6;300　　　C. 9;300　　　D. 9;600

15. 下列关于支架现浇法施工安全控制要点中材料方面的说法,错误的是( )。
   A. 钢管柱、贝雷片、支架等受力部件必须经过验收合格方可投入使用
   B. 支架材料采用旧料时,其承载能力在设计和计算中应适当进行折减
   C. 支架平台上应采用集中堆码方式存放材料
   D. 临时设施上严禁超荷载堆放钢筋、模板等物料

16. 动火作业时,氧气瓶与乙炔瓶安全距离为不小于____m,与明火作业点的安全距离为不小于____m。正确选项是( )。
   A. 3;8　　　B. 5;8　　　C. 5;10　　　D. 8;15

17. 切断钢绞线时严禁使用( )。
   A. 砂轮机　　　B. 液压钳　　　C. 电弧　　　D. 手锯

18. 遇( )级以上大风时,应停止动火作业。
   A. 2　　　B. 3　　　C. 4　　　D. 5

19. 当出现( )情况,应停止高处露天作业、脚手架安拆及起重吊装作业。
   A. 雷雨　　　B. 小雨　　　C. 5级风　　　D. 阵雨

20. 支架现浇法施工过程中,错误的做法是( )。
   A. 搭设支架前应对地基承载力进行检测,并对地基进行加固
   B. 支架预压过程中一般采用一次堆载预压和观测,并根据观测结果采取相应的处理措施
   C. 采用梁柱式支架施工时,设置钢管立柱条形基础加固地基
   D. 现浇梁施工模板支架中立杆间距、水平杆步距、扫地杆及剪刀撑等要严格按照方案要求搭设

21. 预压荷载应为支架需承受全部荷载的( )倍。
   A. 1.5　　　B. 1.05~1.1　　　C. 1.15　　　D. 1.2~1.5

22. 在支架现浇法施工工艺中,错误的模板安装做法是( )。
   A. 安装底部模板前,应对支架的顶面高程进行复核,并结合预压数据调整预拱度
   B. 底模表面应光滑、平整,拼缝经处理后应平顺、严密、不漏浆

C. 侧模检验合格后,依次安装底、腹板钢筋、预应力管道、内模、顶板钢筋及端模
D. 安装预应力管道时,应采用铁丝绑扎固定

23. 根据支架现浇法施工的特点,易发生的安全风险不包括( )。
   A. 高处作业平台的物品摆放不合理构成物体打击风险
   B. 张拉作业时,钢绞线夹片弹出伤人
   C. 压浆过程中,浆液射入眼睛
   D. 搭设支架时出现有毒有害气体致人中毒

24. 预应力筋张拉完成后,切割端头多余的预应力筋,预应力筋的外露长度不应小于( )mm。
   A. 10   B. 15   C. 25   D. 30

25. 在支架现浇法施工工艺中,以下做法错误是( )。
   A. 浇筑混凝土时,应随时检查支架和模板有无漏浆、爆模、异响、杆件变形等异常情况
   B. 支架搭设材料应经进场验收合格后方可投入使用
   C. 管道压浆时,作业人员应站在正面,并佩戴防护眼镜
   D. 支架搭设完成后应组织相关部门进行验收

二、判断题

1. 支架现浇法适用于桥梁墩台较低且地基条件较好的现浇简支梁或连续梁(刚构)施工。( )
2. 满堂式支架适用于墩高不超过15m、地形高差不超过1m、地基条件较好的桥跨施工。( )
3. 梁柱式支架适用于地形高差较大、跨越公路和河道的桥跨施工。( )
4. 支架现浇法施工工艺流程为:地基处理→支架搭设→模板安装→钢筋绑扎→混凝土浇筑、养护→预应力张拉及压浆→模板及支架拆除。( )
5. 支架搭设可以从中间开始同时向两边搭设,或从一端开始向另一端搭设。( )
6. 地基承载力检测方法中,平板载荷试验适用于各类土、软质岩和风化岩体。( )
7. 搭设梁柱式支架的支墩一般采用钢管柱或军用墩等,安装时应严格控制支墩的垂直度和纵向高程。( )
8. 支架预压加载过程宜分3级进行,依次施加的荷载应分别为单元内预压荷载值的60%、80%、100%。( )
9. 支架预压时,纵向加载应从支点处开始向跨中对称布载,横向加载应从结构中心向两侧对称布载。( )
10. 浇筑混凝土时,应从梁体较高的一端向较低的一端分层、对称浇筑。( )
11. 预应力张拉时采用双指标控制,以张拉力控制为主,校核钢束伸长值。( )
12. 预应力筋张拉完成后即可切割端头多余的预应力筋。( )
13. 预应力张拉锚固后48h内完成孔道压浆工序。( )
14. 底部模板和支架应在梁体预应力管道压浆完成且浆体强度达到设计要求后方可拆除。( )
15. 新进场员工在体检合格、接受安全教育培训和技术交底后方可上岗作业。( )

三、多选题

1. 按支架的结构形式,支架现浇法施工划分( )。
   A. 满堂式支架   B. 梁柱式支架   C. 组合式支架   D. 门式支架

2. 支架现浇法施工中,地基处理形式有( )。
   A. 原地面碾压   B. 换填   C. 桩基础   D. 箱形基础

3. 地基处理后承载力检测方法有( )。
   A. 螺旋板荷载试验   B. 标准灌注试验   C. 动静触探   D. 岩体直剪试验

4. 搭设支架后,预压荷载一般采用( )。
   A. 石块   B. 沙袋   C. 预制块   D. 水箱

5. 预应力张拉前,应拆除( )部位模板。
   A. 内模   B. 侧模   C. 底模   D. 端模

6. 支架现浇法施工存在的一般安全风险主要有( )。
   A. 机械伤害   B. 火灾   C. 触电   D. 淹溺

7. 根据支架现浇法施工的特点,会引起支架坍塌的做法或因素有( )。
   A. 地基处理不良,如地基未压实、浸水
   B. 未按要求搭设支架,如碗扣缺失
   C. 材料强度不足,如钢管开裂
   D. 严格按照搭设方案进行施工

8. 电焊工在施工过程中应正确使用的劳动防护用品有( )。
   A. 安全帽   B. 防护面罩   C. 防扎鞋   D. 安全带

9. 下列关于支架现浇法施工安全控制要点的说法,正确的有( )。
   A. 严禁作业人员攀爬架体或防护栏杆
   B. 严禁随意向下投掷材料、工具、杂物等
   C. 吊装作业时,应在吊装区域设立警戒标志,人员可在吊装区域内通行
   D. 现场电气设备及电气线路的安装、维修和拆除应由专职电工操作

10. 起重吊装作业前,应做好的准备工作有( )。
    A. 起重吊装设备应满足荷载要求
    B. 检查控制器、力矩显示器、高度限位器、长度和轴销显示器等安全装置是否有效
    C. 吊装机械就位应坚实平稳,支腿完全伸出
    D. 吊物应绑扎牢固,吊点合理,严禁单点起吊

案例1　支架预压坍塌

一、单选题

1. 该事故等级是( )。
   A. 生产安全特重大事故   B. 生产安全重大事故
   C. 生产安全较大事故   D. 生产安全一般事故

2. 预压过程中,必须严格按照方案要求进行____加载,____观测。正确选项是( )。
   A. 一次;一次   B. 一次;分级   C. 分级;一次   D. 分级;分级

3. 支架搭设前应对( )进行检测,并对其进行加固。
   A. 支架数量　　　B. 支架硬度　　　C. 地基承载力
4. 预应力张拉时,严禁作业人员在千斤顶的( )操作。
   A. 左侧　　　B. 右侧　　　C. 端部　　　D. 上侧

二、判断题

1. 搭设支架前不用对地基承载力进行检测,可直接搭设钢管立柱。( )
2. 预压过程中,必须严格按照方案要求进行分级加载、分级观测。( )
3. 新进场员工在体检合格、接受安全教育培训并合格和技术交底后方可上岗作业。
( )

三、多选题

1. 预应力张拉前,应拆除( )。
   A. 内模　　　B. 侧模　　　C. 底模　　　D. 端模
2. 造成该事故的原因有( )。
   A. 施工时未设置钢管条形基础,而是直接在施工现场现有的水泥混凝土路面上搭设钢管立柱
   B. 未对地基承载力进行验算,在预压荷载作用下,立柱下方的混凝土路面开裂,钢管立柱下沉,造成支架体系失稳垮塌
   C. 按施工方案要求进行分级预压、分级观测
3. 该事故带给我们的经验和教训有( )。
   A. 搭设支架前应对地基承载力进行检测,并对地基采取相应的加固措施
   B. 可直接在施工现场现有的水泥混凝土路面上搭设钢管立柱
   C. 预压过程中,必须严格按照方案要求进行分级加载、分级观测,根据分析观测结果,采取相应的处理措施

案例2　支架现浇梁坍塌

一、单选题

1. 该事故等级是( )。
   A. 生产安全特重大事故　　　B. 生产安全重大事故
   C. 生产安全较大事故　　　　D. 生产安全一般事故
2. 若墩高不高、地形高差小、地基承载力条件较好,适合用( )搭设方案。
   A. 满堂式支架　　　B. 梁柱式支架　　　C. 组合式支架
3. 大跨梁底截面变化及跨越障碍物时,适合的支架搭设方案是( )。
   A. 满堂式支架　　　B. 梁柱式支架　　　C. 组合式支架
4. 地形高差较大,跨越铁路、公路、河道、管线,地基地质条件较特殊时,适合的支架搭设方案是( )。
   A. 满堂式支架　　　B. 梁柱式支架　　　C. 组合式支架

二、判断题

1. 支架钢管壁厚应满足要求,不得有质量缺陷。支架搭设完成后,要进行堆载

预压。 ( )
2. 支架地基应经过加固处理,满足承载力要求,并设置横坡及排水沟。 ( )
3. 满堂式支架适用于墩高不超过15m、地形高差不大于1m、地基条件较好的桥跨施工。
( )

三、多选题

1. 按支架的结构形式,支架现浇法施工划分为( )。
   A. 满堂式支架　　B. 梁柱式支架　　C. 组合式支架　　D. 门式支架
2. 造成该事故的原因有( )。
   A. 部分支架钢管壁厚不满足要求,存在锈蚀、弯曲、凹坑等质量缺陷
   B. 模板支架部分立杆间距和水平杆步距过大
   C. 剪刀撑规范布设,部分支架底托用方木支垫
   D. 该桥距地面高度过高,选用的箱梁现浇施工方案不合理
3. 该事故带给我们的经验和教训有( )。
   A. 现浇梁施工模板支架要严格按照方案要求搭设
   B. 支架地基应经过加固处理,满足承载力要求,并设置横坡及排水沟
   C. 支架搭设材料验收合格后方可投入使用
   D. 支架现浇梁施工前应根据桥面高度、所处地理环境等因素,合理选择支架搭设方案

12 悬臂现浇法施工

一、选择题

1. 墩身高度大于20m的0号块现浇施工一般采用的支架类型是( )。
   A. 满堂式支架　　B. 梁柱式支架　　C. 托架　　D. 门式支架

2. 下列关于悬臂现浇法支架预压施工工艺说法,错误的是( )。
   A. 预压荷载应为最大施工组合荷载的1.1倍
   B. 预压荷载一般分为3级,分别按预压荷载的60%、80%、100%进行
   C. 一般各级加载后静停1h测量竖向变形值,第三级加载后静停12h开始分级卸载,并逐级观测弹性变形值
   D. 支架预压可采用堆载预压法逐级进行

3. 预应力张拉时,混凝土强度、弹性模量应符合设计要求;设计未规定时,混凝土强度应不低于设计强度的____,弹性模量应不低于混凝土28d弹性模量的____。正确选项是( )。
   A. 70%;70%　　B. 70%;75%　　C. 75%;75%　　D. 80%;80%

4. 挂篮拼装完成后,____、观测,预压荷载应为最大施工组合荷载的____倍。正确选项是( )。
   A. 一次预压;1　　B. 一次预压;1.2　　C. 分级预压;1　　D. 分级预压;1.2

5. 挂篮安装前节轨道垫梁及轨道,两侧轨道中心距误差不应大于____mm,前后轨道用连接板和螺栓连接成一整体并用压梁锚固,其中轨道接头错位小于____mm。正确选项是( )。
   A. 10;5　　B. 10;2　　C. 5;2　　D. 5;5

6. 挂篮前移时,用液压千斤顶向前推动挂篮,走行速度不应超过( )cm/min。
   A. 10　　B. 12　　C. 15　　D. 20

7. 拆除挂篮时,跨越既有线的挂篮应( )拆除。
   A. 就地
   B. 退至0号块安全位置
   C. 退至1号块安全位置
   D. 设置防坠措施后就地

8. 根据悬臂现浇法的工艺及高处作业特点,下列做法或因素中,不会引起梁体倾覆的是( )。
   A. 0号块临时固结不牢。
   B. 挂篮、成型梁段临边防护不到位。
   C. 两端挂篮走行不同步。
   D. 两端混凝土未对称平衡浇筑。

9. 悬臂现浇法施工作业涉及的工种中,须持证上岗的为( )。
   A. 架子工、钢筋工、模板工
   B. 钢筋工、焊割工、混凝土工
   C. 电工、焊割工、架子工
   D. 设备操作司机、电工、张拉工

10. 用人单位应在新员工进场后( )日内为其购买工伤保险。
    A. 30　　B. 45　　C. 60　　D. 90

11. 焊割工在施工过程中应正确使用的劳动防护用品不包括( )。
    A. 安全帽　　B. 防护面罩　　C. 防扎鞋　　D. 安全带

12. 下列关于悬臂现浇法施工安全控制要点的说法,错误的是( )。
    A. 严禁作业人员攀爬架体或防护栏杆
    B. 操作工具应放在工具袋内,严禁随意向下投掷材料、工具、杂物等
    C. 吊装作业时,应在吊装区域设立警戒标志,人员可在吊装区域内通行
    D. 现场电气设备及电气线路的安装、维修和拆除应由专职电工操作

13. 预应力张拉时,作业人员应站在千斤顶的( )位置操作。
    A. 任意部位   B. 端部   C. 上方   D. 侧面

14. 梁板张拉作业时,挡板内侧宜设置厚度为____mm 的____,外侧宜设置为____mm 的____。正确选项是( )。
    A. 5,木板;18,钢板   B. 5,钢板;18,木板
    C. 18,木板;5,钢板   D. 18,钢板;5,木板

15. 挂篮锚固系统所用的精轧螺纹钢应____,并应设置____。正确选项是( )。
    A. 拧至螺母平行位置;单螺帽   B. 拧至螺母平行位置;双螺帽
    C. 拧出螺母3cm 以上;单螺帽   D. 拧出螺母3cm 以上;双螺帽

16. 同一T 构上的两套挂篮必须同步对称走行,走行过程中同一挂篮两侧主桁架行程要保持一致,左右两片桁架走行前后位置相差不大于( )cm。
    A. 10   B. 12   C. 15   D. 20

17. 设置专用通道供上、下梁面。当高度为35m 时,常设置( )。
    A. 钢斜梯   B. 直爬梯   C. 梯笼   D. 附着式施工电梯

18. 动火作业时,氧气瓶与乙炔瓶安全距离为不小于____m,与明火作业点的安全距离为不小于____m。正确选项是( )。
    A. 3;8   B. 5;8   C. 5;10   D. 8;15

19. 严禁使用( )切断钢绞线。
    A. 砂轮机   B. 液压钳   C. 电弧   D. 手锯

20. 下列关于挂篮安拆起重吊装作业的说法,错误的是( )。
    A. 当遇到大雨、雷雨、高温、6 级及以上大风等恶劣天气时,应停止脚手架安拆、挂篮安拆及移动、起重吊装等高处露天作业
    B. 起重吊装前,指挥人员必须对吊装范围内的障碍物进行安全检查确认,严禁违章指挥
    C. 挂篮安拆起重吊装作业时,应设置安全警戒区域及安全警示标志
    D. 作业人员应撤离至吊物旋转半径范围以内的安全区域

21. 钢绞线、锚具、夹片等材料进场后,应每批抽取( )个预应力筋—锚具组装件进行静载锚固性能试验。
    A. 2   B. 3   C. 4   D. 5

22. 下列关于挂篮走行的说法,错误的是( )。
    A. 挂篮走行前,必须由技术员对照挂篮走行安全检查表,检查走行边界条件,确认安全后方可进行挂篮走行
    B. 走行过程中,应由一名经验丰富的人员进行指挥,发现异常及时采取措施
    C. 挂篮走行过程中,两端挂篮走行差不得超过40cm,同一挂篮轨道两侧行程应同步
    D. 挂篮走行时,挂篮内及模板上可安排人员继续作业

23. 电工接线操作时,应正确使用绝缘手套、( )等安全防护用品。

A. 绝缘鞋　　　　B. 防滑鞋　　　　C. 防护面罩　　　　D. 安全带

24. 节段悬浇施工中,采用机械凿毛梁端混凝土时,在混凝土强度不小于( )MPa后方可进行。

A. 2.5　　　　B. 5　　　　C. 8　　　　D. 10

25. 下列关于挂篮施工作业的说法,错误的是( )。

A. 悬臂施工应对称、平衡地进行,两端悬臂上荷载的实际不平衡偏差不得超过设计规定值

B. 跨越交通要道施工时,设交通疏导员,组织过往行人及车辆,确保人员、车辆的安全

C. 挂篮安装、拆除及走行严禁在夜间进行

D. 可以将精轧螺纹钢作为电焊接地线使用

二、判断题

1. 悬臂现浇法适用于跨越山谷、河流、通行道路等不便搭设支架的大跨径连续梁及刚构桥施工。（　　）

2. 悬臂现浇梁主要施工工艺流程为:0号块施工→挂篮安装及预压→节段悬浇→挂篮前移与定位→循环完成悬浇段施工→边跨现浇段施工→合龙段施工→挂篮拆除。（　　）

3. 挂篮支架预压可采用水箱(水袋)预压法、反力架预压法或沙(土)袋预压法,不需要采取防雨措施。（　　）

4. 移动挂篮的施工步骤为:接长挂篮轨道→解除底模、侧模锚固→底模平台下降→放松挂篮后锚→解除挂篮后锚→安装走行千斤顶→顶推挂篮前移→安装后锚。（　　）

5. 挂篮走行应以千斤顶或卷扬机钢丝牵引作为动力。（　　）

6. 应选择一天中气温最低时完成合龙段混凝土浇筑。（　　）

7. 挂篮拆除顺序:底模系统→侧模系统→吊带→前、中、后横梁→主桁架→底座。（　　）

8. 拆除挂篮时,在拆除主桁架之前拆除吊带系统,在拆除主桁架前拆除走行锚固系统。（　　）

9. 拆除挂篮时,采用卷扬机整体吊放侧模、底模系统,采用吊机分解拆除主桁架。（　　）

10. 新进场员工在体检合格、接受安全教育培训并考试合格和技术交底后方可上岗作业。（　　）

11. 挂篮由专人维护、使用,走行时应安排专人观察、指挥,保持同步、平稳,挂篮主桁架、底模及上、下挂篮的通道可以站人。（　　）

12. 安装挂篮后锚系统所用的精轧螺纹钢时,须竖直受力,不得倾斜。（　　）

13. 挂篮须由施工单位进行专项设计、制造,进场后应进行试拼,全面检查其制作和安装质量,符合设计要求并组织相关单位进行验收后方可投入使用。（　　）

14. 0号块现浇施工采用落地支架时,需要进行地基处理,支架搭设工作量大。（　　）

15. 挂篮悬挂吊带应使用钢板吊带或精轧螺纹钢。（　　）

三、多选题

1. 下列关于悬臂现浇法的说法,正确的有( )。

A. 施工设备及周转材料用量少,除墩顶现浇段外,无须搭设落地支架

B. 悬臂现浇是以桥墩为中心,顺桥向两侧采用移动式挂篮对称平衡地逐段向跨中浇

筑混凝土梁体,并逐段施加预应力,形成桥跨结构的施工方法

C.悬臂现浇法施工属于危险性较大的分部分项工程,施工前须编制专项施工方案,超过一定规模的须由专家论证、审查

D.悬臂现浇法主要施工设备是一对能走行的挂篮,常用的挂篮有三角形和菱形两种,菱形挂篮的优点是结构简单、稳定性好,三角挂篮的优点是操作空间大

2. 悬臂现浇法施工中,挂篮主要由( )、提升系统、模板与支架系统组成。
   A.承重系统   B.锚固系统   C.液压系统   D.走行系统

3. 下列关于挂篮预压的说法,正确的有( )。
   A.检验挂篮的设计承载能力和安全可靠性
   B.消除体系的非弹性变形,获得相应荷载下的弹性变形数据
   C.预压荷载应为最大施工组合荷载的1.1倍
   D.一般每级加载完毕后1h后测量挂篮变形值,全部加载完毕后宜每隔1h测量一次测点变形值,当最后测量时段的两次变形量之差小于2mm时即可结束

4. 挂篮预压测点宜布置在( )。
   A.前、后支点   B.上横梁
   C.下横梁   D.后横梁两侧及中部位置

5. 下列关于悬臂现浇法中混凝土浇筑的说法正确的有( )。
   A.混凝土多采用一次性浇筑,混凝土坍落度宜为180~220mm
   B.节段悬浇施工时,同一墩两侧挂篮混凝土应对称平衡进行浇筑,浇筑时从挂篮后端向前端分层浇筑并及时振捣
   C.边跨现浇段采用支架法施工,混凝土浇筑顺序为靠近边墩先浇、逐渐向合龙段靠拢
   D.合龙段一般采用吊架法施工,合龙的顺序按设计要求进行,一般为先边跨,后中跨

6. 施工过程中应对每一施工梁段的( )等进行严格检测和控制,以保证成桥线形与内力状态符合设计要求。
   A.中线   B.高程   C.预拱度   D.压实度

7. 根据悬臂现浇法的工艺及高处作业特点,存在的特有安全风险有( )。
   A.支架垮塌   B.挂篮倾覆   C.高处坠落   D.梁体倾覆

8. 根据悬臂现浇法的工艺及高处作业特点,下列做法或因素中,会构成挂篮失稳、倾覆风险的有( )。
   A.挂篮未按设计锚固   B.轨道走行限位卡失效
   C.悬吊系统损伤或强度不足   D.严格按照专项施工方案进行作业

9. 下列挂篮施工中有关塔吊的说法,正确的有( )。
   A.塔式起重机基础必须满足承载力要求,地面无积水
   B.设置防雷、接地保护
   C.安装完毕后,报特种设备监管部门检验合格后方可投入使用
   D.操作人员须持证上岗

10. 下列关于挂篮设计、安装及使用的说法,正确的有( )。
    A.挂篮与悬浇段混凝土的重量比不宜大于0.5,且挂篮的总重应控制在设计规定的限重之内
    B.跨线施工时,应采用全封闭挂篮或搭设安全防护棚

C.浇筑和走行时的抗倾覆安全系数不应小于1.5
D.挂篮锚固系统所有精轧螺纹钢应拧出螺母3cm以上,并设置双螺帽

案例1 挂篮安装起重伤害

一、单选题

1.该事故等级是( )。
　A.生产安全特重大事故　　　　　　B.生产安全重大事故
　C.生产安全较大事故　　　　　　　D.生产安全一般事故
2.挂篮安拆、起重吊装作业时,安全人员应撤离至( )的安全区域。
　A.5m以外　　　　　　　　　　　　B.10m以外
　C.吊物旋转半径范围以外　　　　　D.吊物旋转直径范围以外
3.下列关于挂篮安拆、起重吊装作业的说法,错误的是( )。
　A.当遇到大雨、雷雨、高温、六级及以上大风等恶劣天气时,应停止脚手架安拆、挂篮安拆及移动、起重吊装等高处露天作业
　B.起重吊装前,指挥人员必须对吊装范围内的障碍物进行安全检查确认,严禁违章指挥
　C.挂篮安拆起重吊装作业时,应设置安全警戒区域及安全警示标志
　D.作业人员应撤离至吊物旋转半径范围以内的安全区域
4.导致该事故的直接原因是( )。
　A.张某违反挂篮施工安全操作规程
　B.主桁架吊装过程中碰到钢丝绳发生倒塌,造成人员伤亡
　C.施工现场照明设施不足
　D.未设置吊装范围,未设置安全警戒区域

二、判断题

1.为加快施工进度,夜间可进行挂篮安装作业。　　　　　　　　　　　　( )
2.挂篮安拆起重吊装作业时,应设置安全警戒区域及安全警示标志。　　　( )
3.挂篮由专人维护、使用,走行时应安排专人观察、指挥,保持同步、平稳,挂篮主桁架、底模及上、下挂篮的通道可以站人。　　　　　　　　　　　　　　　　( )

三、多选题

1.( )天气下不能进行挂篮安拆及移动、起重吊装等高处露天作业。
　A.夜间　　　　　　　　　　　　　B.雷雨
　C.微风　　　　　　　　　　　　　D.6级及以上大风等恶劣天气
2.导致该事故的间接原因是( )。
　A.张某违反挂篮施工安全操作规程
　B.主桁架吊装过程中碰到钢丝绳发生倒塌,造成人员伤亡
　C.施工现场照明设施不足
　D.未设置吊装范围,未设置安全警戒区域
3.该事故带给我们的经验和教训有( )。
　A.夜间、雷雨、6级及以上大风等恶劣天气时,应停止挂篮安拆及移动、起重吊装等高

处露天作业

B.起重吊装前,指挥人员必须对吊装范围内的障碍物进行安全检查确认,严禁违章指挥

C.挂篮安拆、起重吊装作业时,应设置安全警戒区域及安全警示标志

D.挂篮安拆、起重吊装作业时,安全人员应撤离至吊物旋转半径范围以外的安全区域

案例2 挂篮倾覆

一、单选题

1. 该事故等级是( )。
   A. 生产安全特重大事故　　　　B. 生产安全重大事故
   C. 生产安全较大事故　　　　　D. 生产安全一般事故

2. 挂篮走行速度不得大于____cm/min,两端挂篮走行差不得超过____cm。正确选项是( )。
   A. 10;20　　　B. 10;40　　　C. 20;20　　　D. 20;40

3. 拆除挂篮时,跨越既有线的挂篮应( )拆除。
   A. 就地
   B. 退至0号块安全位置
   C. 退至1号块安全位置
   D. 设置防坠措施后就地

4. 切断钢绞线时,严禁使用( )。
   A. 砂轮机　　　B. 液压钳　　　C. 电弧　　　D. 手锯

二、判断题

1. 挂篮走行时,同一挂篮轨道两侧行程可不同步。　　　　　　　　　　( )
2. 挂篮走行时,挂篮内或模板上操作人员可进行操作。　　　　　　　　( )
3. 挂篮走行过程中应有一名经验丰富的人员进行指挥,针对异常情况及时采取措施。　　　　　　　　　　　　　　　　　　　　　　　　　　　　　( )

三、多选题

1. 挂篮走行前,应对( )等情况进行检查确认。
   A. 轨道平整度　　B. 轨道平面位置　　C. 轨道间距　　D. 轨道材质

2. 导致该事故的原因有( )。
   A. 工区主任赵某违反挂篮安全操作规程
   B. 挂篮走行前,对轨道平整度、平面位置及间距等情况进行了安全检查
   C. 挂篮走行前,未能及时发现挂篮两侧轨道不平行的安全隐患
   D. 模板工王某在挂篮走行过程中,违章在翼缘板上进行模板打磨作业

3. 该事故带给我们的经验教训是( )。
   A. 挂篮走行前必须由技术员对照挂篮走行安全检查表,检查走行边界条件,确认安全后方可进行挂篮走行
   B. 走行过程中应有一名经验丰富的人员进行指挥,针对异常情况及时采取措施
   C. 挂篮走行速度不得大于10cm/min,且两端挂篮走行差不得超过40cm,同一挂篮轨道两侧行程应同步
   D. 走行时,挂篮内及模板上的作业人员应全部撤离,确保安全

13 移动模架施工

一、单选题

1. 移动模架施工须逐级进行预压荷载,一般分( )级进行预压。
   A. 3 B. 4 C. 5 D. 6

2. 移动模架混凝土浇筑完成后,进行拉毛处理,并覆盖洒水养护,养护期不少于( )d。
   A. 12 B. 13 C. 14 D. 15

3. 移动模架预应力压浆一般采用真空辅助压浆工艺,应在( )h内完成。
   A. 24 B. 48 C. 36 D. 72

4. 动火作业时,氧气瓶与乙炔瓶的安全距离为不小于____m,与明火作业点的安全距离为不小于____m。正确选项是( )。
   A. 5;10 B. 5;8 C. 8;8 D. 8;10

5. 当遇到大雨、雷雨、高温、( )级及以上大风等恶劣天气时,应立即停止移动模架安装、移动、拆除等高处露天作业及起重吊装作业。
   A. 5 B. 6 C. 7 D. 8

6. 移动模架法施工属于危险性较大的分部分项工程,施工前必须编制( )。
   A. 专项施工方案 B. 安全专项方案 C. 专项技术方案 D. 安全技术方案

7. 移动模架法施工工艺流程是( )。
   A. 移动模架安装→梁体制作→加载预压→开模、前移,循环制梁→移动模架拆除
   B. 移动模架安装→梁体制作→开模、前移,循环制梁→加载预压→移动模架拆除
   C. 移动模架安装→开模、前移,循环制梁→梁体制作→加载预压→移动模架拆除
   D. 移动模架安装→加载预压→梁体制作→开模、前移,循环制梁→移动模架拆除

8. 移动模架预压须逐级进行模架的加载、观测和卸载、观测,观测点设在跨中、( )跨和梁端处。
   A. 1/2 B. 1/3 C. 1/4 D. 1/5

9. 移动模架混凝土浇筑应按照( )顺序施工。
   A. 底腹板倒角→腹板→底板→顶板
   B. 底腹板倒角→底板→腹板→顶板
   C. 腹板→底板→顶板→底腹板倒角
   D. 腹板→顶板→底板→底腹板倒角

10. 下行式移动模架开模、前移步骤是( )。
    A. 落模→开模→过孔→合模→调整主梁、模板
    B. 落模→开模→合模→过孔→调整主梁、模板
    C. 开模→落模→合模→过孔→调整主梁、模板
    D. 开模→过孔→合模→落模→调整主梁、模板

11. 施工单位应在新员工进场( )个月内为其购买工伤保险。
    A. 1 B. 2 C. 3 D. 6

12. 移动模架的现场安装、移动和拆除过程中,须有施工单位( )和安全管理员进行

指导,统一指挥。
A.项目经理 B.总工程师
C.分管安全生产副经理 D.施工技术人员

13.移动模架施工中,下方禁止人员通行;操作平台上,( )人以上不得聚集一处。
A.3 B.4 C.5 D.6

14.移动模架压浆时,作业人员应站在( )。
A.前面 B.后面 C.正面 D.侧面

15.张拉设备上配套的压力表、油泵和千斤顶应按要求校准,重新校准条件为:使用时间超过____个月,或张拉次数超过____次。正确选项是( )。
A.4;200 B.5;250 C.6;300 D.7;400

16.移动模架预压荷载应为模架需承受全部荷载的( )倍。
A.1.01~1.05 B.1.02~1.1 C.1.05~1.1 D.1.05~1.2

17.预应力管道应采用钢筋固定,以确保管道位置准确。定位筋间距一般情况下不大于____m,特殊情况下不大于____m。正确选项是( )。
A.0.8;0.5 B.0.8;0.6 C.1;0.6 D.1;0.5

18.移动模架混凝土浇筑时,分层下料宽度不超过( )cm。
A.30 B.35 C.40 D.45

19.移动模架混凝土浇筑完成后,当气温低于( )℃时,应采取保温养护措施,不得向混凝土面上洒水。
A.4 B.5 C.6 D.7

20.移动模架混凝土抗压强度达到设计强度的( )%时,方可拆除内顶模。
A.60 B.70 C.75 D.80

21.移动模架进场前,应由施工单位组织( )等部门技术人员对资料进行查验。
A.设备物资 B.计划合约 C.安全管理 D.财务管理

22.下行式移动模架拆除顺序应为( )、从前往后。
A.从上而下 B.从下而上 C.从左到右 D.从右到左

23.患有高血压、( )、恐高症等不适合高处作业的人员不得从事移动模架作业。
A.咽喉炎 B.心脏病 C.颈椎病 D.贫血

24.移动模架压浆完成后,预应力筋的外漏长度为( )cm。
A.20~30 B.30~40 C.30~50 D.40~50

25.移动模架施工涉及的特种作业人员包括电工、电焊工、( )等。
A.架子工 B.杂工 C.钢筋绑扎工 D.混凝土工

二、判断题

1.移动模架法是采用可在桥墩上横向移动的支架及模板,在其上逐跨现浇梁体混凝土,并逐跨施加预应力的施工方法。 ( )
2.下行式移动模架可采用钢筋骨架整体吊装方式进行安装。 ( )
3.腹板混凝土浇筑必须同步对称进行,避免内模偏位。 ( )
4.移动模架施工中,预应力一般采用单端张拉,张拉端位于移动模架后端。 ( )
5.移动模架施工中,架子工、电工、焊割工等特殊工种及起重机械作业人员须持证上岗。
( )

6. 施工现场电气设备及电气线路的安装、维修和拆除应由电焊工进行操作。( )
7. 移动模架的操作人员应接受制造厂家组织的培训,并取得培训合格证书。( )
8. 移动模架横移、前移过程中,电工可以站在模架上进行作业。( )
9. 预应力筋张拉作业时应设置挡板,作业人员可以在千斤顶端部进行作业。( )
10. 移动模架开模、过孔时,应确保各作业部位通信指挥通畅。( )

三、多选题

1. 移动模架法施工主要特点有( )。
   A. 机械化程度高　　　　　B. 模板可多次循环使用　　　C. 施工速度快
   D. 占用场地小　　　　　　E. 不影响通行、通航
2. 移动模架预压材料可采用( )等。
   A. 砂(土)袋　B. 水箱(水袋)　C. 型钢　　D. 方木　　E. 预制块
3. 拆除下行式移动模架时,首先拆除( ),再拆除导梁、主梁、托架等。
   A. 上部底模板　B. 侧模板　C. 前吊架　D. 后吊架　E. 后门架
4. 移动模架施工过程中存在的一般风险主要有( )。
   A. 机械伤害　B. 车辆伤害　C. 触电　　D. 淹溺　　E. 火灾
5. 移动模架施工中,焊割工应使用( )等劳动防护用品。
   A. 防护面罩　B. 焊工手套　C. 劳保鞋　D. 安全帽　E. 安全带
6. 移动模架进场前,施工单位应对( )资料进行查验。
   A. 厂家生产资质　　　　　B. 产品合格证　　　　　C. 设计图纸
   D. 方案说明　　　　　　　E. 结构受力计算书
7. 使用起重吊装设备前,应检查( )等安全装置是否有效,钢丝绳、吊索、卡环等是否完好。
   A. 三圈保护器　　　　　　B. 长度卷度传感器　　　C. 高度限位器
   D. 轴销传感器　　　　　　E. 力矩显示器
8. ( )等材料进场后,应按规定取样抽检,合格后方可投入使用。
   A. 钢绞线　B. 锚具　　C. 夹片　　D. 卡环　　E. 钢丝绳
9. 水上作业时,应配备( )等应急物资。
   A. 反光衣　B. 救生衣　C. 救生圈　D. 救生绳　E. 劳保鞋
10. 移动模架法适用于( )、双箱梁等各种断面的桥梁施工。
    A. 跨路　　B. 跨河　　C. 中跨径　D. 单箱梁　E. 多跨
11. 移动模架主要由( )及辅助设施等部分组成。
    A. 主梁导梁系统　　　　　B. 吊架支承系统　　　　C. 模板系统
    C. 移位调整系统　　　　　E. 液压电气系统
12. 移动模架一般在桥下就地拼装,以( )等机械设备为主。
    A. 千斤顶　B. 塔式起重机　C. 汽车起重机　D. 挖掘机　E. 门式起重机
13. 移动模架施工中,采用( )方式浇筑混凝土,采用( )分层、( )分段,由两端向中间阶梯式推进,一次性浇筑完成。
    A. 吊装　　B. 泵送　　C. 水平　　D. 横向　　E. 斜向
14. 拆除上行式模架时,先对称拆除( ),再拆除挑梁、主梁、支腿等。
    A. 吊杆　　B. 底模架　C. 侧模架　D. 后吊架　E. 后门架

207

15.移动模架施工中存在模架倾覆的安全风险,其主要原因是( )。
   A.移动模架结构设计存在缺陷　　　　B.支腿拉杆数量过少
   C.导梁连接处螺栓缺失　　　　　　　D.过孔时负重过大
   E.拆除时人员的不安全行为

案例　移动模架坠落

一、单选题

1.该事故导致 3 死 5 伤,事故等级是( )。
   A.生产安全特重大事故　　　　　　　B.生产安全重大事故
   C.生产安全较大事故　　　　　　　　D.生产安全一般事故
2.移动模架支撑牛腿连接销轴焊接质量不合格,受力后连接销轴发生( )断裂。
   A.韧性　　　　　　　　　　　　　　B.脆性
3.脆性断裂和韧性断裂相比,( )断裂更危险。
   A.韧性　　　　　　　　　　　　　　B.脆性

二、判断题

1.移动模架的安装顺序为:牛腿→推进平车及液压系统→主梁组拼→安装横梁→铺底模、腹板和翼缘板。　　　　　　　　　　　　　　　　　　　　　( )
2 走行过程中,在通过主梁连接板时,速度要慢。要调整平移小车的位置,确保鼻梁能顺利爬上平移小车。　　　　　　　　　　　　　　　　　　　　( )
3.顶升落模前,需要检查是否有碍事的钢管、方木等物体。　　　　　　( )
4.移动模架进场后,需要对销轴进行焊缝检测。　　　　　　　　　　　( )

三、多选题

1.下行式移动模架施工的特点有( )。
   A.安全　　　　B.经济　　　　C.施工速度快　　　　D.施工速度慢
2.移动模架的结构包括( )。
   A.牛腿　　　　B.主梁　　　　C.横梁　　　　　　　D.外模
3.该事故带给我们的经验教训有( )。
   A.移动模架等施工前,不用对杆件的焊缝进行无损探伤检测
   B.移动模架等施工专用设备进场后,应组织相关人员对各部件进行专项检查验收,经检验合格后方可投入使用
   C.施工现场危险部位应设置安全警示区域及安全警示标志,并设专人值守
   D.施工现场加强安全巡视,杜绝非施工人员进入现场

14 悬臂拼装法施工

一、选择题

1. 施工单位应在新员工进场( )个月内为其购买工伤保险。
   A.0.5   B.1   C.1.5   D.2

2. 预制台座及场地道路应有足够的承载力,台座顶面沉降应控制在( )mm 以内。
   A.1   B.2   C.3   D.4

3. 悬臂拼装法施工中,按照先底板、后腹板、再顶板的顺序水平分层浇筑混凝土,分层厚度不宜大于( )mm。
   A.100   B.200   C.300   D.400

4. 压浆强度达到设计强度的____后,方可进行梁体吊移;吊绳与吊起构件的交角小于____时,应设置吊架或吊起扁担。正确选项是( )。
   A.80%;60°   B.70%;50°   C.60%;60°   D.70%;60°

5. 混凝土浇筑完成后,须进行拉毛处理并覆盖洒水养护,养护时间不宜少于( )d。
   A.7   B.10   C.14   D.28

6. 0 号块施工前,应对支架进行逐级预压,预压荷载为最大施工组合荷载的( )倍。
   A.1   B.1.1   C.1.2   D.1.3

7. 对胶结缝施加临时预应力进行挤压时,挤压力宜为( )MPa。
   A.0.1   B.0.2   C.0.3   D.0.4

8. 预应力张拉遵循对称、分级原则,体外索采用粉刺匀速张拉,达到张拉控制应力后持续( )min 再锚固。
   A.2   B.1   C.3   D.5

9. 悬臂拼装主要施工工艺流程是( )。
   A. 梁段预制→梁段吊运及存放→梁段运输→0 号块施工→悬臂设备安装→1 号块及湿接缝施工→悬臂节段拼装→边跨梁段施工→合龙段施工
   B. 梁段预制→梁段吊运及存放→梁段运输→悬臂设备安装→0 号块施工→1 号块及湿接缝施工→悬臂节段拼装→边跨梁段施工→合龙段施工
   C. 梁段预制→梁段吊运及存放→梁段运输→悬臂设备安装→0 号块施工→悬臂节段拼装→1 号块及湿接缝施工→边跨梁段施工→合龙段施工
   D. 梁段预制→梁段吊运及存放→梁段运输→0 号块施工→1 号块及湿接缝施工→悬臂设备安装→悬臂节段拼装→边跨梁段施工→合龙段施工

10. 存放梁段时,宜采用枕木、橡胶板等进行支垫,存放层数不宜超过( )层。
    A.1   B.2   C.3   D.4

11. 悬臂节段拼装工艺流程是( )。
    A. 架桥机就位→梁段初对位→测量中线和高程→移开梁段涂胶→穿束→精准定位→临时预应力筋张拉→压浆→下一节段拼装
    B. 架桥机就位→梁段初对位→测量中线和高程→移开梁段涂胶→精准定位→穿束→

临时预应力筋张拉→压浆→下一节段拼装

C. 架桥机就位→梁段初对位→测量中线和高程→移开梁段涂胶→精准定位→临时预应力筋张拉→穿束→压浆→下一节段拼装

D. 架桥机就位→梁段初对位→测量中线和高程→精准定位→移开梁段涂胶→临时预应力筋张拉→穿束→压浆→下一节段拼装

12. 采用架桥机悬挂安装边跨梁段时,为便于梁段调位与涂胶,吊挂时梁段间相互错开( )cm。
  A. 10~20 B. 20~30 C. 15~30 D. 10~30

13. 张拉作业时,作业人员应站在千斤顶侧面;张拉端须设挡板,挡板内侧模板厚度为____mm,外侧钢板厚度为____mm。正确选项是( )。
  A. 12;2 B. 14;3 C. 16;4 D. 18;5

14. 动火作业时,氧气瓶与乙炔瓶的安全距离为不小于____m,与明火作业点的安全距离为不小于____m。正确选项是( )。
  A. 3;8 B. 5;8 C. 5;10 D. 8;15

15. 切断钢绞线时严禁采用的工具为( )。
  A. 砂轮机 B. 液压钳 C. 电弧 D. 手锯

16. 当出现( )情况时,应停止高处露天作业、脚手架安拆及起重吊装作业。
  A. 雷雨 B. 小雨 C. 5级风力 D. 阵雨

17. 悬拼设备安装后,须报( )部门检验合格后方可投入使用。
  A. 特种设备安全监督管理 B. 交通运输主管
  C. 行政执法 D. 公安机关

18. 分级张拉力一般为最终张拉力的( )。
  A. 10%~20%~50%~100% B. 10%~20%~60%~100%
  C. 10%~20%~70%~100% D. 10%~20%~80%~100%

19. 悬臂拼装施工涉及的工种中,不需要持证上岗有( )。
  A. 架子工 B. 电工 C. 焊割工 D. 模板工

20. 水上作业时,作业平台应配备水上救援器材,水上救援器材不包括( )。
  A. 救生圈 B. 救生衣 C. 救生绳 D. 安全帽

21. 下列不属于起重吊装作业应注意事项的是( )。
  A. 吊装前,操作人员必须对起重设备的钢丝绳、卡扣进行检查
  B. 现场应设置安全警戒区
  C. 吊物下方严禁站人
  D. 单点起吊

22. 湿接缝箱梁混凝土的强度达到设计强度的( )以后,进行预应力张拉。
  A. 80% B. 85% C. 90% D. 95%

23. 架子工在施工过程中须正确佩戴的安全防护用品不包括( )。
  A. 安全带 B. 安全帽 C. 防滑鞋 D. 防护面罩

24. 汽车起重机使用前应进行检查,检查内容不包括( )。
  A. 安全防护用品是否穿戴正确 B. 钢丝绳、吊索、卡环是否完好
  C. 就位场地是否平整、坚实 D. 支腿垫放是否牢固

二、判断题

1. 悬拼设备安装、拆除及走行可以在夜间进行。（   ）
2. 当拼装作业跨越道路、航道时,须实行临时交通管制,严禁行人、车辆和船舶在作业区域下方通行。（   ）
3. 起重吊装作业时,现场应设置安全警戒区,指挥人员确认所有人员撤离至安全区域后,方可进行吊装作业。（   ）
4. 电焊、气割作业区周围应采取防火措施,按要求配备消防器材。（   ）
5. 起重吊装作业前必须对起重设备的钢丝绳、卡口等进行检查,确认安全后方可进行起重吊装作业。（   ）
6. 悬臂拼装施工属于危险性较大的分部分项工程,施工前须编制专项施工方案。（   ）
7. 钢筋吊装时应设吊架,可采用单点起吊,防止变形。（   ）
8. 悬拼设备安装完成后,对其进行试吊,检验起吊设备安全性。（   ）
9. 切断预应力筋时应采用砂轮机、液压钳等工具,可使用氧气、乙炔切断。（   ）
10. 悬拼设备走行时应安排专人观察和指挥,保持同步、平稳。（   ）
11. 新进场员工在体检合格、接受安全培训教育且考试合格并接受技术交底后方可上岗作业。（   ）
12. 水上作业时,作业平台应配备水上救援器材,包括救生圈、救生衣、救生绳等。（   ）
13. 作业平台及成型梁段临边防护不到位、未按要求系挂安全带或违规作业,会导致人员坠落。（   ）
14. 施工现场电器设备及电气线路的安装、维修和拆除应由专职人员进行操作。（   ）
15. 操作使用的工具及螺栓应放在工具袋内,严禁随意抛掷。（   ）

三、多选题

1. 按照起重吊装方式的不同,悬臂拼装法分为(   )。
   A. 架桥机悬拼法　　　　　　B. 悬拼吊机法
   C. 浮吊拼装法　　　　　　　D. 缆索起重机悬拼法
2. 悬臂拼装施工中存在的一般安全风险有(   )。
   A. 物体打击　　B. 机械伤害　　C. 触电　　D. 淹溺
3. 根据悬臂拼装施工的工艺及高处作业特点,存在的特有风险主要有(   )。
   A. 起重伤害　　B. 支架垮塌　　C. 起重设备倾覆　　D. 高处坠落
4. 在起重作业中,导致伤害事故的主要原因有(   )。
   A. 吊物脱钩砸人　　B. 钢丝绳断裂伤人　　C. 吊物移动时撞人　　D. 高处坠落
5. 采用支架现浇0号块和边跨梁段时,(   )等原因可能导致支架失稳、垮塌。
   A. 地基处理不到位　　　　　　B. 支架材料强度不足
   C. 未按要求搭设　　　　　　　D. 违规堆载
6. 悬臂拼装施工涉及的必须持证上岗工种有(   )。
   A. 架子工　　B. 电工　　C. 焊割工　　D. 起重机械操作工
7. 导致起重设备倾覆的原因主要有(   )。

A.未按设计锚固 B.轨道走行限位卡失效
C.支垫不规范 D.违规操作

8.须停止脚手架安拆、悬拼设备安拆及移动和起重吊装作业的恶劣天气主要有( )。
A.大雨 B.雷雨 C.高温 D.6级及以上大风

9.以下可能导致悬臂拼装施工梁段吊装起重伤害事故的有( )。
A.吊车钢丝绳因断股超过5%
B.起重吊装作业时,违规在吊物下方整理支撑枕木
C.梁段起重吊装作业前,司机未对起重天车钢丝绳进行检查
D.指挥人员在现场人员未撤离情况下,指挥吊装,吊装过程中未及时制止违章作业行为

10.起重机钢丝绳在( )情况下,应报废。
A.出现整根绳股断裂 B.绳芯损坏,绳径显著减小
C.钢丝绳有严重扭结 D.钢丝绳严重弯折

11.悬臂拼装法施工须建立日常检查制度,使用前及使用过程中由专人进行检查确认的有( )。
A.运梁车 B.架桥机 C.起重设备 D.卷扬机

案例 起重伤害

一、单选题

1.该案例事故的等级是( )。
A.生产安全特重大事故 B.生产安全重大事故
C.生产安全较大事故 D.生产安全一般事故

2.该事故的事故类型是( )。
A.机械伤害 B.起重伤害 C.火灾 D.爆炸

3.吊装梁段时,右前吊点的钢丝绳因断股超过( )。
A.5% B.10% C.15% D.20%

4.造成该事故的直接原因是( )。
A.吊点的钢丝绳断裂,导致梁体倾斜下坠,砸中李某致死。
B.司机赵某未对天车钢丝绳进行检查。
C.李某违规在吊物下方整理支撑垫木。
D.起重吊装作业时,现场未设置安全警戒区域。

二、判断题

1.起重机吊装过程中,吊物下方严禁站人。 ( )
2.起重吊装作业时,现场应设置安全警戒区域,指挥人员确认所有人员撤离至安全区域后,方可进行吊装作业。 ( )

三、多选题

1.架桥机悬臂拼装法中,节块划分主要由( )决定。

A. 施工人员　　　　B. 运输吊装能力　　C. 工期　　　　　　D. 设备
2. 架桥机悬臂拼装法施工的特点有(　　)。
A. 起吊节段,起吊能力大　　　　　　B. 起吊钢筋和混凝土,起吊能力小
C. 控制难度大,靠接缝调整　　　　　D. 工序易控制,挂篮高程易调整
3. 起重吊装作业前,操作人员必须对起重设备的(　　)等进行检查。
A. 安全带　　　　　B. 安全网　　　　　C. 钢丝绳　　　　　D. 卡扣
4. 悬臂拼装法的步骤包括(　　)。
A. 预制　　　　　　B. 运输　　　　　　C. 拼装　　　　　　D. 合拢
5. 该事故带给我们的经验教训有(　　)。
A. 起重吊装作业前,操作人员必须对设备进行检查,确认安全后进行起重吊装作业
B. 钢丝绳有损伤时应及时更换
C. 起重吊装作业时,现场应设置安全警戒区域
D. 吊装过程中,吊物下方严禁站人

15 桥面系施工

一、单选题

1. 桥面系施工涉及起重、测量、张拉、电焊等作业。下列各工种中,( )属于特种作业人员。
    A. 钢筋工　　　　B. 测量工　　　　C. 焊割工　　　　D. 混凝土工

2. 下列不属于桥面系施工涉及的工种的是( )。
    A. 模板工　　　　B. 张拉工　　　　C. 电工　　　　　D. 爆破工

3. 施工现场电气设备及电气线路的安装、维修和拆除应由( )进行操作。
    A. 现场负责人　　B. 电工　　　　　C. 焊割工　　　　D. 专职安全管理员

4. 下列关于防撞护栏移动工作架使用方法的说法中,错误的是( )。
    A. 严禁超载作业　　　　　　　　　B. 人员和材料应均匀分布
    C. 移动过程可以载人和载物　　　　D. 人员和材料不得集中在一头

5. 桥面系施工时,氧气瓶与乙炔瓶安全距离为不小于( )m。
    A. 5　　　　　　B. 6　　　　　　C. 7　　　　　　D. 8

6. 桥面系施工时,氧气瓶、乙炔瓶与明火作业点的安全距离为不小于( )m。
    A. 5　　　　　　B. 10　　　　　 C. 15　　　　　 D. 20

7. 下列钢绞线裁剪方法中,会对钢绞线造成损伤的是( )。
    A. 砂轮机切断　　　　　　　　　　B. 液压钳剪断
    C. 乙炔氧气切割　　　　　　　　　D. 钢绞线穿束切割一体机剪切

8. 沥青摊铺作业人员需要遵循的安全注意事项不包括( )。
    A. 掌握安全操作规程
    B. 按规定涂抹防护药膏
    C. 按规定穿戴好工作服、口罩、风镜、手套、劳保鞋等防护用品
    D. 持有电工操作证

9. 钢筋工在临边防护栏杆缺失且未系挂安全带的情况下,进行防撞护栏钢筋帮扎作业,不慎失稳坠落桥下导致死亡,属于( )伤害。
    A. 高处坠落　　　B. 物体打击　　　C. 机械伤害　　　D. 触电

10. 钢筋工在( )情况下进行桥面系高空临边作业,容易发生生产安全事故。
    A. 熟知安全操作规程　　　　　　　B. 充分认识施工安全风险
    C. 未接受安全教育培训　　　　　　D. 正确佩戴劳动防护用品

11. 桥面系施工涉及临时用电作业,下列属于防范触电危险的控制措施的是( )。
    A. 高空作业人员腰间系安全带,穿软底防滑鞋,严禁高空抛物。
    B. 严格按照临时用电规范架设线路,电工持证上岗,作业前加强对用电设备检查,严禁非电工进行电工作业。
    C. 施工现场按要求配备灭火器。
    D. 起重吊装作业人员必须持证上岗,严格按照专项吊装方案作业。

12. 作业人员在未设置踢脚板的移动工作架上进行防撞护栏施工时,不慎踢到随意放置的扳手,扳手从15m高处掉落桥下,砸中路过的村民,导致其死亡,属于(　　)伤害。
    A. 高处坠落　　　　B. 触电　　　　　　C. 机械伤害　　　　D. 物体打击
13. 移动工作架作业平台临边应按要求设置踢脚板,高度不得小于(　　)cm。
    A. 10　　　　　　　B. 50　　　　　　　C. 18　　　　　　　D. 30
14. 桥面临边防护栏杆高度应不小于(　　)m。
    A. 1.5　　　　　　B. 1.4　　　　　　C. 1.3　　　　　　D. 1.2
15. 施工单位应在新员工进场后(　　)个月内为购买工伤保险。
    A. 1　　　　　　　B. 2　　　　　　　C. 3　　　　　　　D. 6
16. 对桥面张拉作业使用的锚具、夹片应做进场检验,外观检查要求为(　　)。
    A. 抽取5%且不少于20套样品　　　　B. 抽取2%且不少于10套样品
    C. 抽取5%且不少于10套样品　　　　D. 抽取2%且不少于20套样品
17. 桥面防水材料出现(　　)情况,不得使用。
    A. 未取得检验报告　B. 具有厂家合格证　C. 具有出厂日期　　D. 进场后经检验合格
18. 在(　　)情况下可进行桥面施工。
    A. 大雾　　　　　　　　　　　　　　B. 雷电
    C. 夜间配备足够照明　　　　　　　　D. 6级及以上大风
19. 遇有(　　)级及以上大风时应停止桥面作业。
    A. 4　　　　　　　B. 5　　　　　　　C. 6　　　　　　　D. 7
20. 对桥面张拉作业使用的锚具、夹片应做进场检验,硬度检验要求为(　　)。
    A. 抽取5%且不少于5套样品　　　　B. 抽取4%且不少于2套样品
    C. 抽取4%且不少于4套样品　　　　D. 抽取3%且不少于5套样品
21. 桥面系施工作业特点不包括(　　)。
    A. 高空作业多　　　B. 作业人员少　　　C. 焊接量大　　　　D. 作业点位分散
22. 张拉工在负弯矩张拉作业时,因操作不当,被钢绞线、夹片弹出击中,导致面部流血,属于(　　)伤害。
    A. 高处坠落　　　　B. 物体打击　　　　C. 机械　　　　　　D. 触电
23. 下列桥面系施工作业工种中,(　　)无须持有特种作业人员证件。
    A. 钢筋工　　　　　B. 电工　　　　　　C. 起重机械操作工　D. 焊割工

二、判断题

1. 桥面系施工中发生物料掉落,可能会砸伤桥下人员,造成物体打击伤害。　　　　(　　)
2. 在现浇连续段梁间接缝处进行无防护措施的电焊作业,存在灼烫伤人安全风险。
   (　　)
3. 在现浇连续梁负弯矩张拉作业时,发生钢绞线、夹片弹出、油管爆裂等情况,会直接造成人员伤害。　　　　　　　　　　　　　　　　　　　　　　　　　　　　(　　)
4. 桥面系作业人员可自由跨越桥梁中分带、左右幅间空隙,无须走专用通道。　(　　)
5. 操作人员使用高空作业车进行高空作业前,必须经相关部门培训并取得操作证。
   (　　)
6. 使用高空作业车进行接缝钢筋安装、模板安拆等作业时,须在作业区域设置安全警示围栏和标志。　　　　　　　　　　　　　　　　　　　　　　　　　　　　(　　)

7. 桥面系钢筋、模板安装人员必须系安全带,安全带应系于预埋钢筋上。（ ）

8. 现浇连续段、无法避让的张拉槽口等孔隙、孔洞随意覆盖木板,方可确保车辆安全通行。（ ）

9. 桥面系施工所用的钢筋、模板以及其他零配件应规整堆放在桥面边缘,并设置安全警示围栏和标志。（ ）

10. 跨路和梁间接缝施工期间,桥下严禁人员及机械设备停留或通行。如有确需通过的情形,应在桥下增设防护棚架。（ ）

11. 桥面临边防护栏杆高度应不小于1.2m,栏杆上设置密目安全网以及"当心坠落"等警告标志。（ ）

12. 桥面防撞护栏临边、孔洞处应做好临边防护及覆盖措施,为了方便施工可随意拆除。（ ）

13. 桥面施工现场电气设备及电气线路的安装、维修和拆除应由专职人员进行操作。（ ）

14. 严禁桥面作业人员向桥下抛掷物品,随身所带的作业工具必须放在工具袋内,以防滑落伤人。（ ）

15. 钢筋、模板安装人员安装防撞护栏钢筋时,只要在防撞护"移动工作架"内,无须系安全带。（ ）

16. 负弯矩预应力钢束张拉时,作业人员不得站在千斤顶后方,可站在油管接头部位。（ ）

17. 采用手摇卷筒吊装法安装翼板湿接缝模板前,应认真检查,确保钢丝绳、吊具完好。（ ）

18. 桥面张拉作业前,应对锚具、夹片进行检验,按规定取样并做抽检试验,检验合格后方准投入使用。（ ）

19. 伸缩装置施工应有相应的成品保护措施,避免路面被污染或破坏。（ ）

20. 单柱墩桥梁防撞护栏应两侧对称施工,以防失稳。（ ）

三、多选题

1. 桥面系施工人员应具备(   )条件方可进场作业。
   A. 体检合格　　　　　　　　B. 接受安全技术交底
   C. 安全教育培训合格　　　　D. 按要求缴纳工伤保险

2. 存在高处坠落风险的情况有(   )。
   A. 钢筋焊接　　　　　　　　B. 梁间接缝施工临边防护缺失
   C. 汽车起重机起重吊装　　　D. 高空作业安全防护用品使用不当

3. 桥面系施工中存在的一般安全风险包括(   )。
   A. 触电　　　　B. 起重伤害　　　C. 火灾　　　D. 地震

4. 桥面系施工中,电工、焊割工应正确佩戴或使用的劳动防护用品包括(   )。
   A. 安全帽　　　B. 绝缘鞋　　　　C. 绝缘手套　　D. 面罩

5. 桥面系施工现场的机械、车辆作业时,应(   )。
   A. 避开孔洞　　B. 避让人员　　　C. 高速行驶　　D. 安排专人指挥

6. 连续梁负弯矩预应力钢束张拉时,下列做法中错误的是(   )。
   A. 千斤顶后方站人　　　　　B. 油管接头部位附近站人

C. 踩踏高压油管　　　　　　　　　　D. 遇张拉设备异常,立即停机检查

7. 开展梁间接缝钢筋焊接作业时,下列做法中存在安全隐患的有(　　)。
   A. 无焊割工作证件　　　　　　　　B. 及时清除场地周围及下方可燃物
   C. 在焊点下方设接火斗　　　　　　D. 未配备消防器材

8. 连续梁负弯矩张拉作业时,需要注意的事项包括(　　)。
   A. 设置明显的警示标志　　　　　　B. 禁止非工作人员进入
   C. 恶劣天气不得作业　　　　　　　D. 设置张拉专用工作平台

9. 桥面系施工中,易燃材料包括(　　),应分类存放,并设置消防器材。
   A. 木模板　　　B. 油性脱模剂　　　C. 养护塑料薄膜　　　D. 土工布

10. 安装桥面伸缩装置应遵循的安全注意事项有(　　)。
    A. 夜间设置反光标识牌　　　　　　B. 左右幅交替封闭交通施工
    C. 设专人负责交通管制　　　　　　D. 设置安全警示及交通指引标志

11. 作业人员在未设置踢脚板的移动工作架上进行防撞护栏施工时,不慎踢到随意放置的扳手,扳手从15m高处掉落桥下,砸中路过的村民导致其死亡。造成该事故的原因有(　　)。
    A. 作业人员违反安全技术交底,未将扳手放置在携带的工具袋中
    B. 未按要求在移动作业平台设置踢脚板
    C. 防撞墙施工时,桥下未设置安全警戒区域,且未安排专人警戒
    D. 非施工人员擅自闯入危险区域

12. 桥面系施工涉及的工种有(　　)。
    A. 测量工　　　B. 模板工　　　C. 张拉工　　　D. 起重机械操作工

13. 下列关于防撞护栏移动工作架使用方法的说法中,正确的有(　　)。
    A. 严禁超载作业　　　　　　　　　B. 人员和材料应对称分布
    C. 移动过程可以载人　　　　　　　D. 移动过程中不允许载人和载物

14. 应对桥面张拉作业使用的锚具、夹片进行进场检验,以下做法中,正确的是(　　)。
    A. 进行外观检查,抽取2%且不少于10套样品
    B. 进行硬度检验,抽取3%且不少于5套样品
    C. 进行荷载试验
    D. 进行静载锚固性能试验,抽取3个预应力筋-锚具组装件

15. 桥面混凝土防撞护栏钢筋帮扎作业过程,钢筋工杨某为了操作方便拆除了临边防护栏杆,在未系挂安全带的情况下使用调直扳手调直预埋钢筋,由于用力过猛,调制扳手突然滑脱,由于惯性导致杨某失稳,从20m高的桥面坠落至地面,当场死亡。造成该事故的原因有(　　)。
    A. 钢筋工杨某在20m高处作业
    B. 擅自拆除临边防护栏杆
    C. 进行高处作业时未正确系挂安全带
    D. 使用调直扳手不当,用力过猛,导致失稳

案例1　高处坠落

一、单选题

1. 该案例事故的等级是(　　)。

A. 生产安全特重大事故　　　　　　　B. 生产安全重大事故
C. 生产安全较大事故　　　　　　　　D. 生产安全一般事故

2. 该事故的类型是(　　)。
A. 机械伤害　　B. 起重伤害　　C. 高处坠落　　D. 爆炸

3. 桥面施工防护栏的高度应不小于(　　)m。
A. 1　　B. 1.2　　C. 1.5　　D. 2

4. 高处作业指在坠落高度基准面(　　)m 以上、有可能坠落的高处进行的作业。
A. 1　　B. 2　　C. 3　　D. 4

二、判断题

1. 桥面系钢筋、模板安装人员必须系安全带,安全带应系于预埋钢筋上。(　　)
2. 使用高空作业车进行接缝钢筋安装、模板安拆等作业时,须在作业区域设置安全警示围栏和标志。(　　)
3. 桥面系施工中发生物料掉落,可能会砸伤桥下人员,造成物体打击伤害。(　　)

三、多选题

1. 高处作业时,下列做法中,正确的有(　　)。
A. 施工人员在施工过程中应正确佩戴劳动防护用品
B. 作业人员施工前可不做安全培训
C. 作业人员应充分认识到高处临边作业的危险因素
D. 应做好防撞护栏、临边孔洞的临边防护及覆盖措施

2. 造成该事故的原因有(　　)。
A. 钢筋工杨某擅自拆除临边防护栏杆,未正确系挂安全带
B. 钢筋工在调直预埋钢筋时,操作不当,用力过猛
C. 项目部对现场作业人员安全教育培训不到位
D. 作业人员充分认识到高处临边作业的危险因素

3. 该事故带给我们的经验教训有(　　)。
A. 施工人员在施工过程中应正确佩戴劳动防护用品
B. 加强现场作业人员安全教育培训
C. 桥面施工时,对防撞护栏、临边孔洞可不做临边防护及覆盖措施
D. 应将现场危险部位及危险因素告知作业人员,并悬挂安全警示标志

案例2　物体打击

一、单选题

1. 该事故等级是(　　)。
A. 生产安全特重大事故　　　　　　　B. 生产安全重大事故
C. 生产安全较大事故　　　　　　　　D. 生产安全一般事故

2. 该事故类型是(　　)。
A. 物体打击　　B. 车辆伤害　　C. 机械伤害　　D. 火灾

3. 在移动作业平台设置踢脚板时,高度不应小于(　　)cm。

  A. 15   B. 18   C. 20   D. 25

4. 桥面施工防护栏的高度应不小于( )m。

  A. 1   B. 1.2   C. 1.5   D. 2

二、判断题

1. 模板工在施工中可以不将扳手放置于随身携带的工具袋中,而是直接放置在平台上。( )

2. 桥面系施工中,严禁作业人员向墙(桥)面下抛掷物品。( )

三、多选题

1. 作业平台临边必须按要求设置( )。

  A. 风速仪   B. 防护栏杆   C. 踢脚板   D. 缆风绳

2. 造成该事故的原因有( )。

  A. 张某违反安全技术交底,违规将扳手放置在平台上

  B. 移动作业平台按要求设置踢脚板

  C. 非施工人员擅自闯入危险区域造成伤害

  D. 防撞墙施工时,桥下未设置安全警戒区域,且未安排专人警戒

3. 该事故带给我们的经验教训有( )。

  A. 桥面系施工中,作业人员可以向桥面下抛掷物品

  B. 随身携带的工具必须放置在工具袋内

  C. 施工现场设置"以防滑落伤人""当心落物"等警示标志,施工时安排专人进行警戒

  D. 对于作业平台临边,必须按要求设置防护栏杆、踢脚板

第四部分 PART 4
隧道施工

1 隧道基础知识

一、单选题

1. 隧道施工的主要进出口需要设置( )，以防止无关人员闯入施工隧道。
   A. 栅栏　　　　　B. 门禁系统　　　　C. 工地大门　　　　D. 围墙
2. 车辆在洞内倒车和转向时，必须( )，并安排专人指挥，以防压人。
   A. 车辆空载　　　B. 指定区域进行　　C. 开灯鸣笛　　　　D. 下车查看
3. 隧道施工中使用电钻钻眼时，钻工( )。
   A. 只须戴绝缘手套　　　　　　　　B. 只须穿绝缘鞋
   C. 必须戴绝缘手套和穿绝缘鞋　　　D. 必须戴耳塞
4. 隧道内进行爆破作业时，所有人员应撤至不受有害气体、振动及飞石伤害的地点，独头坑道内安全距离不小于( )m。
   A. 100　　　　　B. 150　　　　　C. 200　　　　　D. 300
5. 隧道内爆破后必须经过通风排烟，检查人员方能进入工作面，且其相距时间不得少于( )min。经过各项检查和妥善处理后，工作人员才可以进入工作面。
   A. 5　　　　　　B. 10　　　　　C. 15　　　　　D. 30
6. 隧道内施工照明设备电源的安装和拆除，必须由( )操作。
   A. 专职电工　　　B. 安全管理人员　　C. 电焊工　　　　　D. 工班长
7. 爆破起爆后，应( )。确认安全后，其他人员方准进入作业面。做好洞内防尘，降低粉尘浓度，工作区应有足够的照明。
   A. 派专人进行检查，处理危石、悬石，并安排人监护
   B. 派专人进行检查，继续进行下一道工序
   C. 派专人进行检查，处理危石、悬石
   D. 不必检查，直接进入下一道工序
8. 对隧道内爆破器材，应( )。
   A. 建立严格的领用、退库制度；可以库外存放；现场领工员应具体负责领用审批，掌握领用和退库数量
   B. 建立严格的领用制度；严禁库外存放；安全员应具体负责领用审批，掌握领用数量
   C. 建立严格的领用、退库制度；严禁库外存放；现场领工员应具体负责领用审批，掌握领用和退库数量
   D. 建立严格的领用、退库制度；严禁库外存放；技术员应具体负责领用审批，掌握领用和退库数量。
9. 隧道内各种运输设备( )。
   A. 不得人、料混装　B. 可以人、料混装　C. 可以超速行驶　　D. 没有规定
10. 隧道钢拱架安装的要求是( )。
    A. 安装前清除脚下的虚渣及杂物，各节钢架间宜以螺栓连接，沿钢架外缘每隔 2m 用钢楔或混凝土预制块楔紧
    B. 安装前可不清除脚下的虚渣及杂物，各节钢架间宜以螺栓连接，沿钢架外缘每隔

2m用钢楔或混凝土预制块楔紧

C. 安装前清除脚下的虚渣及杂物,各节钢架间可以任意连接,沿钢架外缘每隔2m用钢楔或混凝土预制块楔紧

D. 安装前清除脚下的虚渣及杂物,各节钢架间直接焊接牢固,沿钢架外缘每隔2m用钢楔或混凝土预制块楔紧

11. 喷射作业人员应戴( )等个人防护用具。作业人员应避免直接接触碱性液体速凝剂,不慎接触后应立即清水冲洗。喷射混凝土作业完成后应及时清洗机具。

  A. 防尘口罩、防护帽、防护眼镜、防尘面具

  B. 防护帽、防护眼镜、防尘面具

  C. 防尘口罩、防护帽、防尘面具

  D. 防毒面具、耳塞

12. 隧道衬砌工作台车上应搭设不低于( )m的栏杆,跳板设防滑条,梯子应安装牢固,不得有露头钉子和突出尖角。

  A. 0.6   B. 0.8   C. 1.2   D. 1.5

13. 坠落高度基准面在( )m以上、有可能坠落的高处作业时,按照高处作业有关规定进行防护。

  A. 2   B. 3   C. 4   D. 5

14. 在拆除混凝土输送管时,混凝土泵( )。

  A. 可以运转 B. 必须停止运转 C. 可以运转也可以停止运转

15. 无论通风机运转与否,人员在风管进出口附近( )。

  A. 可以停留 B. 严禁停留 C. 可以短暂休息

16. 洞内( )要统一规划,加强维修,做到布设整齐,状态良好。机械设备要固定存放位置,料具堆码整齐,由专人负责保管。

  A. 通风管、高压风管、水管、照明线、输电线、运输道路、人行道路

  B. 照明线、输电线、运输道路、人行道路

  C. 通风管、高压风管、水管、照明线、输电线

17. 隧道内有电焊作业时,( )。各种器材应定期检查补充或更换,不得挪作他用。

  A. 可以不设置消防器材

  B. 必须设置有效且足够的消防器材,并放在明显易取的位置上,设立明显标志

  C. 必须设置有效且足够的消防器材,不必设置标志

  D. 没有特殊规定

18. 施工现场临时用电工程专用的电源中性点直接接地的220/380V三相四线制低压电力系统,必须采用( )。

  A. 三级配电系统、TN-S接零保护系统

  B. 三级配电系统、一级漏电保护系统

  C. 三级配电系统、TN-S接零保护系统、两级漏电保护系统

19. 洞内施工作业地段照明用电的安全电压为( )V。

  A. 36   B. 110   C. 220   D. 380

20. 每台用电设备必须有专用的开关箱,严禁用同一个开关箱控制( )台及以上用电设备(含插座)。

  A. 2   B. 3   C. 4   D. 5

21. 防水板施工时,最容易发生的事故是( )。
  A. 机械伤害   B. 防水板变形   C. 火灾   D. 中毒窒息

22. 隧道开挖爆破作业时,当天没有用完的炸药应( )。
  A. 直接扔掉   B. 带回宿舍
  C. 归还库房并详细登记   D. 就地销毁

23. 隧道施工时,每次台车作业前都必须检查各种台车、台架上的( )以确保安全。
  A. 焊缝   B. 供电线路   C. 警示标牌   D. 供水管路

24. 不良地质地段隧道施工中,需要加强对( )的监控量测。
  A. 地下水流向   B. 掘进尺寸   C. 围岩和支护体系

25. 隧道内的高压风、水、输料管( ),防止爆裂伤人。
  A. 不需检查   B. 必须安排专人每天检查,定期维护
  C. 开始时安装牢固就行

二、判断题

1. 国家通过立法把有关人员遵守的技术规范规定为必须遵守的法律义务,违反此项义务就要承担一定的法律责任,依法受到制裁。( )

2. 安全生产法规对生产经营单位和劳动者安全生产管理等安全生产各方面的行为都给予了明确的规范,对违反规定行为的处罚给予了明确的规定。( )

3. 班组安全例会或安全活动每周至少组织一次。( )

4. 进入施工现场,必须戴好安全帽,扣好帽带。( )

5. 对Ⅴ级围岩的黄土隧道,允许进行全断面开挖。( )

6. 在隧道内工作面吃饭时,如果没地方坐,可以用安全帽充当凳子。( )

7. 焊、割作业点与氧气瓶、乙炔瓶等危险物品的距离不得少于10m。( )

8. 上班前喝一点酒没关系,只要不影响正常上班就行。( )

9. 氧气瓶体要有防振圈,轻装轻放,防止撞击。储运时,瓶阀应戴安全帽以防损坏瓶阀。不得手掌满握手柄开启瓶阀。开启速度要缓慢,人应在瓶体的旁侧,避开出气口及减压气的表盘。( )

10. 设备操作及保修人员必须敬业爱岗,了解机械原理与构造,熟知有关安全生产知识。操作人员须经考核合格并取得操作合格证后,方能单独上机操作,严禁无证操作。( )

11. 施工人员有权拒绝违章指挥和强令冒险作业。( )

12. 如果电缆线掉在水里,要及时用手拿起来把它挂在墙上。( )

13. 停用焊炬与割炬时,应先关乙炔气阀门、后关氧气阀门。( )

14. 电工作业人员应经安全技术培训,考核合格并取得相应的资格证书后,才能从事电工作业。禁止非电工作业人员从事任何电工作业。( )

15. 拆卸空压机风管时,应先将压力卸到安全值,然后再拆卸。( )

三、多选题

1. 在施工图阶段被评估为( )的软弱围岩及不良地质隧道,超前地质预报的责任主体单位为设计单位,超前地质预报工作由设计单位负责组织实施。
  A. 高风险   B. 无风险   C. 低风险   D. 极高风险

2.( )级围岩、浅埋、下穿建筑物及邻近既有线地段的隧道,施工开挖应按照现行《爆破安全规程》(GB 6722)采用控制爆破或非爆破方法。

　　A.Ⅳ　　　　B.Ⅴ　　　　C.Ⅵ　　　　D.Ⅲ　　　　E.Ⅱ

3.隧道洞身结构主要由( )等组成。

　　A.初期支护　　B.天沟　　C.防水层　　D.二次衬砌　　E.边坡、仰坡

4.在隧道( )地段,地表必须设置监测网点并实施监测。

　　A.明挖　　　　　　　　B.高架　　　　　　　　C.浅埋

　　D.下穿建(构)筑物　　　E.深埋

5.在埋深较浅的隧道洞口段,应采用( )方法进洞。

　　A.明洞　　　B.半明半暗　　C.暗洞　　D.套拱进洞　　E.明挖

6.隧道临时设施主要包括( )。

　　A.通风　　　B.照明　　　C.电力设施及供电线路　　　D.应急设施

7.机械手喷射混凝土时要防止压伤、回弹、粉尘、胶管爆裂,应采取的安全措施是( )。

　　A.不进入危险区　　　　　　B.喷嘴距受喷面不得大于1.5m

　　C.不必佩戴安全帽　　　　　D.佩戴呼吸器

　　E.使用无碱外加剂的湿喷料以减少粉尘和空气污染

8.车辆装渣时要防止打伤、压伤、渣块坠落、粉尘、噪声、滑倒、跌倒,应采取的安全措施是( )。

　　A.不进入装载区(危险区)　　　B.保证行车路面状态良好

　　C.自卸汽车不超载　　　　　　D.装卸区提供足够照明　　　E.装满车厢

9.衬砌台车进场前,施工单位必须根据衬砌工作状态和荷载情况对台车结构安全情况进行检查验收,要有足够的刚度以确保在最不利荷载组合下满足安全施工要求,( )。

　　A.挂牌标明台车承载重量

　　B.衬砌台车工作台部分必须设不低于1.1m的栏杆

　　C.无露头钉子或突出尖角

　　D.设置安全警示标志

　　E.不必验收,直接投入使用

10.在洞口或附近适当场所,设置应急材料储备库,库中应有足够的( )。

　　A.支撑材料　　B.防火器材　　C.防水器材　　D.防毒器材　　E.饮用水

2 超前地质预报

一、单选题

1. 地质雷达适用于探测溶洞、岩体破碎、岩体节理发育、软弱夹层等不良地质体,但在( )中应用效果差。
   A. 小的不良地质体 B. 大的不良地质体
   C. 富水岩体、土质地层 D. 干燥岩体

2. 进行隧道地质雷达超前预报前,报检单应经( )和监理单位负责人签字后,方可报送到检测方。
   A. 建设方负责人 B. 设计方负责人 C. 检测方负责人 D. 施工方负责人

3. 量测掌子面围岩走向及节理产状的仪器是( )。
   A. 地质罗盘 B. 地质雷达 C. 全站仪 D. 钢尺

4. 对于地质情况复杂的隧道,根据现场施工条件,可采用( )的探测手段来综合解译掌子面前方不良地质体。
   A. 长短距离结合 B. 加密测点 C. 奇偶隔点测量 D. 随机测量

5. 采用地质雷达进行超前地质预报时,破碎岩体的雷达信号特征为( )。
   A. 能量分布不均匀,能量衰减极快,反射波振幅增强,高频被吸收,低频突出,波幅较宽,单波图中有毛刺现象出现
   B. 能量图中能量分布不均匀,能量衰减较快,反射波振幅增强,波形杂乱,同相轴错断,反射波的波组同相性差,局部存在散射和绕射等现象
   C. 能量团分布不均匀,电磁波在空气中能量衰减慢,溶洞周围的能量强,电磁波在空气中传播,能量相对较低,波形杂乱,同相轴呈弧形弯曲,反射波的波组同相性较差,局部电磁波会存在绕射现象,会出现多次波干扰
   D. 能量团分布不均匀,能量衰减快;溶洞周围的能量强,电磁波在混合型溶洞内部传播,能量相对较低,为强反射包含的弱反射空间,波形杂乱,同相轴呈弧形弯曲

6. 隧道超前地质预报是指通过地质调查、钻探和( )等探测手段,获得隧道掌子面前方的地质信息。
   A. 预估 B. 物探 C. 定量计算 D. 计算机

7. 隧道超前地质预报的意义不包括( )。
   A. 为安全施工创造条件
   B. 为信息化设计提供基础地质资料
   C. 可以代替勘察工作
   D. 为编制竣工文件和运营维护提供基础资料

8. 采用地质雷达进行超前预报时,前后两次预报的重叠长度应在( )m以上。
   A. 15 B. 10 C. 5 D. 0

9. Ⅲ级围岩BQ/[BQ]值区间为( )。
   A. 550~451 B. 450~351 C. 350~251 D. ≤250

10. 采用地质雷达以点测模式进行超前地质预报,雷达天线应每次移动( )cm左右。
   A. 5   B. 10   C. 15   D. 20

11. ( )条件的隧道施工时,要求支护和围岩完全密贴。
   A. 围岩软弱破碎   B. 膨胀岩地质   C. 岩爆地质   D. 黄土地质

12. 下面不属于特殊土地质的是( )。
   A. 膨胀土   B. 湿陷性黄土   C. 冻土   D. 黏土

13. 下面不属于沉积岩的是( )。
   A. 砂岩   B. 白云岩   C. 煤层   D. 凝灰岩

14. 中生代地层不包括( )。
   A. 白垩系   B. 侏罗系   C. 石炭系   D. 三叠系

15. 下面属于变质岩的是( )。
   A. 千枚岩   B. 辉绿岩   C. 橄榄岩   D. 粉砂岩

16. ( )能量团较均匀,能量按一定规律缓慢衰减,波形均一,同相轴连续,振幅较低。
   A. 完整岩体   B. 断层破碎带   C. 富水带   D. 岩脉破碎带

17. 高直流电法超前地质预报是以岩石的( )差异为基础,对开挖面前方储水、导水构造分布和发育情况进行预报的一种直流电法探测技术。
   A. 波阻抗   B. 介电常数   C. 电性   D. 红外

18. 地质雷达法超前地质预报是由雷达发射天线连续发射高频电磁波,电磁波在传播过程中遇到( )差异界面时产生回波信号,被接收天线接收,通过对回波信号进行分析,可以推断介质的性质与界面的位置。
   A. 波阻抗   B. 介电常数   C. 电性   D. 红外

19. 采用( )等弹性波反射波法地质预报,爆破作业时应设置警戒区域,人员撤离到安全距离以外。
   A. 超前钻探   B. TSP   C. 红外线   D. 地质雷达

20. ( )一般用于可能有溶洞、暗河或其他较严重地质灾害的隧道段。
   A. 超前导洞法 B. 超前地质钻法 C. 加深炮孔法 D. 超前普通钻法

21. 超前钻探地质预报时,严禁在钻孔的( )站人,以防钻具和高压冲出的岩屑、泥沙等伤人。
   A. 正后方   B. 左侧   C. 右侧   D. 没有规定

22. 地震波的( )和相位是其动力学信息,可用来确定围岩波阻抗变化,确定界面两侧围岩力学性质变化。
   A. 振幅   B. 走时   C. 波速   D. 波长

23. 对岩溶及富水破碎断层隧道,超前地质预报应采用以( )为主的综合方法。
   A. 上下台阶开挖法   B. 上下断面顺序开挖法
   C. 分部开挖法   D. 水平钻探

24. 当采用接触量测时,测点挂钩应做成( ),保证牢固不变形。
   A. 闭合三角形 B. 菱形   C. 正方形   D. 长方形

25. 施工图阶段经评估为( )以上的软弱围岩及不良地质隧道,超前地质预报的责任主体单位为设计单位,其超前地质预报工作由设计单位负责组织实施。
   A. 高风险   B. 无风险   C. 低风险   D. 没有规定

二、判断题

1. 红外探水仪在岩体富水的不良地质体中应用效果较好。（　）
2. 常见的不良地质有暗河、溶洞、断层、岩体破碎、岩体节理裂隙发育、岩体富水、岩体节理发育等。（　）
3. 地质雷达系统的采集参数,包括选取围岩的相对介电常数、时窗大小、叠加次数、增益、测量模式等。（　）
4. 隧道超前地质预报是隧道施工的重要组成部分。（　）
5. 短距离隧道超前地质预报常采用地质雷达设备,设备由雷达主机、天线及电缆组成,可直接使用。（　）
6. TGP/TSP图谱中,正反射振幅(红色)代表正的反射系数,也就是刚性岩层;负反射振幅(蓝色)指向软弱岩层。（　）
7. 瓦斯含量突然增大或忽高忽低是煤与瓦斯突出的前兆之一。（　）
8. 地质雷达预报中,雷达波遇中小型溶洞有明显的"双曲线"反映。（　）
9. 拱顶岩石开裂、裂缝旁有岩粉喷出或洞内无故尘土飞扬、支撑拱架变形或发出声响,是隧道塌方的前兆。（　）
10. 岩层倾向与走向垂直。（　）
11. 地质雷达系统的采集参数已经预设在系统内,检测前不用调试。（　）
12. 检测工作完成后,为了保护雷达设备,应先拆除电缆与主机,再关闭主机,将设备收好。（　）
13. 片岩和页岩都是沉积岩。（　）
14. TGP/TSP预报中,反射波振幅越高,反射系数和波阻抗的差别越大,说明围岩在此处变化小。（　）
15. 拱顶下沉、周边位移、地表下沉监测点应布设在同一监测断面上,以便对比验证。（　）

三、多选题

1. 地质雷达法超前地质预报的原理是通过对回波信号曲线叠加及波形（　　）等特征值的计算分析,推断介质的性质与界面的位置。
   A. 相位　　　B. 频率　　　C. 振幅　　　D. 波速　　　E. 波长
2. 隧道超前地质预报原则是（　　）。
   A. 全面收集隧道的地质勘察资料,对隧道进行地质复杂程度分级,确定重点预报地段
   B. 以地质分析法为基础,针对不同地质条件,选择不同的超前地质预报技术及其组合,对隧道地质情况进行超前预报
   C. 对隧道超前地质预报结果进行验证分析,提高预报准确性
   D. 依靠先进设备,不必进行地质分析
   E. 以地质素描为基础,不必进行地质分析
3. 超前地质预报设计文件应包括（　　）。
   A. 编制依据　　　　　　　　B. 工程概况及地质概况　　　　　　C. 工作制度
   D. 采用新技术、新设备、新方法的情况　　　　　　　　　　　　E. 地质预报方法
4. 隧道超前地质预报是指利用（　　）等方法,对隧道开挖面前方的地质情况进行探测、

分析和预报。
A. 地质分析　　　　　　B. 超前勘探　　　　　　C. 地球物理勘探
D. 地质灾害分级　　　　E. 以上都是

5. 应用于隧道超前地质预报的地球物理方法主要有(　　)法。
A. 弹性波　　B. 电磁波　　C. 高直流电　　D. 红外探测　　E. 低直流电

6. 断层破碎带预报应以地质分析法为基础,以(　　)探测为主,必要时可结合红外探测法、高直流电法探测地下水的发育情况及超前钻法验证。
A. 弹性波法　　　　　　B. 地质雷达法　　　　　　C. 超前导洞法
D. 超前地质钻法　　　　E. 红外线法

7. 隧道超前地质预报的特点有(　　)。
A. 综合性　　B. 系统性　　C. 时效性　　D. 适应性　　E. 经济性

8. 隧道超前地质预报方法有(　　)。
A. 地质调查法　B. 超前钻探法　C. 物探法　　D. 超前导坑法　E. 地质罗盘法

9. 超前钻探过程中,发现(　　)等异状时,必须停止钻进,立即撤出人员并上报处理。
A. 岩壁松软、掉块　　　　B. 钻孔中的水压、水量突然增大
C. 顶钻　　　　　　　　　D. 卡钻　　　　　　　　　E. 钻进速度较慢

10. 隧道围岩结构分为(　　)。
A. 整体块状结构　　　　B. 层状结构　　　　　　C. 薄层结构
D. 碎裂结构　　　　　　E. 散体结构

3 洞口工程

一、单选题

1. 采用先拱后墙法施工时,(　　)。
   A. 左、右边墙马口应同时开挖
   B. 同一侧的马口宜跳段开挖
   C. 左、右边墙马口应交错开挖,不得对开
   D. 先在边墙围岩较破碎的区段开马口,且长度不能太长,一般不超过8m,并且及时施作边墙衬砌

2. 当洞口可能出现偏压时,应采取(　　)措施。
   A. 地表锚杆　　B. 喷射混凝土　　C. 平衡压重填土　　D. 深基桩

3. 下列关于明洞衬砌施工的说法中,正确的有(　　)。
   A. 浇筑混凝土前应复测中线的高程,衬砌不得侵入设计轮廓线
   B. 拱圈混凝土强度达到2.0MPa,就可拆除模板
   C. 明洞拱背回填时,可先填一边,夯实后再填另一边并夯实
   D. 明洞拱背回填时,不需要施作黏土隔水层

4. 洞口开挖土石方进洞前应尽早完成(　　)。
   A. 仰坡开挖　　B. 边坡开挖　　C. 洞门墙砌筑　　D. 洞口排水系统

5. 明洞衬砌施工中,在灌注混凝土前应复测(　　),衬砌不得侵入设计轮廓线。
   A. 中线　　B. 高程　　C. 中线和高程　　D. 仰坡坡率

6. 隧道洞口应严格执行"(　　)"原则。
   A. 快进慢出　　B. 慢进快出　　C. 早进晚出　　D. 晚进早出

7. 隧道洞口边仰坡工程应____逐级开挖支护,及时完成洞口仰坡加固、防护及____工程。正确选项是(　　)。
   A. 自下而上;防坍塌
   B. 自下而上;防排水
   C. 自上而下;防坍塌
   D. 自上而下;防排水

8. 应按设计完成隧道洞口____后,方可开始正洞的施工。洞口段应及时形成____结构,严禁采用长台阶施工。正确选项是(　　)。
   A. 超前支护;封闭　　B. 超前支护;稳定　　C. 加固;封闭　　D. 加固;稳定

9. 隧道工程中,在施工图阶段被评估为高风险和极高风险的软弱围岩及不良地质隧道,超前地质预报的责任主体单位为____,其他隧道超前地质预报的责任主体单位为____。正确选项是(　　)。
   A. 设计单位;施工单位
   B. 建设单位;施工单位
   C. 施工单位;设计单位
   D. 设计单位;建设单位

10. 隧道施工时,岩溶及富水破碎断层隧道,超前地质预报应采用以(　　)为主的综合方法。
    A. 水平钻探　　B. 垂直钻探　　C. TSP　　D. 地质雷达

11. 在高风险及以上风险等级的隧道的初期支护未封闭成环段,除开挖工序外,其他工序作业人员总数不得超过(　　)人。

  A.7   B.8   C.9   D.10

12.隧道每个掘进口均应设置逃生通道,逃生通道钢管内径不应小于____cm,钢管前端应尽量靠近掌子面,钢管长度不得小于____m。正确选项是(　　)。

  A.50;40   B.50;30   C.60;40   D.60;30

13.Ⅲ级围岩开挖____m必须完成洞口工程,Ⅳ级以上围岩(含)开挖____m必须完成洞口工程。正确选项是(　　)。

  A.200;120   B.200;90   C.120;90   D.120;70

14.隧道反坡施工时,必须采取(　　)的排水措施。

  A.机械抽水   B.井点降水   C.深井降水   D.自然排水

15.在松散地层进行隧道施工时,为了减少对围岩的扰动,施工时常用的手段为(　　)。

  A.先挖后护   B.先护后挖,密闭支撑,边挖边封闭
  C.强爆破,弱支护   D.全断面开挖

16.隧道施工应按设计要求进行边坡、仰坡放线,(　　)逐段开挖,不得掏底开挖或重叠开挖。

  A.自下而上   B.自上而下   C.从左至右   D.从右至左

17.深度大于(　　)m的抗滑桩工程须经专家论证、审查。

  A.16   B.20   C.22   D.25

18.隧道施工用通风机应由(　　)。

  A.专人管理   B.项目设备员管理   C.保安管理   D.安全员管理

19.在松软、破碎的地层中,钻孔后易塌孔,采用超前锚杆和超前小导管施工困难,这时可采用(　　)的超前支护方式。

  A.帷幕注浆   B.超前玻纤锚杆
  C.超前管棚   D.喷射钢纤维混凝土

20.孔桩钢筋笼主筋宜采用机械连接,接头错开,同一截面钢筋接头不大于(　　)。

  A.20%   B.30%   C.50%   D.75%

21.开挖人工挖孔桩前应先做好锁口,锁口高于地面(　　)cm以上,孔口地表设置截、排水措施。

  A.20   B.30   C.40   D.50

22.特种作业人员须经(　　)合格后,方可持证上岗。

  A.安全培训考试   B.领导考评   C.文化考试   D.业务考试

23.从业人员有权拒绝____指挥和____冒险作业。正确选项是(　　)。

  A.正确;强令   B.违章;强令   C.正确;违章   D.冒险;强令

24.从业人员经过安全教育培训,了解岗位操作规程,但未遵守而造成事故的,行为人应负(　　)责任,有关负责人应负管理责任。

  A.领导   B.行政   C.直接   D.法律

二、判断题

1.开挖洞口土石方,应按设计要求进行边坡、仰坡放线,可掏底开挖或上下重叠开挖。(　　)

2.明洞拱背回填应对称分层夯实,每层厚度不得大于0.3m,其两侧回填的土面高差不得大于0.5m。 (　　)

3.隧道洞口工程包括:石方开挖,洞口防护与排水工程,洞门建筑的制作、安装,明洞

工程。( )
4. 边、仰坡土石方开挖车辆的运输线路或道路应保持平整、畅通。( )
5. 隧道洞口边、仰坡工程应自下而上逐级开挖支护,及时完成洞口边、仰坡加固、防护及防排水工程。( )
6. 应按设计完成隧道洞口超前支护后,方可开始正洞的施工。( )
7. 初期支护钢架应工厂化制造,出厂前必须进行检验、试拼装。当采用格栅钢拱架时,应采用八字结格栅拱架。( )
8. 爆破后通风排烟不少于15min,安排专人检查有无盲炮及残余炸药、雷管。( )
9. 开挖钻眼人员到达工作面前,应安排专人检查支撑、顶板及两帮是否处于安全状态。可以在残眼中继续钻眼。( )
10. 在隧道内施工时,可以使用以汽油为动力的机械设备。( )
11. 洞口开挖施工不用避开雨季。( )
12. 采用机械开挖时,应根据断面和作业环境选择机型,划定安全作业区域,不必设置警示标志。( )
13. 仰拱开挖后,为加快施工进度,不用立即施作初期支护。( )
14. 明洞开挖前,洞顶及四周不用设防水、排水设施。( )
15. 石质边、仰坡的爆破开挖应采用预留光爆层法或预裂爆破法,不得采用深眼大爆破或集中药包爆破开挖。( )

三、多选题

1. 山岭公路隧道洞门形式主要有( )。
   A. 环框式洞门　　　B. 端墙式洞门　　　C. 翼墙式洞门
   D. 削竹式洞门　　　E. 倒喇叭式洞门
2. 洞口工程施工涉及的特殊工种有( )。
   A. 电工　　B. 焊割工　　C. 管道工　　D. 架子工　　E. 混凝土工
3. 洞口工程施工应避开雨季,及早完成。在( )等恶劣天气下不得进行爆破作业。
   A. 雷电　　B. 暴雨　　C. 大雾　　D. 小雨　　E. 4级风
4. 浅埋隧道洞口段开挖一般采取的方法有( )。
   A. 单侧壁坑法　　　B. 双侧壁导坑法　　　C. 台阶法
   D. CRD法　　　　　E. 全断面法
5. 洞口抗滑桩有( )桩两种形式。
   A. 矩形　　B. 椭圆形　　C. 圆形　　D. 菱形　　E. 梯形
6. 明洞回填应( )进行。
   A. 从下至上　B. 对称分层　C. 从左至右　D. 从右至左　E. 没有规定
7. 主动防护网主要由( )组成。
   A. 锚杆　　　　　　B. 纵横向支撑绳　　　C. 格栅网
   D. 钢绳网　　　　　E. 基座
8. 当明洞地基为软弱地层时,可采取( )等进行加固。
   A. 换填　　B. 碎石桩　　C. 旋喷桩　　D. CFG桩　　E. 锚喷支护
9. 以下关于喷锚暗挖法隧道初期支护安全控制要点的说法,正确的是( )。
   A. 在稳定岩体中可先开挖后支护,支护结构距开挖面不宜大于5m

B. 在稳定岩体中可先开挖后支护,支护结构距开挖面不宜大于2倍洞径
C. 初期支护结构完成后,及时填充注浆,注浆滞后开挖面距离不得大于5m
D. 初期支护结构完成后,及时填充注浆,注浆滞后开挖面距离不得大于2倍洞径
E. 在不稳定岩土体中,支护必须紧跟土方开挖

10. 隧道施工现场监控量测应根据(　　)等来选择量测项目。
　　A. 工程规模　　B. 支护类型　　C. 围岩条件　　D. 施工方法　　E. 施工进度

案例　隧道洞口坍塌事故

一、单选题

1. 隧道施工企业主要负责人接到安全事故报告后,首先要做的工作是(　　)。
　　A. 进行调查　　B. 制定防范措施　　C. 组织抢救　　D. 追查当事人责任

2. 下列事故中,不会在洞口施工时发生的是(　　)。
　　A. 坍塌　　　　B. 岩爆　　　　C. 中毒窒息　　D. 淹溺

3. 隧道发生塌方后,一般按(　　)的原则进行处理。
　　A. 先清理、加固,再采取措施防止塌方进一步扩大
　　B. 先清理、加固,再继续往前开挖
　　C. 先采取措施防止塌方进一步扩大,再继续往前开挖
　　D. 先采取措施防止塌方进一步扩大,再进行分步清理、加固

4. 分部开挖(台阶法、侧壁导坑法、CD法、CRD法)施工时,应特别注意防止坍塌;开挖中层或落底时,为确保拱部稳定,必须在拱脚边缘预留(　　)m 宽的平台。
　　A. 1~2　　　　B. 0.8~2　　　　C. 0.5~1　　　　D. 0.5~2

5. 原则上,初期支护钢架应在(　　)后及时架设。
　　A. 初喷混凝土　　B. 开挖　　　　C. 安装网片　　D. 锚杆施作

6. 在浅埋地段,隧道围岩监控量测必须做好(　　)监测。
　　A. 洞顶地面观察和沉降　　　　　　B. 锚杆轴力
　　C. 钢架内力　　　　　　　　　　　D. 围岩压力

7. 下列关于洞口上方危岩落石处理的说法中,错误的是(　　)。
　　A. 应清除易松动的块石　　　　　　B. 采取必要的防落石措施
　　C. 设置被动拦石网　　　　　　　　D. 对高处的危岩可不采取预防措施

8. 隧道开挖应连续循环作业。若因故停工(　　)d 以上时,复工前施工单位技术负责人应组织人员对掌子面安全状态进行核查确认。
　　A. 7　　　　　B. 10　　　　　C. 15　　　　　D. 30

9. 发生盲炮时,必须由(　　)按规定处理。
　　A. 原爆破人员　　B. 钻工　　　　C. 领工员　　　D. 安全员

二、判断题

1. 隧道施工前,应开展安全风险评估,辨识施工过程中的主要危险源及危害因素,制订安全防护措施。(　　)

2. 隧道洞口应安排专人负责进出人员登记、安全监控及材料、设备与爆破器材进出隧道记录等工作。(　　)

3. 同一个工点有多个单位同时施工时,不用共同制订现场安全措施。( )
4. 在隧道内施工时,不得使用以汽油为动力的机械设备。( )
5. 应配备备用的通风机、抽水机等隧道安全设备。( )
6. 在隧道洞口、开关箱、配电箱、台车、台架、仰拱开挖区等危险区域,应设置明显的警示标志。( )
7. 不良地质地段隧道施工应遵循"早预报、预加固、弱爆破、短进尺、强支护、早封闭、勤量测、快衬砌"的原则。( )
8. 超前地质预报和监测方案不应作为必要工序统一纳入施工组织管理。( )
9. 隧道内严禁存放汽油、柴油、煤油、变压器油等易燃易爆物品。( )
10. 石质边、仰坡应采用预留光爆层法或预裂爆破法爆破开挖,不得采用深眼大爆破或集中药包爆破开挖。( )
11. 开挖洞口时,应先开挖后支护、自上而下分层开挖、分层支护。( )
12. 洞口开挖不必避开雨季。( )
13. 明洞开挖前,洞顶及四周不用设防水、排水设施。( )

三、多选题

1. 以下关于喷锚暗挖法隧道初期支护安全控制要点的说法中,正确的是( )。
   A. 在稳定岩体中可先开挖后支护,支护结构距开挖面不宜大于5m
   B. 在稳定岩体中可先开挖后支护,支护结构距开挖面不宜大于2倍洞径
   C. 初期支护结构完成后,及时填充注浆,注浆滞后开挖面距离不得大于5m
   D. 初期支护结构完成后,及时填充注浆,注浆滞后开挖面距离不得大于2倍洞径
   E. 在不稳定岩土体中,支护必须紧跟土方开挖

2. 隧道施工现场监控量测应根据( )等来选择量测项目。
   A. 工程规模　　　　　B. 支护类型　　　　　C. 围岩条件
   D. 施工方法　　　　　E. 施工进度

4 超前支护

一、单选题

1. 超前大管棚是指在开挖工作面的轮廓线外，按一定的外插角插入直径（　　）mm 的带孔钢管并压注浆液的超前支护方法。
   A.20~40　　　　B.40~60　　　　C.70~180　　　　D.180~200

2. 进行超前大管棚支护时，应在开挖工作面的轮廓线外，以（　　）的外插角插入带孔钢管。
   A.1°~3°　　　　B.3°~5°　　　　C.5°~8°　　　　D.6°~10°

3. 超前大管棚主要优点为（　　）、刚度大、一次性支护长度长。
   A.支护整体性好　　B.支护速度快　　C.节省材料　　D.美观

4. 超前大管棚主要缺点为（　　），需使用大型钻机，洞内施工一般需开挖作业室。
   A.需要大量工人　　B.施工工艺较复杂　　C.环境要求较高　　D.造价高

5. 超前大管棚一般采用热轧无缝钢管分节加工，分节长度一般为（　　）m 和 6m。
   A.1　　　　B.3　　　　C.9　　　　D.12

6. 超前大管棚施工中，钢管插入岩体的端头需加工成长度为（　　）cm 的锥形。
   A.20~30　　　　B.30~40　　　　C.40~50　　　　D.10~20

7. 管棚钢管的管节采用丝扣连接，内、外丝丝扣长度不宜小于（　　）cm。
   A.10　　　　B.15　　　　C.30　　　　D.40

8. 大管棚施工钢管管体需要用钻床钻直径（　　）mm 的注浆孔。
   A.5~10　　　　B.6~8　　　　C.8~12　　　　D.12~15

9. 管棚钢管注浆孔间距为（　　）cm，注浆孔呈梅花形布置。
   A.10~15　　　　B.25~30　　　　C.20~25　　　　D.15~20

10. 洞内施作大管棚时，为了满足大管棚施工和钻孔设备技术要求，在施工前必须沿隧道开挖轮廓线向（　　）扩挖形成大管棚施工工作间。
    A.内　　　　B.后　　　　C.前　　　　D.外

11. 大管棚工作间纵向长度一般为（　　）m，径向外扩 80~100m。
    A.5~8　　　　B.10~12　　　　C.10~15　　　　D.8~10

12. 施作超前大管棚时，一般采用专用管棚钻机钻孔，孔径应大于管棚直径（　　）cm 以上。
    A.1.5　　　　B.2.5　　　　C.3　　　　D.3.5

13. 管棚钢管下管前，要对每个钻孔的钢管进行配管和编号，以保证同一断面上接头率不超过（　　）。
    A.30%　　　　B.40%　　　　C.60%　　　　D.50%

14. 管棚钢管下管前，要对每个钻孔的钢管进行配管和编号，相邻钢管接头至少错开（　　）m。
    A.1　　　　B.2　　　　C.3　　　　D.4

15. 管棚注浆时，为避免钻孔注浆同时作业发生串浆，应（　　）。

A.钻一孔注一孔　　B.钻孔隔开注浆　　C.打完孔再注浆　　D.以上都正确
16.管棚注浆方式一般采用(　　)或后退式。
　　A.孔口压入式　　B.高压打入式　　C.机械压入式　　D.以上都正确
17.管棚注浆时,每个注浆段长度宜为(　　)~3.0m。
　　A.1.0　　　　　B.2.5　　　　　C.2.0　　　　　D.1.5
18.管棚注浆液可采用水灰比(　　)的水泥浆或水泥-水玻璃双浆液。
　　A.1∶1　　　　　B.1∶2　　　　　C.2∶1　　　　　D.1∶3
19.超前小导管法是指在开挖前,沿开挖面的仰拱部位外周按一定外插角钻入直径为(　　)~70mm的带孔钢管,压注浆液。
　　A.28　　　　　B.30　　　　　C.50　　　　　D.38
20.超前小导管法主要优点为:施工工艺简单快捷,(　　),作业面多个位置可同时作业。
　　A.用小型机具即可施工　　　　　B.几人配合即可
　　C.一台机具　　　　　　　　　　D.以上都对
21.车辆在洞内倒车和转向时,必须(　　),并设置专人指挥,以防压人。
　　A.车辆空载　　B.指定区域进行　　C.开灯鸣笛　　D.关闭所有车灯
22.隧道开工前,按照国家劳动保护的要求,需要给(　　)配备安全防护用品。
　　A.管理人员　　　　　　　　　　B.特种作业人员
　　C.所有进入现场的人员　　　　　D.技术人员
23.隧道监控测量由(　　)负责。
　　A.施工人员　　B.安全管理人员　　C.测量人员　　D.施工队负责人
24.采用水平旋喷桩进行超前支护时,用于高压旋喷的水泥浆的水灰比宜为(　　)。
　　A.0.6∶1~0.8∶1　　B.0.6∶1~1∶1　　C.0.8∶1~1∶1　　D.1∶1~1∶1.5
25.洞内运输时,严禁车辆(　　)。
　　A.倒车　　　　　B.会车　　　　　C.超车　　　　　D.停车

二、判断题
1.隧道洞口土石方开挖应自上而下分层进行。　　　　　　　　　　　　(　　)
2.隧道内,车辆可以随意倒车。　　　　　　　　　　　　　　　　　　(　　)
3.应及时施作洞口边、仰坡上方的天沟,防止雨水冲刷坡面。　　　　　(　　)
4.隧道双向开挖接近贯通面100m时,必须停止一侧的作业面,采取单向掘进的方式进行。　　　　　　　　　　　　　　　　　　　　　　　　　　　　　(　　)
5.出渣运输车在通过坡度较大、洞口以及有障碍物地段时,应该打开远光灯。(　　)
6.出渣运输车在通过坡度较大、洞口以及有障碍物地段时,应下车检查。　(　　)
7.初期支护的喷锚操作平台四周应设置防护栏杆。　　　　　　　　　　(　　)
8.一般地质隧道内进行防水板施工时,工人可以吸烟。　　　　　　　　(　　)
9.在不良地质地段隧道内进行施工时,应该对地质情况进行超前预测、预报工作,从根本上防止事故的发生。　　　　　　　　　　　　　　　　　　　　(　　)
10.隧道施工中,如果需要设置蓄水池,水池需要加设钢筋网覆盖并设置安全警示牌。
11.在不良地质地段隧道内进行施工时,应加强对围岩、支护体系的监控量测。(　　)
12.出渣时,隧道作业区域发生拱顶开裂。这种情况下应该自行临时支护后继续出渣。
　　　　　　　　　　　　　　　　　　　　　　　　　　　　　　　(　　)

235

13. 台车前后轮方向相反,需要用铁靴刹住车轮,这样做主要是为了防止台车前后移动。
(   )
14. 管棚注浆应尽量在夜间进行。(   )
15. 管棚施工的优点是不需要任何设备就可完成施工。(   )

三、多选题

1. 隧道超前支护施工过程中存在的主要安全风险有(   )等。
   A. 高处坠落   B. 物体打击   C. 机械伤害   D. 触电   E. 淹溺
2. 超前支护形式多样,常用的主要有(   )等形式。
   A. 超前大管棚   B. 锚网喷   C. 超前锚杆
   D 超前小导管   E. 格栅钢架
3. 应根据(   )等情况合理选择超前支护形式。
   A. 地质情况   B. 施工环境
   C. 施工单位的设备配置   D. 工艺水平   E. 施工单位性质
4. 超前小导管法的主要优点为(   )。
   A. 施工工艺简单快捷   B. 用小型机具即可施工
   C. 作业面多个位置可同时作业   D. 整体刚度较小
   E. 一次性支护长度较短
5. 隧道通风的供风量应根据(   )因素确定。
   A. 隧道内作业人数   B. 隧道长度   C. 隧道内燃机功率
   D. 隧道宽度   E. 隧道埋深
6. 隧道施工中,(   )位置的照明必须采用安全电压。
   A. 未成洞地段   B. 开挖掌子面   C. 空压机房
   D. 成洞地段   E. 作业台架
7. 超前大管棚钻孔作业时,为防止健康危害,作业人员必须佩戴(   )。
   A. 护目镜   B. 防尘口罩   C. 手套
   D. 安全帽   E. 耳塞
8. 冷冻法施工的主要优点有(   )。
   A. 能有效隔绝地下水   B. 无污染,适用地层范围较广   C. 工艺复杂
   D. 冷冻周期长   E. 存在冻胀和融沉问题
9. 水平旋喷桩超前支护的主要优点有(   )。
   A. 支护刚度大   B. 支护长度长   C. 隔水效果好
   D. 工艺复杂   E. 地层适用局限性大

案例 隧道气体中毒事故

一、单选题

1. 某在建隧道发生一起人员中毒事故,造成1人死亡,该事故属于(   )。
   A. 特别重大事故   B. 重大事故   C. 较大事故   D. 一般事故
2. 发现隧道内有人中毒,应拨打(   )救援电话。
   A. 110   B. 120   C. 119   D. 114

3. 当作业人员发生轻度中毒时,应( )。
   A. 迅速将患者移至通风、阴凉、干爽的地方   B. 原地不动等待救援
   C. 迅速将患者移至掌子面风管口位置   D. 以上都正确
4. 隧道中毒事故发生后( )h 内,应形成书面报告并上报。
   A. 12   B. 24   C. 48   D. 36
5. 隧道气体中毒事故发生之日起( )d 内,事故造成的伤亡人数发生变化的,应及时补报。
   A. 30   B. 20   C. 15   D. 7
6. 隧道内开挖作业面人数不宜超过( )人。
   A. 12   B. 10   C. 9   D. 15
7. 隧道独头掘进长度超过( )m 时,应进行机械通风。
   A. 100   B. 120   C. 130   D. 150
8. 瓦斯的化学式为( )。
   A. CO_2 B. CO C. CH_4 D. SO_2
9. 高瓦斯工区、煤(岩)与瓦斯突出工区洞内照明供电额定电压不得超过( )V。
   A. 110   B. 127   C. 220   D. 380
10. 瓦斯隧道施工期间应连续通风,工作面附近( )m 以内风流中瓦斯浓度应小于1%。
    A. 20   B. 30   C. 40   D. 50
11. 检测瓦斯浓度的正确方法是( )。
    A. 马歇尔法   B. Q 值指标法   C. R 值指标法   D. 托马斯法
12. 隧道内含有过量一氧化碳时,突然感到头疼不适,应( )。
    A. 立即转移至通风处   B. 原地休息
    C. 抽根烟   D. 前往掌子面处休息
13. 在瓦斯隧道内施工时,手持电动工具电压应为( )V。
    A. 12~24   B. 24~36   C. 36~110   D. 110~220
14. 隧道内二氧化碳的极限浓度为( )。
    A. 2.0%   B. 1.5%   C. 2.5%   D. 3%
15. 往隧道内通风,供应的新鲜空气不得少于每人( )m^3/min。
    A. 1n   B. 1.5   C. 2   D. 3
16. 参与瓦斯隧道施工的作业人员应携带( )。
    A. 氧气瓶   B. 自救器   C. 防毒面罩   D. 安全带
17. 隧道内存在硅尘的作业场所,应至少( )取样分析空气成分一次,测定粉尘浓度一次。
    A. 每周   B. 每月   C. 每旬   D. 每天
18. 瓦斯隧道内,风机至少要布置在距离洞口( )m 处。
    A. 10   B. 20   C. 50   D. 30
19. 瓦斯隧道施工通风应选用防爆型风机和( )。
    A. 钢管   B. 布质管道   C. 阻燃型防静电风管   D. 塑料管道
20. 瓦斯隧道施工时,瓦斯浓度的检测频率一般为( )h 一次。
    A. 0.5   B. 1   C. 2   D. 3

21. 瓦斯隧道施工时,下列物品中可以被带入隧道的是( )。
　　A. 香烟　　　　B. 打火机　　　　C. 电线　　　　D. 鞭炮
22. 隧道施工通风应由( )负责。
　　A. 专职人员　　B. 技术员　　　　C. 炮工　　　　D. 测量员

二、判断题

1. 如发生有毒有害气体中毒事件,需尽最大努力先保证人员的安全。　　　( )
2. 隧道施工中,应配备专用气体检测仪,对有毒有害气体进行检测监控。　( )
3. 造成11人重伤的中毒事故属于一般事故。　　　　　　　　　　　　　( )
4. 中毒事故发生后,如果没有出现人员死亡,可以不逐级上报。　　　　　( )
5. 隧道洞口应安排专人负责气体检测,并按时填写检测记录表。　　　　　( )
6. 严禁人员在风管的进出口附近停留。　　　　　　　　　　　　　　　　( )
7. 隧道内必须按要求配备救援装备和物资。　　　　　　　　　　　　　　( )
8. 所有参与瓦斯隧道施工的作业人员上岗前必须经专门的瓦斯隧道施工安全知识培训且考核合格。　　　　　　　　　　　　　　　　　　　　　　　　　　　　　　( )
9. 进洞作业之前,必须进行气体检测和通风。　　　　　　　　　　　　　( )
10. 发生严重中毒事故,应按照规定报告企业安全生产机构和政府安全生产管理部门。
　　　　　　　　　　　　　　　　　　　　　　　　　　　　　　　　( )
11. 隧道施工中,只需对开挖班进行安全风险告知。　　　　　　　　　　( )
12. 有毒气体浓度超过规定值时,任何人不得擅自进洞作业。　　　　　　( )
13. 在含有毒有害气体的隧道内施工,应该定期组织专项应急预案救援演练活动。( )

三、多选题

1. 下列气体中,属于有毒有害气体的是( )。
　　A. 一氧化碳　　B. 瓦斯　　　　C. 氧气　　　　D. 硫化氢　　　E. 氢气
2. 隧道钻孔清渣作业人员应使用的防护用品包括( )。
　　A. 安全帽　　　　　　　　　B. 手套　　　　　　　　　C. 防尘面罩
　　D. 医用口罩　　　　　　　　E. 护目镜
3. 急性刺激性气体中毒者通常出现眼及上呼吸道刺激症状,比如( )。
　　A. 眼结膜充血　B. 流泪　　　　C. 咳嗽　　　　D. 胸闷　　　　E. 腹痛
4. 隧道发生火灾,可能对施工人员造成的后果有( )。
　　A. 窒息　　　　B. 灼伤　　　　C. 中毒　　　　D. 死亡　　　　E. 以上都不对
5. 瓦斯隧道施工时,为确保施工安全,必须遵守的基本原则有( )。
　　A. 加强通风　　　　　　　　B. 勤测瓦斯　　　　　　　C. 严禁火源
　　D. 加强教育　　　　　　　　E. 不进行岗前培训

5 洞身开挖

一、单选题

1. 选择开挖施工方法的根据是( )。
   A. 隧道长度　　　B. 工期要求　　　C. 地质条件　　　D. 安全生产
2. 边坡、仰坡应( )逐段开挖,不得掏底开挖。
   A. 自下而上　　　B. 从左至右　　　C. 自上而下　　　D. 从右至左
3. 隧道开挖时,掌子面作业人数不得超过( )人。
   A. 7　　　　　　B. 8　　　　　　C. 9　　　　　　D. 10
4. 喷射混凝土厚度不宜小于( )cm,防止掉块、开裂、渗水、变形。
   A. 3　　　　　　B. 4　　　　　　C. 5　　　　　　D. 6
5. 上下台阶法施工是将隧道结构断面分成上、下两个分部开挖的方法,适用于( )。
   A. 整体性较好的Ⅲ级围岩　　　　B. 整体性较差或富水的Ⅲ、Ⅳ级围岩
   C. Ⅰ、Ⅱ级坚硬围岩　　　　　　D. Ⅳ级偏弱及Ⅴ级围岩
6. 采用上下台阶法开挖隧道时,台阶长度宜控制在( )m,如果围岩条件较好,可适当加长。
   A. 1~3　　　　　B. 3~5　　　　　C. 5~7　　　　　D. 7~9
7. 环形开挖预留核心土法适用于( )隧道。
   A. 整体性较好的Ⅲ级围岩　　　　B. 整体性较差或富水的Ⅲ、Ⅳ级围岩
   C. Ⅰ、Ⅱ级坚硬围岩　　　　　　D. Ⅳ级偏弱及Ⅴ级围岩
8. 采用环形开挖预留核心土法开挖隧道时,核心土面积应不小于上台阶整个断面面积的( ),上台阶长度宜控制在3~5m。
   A. 30%　　　　　B. 40%　　　　　C. 50%　　　　　D. 60%
9. 三台阶法施工是将隧道分成上、中、下(含仰拱)三个分部进行开挖的方法,适用于( )隧道。
   A. 整体性较好的Ⅲ级围岩　　　　B. 整体性较差或富水的Ⅲ、Ⅳ级围岩
   C. Ⅰ、Ⅱ级坚硬围岩　　　　　　D. Ⅳ级、Ⅴ级围岩
10. 采用三台阶法施工时,上台阶长度宜控制在____m,中台阶长度宜控制在____m。正确选项是( )。
    A. 1~3;3~5　　B. 3~5;5~7　　C. 5~7;3~5　　D. 3~5;7~9
11. 下列关于三台阶法特点的描述,不正确的是( )。
    A. 稳定性优于两台阶法　　　　B. 上台阶施工便于机械作业
    C. 分块较多,进度较慢　　　　D. 上、中、下台阶施工有干扰
12. 采用台阶法开挖隧道时,不宜过多分层,上台阶开挖高度不得超过隧道净高的( )。
    A. 1/2　　　　　B. 1/3　　　　　C. 2/3　　　　　D. 3/4
13. 当同一隧道双向开挖至接近贯通时,两端的( )应当加强联系,服从统一协调指挥。

A. 施工负责人　　B. 监理负责人　　C. 现场技术员　　D. 现场安全员

14. 当同一隧道双向开挖至接近贯通时,两端掌子面距离(　　)m时(视围岩情况而定),应改为单向掘进。
　　A. 15～30　　B. 20～30　　C. 30～45　　D. 30～50

15. 全断面法是按设计断面将整个隧道一次开挖的隧道开挖方法,适用于(　　)隧道。
　　A. 整体性较好的Ⅲ级围岩
　　B. Ⅰ、Ⅱ级坚硬围岩
　　C. Ⅰ、Ⅱ级坚硬围岩及整体性较好的Ⅲ级围岩
　　D. 整体性较差或富水的Ⅲ、Ⅳ级围岩

16. 下列关于全断面法工法特点的描述,不正确的是(　　)。
　　A. 工序少、干扰小,组织管理方便
　　B. 开挖面大,便于机械化作业,爆破效果好(深眼爆破),进度快
　　C. 开挖一次成形,爆破次数少,围岩扰动少
　　D. 初期支护封闭较快,有利于控制沉降

17. 采用上下台阶法开挖隧道,当围岩不稳定时,上台阶进尺应为(　　)拱架间距。
　　A. 1榀　　B. 2榀　　C. 3榀　　D. 4榀

18. 采用三台阶法开挖隧道,仰拱一次开挖长度不得大于(　　)m,且应及时施作,使支护及早闭合成环。
　　A. 2　　B. 3　　C. 4　　D. 5

19. 隧道开挖应连续循环作业。若因故停工(　　)d以上,复工前施工单位技术负责人应组织人员对掌子面安全状态进行核查确认。
　　A. 7　　B. 10　　C. 15　　D. 30

20. 在隧道开挖掌子面至二次衬砌之间应设置逃生通道。逃生通道的刚度、强度和抗冲击能力应满足安全要求,内径不宜小于(　　)m,厚度大于6mm。
　　A. 0.6　　B. 0.8　　C. 1.0　　D. 1.2

21. 中隔壁法(CD法)是将隧道断面分为左、右部分进行开挖,先挖一侧,并在隧道中部设立钢支撑及喷混凝土组成的临时支撑隔墙,当开挖一侧超前一定距离后,再开挖另一侧的开挖方法采用中隔壁法时,左、右侧均可按台阶法开挖。中隔壁法适用于(　　)隧道。
　　A. 整体性较好的Ⅲ级围岩　　　　B. 整体性较差或富水的Ⅲ、Ⅳ级围岩
　　C. Ⅰ、Ⅱ级坚硬围岩　　　　　　D. Ⅳ～Ⅴ级围岩段、浅埋段及洞口段

22. 下列关于中隔壁法特点的描述,不正确的是(　　)。
　　A. 变大跨为小跨,分布封闭快,支护刚度大,变形相对较小
　　B. 各分部断面较小,不便于机械施工,工序多,进度较慢
　　C. 临时支撑的施作和拆除较困难,成本较高
　　D. 左、右侧导坑施工相互干扰小

23. 交叉中隔壁法是将隧道分为两大部分进行开挖,左、右侧均分为两台阶或三台阶,左、右侧交叉施工的开挖方法。交叉中隔壁法适用于(　　)隧道。
　　A. 整体性较好的Ⅲ级围岩
　　B. 整体性较差或富水的Ⅲ、Ⅳ级围岩
　　C. 围岩较差、断面较大、埋深较浅的Ⅴ级围岩段

D. Ⅰ、Ⅱ级坚硬围岩

24. 双侧壁导坑法不适用于( )隧道开挖。
   A. 围岩较差、浅埋、大跨度、地下水发育的Ⅳ、Ⅴ级围岩段
   B. 整体性较好的Ⅲ级围岩
   C. 整体性较差或富水的Ⅲ、Ⅳ级围岩
   D. 围岩较差、断面较大、埋深较浅的Ⅴ级围岩段

25. 中导洞法是先开挖隧道断面的一部分作为导洞,再利用导洞逐步扩大开挖至隧道整个断面的开挖方法。中导洞法适用于( )。
   A. 围岩较差、断面较大、埋深较浅的Ⅴ级围岩段
   B. 联拱隧道及Ⅴ级以下围岩、断面较大的中短规模隧道
   C. 围岩较差、浅埋、大跨度、地下水发育的Ⅳ、Ⅴ级围岩段
   D. Ⅳ~Ⅴ级围岩段、浅埋段及洞口段

二、判断题

1. 隧道内严禁存放汽油、柴油、煤油、变压器油、雷管、炸药等易燃易爆物品。必须按照规定严格管理民用爆炸物品,严禁在施工现场违规运输、存放和使用民用爆炸物品。( )

2. 开挖人员到达工作地点时,应首先检查工作面是否处于安全状态,如有松动的石、土块或裂缝,应先予以清除或支护。( )

3. 当同一隧道双向开挖至接近贯通时,两端掌子面距离5~10m时(视围岩情况定),应改为单向掘进。( )

4. 隧道爆破施工时,应设置警戒线,并在洞口放置如"即将爆破"的警示标牌。( )

5. 开挖的仰拱前后应设醒目的安全警示标志。栈桥等架空设施的强度、刚度和稳定性应满足施工要求。栈桥桥面应做防滑处理,其两侧应设限速警示标志。车辆通过栈桥时,速度不得超过15km/h。( )

6. 全断面法是按设计断面将整个隧道一次开挖的隧道开挖方法,适用于Ⅰ、Ⅱ级坚硬围岩及整体性较好的Ⅲ级围岩隧道。( )

7. 三台阶法开挖断面较大,进度较快,仅次于全断面法。( )

8. 交叉中隔壁法的特点与中隔壁法基本相同。( )

9. 隧道开挖作业台车上应使用低于36V安全电压。( )

10. 隧道施工过程中要严格控制各作业面之间的安全步距。若安全步距超标,须停止隧道开挖作业。( )

11. 钻孔作业中,吹洗炮眼内的泥浆石粉时,可以站立在正后方。( )

12. 爆破后剩余的爆破物品及时退库,禁止私自销毁剩余爆破物品。( )

13. 两座隧道平行开挖时,同向开挖工作面前后距离不宜小于3倍洞径。( )

14. 爆破物品运至施工现场后,在划定区域内炸药与雷管分开堆放距离不小于20m,并设专人看护。( )

15. 必须在开挖钻眼完成后才能装药。禁止边钻眼边装药,禁止在残眼中继续钻眼。( )

三、多选题

1. 隧道洞身开挖作业应考虑的主要危险源、危险因素有( )。

A. 开挖方法选择不当

B. 开挖循环进尺过大，支护不及时

C. 开挖作业台架防护措施不到位

D. 爆破作业时无安全防护，违章爆破作业

E. 进场工人按规定进行岗前培训

2. 隧道洞身开挖所涉及的工种中，属于特殊工种的有（　　）。
　　A. 爆破工　　　B. 电工　　　C. 管道工　　　D. 电焊工　　　E. 混凝土工

3. 隧道施工必须坚持的原则有（　　）。
　　A. 强支护　　　B. 短开挖　　　C. 管超前　　　D. 勤量测　　　E. 弱支护

4. 在隧道施工中采取的防尘措施包括（　　）。
　　A. 湿式凿岩　　　　　　B. 机械通风　　　　　　C. 穿救生衣
　　D. 注意个人防护　　　　E. 戴安全帽

5. 下列因素中，可能造成隧道坍塌事故的有（　　）。
　　A. 施工方法选择不当　　　B. 初期支护没有及时跟进掌子面
　　C. 喷锚支护不及时　　　　D. 按交底进行施工
　　E. 爆破作业不当，用药量过多

6. 下列关于中隔壁法特点的描述中，正确的是（　　）。
　　A. 变大跨为小跨，分布封闭快，支护刚度大，变形相对较小
　　B. 各分部断面较小，不便于机械施工，工序多，进度较慢
　　C. 临时支撑的施作和拆除较困难，成本较高
　　D. 左、右侧导坑施工干扰小
　　E. 施工速度比上下台阶法速度快

7. 下列关于全断面法特点的描述中，正确的是（　　）。
　　A. 工序少、干扰小，组织管理方便
　　B. 开挖面大，便于机械化作业，爆破效果好（深眼爆破），进度快
　　C. 开挖一次成形，爆破次数少，围岩扰动小
　　D. 初期支护封闭较快，有利于控制沉降
　　E. 安全性高，不易造成隧道坍塌事故

8. 下列关于双侧壁导坑法工法特点的描述中，正确的是（　　）。
　　A. 变大跨为小跨，安全性增加
　　B. 开挖断面分块多，对围岩的扰动次数增加
　　C. 各分部断面较小，不便于机械施工，工序多，进度较慢
　　D. 临时支撑的施作和拆除较困难，成本较高
　　E. 各分部工序干扰小，施工速度快

9. Ⅲ级及以上等级的围岩开挖后，应及时对拱顶和边墙部位进行初喷封闭，喷射混凝土厚度不宜小于3cm，防止（　　）。
　　A. 掉块　　　B. 开裂　　　C. 渗水　　　D. 变形　　　E. 以上都不对

10. 环形开挖预留核心土法适用于（　　）隧道。
　　A. Ⅳ级偏弱围岩　　　　B. Ⅲ级围岩　　　　C. Ⅴ级围岩
　　D. Ⅱ级坚硬围岩　　　　E. Ⅰ级坚硬围岩

案例1 隧道洞身开挖岩爆事故

一、单选题

1. 围岩为坚硬岩,岩体较完整,块状或厚层状结构,其围岩基本质量指标为451~550MPa,该围岩属于( )级围岩。
   A. Ⅰ B. Ⅱ C. Ⅲ D. Ⅳ

2. 岩爆时,石块由母岩弹出,呈( )。
   A. 中间厚、周边薄、不规则的片状 B. 中间厚、周边薄、规则的片状
   C. 中间薄、周边厚、不规则的片状 D. 中间厚、周边薄、不规则的块状

3. 预防岩爆的方法不包括( )。
   A. 应力解除法 B. 岩体深部注水软化法
   C. 岩面喷水软化吸收应力法 D. 全断面法

4. 岩爆多在爆破后( )h内发生。
   A. 5~10 B. 2~3 C. 10~13 D. 15~24

5. 处理岩爆的基本原则是( )。
   A. 质量第一 B. 速度第一 C. 先防后治 D. 先治后防

6. ( )易发生岩爆。
   A. Ⅴ级围岩 B. Ⅳ级围岩 C. Ⅲ级围岩 D. Ⅱ级及以上围岩

7. 预计可能有岩爆发生时,下列做法中错误的是( )。
   A. 施工人员须配发钢盔(含面部护罩)、防弹背心等
   B. 掌子面加挂钢丝网
   C. 增设临时防护设施,为主要设备安装防护网和防护棚架
   D. 不必害怕,勇敢大胆进洞施工

8. 岩爆判别方法不包括( )。
   A. 新奥法 B. Russenes 岩爆判别法
   C. Turchaninov 岩爆判别法 D. Hoek 岩爆判别法

9. 岩爆的预防措施不包括( )。
   A. 提高光面爆破效果 B. 爆破后立即对围岩喷洒高压水
   C. 每个炮眼多放炸药 D. 加强机械找顶和人工来回找顶

10. 下列措施中,不能预先释放部分能量以预防岩爆的是( )。
    A. 松动爆破法 B. 爆破后立即对围岩喷洒高压水
    C. 超前小导坑掘进法 D. 打应力释放孔

11. 下列关于应对危岩落石的说法中,错误的是( )。
    A. 清除易松动的块石 B. 采取必要的防落石措施
    C. 设置被动拦石网 D. 对高处的危岩可不采取预防措施

12. 下列关于岩爆产生的条件的说法中,错误的是( )。
    A. 围岩新鲜完整,裂隙极少或仅有隐裂隙
    B. 开挖断面形状不规则,造成局部应力集中
    C. 无地下水,岩体干燥

D.溶孔较多的岩层容易发生岩爆

13.仅不长的地段出现了弹射现象,属于( )。
A.一级岩爆　　B.二级岩爆　　C.三级岩爆　　D.四级岩爆

14.隧道周边均有可能发生岩爆,但发生岩爆相对较多的部位是( )。
A.拱部及边墙　　B.拱肩　　C.底部　　D.四周均一样

15.岩爆爆坑大多数呈( )。
A.球形　　B.锅底形　　C.锅盖形　　D.平面

16.在不同岩性软硬相间的岩层中,易发生岩爆的是( )。
A.软质岩　　　　　　　　B.硬质岩
C.发生岩爆的概率一样　　D.是否发生岩爆与围岩无关

17.下列部位中,易发生岩爆的是( )。
A.地下水发育区段　　B.干燥区段
C.断层带部位　　　　D.软质围岩

18.岩爆易发生的条件是( )。
A.坚硬脆性岩石　　B.含水的岩石
C.软岩　　　　　　D.不规则开挖硬岩

19.岩溶地段隧道施工中,处理溶洞的常用方法不包括( )。
A.绕　　B.越　　C.降　　D.堵

20.宜在围岩内部应力释放后采用短进尺开挖,每循环进尺宜为( )m。
A.1~2　　B.2~3　　C.3~4　　D.4~5

21.在很高的地应力作用下,整体状和巨块状岩体会发生( )。
A.岩爆　　B.滑动　　C.转动　　D.塌落

22.岩爆地质隧道爆破后进入下道工序前,每循环内对暴露的岩面找顶( )次。
A.1~2　　B.2~3　　C.3~4　　D.4~5

23.开挖Ⅲ级及以上等级的围岩后,应及时拱顶和边墙部位进行初喷封闭,喷射混凝土厚度不宜小于( )cm,防止掉块、开裂、渗水、变形。
A.3　　B.4　　C.5　　D.6

24.隧道开挖应连续循环作业。若因故停工( )d以上时,复工前施工单位技术负责人应组织人员对掌子面安全状态进行核查确认。
A.7　　B.10　　C.15　　D.30

二、判断题

1.岩爆发生前一般无明显的预兆。经过仔细找顶且无空响声、一般认为不会掉落石块的地方,也会突然发出岩石爆裂声响,石块有时应声而下,有时暂不坠下,在没有支护的情况下,对施工安全威胁极大。( )

2.岩爆发生的地点多在新开挖工作面及其附近,个别距开挖工作面较远。( )

3.岩爆发生后不可能再产生二次岩爆。( )

4.在隧道洞口,应清除易松动的块石,并采取必要的防落石措施,逐一排除崩塌、落石等安全隐患。( )

5.岩爆多发生在掌子面及1~3倍洞径范围,距掌子面20m左右最为强烈。( )

6.采用全断面开挖的区段不易发生岩爆。( )

7. 在岩爆地质隧道进行施工,宜在围岩内部应力释放后采用短进尺开挖。( )

8. 通过监听岩体内部声响及观察岩面剥落情况等方法,发现岩爆迹象时,作业人员应撤出危险区域。( )

9. 在岩爆隧道内施工时,宜在围岩内部应力释放后采用短进尺开挖,每循环进尺宜为2~3m。( )

10. 爆破后,应立即向围岩喷洒高压水,减弱岩爆强度。( )

11. 在溶孔较多的岩层里,一般不会发生岩爆。( )

12. 岩爆时,围岩破坏的规模,小者几厘米厚,大者可多达几十吨。( )

13. 判别深埋与浅埋隧道,可按荷载等效高度值,并结合地质条件、施工方法等因素综合判定。( )

14. 产生岩爆的主要原因是在埋藏较深的岩层中岩体为脆性且储存有足够的能量(地应力较大)。( )

15. 对发生岩爆的地段,可采取在岩壁切槽的方法来释放应力以降低岩爆的强度。( )

三、多选题

1.( )迹象可能是围岩坍方的征兆。
  A. 突然出水　　　　B. 初期支护开裂　　　　C. 不断掉落小石块
  D. 初期支护异响　　E. 围岩好转

2. 岩石隧道爆破一般采用( )。
  A. 光面爆破　　　　B. 硐室爆破　　　　　　C. 预裂爆破
  D. 抛掷爆破　　　　E. 深孔爆破

3. 锚杆在岩体支护中的作用有( )。
  A. 悬吊作业　　　　B. 防止围岩风化　　　　C. 组合梁作用
  D. 加固拱作用　　　E. 防止围岩开裂

4. 岩爆的防治措施有( )。
  A. 改善围岩应力　　B. 改善围岩性质　　　　C. 对围岩进行加强支护
  D. 对围岩进行超前支护加固　　　　　　　　E. 加大开挖进尺

5. 喷混凝土在围岩支护中的作用有( )。
  A. 支撑围岩　　　　B. 填补加固围岩　　　　C. 使围岩表面美观
  D. 封闭　　　　　　E. 防止围岩风化

6. 岩爆的主要原因是在埋藏较深的岩层中,岩体为脆性且储存有足够的能量(地应力较大),随着施工爆破扰动原岩,岩体受到破坏,在掌子面附近突然释放潜能,产生脆性破坏。岩爆的决定因素是( )。
  A. 岩性条件　　　　B. 地应力的大小　　　　C. 围岩性质
  D. 施工方式　　　　E. 施工周期

案例2　火工品爆炸

一、单选题

1. 软质岩隧道采用光面爆破作业时,周边眼间距范围是( )cm。

  A. 25~35 B. 35~45 C. 40~50 D. 50~60

2. 炮眼的爆破先后顺序是(　　)。
  A. 先周边眼、再辅助眼、后掏槽眼
  B. 先辅助眼、再掏槽眼、后周边眼
  C. 先掏槽眼、再辅助眼、后周边眼
  D. 先掏槽眼、再周边眼、后辅助眼

3. 周边眼的堵塞长度不宜小于(　　)mm。
  A. 100 B. 200 C. 300 D. 400

4. 爆破作业时,由(　　)下达起爆命令。
  A. 安全负责人 B. 爆破负责人 C. 安全员 D. 班组长

5. 隧道独头掘进(　　)m 以上,必须实施机械通风。
  A. 100 B. 150 C. 200 D. 250

6. 隧道爆破后,通风时间不小于(　　)min 后,人员方可进入作业。
  A. 10 B. 15 C. 20 D. 25

7. 爆破作业后,由(　　)进入作业现场检查有无瞎炮、残留的爆破器材及围岩稳定情况。
  A. 安全员 B. 班组长 C. 工人 D. 原装药爆破员

8. 软岩石质隧道爆破采用光面爆破技术时,最大线性超挖量不得超过(　　)cm。
  A. 5 B. 10 C. 15 D. 20

9. 爆破物品运至施工现场后,炸药与雷管在划定区域内分开堆放,间距不得小于(　　)m,并安排专人看护。
  A. 20 B. 30 C. 40 D. 50

10. 逃生管道从二次衬砌布置至开挖面,距离不得小于(　　)m。
  A. 15 B. 20 C. 25 D. 30

11. 隧道双向开挖面相距(　　)m 时,应改为单向开挖,预留贯通的安全距离,停挖端的作业人员和机具应撤离。
  A. 15~30 B. 30~45 C. 45~60 D. 60~75

12. 两座隧道平行开挖,同向开挖工作面前后距离不宜小于(　　)倍洞径。
  A. 1 B. 2 C. 3 D. 4

二、判断题

1. 禁止在残眼、裂缝处钻孔。(　　)
2. 装药时,严格按爆破设计要求进行。装药须分片分组,按炮眼设计图确定的装药量自下而上进行。雷管要对号入座。(　　)
3. 为保证光面爆破效果,周边眼应采用连续装药,掏槽眼及掘进眼采用间隔装药。(　　)
4. 为保证延时效果,非电毫秒雷管要跳段使用。(　　)
5. 找顶排险时,应按先两帮后拱顶的顺序进行,顺着围岩节理和层理慢慢清除松石,不得硬刨、猛击。(　　)
6. 装药必须在开挖钻眼完成后才能进行,禁止边钻眼边装药,禁止在残眼中继续钻眼。(　　)
7. 爆破物品应由安全员按一次需用量领取。运输爆破物品时必须使用专用车辆,雷管、炸药分开存放,严禁混装,搬运时轻拿轻放。(　　)

8.爆破后,剩余爆破物品应当立即销毁,不得私藏。 ( )
9.爆破作业时,起爆网络应与炮孔装填作业同步进行。 ( )

三、多选题

1.隧道施工时,可能导致人中毒窒息的气体是( )。
　　A.甲烷　　　B.二氧化碳　　　C.瓦斯　　　D.一氧化碳　　　E.氧气
2.隧道施工时,围岩级别为( )的地段要设置逃生管道。
　　A.Ⅲ　　　B.Ⅳ　　　C.Ⅴ　　　D.Ⅵ　　　E.Ⅱ
3.隧道不可以存放的物品有( )。
　　A.汽油　　　B.乙炔　　　C.油漆　　　D.应急木料　　　E.柴油

6 装运渣作业

一、单选题

1. 下列机械设备中,(　　)不属于无轨装渣、无轨运输常用的机械设备。
   A. 侧卸式装载机　　B. 挖掘机　　C. 自卸汽车　　D. 斗车

2. 有轨装渣、有轨运输主要适用于(　　)。
   A. 中小断面、长度较长的隧道　　B. 断面较小、长度较长的隧道
   C. 大断面及特大断面的各种长度隧道　　D. 各类断面的中短隧道

3. 公路隧道因开挖断面大,洞内路面纵坡较小,一般采用(　　)的作业方式。
   A. 有轨装渣、有轨运输　　B. 无轨装渣、有轨运输
   C. 无轨装渣、无轨运输　　D. 皮带运输机运输

4. 无轨装渣、无轨运输是指在隧道内采用(　　)等设备装渣,由自卸汽车将洞渣运至隧道外弃土场的方式。
   A. 扒渣机　　B. 梭式矿车　　C. 装载机或挖掘机　　D. 斗车

5. 无轨运输时,运渣道路综合纵坡不应大于(　　),车道必须硬化并采取防滑措施。
   A. 1%　　B. 4%　　C. 7%　　D. 10%

6. 有轨装渣、有轨运输的缺点不包括(　　)。
   A. 空气污染大　　B. 工作效率低
   C. 适用范围小　　D. 施工组织及日常维护难度大

7. 大断面及特大断面的各种长度的隧道宜采用(　　)的装运渣作业方式。
   A. 有轨装渣、有轨运输　　B. 无轨装渣、有轨运输
   C. 无轨装渣、无轨运输　　D. 皮带运输机运输

8. 下列关于隧道装运渣皮带运输机的说法中,正确的是(　　)。
   A. 适用于中小断面、长度较长的隧道
   B. 适用于断面较小、长度较长的隧道
   C. 适用于大断面及特大断面的各种长度的隧道
   D. 适用于各类断面的中短隧道

9. 下列关于无轨装渣、无轨运输的说法中,错误的是(　　)。
   A. 便于施工组织
   B. 装运渣效率高
   C. 适用于大断面及特大断面的各种长度的隧道
   D. 空气污染小

10. (　　)的装运渣作业方式的主要优点为装渣速度快、一次运渣量大。
    A. 有轨装渣、有轨运输　　B. 无轨装渣、有轨运输
    C. 无轨装渣、无轨运输　　D. 皮带运输机运输

11. 运渣过程中,在仰拱栈桥和作业台架下方行车速度不应大于____km/h,在其他施工地段和错车时行车速度不应大于____km/h,在成洞段行车速度不应大于____km/h。正确

选项是( )。
    A.5;10;10   B.5;10;20   C.5;15;20   D.10;15;20
12.运输道路单车道净宽不得小于车宽加( )m。
    A.0.5   B.1.0   C.1.5   D.2.0
13.弃渣处理完毕后,弃渣场顶面应碾压密实,( )施工顶部排水沟,对渣土表面进行复耕或复绿。
    A.立即   B.在2h内   C.及时   D.等一等
14.隧道内单车道运渣时,应每隔( )设置一处会车道,其长度应满足安全行车要求。
    A.25m   B.40m   C.60m   D.一定距离
15.隧道内要设置平坡段和防撞安全岛,平坡段长度不小于( )m,安全岛外侧应设置砂带或废旧轮胎防撞墙。
    A.10   B.25   C.30   D.40
16.弃渣过程中,( )弃渣顶面应设置排水坡度,避免积水及地表水下渗。
    A.每层   B.每两层   C.每三层   D.每5m
17.皮带运输机运输是指在隧道内安装皮带运输机,通过( )将洞渣运卸到皮带运输机上,再转运至皮带输送机后的自卸汽车内,运至洞外弃土场的方式。
    A.耙斗式装岩机   B.梭式矿车   C.装载机   D.斗车
18.隧道内的双车道运渣道路净宽不得小于2倍车宽加( )m。
    A.2.5   B.1.5   C.1.0   D.0.5
19.隧道内用双车道运渣时,会车视距宜大于( )m。
    A.20   B.30   C.40   D.10
20.隧道内供应的新鲜风量不得小于每人( )m³/min。
    A.3   B.4   C.5   D.6
21.隧道供电干线和支线的正确排布方式是( )。
    A.干线在上、支线在下   B.支线在上、干线在下
    C.干线、支线同层敷设   C.以上三种都可以
22.在洞口、平交道口、狭窄的施工场地,必须设置明显的( ),必要时应安排专人指挥交通。
    A.警示标志   B.反光锥   C.标识标牌   D.警示柱
23.洞内变压器与洞壁的最小距离为( )m。
    A.0.2   B.0.3   C.0.5   D.1.0
24.装渣时发现渣堆中残留的炸药、雷管,应( )报告,按规定进行处理。
    A.在1h内   B.在2h内   C.立即   D.等一等
25.隧道施工时,洞内气温不宜高于( )℃。
    A.25   B.28   C.32   D.35

二、判断题

1.隧道施工过程中的装渣运输作业由装渣、运输、卸渣三个环节组成。( )
2.隧道装渣设备的装运能力应大于最大的开挖量,装渣能力不需要与出渣设备的运输能力相适应。( )
3.进出隧道的人员应走人行道,可以与机械或车辆抢道,严禁扒车、追车或强行搭车。( )

4.出渣运输车辆必须性能完好,严禁人、料混装,不得超载、超速、超宽、超高运输。(　)

5.出渣前应对车辆的制动器、喇叭、灯光、连接装置等进行安全检查,确认完好后方可行车。(　)

6.装渣时机械回转半径范围内可以站人或有人通过,不得损坏已有的支护及设施。(　)

7.装渣作业面应保证足够的照明,均匀不闪烁。(　)

8.弃渣应自上而下,不必分层分级堆置,不得堵塞河道、水沟。(　)

9.装渣前应先检查开挖面的围岩稳定情况,发现有松动岩石或坍塌征兆,必须先处理,后装渣。(　)

10.出渣运输车辆宜选用带净化装置的柴油机动力。汽油动力机械可以进洞。(　)

11.装渣时发现渣堆中残留的炸药、雷管,应立即销毁。(　)

12.自卸汽车卸渣时,应停稳制动,不得边卸渣边行驶;卸渣后应及时将车厢复位,严禁举车厢行驶。(　)

13.机械操作人员不必持证上岗,严格执行安全操作规程,严禁违章操作。(　)

14.油料应集中存放并配置一定的消防器材,安排专人管理,由专用车辆统一配送。加油过程中,机械设备应处于熄火状态。(　)

15.在弃渣过程中,应对弃渣场渣体的稳定性进行观察和监测,在雨季应加大监测频率,发现问题及时上报和处理。(　)

三、多选题

1.隧道装运渣主要作业方式有(　　)。
　A.有轨装渣、有轨运输　　　B.无轨装渣、有轨运输
　C.无轨装渣、无轨运输　　　D.皮带运输机运输

2.隧道装运渣过程中存在的安全风险主要有(　　)。
　A.车辆伤害　B.淹溺　C.机械伤害　D.职业病危害　E.物体打击

3.隧道装运渣作业过程中,发生车辆伤害的原因有(　　)。
　A.未分层弃渣　　　　B.弃渣不规范
　C.作业人员避让不及时　D.运输车辆速度过快　　　E.车辆制动失灵

4.无轨装渣、有轨运输常用的机械设备有(　　)。
　A.电瓶车　B.梭式矿车　C.挖掘机　D.自卸汽车　E.装载机

5.隧道爆破后应及时进行(　　)等工作,确认工作面安全后方可进行装渣作业。
　A.通风　B.洒水降尘　C.找顶　D.初喷混凝土　E.打锚杆

6.瓦斯隧道必须执行进洞检查制度,严禁进洞人员携带或穿戴(　　)。
　A.打火机　B.手机　C.化纤衣服　D.火柴　E.棉质工作服

7.运输道路的(　　)等应满足出渣车辆运行要求,按规定设置错车道及行人安全通道,做好排水及维护工作。
　A.平整度　B.坡度　C.宽度　D.转弯半径　E.长度

8.下列属于特殊工种的有(　　)。
　A.电工　B.焊割工　C.混凝土工　D.模板工　E.管道工

9.下列隧道中,需要采用双回路输电并设置可靠的切换装置的是(　　)。
　A.中长隧道　　　　B.涌水量大隧道　　　　C.斜井
　D.瓦斯隧道　　　　E.短隧道

案例1　弃渣场坍塌事故

一、单选题

1. 弃渣场应砌筑(　　)并完善排水设施。
   A. 挡渣墙　　　　B. 挡土墙　　　　C. 截水沟　　　　D. 排水沟
2. 弃渣挡墙泄水孔背后应设置(　　)。
   A. 泄水层　　　　B. 泄水孔　　　　C. 反滤层　　　　D. 反滤孔
3. 在弃渣场弃渣,应(　　),分层分级堆置。
   A. 自上而下　　　B. 自下而上　　　C. 自左而右　　　D. 自右而左
4. 弃渣完毕后,弃渣场顶面应(　　)。
   A. 碾压密实　　　B. 平整　　　　　C. 用混凝土硬化　D. 砂浆抹面
5. 在弃渣过程中,应对弃渣场渣体的(　　)进行观察和监测,雨季应加大监测频率。
   A. 稳定性　　　　B. 高度　　　　　C. 坡率　　　　　D. 边坡
6. 弃渣作业应遵循(　　)的原则。
   A. 先支护、后弃渣　B. 先弃渣、后支护　C. 边支护、边弃渣　D. 以上都对
7. 在弃渣场弃渣严禁采用(　　)倾倒的方式。
   A. 自上而下　　　B. 自下而上　　　C. 逐级　　　　　D. 分层
8. 应根据弃渣(　　)进行弃渣场平台设置及坡面防护。
   A. 高度　　　　　B. 宽度　　　　　C. 面积　　　　　D. 体积
9. 弃渣车辆不得超速、超员、(　　)行使。
   A. 超载　　　　　B. 正常　　　　　C. 直线　　　　　D. 慢速
10. 在弃渣车辆运输通道的(　　)路段,应设置反光镜及"减速慢行"标志。
    A. 急转弯　　　　B. 直线　　　　　C. 平缓　　　　　D. 上坡
11. 在弃渣车辆运输通道的滚石路段,应设置防滚石措施及(　　)等安全警示标志。
    A. 禁止进入　　　B. 禁止停留　　　C. 当心坠落　　　D. 当心落石
12. 弃渣场由(　　)组织检查、验收,合格后方可投入使用。
    A. 项目经理　　　B. 安全部长　　　C. 监理工程师　　D. 项目总工

二、判断题

1. 弃渣场应砌筑挡渣墙并完善排水设施。　　　　　　　　　　　　　　　　(　　)
2. 弃渣挡墙泄水孔背后不用设置反滤层。　　　　　　　　　　　　　　　　(　　)
3. 弃渣应自上而下,分层分级堆置。　　　　　　　　　　　　　　　　　　(　　)
4. 弃渣不得堵塞河道、沟谷,避免影响下游安全。　　　　　　　　　　　　(　　)
5. 卸渣平台应平整坚实,避免陷车。　　　　　　　　　　　　　　　　　　(　　)
6. 弃渣过程中,每层弃渣顶面应设置排水坡度,避免积水及地表水下渗。　　(　　)
7. 弃渣完毕后,要用混凝土硬化弃渣场顶面。　　　　　　　　　　　　　　(　　)
8. 弃渣完毕后,弃渣场顶面要及时施工排水沟。　　　　　　　　　　　　　(　　)
9. 自卸汽车卸渣时,可以边卸渣边行驶。　　　　　　　　　　　　　　　　(　　)
10. 弃渣过程中,应对弃渣场渣体的稳定性进行观察和监测。　　　　　　　(　　)

11. 在雨季应加大弃渣场监测频率,发现问题及时上报和处理。　　　　　(　　)
12. 弃渣作业应遵循"先支护,后弃渣"的原则。　　　　　　　　　　　　(　　)

三、多选题

1. 运渣车辆不得(　　)。
   A. 超载　　　　　B. 超员　　　　　C. 超速　　　　　D. 超车
2. 严禁在(　　)弃渣。
   A. 岩溶漏斗　　B. 暗河口　　　C. 滑坡体上　　D. 泥石流沟上游　　E. 山谷

案例2　装运渣车辆伤害事故

一、单选题

1. 运渣车辆运输道路综合纵坡不应大于(　　)。
   A. 6%　　　　　B. 8%　　　　　C. 10%　　　　　D. 12%
2. 运渣车辆运输车道必须硬化,并采取(　　)措施。
   A. 防滑　　　　B. 限速　　　　C. 限高　　　　D. 限宽
3. 在隧道内采用单车道方式运渣时,应每隔一定距离设置一处(　　)。
   A. 会车道　　　B. 超车道　　　C. 停车道　　　D. 慢车道
4. 在隧道内采用单车道方式运渣时,设置平坡段和防撞安全岛,平坡段长度不小于(　　)m。
   A. 10　　　　　B. 20　　　　　C. 30　　　　　D. 40
5. 在隧道内采用单车道方式运渣,单车道净宽不得小于车宽加(　　)m。
   A. 1　　　　　　B. 1.5　　　　　C. 2　　　　　　D. 2.5
6. 在隧道内采用双车道方式运渣,双车道净宽不得小于(　　)倍车宽加2.5m。
   A. 1　　　　　　B. 2　　　　　　C. 2.5　　　　　D. 3
7. 在仰拱栈桥和作业台架下方,运渣车辆行车速度不应大于(　　)km/h。
   A. 5　　　　　　B. 10　　　　　C. 15　　　　　D. 20
8. 运渣车辆在成洞段的行车速度不应大于(　　)km/h。
   A. 5　　　　　　B. 10　　　　　C. 15　　　　　D. 20
9. 运渣车辆会车视距宜大于(　　)m。
   A. 15　　　　　B. 20　　　　　C. 30　　　　　D. 40
10. 运渣车辆作业前,应对车辆的(　　)、喇叭、灯光、连接装置进行安全检查,确认完好后方可行车。
    A. 制动器　　　B. 颜色　　　　C. 外观　　　　D. 性能
11. 运渣车辆必须性能完好,严禁(　　)。
    A. 人料混装　　B. 超车　　　　C. 倒车　　　　D. 会车
12. 车辆在洞内(　　),必须安排专人指挥。
    A. 超车　　　　B. 会车　　　　C. 正常行驶　　D. 调头及倒车
13. 车辆行驶中,应随时观察周围作业人员及洞内(　　)等情况。
    A. 照明　　　　B. 设备、设施　　C. 作业　　　　D. 人员分布
14. 进入隧道的人员必须穿着(　　)。

A. 反光衣   B. 安全带   C. 防滑鞋   D. 防护手套

15. 运渣车辆必须安装(　　)。
    A. 车厢爬梯   B. 倒车监控视频   C. 警示灯   D. 倒车警报器
16. 运渣车辆必须设置(　　)。
    A. 警示灯   B. 反光标识   C. 扩音喇叭   D. 缓冲器
17. 进出隧道人员必须走(　　),不得与机械抢道,严禁扒车。
    A. 随意行走   B. 车辆通道   C. 人行道   D. 靠边行走
18. 进出隧道的行人通道与机械、车辆通道应(　　)。
    A. 分开设置   B. 合并设置   C. 设置在中间   D. 设置在两侧
19. 洞外的弃渣场地应保持一定的(　　),防止车辆顺坡翻车。
    A. 下坡段   B. 上坡段   C. 平缓段   D. 压实度
20. 弃渣场临边侧以内(　　)m处应设置醒目的停车标志。
    A. 0.5   B. 1   C. 1.5   D. 2
21. 洞内运输要做到"三不超","三不超"是指(　　)。
    A. 不超速、不超载、不超员   B. 不超速、不超载、不超车
    C. 不超载、不超高、不超宽   D. 不超速、不超车、不超员

二、判断题

1. 装渣不得超过运输车辆车厢边缘,装载平衡,避免偏载、超载。(　　)
2. 运渣车辆运输道路综合纵坡应大于10%。(　　)
3. 运渣车辆运输道路必须硬化,并采取防滑措施。(　　)
4. 在隧道内采用单车道方式运渣时,应每隔一定距离设置一处会车道。(　　)
5. 在隧道内采用单车道方式运渣时,设置平坡段和防撞安全岛,平坡段长度不小于20m。(　　)
6. 在隧道内采用单车道方式运渣时,单车道净宽不得小于车宽加0.5m。(　　)
7. 在隧道内采用双车道方式运渣时,双车道净宽不得小于2倍车宽加2.5m。(　　)
8. 在仰拱栈桥和作业台架下方,运渣车辆行车速度不应大于20km/h。(　　)
9. 运渣车辆在成洞段的行车速度不应大于20km/h。(　　)
10. 运渣车辆会车视距宜大于10m。(　　)
11. 运渣车辆宜选用带净化装置的柴油机动力。汽油动力机械不宜进洞。(　　)
12. 运渣车辆作业前,应对车辆的制动器、喇叭、灯光、连接装置进行安全检查,确认完好后方可行车。(　　)
13. 运渣车辆驾驶员必须持证上岗,严格执行安全操作规程,严禁违章作业。(　　)
14. 运渣车辆不得超载、超速、超宽、超高运输。(　　)
15. 运渣车辆必须性能完好,可以人料混装。(　　)

三、多选题

1. 运渣车辆作业前,应对车辆的(　　)进行安全检查,确认完好后方可行车。
    A. 制动器   B. 喇叭   C. 灯光   D. 连接装置   E. 颜色
2. 运渣车辆不得(　　)运输。
    A. 超载   B. 超宽   C. 超速   D. 超高   E. 超车

7 初 期 支 护

一、单选题

1. 下列不属于隧道初期支护作业内容的是( )。
   A. 清理危石　　　　B. 钢筋绑扎　　　　C. 打设锚杆　　　　D. 挂设钢筋网
2. 不是隧道支护工、喷射混凝土工常用的机具是( )。
   A. 风镐　　　　　　B. 气腿式凿岩　　　C. 通风机　　　　　D. 电焊机
3. 超前小导管施工过程中,不得随意调整其长度、间距、( )。
   A. 垂直度　　　　　B. 角度　　　　　　C. 方向　　　　　　D. 直径
4. 隧道初期支护施工过程中严禁"三违",即严禁违章指挥、( )和违反劳动纪律,并做到"三不伤害",即不伤害自己、不伤害他人和不被他人伤害。
   A. 违法违纪　　　　B. 违章作业　　　　C. 违反公司规定　　D. 违反法律
5. 锚杆安装完毕后,不得敲击锚杆,( )d 内其端部不得悬挂重物。
   A. 1　　　　　　　　B. 2　　　　　　　　C. 3　　　　　　　　D. 4
6. 严禁用( )支垫拱脚,以防拱脚处喷不密实。
   A. 混凝土　　　　　B. 钢板　　　　　　C. 虚渣　　　　　　D. 枕木
7. 钢架安装间距、( )要符合要求。
   A. 长度　　　　　　B. 角度　　　　　　C. 垂直度　　　　　D. 不确定
8. 型钢钢架宜采用( )制作成型。
   A. 热弯法　　　　　B. 切割法　　　　　C. 冷弯法　　　　　D. 焊接法
9. 钢筋网搭接长度不小于( ),各连接处应焊接牢固。
   A. 20cm　　　　　　B. 一个网格　　　　C. 两个网格　　　　D. 15cm
10. 喷射混凝土作业中如发生风、水、输料管路爆裂、断裂时,必须依次停止( )的输送。
    A. 料、风、水　　　B. 风、料、水　　　C. 风、水、料　　　D. 随意
11. 钢筋网片搭接不小于( )cm,并不得小于一个网格长边尺寸。
    A. 10　　　　　　　B. 20　　　　　　　C. 30　　　　　　　D. 40
12. 钢架应分节段安装,两块连接钢板间采用螺栓连接,连接螺栓数量应不少于( )颗。
    A. 1　　　　　　　　B. 2　　　　　　　　C. 3　　　　　　　　D. 4
13. 钢架安装垂直度允许偏差为( )。
    A. ±1°　　　　　　B. ±2°　　　　　　C. ±3°　　　　　　D. ±5°
14. 锚杆孔深应不小于锚杆长度,但深度超长值不应大于( )mm。
    A. 50　　　　　　　B. 200　　　　　　　C. 150　　　　　　　D. 100
15. 锚杆孔位允许偏差为( )mm。
    A. ±50　　　　　　B. ±100　　　　　　C. ±150　　　　　　D. ±200
16. 导管孔深允许偏差为( )mm。
    A. ±50　　　　　　B. +50　　　　　　　C. ±100　　　　　　D. +100
17. 导管相邻两排的搭接长度不得小于( )。

A.1m　　　　　B.1.5cm　　　　　C.0.5m　　　　　D.2cm

18.打设锁脚锚管时,按与水平方向( )角向下打设。
A.30°　　　　　B.35°　　　　　C.40°　　　　　D.45°

19.喷射混凝土施工分初喷和复喷。初喷在开挖(或分部开挖)完成后立即进行,厚度为( )cm。
A.2　　　　　B.3　　　　　C.4　　　　　D.5

20.冬季施工时,喷射混凝土作业区域的气温应不低于( )℃。
A.4　　　　　B.5　　　　　C.6　　　　　D.7

21.喷射初期支护前,需清理施工作业面的( )。
A.掌子面突石　　B.机械设备　　C.松动石块　　D.废弃材料

22.下列支护方式中,不属于隧道初期支护的是( )。
A.喷射混凝土　　B.锚喷　　C.混凝土二次衬砌　　D.钢拱架

23.支护台车安全防护栏杆高度为( )m。
A.0.8　　　　　B.1.0　　　　　C.1.2　　　　　D.1.5

24.锚杆注浆作业时,应安装( )。
A.水表　　　　　B.电表　　　　　C.压力表　　　　　D.温度计

25.钢筋网应随受喷岩面起伏铺设,与受喷面的最大间隙不宜大于( )mm。
A.30　　　　　B.40　　　　　C.50　　　　　D.60

二、判断题

1.喷射前应对受喷岩面进行处理,检查开挖断面净空尺寸,检查危石、浮渣和岩粉是否清除干净。( )

2.喷射混凝土不用分层,应一次性喷射完毕。( )

3.喷射混凝土前不用检查机具设备和风、水、电等管路、线路。( )

4.喷射混凝土时应保证作业区具有良好通风及照明条件,喷射作业的环境温度不得低于10℃。( )

5.喷射混凝土终凝2h后,应进行养护。( )

6.对隧道进行初期支护时,可以采用干喷工艺喷射混凝土。( )

7.支护锚杆杆体插入孔内的长度必须超过设计长度的95%,实际黏结长度不应短于设计长度的95%。( )

8.作业前应清除工作面松动的岩石,确认作业区无塌方、落石等危险源,施工机具应布置于安全地带。( )

9.喷射混凝土时,喷嘴与受喷面间距宜为0.6~1.2m。( )

10.对喷射混凝土回弹率应予以控制,拱部回弹率不超过25%,边墙回弹率不超过15%。回弹物可以重新用作喷射混凝土材料。( )

11.必须按照标准、规范和设计要求编制专项施工方案,确保按方案组织实施,严禁擅自改变施工工法。( )

12.必须强化施工工序和现场管理,确保支(防)护到位,严禁支护滞后和安全步距超标。( )

13.必须落实超前地质预报的各项规定,如果监控量(探)测数据超标,要立即停工撤人,严禁冒险施工作业。( )

14. 隧道的临时支护是利用喷射混凝土或型钢拱架进行临时性支护,主要用于分部开挖施工中。 (　　)

15. 超前长管棚主要作用是:管棚与钢架组合成预支护系统,以支撑和加固自稳能力极低的围岩,对防止软弱围岩的下沉、松弛和坍塌等有显著效果。 (　　)

三、多选题

1. 隧道支护工、喷射混凝土工的安全职责有(　　)。
   A. 理解施工技术交底内容(含安全技术)
   B. 了解和熟悉隧道作业场所存在的危险因素、防范措施及紧急救援措施
   C. 正确佩戴安全帽、工作服、防尘口罩、防护眼镜、手套、水鞋等个人防护用品,正确使用安全生产设施
   D. 拒绝违章、冒险作业
   E. 布置当天施工任务,开展班前安全讲话

2. 隧道支护工、喷射混凝土工的权利包括(　　)。
   A. 有权拒绝违规违章作业指令
   B. 有权提出改进工作建议
   C. 有权根据现场实际改变施工方案
   D. 有权采取紧急避险措施
   E. 有权不按交底进行施工

3. 下列属于隧道坍塌预兆的有(　　)。
   A. 开挖后顶部未支护部位围岩不停掉块
   B. 使用喷混凝土支护围岩后,仍有掉块
   C. 掌子面可见出水点频繁地变化位置
   D. 掌子面突然涌水,或涌水压力增大
   E. 开挖后,岩石块度过大

4. 下列有关喷射混凝土作业的说法中,正确的是(　　)。
   A. 任何情况下,严禁喷嘴朝向有人员活动的方向
   B. 开启混凝土喷射机时应先给风,再开机,后送料,结束作业时先停料、再停机、后关风
   C. 超挖较大时,应采用喷射混凝土回填密实,严禁在拱架后铺设防水板、油毛毡、石棉瓦等
   D. 可以在拱架背后铺设防水板喷射混凝土,这样做施工效率高
   E. 20cm厚的喷射混凝土不用分层喷射,可以一次喷射到位

5. 隧道支护、喷射混凝土作业中,可能造成物体打击伤害的做法有(　　)。
   A. 浮石、危石未清除而进行支护作业
   B. 上下重叠作业
   C. 在台架上随意放置工具和材料,不及时清理石块等杂物
   D. 台架架板断裂或破损而未修复,未固定挑头板
   E. 机械设备定人定机操作

6. 隧道初期支护作业涉及的特殊工种有(　　)等,必须持证上岗。
   A. 电工　　B. 测量工　　C. 焊割工　　D. 管道工　　E. 空气压缩机司机

7. 支护台车平台应铺满,设置( )。
   A. 安全护栏　B. 爬梯　　　C. 防滑装置　D. 警示标志
8. 喷射混凝土作业人员必须佩带的个人防护用品包括( )。
   A. 密闭式防尘口罩　　　　B. 护目镜　　　　　　C. 安全帽
   D. 耳塞　　　　　　　　　E. 绝缘手套
9. 下列做法中,有可能造成火工品爆炸的有( )。
   A. 违规使用火工品　　　B. 爆破方式方法不当　　C. 违规处理火工品
   D. 及时退料　　　　　　E. 按申请单领取火工品
10. 超前支护的方法有( )。
    A. 长管棚法　B. 帷幕注浆　C. 超前锚杆　D. 超前小导管　E. 钢拱架

案例　隧道冒顶片帮事故

一、单选题

1. ( )是指矿井、隧道、涵洞开挖、衬砌过程中因开挖或支护不当,顶部或侧壁大面积垮塌造成伤害的事故。
   A. 冒顶片帮　　B. 突泥涌水　　C. 爆炸　　　　D. 火灾
2. 隧道掘进工作面初期支护未及时施作、( )松动围岩和浮石未橇净,构成隧道坍塌、冒顶片帮重大危险源。
   A. 掌子面　　　B. 二次衬砌　　C. 仰拱　　　　D. 调平层
3. 处理冒顶片帮的基本原则是( )。
   A. 质量第一　　B. 速度第一　　C. 先防后治　　D. 先治后防
4. 对易坍塌隧道要加强( ),及时反馈信息。同时,施工员、量测人员每天必须检查初期支护变形情况,为及时调整、优化施工方案和结构支护参数提供依据。
   A. 量测　　　　B. 观察　　　　C. 开裂　　　　D. 渗水
5. 当塌方规模较小时,首先( )塌体两端洞身,尽快施作喷射混凝土或锚喷联合支护,封闭塌穴顶部和侧部,然后清渣。
   A. 清理　　　　B. 加固　　　　C. 排查　　　　D. 观察
6. 对于塌方地段,应采取有效措施,防止( )流入或下渗到塌穴和塌渣体内。
   A. 地表水　　　B. 泥石流　　　C. 泉水　　　　D. 污水
7. 物体在外力或重力作用下,超过自身极限强度或因结构失去稳定性而造成的事故,称为( )。
   A. 物体打击　　B. 火灾　　　　C. 坍塌　　　　D. 高空坠落
8. 隧道施工循环中的关键工序是( ),因为它所占的时间比例最高。
   A. 爆破　　　　B. 钻眼和出渣　C. 支护　　　　D. 喷射混凝土
9. 在松散地层内进行隧道施工,为了减少对围岩的扰动,施工时常用的手段是( )。
   A. 先挖后护　　　　　　　　B. 先护后挖、密闭支撑、边挖边封闭
   C. 强爆破、弱支护　　　　　D. 全断面开挖

二、判断题

1. 矿山冒顶片帮不属于坍塌事故。　　　　　　　　　　　　　　　　( )

2.冒顶片帮是指由于地质结构、地压等原因,井下采场或井巷工程等作业面的顶板或帮壁出现大面积垮落、岩块脱落或剥落等破坏现象。( )

3.顶部坍塌叫冒顶,侧壁垮塌叫偏帮,两者同时发生叫冒顶片帮。( )

4.隧道塌方后,应先清除塌体,再加固未塌方地段。( )

5.矿山法施工只适用于采矿工程,新奥法施工才适用于公路隧道。( )

三、多选题

1.软弱围岩隧道施工应贯彻( )的原则。
   A.管超前   B.严注浆   C.短进尺   D.强支护   E.强爆破

8 仰拱施工

一、单选题

1.（　　）是指在隧道底部用钢筋混凝土等材料修建的反向拱形结构,与二次衬砌构成隧道整体。
　A.二次衬砌　　　B.超强支护　　　C.初期支护　　　D.仰拱

2.仰拱一般在隧道（　　）围岩段设置。
　A.Ⅲ级及以上　　B.Ⅲ级及以下　　C.Ⅳ级及以上　　D.Ⅳ级及以下

3.仰拱施工的主要工艺有:①仰拱部位开挖;②止水带及模板安装;③仰拱填充浇筑;④仰拱初期支护;⑤衬砌钢筋安装;⑥仰拱混凝土浇筑。正确的施工顺序是（　　）。
　A.①②③④⑤⑥　B.①④⑤②⑥③　C.①④⑤②③⑥　D.①②④⑤⑥③

4.土质仰拱应采用人工配合机械开挖,石质仰拱应采用松动爆破开挖,一次开挖长度不得大于（　　）m。
　A.2　　　　　　B.3　　　　　　C.6　　　　　　D.12

5.仰拱开挖后,必须将隧底的虚渣、淤泥、积水及杂物清除干净,引排积水或股状渗水,对于软弱隧底,宜用（　　）配合人工清理干净。
　A.高压风　　　　B.高压水　　　　C.挖掘机　　　　D.装载机

6.仰拱开挖完成、基底清理干净后,应初喷（　　）cm厚的混凝土封闭岩面,立即进行初期支护施工。
　A.1～2　　　　 B.2　　　　　　C.3～5　　　　　D.8

7.仰拱两侧二次衬砌边墙部位的预埋钢筋伸出长度应满足与二次衬砌环向钢筋焊连的要求,且将接头错开,使同一截面的钢筋接头率大于（　　）。
　A.25%　　　　　B.50%　　　　　C.75%　　　　　D.100%

8.安装仰拱二次衬砌钢筋时,必须保证双层钢筋的层距和每层钢筋的间距符合要求,宜采用（　　）进行控制。
　A.增加架立筋　　B.主筋上做标记　C.模板上做标记　D.定位卡具

9.衬砌钢筋主筋连接宜以（　　）连接为主。
　A.搭接焊　　　　B.机械　　　　　C.绑扎　　　　　D.点焊

10.橡胶止水带的连接应采用热硫化焊接工艺。粘接止水带前应做好接头表面的清刷与打毛。接头选在衬砌结构应力较小的部位,搭接长度不得小于（　　）cm。
　A.5　　　　　　B.10　　　　　 C.20　　　　　　D.30

11.钢边止水带除应热硫化焊接外,上、下两侧钢边搭接处应采用铆钉铆固,每处搭接铆钉不少于（　　）颗。
　A.1　　　　　　B.2　　　　　　C.3　　　　　　D.4

12.仰拱端头及顶部面板宜采用弧形钢模板,模板表面必须涂刷脱模剂,顶部面板预留作业窗口,（　　）布置。
　A.梅花形错开　　B.一字形　　　　C.平行　　　　　D.品字形

13. 填充混凝土应在仰拱混凝土( )浇筑。
    A. 浇筑完成后   B. 初凝后   C. 终凝后   D. 同时
14. 宜将填充混凝土分层连续浇筑到填充层顶面,分层厚度不宜大于( )cm,并捣固密实。
    A. 20   B. 30   C. 40   D. 50
15. 采用片石混凝土填充仰拱时,片石应距模板( )mm 以上,片石间距应大于粗集料的最大粒径,分层投放,捣固密实。
    A. 20   B. 30   C. 40   D. 50
16. 填充层混凝土完成后应及时养护,在混凝土强度达到( )MPa后方可允许行人通行,达到设计强度后才可以允许车辆通行。
    A. 5   B. 10   C. 15   D. 20
17. 因栈桥放置不平稳或车辆行驶不当,导致事故发生而造成的伤害是( )。
    A. 触电   B. 隧道坍塌   C. 落渣伤人   D. 车辆侧翻
18. 因运渣车辆装渣过满或行驶不平稳等导致事故发生而造成的伤害是( )。
    A. 触电   B. 隧道坍塌   C. 落渣伤人   D. 车辆侧翻
19. 仰拱栈桥的强度、刚度和稳定性要满足承载要求,桥面设防滑措施,两侧应设防护栏杆及挡脚板,栈桥端头的地基要平整坚实且搭设长度不短于( )m。
    A. 0.5   B. 0.75   C. 1.0   D. 1.5
20. 仰拱栈桥两侧应设置限速警示标志,车辆通行速度不得超过( )km/h,在栈桥上应平缓启动与制动。
    A. 5   B. 10   C. 15   D. 20
21. 仰拱作业面( )应设置安全防护及警示标志,防止人员和车辆不慎落入基坑内造成伤害。
    A. 二次衬砌一侧   B. 掌子面一侧   C. 两端
22. 仰拱应分段( )浇筑,并根据围岩情况严格限制一次施工长度。
    A. 一次整体   B. 半幅   C. 半幅交替   D. 多次
23. 混凝土罐车由专人指挥,停放在安全区域,设置( )以防溜车。
    A. 警示标志   B. 反光标识   C. 防护栏杆   D. 阻车装置
24. 仰拱施工时应加强隧道拱顶下沉及水平收敛等项目的监控量测,发现拱顶下沉、水平收敛速率达____mm/d 或位移累计达____mm 时,应暂停施工并及时分析原因,采取处理措施。正确选项是( )。
    A. 3;50   B. 3;100   C. 5;50   D. 5;100
25. 仰拱爆破作业前,应将非作业人员、机械、设备等撤离至距作业点至少( )m。
    A. 100   B. 200   C. 300   D. 500

二、判断题
1. 仰拱的作用是改善隧道上部支护结构受力条件,增强结构稳定性。( )
2. 仰拱宜超前5~6倍二次衬砌循环作业长度,长大隧道宜采用自行式液压仰拱栈桥施工。( )
3. 如果仰拱钢架与边墙钢架拱脚采用螺栓连接时错位较大,也可采用焊接代替,尽早闭合成环。( )
4. 安装钢架、钢筋网等后,复喷混凝土,分层喷射至设计厚度。喷射作业应自上而下、分段分片对称进行,螺旋动喷射,喷嘴与岩面保持垂直,以距受喷面 0.6~1.2m 为宜,喷射风压控制在 0.15~0.2MPa 为宜。( )

5. 当仰拱底无初期支护层时,宜先施作混凝土垫层,以利于仰拱钢筋安装、立模等作业。( )

6. 止水带埋设位置应准确,其中间空心圆环应与变形缝或施工缝重合,确保线形顺直,无损坏、不扭结,外露居中。( )

7. 在仰拱初期支护变形稳定后方可进行仰拱混凝土施工。( )

8. 仰拱混凝土宜半幅浇筑,每循环浇筑的长度宜与拱墙衬砌浇筑长度相匹配。( )

9. 仰拱与边墙的纵向施工缝宜留置侧沟底以上、电缆槽沟底以下。( )

10. 浇筑混凝土时,应由仰拱两侧向中心对称分层进行,逐窗入模,采用插入式振捣器捣固密实。( )

11. 对于仰拱超挖,应采用与衬砌相同强度等级的混凝土浇筑,也可以用洞渣回填。( )

12. 仰拱开挖中,应控制一次开挖长度不超过 6m,开挖后立即施作初期支护,封闭成环。( )

13. 严格控制仰拱与掌子面之间的安全步距,超标时应放缓掌子面开挖,加快仰拱施工。( )

14. 仰拱施工作业中,应保证足够的照明,均匀不闪烁。( )

15. 仰拱施工时,禁止上下重叠作业,车辆通过栈桥时下方作业人员应及时避让。( )

三、多选题

1. 仰拱结构一般包含( )。
   A. 初期支护层   B. 二次衬砌层   C. 调平层
   D. 填充层   E. 缓冲层

2. 关于仰拱离掌子面的距离,下列( )是符合规范要求的。
   A. Ⅱ级围岩不得超过 120m   B. Ⅲ级围岩不得超过 90m
   C. Ⅵ级围岩不得超过 50m   D. Ⅴ级及以上围岩不得超过 40m
   E. Ⅲ级围岩不得超过 120m

3. 下列关于仰拱止水带的说法中,正确的是( )。
   A. 安装纵向中埋式止水带时,宜采用夹具定位
   B. 安装环向中埋式止水带时,宜将端头模板上、下两部分分别固定
   C. 安装背贴式止水带时,应与仰拱初期支护表面密贴
   D. 仰拱端头施工缝止水带应与边墙止水带搭接,沉降缝的止水带应与拱部搭接成环
   E. 纵向中埋式止水带可以随意安装

4. 仰拱施工中存在的一般安全风险主要有( )。
   A. 物体打击   B. 机械伤害   C. 触电   D. 火工品爆炸   E. 坍塌

5. 仰拱施工中存在的特有安全风险有( )。
   A. 隧道坍塌   B. 触电   C. 车辆侧翻   D. 落渣伤人   E. 淹溺

6. 仰拱段隧道坍塌的原因是( )造成拱墙初期支护结构失稳破坏。
   A. 仰拱混凝土浇筑时间过长   B. 仰拱一次开挖过长

C. 支护不及时　　　　　　　　D. 边墙初期支护拱架悬空过多

E. 仰拱填充浇筑速度过快

7. 仰拱施工涉及的特殊工种有(　　)。

A. 架子工　　　B. 电工　　　C. 焊割工　　　D. 爆破工　　　E. 管道工

8. 仰拱施工时,(　　)等人员需要持证上岗。

A. 电工　　　B. 焊割工　　　C. 爆破员　　　D. 运输车驾驶员　　　E. 管道工

9. 下面关于仰拱施工的说法中,正确的是(　　)。

A. 仰拱底板欠挖,硬岩应采用人工钻眼松动、弱爆破方式开挖。

B. 仰拱施工时,及时抽排底板积水,严禁长时间浸泡。

C. 施工过程中应安排专人观察拱墙初期支护稳定情况,发现险情要及时处理。

D. 移动仰拱施工栈桥应有专人指挥,慢速移位,工作区严禁非作业人员和车辆通行、停留。

E. 为了施工方便,仰拱可以分左、右幅施工。

10. 在仰拱施工中,爆破作业人员参与的作业环节包括爆破物品的(　　)。

A. 领取　　　B. 使用　　　C. 退库　　　D. 销毁　　　E. 购买

案例　隧道坍塌事故

一、单选题

1. 隧道内反坡排水时,必须采取(　　)。

A. 机械抽水　　　B. 井点降水　　　C. 深井降水　　　D. 顺坡排水

2. 选择开挖施工方法,应根据(　　)。

A. 隧道长度　　　B. 工期要求　　　C. 地质条件　　　D. 安全生产

3. 当具备相应的机具条件时,隧道明洞施工可采用(　　)。

A. 边墙法　　　B. 拱墙整体灌注　　　C. 先供后墙　　　D. 先墙后拱

二、判断题

1. 隧道发生坍塌时,要第一时间离开现场,立即上报。　　　　　　　　　　(　　)

9 二次衬砌

一、单选题

1. 二次衬砌应在围岩与初期支护变形(　　)施作。
   A. 稳定之前　　B. 稳定过程中　　C. 基本稳定后

2. 下列不属于二次衬砌作用的是(　　)。
   A. 保持净空　　B. 耐火防水　　C. 美化外观　　D. 加固掌子面围岩

3. 二次衬砌应采用衬砌模板台车一次性整体施工,一次施工长度宜控制在(　　)m。
   A. 6~12　　B. 8~16　　C. 10~20　　D. 20~25

4. 《公路工程质量质量检验评定标准》(JTG F80/1—2017)规定,二次衬砌主筋间距的允许偏差值是(　　)mm。
   A. ±5　　B. ±10　　C. ±15　　D. ±20

5. 铺设防水板时,严禁照明灯具烘烤防水板,灯具与防水板的距离不得小于(　　)cm。
   A. 50　　B. 30　　C. 20　　D. 10

6. 模板台车和作业台架上的各类用电设备应有绝缘保护装置,照明电压必须采用(　　)V 以下的安全电压。
   A. 48　　B. 24　　C. 220　　D. 36

7. 氧气瓶、乙炔瓶应保持____m 以上的安全距离,离动火作业区保持____m 以上的安全距离,动火施工应有动火证。正确选项是(　　)。
   A. 3;5　　B. 5;10　　C. 10;5　　D. 10;15

8. 防水板铺设地段应配备足够数量的消防器材。钢筋焊接作业时,在防水板一侧应设(　　)。
   A. 阻燃挡板　　B. 土工布　　C. 彩条布　　D. 塑料布

9. 二次衬砌端头封模作业应(　　)。
   A. 由左到右　　B. 由上至下　　C. 由下至上　　D. 由右到左

10. 二次衬砌混凝土应按照"先墙后拱,逐层对称"的原则连续浇筑,两侧高差应控制在(　　)m 以内。
    A. 1.0　　B. 0.5　　C. 1.5　　D. 2.0

11. 二次衬砌混凝土脱模后应及时保湿养护,养护时间不得低于(　　)d。
    A. 5　　B. 7　　C. 10　　D. 14

12. 软弱围岩及不良地质隧道的二次衬砌应及时施作,二次衬砌掌子面距Ⅳ级围岩不得大于____m,距Ⅴ级及以上围岩不得大于____m。正确选项是(　　)。
    A. 120;90　　B. 90;70　　C. 60;50　　D. 80;60

13. 铺设防水板时,搭接长度应大于或等于(　　)mm。
    A. 50　　B. 80　　C. 100　　D. 150

14. 二次衬砌横向钢筋、纵向钢筋及箍筋之间的(　　)必须进行绑扎或焊接,保证层距及整体稳定性。

  A.30%的节点和交叉处   B.50%的节点和交叉处
  C.80%的节点和交叉处   D.每一个节点和交叉处

15.二次衬砌钢筋连接接头应设置在承受应力较小处,相邻主筋搭接位置应错开,错开距离不小于( )cm。
  A.50   B.100   C.150   D.200

16.防水板搭接缝与施工缝错开距离不应小于( )mm。
  A.200   B.300   C.500   D.800

17.下列关于二次衬砌混凝土浇筑的说法,错误的是( )。
  A.混凝土施工采用集中拌和、罐车运输、泵送入模的方法
  B.浇筑前须确认模板台车及端头模板稳固状况
  C.应按照"先墙后拱,两边交替"的原则浇筑
  D.采用插入式振捣器和附着式振动器相结合的捣固方式

18.下列关于隧道二次衬砌钢筋安装的说法,错误的是( )。
  A.应在加工厂集中加工钢筋,运至现场进行绑扎
  B.钢筋主筋连接应以绑扎为主
  C.纵横向钢筋节点及箍筋交叉处应进行绑扎,保证层距及整体稳定性
  D.在安装钢筋时,应加设高强度砂浆垫块,保证钢筋保护层的厚度

19.浇筑混凝土前,应凿毛施工缝并清理干净。人工凿毛时,混凝土强度不低于( )MPa。
  A.1.0   B.1.5   C.2.0   D.2.5

20.在钢筋与防水板、钢筋与模板间均应设置保护层垫块,垫块的材质、规格、数量应符合设计要求。设计无要求时,垫块数量不应少于( )个/m²。
  A.2   B.3   C.4   D.5

21.二次衬砌脱模时,应由( )拆除端头模板,然后由模板台车操作工操作模板台车,使模板台车面板与混凝土面脱离,完成脱模。
  A.拱顶至两侧   B.两侧至拱顶   C.左至右   D.右至左

22.埋设纵向中埋式止水带时应采用( )定位,确保线形顺直,宽度居中。
  A.拉筋   B.拉线   C.夹具   D.不需定位

23.模板台车顶部加设木撑或千斤顶的作用是避免在浇筑边墙混凝土时台车( )。
  A.上浮   B.晃动   C.走位   D.变形

24.防水板宜采用热熔双焊缝焊接工艺,对焊缝应进行( )性能检测。
  A.抗裂   B.抗拉   C.抗折   D.密封

25.铺设防水板时,隧道断面变化处或转弯处的阴角应用砂浆抹成半径不小于( )mm的圆弧,保证基面平整。
  A.20   B.50   C.60   D.100

二、判断题

1.在作业台架上绑扎钢筋或铺设防水板时,小型工具和零件可以放入工具箱或工具包,也可以随意抛掷。 ( )

2.隧道内可以进行二次衬砌钢筋的弯曲、切断、调直加工作业。 ( )

3. 安装首开段钢筋,应设置防倾覆、防垮塌措施。( )
4. 模板台车就位后,可以不设置防溜车装置。( )
5. 模板台车封模时,可以上下重叠作业。( )
6. 混凝土浇筑过程中,严禁用手接触运转中的输送泵进料口。( )
7. 衬砌台车在平坡地段就位后,可以不设置防溜车装置。( )
8. 拱墙施工缝和仰拱施工缝应位于同一里程。( )
9. 铺设防水板时,操作人员可以吸烟。( )
10. 钢筋工可以进行拆、接电气线路作业。( )
11. 隧道二次衬砌施工存在的动火作业危险程度较低,因此可以不办理动火证。( )
12. 隧道内爆破可以使用 TNT 炸药。( )
13. 凿毛混凝土时,需严格控制范围,距离结构轮廓线 3～5cm 范围严禁凿毛,避免导致缺角、毛边,影响外观质量。( )
14. 铺设防水板时,可以采用射钉枪穿透并钉牢防水板。( )
15. 割除初期支护面锚杆头时,下方可以放置防水板或透水盲管。( )

三、多选题

1. 模板台车就位前,应对( )等进行仔细检查。
   A. 防水板　　B. 排水盲管　　C. 衬砌钢筋　　D. 预埋件
2. 隧道二次衬砌作业涉及的特殊工种主要有( ),必须持证上岗。
   A. 电工　　B. 钢筋工　　C. 焊割工　　D. 混凝土工　　E. 管道工
3. 隧道二次衬砌施工过程中存在的主要安全风险有( )。
   A. 火灾　　B. 触电　　C. 高处坠落　　D. 物体打击　　E. 火工品爆炸
4. 模板台车和作业台架四周应设置安全护栏、密闭式安全网,安装防护彩灯、( )等警示标牌。
   A. 反光标志　　B. 限高　　C. 限宽　　D. 限速
5. 隧道纵向、横向、环向排水管的( )应满足设计要求。
   A. 品牌　　B. 材质　　C. 规格　　D. 颜色　　E. 长度
6. 注浆人员必须正确使用( )等劳动防护用品。
   A. 防护手套　　B. 护目镜　　C. 防静电鞋　　D. 耳塞　　E. 绝缘手套
7. 二次衬砌背后回填注浆可有效解决隧道拱顶( )的问题。
   A. 脱空　　B. 麻面　　C. 裂缝　　D. 不密实　　E. 色差
8. 二次衬砌背后回填注浆应采用( )的水泥砂浆,强度应满足设计要求。
   A. 微膨胀　　B. 高流动性　　C. 早强　　D. 泌水率低　　E. 水灰比大
9. 按材质,止水带可分为( )。
   A. 钢边止水带　　　　B. 橡胶止水带　　　　C. 塑料止水带
   D. 钢板止水带　　　　E. 合成止水带
10. 浇筑二次衬砌混凝土时,由于( )等原因,可能造成爆模事故。
    A. 端头模板加固不牢　　　　B. 水泥失效
    C. 封顶泵送压力过大　　　　D. 振捣方法不当　　　　E. 集料含泥量大

案例 1　隧道火灾事故

一、单选题

1. 在进行隧道防水层铺设作业时,发生火灾事故,造成 4 人死亡、2 人受伤,构成生产安全(　　)事故。
   A. 一般　　　　B. 较大　　　　C. 重大　　　　D. 特别重大
2. 防水板施工时,严禁照明灯具烘烤防水板,照明灯具与防水板的距离不得小于(　　)cm。
   A. 20　　　　B. 30　　　　C. 40　　　　D. 50

二、判断题

1. 采用焊割设备割除初期支护面锚杆头时,下方允许存放可燃物。　　　　　　(　　)
2. 公路隧道紧急停车带断面较大,施工时可以存放大量的防水板、土工布等材料。(　　)
3. 防水板铺设完毕后进行钢筋焊接作业时,应设临时阻燃挡板以防发生火灾。　(　　)
4. 某作业班组在隧道内进行氧气乙炔焊割作业时,作业点距离现场堆放的 1 捆透水盲管距离为 4m。这种做法是正确的。　　　　　　　　　　　　　　　　　　(　　)
5. 防水板作业时,如发生火灾,应当在第一时间通知掌子面前方人员及时撤离。(　　)
6. 在隧道内进行钢筋焊割等明火作业的火灾隐患较小,不必执行动火审批制度。(　　)

三、多选题

1. 铺设隧道防水板时,下列情况中可以导致火灾发生的是(　　)。
   A. 电线路短路　　　　B. 违章焊割作业　　　　C. 操作人员吸烟
   D. 作业区域存放柴油　　E. 按规定申请动火手续

案例 2　隧道二次衬砌钢筋垮塌事故

一、单选题

1. 在某隧道二次衬砌钢筋绑扎过程中,发生钢筋骨架整体垮塌事故,造成 3 人死亡、1 人重伤,构成生产安全(　　)事故。
   A. 一般　　　　B. 较大　　　　C. 重大　　　　D. 特别重大
2. 二次衬砌钢筋横向与纵向的(　　)交叉点必须进行绑扎或焊接,保证层距及整体稳定性。
   A. 20%　　　　B. 30%　　　　C. 50%　　　　D. 全部
3. 在钢筋与防水板、钢筋与模板间均应设置保护层垫块。设计无要求时,垫块数量不应少于(　　)个/m²。
   A. 2　　　　B. 3　　　　C. 4　　　　D. 5

二、判断题

1. 绑扎隧道二次衬砌钢筋时,为方便调直纵向钢筋,可以拆除部分钢筋骨架的临时支撑。(　　)
2. 安装隧道二次衬砌钢筋前,必须进行保证环向垂直度的测量放样。　　　　(　　)
3. 安装隧道二次衬砌钢筋时,必须采取防倾覆、防垮塌措施。　　　　　　　(　　)
4. 隧道内可以进行钢筋弯曲、调直等钢筋加工作业。　　　　　　　　　　　(　　)
5. 二次衬砌钢筋应提前在加工厂集中加工,运至现场绑扎安装。　　　　　　(　　)

10 辅助作业

一、单选题

1. 隧道通风方式有自然通风和机械通风,独头掘进长度超过(　　)m 时,必须采用机械通风。
   A.50　　　　　B.100　　　　　C.150　　　　　D.200

2. 隧道通风管有刚性风管和柔性风管。送风式宜采用____风管,排风式宜采用____风管。正确选项是(　　)。
   A.刚性;柔性　　B.柔性;刚性　　C.刚性;刚性　　D.柔性;柔性

3. 通风机宜设在洞口____m 以外,通风管的送风口距开挖面的距离不宜大于____m。正确选项是(　　)。
   A.20;10　　　　B.30;15　　　　C.40;20　　　　D.50;25

4. 隧道内供应的新鲜风量,不得小于每人(　　)m^3/min。
   A.3　　　　　　B.4　　　　　　C.5　　　　　　D.6

5. 高压风管长度大于 1000m 时,应在管路最低处设置(　　)。
   A.接头　　　　B.安全阀　　　C.排气阀　　　D.油水分离器

6. 隧道供电干线和支线的正确排布方式是(　　)。
   A.干线在上、支线在下　　　　　B.支线在上、干线在下
   C.干线支线同层敷设　　　　　　C.以上三种都可以

7. 下列关于隧道供电线路开关和保险装置设置的说法中,正确的是(　　)。
   A.只在干线上设置开关和保险装置
   B.只在支线上设置开关和保险装置
   C.在干线和支线上都设置开关和保险装置
   D.干线、支线上都不设置开关和保险装置

8. 隧道掌子面抽水人员遇渗水面积或水量突然增大且有继续发展的趋势时,正确的做法是(　　)。
   A.不必理会,继续作业　　　　　B.保持镇定、继续观察
   C.增加排水设备,抢险救灾　　　D.立即停止施工,撤至安全地点

9. 洞内变压器与洞壁的最小距离为(　　)m。
   A.0.2　　　　　B.0.3　　　　　C.0.5　　　　　D.1.0

10. 瓦斯隧道施工照明应采用(　　)灯具。
    A.防雾　　　　B.防尘　　　　C.防爆　　　　D.防风

11. 隧道竖井、斜井施工时,应采用(　　)电缆供电。
    A.橡套　　　　B.铠装　　　　C.密封　　　　D.普通

12. 隧道施工供电应采用(　　)供电系统。
    A.两相三线　　B.三相四线　　C.三相五线　　D.三相三线

13. 隧道施工时,洞内气温不宜高于(　　)℃。

  A.25   B.28   C.32   D.35

14. 瓦斯隧道供电线路应采用( )电缆。
  A.橡套   B.铠装   C.密封   D.普通

15. 隧道内反坡排水方案应根据距离、坡度、水量和设备情况确定。抽水机排水能力应大于排水量的( ),并应有备用设备。
  A.5%   B.10%   C.15%   D.20%

16. 隧道全断面开挖时,施工通风的风速不得小于( )m/s。
  A.0.05   B.0.10   C.0.15   D.0.20

17. 洞内污水排放至洞外后,应经( )沉淀池或污水处理站进行处理,水质符合现行国家标准《污水综合排放标准》(GB 8978)规定后方可向外排放。
  A.二级   B.三级   C.四级   D.五级

18. 隧道内高压供风管、排水管路应敷设在电缆、电线路的( ),不得妨碍运输和影响侧沟施工。
  A.相对一侧   B.相同一侧   C.两侧都可   D.没有规定

19. 隧道内噪声控制值不宜大于( )dB。
  A.30   B.60   C.90   D.120

20. 检修或维护空压机时必须停机、切断电源并排尽压缩空气,同时将配电箱锁闭并悬挂( )警示牌,防止意外启动导致人员及设备的损伤。
  A.严禁合闸   B.当心触电   C.严禁烟火   D.当心火灾

21. 通风管的安装应做到平顺、接头严密,每100m平均漏风率不得大于( )。
  A.1%   B.2%   C.3%   D.4%

22. 利用通风机把新鲜空气经过风管压入隧道工作面,污浊空气沿隧道流出,这种通风方式是( ),主要适用于中短规模隧道。
  A.送风式   B.排风式   C.巷道式   D.混合式

23. 某隧道洞口上方有水源,水量丰富,且水源处与洞内掌子面高差满足水压要求。这座隧道的供水方式优先采用( )。
  A.低位水池设置增压泵法   B.高位水池法
  C.市政供水管路   D.以上三种都可以

24. 隧道内钻孔作业时,水压不应小于( )MPa。
  A.0.1   B.0.2   C.0.3   D.0.4

25. 架设隧道内供电线路时,一般要求( )。
  A.低压在上、高压在下   B.高压在上、低压在下
  C.高压在左,低压在右   D.高压在右,低压在左

二、判断题

1. 隧道临时用电施工组织设计不需要审批。( )
2. 隧道临时用电系统中,照明线和动力线可以共用供电线路。( )
3. 严禁在动力线上加挂照明设施。( )
4. 悬挂通风管时,为提高工作效率,可以站在装载机铲斗上操作。( )
5. 通风机进风口设有安全网,人员可以在进风口处停留。( )
6. 通风机停止运转时,不得靠近通风软管、在软管旁停留或放置物品。( )

7. 高位水池不得设于隧道正上方。（　　）
8. 空压站总输出管必须设总闸阀,主管上每隔300～500m应分装闸阀,以便控制和维修管道。（　　）
9. 隧道内可以使用纯氧进行通风换气。（　　）
10. 通风机应装有保险装置,发生故障时自动停机。（　　）
11. 空压机司机可以临时住在空压机房内。（　　）
12. 高压风管的拆卸必须在空压机停机或闸阀关闭后进行。（　　）
13. 隧道洞口应设置截、挡水措施,防止洪水倒灌造成淹井事故。（　　）
14. 公路隧道断面一般都较大,洞内施工环境普遍较好,因此不必检测洞内粉尘和有害气体浓度。（　　）
15. 空压机储气罐不属于特种设备,无须纳入特种设备进行管理。（　　）

三、多选题

1. 隧道通风目的是(　　),提高生产效率。
   A. 送进新鲜空气　　B. 排出有害气体　　C. 降低粉尘浓度
   D. 改善作业环境　　E. 加快施工进度
2. 隧道内掌子面工序作业前,应对作业环境中的(　　)浓度进行检测。
   A. 瓦斯　　B. 湿度　　C. 粉尘　　D. 一氧化碳　　E. 二氧化碳
3. 下列隧道辅助作业施工所涉及的工种,属于特殊工种或特种设备作业人员的有(　　)。
   A. 电工　　B. 钳工　　C. 空压机司机　　D. 管道工　　E. 模板工
4. 下列类型的隧道,需要采用双回路输电并设置可靠切换装置的是(　　)。
   A. 中长隧道　　B. 涌水量大隧道　　C. 斜井
   D. 瓦斯隧道　　E. 短隧道
5. 空压机的安全附件有(　　)。
   A. 储气罐　　B. 安全阀　　C. 压力表　　D. 风扇　　E. 支腿
6. 空气压缩机站应设有(　　)设施。
   A. 防水　　B. 降温　　C. 防风　　D. 防雷击　　E. 防晒
7. 对于(　　)围岩地段,在施工排水时应采用铺砌水沟或管槽。
   A. 花岗岩　　B. 土质地层　　C. 膨胀岩　　D. 围岩松软地段　　E. 砂岩
8. 下列有可能造成火工品爆炸的有(　　)。
   A. 违规使用火工品　　B. 爆破方式方法不当　　C. 违规处理火工品
   D. 及时退料　　E. 按申请单领用
9. 隧道临时供电方式应根据(　　)等因素确定。
   A. 隧道长度　　B. 用电负荷　　C. 设备配备　　D. 断面形式　　E. 施工人数
10. 隧道通风机主要类型有(　　)。
    A. 离心风机　　B. 轴流风机　　C. 射流风机　　D. 普通风扇

案例　隧道辅助作业压力容器爆炸事故

一、单选题

1. 某在建高速公路隧道空压机房一台空压机储气罐发生爆炸,造成1人死亡,构成生产安全( )事故。

  A.一般   B.较大   C.重大   D.特别重大

二、判断题

1.空压机司机启动空压机前,应对储气罐安全阀开闭情况进行检查。( )

2.空压机储气罐不属于特种设备,无须纳入特种设备进行管理。( )

3.空压机司机不属于特种设备操作人员,不用持证上岗。( )

4.空压机运转时,操作人员应注意观察压力表,其压力不得超过规定值,发生异常情况必须立即停机检查。( )

三、多选题

1.下列可能导致空压机储气罐发生爆炸事故的是( )。

  A.安全阀严重锈蚀失效   B.未定期进行耐压试验

  C.压力表损坏   D.运转过程中未对罐体压力进行监控

  E.定期检查安全附件及设施

11 隧道斜井施工

一、单选题

1. 长隧道斜井无轨运输道路综合坡度不得大于( )。
   A. 5%　　　　B. 10%　　　　C. 15%　　　　D. 20%
2. 长隧道斜井内采用无轨运输时,应每隔一定距离设长度不小于( )m的平坡段。
   A. 20　　　　B. 25　　　　C. 30　　　　D. 35
3. 斜井内采用单车道运输时,应每隔( )m设置一处会车道。
   A. 100　　　　B. 200　　　　C. 300　　　　D. 400
4. 斜井通风管送风口距离开挖面不宜大于( )m。
   A. 5　　　　B. 10　　　　C. 15　　　　C. 20
5. 斜井无轨运输为单车道时,会车道长度应是施工车辆长度的( )倍。
   A. 1　　　　B. 1.25　　　　C. 1.5　　　　D. 2
6. 当斜井垂直深度超过( )m时,应配备运送人员的车辆。
   A. 30　　　　B. 50　　　　C. 80　　　　D. 100
7. 下列关于斜井内人员通行的说法,错误的是( )。
   A. 应走人行通道　　　　B. 注意过往车辆、及时避让
   C. 斜井过长、过陡时,可使用摩托车上下班　　D. 可以乘坐人员运输专用车辆
8. 下列关于采用有轨运输的斜井内运送人员的车辆的说法中,错误的是( )。
   A. 可采用矿车运送人员
   B. 运送人员的车辆必须有顶盖,有可靠防坠器
   C. 运输车必须设车长跟随,车长坐在最前排座位
   D. 应在车长座位处设置手动防溜车装置
9. 斜井内必须有足够的照明,作业台架及二次衬砌模板台车等部位应使用( )V以下安全电压。
   A. 12　　　　B. 24　　　　C. 36　　　　D. 110
10. 斜井有轨运输采取双车道布设方案时,应保证两矿车的净间距大于( )cm。
    A. 20　　　　B. 30　　　　C. 40　　　　D. 50
11. 当工作面附近或未衬砌地段发现落石、支撑发响、大量涌水时,施工人员应( )。
    A. 立即撤至井外,并报告处理
    B. 为保证进度,冒险继续施工
    C. 商讨方案,立即处理
    D. 暂停施工,原地等待技术人员出具处理方案
12. 斜井中,牵引运输速度不得大于( )m/s。
    A. 3　　　　B. 5　　　　C. 10　　　　D. 15
13. 斜井内采用有轨运输方案时,接近洞口与井底时速度不得大于( )m/s。
    A. 2　　　　B. 5　　　　C. 8　　　　D. 10

14.斜井内采用有轨运输方案时,运送人员的车辆必须设车长跟随,车长坐在行车前方的( ),手动防溜车装置必须装在车长座位处。
   A.最后排座位上　　　　　　　　B.最前排座位上
   C.第二排座位上　　　　　　　　D.倒数第二排座位上

15.斜井施工应严格按照设计要求进行支护。倾角大于( )且地质条件较差的斜井衬砌,其墙基的末端应做成台阶形状。
   A.10°　　　　B.20°　　　　C.30°　　　　D.40°

16.斜井中,需要设置防撞隔离栏杆和闪光红灯警示标识的地方有( )。
   A.积水坑　　　B.紧急避险处　　　C.变压器　　　D.A、B、C三者

17.斜井内爆破施工后,采取( )措施后,方可进入工作面。
   A.通风　　　　　　　　　　　　B.喷水降尘和降温
   C.有毒有害气体检测　　　　　　D.A、B、C三者

18.斜井内采用单车道无轨运输方案时,应至少每隔( )m设置一处会车道。
   A.100　　　　B.200　　　　C.300　　　　D.400

19.斜井通风管送风口距离开挖面不宜大于( )m。
   A.5　　　　　B.10　　　　 C.15　　　　 D.20

20.斜井通风机应设置在洞口( )m以外。
   A.10　　　　 B.20　　　　 C.30　　　　 D.40

21.瓦斯是指煤系地层内以( )为主的有害气体的总称。
   A.甲烷　　　 B.乙烷　　　 C.一氧化碳　　D.硫化氢

22.隧道内模板台车行走所用的轨道,相邻轨道接头应该( )。
   A.电焊焊接　 B.夹板连接　 C.铁丝捆绑　　D.不用连接固定

23.下列气体中,属于有毒气体的有( )。
   A.氧气　　　 B.硫化氢　　 C.氮气　　　　D.二氧化碳

24.隧道内爆破应使用( )。
   A.TNT炸药　　B.黑色火药　 C.硝胺炸药　　D.乳化炸药

25.电焊工接触到的主要职业危害为( )。
   A.红外线　　 B.紫外线　　 C.振动　　　　D.锰尘(烟)

二、判断题

1.斜井内运输道路必须硬化,采取防滑措施,应有足够的照明。　　　　　　　　( )
2.斜井施工时,防水板作业台架因重量较轻,因此无须设置制动装置。　　　　　( )
3.斜井运输采用提升系统时,井口及接近井底60m处应设挡车器,平时应处于关闭状态,放车时方准打开。　　　　　　　　　　　　　　　　　　　　　　　　　　　( )
4.斜井洞口应设置完善的截水设施和排水系统,配备足够的抽排水设备以加强排水。( )
5.斜井内采用有轨运输方案时,运送人员的车辆不必由车长跟随。　　　　　　　( )
6.斜井内采用有轨运输方案时,运送人员的车辆无须设置顶盖。　　　　　　　　( )
7.斜井内采用有轨运输方案时,运送人员的车辆不得超过定员,乘车人员及携带的工具不得超出车厢。　　　　　　　　　　　　　　　　　　　　　　　　　　　　　( )
8.斜井施工使用的钢丝绳的钢丝有变黑、点蚀麻坑等轻微损伤,未达到更换或报废标准,可以用作升降人员使用。　　　　　　　　　　　　　　　　　　　　　　　( )

9.采用有轨运输时,井口、井下及卷扬机之间应保证联络信号畅通。（　）

10.为节约成本,斜井内运输道路无须硬化。（　）

11.浇筑斜井二次衬砌混凝土,一般采用罐车运输、泵送入模方式,混凝土应分层、对称浇筑。（　）

12.斜井防撞安全岛外侧应设沙袋和废旧轮胎防撞墙。（　）

13.斜井一般断面较小,爆破作业时,为保证进尺,周边眼可以采用连续装药的方式爆破。（　）

14.在隧道内进行爆破作业时,可以穿化纤工作服。（　）

15.以汽油为动力的机械设备可以进入斜井作业。（　）

三、多选题

1.应根据（　　）等因素编制斜井排水专项方案。
　A.长度　　　B.坡度　　　C.渗水量　　　D.断面大小　　　E.施工人数

2.斜井施工所涉及的特殊工种主要包括（　　）。
　A.电工　　　B.电焊工　　　C.钢筋工　　　D.爆破作业人员　　　E.管道工

3.斜井提升设备必须装设（　　）等保险装置。
　A.防过卷　　　B.防过速　　　C.限速器　　　D.深度指示器

4.斜井施工应做好超前地质预报工作,遇（　　）等现象应及时撤离并上报处理。
　A.探孔突水　　　　　　B.探孔涌泥
　C.探孔渗水增大　　　　D.围岩整体性变差　　　E.正常钻进

5.公路隧道施工中,主要的辅助坑道有（　　）。
　A.平导　　　B.斜井　　　C.竖井　　　D.横洞　　　E.紧急停车带

6.斜井的主要作用有（　　）。
　A.增加工作面　　B.通风　　　C.逃生通道　　　D.排水

7.在涌水量较大的斜井中施工,必须配备（　　）等应急救援物资。
　A.救生衣　　　B.救生圈　　　C.救生筏　　　D.水泵　　　E.钢拱架

8.斜井爆破作业时,（　　）应连续装药。
　A.周边眼　　　B.掏槽眼　　　C.辅助眼　　　D.底板眼　　　E.掘进眼

9.斜井采用提升机有轨运输时,系统包含（　　）。
　A.绞车房　　　B.轮胎运输车　　C.天轮架　　　D.卸渣栈桥　　　E.装载机

10.下列关于斜井轨道钢轨布设的说法,正确的有（　　）。
　A.可采用槽钢加工轨枕
　B.应采用专用夹板配螺栓连接钢轨
　C.每根钢轨至少设置两组防爬设备
　D.每对钢轨应至少有三根轨距拉杆
　E.不需要设置轨枕

案例1　斜井溜车事故

一、单选题

1.某隧道斜井因使用轻型普通货车违规运送作业人员,发生溜车事故,造成4人死亡、2

人受伤,构成生产安全( )事故。
　　A.一般　　　　　B.较大　　　　　C.重大　　　　　D.特别重大
　2.斜井内采用无轨运输方案时,综合纵坡不应大于( )%。
　　A.5　　　　　　B.10　　　　　　C.15　　　　　　D.20
　3.斜井内采用单车道无轨运输方案时,应每隔一定距离设置平坡段和防撞安全岛,平坡段长度不小于( )m。
　　A.10　　　　　B.20　　　　　　C.30　　　　　　D.40

二、判断题

1.在坡度较大的斜井下坡路段行驶时,为节省燃油,可以采用高挡位行驶。　　（　　）
2.斜井施工时,可以用运送拱架的货车运送作业人员。　　　　　　　　　　（　　）
3.使用施工车辆前,应仔细检查转向及制动装置是否良好,不得带病运行。　（　　）
4.斜井内采用无轨运输方案时,为节约成本,不用硬化车道。　　　　　　　（　　）
5.在斜井防撞安全岛、井底交叉口、作业台架等部位,均应设置反光限速警示标志。
　　　　　　　　　　　　　　　　　　　　　　　　　　　　　　　　　　（　　）

案例2　斜井淹井事故

一、单选题

1.某高速公路隧道1号斜井因突水发生淹井事故,造成2人死亡,5台施工设备损坏,直接经济损失约500万元,构成生产安全( )事故。
　　A.一般　　　　　B.较大　　　　　C.重大　　　　　D.特别重大

二、判断题

1.斜井施工中应做好洞口截水设施和排水系统,配备足够的抽排水设备,加强排水。
　　　　　　　　　　　　　　　　　　　　　　　　　　　　　　　　　　（　　）
2.斜井施工中,掌子面突然发现支撑异响、大量涌水时,施工人员可以原地停工待命,等待技术人员查看、处理。　　　　　　　　　　　　　　　　　　　　　　（　　）

三、多选题

1.在涌水量较大的斜井施工时,施工现场必须配备( )等应急救援物资。
　　A.救生衣　B.救生圈　C.救生筏　D.排水管及木材　E.钢拱架
2.在进行超前地质预报钻孔作业时,遇( )等现象,应立即撤离并上报处理。
　　A.探孔突水　　　　　B.探孔突泥　　　　　　　　C.渗水量突然增大
　　D.围岩整体变差　　　E.正常钻进
3.斜井施工时,下列情况中可能导致淹井事故的有( )。
　　A.突泥突水　　　　　　　　　　　　　　　　　B.抽水设备不足
　　C.洞口外截排水措施不到位　　　　　　　　　　D.地表水倒灌
　　E.按规定设置备用抽水机

12 隧道竖井施工

一、单选题

1. 竖井锁口圈顶面应高出地面至少( )cm,并设置防护栏杆。
   A.20   B.30   C.40   D.50

2. 竖井施工中,主提绞车的主要用途是( )。
   A.出渣   B.运输人员和物料   C.提升吊盘   D.排水

3. 竖井施工中,副提绞车的主要用途是( )。
   A.出渣   B.运输人员和物料   C.提吊吊盘   D.排水

4. 采用钻爆法开挖竖井井筒基岩时,钻眼一般采用( )为主、局部人工风钻为辅的开挖方式。
   A.凿岩台车   B.挖掘机   C.伞形钻机   D.破碎锤

5. 下列气体中,属于有毒气体的有( )。
   A.氧气   B.硫化氢   C.氮气   D.二氧化碳

6. 竖井内爆破应使用( )。
   A.TNT炸药   B.黑色火药   C.硝胺炸药   D.乳化炸药

7. 竖井内爆破作业时,装药和连线必须由( )进行,炮眼应采用黏土封堵。
   A.爆破员   B.钻工   C.爆破安全员   D.领工员

8. 爆破前,井口房内的人员全部撤至离井口( )m外的安全地点。
   A.20   B.30   C.40   D.50

9. 瓦斯是指煤系地层内以( )为主的有害气体的总称。
   A.甲烷   B.乙烷   C.一氧化碳   D.硫化氢

10. 竖井井口周围应设置安全栅栏和安全门,安全栅栏的高度不应低于( )m。
    A.0.6   B.0.8   C.1.0   D.1.2

11. 竖井抽水设备的抽水能力应大于排水量的( )以上,并配备足够的备用水泵。
    A.10%   B.20%   C.30%   D.40%

12. 竖井内应有足够的照明,使用( )V以下的安全电压。
    A.36   B.48   C.110   D.220

13. 在斜井内运送雷管时,罐笼内只准放( )层爆破器材料箱,不得滑动。
    A.1   B.2   C.3   D.4

14. 竖井井盖上人员和物料进出口的盖板( )。
    A.在井内有人作业时必须打开   B.在井内停工时可以打开
    C.在升降人员和物料时方可打开   D.随时都可以打开

15. 竖井抽水设备应使用( )。
    A.普通电缆   B.铠装电缆   C.橡套电缆   D.胶皮电缆

16. 竖井开挖作业时,必须持证上岗的工种是( )。
    A.钻工   B.管道工   C.爆破员   D.抽水工

17. 现场使用的爆破物品应由( )按一次需用量领取,搬运时要轻拿轻放。

A. 材料员　　　B. 技术员　　　C. 领工员　　　D. 爆破员

18. 竖井的初期支护施工应该(　　)。
　　A. 开挖到底后一次完成　　　B. 开挖一段施工一段,自下而上施作
　　C. 紧随开挖作业进行,自上而下施作　　D. 以上三种都可以

19. 隧道施工现场电气设备及电气线路的安装、维修和拆除应由(　　)进行。
　　A. 工班长　　　B. 隧道工　　　C. 专职电工　　　D. 安全员

20. 隧道内起爆后,一般需要通风(　　)min 后方可进入洞内。
　　A. 5　　　B. 15　　　C. 30　　　D. 40

21. 隧道双向开挖面相距(　　)m 时,应改为单向开挖,停挖端的作业人员和机具应撤离。
　　A. 5~10　　　B. 10~20　　　C. 15~30　　　D. 30~50

22. 竖井内,采用罐笼运输电雷管时,升降速度不应超过(　　)m/s。
　　A. 2　　　B. 3　　　C. 4　　　D. 5

23. 竖井内污水排放至洞外后,应经(　　)沉淀池或污水处理站进行处理,达标后排放。
　　A. 一级　　　B. 二级　　　C. 三级　　　D. 直接排放

24. 氧气瓶、乙炔瓶应保持____m 以上的安全距离,离动火作业区保持____m 以上安全距离,动火施工应有动火证。正确选项是(　　)。
　　A. 3;5　　　B. 5;10　　　C. 10;5　　　D. 10;15

二、判断题

1. 竖井内提升运输时,井盖门应在吊桶通过前开启,在吊桶通过后立即关闭。(　　)
2. 对竖井吊盘不通过悬吊物的孔,应用盖板盖严。(　　)
3. 竖井爆破时,爆破员检查爆破线路后可以第一个升井。(　　)
4. 竖井爆破时,必须在人员清点无误、关上井盖门后方可起爆。(　　)
5. 竖井爆破时,爆破员发出警示信号再等 5s 后,方可起爆。(　　)
6. 竖井井架天轮棚必须安装避雷针,井架脚必须安装接地线。(　　)
7. 竖井提升机械安装完毕,由项目部组织各部门验收合格后就可以投入使用。(　　)
8. 竖井作业人员每天下井前,应做好气体检测和通风,确认正常后才可下井。(　　)
9. 向竖井内运输爆破器材时,领工员可以与爆破器材同罐下井。(　　)
10. 开挖竖井时,可以在雷雨天气进行爆破作业。(　　)
11. 竖井施工中采用吊桶升降人员,乘坐人员可以将手臂伸出桶沿。(　　)
12. 竖井抽水设备应采用双回路供电,并有可靠的切换装置。(　　)
13. 竖井掘进中,每次爆破后,应有专人清除危石和掉落在井圈上的石渣。(　　)
14. 竖井二次衬砌封模作业应由上至下进行。(　　)
15. 竖井吊盘上堆放的材料应均匀布置,避免集中堆载。(　　)

三、多选题

1. 竖井提升系统主要由(　　)组成。
　　A. 提升机　　　B. 井架　　　C. 井盖　　　D. 吊盘

2. 竖井放炮后通风不少于 30min,待炮烟吹散后,由(　　)下井进行安全检查,确认安全后方可通知其他人员下井作业。

A. 班长 B. 爆破员 C. 瓦检员 D. 试验员 E. 测量员

3. 竖井二次衬砌施工方法主要有( )。
   A. 翻模法 B. 台车法 C. 滑模法 D. 爬模法 E. 吊模法

4. 竖井施工中涉及的特殊工种包括( ),均应持证上岗。
   A. 电工 B. 焊割工 C. 模板工 D. 爆破作业人员 E. 混凝土工

5. 竖井施工过程中,当发现( )等情况时,施工人员应立即撤至井外,并报告处理。
   A. 支护结构变形 B. 支撑发响 C. 大量涌水 D. 落石 E. 正常作业

6. 竖井提升机械不得超负荷运行,并应有( )等安全装置。
   A. 深度指示器 B. 防止过卷、过速 C. 限速器 D. 松绳信号

7. 竖井施工时应配备( )等应急救援物资及备用材料。
   A. 救生衣 B. 救生圈 C. 抽水机 D. 木材 E. 以上都不需要

8. 下列有可能造成火工品爆炸的有( )。
   A. 违规使用火工品 B. 爆破方式方法不当
   C. 违规处理火工品 D. 及时退料
   E. 按申请单领用火工品

9. 下列隧道中,需要采用双回路输电并设置可靠的切换装置的有( )。
   A. 短隧道 B. 竖井 C. 斜井 D. 瓦斯隧道 E. 中长隧道

10. 隧道施工中采取的主要防尘措施有( )。
    A. 湿式凿岩 B. 机械通风 C. 喷雾洒水 D. 个人防护

案例　隧道竖井物体打击事故

一、单选题

1. 在浇筑某高速公路在建隧道通风竖井井壁二次衬砌混凝土过程中,发生溜灰管坠落伤人事故,造成2人死亡、2人受伤,构成生产安全( )事故。
   A. 一般 B. 较大 C. 重大 D. 特别重大

二、判断题

1. 采用溜灰管浇筑混凝土,发生堵管时,可以采用大锤敲击的方式处理。　　(　)
2. 采用溜灰管浇筑混凝土,发生堵管时,应由下而上逐节拆除管路。　　(　)
3. 采用溜灰管浇筑混凝土,发生堵管时,应立即将井下作业人员撤离至地面。　　(　)

13 瓦斯隧道施工

一、单选题

1. 瓦斯是指煤系地层内以( )为主的有毒有害气体的总称。
   A. 一氧化碳　　　　B. 甲烷　　　　　　C. 硫化氢　　　　　D. 丙烷
2. 当瓦斯浓度低于( )时,遇火不爆炸,但能在火焰外围形成燃烧层。
   A. 2%　　　　　　B. 5%　　　　　　　C. 8%　　　　　　D. 12%
3. 当瓦斯浓度在( )以上时,失去爆炸性,但在空气中遇火仍会燃烧。
   A. 4%　　　　　　B. 12%　　　　　　C. 16%　　　　　　D. 20%
4. 瓦斯隧道的( )上岗前必须经过瓦斯隧道施工安全专项知识培训和考核。
   A. 瓦检人员　　　B. 管理人员　　　　C. 领工员　　　　　D. 所有施工人员
5. 瓦斯隧道施工中,抽排瓦斯浓度降到( )以下方可恢复施工。
   A. 0.5%　　　　　B. 1.0%　　　　　　C. 1.5%　　　　　　D. 2.0%
6. 瓦斯隧道的通风管应选用抗静电、阻燃的风管,风管口到开挖作业面的距离应( )。
   A. 小于10m　　　B. 小于15m　　　　C. 小于20m　　　　D. 小于25m
7. 瓦斯隧道通风机必须安设在距洞口( )的新鲜风流中,并安装风电闭锁装置,确保停风自动断电。
   A. 20m以内　　　B. 20m以外　　　　C. 30m以内　　　　D. 30m以外
8. 瓦斯隧道爆破后,低瓦斯及高瓦斯区段应至少通风排烟( )min,瓦斯检测人员方可进洞检测瓦斯浓度。
   A. 5　　　　　　　B. 10　　　　　　　C. 15　　　　　　　D. 30
9. 瓦斯区段使用非防爆型的仪器设备时,在仪器设备( )m范围内瓦斯浓度必须小于1%。
   A. 5　　　　　　　B. 10　　　　　　　C. 15　　　　　　　D. 20
10. 瓦斯隧道内必须采用湿式钻孔,炮眼的深度不应小于( )cm。
    A. 60　　　　　　B. 100　　　　　　C. 150　　　　　　D. 200
11. 对于有瓦斯突出的地段,应采用安全等级不低于( )的煤矿许用含水炸药。
    A. 一级　　　　　B. 二级　　　　　　C. 三级　　　　　　D. 没有要求
12. 在瓦斯隧道进行爆破,必须使用煤矿许用毫秒延期电雷管,最后一段的延期时间不得大于( )ms。
    A. 130　　　　　　B. 180　　　　　　C. 230　　　　　　D. 280
13. 下列气体中,属于有毒气体的是( )。
    A. 氧气　　　　　B. 硫化氢　　　　　C. 氮气　　　　　　D. 二氧化碳
14. 瓦斯隧道爆破必须使用( )。
    A. 煤矿许用毫秒延期电雷管　　　　　B. 普通瞬发电雷管
    C. 火雷管　　　　　　　　　　　　　D. 秒延期电雷管
15. 在瓦斯隧道内钻孔和喷射混凝土时,须采用( )的湿式作业法,禁止采用干式作业,避免产生火花。

  A."先开风、后开水"   B."先开水、后开风"
  C. 风和水同时开   D. 以上三种都可以

16. 瓦斯隧道通风管漏风率不得大于(　　)。
  A.2%   B.3%   C.4%   D.5%

17. 瓦斯突出区段爆破后,通风排烟时间不应低于(　　)min。
  A.10   B.20   C.30   D.40

18. 瓦斯隧道使用的测量仪器为非防爆型时,应加强瓦斯检测,仪器设备20m范围内瓦斯浓度必须小于(　　)。
  A.1%   B.2%   C.3%   D.4%

19. 瓦斯隧道钻孔作业过程中,拆装钻头、处理卡钻等作业应使用(　　)敲击,避免产生火花。
  A. 铁锤   B. 钢钎   C. 管钳   D. 铜锤

20. 瓦斯隧道的瓦斯区段内应每隔(　　)m设置一个消火栓。
  A.100   B.200   C.300   D.500

21. 低瓦斯区段可采用非防爆型电气设备及作业机械,但须配置瓦斯检测报警仪,当瓦斯浓度超过(　　)时,应停止作业。
  A.1%   B.0.5%   C.2%   D.3%

22. 瓦斯隧道因通风机故障停止通风的,须立即(　　)。
  A. 继续正常施工 B. 停工原地待命 C. 停工撤人 D. 上报后继续施工

23. 瓦斯隧道信息传输线路的电压不应大于(　　)V。
  A.36   B.48   C.110   D.220

24. 爆破作业时,所有人员应撤至安全地点。在独头坑道内,安全地点至爆破工作面的距离不应小于(　　)m。
  A.100   B.200   C.300   D.400

25. 下列个人防护用品中,瓦斯隧道的作业人员不会涉及的是(　　)。
  A. 防毒面罩 B. 个人自救器 C. 防化服 D. 棉质工作服

二、判断题

1. 石门揭煤爆破时,可以在洞内起爆。(　　)
2. 瓦斯隧道炮眼装药时,可以反向装药。(　　)
3. 瓦斯隧道爆破网络必须采用串联连接方式,禁止采用并联网络起爆。(　　)
4. 低瓦斯隧道可配置非防爆型设备设施。(　　)
5. 瓦斯隧道可以采用串联通风方式。(　　)
6. 瓦斯隧道内应选用抗静电、阻燃的通风管。(　　)
7. 高瓦斯和瓦斯突出区段必须使用防爆型电气设备及作业机械。(　　)
8. 瓦斯隧道内,可以使用中性点直接接地的变压器或发电机直接向隧道内供电。(　　)
9. 瓦斯隧道内的低压电气设备上严禁使用油断路器、带油的起动器和一次线圈为低压的油浸变压器。(　　)
10. 高瓦斯及瓦斯突出区段,电缆与电气设备必须采用防爆型接线盒连接。(　　)
11. 瓦斯隧道洞口外,通风机20m范围内可以吸烟。(　　)
12. 瓦斯区段找顶、铲装石渣前,应喷水润湿,避免碰撞产生火花。(　　)

13. 为加快进度,瓦斯隧道内可以大量堆放防水卷材。( )
14. 在瓦斯隧道内处理卡钻等作业时,可用铁锤敲击钻杆。( )
15. 揭煤完成后,进入煤系地层开挖时,可在洞内爆破安全距离以外起爆。( )

三、多选题

1. 瓦斯爆炸的三要素是( )。
 A. 瓦斯浓度   B. 引火温度   C. 二氧化碳浓度   D. 氧气含量   E. 一氧化碳浓度

2. 根据瓦斯隧道区段内瓦斯浓度状况,分为( )四类区段。
 A. 非瓦斯   B. 低瓦斯   C 高瓦斯   D. 瓦斯突出   E. 中高瓦斯

3. 瓦斯隧道施工前,除编制瓦斯隧道安全专项施工方案外,还应编制( )等方案,并按程序审批后严格实施。
 A. 通风   B. 瓦斯检测   C. 供电   D. 爆破   E. 以上都不需要

4. 瓦斯隧道除了存在一般隧道的常见风险外,还存在( )等特有的安全风险。
 A. 燃烧爆炸   B. 中毒窒息   C. 突泥涌水   D. 高处坠落   E. 触电

5. 瓦斯隧道内固定敷设的动力、照明、通信信号和控制用的线路可采用( )电缆。
 A. 铠装电缆   B. 不延燃橡套电缆   C. 矿用电缆
 D. 普通胶皮电缆   E. 塑料电缆

6. 瓦斯隧道内必须执行进洞检查制度,严禁进洞人员携带或穿戴( )。
 A. 打火机   B. 手机   C. 化纤衣服   D. 火柴   E. 棉质防静电工作服

7. 瓦斯隧道爆破必须执行"三员联检"制度,下列属于"三员"的是( )。
 A. 爆破员   B. 安全员   C. 施工员
 D. 瓦斯检测员   E. 测量员

8. 瓦斯隧道施工所涉及的特殊工种有( )。
 A. 爆破员   B. 电工   C. 钢筋工
 D. 瓦斯检测员   E. 管道工

9. 易形成瓦斯积聚、应加强瓦斯检测频率的部位有( )。
 A. 开挖作业面   B. 台车台架附近   C. 洞室
 D. 通风死角   E. 成洞地段

10. 瓦斯隧道采取增设局部通风机等方式通风时,必须满足"三专两闭锁"要求,其中的"三专"指的是( )。
 A. 专用线路   B. 专用变压器   C. 专用开关
 D. 专用台架   E. 专用车辆

案例 1　瓦斯隧道事故

一、单选题

1. 某隧道发生一起瓦斯爆炸事故,造成7人死亡、19人受伤,构成生产安全( )事故。
 A. 一般   B. 较大   C. 重大   D. 特别重大

2. 在瓦斯隧道内施工时,瓦斯浓度降到( )以下方可恢复施工。
 A. 0.5%   B. 1.0%   C. 1.5%   D. 2.0%

二、判断题

1. 某瓦斯隧道春节放假长时间停止通风。节后复工前,施工单位可在未进行通风及瓦斯检测的情况下安排人员进入隧道检修设备。（ ）
2. 瓦斯隧道若因特殊情况停止通风,通风后必须由瓦斯检测员从洞口逐步向隧道内检测瓦斯浓度。（ ）
3. 对于高瓦斯及瓦斯突出隧道,只建立人工检测报警系统即可满足施工安全需要。（ ）

三、多选题

1. 瓦斯隧道施工中要做好火源控制,进入隧道人员禁止（   ）。
   A. 携带火柴　　　　　B. 携带打火机　　　　　C. 携带手机
   D. 穿着化纤衣物　　　E. 穿着棉质防静电工作服

案例 2　瓦斯隧道事故

一、单选题

1. 某高速公路隧道发生瓦斯爆炸事故,造成 44 人死亡、11 人受伤,构成生产安全（   ）事故。
   A. 一般　　　　B. 较大　　　　C. 重大　　　　D. 特别重大
2. 瓦斯隧道通风管距离掌子面的距离不得大于（   ）m。
   A. 5　　　　　B. 10　　　　　C. 15　　　　　D. 20

二、判断题

1. 高瓦斯及瓦斯突出隧道内可以使用非防爆型电气设备。（ ）
2. 高瓦斯及瓦斯突出隧道内的动力、照明、通信信号及控制用电缆必须使用专用电缆。（ ）
3. 在瓦斯隧道内施工时,应当严格做好初期支护质量的控制,初期支护紧跟开挖面并及时封闭。（ ）
4. 高瓦斯及瓦斯突出隧道施工中可以使用普通三芯插座。（ ）

三、多选题

1. 瓦斯隧道中,（   ）部位易出现瓦斯积聚,施工中要加强检测,确保检测及时、准确,超限时能够及时处置。
   A. 掌子面　　　　　B 塌腔　　　　　C. 衬砌台车
   D. 洞室　　　　　　E. 成洞地段

14 岩溶隧道施工

一、单选题

1. 岩溶隧道施工最大的安全风险是(　　)。
   A. 突泥突水　　B. 火灾　　C. 机械伤害　　D. 高处坠落
2. 对已停止发育、径跨较小、无水的溶洞,可根据其与隧道相交位置及填充情况,采用(　　)的方式进行处理。
   A. 引排水　　B. 堵填　　C. 绕避　　D. 跨越
3. 隧道内需安设变压器时,变压器与洞壁的最小距离为(　　)m。
   A. 0.2　　B. 0.3　　C. 0.5　　D. 1.0
4. 采用红外线探水的方式确定地下水的基本情况时,应每隔(　　)m进行一次。
   A. 10　　B. 30　　C. 60　　D. 100
5. 溶洞揭露后,可能存在(　　)有毒有害气体。
   A. 硫化氢　　B. 氮气　　C. 氧气　　D. 二氧化碳
6. 采用 TSP 进行超前地质预报时,一般应每隔(　　)m进行一次地质预报。
   A. 10~50　　B. 100~150　　C. 200~300　　D. 300~500
7. 隧道施工现场电气设备及电气线路的安装、维修和拆除应由(　　)进行。
   A. 工班长　　B. 隧道工　　C. 专职电工　　D. 安全员
8. 岩溶段隧道超前钻探过程中,发现岩壁松软、掉块,钻孔中的水压、水量突然增大以及顶钻等异状时,必须(　　)。
   A. 立即停工撤人　　B. 继续慢速钻进
   C. 加快钻进速度　　D. 停工原地待命
9. 隧道内反坡排水方案应根据距离、坡度、水量和设备情况确定。抽水机排水能力应大于排水量的(　　),应有备用设备。
   A. 5%　　B. 10%　　C. 15%　　D. 20%
10. 隧道内起爆后,一般需要通风(　　)min后方可进入洞内。
    A. 5　　B. 15　　C. 30　　D. 40
11. 钻孔后,吹洗炮眼内的泥浆石粉时,作业人员应站立在侧方,主要目的是(　　)。
    A. 便于观察炮眼是否吹洗干净　　B. 方便操作
    C. 避免吹出的泥沙伤人　　D. 没什么目的
12. 隧道开挖作业台架上的照明,应使用低于(　　)V 的电压。
    A. 380　　B. 220　　C. 110　　D. 36
13. 隧道双向开挖面相距(　　)m 时,应改为单向开挖,停挖端的作业人员和机具应撤离。
    A. 5~10　　B. 10~20　　C. 15~30　　D. 30~50
14. 隧道内每班爆破后剩余的爆破物品应该(　　)。
    A. 及时退库　　B. 隧道内销毁　　C. 找地方掩埋　　D. 带回宿舍
15. 在隧道内起爆前,要对起爆网络、安全警戒进行检查,由(　　)下达命令后起爆。

A. 爆破负责人　　B. 安全员　　C. 施工员　　D. 技术负责人

16. 隧道内运渣车辆在通过仰拱栈桥和作业台架下方时,行车速度不应大于( )km/h。
    A. 10　　B. 5　　C. 20　　D. 30

17. 岩溶隧道施工应采用以( )为主的综合方法预报前方地质情况。
    A. 地质素描法　　B. 红外线探水　　C. 超前水平钻探　　D. 加深炮孔

18. 对有突涌水风险的软弱破碎围岩隧道,必须进行( )专项设计,编制专项安全技术方案。
    A. 防火灾　　B. 防岩爆　　C. 防爆炸　　D. 防突涌水

19. 隧道内污水排放至洞外后,应经( )沉淀池或污水处理站进行处理并达标后方可排放。
    A. 一级　　B. 二级　　C. 三级　　D. 直接排放

20. 隧道内起爆站与爆破位置的距离应满足设计要求并不小于( )m。
    A. 100　　B. 150　　C. 200　　D. 300

21. 防水板的搭接宽度不应小于( )mm。
    A. 50　　B. 100　　C. 200　　D. 300

22. 氧气瓶、乙炔瓶应保持____m以上的安全距离,与动火作业区保持____m以上安全距离。正确选项是( )。
    A. 3;5　　B. 5;10　　C. 10;5　　D. 10;15

23. 焊割工接触到的主要职业危害为( )。
    A. 红外线　　B. 紫外线　　C. 振动　　D. 锰尘(烟)

24. 隧道内爆破应使用( )。
    A. TNT炸药　　B. 乳化炸药　　C. 硝胺炸药　　D. 黑火药

25. 现场使用的爆破物品应由( )按一次需用量领取,搬运时要轻拿轻放。
    A. 材料员　　B. 技术员　　C. 领工员　　D. 爆破员

二、判断题

1. 岩溶隧道施工前,要详细了解地表水、出水点的情况,对地表进行必要处理,防止地表水下渗。　　(　)
2. 溶洞揭露后,应检测是否存在有毒有害气体,避免发生中毒、窒息事件。　　(　)
3. 岩溶段爆破开挖应加大装药量,确保开挖进尺。　　(　)
4. 岩溶隧道施工时,为加快施工进度,可以不进行超前钻孔探测。　　(　)
5. 岩溶隧道应遵循"以疏为主、堵排结合、因地制宜、综合治理"的原则施工。　　(　)
6. 溶洞未做处理前,为施工方便,可以将弃渣倾倒至溶洞中。　　(　)
7. 隧道洞口设置截、挡水措施,防止洪水倒灌造成淹井事故。　　(　)
8. 公路隧道断面一般都较大,洞内施工环境普遍较好,因此不必检测洞内粉尘和有害气体浓度。　　(　)
9. 岩溶隧道洞口高位水池可以设于隧道正上方。　　(　)
10. 悬挂通风管时,为提高工作效率,人员可以站在装载机铲斗上操作。　　(　)
11. 在岩溶隧道内钻孔以进行超前地质预报时,严禁在钻孔的正后方站人,以防钻具和高压冲出的岩屑、泥沙等伤人。　　(　)

12. 采用加深炮孔进行地质预报时,为了提高效率,可以在残孔内加深炮孔进行探测。( )
13. 采用回填方法处置溶洞时,应回填阻断过水通道,防止水流继续冲刷。( )
14. 雨天时,不得进入溶洞内进行调查和施工。( )
15. 岩溶段隧道施工中,出现涌水量突然增大情况,应加大抽水能力,继续施工。( )

三、多选题

1. 岩溶隧道是指穿过可溶性岩层,如( )时,遇到溶槽、溶洞及地下暗河等的隧道。
   A. 石灰岩　　B. 白云岩　　C. 硅质灰岩　　D. 花岗岩　　E. 砂岩

2. 岩溶隧道溶腔位于隧道上方时,可采用的结构处理方式包括( )。
   A. 增设排水系统　　　　B. 局部加强支护　　　　C. 设置防护层
   D. 设置缓冲层　　　　　E. 设置隔离挡墙

3. 岩溶隧道施工中如果出现( )等突发性异常情况,应立即停止施工,撤出人员。
   A. 突水突泥　　　　　　B. 顶钻　　　　　　　　C. 高压喷水
   D. 出水量突然增大　　　E. 正常钻进

4. 岩溶隧道施工前,应制定安全进洞条件,根据( )等确定安全等级,实施分级管理。
   A. 日降雨量　　B. 水压力　　C. 洞内排水量　　D. 隧道断面　　E. 隧道高度

5. 隧道施工中采取的主要防尘措施有( )。
   A. 湿式凿岩　　B. 机械通风　　C. 喷雾洒水　　D. 个人防护　　E. 干喷混凝土

6. 岩溶隧道施工所涉及的工种中,属于特殊工种或特种设备作业人员的有( )。
   A. 电工　　B. 爆破员　　C. 焊割工　　D. 管道工　　E. 模板工

7. 下列隧道中,需要采用双回路输电并设置可靠的切换装置的是( )。
   A. 短隧道　　　　　　　B. 岩溶且涌水量大的隧道　　　　C. 斜井
   D. 瓦斯隧道　　　　　　E. 中长隧道

8. 在施工排水时应铺砌水沟或用管槽排水的围岩地段是( )。
   A. 花岗岩　　　　　　　B. 土质地层　　　　　　　　　　C. 膨胀岩
   D. 围岩松软地段　　　　E. 玄武岩

9. 岩溶隧道内应配备( )等必要的应急物资,定期组织应急救援演练。
   A. 救生衣　　B. 救生圈　　C. 救生筏　　D. 救生绳

10. 下列有可能造成火工品爆炸的有( )。
    A. 违规使用火工品　　　B. 爆破方式方法不当
    C. 违规处理火工品　　　D. 及时退料
    E. 按申请单领用火工品

案例1　岩溶隧道突泥、突水事故

一、单选题

1. 某岩溶隧道发生突泥涌水事故,致使正洞掌子面11人遇难,经济损失约1亿元,构成生产安全( )事故。
   A. 一般　　　　B. 较大　　　　C. 重大　　　　D. 特别重大

二、判断题

1. 岩溶隧道施工中,应将超前地质预报、监控量测纳入工序管理,坚持"不探不进、先探

后进"的基本原则。( )
2. 岩溶段隧道施工中,涌水量突然增大时,应加大抽水能力,继续施工。( )
3. 岩溶隧道施工中,应完善应急救援体系,配备应急救援物资,定期组织应急逃生演练。( )
4. 岩溶段施工中发生险情时,应及时启动预警系统,组织疏散撤离。( )
5. 岩溶隧道施工中,为加快施工进度,可以不进行超前钻孔探测。( )

三、多选题

1. 岩溶隧道施工中如果出现( )等突发性异常情况,应立即停止施工,撤出人员。
   A. 突水突泥　　B. 顶钻　　C. 高压喷水　　D. 出水量突然增大　　E. 正常钻进

案例2　岩溶隧道突泥、突水事故

一、单选题

1. 某岩溶隧道发生突泥涌水事故,造成9人死亡,构成生产安全( )事故。
   A. 一般　　　　B. 较大　　　　C. 重大　　　　D. 特别重大
2. 岩溶隧道施工应采用( )为主的综合方法预报前方地质情况。
   A. 地质素描法　　B. 红外线探水　　C. 超前水平钻探　　D. 加深炮孔

二、判断题

1. 某岩溶隧道出渣过程中,掌子面底部渣堆发生轻微移动并出现少量涌泥,应立即停止出渣,撤出所有人员与设备。( )
2. 岩溶段隧道可以只采用超前探孔一种方式进行超前地质预报。( )
3. 岩溶隧道内应配备完善的声光报警、视频监控、应急通信系统。( )
4. 岩溶施工中,为有效应对突发事故,应在掌子面附近配备逃生车辆。( )

三、多选题

1. 处理溶洞时,应根据岩层的稳定程度和地下水流情况等,采取( )等措施。
   A. 引　　　B. 堵　　　C. 越　　　D. 绕　　　E. 截

15 机电安装及隧道装饰施工

一、单选题

1. 直埋动力电缆表面与地面的距离应不小于( )m。
   A. 0.3   B. 0.5   C. 0.7   D. 1.0
2. 机械敷设电缆的速度不宜超过( )m/min。
   A. 10   B. 15   C. 20   D. 25
3. 采用气吹法敷设光缆时,吹放速度应控制在( )m/min。
   A. 60~90   B. 90~120   C. 120~150   D. 150~180
4. 采用气吹法敷设光缆时,光缆弯曲半径应不小于光缆外径的( )倍。
   A. 5   B. 10   C. 15   D. 20
5. 安装通风机前,应进行支承结构的荷载试验。支承风机的结构的承载力不应小于风机实际静荷载的( )倍。
   A. 5   B. 10   C. 15   D. 20
6. 风机初步安装就位后找平,使其轴线与隧道轴线平行,误差不宜大于( )mm。
   A. 5   B. 10   C. 15   D. 20
7. 照明灯具基础外形尺寸误差、对角线误差、水平度不大于( )mm/m。
   A. 3   B. 5   C. 8   D. 12
8. 机电安装中,各种螺母紧固后,螺丝露出螺母不得少于( )个螺距。
   A. 1   B. 2   C. 3   D. 4
9. 灯具外壳、杆体等应可靠接地,接地电阻应不大于( )Ω。
   A. 5   B. 10   C. 15   D. 20
10. 安装配电柜、箱、盘,垂直度允许偏差为( )‰。
    A. 0.5   B. 1.0   C. 1.5   D. 2.0
11. 在隧道内铺贴瓷砖应( )。
    A. 自上而下   B. 自下而上   C. 自中间向上下   D. 没有规定
12. 在高处进行机电安装作业,宜采用登高作业车,车上登高作业人员不得超过( )人。
    A. 1   B. 2   C. 3   D. 4
13. 高温或灯具距地高度低于2.4m 的场所,电源电压应不大于( )V。
    A. 36   B. 48   C. 110   D. 220
14. 隧道施工时,洞内气温不宜高于( )℃。
    A. 25   B. 28   C. 32   D. 35
15. 遇雷雨及( )级及以上大风等极端恶劣天气,严禁起重吊装及露天高处作业。
    A. 2   B. 3   C. 4   D. 6
16. 隧道内供应的新鲜风量不得小于每人( )m³/min。
    A. 3   B. 4   C. 5   D. 6
17. 电焊机二次侧引出线宜采用橡皮绝缘铜芯软电缆,其长度不宜大于( )m。

A.20　　　　　B.30　　　　　C.40　　　　　D.50

18.洞内变压器与洞壁的距离不得小于(　　)m。
　　A.0.2　　　　B.0.3　　　　C.0.5　　　　D.1.0

19.220V灯具的室外安装高度不应低于(　　)m。
　　A.1　　　　　B.2　　　　　C.3　　　　　D.4

20.(　　)级及以上风力时,应停止焊接、切割等室外动火作业。
　　A.4　　　　　B.5　　　　　C.6　　　　　D.7

21.起重机钢丝绳在卷筒上必须排列整齐,尾部卡牢,工作中最少保留(　　)圈。
　　A.2　　　　　B.3　　　　　C.4　　　　　D.5

22.距配电柜(　　)m范围内不得设置可能产生较多易燃、易爆气体、粉尘的作业区。
　　A.1　　　　　B.2　　　　　C.3　　　　　D.5

23.焊割作业时,气瓶与明火作业点的距离不应小于(　　)m。
　　A.3　　　　　B.5　　　　　C.8　　　　　D.10

24.隧道、人防工程、高温、有导电灰尘、比较潮湿或灯具离地面高度低于2.5m等场所的照明,电源电压不应大于(　　)V。
　　A.12　　　　　B.24　　　　　C.36　　　　　D.110

25.在起重作业中,(　　)斜拉、斜吊和起吊埋设在地下或凝结在地面上的重物。
　　A.允许　　　B.禁止　　　C.应安排专人监控　　D.采取措施后可以

二、判断题

1.吊装作业中应设警戒区,安排专人指挥,吊运半径内严禁无关人员进入。(　　)
2.电缆沿桥架或支架水平敷设时,应单层敷设,排列整齐,不得有交叉。(　　)
3.照明灯杆的基座螺母紧固后,螺丝露出螺母不得少于1个螺距。(　　)
4.杆件的安装地点与10kV架空供电线路的距离不应小于2m。(　　)
5.配电柜、箱、盘内配线可以有绞结现象。(　　)
6.高处作业使用的工具可以放在衣服口袋内。(　　)
7.施工现场临时照明线路必须使用绝缘导线。(　　)
8.含有大量尘埃但无爆炸和火灾危险的场所,必须选用防尘型照明器。(　　)
9.有爆炸和火灾危险的场所,应按危险场所等级选用防爆型照明器。(　　)
10.路灯不必设置熔断器。(　　)
11.某高速公路尚未正式开通运营,未提前检验道路质量,社会车辆可以上路行驶。(　　)
12.在夜间进行高处作业时,应装设自备独立电源供电的应急照明。(　　)
13.机电安装作业的火灾风险较低,不需要执行动火审批制度。(　　)
14.吊装变压器时,钢丝绳必须挂在变压器的专用吊钩上。(　　)
15.管线支吊架的焊接与安装必须牢固,在管道与支架间垫橡胶片减振。(　　)

三、多选题

1.电缆敷设完成后,应悬挂标志牌,注明电缆(　　)等相关参数。
　　A.编号　　B.规格　　C.型号　　D.电压等级　　E.品牌

2.在全部或部分停电的高压电气设备上工作,必须(　　),并悬挂标示牌和装设遮拦。
　　A.停电　　　　　　B.验电　　　　　　　　C.装设接地线

D. 不需停电　　　　　　　E. 不需验电

3. 机电安装及隧道装饰主要涉及的特殊工种有（　　）等,均应取得特种作业资格证书后方可上岗作业。

A. 电工　　　B. 焊割工　　　C. 管道工　　　D. 起重机械操作工　　E. 模板工

4. 机电设备安装过程中存在的安全风险有（　　）等。

A. 起重伤害　B. 机械伤害　C. 触电　　　D. 高处坠落　　　　E. 淹溺

5. 焊割作业时必须佩戴（　　）等防护用品。

A. 焊接防护服　　　　　　B. 防震手套　　　　　　　C. 电焊手套

D. 焊接面罩　　　　　　　E. 防腐蚀手套

6. 患有帕金森病、色盲、（　　）等疾病的人员不得从事公路工程建设。

A. 心脏病　B. 癫痫病　　C. 眩晕症　　D. 听力障碍　　　E. 轻度近视

7. 下列预防机械伤害的措施中,正确的有（　　）。

A. 严禁非专业人员使用和操作机械设备

B. 机械设备的齿轮、皮带、传动轴等部位必须有可靠有效的安全防护装置

C. 随意搭乘车辆

D. 机械设备运行时,严禁操作人员将头、手等肢体伸入机械行程范围内

E. 装载机铲斗载人

8. 当隧道内危险级别较高时,可采用（　　）灭火系统。

A. 消火栓系统　　　　　　　B. 水成膜系统

C. 水喷雾灭火系统　　　　　D. 泡沫喷雾联用灭火系统

9. 公路工程中,电缆及光缆主要的敷设形式有（　　）等。

A. 直埋敷设　　　　　B. 电缆沟（槽）敷设　　　　　C. 架空敷设

D. 穿管敷设　　　　　E. 明敷设

10. 以下行为中,易造成触电事故的有（　　）。

A. 线路接头裸露　　　　　　B. 非电工操作电气设备

C. 变压器耐压试验违反操作规程　　　D. 按要求佩戴防护用品

E. 专职电工接线

案例1　机电安装高处坠落事故

一、单选题

1. 在进行高速公路隧道洞顶射流风机底座安装时,发生高处坠落事故,造成1人死亡,构成生产安全（　　）事故。

A. 一般　　　B. 较大　　　C. 重大　　　D. 特别重大

2. 机电安装高处作业宜采用登高作业车,车上登高作业人员不得超过（　　）人。

A. 1　　　B. 2　　　C. 3　　　D. 4

二、判断题

1. 在隧道内进行高处作业时,应使用专用升降作业平台,粘贴反光膜。（　　）

2. 在隧道内安装通风机时,操作人员可站在装载机铲斗上进行作业。（　　）

3.高处作业的梯车平台属于项目自加工设备,无须对安全防护设施、装置等进行验收,加工完成即可投入使用。（　　）

4.焊割工属于特殊工种,操作人员必须经建设主管部门考核合格,取得特种作业操作资格证书,持证上岗。（　　）

案例2　机电安装触电事故

一、单选题

1.在某高速公路机电安装施工现场,进行变电所安装调试作业时,发生一起触电事故,导致1人死亡,构成生产安全(　　)事故。

　　A.一般　　　　　　B.较大　　　　　　C.重大　　　　　　D.特别重大

二、判断题

1.安装隧道变压器时,在10kV高压柜带电状态下,安装人员打开配电柜柜门。这种做法是正确的。（　　）

2.在全部或部分停电的高压电气设备上工作,必须停电、验电、装设接地线,悬挂标示牌和装设遮拦。（　　）

三、多选题

1.机电安装及隧道装饰主要涉及的特殊工种有(　　)等,均应取得特种作业资格证书后方可上岗作业。

　　A.电工　　　　　　　　　　B.焊割工　　　　　　C.管道工
　　D.起重机械操作工　　　　　E.模板工

2.以下行为中,易造成触电事故的有(　　)。

　　A.线路接头裸露　　　　　　　B.非电工操作电气设备
　　C.变压器耐压试验违反操作规程　D.按要求佩戴防护用品
　　E.专职电工接线

16 隧道常见事故抢险救援

一、单选题

1. 隧道施工人员在隧道掌子面施工时,后方已施作完成的隧道出现坍塌,将前方施工人员阻隔在坍塌体与掌子面之间的空间内,这种坍塌被称为( )。
   A. 关门坍塌　　　B. 掌子面坍塌　　　C. 片帮　　　D. 冒顶

2. 某隧道发生瓦斯爆炸事故,造成2人死亡,这起事故属于生产安全( )事故。
   A. 一般　　　B. 较大　　　C. 重大　　　D. 特别重大

3. 某在建隧道发生火灾事故,造成1人死亡、11人重伤,属于生产安全( )事故。
   A. 一般　　　B. 较大　　　C. 重大　　　D. 特别重大

4. 施工现场发生事故后,施工单位负责人应当于( )h内向事故发生地县级以上人民政府安全生产监督管理部门和负有安全生产监督管理职责的有关部门报告。
   A. 1　　　B. 2　　　C. 3　　　D. 4

5. 隧道坍塌段初期支护保留比较完整时,为加快救援导坑开挖速度,可采用( )导坑。
   A. 正方形　　　B. 梯形　　　C. 三角形　　　D. 圆形

6. 当隧道坍塌体为软塑~硬塑状或松散土体,可采取( )的方式进行救援。
   A. 梯形导坑　　　B. 迂回导坑　　　C. 三角形导坑　　　D. 顶管

7. 关门坍塌发生后,当坍塌体较长但隧道埋深较浅时,可采用( )救援。
   A. 导坑法　　　B. 顶管法　　　C. 竖井法　　　D. 大管径钻机法

8. 某高速公路隧道仰拱中设置了中心排水沟,如果发生关门坍塌,救援人员可采用( )营救被困人员。
   A. 导坑法　　　B. 中心水沟法　　　C. 竖井法　　　D. 大管径钻机法

9. 特别重大事故应由( )组织事故调查组进行调查。
   A. 国务院或者国务院授权有关部门　　　B. 省级应急管理厅
   C. 市政府　　　D. 市公安局

10. 事故调查组应当自事故发生之日起( )日内提交事故调查报告。
    A. 20　　　B. 40　　　C. 60　　　D. 80

11. 隧道关门坍塌常用的救援方法中,救援效率最高、救援安全风险最低的是( )。
    A. 导坑法　　　B. 中心水沟法　　　C. 竖井法　　　D. 大管径钻机法

12. 对存在突泥涌水风险的隧道,应根据( )等因素合理配备救援设备、物资。
    A. 隧道长度　　　B. 洞内作业人员数量
    C. 可能突泥涌水量　　　D. 以上三种

13. 当瓦斯浓度在( )以上时,失去爆炸性,但在空气中遇火仍会燃烧。
    A. 4%　　　B. 12%　　　C. 16%　　　D. 20%

14. 瓦斯隧道因通风机故障停止通风的,须立即( )。
    A. 继续正常施工　　　B. 停工原地待命　　　C. 停工撤人　　　D. 上报后继续施工

15. 隧道关门坍塌救援时,可在坍塌体的( )打设联络孔,这样可以缩短打孔长度。

A. 正面上方　　　B. 中部　　　　C. 左侧底部　　　D. 右侧底部

16. 采用顶管法救援时,顶进管道可选用承插钢管,管节长度一般为( )m。
    A. 1　　　　　B. 2　　　　　C. 3　　　　　D. 4

17. 根据《生产安全事故应急条例》,建筑施工单位应当至少每( )年组织1次生产安全事故应急救援预案演练。
    A. 0.5　　　　B. 1　　　　　C. 2　　　　　D. 3

18. 施工现场使用的交流电焊机一次电源线长度应不大于( )m。
    A. 2　　　　　B. 3　　　　　C. 5　　　　　D. 8

19. V级围岩隧道拱顶下沉和净空变化监控量测断面间距不得大于( )m。
    A. 5　　　　　B. 10　　　　　C. 15　　　　　D. 20

20. 当拱顶下沉和水平收敛数据达到( )mm/d时,应暂停掘进,撤出人员,及时分析原因,采取处理措施。
    A. 3　　　　　B. 5　　　　　C. 10　　　　　D. 15

21. 隧道内氧气含量(按体积计)不得低于( )。
    A. 17%　　　　B. 18%　　　　C. 19%　　　　D. 20%

22. 除开挖工序外,隧道内其他工序作业人员总数不得超过( )人。
    A. 8　　　　　B. 9　　　　　C. 10　　　　　D. 11

23. 《公路水运工程施工安全标准化指南》规定,隧道施工时,应在Ⅳ、Ⅴ、Ⅵ级围岩地段预先设置逃生管道,管道从衬砌工作面布置至距离开挖面( )m以内的适当位置。
    A. 20　　　　　B. 30　　　　　C. 40　　　　　D. 50

24. 施工单位的( )负责超前地质预报和监控量测工作。
    A. 现场副经理　　B. 安全总监　　C. 总工程师　　D. 领工员

二、判断题

1. 隧道发生关门坍塌时,被困人员应加快挖掘塌方体,尽快逃生。（　　）
2. 隧道发生关门坍塌时,被困人员应尽可能搜集可以维持生命的水和食物,并有计划地利用。（　　）
3. 发生关门坍塌事故时,洞外人员应采用挖掘机加快清理坍塌体,营救被困人员。（　　）
4. 隧道发生瓦斯爆炸,应立即进行通风,派人进洞实施救援。（　　）
5. 瓦斯隧道施工前,施工单位应和就近的矿山救援队签订救援协议。（　　）
6. 对存在突泥涌水风险的隧道,应规划隧道各作业面人员的逃生路线,并定期组织演练。（　　）
7. 隧道发生较大规模的突泥涌水事故时,可运用工程机械等进入洞内施救。（　　）
8. 低瓦斯隧道可配置非防爆型设备设施。（　　）
9. 电气设备起火时,可以直接用直流水枪灭火。（　　）
10. 变压器起火时,可用干燥的砂土盖住火焰,使火熄灭。（　　）
11. 隧道爆破当班作业发现盲炮时,可由下一班的爆破员处理。（　　）
12. 工会无权参加事故调查处理。（　　）
13. 情况紧急时,事故现场有关人员可以直接向事故发生地县级以上人民政府安全生产监督管理部门和负有安全生产监督管理职责的有关部门报告。（　　）
14. 安全生产监督管理部门和负有安全生产监督管理职责的有关部门必须逐级上报事

故情况,每级上报的时间不得超过2h。   (   )
15.采用台阶法开挖Ⅳ级围岩时,下台阶边墙开挖进尺不得大于3榀钢架间距。(   )

三、多选题

1.隧道工程属高风险作业,施工中易发生(   )等事故。
   A.坍塌   B.火灾   C.突泥涌水   D.瓦斯燃烧爆炸

2.隧道发生关门坍塌时,事故现场应实施加固措施,包括(   )等措施。
   A.喷混凝土封闭坍塌体正面   B.沙袋堆载反压坍塌体
   C.搭设钢支撑或方木排架   D.挖掘机挖掘坍塌体
   E.装载机铲运坍塌体

3.隧道发生关门坍塌时,打设联络孔的作用有(   )。
   A.了解被困人员的准确数量   B.了解被困人员身体状况
   C.了解被困人员生存空间的大小   D.了解被困空间的稳定情况

4.隧道关门坍塌常用的救援方法主要有(   )等。
   A.小导坑法   B.顶管法   C.中心水沟法   D.大管径钻机法   E.明挖法

5.存在突泥涌水风险的隧道,应配备(   )等救援设备物资。
   A.救生圈   B.橡皮艇   C.排水管   D.抽水机   E.钢拱架

6.下列有可能造成火工品爆炸的有(   )。
   A.违规使用火工品   B.爆破方式方法不当   C.违规处理火工品
   D.及时退库   E.按申请单领用火工品

7.应采用铺砌水沟或用管槽排水的围岩地段是(   )。
   A.花岗岩   B.土质地层 C.膨胀岩   D.围岩松软地段   E.砂岩

8.瓦斯爆炸的三要素是(   )。
   A.瓦斯浓度   B.引火温度 C.二氧化碳浓度 D.氧气含量   E.一氧化碳浓度

9.瓦斯隧道内必须执行进洞检查制度,严禁进洞人员携带或穿戴(   )。
   A.打火机   B.手机   C.化纤衣物   D.火柴   E.防静电工作服

10.爆破作业单位应当对本单位的(   )进行专业技术培训。
    A.爆破作业人员   B.安全管理人员   C.库房管理人员
    D.试验员   E.测量员

第五部分
PART 5
工种安全操作

1 作业人员基本安全常识

一、单选题

1. 建筑施工作业人员年龄不得小于(　　)周岁。
   A. 16　　　　　　B. 18　　　　　　C. 20　　　　　　D. 14
2. 建筑施工作业人员中,女工年龄不得大于(　　)周岁。
   A. 50　　　　　　B. 55　　　　　　C. 60　　　　　　D. 65
3. 下列关于员工入场的说法中,正确的是(　　)。
   A. 未接受安全培训的人员可以入场
   B. 入场应穿好工作服,戴好安全帽
   C. 员工入场后可以在现场乱扔垃圾
4. "有裂纹的安全帽可以继续使用。"的说法是(　　)的。
   A. 正确　　　　　　　　　　　B. 错误
5. 在施工现场设置安全标志主要作用是(　　)。
   A. 现场环境过于单调,用于调节视力疲劳
   B. 对现场人员传递特定的安全信息
   C. 用于对外宣传
6. "作业人员须经考试合格后方可上岗作业。"的说法是(　　)的。
   A. 正确　　　　　　　　　　　B. 错误
7. "使用安全带时,可以将安全带上的绳子打结使用。"的说法是(　　)的。
   A. 正确　　　　　　　　　　　B. 错误
8. "生活区严禁私接、乱拉电线。"的说法是(　　)的。
   A. 正确　　　　　　　　　　　B. 错误
9. "在施工现场非油库、非储罐区等无明确要求禁止烟火的区域,工人可以吸烟。"的说法是(　　)的。
   A. 正确　　　　　　　　　　　B. 错误
10. "作业人员进行高处作业时,必须系好安全带。"的说法是(　　)的。
    A. 正确　　　　　　　　　　　B. 错误
11. 下列属于禁止标志的是(　　)。
    A. 禁止吸烟　　　B. 当心触电　　　C. 必须戴安全帽　　　D. 紧急出口
12. "注意安全""当心机械伤人"属于(　　)。
    A. 警告标志　　　B. 指令标志　　　C. 提示标志　　　D. 禁止标志
13. "必须佩戴安全帽"属于(　　)。
    A. 警告标志　　　B. 指令标志　　　C. 提示标志　　　D. 禁止标志
14. 高处坠落是指在高于坠落基准面(　　)m及以上高度进行作业时,发生人员坠落引起的伤害事故。
    A. 1.5　　　　　　B. 2　　　　　　C. 2.5　　　　　　D. 3

15. 施工照明设备电源的安装和拆除,可以由( )操作。
    A. 班组长　　　　B. 安全员　　　　C. 电焊工　　　　D. 专职电工

16. 以下安全帽佩戴方法中,正确的是( )。
    A. 工人甲歪着戴安全帽　　　　B. 工人乙怕热,在安全帽上打孔
    C. 工人丙戴安全帽时系好帽带　　D. 工人丁戴安全帽时未系帽带

17. "对于灰尘过多、浓度超标的场所,严重影响职工安全健康时,职工应拒绝作业。"的说法是( )的。
    A. 正确　　　　　　　　　　　B. 错误

18. 对于经常接触有毒物质的作业人员,( )。
    A. 习惯后可不佩戴安全防护用品　　B. 不用进行体检
    C. 定期进行体检　　　　　　　　　D. 只需对年纪大的人进行定期体检

19. "进行喷漆、防水等接触苯以及高分子化合物的作业不会立即造成中毒,但日积月累会造成慢性中毒。"的说法是( )的。
    A. 正确　　　　　　　　　　　B. 错误

20. 下列不属于安全帽内的四项永久性标志的是( )。
    A. 制造厂商、商标、型号　　　B. 使用有效期
    C. 生产合格证和验证　　　　　D. 生产许可编号

21. 下列关于电焊作业的说法中,正确的是( )。
    A. 焊割工可以自己给电焊机接电
    B. 电焊作业时,若看不清,应距离焊点尽可能近
    C. 看不清楚时,可不带电焊面罩
    D. 电焊时必须正确使用电焊面罩

22. 下列关于安全帽的说法中,错误的是( )。
    A. 安全帽可以保护头部免受物体打击的伤害
    B. 不得用安全帽盛装工具
    C. 安全帽缺少帽带时可以照常使用
    D. 应定期对安全帽进行检验

23. 下列关于安全带的说法中,错误的是( )。
    A. 在高处作业时要系好安全带
    B. 安全带破损时,只要没断裂,就可以继续使用
    C. 安全带高挂低用是最适宜的做法

24. 隧道、人防工程、高温、有导电灰尘、比较潮湿或灯具离地面高度低于2.5m等场所的照明应使用安全电压,安全电压为( )V。
    A. 220　　　　B. 30　　　　C. 36　　　　D. 380

25. 以下说法中,正确的是( )。
    A. 挖掘机操作手不需要持有效操作证件
    B. 非专业人员在必要的情况下可以使用和操作机械设备
    C. 装载机在行驶过程中可以载人
    D. 挖掘机、起重机等机械旋转半径内不得站人

二、判断题

1. 第四级劳动强度人员的年龄应在55周岁以下。（   ）
2. 有心脏病、癫痫病、眩晕症、帕金森病、听力障碍、色盲等的人员不得上岗作业。（   ）
3. 电工、焊割工、架子工等特种作业人员必须持证上岗。（   ）
4. 装载机操作工、挖掘机操作工、压路机操作工、载货汽车驾驶员等不一定要持证，只要会开就行。（   ）
5. 施工作业中的"四不伤害"指的是不伤害自己、不伤害他人、不被他人伤害、保护他人不受伤害。（   ）
6. 施工中发现安全隐患或者不安全因素时应立即报告。（   ）
7. 进入施工现场时，应规范佩戴安全帽和使用个人劳动防护用品。（   ）
8. 严禁带小孩进入施工现场。（   ）
9. 施工现场禁止吸烟、打闹及其他扰乱工作秩序的行为，在少喝一点酒的情况下可以继续工作。（   ）
10. 在经过电工同意的情况下，其他人员也可以接电。（   ）
11. 严禁在办公区、生活区存放易燃易爆物品和焚烧垃圾。（   ）
12. 不可以挪动消防器材，但是可以在消防设施和消防通道上临时堆放物品。（   ）
13. 施工现场常见事故主要有高处坠落、物体打击、触电、机械伤害、坍塌五大类。（   ）
14. 高处平台作业时，可以不设置上、下通道，施工人员通过吊车吊钩和攀爬脚手架等到达工作平台。（   ）
15. 职业病是指劳动者在工作中，因接触粉尘、放射性物质和其他有毒、有害因素而引起的疾病。（   ）
16. 有裂纹的安全帽可以继续使用。（   ）
17. 作业人员须经考试合格后方可上岗作业。（   ）
18. 使用安全带时，可以将安全带上的绳子打结使用。（   ）
19. 生活区严禁私接、乱拉电线。（   ）
20. 在施工现场非油库、非储罐区等未明确要求禁止烟火的区域，工人可以吸烟。（   ）
21. 作业人员进行高处作业时，必须系好安全带。（   ）
22. 对于灰尘过大、浓度超标的场所，严重影响职工安全健康时，职工应拒绝作业。（   ）
23. 进行喷漆、防水等接触苯以及高分子化合物的作业不会立即造成中毒，但日积月累会造成慢性中毒。（   ）

三、多选题

1. 施工作业人员享有的权利包括（   ）。
   A. 对施工现场和工作岗位存在的危险因素以及防范措施的知情权
   B. 对安全生产工作的建议权，对安全管理的批评、检举和控告权
   C. 对违章指挥和强令冒险作业的拒绝权，作业中发生危及人身安全紧急情况时立即停止作业或在采取可靠的安全措施后撤离危险区域的避险权
   D. 因工受伤获得及时救治及工伤保险和赔偿权
2. 作业人员在有机械设备和车辆行走的施工路段不可以（   ）。

A. 及时避让　　　　B. 斜插猛跑　　　　C. 随意搭乘　　　　D. 攀爬车辆

3. 在施工现场临边、孔、洞等设置防护设施及警示标志时,以下说法正确的是(　　)。
   A. 防护栏杆应能承受 1kN 的可变荷载
   B. 防护栏杆下方有人员及车辆通行或作业的,应挂密目安全网封闭,防护栏杆下部应设置高度不小于 0.18m 的挡脚板
   C. 防护栏杆应由上、下两道横杆组成,上杆离地高度应为 1.2m,下杆离地高度应为 0.6m
   D. 横杆长度大于 2m 时,应加设杆柱

4. 以下说法中,正确的是(　　)。
   A. 非电工严禁拆、接电器线路、插头、插座等
   B. 严禁靠近标有"高压危险"标识的区域
   C. 雷雨天气应及时关闭用电设备,切断电源
   D. 临时停电、停工、检修或移动电气设备时,必须关闭电源

5. 对于灰尘较多的场所,应采取的措施有(　　)。
   A. 边洒水边工作　　　　　　　　　　B. 室内或封闭场所加强通风
   C. 佩戴呼吸护具　　　　　　　　　　D. 无防护进行作业

6. 以下属于班组级安全教育培训内容的是(　　)。
   A. 岗位安全操作规程
   B. 岗位存在的不安全因素及应对措施
   C. 岗位之间工作衔接配合的安全与职业卫生事项
   D. 有关事故案例

7. 接触噪声的作业人员,应采取的防护措施包括(　　)。
   A. 佩戴防护耳罩
   B. 定期进行体检
   C. 可以不戴防护耳罩,但耳部不适时应注意休息
   D. 佩戴耳塞或者防声帽

8. 员工进入施工现场,必须禁止的行为有(　　)。
   A. 带小孩进入施工现场　　　　　　B. 穿拖鞋进入施工现场
   C. 赤膊进入施工现场　　　　　　　D. 佩戴安全帽进入施工现场

9. 以下属于班组级安全教育培训内容的是(　　)。
   A. 班组作业的特点和安全操作规程
   B. 班组安全活动制度和纪律
   C. 本岗位存在的不安全因素及其防范对策
   D. 爱护和正确使用防护装置(设施)及个人劳动防护用品
   E. 本岗位作业环境,使用的机械设备、工具的安全要求

10. 以下说法中,错误的是(　　)。
    A. 施工现场禁止吸烟、打闹及其他扰乱工作秩序等行为
    B. 在高处作业时,如遇到安全带不好挂的情况,可以不挂安全带
    C. 正确佩戴安全帽,不得上下交叉作业
    D. 在施工区域内可以吸烟

2 班组日常安全管理

一、单选题

1. 发生生产安全事故或险情时,班组长接到现场人员报告后,应立即向( )报告。
   A. 政府安全监督管理部门　　　　　B. 公安机关
   C. 监理单位负责人　　　　　　　　D. 用工单位现场管理人员
2. 发生生产安全事故或险情时,班组人员应( )向班组长报告。
   A. 在 1 小时内　　B. 在 2 小时内　　C. 立即　　D. 等一等
3. 各分项工程开工前,( )应按工种、工序及施工部位,对操作工人进行安全技术交底。
   A. 工程技术人员　B. 安全员　　C. 班组协管员　　D. 监理
4. 下列( )不是严禁发生的。
   A. 堵塞消防通道　　　　　　　　　B. 非施工人员进入施工现场
   C. 上班时间进行休息　　　　　　　D. 在施工区焚烧垃圾
5. 班组级安全教育培训应由( )组织进行。
   A. 工程技术人员　B. 安全员　　C. 班组长　　D. 监理
6. 班组级安全教育培训双方应履行签名手续,并于月底送至( )留档。
   A. 用工单位　　B. 监理单位　　C. 业主单位　　D. 政府监督部门
7. 班组长应每月对所有作业人员进行不少于( )次的安全操作规程教育。
   A. 0　　　　　B. 1　　　　　C. 2　　　　　D. 3
8. 班组自检中发现安全隐患,无法自行完成整改的,必要时应立即停止作业,并向( )管理部门报告。
   A. 用工单位　　B. 监理单位　　C. 业主单位　　D. 政府监督
9. 班组内有新进场人员或者需要更换劳动防护用品时,应及时( )申请购买。
   A. 政府　　　　B. 监理单位　　C. 业主单位　　D. 用工单位
10. 班组成员进、退场情况应由( )及时跟进。
    A. 工程技术人员　B. 班组长　　C. 安全员　　D. 监理
11. 班组长对有无"三违"行为的检查是在( )安全检查环节进行的。
    A. 休息　　　　B. 班前　　　　C. 班中　　　　D. 班后
12. 下列不属于"三违"行为的是( )。
    A. 违章指挥　　B. 违反劳动纪律　C. 违章作业　　D. 违抗命令
13. 起重机的安全技术档案不包括( )。
    A. 设计文件、产品质量合格证明、安装及使用维护保养说明、监督检验证明等相关技术资料和文件
    B. 定期检验和定期自行检查记录
    C. 安全教育培训和安全技术交底记录
    D. 日常使用及维护保养记录
14. 综合班组涉及的工种不包括( )。

A. 电工　　　　B. 维修工　　　　C. 机修钳工　　　D. 爆破工

15. 班组安全生产的直接责任人是(　　)。
    A. 班组安全员　　B. 班组协管员　　C. 班组长　　　D. 班组人员

16. 石方爆破班组涉及的工种不包括(　　)。
    A. 爆破工　　　B. 爆破安全员　　C. 焊割工　　　D. 普工

17. (　　)应坚持做好日循环和周循环工作,认真落实每一环节的工作。
    A. 班组长　　　B. 班组协管员　　C. 班组安全员　　D. 班组人员

18. (　　)应配合班组长进行班前安全教育,并监督作业前的安全确认工作。
    A. 班组长　　　B. 班组协管员　　C. 班组安全员　　D. 班组人员

19. 安全员巡查时,发现严重违章现象,(　　)要求相关人员停止作业并立即纠正。
    A. 班后　　　　B. 有权　　　　C. 无权　　　　D. 请示班组长

20. 班组长请假时,由(　　)代替班组长履行其安全职责。
    A. 工程技术人员　　B. 班组协管员　　C. 班组安全员　　D. 班组人员

21. 班组人员可以不参与(　　)活动。
    A. 新型生产安全技术的研发
    B. 配合生产安全事故的调查
    C. 接受安全教育培训和岗位技能培训
    D. 拒绝、劝阻、制止"三违"行为

22. 员工转岗、离岗(　　)个月及"四新"应用时,班组长应按新进场员工岗前教育培训的要求,对其进行安全教育培训。
    A. 1　　　　　B. 2　　　　　C. 3　　　　　D. 6

23. 安全活动是为了增强作业人员的安全意识,提高安全操作技能,总结存在的安全问题和分析制定改进措施,每(　　)由各班组长组织、班组员工参加的安全活动。
    A. 周日　　　　B. 周一　　　　C. 周三　　　　D. 周五

24. 下面不属于班组协管员的安全职责的是(　　)。
    A. 协助班组长开展班组安全教育
    B. 协助班组长开展日常隐患排查和整改
    C. 班组长请假时代替班组长履行其安全职责
    D. 带领班组成员学习现场处置措施,使其掌握必要的急救知识和避险措施

25. 下面不属于班组安全员的安全职责的是(　　)。
    A. 协助班组长对班组成员进行班前安全教育
    B. 带领班组成员学习现场处置措施,使其掌握必要的急救知识和避险措施
    C. 班中进行安全巡查,督促班组人员遵章守纪
    D. 班后与班组长一起归纳总结,指出当天的安全隐患及违章操作等行为,并对违章行为进行纠正和教育

二、判断题

1. 班组是指在施工生产过程中,相互协同的同工种或相近工种的工人组织在一起,从事施工生产工作的管理组织。(　　)
2. 班组长是班组的领导者和管理者,但不是本班组安全生产的直接责任人。(　　)
3. 对新进场的班组人员,班组长应考察其身体状况、业务素质等是否适应岗位要求,可

以接受不适应岗位要求的作业人员上岗。( )

4.事故调查阶段,在事故现场的作业人员应配合事故调查组的询问,如实陈述,配合调查。
( )

5.班组人员没有必要掌握现场应急救援知识及消防器材的使用方法。( )

6.班组内有新进场人员或者需要更换劳动防护用品时,应及时自行购买。( )

7.班组长应对新进场人员进行应急知识的教育培训。( )

8.班组长不用对新进场人员进行急救、自救和互救知识的教育培训。( )

9.班组成员应妥善保管和使用劳动防护用品,防止丢失或混用。( )

10.班组长领取本班组劳动防护用品后,及时发放,不必形成发放记录。( )

11.班组安全教育内容不包括本岗位作业环境及使用的机械设备、工具的安全要求。
( )

12.班组长不需要参加用人单位组织的各项安全生产活动,但应组织班组人员落实相关制度、规程及其他要求。( )

13.隧道主要施工班组包括开挖班、喷浆班、二衬班、张拉班等。( )

14.路基填筑班涉及的主要工种有载货汽车驾驶员、挖掘机操作工、平地机操作工、压路机操作工、普工等。( )

15.班组长每班前应该检查上班遗留的隐患是否及时纠正。( )

三、多选题

1.班组日常安全管理目的为( )。
   A.完善施工班组管理体系　　　　B.强化班组安全文化理念
   C.防范生产安全事故　　　　　　D.提高班组安全管理水平

2.下列属于班组长的安全职责的是( )。
   A.落实班组级安全教育培训
   B.组织其他班组进行日常隐患排查和整改
   C.监督班组人员做好机械设备的日常使用、检查、维护工作
   D.带领班组成员学习现场处置措施,使其掌握必要的急救知识和避险办法

3.下列属于班组成员的安全职责的是( )。
   A.接受安全教育培训和岗位技能培训
   B.出现异常现象或根据经验判断有可能发生危险时,应立即撤离现场,同时大声呼喊告知周边人员
   C.及时、有效地配合整改检查发现的问题和隐患,发现隐患及时上报
   D.无权拒绝、劝阻、制止"三违"行为

4.作业现场班组使用机械设备时应做到"三知、四会","三知"包括( )。
   A.知电气原理　　　　　　　　　B.知技术性能
   C.知安全装置作用　　　　　　　D.知结构原理

5.作业现场班组使用机械设备时应做到"三知、四会","四会"包括( )。
   A.会操作　　　　B.会维护　　　　C.会保养　　　　D.会排除一般故障

6.班组"三工制"是指( )。
   A.班前安全讲话　　　　　　　　B.班中安全学习
   C.班中安全检查　　　　　　　　D.班后安全总结

7. 现场应急救援常识包括( )。
   A. 火灾急救知识　　　　　　　　B. 触电急救知识
   C. 创伤救护知识　　　　　　　　D. 中毒中暑急救知识

8. ( )应每日对班组作业进行自检,形成"一班三检"。
   A. 施工单位安全员　　　　　　　B. 班组长
   C. 班组协管员　　　　　　　　　D. 班组人员

9. 班组安全教育的主要内容有( )。
   A. 作业特点和安全规程
   B. 安全制度和纪律
   C. 爱护和正确使用劳动保护用品
   D. 本岗位存在的不安全因素及其防范对策

10. 桥梁工程的主要施工班组包括( )。
    A. 喷浆班　　　B. 钢筋班　　　C. 立拱班　　　D. 张拉班

3 个人劳动防护及工程临边防护

一、单选题

1. 临边作业必须设置不低于( )m 的防护栏杆。
   A.0.6　　　　　　B.1　　　　　　　C.1.2　　　　　　D.1.8
2. 安全带类型不包括( )。
   A.全身式安全带　B.尼龙绳或麻绳　C.双肩式安全带　D.缓冲式安全带
3. 依照《中华人民共和国安全生产法》的规定,从业人员应履行( )义务。
   A.遵守操作规程,服从管理,正确佩戴和使用劳动防护用品
   B.忠于职守,坚持原则,秉公执法
   C.坚持安全生产检查,及时消除事故隐患
   D.踏踏实实做好自己该干的,其他的无关紧要
4. 劳动防护用品分为一般劳动防护用品和( )劳动防护用品。
   A.特别　　　　　B.个别　　　　　C.特种　　　　　D.普通
5. 操作机械时,工人要穿"三紧"式工作服。"三紧"是指( )紧、领口紧和下摆紧。
   A.袖口　　　　　B.腰口　　　　　C.裤腿　　　　　D.裤口
6. 为了( ),应当使用安全帽。
   A.防止物体碰击头部　　　　　　B.防止头发被机器绞缠
   C.防止脸被碰伤　　　　　　　　D.遮挡阳光
7. 噪声超过( )dB 的工作场所,在改造之前,工厂应为操作者配备耳塞(耳罩)或其他护耳用品。
   A.60　　　　　　B.70　　　　　　C.80　　　　　　D.90
8. 正确佩戴安全帽有两个要点:一是安全帽的帽衬与帽壳之间应有一定间隙;二是( )。
   A.必须涂上黄色　　　　　　　　B.必须时刻佩戴
   C.必须系紧下颚带　　　　　　　D.露天作业可不戴
9. 安全带的使用方法是( )。
   A.将绳打结后使用　　　　　　　B.高挂低用
   C.将挂钩直接挂在安全绳上使用　D.防脱钩损坏后可打结使用
10. 下列说法中,正确的是( )。
    A.操作旋转设备的人员必须穿绝缘鞋
    B.操作旋转设备的人员应穿"三紧"工作服
    C.操作旋转设备的女工的发辫可以披在肩上
    D.操作旋转设备的操作手必须穿反光衣
11. 在进行电焊作业时,应佩戴( )。
    A.镶有护目镜片的面罩　　　　　B.安全带
    C.自救呼吸器　　　　　　　　　D.防尘口罩
12. 在高处作业中,下列说法中不正确的是( )。

A. 要穿底面钉铁件的鞋　　　　　　B. 穿防滑工作鞋
C. 系安全带　　　　　　　　　　　D. 戴安全帽

13. 现场设置安全标志的主要目的是(　　)。
A. 现场环境过于单调,用于调节视力疲劳
B. 应付上级单位强制性要求
C. 用于对外宣传
D. 向现场人员传递特定的安全信息

14. 在易燃易爆场所作业不能穿(　　)。
A. 防静电服　　B. 尼龙工作服　　C. 耐高温鞋　　D. 手套

15. 地下挖掘作业工人,必须使用的防护用品为(　　)。
A. 安全帽　　　B. 防水工作服　　C. 减振手套　　D. 绝缘鞋

16. 劳动防护用品按防护部位不同,分为10大类。安全带和安全绳属于(　　)。
A. 听力护具　　B. 眼部护具　　C. 防坠落护具　　D. 躯干防护用品

17. 为了防止高处坠落事故,当操作人员进行操作、维护、调节的工作位置在坠落基准面(　　)m以上时,必须在生产设备上配置供站立的平台和防坠落的栏杆、安全网及防护板等。
A. 1　　　　　B. 2　　　　　C. 3　　　　　D. 4

18. 可用于防硫酸的手套是(　　)。
A. 棉手套　　　B. 绝缘手套　　C. 线手套　　　D. 橡胶手套

19. 清除电焊熔渣或多余的金属时,正确的做法是(　　)。
A. 清除的方向须靠向身体
B. 佩戴眼罩和手套等个人防护器具
C. 开风扇,加强空气流通,减少吸入金属雾气
D. 向上面洒水

20. 冬季施工时,上、下支架的爬梯必须采取防滑措施,遇雪天要及时清理支架模板上的积雪,防止支架过载坍塌。这一说法是(　　)的。
A. 正确　　　　　　　　　　　　B. 错误

21. 下列关于员工入场的说法中,正确的是(　　)。
A. 未接受安全培训的人员可以入场
B. 员工入场后可以在现场乱扔垃圾
C. 入场应穿好工作服,戴好安全帽
D. 可以在封闭空间内透气的地方吸烟

22. 在施工现场,作业人员上、下作业层,可以(　　)。
A. 攀爬脚手架　　　　　　　　　B. 搭乘物料提升机
C. 搭乘专用升降机　　　　　　　D. 抓住吊车吊钩

23. "必须戴安全帽"属于(　　)。
A. 警告标志　　B. 指令标志　　C. 提示标志　　D. 禁止标志

24. 下列关于使用安全帽的说法中,正确的是(　　)。
A. 戴安全帽时系好下颌带,拧紧后扣
B. 安全帽可以反着戴
C. 安全帽可以垫着坐

D. 安全帽主要防护头部，下颚带系不系都行

二、判断题

1. 水上作业人员必须穿戴反光衣。（　　）
2. 发现安全带磨损，可以继续用，只要不断裂就不用报废。（　　）
3. 电弧焊、气割作业必须使用电工绝缘手套。（　　）
4. 防酸碱服用于存在化学品或腐蚀性物品的作业，如油罐清洗工作。（　　）
5. 钢筋加工及绑扎安装作业人员必须穿绝缘鞋。（　　）
6. 瓦斯隧道、油库、炸药库、爆破作业点的人员必须穿防静电的棉质工作服，严禁穿化纤、毛料等易产生静电的工作服。（　　）
7. 隧道及地下工程施工、夜间及雨雾天气、路口交通指挥人员应穿戴反光背心。（　　）
8. 发放的劳保用品用于劳动保护，不得转让、买卖。（　　）
9. 班组发放的劳保用品（如安全带、雨衣、雨鞋等），可以上班时使用，也可以带离岗位。（　　）
10. 岗位调整或变更工种，应收回原工种劳保用品，并根据新工种标准发放。（　　）
11. 身体被化学危险品污染后，应立即用大量清水清洗患处。（　　）
12. 受过一次强冲击的安全帽应及时报废，不能继续使用。（　　）
13. 短周期重复的噪声暴露环境中，宜佩戴摘取方便的耳罩或半入耳式耳塞。（　　）
14. 3m 以上的高空作业才须系挂安全带。（　　）
15. 救生衣的作用是作业人员意外落水时能够起到警示的作用。（　　）
16. 冬季施工时，上、下支架的爬梯必须采取防滑措施，遇雪天要及时清理支架模板上的积雪，防止支架过载坍塌。（　　）
17. 从事高处吊篮作业时，应装设自锁器，与安全带配合使用。（　　）

三、多选题

1. 员工进入施工现场，必须禁止的行为有（　　）。
   A. 带小孩进入施工现场　　　　B. 穿拖鞋进入施工现场
   C. 赤膊进入施工现场　　　　　D. 未正确佩戴劳动防护用品
2. 对焊割作业产生的火花，如果防护不当，易导致（　　）。
   A. 火灾、爆炸事故　　B. 烫伤事故　　C. 青光眼　　D. 闪光眼
3. 高处作业的主要风险有（　　）。
   A. 火灾　　　　B. 物体打击　　　　C. 触电伤害　　　　D. 高处坠落
4. 吊篮内作业人员应将安全带挂钩挂在（　　）。
   A. 作业人员上方固定的物体上　　B. 吊篮工作钢丝绳上
   C. 独立于悬吊平台的安全绳上　　D. 随便找个牢固的地方
5. 墩塔柱施工时，高空作业平台应设置（　　）。
   A. 防护栏杆　　　　B. 休息室　　　　C. 灭火器材　　　　D. 安全网
6. 夜间施工应有足够的照明，不得进行（　　）。
   A. 电焊作业　　　　　　　　　　B. 支架安拆作业
   C. 爬模爬升、安拆作业　　　　　D. 吊装作业
7. 关于墩身之间的作业通道，下列说法中正确的是（　　）。

A. 与墩身预埋件的焊接应牢固可靠 B. 满铺木板
C. 临边处应设置护栏 D. 悬挂安全警示牌

8. 高空作业平台可采用( )连接。
A. 管扣件 B. 焊接 C. 螺栓 D. 铁丝绑扎

9. 对于灰尘较多的场所,应采取的措施有( )。
A. 边洒水边工作 B. 室内或封闭场所加强通风
C. 佩戴防尘面具 D. 戴好安全帽

10. 接触噪声的作业人员,应采取的防护措施包括( )。
A. 佩戴防护耳罩 B. 定期进行体检
C. 可以不戴防护耳罩,但应注意适时休息 D. 穿反光衣

4 施工现场临时用电

一、单选题

1. 施工现场架空线路的档距不得大于( )m。
   A.20 B.35 C.50 D.80

2. 室内非埋地明敷主干线距离地面不得小于( )m。
   A.1.5 B.2 C.2.5 D.3

3. 脚手架边缘与低于1kV的架空外电线路的边线之间的最小安全距离为( )m。
   A.4 B.6 C.8 D.10

4. 隧道、人防工程、高温、有导电灰尘、比较潮湿或灯具离地面高度低于2.5m等场所的照明,电源电压不应大于( )V。
   A.12 B.24 C.36 D.220

5. 临时用电是指工程建设期间,在施工现场使用电动设备和照明设备,进行( )电力系统设计、安装、使用、维修和拆除等工作。
   A.超低压 B.低压 C.高压 D.超高压

6. 临时用电组织设计必须履行"编制、审核、批准"程序,由( )组织编制,经相关部门审核、具有法人资格企业的技术负责人批准后实施。
   A.工程技术人员   B.安全管理人员
   C.设备管理人员   D.电气工程技术人员

7. 发现有人触电,下列做法中错误的是( )。
   A.尽快拉开电源开关   B.尽快用手去拉开触电的伤员
   C.尽快拔除电源插头   D.用绝缘材料拉开漏电线路

8. 如果带电设备着火,应使用( )灭火。
   A.干粉灭火器或干燥的沙子   B.泡沫灭火器   C.消防水

9. 电缆直接埋地敷设的深度不小于( )m。
   A.0.3 B.0.5 C.0.7 D.1.0

10. 电缆直接埋地敷设时,在电缆设置到位后,还应在电缆周围均匀敷设至少( )mm厚的细沙。
    A.30 B.50 C.70 D.90

11. 埋地电缆穿越临时便道时,须设置防护套管,防护套管内径不应小于电缆外径的( )倍。
    A.1.2 B.1.3 C.1.4 D.1.5

12. 施工现场的机动车道与35kV架空线路交叉时,最小垂直距离为( )m。
    A.6 B.7 C.8 D.10

13. 施工现场开挖沟槽边缘与外电埋地电缆沟槽边缘之间的距离不得小于( )m。
    A.0.3 B.0.5 C.0.7 D.1.0

14. 起重机与10kV架空线路边线在垂直方向和水平方向的最小安全距离分别为( )m。
    A. 1.5、1.5   B. 3、2   C. 4、3.5   D. 5、4
15. 施工现场停止作业( )h以上时,应由专职电工将动力开关箱断电上锁。
    A. 3   B. 2   C. 1   D. 0.5
16. 配电箱、开关箱应定期由( )检查、维修,并做好检查、维修工作记录,检查、维修时严禁带电作业。
    A. 工程技术人员   B. 安全管理人员
    C. 设备管理人员   D. 专业电工
17. 潮湿和易触及带电体场所的照明,电源电压不得大于( )V。
    A. 12   B. 24   C. 36   D. 220
18. 高热灯具与易燃物的距离不宜小于( )cm,且不得直接照射易燃物。
    A. 10   B. 20   C. 30   D. 50
19. 对夜间影响车辆通行的建筑工程,必须设置醒目的( )色信号灯。
    A. 绿   B. 黄   C. 红   D. 蓝
20. 三级箱(开关箱)设置在用电设备附近,三级箱与用电设备的水平距离不宜超过( )m。
    A. 1   B. 2   C. 3   D. 5
21. 设备开关箱箱体中心与地面的垂直高度宜大于或等于( )m。
    A. 0.5   B. 1.5   C. 3   D. 5
22. 危险化学品库内的照明设施应该使用( )灯具。
    A. 普通照明灯   B. 碘钨灯   C. 防爆灯

二、判断题
1. 施工现场的机动车道与小于1kV的架空线路交叉时,最小垂直距离为6m。( )
2. 可以在外电架空线路正下方搭设作业棚。( )
3. 固定式配电箱、开关箱的中心点与地面的垂直距离应为1.4~1.6m。移动式配电箱、开关箱中心点与地面的垂直距离为0.8~1.6m。( )
4. 配电箱、开关箱应定期由专业电工检查、维修,并做好检查、维修工作记录,检查、维修时可以带电作业。( )
5. 特别潮湿场所、导电良好的地面、锅炉或者金属容器内的照明,电源电压不得大于12V。( )
6. 安装、巡检、维修或拆除临时用电设备和线路,必须由电工完成并由专人监护。( )
7. 配电柜应装设电度表、电压表、电流表,并应装设电源隔离开关及短路、过载、漏电保护器等安全装置,配电柜可以不编号,但必须标明用途。( )
8. 直接埋地敷设电缆,除铺细沙覆盖,还应覆盖硬质保护层,并设立方位标志。( )
9. 埋地电缆在穿越建(构)筑物、道路、易受机械损伤、介质腐蚀场所时,可以不加设防护套管。( )
10. 架空电缆沿墙壁敷设时,可用钢筋头固定,用铁丝绑扎。( )
11. 在建工程与10kV架空外电线路的边线之间的最小安全距离为4m。( )

12. 配电箱、开关箱的箱体应该能防尘,可以不防雨。( )

13. 配电箱、开关箱必须关门上锁,由专人负责,箱内只能存放电工工具,不能存放任何杂物。( )

14. 严禁起重机越过无防护设施的外电架空线路进行作业。( )

15. 每天使用漏电保护器前应启动漏电试验按钮试跳一次,试跳不正常时严禁继续使用。( )

16. 电工作业属于特种作业,在取证之前,需要边干电工的活边学习如何操作。( )

17. 施工现场用电必须实行"三级配电二级保护",并达到"一机一闸一漏"的要求。( )

18. 配电箱中的 N 线端子板与金属电器间安装板绝缘;PE 线端子板与金属电器安装板做电气连接。( )

三、多选题

1. 可以( )敷设施工现场电缆线路。
   A.架空　　　B.固定在树上　　　C.埋地　　　D.绑在脚手架上

2. 电工入职需要满足的要求有( )。
   A.年满 18 周岁
   B.在指定医院体检合格
   C.岗前安全教育培训完成,考核合格,接受安全技术交底
   D.取得特种作业证书,并在有效期内

3. 施工现场用电应该符合的规定有( )。
   A.使用电气设备前,必须按规定使用相应的劳动防护用品,检查电气装置和保护设施
   B.严禁设备带病运转,保管和维护设备时,发现问题及时报告解决
   C.暂时停用设备的开关箱必须分断电源隔离开关,关门上锁
   D.若要移动电气设备,必须在电工切断电源并做妥善处理后方可进行

4. 下列关于配电室及配电的说法中,正确的有( )。
   A.配电室应靠近电源及道路畅通的地方,并符合相关要求
   B.配电室和控制室可以密闭设置,应采取防止雨水侵入和动物进入的措施
   C.配电柜或者配电线路停电维修时,应挂接地线并悬挂检修标示牌,停、送电必须由专人负责
   D.配电室应保持整洁,不得堆放任何妨碍操作的杂物

5. 架空线路必须采用绝缘导线,可以架设在( )。
   A.混凝土杆　　　B.木杆　　　C.钢管柱　　　D.树干

6. 配电箱、开关箱应该具备( )。
   A.名称　　　B.用途　　　C.分路标记　　　D.系统接线图

7. 对需大面积照明的场所,应采用( )照明。
   A.高压汞灯　　　B.节能灯　　　C.碘钨灯　　　D.高压钠灯

8. 下列关于配电室布置的要求,正确的是( )。
   A.配电柜侧面的维护通道宽度不应小于 1m
   B.配电室的顶棚与地面的距离不应小于 3m
   C.配电室的门应向外开,并配锁

D. 配电室的墙体材料耐火等级应不低于3级,室内配置砂箱和可用于扑灭电器火灾的灭火器

9. 下列关于配电线路停电维修的说法,正确的是(　　)。

A. 停电作业时必须由专人进行看护

B. 停电标志牌内容为"禁止合闸,有人作业"

C. 停电、送电都必须由专职电工进行操作

D. 专职电工可以带电进行作业

5 施工现场急救常识

一、选择题

1. 被开水烫伤后,下列做法正确的是( )。
   A. 赶紧往伤口上抹醋　　　　　　　B. 尽快将水泡刺破
   C. 将烫伤部位用清洁冷水冲洗　　　D. 不用管,等待自行恢复
2. 下列关于出血急救的说法,正确的是( )。
   A. 小而浅的出血创口,用创可贴就可以
   B. 遇到四肢大动脉出血时,应采取加压包扎止血法
   C. 四肢小动脉、静脉出血时,应采取止血带止血法
3. 下列关于骨折急救的说法,正确的是( )。
   A. 如果伤口出血,应先进行止血包扎
   B. 夹板可以直接固定在受伤部位
   C. 包扎时绷带扎得越紧越好
4. 护送中毒者去医院过程中,应采取( )位姿势,头稍低并偏向一侧,避免呕吐物进入气管。
   A. 右侧卧　　　B. 平卧　　　C. 左侧卧　　　D. 趴下
5. 胸外心脏按压,下压深度以( )cm 为宜,按压后迅速放松。
   A. 1～3　　　B. 5～6　　　C. 4～8　　　D. 6～9
6. 下列关于溺水急救的说法,错误的是( )。
   A. 要把溺水者口中的异物清理干净
   B. 如果溺水者的呼吸和心跳停止,要立即进行心肺复苏术
   C. 控水时应连续按压溺水者胃部
   D. 从后面抱起溺水者腰部,使其背向上
7. 对于四肢出血的情况,一般绑扎在上臂或者大腿的中、上( )交界处。
   A. 四分之一　　　B. 三分之一　　　C. 二分之一　　　D. 五分之一
8. 每完成( )个心肺复苏循环后检查一次呼吸心跳,直至伤者恢复呼吸和脉搏。
   A. 1　　　B. 3　　　C. 5　　　D. 7
9. 发生安全事故造成伤害时,遵循的"三快"原则不包括( )。
   A. 快抢　　　B. 快救　　　C. 快跑　　　B. 快送
10. 下列不属于没有呼吸的判定依据的是( )。
    A. 没有胸腹部起伏　　　　B. 没有呼吸音
    C. 没有肢体抽搐　　　　　D. 没有呼吸气流
11. 开放气道时,将伤者头部仰起,使下颚角与耳垂连线与地面成( ),打开气道,确保呼吸无阻。
    A. 30°　　　B. 60°　　　C. 75°　　　D. 90°
12. 每进行( )次胸外按压后进行 2 次人工呼吸,以此为一个循环。

A. 15   B. 25   C. 30   D. 35

13. 下列不可用作止血带的是( )。
 A. 橡皮管   B. 尼龙袋   C. 纱布   D. 毛巾

14. 不可用( )消毒清洗伤口。
 A. 自来水   B. 碘伏   C. 酒精   D. 过氧化氢

15. 前臂骨折的固定方法是：先将木板或厚纸板用棉花垫好,放在前臂两侧,用布带包扎,肘关节曲( ),再用三角巾悬吊。
 A. 直臂,不用弯曲   B. 120°   C. 90°   D. 60°

16. 发现有人触电时,如果电源开关或插座离触电点很远,不可用( )把电源线切断。
 A. 干燥的木棍   B. 绝缘手柄的锄头   C. 绝缘把的铁锹   D. 钢筋棍

17. 若触电伤员丧失意识,应在( )s内用看、听、试的方法,判定伤员呼吸与心跳情况。
 A. 10   B. 11   C. 12   D. 13

18. 下列关于心肺复苏的说法,错误的是( )。
 A. 人工呼吸前要先清理嘴里的异物
 B. 四次吹气后可判断伤者有没有恢复脉搏
 C. 每进行30次胸外心脏按压后进行2次人工呼吸

19. 被强酸或强碱灼伤后,冲洗时间一般不少于( )min。
 A. 5   B. 10   C. 20   D. 25

20. 下列关于中暑急救的说法,错误的是( )。
 A. 应迅速把中暑者转移到阴凉通风处
 B. 可为中暑者扇风,解开衣服帮助呼吸及散热
 C. 病人苏醒后应喝冰水来补充流失的水分
 D. 若发现中暑者无呼吸心跳,应立即进行心肺复苏抢救

21. 若伤员丧失意识,下列做法中正确的是( )。
 A. 立即进行人工呼吸   B. 先判定伤员呼吸与心跳情况
 C. 立即进行胸外心脏按压   D. 让其缓一缓

22. 止血带一般扎在伤口( )。
 A. 远离心脏的一端   B. 近心端   C. 任意位置

23. 若发现中暑者无呼吸无心跳,应立即( )。
 A. 心肺复苏   B. 静观其变   C. 背起来去医院   D. 喂解暑药

24. 救援中暑者,应当解开衣服,用湿毛巾帮助其散热,但是,毛巾不能放在( )。
 A. 颈部   B. 腋窝   C. 大腿根   D. 肚皮

25. 应用冷水冲洗身体烧伤部位,水温宜为( )℃。
 A. 6～10   B. 10～15   C. 15～20   D. 20～25

二、判断题

1. 发现有人触电,尽快用手去拉触电的伤员。 （ ）
2. 人员中暑晕倒后,应立即对其进行心肺复苏。 （ ）
3. 可以用风油精擦在中暑者的额头或太阳穴上,帮助其散热。 （ ）
4. 控水时,应从后面抱起溺水者腰部,使其背向上、头向下,倒出积水。 （ ）

5. 遇到有人溺水,在不能保证自身安全的情况下,不得下水救人。 ( )
6. 遇到有人中暑晕倒,可按压中暑者的人中、合谷等穴促使苏醒。 ( )
7. 可以把湿毛巾放到病人颈部、腋窝、大腿根部、腹股沟等处,帮助散热。 ( )
8. 对于昏迷的伤员,应判断有无呼吸和脉搏,先观察胸部有无起伏,再听是否有呼吸。
 ( )
9. 护送中毒者,要平卧,头摆正,呕吐物进入气管不会影响身体健康。 ( )
10. 身上衣物着火时,不要奔跑、乱叫,要保持冷静。 ( )
11. 发生事故后,如伤员无法移动且事故无扩大迹象,原则上不要盲目搬动伤员。 ( )
12. 膝关节以下的下肢骨折,不可运伤员离开现场,应由专业人员处理。 ( )
13. 如果伤员丧失意识,应在12s内用看、听、试的方法,判定伤员呼吸和心跳情况。 ( )
14. 救援触电人员,可戴上绝缘手套或用干燥的衣服、围巾将手缠包起来,去拉触电人的干燥衣服。 ( )
15. 颈椎骨折的固定方法是:使伤员平躺,颈部固定不动;对颈柱骨折的伤员,不可随便搬动和翻动,更不准背、抱,可用软担架抬送。 ( )

三、多选题

1. 公路施工中常见的事故类型主要有(   )等。
   A. 高处坠落　　　　B. 物体打击　　　　C. 酗酒闹事　　　　D. 机械伤害
2. 下列属于胸外心脏按压救援的是(   )。
   A. 将伤者翻成仰卧姿势,放在坚硬的平面上
   B. 骑在伤者身上,方便用力
   C. 左手掌放在伤员胸骨中下三分之一处,放在坚硬的平面上
   D. 手臂伸直,垂直下压5~6cm,按压后迅速放松,让胸部完全回弹
3. 下列止血包扎做法中,正确的是(   )。
   A. 可以用橡皮管、纱布、毛巾、尼龙带等代替止血带
   B. 用碘伏、酒精、过氧化氢消毒清洗
   C. 覆盖要超过伤口边缘至少3cm
   D. 包扎时避免用手直接触及伤口,更不可用脏布包扎
4. 如果伤员受伤处剧烈疼痛,局部肿胀明显,有(   )状态时,发生骨折的可能性较大。
   A. 皮下淤青　　　　B. 皮肤青紫　　　　C. 外观畸形　　　　D. 汗毛竖起
5. 救援触电者,如果遇到电源远、高、锁闭等不能及时断开的情况,应该(   )。
   A. 什么也不做,等待其他人员到来处理
   B. 用干燥的木棍、竹竿等挑开触电者身上的电线或带电体
   C. 可戴上绝缘手套或用干燥的衣服、围巾将手包起来,去拉触电人的干燥衣服
6. 应急处理气体中毒及窒息正确做法有(   )。
   A. 进入危险场所前应进行通风,并穿戴有效的防护用品
   B. 对已昏迷的中毒者,应保持气道通畅,解开领口、裤带等束缚,注意保温或防暑
   C. 对呼吸心跳停止者,应立即进行心肺复苏
   D. 护送时,中毒者要平卧,头稍低并偏向一侧,避免呕吐物进入气管
7. 下列属于解暑药品的有(   )。
   A. 人丹　　　　　　B. 十滴水　　　　　C. 藿香正气水　　　D. 碘伏

8. 对溺水者进行急救的正确方式是( )。

   A. 使溺水者侧卧

   B. 以最快的速度清理溺水者口中的异物

   C. 若伤员无呼吸和心跳,应立即进行心肺复苏抢救

   D. 可将双手重叠置于溺水者的肚脐眼上方,向前向下挤压数次,将水从口腔、鼻孔排出

9. 中暑的治疗方法有( )。

   A. 应迅速将中暑者转移到阴凉通风处

   B. 中暑者苏醒后,喝大量冰水补充水分

   C. 可将风油精擦在中暑者的额头或太阳穴,同时给其服用人丹、藿香正气水等解暑药

   D. 若中暑者失去知觉,可指掐人中、合谷等穴位,促使其苏醒

10. 下列不适用于伤者的救援方法有( )。

    A. 发现受伤人员,不用区分伤情,第一时间将受伤人员抱至车上,送往医院

    B. 如遇昏迷人员,应将其身体摆正,等专业人员到来后进行救治

    C. 一般情况下,严禁头低位,以免加重脑出血、脑水肿

    D. 对于躯干骨折的伤员,一人抬不动时可两个人抬,一人抱上身,一人抬腿

6 爆破作业人员安全培训

一、单选题

1. 常用的爆破器材有炸药、导爆管雷管( )和导爆索。
   A. 打火机　　　　B. 火雷管　　　　C. 电雷管　　　　D. 电子雷管
2. 爆破员、安全员、保管员的文化程度应在( )以上。
   A. 小学　　　　　B. 初中　　　　　C. 高中　　　　　D. 大学
3. 爆破员、安全员、保管员必须年满____周岁且不超过____周岁。正确答案是( )。
   A. 16;60　　　　B. 16;65　　　　C. 18;60　　　　D. 18;65
4. 根据爆破员岗位职责要求,爆破员应( )好自己所领取的民用爆炸物品。
   A. 保管　　　　　B. 销毁　　　　　C. 储存　　　　　D. 运输
5. 运输民用爆破器材应使用( ),爆破器材运输车应按要求配备消防器材。
   A. 自卸汽车　　　B. 专用防爆车　　C. 小型汽车　　　D. 装载机
6. 隧道爆破后,需要机械通风( )min,将爆破烟尘和有毒有害气体的浓度降至安全允许的范围内之后,才能进入爆区进行检查。
   A. 10　　　　　　B. 15　　　　　　C. 20　　　　　　D. 25
7. 爆破作业人员是指从事爆破作业的( )、保管员、爆破员、安全员。
   A. 现场管理人员　　　　　　　　　B. 炸药车押运司机
   C. 工程技术人员　　　　　　　　　D. 现场监理人员
8. 根据爆破员岗位职责要求,爆破作业结束后,应将剩余的民用爆炸物品( )。
   A. 用完　　　　　B. 带回自己保管　C. 清退回库　　　D. 自行销毁
9. 爆破作业装药与填充由( )完成。
   A. 爆破工程技术人员　　　　　　　B. 爆破安全员
   C. 爆破员　　　　　　　　　　　　D. 保管员
10. 应经常测定库房内的温度和湿度,室内温度不超过____℃,相对湿度不超过____%。正确选项是( )。
    A. 35;75　　　　B. 30;75　　　　C. 35;70　　　　D. 30;70
11. 装药时应使用36V以下的低压电源照明,灯具与炸药之间的水平距离不应小于( )m。
    A. 1　　　　　　B. 1.5　　　　　C. 2　　　　　　D. 2.5
12. 不再使用民用爆炸物品时,应将剩余的民用爆炸物品( )。
    A. 自行出售给其他需要的人或者企业
    B. 拿回家保存
    C. 自行销毁
    D. 登记造册,报公安机关处置
13. 露天爆破时,自然通风( )min后才能进入爆区进行检查。
    A. 10　　　　　　B. 15　　　　　　C. 20　　　　　　D. 25

14. 安全员应制止无爆破作业(　　)的人员从事爆破作业。
    A. 能力　　　　B. 资格　　　　C. 技术　　　　D. 水平

15. 爆破员应该掌握处理(　　)或其他爆破安全隐患的操作方法。
    A. 盲炮　　　　B. 炮孔　　　　C. 钻机　　　　D. 停电

16. 人工搬运爆破器材时,一人一次背运的原包装炸药不能超过(　　)箱(袋)。
    A. 1　　　　　B. 2　　　　　C. 3　　　　　D. 4

17. 爆破作业结束后,应当及时检查、(　　)未引爆的民用爆炸物品。
    A. 生产　　　　B. 运输　　　　C. 排除　　　　D. 出售

18. 装卸民用爆炸物品时,应在装卸现场设置(　　),禁止无关人员进入。
    A. 警戒　　　　B. 视频监控设施　　C. 防火设施　　D. 警示牌

19. 人工搬运爆破器材时,一人一次挑运原包装炸药不超过(　　)箱(袋)。
    A. 1　　　　　B. 2　　　　　C. 3　　　　　D. 4

20. 作业后剩余的爆破器材必须当班清退回库,由(　　)三方签字确认品种、数量、规格。
    A. 爆破员、工程技术人员、保管员
    B. 工程技术人员、安全员、保管员
    C. 工程技术人员、安全员、爆破员
    D. 爆破员、安全员、保管员

21. 以下说法中,不正确的是(　　)。
    A. 爆破工程技术人员负责爆破工程的设计和总结,指导施工
    B. 保管员保管所领取的民用爆炸物品
    C. 爆破工程技术人员监督民用爆炸物品领取、发放和清退情况
    D. 安全员参加事故的调查处理

22. 电力起爆网络发生盲炮时,首先应(　　)。
    A. 直接去爆区查明原因
    B. 检查起爆器是否发生故障
    C. 立即报告给爆破负责人,安排有经验的爆破员负责处理
    D. 立即切断电源,及时将盲炮电路断开并短路

23. 有一种盲炮处理方法叫做打平行孔诱爆,这种方法是指(　　)。
    A. 平行孔距盲炮不应小于0.1m
    B. 平行孔距盲炮不应小于0.4m
    C. 平行孔距盲炮不应小于0.3m
    D. 平行孔距盲炮不应小于0.2m

24. 下列关于爆破员、安全员、保管员任职资格的说法,错误的是(　　)。
    A. 无妨碍爆破作业的疾病或生理缺陷
    B. 无涉恐、吸毒等其他不适合从事爆破作业的情况
    C. 年满18周岁且不超过60周岁
    D. 对学历无任何要求

25. 爆破工程技术人员必须年满____周岁且不满____周岁。正确选项是(　　)。
    A. 18;70　　　B. 18;60　　　C. 16;70　　　D. 18;60

二、判断题

1. 工程中常见的爆破施工有隧道爆破、路堑爆破、孔内爆破、拆除爆破。（　）
2. 爆破作业人员只包括从事爆破作业的保管员、爆破员、安全员。（　）
3. 严禁在施工现场销毁任何民用爆炸物品。（　）
4. 露天爆破起爆点应设在避炮掩体内或警戒区外的安全地点。（　）
5. 爆破警戒信号发出后，人员、机械设备不必撤离出警戒区域。（　）
6. 严禁爆破作业现场及附近出现火种，严禁在作业现场抽烟。（　）
7. 搬运爆破物品要轻拿轻放，遇暴风雨或雷雨时，可继续装卸爆破器材。（　）
8. 保管员根据申请单数量从库房调取爆破物品，炸药库房及雷管库房必须由两个保管员同时开锁。（　）
9. 运输爆破物品可以使用经公安部门审核备案的专用车辆，也可以使用工程车、皮卡车、摩托车等。（　）
10. 进入库区，严禁携带打火机及其他引火物，禁止穿钉鞋和易产生静电的衣物。（　）
11. 装药时应按爆破设计要求的炮孔编号、药量及雷管编码等，使用木质、塑料炮棍或竹片轻送、轻捣，严禁用力强行装药。（　）
12. 用手推车运输爆破器材时，运载质量不应超过200kg，运输过程中防止碰撞，并采取防滑、防摩擦等安全措施。（　）
13. 人工搬运雷管时，一人一次运送的雷管不超过1500发。（　）
14. 定期检查库区配备的消防、通信设备和警报、防雷装置，确保安全有效。（　）
15. 炸药要堆放整齐、牢稳，便于通风和搬运。导爆索、铵油炸药、乳化炸药均应码放在垫木上，严禁散包堆垛。堆码高度不应超过1.6m，与墙壁的距离不应小于0.2m。（　）

三、多选题

1. 在确认（　　）全部撤离爆破警戒区，所有警戒人员到位，具备安全起爆条件后，才可以发出起爆信号。
   A. 人员　　　B. 设备　　　C. 工具　　　D. 设施
2. 盲炮处理完后，必须由爆破员填写盲炮登记卡，说明（　　）。
   A. 盲炮的原因　B. 处理的方法　C. 预防措施　D. 效果
3. 盲炮处理的方法有（　　）。
   A. 打平行孔诱爆　　　　　　B. 掏出堵塞物诱爆
   C. 使用挖机扒渣　　　　　　D. 吹出堵塞物及炸药
4. 人工搬运时，一人一次可运送的爆破器材数量为（　　）。
   A. 雷管，不超过1000发　　　B. 拆箱（袋）搬运炸药，不超过20kg
   C. 背运原包装炸药，不超过1箱（袋）　D. 挑运原包装炸药，不超过2箱（袋）
5. 以下说法中，错误的是（　　）。
   A. 露天爆破时，自然通风10min后才能进入爆区进行检查
   B. 孔桩装药现场不应超过3人，用炮绳爆破器材吊入孔内
   C. 爆破器材应储存在爆破器材库内，任何人可以随便进入
   D. 保管员、爆破员、安全员必须在民用爆炸物品出入库登记本上核对并签字
6. 下列关于爆破作业人员职责的说法，正确的有（　　）。

A. 爆破员主要负责爆破作业前的装药、联网和起爆

B. 爆破作业安全员不必理会爆破作业过程中出现的违章行为

C. 库管员主要负责验收、保存、发放和统计爆破器材,并做好记录

D. 申领民用爆炸物品,必须由爆破员和安全员根据爆破计划书填写领用申请单

7. 对爆破工程技术人员的一般规定是( )。

A. 无妨碍爆破作业的疾病或生理缺陷

B. 具有完全民事行为能力

C. 无刑事处罚记录

D. 无涉恐、吸毒等其他不适合从事爆破作业的情况

8. 作业后剩余的爆破器材必须当班清退回库,由( )三方签字,确认品种、数量、规格。

A. 爆破员　　　　　　　　　　　B. 爆破工程技术人员

C. 保管员　　　　　　　　　　　D. 安全员

9. 关于爆破作业,下列说法正确的是( )。

A. 隧道起爆时,起爆站的位置应在警戒范围以外的安全地点

B. 隧道长度不足 300m 时,起爆站应设在洞口侧面 50m 以外

C. 对于超过 300m 的隧道,洞内的起爆站距爆破位置应不小于 300m

D. 露天爆破起爆点应设在避炮掩体内或警戒区外的安全地点

10. 爆破作业中存在的安全风险有( )。

A. 地震波　　　　　B. 空气冲击波　　　　　C. 爆破飞石

D. 噪声　　　　　　E. 粉尘及有害气体

案例1　违规运输

一、单选题

1. 民用爆破器材必须存储在经公安机关验收通过的( ),不得存放在其他地点。

A. 爆破器材库　　　　　　　　　B. 火工品专用运输车

C. 隧道施工临时硐室　　　　　　D. 工地仓库

2. 运输民用爆破器材必须使用( ),不得将雷管、炸药混装运输。

A. 农用三轮车　　　　　　　　　B. 火工品专用运输车

C. 摩托车　　　　　　　　　　　D. 施工车辆

3. 民用爆破器材的押运由( )进行,其他人员不得乘坐爆破器材运输车。

A. 1名领用人员和驾驶员　　　　B. 1名爆破员和驾驶员

C. 1名押运人员和驾驶员　　　　D. 1名库管员和驾驶员

二、判断题

1. 某高速公路隧道施工中,18 名工人携带钻杆、钻头、锤子等工具乘坐农用车进入隧道进行爆破作业,属于正常作业,无违规行为,不存在安全隐患。　　　　　　　　　( )

2. 爆破作业使用的炸药、导爆管雷管、导爆索等可以一起装上农用车,运输至作业地点。
( )

3. 当钻杆、钻头、锤子等作业工具和炸药、导爆管雷管、导爆索等爆破用品同车运输时,

钻杆、钻头等可能因摩擦产生电火花,引起雷管爆炸。 （　　）

4.禁止长期将爆破作业使用的炸药、导爆管雷管、导爆索等存放在正在施工的隧道内。
（　　）

案例2　违规销毁

一、单选题

1.某隧道爆破作业时发生安全事故,导致8人死亡、7人受伤,直接经济损失1026万元,此事故属于生产安全(　　)。
　　A.一般事故　　　B.较大事故　　　C.重大事故　　　D.特大事故

2.爆炸物品仓库账、卡、物的盘点和检查应由项目部(　　)部门定期进行。
　　A.工程技术　　　B.安全管理　　　C.物资　　　　　D.质量

3.剩余的爆炸物品不再使用时,应进行登记造册,并报(　　)处置。
　　A.项目部　　　　B.监理单位　　　C.业主　　　　　D.公安机关

二、判断题

1.某高速公路隧道施工接近收尾阶段,物资管理人员清库后发现剩余大量爆破器材,遂安排爆破员自行销毁,并叮嘱其注意安全。以上属于正常作业,无违规行为,不存在安全隐患。
（　　）

2.剩余爆破器材可以经过正常申领,随同爆破作业一起销毁。　　　　（　　）

3.严禁在任何场所擅自销毁任何民用爆炸物品。　　　　　　　　　　（　　）

4.严格按照施工计划用量采购爆炸物品,加强申领、盘库及使用过程监督管理。（　　）

7 架子工安全培训

一、单选题

1. 架子工进行脚手架搭设前,必须进行的准备工作不包括( )。
   A. 穿好工作服　　B. 系好安全带　　C. 换上绝缘鞋　　D. 戴好安全帽
2. 凡是参加高处作业的人员,必须体检合格。患有精神病、癫痫病、( )、视力和听力严重障碍者一律不允许从事高处作业。
   A. 高血压　　B. 糖尿病　　C. 近视眼　　D. 尿酸高
3. 作业人员在施工中发现危及人身安全的紧急情况时,有权( )或者在采取必要的紧急措施后撤离危险区域。
   A. 立即停止作业　　　　　　B. 先把手头的事情做完再说
   C. 冒险也要把作业完成　　　D. 听之任之
4. 架子工必须取得省级住房和城乡建设主管部门颁发的建筑施工特种作业人员操作资格证书,该证书有效期为( )年。
   A. 1　　B. 2　　C. 3　　D. 6
5. 脚手架立杆垂直度偏差应符合相关要求,总高度垂直偏差不大于( )mm。
   A. 30　　B. 50　　C. 70　　D. 100
6. 脚手架立杆同步内隔一根立杆的两个相隔接头在高度方向错开的距离不宜小于( )cm。
   A. 20　　B. 30　　C. 40　　D. 50
7. 脚手架纵、横向扫地杆固定在立杆上,纵向扫地杆距底座不大于( )cm。
   A. 10　　B. 15　　C. 20　　D. 25
8. 高度在( )m以上的支架、脚手架必须设防雷接地。
   A. 5　　B. 10　　C. 15　　D. 20
9. 剪刀撑斜杆与地面夹角的要求是( )。
   A. <45°　　B. 45°~60°　　C. 60°　　D. >60°
10. 每道剪刀撑的斜杆宽度应为( )跨。
    A. <4　　B. 4~6　　C. >6
11. 扣件式钢管脚手架的剪刀撑接长应用( )方式。
    A. 对接　　B. 搭接　　C. 焊接　　D. 铆接
12. 脚手架剪刀撑的主要作用是( )。
    A. 立杆底部基础不平整时调节高度　　B. 主要承受施工及其他荷载
    C. 防止变形,增加整体刚度　　　　　D. 增加架体整体稳定性
13. 架子工应在建筑施工特种作业人员操作资格证书期满前( )个月内向原考核发证机关申请办理延期复核手续。
    A. 1　　B. 2　　C. 3　　D. 4
14. 脚手架底座的主要作用是( )。

A. 立杆底部基础不平整时调节高度　　B. 主要承受施工及其他荷载
C. 防止变形,增加刚度　　D. 增加架体整体稳定性

15. 脚手板采用钢、木、竹材料制作,木质板、竹板厚度不小于(　　)cm。
    A. 2　　B. 3　　C. 4　　D. 5

16. 支撑脚手架的可调底座插入立杆的长度不应小于(　　)cm。
    A. 10　　B. 15　　C. 20　　D. 30

17. 当立杆基础不在同一高度时,高处的纵向扫地杆应向低处延迟两跨与立杆固定,靠边坡上方的立杆轴线到边坡的距离不小于(　　)cm。
    A. 20　　B. 30　　C. 40　　D. 50

18. 满堂支撑脚手架在顶层和竖向间隔不超过(　　)m处设置一道剪刀撑,在底层立杆上设置纵向和横向扫地杆。
    A. 8　　B. 10　　C. 12　　D. 14

19. 脚手架用安全网兜底,设置不低于(　　)m的防护栏杆。
    A. 0.6　　B. 0.8　　C. 1.0　　D. 1.2

20. 脚手架基础不在同一高度时,必须将高处的纵向扫地杆向低处延长两跨与立杆固定,与下层水平杆或者扫地杆的高差不大于(　　)cm。
    A. 50　　B. 100　　C. 120　　D. 150

21. 横向扫地杆应固定在紧靠纵向扫地杆下方的(　　)杆上。
    A. 横　　B. 纵　　C. 水平　　D. 立

22. 剪刀撑斜杆的搭接长度不应小于____m,应采用____个扣件固定。正确选项是(　　)。
    A. 1;3　　B. 0.8;3　　C. 1;2　　D. 0.5;2

23. 当有(　　)及以上大风和雾雨天气,应停止脚手架搭设与拆除工作。
    A. 4级　　B. 5级　　C. 6级　　D. 7级

24. 同步内隔一根立杆的两个接头在高度方向错开的距离不宜小于(　　)cm。
    A. 35　　B. 40　　C. 45　　D. 50

25. 在雷雨季节,施工高度超过20m的脚手架必须装设(　　)。
    A. 天线　　B. 升降梯　　C. 防雷接地　　D. 接零线

二、判断题

1. 脚手架拆除作业必须自上而下逐层进行,严禁上下同时作业。　　(　　)
2. 脚手架搭设过程中,发现直接危及人身安全的紧急情况时,应在完成工作任务后撤离作业场所。　　(　　)
3. 剪刀撑斜杆与水平面的倾角应在40°~50°。　　(　　)
4. 搭设脚手架时,必要时可以在钢管上打孔。　　(　　)
5. 脚手架搭设过程中,严禁以抛掷方式传递物件。　　(　　)
6. 脚手架搭设和拆除作业应按专项施工方案进行。　　(　　)
7. 脚手架主节点是立杆、纵向水平杆、横向水平杆三杆紧靠的扣接点。　　(　　)
8. 脚手架各接头中心至主节点的距离不宜大于步距的1/3。　　(　　)
9. 脚手架每道剪刀撑的宽度不应大于9m。　　(　　)
10. 双排脚手架设置人行通道时,双侧脚手架应加设斜杆。　　(　　)

11. 脚手架搭设质量应按阶段进行检查和验收。( )
12. 可调托座插入立杆的长度不应小于300mm,其可调螺杆的外伸长度不宜大于150mm。( )
13. 搭设脚手架时,可由两端同时向中间搭设。( )
14. 拆除脚手架剪刀撑时,应先拆中间扣,由中间操作人往下顺管件。( )
15. 搭设脚手架时,承重的立杆必须对接、焊接,不得搭接。( )

三、多选题

1. 扣件式钢管脚手架的优点有( )。
   A. 承载力较大　　　　　　　　B. 装拆方便,搭设灵活
   C. 扣件不易丢失　　　　　　　D. 比较经济
2. 承载型盘式钢管脚手架的缺点有( )。
   A. 横杆为集中尺寸的定型杆,使构架尺寸受到限制
   B. 价格较高
   C. 插销自锁差
   D. 产品生产不标准
3. 架子工作业中存在的风险主要有( )等。
   A. 机械伤害　　　B. 高处坠落　　　C. 物体打击　　　D. 架体失稳
4. 按配件的不同,脚手架分为( )。
   A. 扣件式　　　　B. 满堂式　　　　C. 碗扣式　　　　D. 盘扣式
5. 年满18周岁、不超过55周岁且没有( )等疾病,方可从事架子工作业。
   A. 心脏病　　　　B. 高血压　　　　C. 恐高　　　　　D. 高血脂
6. 参加架子工考核应当具备的基本条件是( )。
   A. 年满18周岁
   B. 符合相应特种作业的有关规定
   C. 高中及以上学历
   D. 近3个月内经二级乙等以上医院体检合格无听觉障碍、无色盲,无妨碍从事基本工作的疾病和生理缺陷
7. 在施工中发生危及人身安全的紧急情况时,作业人员有权( )。
   A. 先完成手头作业
   B. 立即停止作业
   C. 向班组长报告并经批准后撤离
   D. 在采取必要的应急措施后撤离危险区域
8. 下列关于脚手架搭设安全技术要求的说法,正确的有( )。
   A. 对钢管、扣件等构配件应进行检查验收
   B. 向作业人员进行安全技术交底
   C. 地基基础应平整,满足强度要求,排水顺畅
   D. 搭设人员必须持有操作资格证书
9. 下列说法不正确的是( )。
   A. 每块脚手板的重量必须是30kg
   B. 每块脚手板的重量不宜大于30kg

C. 每块脚手板的重量不宜小于30kg

 D. 每块脚手板的重量可轻可重

10. 支撑脚手架的材料出现( )情况时,不可使用。

 A. 焊口开裂　　　B. 锈蚀严重　　　C. 扭曲变形　　　D. 打孔焊接

案例　脚手架坍塌

一、单选题

1. 案例中的违规操作有( )。

 A. 施工人员未佩戴安全帽

 B. 脚手架搭设完成后未设置安全爬梯

 C. 施工人员未正确佩戴安全带

 D. 施工人员未正确穿戴劳保鞋

二、多选题

1. 导致案例中事故的原因是( )。

 A. 地基承载力不足,造成架体失稳,导致脚手架坍塌

 B. 未设人行爬梯,导致发生异响时作业人员不能及时撤离

 C. 项目部管理人员、作业人员安全意识淡薄

 D. 项目部负责人对脚手架安全操作规程有关规定落实不到位

 E. 搭设作业前未对基础承载力进行检测,搭设完成后未进行预压及验收

2. 针对案例中的事故,我们得到的教训是( )。

 A. 脚手架搭设前应对管理人员及作业人员进行安全教育培训、技术交底

 B. 脚手架搭设前应对地基承载力进行检测,符合要求方可进行搭设作业

 C. 搭设完成的支撑脚手架要进行预压,验收合格后方可进行后续作业

 D. 安装支架时应设置人行爬梯

8 模板台车操作工安全培训

一、单选题

1. 模板台车行走前,应重点检查( )。
   A. 确认行走范围内有无障碍物及人员,应在专人监护下行走
   B. 台车灯带是否完整
   C. 台车上是否有杂物
   D. 台车安全标识是否齐全

2. 下列关于模板台车及其作业的说法中,错误的是( )。
   A. 电缆线必须穿管敷设,照明必须使用220V及以下安全电压
   B. 禁止未经培训且考试合格人员上岗作业
   C. 严禁酒后、带病上岗
   D. 模板台车上应设置限速标志,防止人员受到车辆伤害

3. 模板台车操作工的年龄限制在( )周岁。
   A. 18~50   B. 18~55   C. 18~60   D. 18~65

4. 常见的模板台车可分为( )种。
   A. 2   B. 3   C. 4   D. 5

5. 模板台车的临边防护要求为:应设置不低于____m的防护栏杆、不低于____cm的踢脚板及隔离网硬质防护,爬梯应防滑并设扶手。正确选项是( )。
   A. 1.2;18   B. 1;15   C. 1.3;16   D. 1.5;20

6. 模板台车上的电缆线必须穿管敷设,照明必须使用( )V以下的安全电压。
   A. 12   B. 24   C. 36   D. 48

7. 浇筑二次衬砌混凝土时应按照( )、逐层对称的原则进行,控制混凝土浇筑速度,防止模板台车移位、变形。
   A. 先拱后墙   B. 先墙后拱   C. 先上后下   D. 先前后后

8. 下列关于二次衬砌及端模施工的说法,错误的是( )。
   A. 端模安装作业使用的工具应放在顺手的位置
   B. 封端模板不得使用开裂及腐质的木板
   C. 模板台车行走时,通风管应停风,做好电力及其他管线的保护,防止损坏
   D. 禁止无关人员进入台车行走危险区域

9. 公路隧道施工模板台车中最常见的是( )。
   A. 无骨架式衬砌模板台车   B. 简易式衬砌模板台车
   C. 针梁式衬砌模板台车   D. 全液压自行式衬砌模板台车

10. 模板台车钢模板一般采用不薄于( )cm的钢板制成。
    A. 1   B. 2   C. 3   D. 4

11. 下列不属于模板台车操作工主要工作内容的是( )。
    A. 布设轨道   B. 移位   C. 检修用电线路   D. 涂刷脱模剂

12. 下列不属于模板台车操作工主要安全风险的是( )。
    A. 高处坠落　　　B. 坍塌　　　　C. 物体打击　　　D. 机械伤害
13. 模板台车前后轮的相反方向,必须设置阻车器,主要为了防止台车( )。
    A. 侧向位移　　　B. 台车翻倒　　C. 前后溜滑　　　D. 爆模
14. 模板台车交付使用前,应对台车进行( ),确保安全后方可投入使用。
    A. 验收　　　　　B. 清洗　　　　C. 临边安装　　　D. 防护措施到位
15. 模板台车涂刷脱模剂作业完成后,剩余脱模剂应( )。
    A. 出售　　　　　B. 随意堆放　　C. 直接销毁　　　D. 拉到指定位置存放
16. 使用手持式电动打磨机清理模板时,应佩戴( )。
    A. 线手套　　　　B. 绝缘手套　　C. 防噪耳塞　　　D. 防滑鞋
17. 下列关于模板台车的说法中,正确的是( )。
    A. 车辆通过模板台车时,操作人员不用避让
    B. 台车上部作业时,若下方有人或车辆通过,可继续施工作业
    C. 遵守设备机具操作规程,遵守劳动纪律,按规范佩戴劳动保护用品
    D. 防护用品损坏时,可继续工作,下一班再更换
18. 操作行走机构时应缓慢平稳,当行走受阻或有异响时,应( )。
    A. 立即停止,查明原因　　　　　　B. 不予理睬,继续前进
    C. 立即报告班组长　　　　　　　　D. 以上都不正确
19. 模板台车脱模剂应涂刷均匀并涂满,当使用油性脱模剂时禁止( )。
    A. 灯光照射　　　B. 随意触摸　　C. 明火　　　　　D. 以上都对
20. 模板台车端模安装及拆除过程中,严禁( )。
    A. 车辆通行　　　B. 吸烟　　　　C. 上下重叠作业　D. 以上都不正确
21. 模板台车封端模板不得使用( )的木板。
    A. 开裂及腐质
    C. 表面粗糙、不光滑
    B. 油性较大
    D. 不结实
22. 车辆通过模板台车时,操作人员应( )。
    A. 不予理睬　　　B. 主动避让　　C. 故意挡车　　　D. 立即报告班组长
23. 模板台车的电动机转动部位必须( )。
    A. 设置防护罩　　　　　　　　　　B. 可使其裸露出来
    C. 遮挡起来　　　　　　　　　　　D. 采取有效的隔漏电措施
24. 因模板台车平台脚手架临边防护和个人防护用品缺失等原因,导致人员坠落而引起伤害,是( )。
    A. 物体打击　　　B. 高处坠落　　C. 触电　　　　　D. 机械伤害
25. 下列选项中,属于模板台车操作工的工作内容的是( )。
    A. 领取炸药雷管　　　　　　　　　B. 绑扎钢筋
    C. 根据测量放样进行模板台车定位　D. 使用风枪打钻

二、判断题

1. 常见的模板台车类型有全液压自行式衬砌模板台车、针梁式衬砌模板台车、简易式衬砌模板台车、无骨架式衬砌模板台车。　　　　　　　　　　　　　　　　　　( )
2. 模板台车电气控制系统主要有控制电箱和电气线路两大部分,具有防漏电、触电装

置,为行走系统和液压系统提供动力。( )

3. 操作行走机构时应缓慢平稳,当行走受阻或有异响时,不用理睬,继续操作。( )

4. 模板台车操作工主要面临高处坠落、触电、机械伤害、物体打击、车辆伤害等安全风险。( )

5. 端模安装作业使用的工具应当放置在工具包内,防止掉落伤人。( )

6. 模板台车的安装和拆除应由施工人员按要求进行操作。( )

7. 隧道模板台车一般由台车主桁架、钢模板、液压系统、电气控制系统、行走系统、模板垂直升降和侧向调幅机构等组成。根据隧道长度以及平曲线半径等因素,隧道模板台车长度一般为 9~12m。( )

8. 使用电锯、电刨等机具时,必须佩戴线手套。( )

9. 模板台车交付使用前,应对架体结构及连接、作业平台铺设、通道设置、各部位防护措施设置、电力线路布置和安全警示标志设置等进行验收,确保安全后方可投入使用。( )

10. 模板台车操作工作业时遵守设备机具操作规程,遵守劳动纪律,按规范使用劳动保护用品。( )

11. 模板台车液压系统的主要功能是进行钢模板的定位与脱模。( )

12. 模板台车行走系统由行走电动机、减速器组成,安装于台车两端门架立柱下方,通过链条传动,用于驱动模板台车整体行走。( )

13. 模板台车操作工作业前应认真检查工作内容,检查作业环境是否安全,检查个人防护用品、工具及设备是否完好。( )

14. 模板台车操作工作业后及时回收工具及余料并存放在指定位置,清理作业现场。( )

15. 气温很高时,模板台车操作工可以穿拖鞋、短裤,赤膊上岗作业。( )

三、多选题

1. 模板台车操作工面临的主要安全风险有( )。
   A. 高处坠落　　B. 物体打击　　C. 机械伤害　　D. 触电　　E. 车辆伤害

2. 对模板台车操作工的要求有( )。
   A. 模板台车工应为 18~65 周岁且身体健康
   B. 模板台车工上岗前须参加培训,考试合格后方可上岗作业
   C. 模板台车操作人员必须正确佩戴劳动防护用品
   D. 车辆通过模板台车时,模板台车操作人员应该主动避让

3. 使用模板台车前,应( )。
   A. 检查模板台车架体结构是否稳固、螺栓连接是否紧固及转动部位防护措施情况
   B. 检查配电设施绝缘是否良好、液压系统有无渗漏
   C. 检查上下通道、作业平台的设置及防护措施情况
   D. 检查消防安全设施及安全警示标牌是否完善

4. 模板台车操作工在脱模时应注意的安全要点有( )。
   A. 脱模时台车下方应划定防护区并安排专人指挥。
   B. 拆除封端模板时,应由两侧至拱顶依次拆除,必要时可上下交替作业
   C. 拆模时应轻撬慢卸,严禁硬撬、硬砸
   D. 禁止抛掷拆除的模板、物料等,应在指定的地点整齐堆码。及时剔除残留的铁钉,防止扎伤

5. 隧道模板台车由( )等组成。
   A. 台车主桁架	B. 钢模板	C. 液压系统
   D. 电气控制系统	E. 行走系统
   F. 模板垂直升降及侧向调幅机构

6. 关于模板台车,以下说法正确的是( )。
   A. 液压系统由电动机、液压泵、手动换向阀、垂直及侧向液压油缸、液压锁、油箱及管路组成,主要功能是进行钢模板的定位与脱模
   B. 电气控制系统主要有控制箱和电气线路两大部分,具有防漏电、触电装置,为行走系统和液压系统提供动力
   C. 行走系统由行走电动机、减速器组成,安装于台车两端门架立柱下方,通过链条传动,用于驱动模板台车整体行走
   D. 模板垂直升降及侧向调幅机构由丝杆及千斤顶组成,用于模板台车的精准定位

7. 模板台车行走到位后,定位控制应注意的事项有( )。
   A. 必须设阻车器,防止溜滑
   B. 操纵液压系统,调整模板顶部及两侧位置时,应缓慢进行,听从指挥
   C. 按要求紧固丝杆,确保销子等连接牢固
   D. 检查确认行走范围内有无障碍及人员

8. 下列关于模板台车轨道设置的说法中,正确的有( )。
   A. 轨枕:按要求设置充足,摆放均匀、支垫稳固
   B. 轨道:平行,间距一致
   C. 轨道接头:采用夹板牢固连接,接头下部有支垫
   D. 轨道接头:夹板连接至少安装2套螺栓

9. 模板台车前后应设置( )。
   A. 警示标志	B. 限速标志	C. 临边护栏	D. 警灯警铃

10. 下列关于模板台车作业的说法中,正确的有( )。
    A. 作业完成后,剩余脱模剂应运至洞外指定地点存放
    B. 打磨模板及涂刷脱模剂时,应佩戴密闭式防尘口罩,高处作业须系安全带
    C. 脱模时可以上下同时操作,以加快速度
    D. 模板台车行走时注意防止模板台车掉道或脱轨

案例1 高处坠落

一、单选题

1. 在高于坠落基准面( )m及以上高度处作业时必须按要求佩戴并系挂安全带。
   A. 0.8	B. 1.2	C. 1.8	D. 2.0
2. 目视观察二次衬砌混凝土封顶情况时,不应站在( ),防止意外爆模。
   A. 左侧	B. 右侧	C. 正面

二、判断题

1. 做好封顶混凝土浇筑速度的控制,防止泵压过大引起模板台车变形、爆模或混凝土喷出。
( )

2.在隧道等嘈杂环境,指令信息传递人员应配备对讲机等通信器材,确保指令传递有效,沟通顺畅。( )

3.二次衬砌施工要使用拱顶防脱空检测装置、视频监控等科技手段对二次衬砌拱顶混凝土灌注情况进行监视,从而降低爆模引发的风险。( )

案例2 高处坠落

一、单选题

1.拆除二衬封端模板应( )依次进行。
 A.由拱顶至两侧 B.由两侧至拱顶 C.从一端到另一端

二、判断题

1.拆除封端模板时,应由两侧至拱顶依次进行。( )

2.模板拆除作业中,有作业平台的话可以上下重叠作业。( )

三、多选题

1.模板台车操作工胡某在拆除模板时坠落身亡,可能的原因是( )。
 A.个人安全意识不足且违章作业 B.采用撬棍硬撬
 C.未正确佩戴安全帽 D.未系安全带

9 张拉工安全培训

一、单选题

1. 预应力张拉是在钢筋混凝土构件中提前施加预应力,提高构件抗弯能力和刚度,主要是为了增加构件的( )。
   A. 稳定性　　　　B. 抗压性　　　　C. 耐久性　　　　D. 抗折性

2. 预应力钢绞线是由多根高强度钢丝构成的绞合钢缆,常用钢绞线的抗拉强度等级为( )MPa。
   A. 1770　　　　B. 1860　　　　C. 1960　　　　D. 2000

3. 张拉工入职年龄要求为( )周岁。
   A. 18~50　　　　　　　　　　B. 18~55
   C. 18~60　　　　　　　　　　D. 18~65

4. 张拉作业时遇临时停电,应( )。
   A. 在原地等待　　　　　　　　B. 自行进行检修
   C. 报告班组长　　　　　　　　D. 立即切断电源

5. 张拉作业时,张拉工必须站在张拉千斤顶的( )。
   A. 侧面　　　　B. 正面　　　　C. 反面　　　　D. 上方

6. 压浆过程中和压浆后48h内,如果结构混凝土的温度低于( )℃,应采取保温措施。
   A. 25　　　　B. 15　　　　C. 5　　　　D. 0

7. 预应力梁板施工时,可以使用( )。
   A. 锈蚀钢绞线　　B. 有麻坑钢绞线　　C. 低松弛钢绞线

8. 下料牵引钢绞线时,应有不少于( )人配合缓慢牵引拉出,禁止单人牵引作业。
   A. 2　　　　B. 3　　　　C. 4　　　　D. 5

9. 切断钢绞线时可以采用的方法是( )。
   A. 电弧切断　　B. 气割切断　　C. 砂轮机切断

10. 预制梁张拉前,必须确认混凝土强度不低于设计强度的____,弹性模量不低于混凝土28d弹性模量的____。正确选项是( )。
    A. 60%;60%　　B. 70%;70%　　C. 80%;80%　　D. 90%;90%

11. 日间气温高于( )℃时,宜在夜间进行压浆。
    A. 5　　　　B. 15　　　　C. 25　　　　D. 35

12. 张拉作业端头区域( )m处须设置强度足够的防护挡板,防护挡板应有足够的覆盖范围。
    A. 0.5~1　　B. 1~1.5　　C. 1.5~2　　D. 2~2.5

13. 张拉作业端头的防护挡板宜高出梁体0.5m,左、右侧各超出梁宽( )m。
    A. 0.5　　　B. 0.75　　　C. 1　　　D. 2

14. 预应力筋张拉锚固完成并检验合格,静停24h后采用手持砂轮机切割端头多余的预应力筋,切割后的外露长度不宜小于( )mm。
  A.10   B.20   C.25   D.30
15.张拉作业时,锚具滑脱飞出造成的伤害属于( )伤害。
  A.机械伤害   B.高处坠落   C.触电   D.物体打击
16.下列不属于预应力钢筋的是( )。
  A.螺旋肋钢丝   B.低松弛钢绞线   C.精轧螺纹钢   D.热轧带肋钢筋

二、判断题

1. 先张法是指混凝土浇筑后达到设计强度,再进行钢绞线张拉。( )
2. 预应力张拉设备应配套标定,配套使用。( )
3. 严禁使用逾期未标定的张拉设备。( )
4. 张拉控制以伸长值为主,张拉力校核。( )
5. 预应力筋张拉或放张不宜在雨、雪、大风天气及温度低于0℃的环境下进行。( )
6. 进行张拉作业时,没有发生高处坠落的安全风险。( )
7. 切断钢绞线、局部加热会改变钢绞线的受力性能,导致脆断。( )
8. 张拉工进场后,参加了教育培训,虽考试不合格,但可以先上岗作业,以后再考试。( )
9. 张拉作业中,采用高压风清理孔道时,孔道正后方严禁站人。( )
10. 后张法施工中,不管混凝土强度是否达到设计要求,都可以进行张拉。( )
11. 张拉作业时,禁止穿拖鞋、短裤,可以戴耳机。( )
12. 张拉作业时,若油表震动剧烈、漏油、电机声音异常,应立即停机;若发生断丝或滑丝则不用停机。( )
13. 预应力孔道压浆时,操作人员可以站在侧面作业,也可以站在正面进行操作。( )
14. 张拉作业时,必须安排专人对张拉作业区域进行监护,严禁无关人员或车辆进入张拉区域。( )
15. 张拉完成后,应先切断高压油泵电源,缓慢松开回油阀,待压力表退回至零位,千斤顶全部卸荷时,方可卸开千斤顶油管接头。( )
16. 钢绞线下料前,应对钢绞线进行检查,确保无锈蚀、麻坑及其他缺陷。( )
17. 人工张拉时,油泵操作人员不得擅自离开岗位。智能张拉时,操作人员可以离开控制台。( )
18. 张拉过程中发现千斤顶偏位,可用采用木锤轻轻敲击,使其恢复原位。( )
19. 张拉作业时,严禁人员、车辆等在千斤顶正前方停留或穿行,油管接头部位不得站人,禁止踩踏高压油管。( )
20. 张拉作业前,只需确认梁体混凝土弹性模量、钢绞线直径及弹性模量、设备状态。( )
21. 钢绞线必须放入专门的下料架内,下料前从下料架内放出,防止弹出伤人。( )
22. 张拉设备配套的工具锚可以采用同厂家的配套产品,也可以采用不同厂家的配件。( )
23. 放张预应力应按照分阶段、对称、相互交错的原则进行。( )

三、多选题

1. 预应力张拉可以应用在( )。
  A.桥梁预制   B.现浇梁板   C.桥梁墩柱   D.边坡和基坑预应力锚索
2. 按张拉工艺,桥梁张拉分为( )。

A. 先张法   B. 人工张拉   C. 后张法   D. 智能张拉

3. 下列关于人工张拉和智能张拉的说法中,正确的有(　　)。
   A. 传统人工张拉需要至少两人同时进行操作,张拉效率低
   B. 智能张拉的安全性能比人工张拉有一定提高
   C. 智能张拉的张拉力比人工张拉更精确,数据同步也更精确
   D. 人工张拉和智能张拉在卸载锚固作业的控制效果是一样的

4. 预应力张拉设备在(　　)的情况下应重新标定。
   A. 使用时间超过6个月
   B. 张拉次数超过300次
   C. 使用过程中千斤顶或压力表出现异常情况
   D. 千斤顶检修或者是更换配件

5. 预应力张拉作业中存在的主要安全风险有(　　)。
   A. 物体打击   B. 高处坠落   C. 触电   D. 机械伤害

6. 张拉工必须符合(　　)要求方可上岗作业。
   A. 经体检合格
   B. 参加岗前安全教育培训,考核合格
   C. 熟悉张拉施工工艺、安全风险及防范措施
   D. 经过安全技术交底

7. 钢绞线穿束可以采用的方法是(　　)。
   A. 装载机牵引穿束   B. 穿束机穿束
   C. 挖掘机牵引穿束   D. 卷扬机配合穿束

8. 张拉作业中出现(　　)情况,应立即放松千斤顶,查明原因,采取纠正措施后再恢复张拉。
   A. 断丝或锚具破损   B. 混凝土开裂或破碎
   C. 锚垫板陷入混凝土   D. 电机发出异常声响

9. 下列关于预应力孔道压浆作业的说法中,正确的是(　　)。
   A. 预应力孔道压浆前,压浆管等接头应连接牢固
   B. 压浆操作人员正对压浆口进行操作
   C. 需待浆液完全泄压后方可拆卸压浆管
   D. 完工后应及时对机械进行清洁保养

10. 张拉作业时,应使(　　)的轴线保持一致。
    A. 千斤顶   B. 锚具   C. 锚垫板   D. 夹片

案 例　机 械 伤 害

一、单选题

1. 案例中存在的违规操作是(　　)。
   A. 张拉现场设置了防护挡板   B. 现场有监护人员
   C. 张拉作业时站在千斤顶正前方   D. 张拉工未按要求正确穿戴劳动防护用品

二、判断题

1. 张拉现场应按要求设置防护挡板。　　　　　　　　　　　　　　　　　　　　(　　)

三、多选题

1. 针对案例中的事故,我们应得到的教训是(　　)。
   A. 张拉前应对所需的材料进行检查,剔除存在外观缺陷的材料
   B. 张拉作业时,所有人员均应在千斤顶两侧安全区域作业
   C. 任何情况下,严禁任何人员、车辆在千斤顶正前方停留或穿行
   D. 张拉作业前,不用佩戴安全帽

2. 案例中的事故的原因是(　　)。
   A. 张拉作业前未对钢绞线进行外观质量检查
   B. 张拉工朱某违反安全交底要求,在张拉作业时违规站在千斤顶正前方危险区域,断裂弹出的钢绞线直接刺入其身体导致事故发生
   C. 现场管理人员安全意识淡薄,未制止违规操作
   D. 钢绞线存在锈蚀、麻坑质量缺陷,张拉钢绞线受力后在缺陷处断裂弹出

10 隧道工安全培训

一、单选题

1.隧道工作业过程中存在的主要安全风险有( )、片帮掉块、突泥涌水、中毒窒息,同时还存在火灾、机械伤害、车辆伤害、高处坠落、物体打击等安全风险。
　　A.隧道坍塌　　　B.溺水　　　　　C.烫伤　　　　　D.触电

2.新入场的隧道工年龄应在18~55周岁,经安全教育培训并考核合格,接受( )后,才能上岗作业。
　　A.体检　　　　　B.安全技术交底　C.领导训话　　　D.签订合同

3.施工过程中发生紧急情况或危及人身安全时,应( ),并报告现场负责人。
　　A.立即查看　　　B.立即撤离　　　C.继续工作　　　D.告知其他作业人员

4.隧道工在作业过程中发现盲炮或残余火工品时,应通知( )处理。
　　A.班组长　　　　　　　　　　　　B.技术员
　　C.其他作业人员一起　　　　　　　D.爆破员

5.处理盲炮的炮眼,应与原炮眼平行钻进且间距不小于( )cm,严禁与原炮眼斜交。
　　A.30　　　　　　B.35　　　　　　C.40　　　　　　D.50

6.隧道工在作业前应对工作内容、( )、设备状态及工具完好状况进行安全确认。
　　A.身体状态　　　B.班组人员　　　C.周围环境　　　D.天气情况

7.隧道工进出隧道时,应走指定通道或乘坐( ),确保交通安全。
　　A.专用载人车辆　　　　　　　　　B.出渣车
　　C.装载机等机械　　　　　　　　　D.摩托车

8.在隧道内实施爆破作业时,隧道工应服从爆破安全防护要求和指令,在( )m以外的安全区域躲避。
　　A.100　　　　　B.200　　　　　C.300　　　　　D.400

9.隧道工在安装拱架时,严禁使用( )作为拱架安装平台。
　　A.装载机　　　B.作业台车　　　C.专用台车　　　D.凿岩台车

10.隧道工在高处作业时,应佩戴( )并正确使用,防止发生坠落事故。
　　A.安全帽　　　B.安全带　　　　C.工作服　　　　D.劳保鞋

11.拱架( )超挖部分,应当喷浆填满。
　　A.下面　　　　B.上面　　　　　C.中间　　　　　D.背后

12.掌子面作业时,突发异常现象时,应( )撤离至安全区域,并报告负责人。
　　A.立即　　　　　　　　　　　　　B.严禁
　　C.经现场负责人同意后　　　　　　D.在接到撤离通知后

13.在处理喷浆机堵管等故障时,应停止喂料、停电、停机,( )将手伸入运行中的喷浆机料管或弯管。
　　A.可以　　　　B.严禁　　　　　C.不可以　　　　D.允许

14.每个作业班组人员在作业前应参加( ),清楚本班存在的危险及预防措施等。

A. 班前检查　　　B. 班前安全讲话　　　C. 班组长训话　　　D. 个人介绍经验

15. 注浆作业时,操作人员应站在注浆孔( ),防止接头脱落伤人。
    A. 前面　　　　B. 下面　　　　　　C. 侧面　　　　　　D. 上面

16. 在作业过程中,如果发生( )坍塌,应向坍塌段的两端撤离。
    A. 掌子面　　　B. 拱架　　　　　　C. 台车面　　　　　D. 关门

17. 如果被困在隧道内,( )挖掘坍塌体,应设法发出求救信号。
    A. 不得盲目　　B. 可以　　　　　　C. 立即　　　　　　D. 严禁

18. 仰拱内作业时,遇到车辆、设备通过栈桥,( )的人员必须立即撤离到安全区域。
    A. 所有人员　　B. 影响区域内　　　C. 栈桥两侧　　　　D. 栈桥下面

19. 隧道工( )进行用电设备线路拆接、检修等作业。
    A. 不得　　　　B. 可以　　　　　　C. 经过批准可以　　D. 在其他人员监护下

20. 凿岩台车、喷射机械手等大型设备,应由指定的( )操作。
    A. 其他设备人员　B. 作业人　　　　 C. 安全员　　　　　D. 专业人员

21. 钻孔时,应采用( )方法钻眼,消除粉尘。
    A. 干式　　　　B. 湿式　　　　　　C. 干湿混合　　　　D. 加防尘罩

22. 钻眼开孔时,应慢速进行,待孔深达( )mm后再逐渐转入全速运转。
    A. 5~10　　　 B. 10~15　　　　　 C. 15~20　　　　　 D. 20~25

23. 钻眼过程中,当遇卡钻或转速缓慢时,应减少轴向推力或( )处理。
    A. 高速运转　　B. 停机　　　　　　C. 开机　　　　　　D. 专人

24. 喷浆作业时,作业人员必须佩戴安全帽和防护镜,穿好( ),防止皮肤病。
    A. 雨衣　　　　B. 反光背心　　　　C. 防护服　　　　　D. 雨靴

25. 隧道施工现场必须严格控制作业人数,开挖作业面严禁超过( )人。
    A. 8　　　　　 B. 9　　　　　　　 C. 10　　　　　　　D. 11

二、判断题

1. 专业电工不在现场时,为了不影响施工,隧道工可以自行拆除隧道内的电气设备。
( )

2. 钻眼过程中,禁止在残余炮眼中继续钻眼作业,防止引爆残留火工品。　　( )

3. 凿岩台车在行走时,应将升降平台、臂架、支腿等完全收回,并安排专人指挥引导。
( )

4. 在作业过程中,凿岩台车出现部件损坏或漏油等现象时,不必停机进行修理。( )

5. 隧道工在安装超前小导管或锚杆时,应保持安全距离,旋转杆件时注意安全,台车下方人员可以同时施工。　　　　　　　　　　　　　　　　　　　　　　( )

6. 台阶法施工应错幅开挖,严禁一侧拱脚悬空。　　　　　　　　　　　　( )

7. 使用电焊机焊接加固网片、拱架时,应由持证电焊工按操作规程操作。　( )

8. 喷浆操作手在使用喷浆机前,应进行空载试运转,检查有无异常。　　　( )

9. 喷浆时,喷枪前严禁站人,应按照"先墙后拱、自下而上、由内至外"的顺序进行。
( )

10. 喷浆作业时,无关人员应当与喷射手保持一定的安全距离。　　　　　 ( )

11. 长隧道爆破作业时,隧道工可以躲避到较大物体的后面,不用撤离到300m外。( )

12. 出渣现场应安排专人指挥,禁止人员进入机械设备作业半径范围内。　 ( )

13. 听到有异响,掌子面或侧壁突然出水且水压、水量不断加大,出现挤压状出沙、出泥等现象时,应判定为突泥涌水发生的前兆。( )

14. 为给隧道内设备及时添加柴油,可以将装有柴油的桶临时放置在隧道洞内。( )

15. 由于隧道内温度较高,为减少出汗,可以赤身,不用穿工作衣,但必须戴好安全帽。( )

三、多选题

1. 在岩溶及富水地段施工时,应该( )。
   A. 熟悉逃生路线
   B. 设置通风管、逃生管道、装载机等安全设备
   C. 了解救生圈、救生绳等应急物资的存放位置
   D. 穿好工作服、戴好安全帽、穿好防水雨鞋等

2. 隧道工应掌握的有害有毒气体防护知识包括( )。
   A. 防毒口罩的使用方法　　　　B. 棉纱口罩的使用方法
   C. 湿毛巾等过滤有毒有害气体的方法　　D. 认识有毒有害气体的危害性

3. 在闻到臭鸡蛋气味,呼吸道或眼睛受到刺激感到不适,出现耳鸣、心慌、头昏、头疼等症状时,应立即判断出可能受到( )有毒有害气体的侵害。
   A. 二氧化碳、瓦斯　　　　B. 氯化钠、氨气、煤气
   C. 硫化氢、一氧化碳　　　　D. 二氧化硫、二氧化氮

4. 隧道工应熟悉和严格执行的内容有( )。
   A. 熟悉、掌握并遵守隧道工安全操作规程和安全技术交底内容
   B. 监控量测及地质预报的方法
   C. 个体防护用品的功能和使用方法
   D. 清楚隧道施工存在的危险因素,掌握预防措施及应急措施

5. 隧道工进场后,经过( )程序后才能上岗作业。
   A. 项目领导、工程技术员、班组长讲话　　B. 三级安全教育培训并考核合格
   C. 安全技术交底　　　　D. 实名制登记并体检合格

6. 人工钻眼退钎时,应( )。
   A. 钻机保持低速运转　　　　B. 钻机保持高速运转
   C. 缓慢进行　　　　D. 快速进行

7. 人工钻眼作业时,对风、水管的要求有( )。
   A. 可以有一定程度破损　　　　B. 发现破损后应及时更换
   C. 不得缠绕、打结　　　　D. 不应用弯折风管的方法停止供气

8. 凿岩台车在行走时,要注意的事项有( )。
   A. 须将升降平台、臂架、支腿等完全收回　　B. 在平整路面上应快速行走
   C. 安排专人指挥引导　　　　D. 要缓慢、平稳

9. 锚杆的加固原理是:将金属杆体打入预先钻好的锚孔中,利用( )将围岩与稳定岩体结合在一起,达到防护的目的。
   A. 数量很多的锚杆　　B. 其本身的结构　　C. 锚固剂　　D. 浆液的黏结作用

10. 安装钢拱架后,为防止拱架下沉,应采取的措施是( )。
    A. 将拱架置于稳固地基上
    B. 必要时在拱脚处垫设钢板或混凝土块

C.相邻拱架用连接钢筋纵向连接牢固
D.拱脚可以支设在渣土上,可以被水浸泡

案例　洞身开挖掌子面坍塌事故

一、单选题

1. 隧道施工中,除开挖工序外,开挖作业面其他工序作业人员总人数不得超过(　　)人。
   A.6　　　　　　B.9　　　　　　C.10　　　　　　D.11
2. 工程施工中,死亡达(　　)人构成生产安全较大事故。
   A.1　　　　　　B.2　　　　　　C.3　　　　　　D.10
3. 隧道地质条件发生较大变化时,如未改变施工方案并采取合理的开挖支护方法,易发生(　　)事故。
   A.突泥涌水　　B.片帮掉块　　C.坍塌　　D.物体打击
4. 未进行(　　)造成前方地质与围岩情况不明,盲目组织施工,是导致隧道掌子面坍塌的间接原因之一。
   A.超前地质预报　B.监控量测　　C.班前安全活动　D.清理危石或突石
5. 加强隧道施工(　　),可以提高作业人员辨识风险、消除风险、躲避风险的能力。
   A.洞口门禁管理　　　　　　B.个体安全防护
   C.安全技术交底　　　　　　D.实名制登记
6. 隧道地质发生较大变化时,应(　　),及时向设计、监理、建设等单位报告。
   A.暂停施工　　　　　　　　B.继续施工
   C.边观察边施工　　　　　　D.减少施工人员
7. 应将(　　)纳入工序管理,作为探明前方地质情况的有效手段。
   A.监控量测　B.超前地质预报　C.专人观察　D.作业人员数量
8. 隧道围岩为(　　)级时,一般采用全断面法施工。
   A.Ⅲ　　　　　B.Ⅳ　　　　　C.Ⅴ　　　　　D.Ⅵ
9. 发生支护变形、洞身开裂、掉块、异响等异常情况时,易发生(　　)事故。
   A.突泥涌水　　B.片帮掉块　　C.坍塌　　D.物体打击
10. 隧道洞身开挖后,应及时完成(　　),以便尽早形成封闭环。
    A.出渣　　B.初期支护　　C.掌子面的喷浆　　D.危石、突石的找顶
11. 洞口存在偏压或地质条件很差时,如果开挖作业施工方法不当,易发生(　　)事故。
    A.物体打击　　B.高处坠落　　C.坍塌　　D.触电
12. 安装钢拱架后,应保证钢拱架(　　)稳固、不脱空。
    A.底部　　　　B.中部　　　　C.上部　　　　D.背后
13. 采用环形开挖留核心土法施工时,环形开挖进尺宜为(　　)m。
    A.0.1~0.5　　B.0.5~1.0　　C.1.0~1.5　　D.1.5~2.0
14. 核心土与下台阶开挖应在上台阶支护完成、喷射混凝土强度达到设计强度的(　　)后进行。
    A.50%　　　　B.60%　　　　C.70%　　　　D.90%
15. 当同一隧道双向开挖接近贯通时,两端掌子面间距(　　)m时(视围岩情况定),应

改为单向掘进,直至贯通。

  A.5～10   B.10～15   C.15～30   D.30～50

16.隧道施工必须强化工序和现场管理,严防安全布局超标。隧道为Ⅲ级围岩时,仰供与掌子面的距离不得超过( )m。

  A.50   B.70   C.90   D.110

17.为防止地表水侵入竖井、斜井中造成坍塌事故,井口周边应设置排水沟、截水沟,竖井井口平台应比周边地面高出( )m。

  A.0.3   B.0.5   C.0.8   D.1.0

18.隧道内的用电线路和照明设备必须由( )负责检修管理,检修电路与照明设备时应切断电源。

  A.班组长   B.安全员   C.指定的作业人员   D.专职电工

19.( )km以上的隧道和Ⅲ、Ⅳ级及以上风险等级的隧道应配置电子门禁系统、视频监控系统和人员识别定位系统,实时显示洞内的人数及其他信息。

  A.0.5   B.1   C.1.5   D.2

20.在隧道开挖掌子面至二次衬砌之间设置逃生管道,并随着开挖进尺不断前移,保证逃生管道前端端头距离掌子面不大于( )m。

  A.10   B.20   C.30   D.35

21.施工作业段照明应采用不超过( )V的低压电源,照明灯具宜采用冷光源。

  A.12   B.24   C.36   D.110

22.为防止火灾发生,二衬台车及防水板工作台车上设置的灭火器材一般为( )。

  A.消防沙   B.消防水箱   C.干粉灭火器   D.鼓风机

23.隧道施工中,单向掘进长度超过( )m时必须进行机械通风。

  A.50   B.100   C.150   D.200

24.隧道洞口位于Ⅳ级及Ⅴ级围岩段时,洞身开挖( )m之前应施作完成洞口工程。

  A.50   B.70   C.90   D.110

25.当发现监测数据有不正常变化或突变,洞内或地表位移值大于预警值,洞内或地表出现裂缝以及初期支护出现异常裂缝时,应视为( )。

  A.危险信号,停止作业,人员立即撤离   B.正常情况,继续作业

  C.不太正常情况,但边作业边观察   D.危险信号,派人观察

二、判断题

1.若隧址区节理、裂隙较为发育,区段穿越强风化岩质夹层,受水渗透后,岩体破碎,自稳性差,风险较高。( )

2.当隧道围岩发生较大变化时,应变更设计和施工方案。( )

3.当隧道围岩发生较大变化时,若要变更设计和施工方案,应先由作业人员提出,再由施工单位向设计、监理、建设方提出。( )

4.当隧道地质条件发生较大变化时,发生隧道坍塌事故的主要原因为作业人员安全意识不强、洞内未进行监控量测等。( )

5.隧道施工作业人员在进场前应接受三级岗前安全教育培训且考核合格,并经安全技术交底后,才能上岗作业。( )

6.隧道施工重大风险源及预防措施、应急措施等信息,应设置在隧道施工明显的位置,

每班作业前都应开展班前安全教育。 （ ）

7. 隧道施工作业时,作业人员应时刻注意施工作业区域内周围环境的变化,发现岩石出现裂纹、松动、支护变形时,应立即撤离并报告现场负责人或项目负责人。 （ ）

8. 未经项目部同意,严禁私自改变隧道开挖方法。 （ ）

9. 采取有效的探明前方地质情况的手段,可为采取主动防护措施提供依据,避免事故的发生。 （ ）

10. 围岩地质条件差、自稳时间短时,开挖前应按照设计要求进行超前支护。 （ ）

11. 爆破前,所有人员应撤至安全地点。爆破后,必须待洞内有害气体浓度符合有关规定及解除爆破警戒后,方可进入开挖面工作。 （ ）

12. 为保证隧道掌子面照明亮度,可以使用碘钨灯照明。 （ ）

13. 逃生管道节与节之间应采取有效连接,防止脱开。管道内还需放置瓶装矿泉水、食品、应急照明灯、药品等应急物资,并定期检查更换,确保符合要求。 （ ）

14. 隧道施工必须按照规定设置逃生管道,严禁在安全设施不到位的情况下进行施工作业。 （ ）

15. 隧道开挖应连续循环作业,若需停工,停工前应对掌子面进行检查并制定专项措施予以封闭。 （ ）

三、多选题

1. 环形开挖留核心土法施工应符合的规定有（ ）。
   A. 核心土面积应不小于整个断面面积的 50%
   B. 核心土面积应不小于整个断面面积的 60%
   C. 开挖后应及时施作喷锚支护、安设钢架支撑
   D. 相邻钢架必须用钢筋连接,并应按设计要求施工锁脚锚杆

2. 双侧壁导坑法施工应符合的规定有（ ）。
   A. 左右导坑施工时,前后拉开距离不宜小于 15m
   B. 导坑与中间土体同时施工推进时,导坑应超前 30~50m
   C. 侧壁导坑断面形状应近于半圆形
   D. 导坑宽度宜为整个隧道宽度的三分之一

3. 隧道施工中,应根据隧道长度、断面大小、工期要求、（ ）等条件,选择适宜的开挖方案。
   A. 地理位置　　B. 结构形式　　C. 机械设备　　D. 地质条件

4. 隧道开挖过程中,易发生的事故类型有（ ）。
   A. 坍塌　　B. 物体打击　　C. 机械伤害　　D. 容器爆炸

5. 在富水区隧道施工过程中,一旦发现（ ）征兆,应立即停止施工,撤出危险区域的人员,分析原因,采取措施进行处理。
   A. 突水、突泥　　　　　　B. 水压、水量突然增大,变浑
   C. 岩壁松软、变形、掉块　　D. 钻孔时出水

6. 以下关于台阶法开挖施工的说法中,正确的有（ ）。
   A. 台阶长度不宜超过隧道开挖宽度的 1.5 倍
   B. 台阶不宜多分层
   C. 上台阶开挖高度不得超过隧道净高的 2/3
   D. 当设有型钢拱架或钢格栅时,台阶两侧马口错开距离不小于 2m

7. 为防止洞口在施工过程中发生坍塌,以下做法中正确的有( )。

   A. 施工前,应根据洞口附近的地形、地质、水文、环境及边、仰坡等条件,编制具有针对性的安全技术措施

   B. 洞口的边仰坡高度较大时,应一次性开挖到位,以便节省开挖时间

   C. 应先清理洞口上方及侧方可能坍塌的表土、灌木、山坡危岩、孤石等,设置截排水系统,防止地表水冲刷边、仰坡

   D. 洞口仰坡开挖线外应布设地表沉降监测点

8. 掌子面爆破作业完成后,采取( )措施后才能开始出渣作业。

   A. 必须待洞内炮烟消除、爆破警戒解除后才能入洞

   B. 爆破后15min,炮烟粉尘未消除也可以进入洞内

   C. 应按先机械后人工的顺序进行找顶排危,确认安全后方可进行下道工序

   D. 现场由专人指挥,防止其他人员进入出渣机械作业半径范围内,并负责监控周围环境,确保安全

9. 仰供开挖时,应符合的要求有( )。

   A. Ⅳ、Ⅴ级围岩,仰拱每循环开挖长度不得大于3m,不得分幅施作

   B. 开挖后应立即施作初期支护

   C. 如果仰供前后照明充足,可以暂时不放置警示标志

   D. 栈桥等架空设施强度、刚度和稳定性应满足施工要求

10. 隧道工施工作业时,主要配备的劳动防护用品包括( )。

    A. 安全帽　　　　B. 反光背心　　　　C. 防尘口罩　　　　D. 绝缘鞋

11 瓦斯检测员安全培训

一、单选题

1. 进入瓦斯隧道施工前,须正确佩戴( )等劳动防护用品。
   A. 安全帽、安全带、防护手套　　　　B. 安全帽、防滑鞋、防尘口罩
   C. 安全帽、防毒口罩、反光背心、自救器　D. 安全帽、劳保鞋、帆布手套

2. 进入瓦斯隧道,注意事项有( )。
   A. 严禁穿化纤衣物
   B. 严禁酒后上岗、带病作业
   C. 严禁携带火种、易燃物品进入瓦斯隧道
   D. 以上选项都对

3. 瓦斯隧道掌子面爆破后,必须通风( )以上,并且由瓦斯检测员检测合格后方可进洞作业。
   A. 10min
   B. 15min
   C. 低瓦斯及高瓦斯通风排烟不低于15min,瓦斯突出区不低于30min
   D. 30min

4. 瓦斯隧道出渣时,应在石渣上洒( )后,再进行出渣作业。
   A. 水　　　　　B. 石灰　　　　　C. 直接出渣就行　　D. 水加石灰

5. 瓦斯隧道爆破时,最后一段雷管的延续时间不得超过( )ms。
   A. 130　　　　B. 110　　　　C. 120　　　　D. 100

6. 瓦斯隧道洞内爆破时,周围( )m要停电。
   A. 10　　　　B. 15　　　　C. 20　　　　D. 25

7. 瓦斯浓度达到( )时应停止电焊施工作业,浓度将至0.5%以下后方可正常施工。
   A. 0.5%~0.25%　B. 0.5%~1%　C. 1%~1.5%　D. 1.5%~2%

8. 瓦斯隧道洞口值班室、通风机等附近( )m范围内不得有火源。
   A. 20　　　　B. 30　　　　C. 40　　　　D. 50

9. 洞内爆破时,人员应撤离洞外。当隧道太长时,单线必须撤离至____m以外,双线上半断面必须撤至____m以外,双线全断面必须撤离至____m以外。正确选项是( )。
   A. 100;200;300　　　　　　　　B. 150;200;300
   C. 300;400;500　　　　　　　　D. 400;500;600

10. 炮孔深度不得小于____m,相邻炮孔间距不得小于____m。正确选项是( )。
    A. 0.25;0.3　　B. 0.5;0.4　　C. 0.6;0.4　　D. 0.7;0.5

11. 低瓦斯隧道照明电压不应大于____V,高瓦斯隧道和瓦斯突出隧道照明电压不应大于____V。正确选项是( )。
    A. 380;220　　B. 220;220　　C. 220;110　　D. 210;200

12. 瓦斯隧道洞内一旦发生( )情况,必须采取停止作业、撤出人员、切断电源等处理

方式。

  A. 开挖工作面风流中瓦斯浓度超过 1.5%

  B. 电动机附近 20m 以内风流中瓦斯浓度达到 1.5%

  C. 瓦斯积聚体积大于 $0.5m^3$,浓度大于 2%

  D. 以上选项均正确

13. 矿灯充电房应在洞口( )m 以外。
  A. 20   B. 30   C. 50   D. 60

14. 瓦斯隧道应采用抗静电、阻燃的风管,风管口到开挖面的距离应小于( )m。
  A. 10   B. 20   C. 5   D. 15

15. 下列做法中,符合洞内电缆敷设规定的是( )。
  A. 竖洞内,悬挂点间的距离不得大于 6m
  B. 电缆不应与风、水管敷设在同一侧
  C. 高、低压电缆敷设在同一侧时,其间距应大于 0.1m
  D. 以上选项均正确

16. 隧道两端开挖面接近贯通时,两端工作距离余留 8 倍循环进尺时,最小不得少于( )。
  A. 10m   B. 15m
  C. 无须预留,可继续同时开挖   D. 根据现场需要进行预留

17. 对瓦斯隧道洞内触电后停止呼吸的人员,应立即采用( )进行抢救。
  A. 人工呼吸   B. 心肺复苏
  C. 等待救援   D. 人工呼吸加心肺复苏

18. 瓦斯隧道内不允许进行的施工作业是( )。
  A. 出渣   B. 爆破   C. 机械维修   D. 开挖

19. 当洞内瓦斯检测出异常情况时,不应采取的措施是( )。
  A. 立即撤离人员,加强通风   B. 断电,停止作业
  C. 继续施工   D. 加强通风

20. 瓦斯隧道洞内爆破前的瓦斯检查应由( )进行。
  A. 爆破工   B. 班组长
  C. 爆破员、安全员、瓦斯检测员   D. 班组长、检测员

21. 瓦斯隧道爆破时,必须( )。
  A. 采用绝缘母线单回路爆破
  B. 瞬发雷管与毫秒电雷管在同一串联网络中使用
  C. 固定绝缘母线
  D. 电缆线、信号线置于巷道同侧

22. 以下做法中,符合瓦斯隧道洞内机电设备使用安全要求的是( )。
  A. 电缆不应与水管风管敷设在同一侧,当条件限制时,必须敷设在管道上方,其间距应大于 0.3m
  B. 所有洞内照明一律采用防爆型照明
  C. 安装后的机电设备,必须经过外观、防爆性能的检测,合格后方可投入使用
  D. 以上选项均正确

23. 隧道瓦斯工区钻孔施工应注意的事项有( )。

A. 必须采用湿式钻孔　　　　　　　　　B. 必须采用干式钻孔
C. 炮眼深度无具体要求　　　　　　　　D. 以上选项皆正确

24. 下列关于隧道瓦斯检测安全措施的说法中,正确的是(　　)。
A. 瓦斯浓度检测应在隧道风流的下部
B. 要经常对瓦斯检测仪器进行检查与校准
C. 只要会检测的人员都可以进行隧道瓦斯检测
D. 对于瓦斯隧道具体监测点没有特别要求

25. 瓦斯隧道洞里应采取的环保措施有(　　)。
A. 注意防尘,经常喷洒水雾降低粉尘含量
B. 经常喷洒水雾溶解少量有害气体,保持空气清新
C. 钻孔时采取湿式凿岩
D. 以上选项均正确

二、判断题

1. 隧道施工所涉及的特种作业人员(电工、焊割工、爆破工)必须持证上岗。　　(　　)
2. 必须在瓦斯隧道洞外设置消防水池和消防沙,水池中经常保持一定水压。　　(　　)
3. 人员进入隧道前,必须在洞口进行登记并接受检查。　　(　　)
4. 处理隧道洞内积存瓦斯时,应加大风量以利于尽快将积存的瓦斯排除。　　(　　)
5. 瓦斯隧道工区主要分为非瓦斯工区、低瓦斯工区、高瓦斯工区、瓦斯突出工区。　　(　　)
6. 爆破过程中的瓦斯检查由爆破工一人进行。　　(　　)
7. 电缆不应与水、风管敷设在同一侧。　　(　　)
8. 对触电后停止呼吸的人员,应立即采用人工呼吸方法进行抢救。　　(　　)
9. 发现出血伤员时,应先止血再送医院。　　(　　)
10. 当检查出瓦斯有异常情况时,加大洞内通风后可继续施工。　　(　　)
11. 每次瓦斯隧道掌子面爆破后必须通风15min以上,经瓦斯检测员检测合格后方可施工。　　(　　)
12. 瓦斯是一种无味的混合气体,其主要成分是甲烷。　　(　　)
13. 施工期间,应连续通风。因检修、停电等原因停风时,必须撤出人员。　　(　　)
14. 隧道贯通后,洞内通风可以停止,因为瓦斯不会再积聚。　　(　　)
15. 非瓦斯工区和低瓦斯工区的电气设备可使用非防爆型。　　(　　)

三、多选题

1. 瓦斯隧道洞内应采用(　　)。
A. 防爆的电力设备　　　　　　　　　　B. 防爆灯具
C. 防爆作业机械　　　　　　　　　　　D. 经检测验收合格的机电设备

2. 瓦斯隧道洞内检测地点有(　　)。
A. 每个断面的拱顶、两侧拱脚和墙角各距坑道周边20cm处
B. 开挖面风流、爆破地点附近20m内的风流和局部坍塌处
C. 无具体检测点,只要是施工区域都可以
D. 局部风机前、后20m内的风流

3. 瓦斯隧道洞内如果发现(　　)情况,不能进行爆破。

A. 爆破地点附近20m以内的风流中瓦斯浓度达到1%

B. 爆破地点20m内堆放的机具、材料等堵塞巷道断面1/3以上

C. 炮眼内发生异状、温度骤高骤低、有瓦斯涌出

4. 瓦斯隧道洞内通风设施应符合的规定有( )。

A. 瓦斯隧道洞内通风设施应保持完好

B. 调节、迁移、拆除通风设施的工作,应由通风管理人员进行

C. 隧道通风管道必须采用阻燃、防静电通风管

D. 瓦斯隧道的主风机应有两条独立的供电线路

5. 下列符合瓦斯隧道洞内防火规定的是( )。

A. 洞内严禁产生高温和火花的作业

B. 洞内严禁使用易燃及可燃材料

C. 发生火灾后盲目施救

D. 一旦发现火灾不可控制,人员须迅速撤离

6. 对瓦斯隧道区域的划分,正确的是( )。

A. 全工区的瓦斯涌出量小于 $0.5m^3/min$ 时,为低瓦斯工区

B. 瓦斯隧道分为非瓦斯工区、低瓦斯工区、高瓦斯工区、瓦斯突出工区

C. 瓦斯隧道只要有一处突出危险,该处所在工区即为瓦斯突出工区

D. 全工区的瓦斯涌出量大于等于 $0.5m^3/min$ 时,为高瓦斯工区

7. 下列瓦斯隧道钻孔作业中,符合规定的是( )。

A. 开挖工作面附近20m风流中,瓦斯浓度小于1%

B. 采用湿式钻孔

C. 炮眼深度不应小于60cm

D. 采用干式钻孔

8. 隧道洞内瓦斯检测点应在( )。

A. 坑道总回风中

B. 局部风扇前、后20m内的风流中

C. 各种作业平台和机械附近20m内的风流中

D. 避车洞及其他洞室中

9. 下列关于瓦斯隧道施工安全措施的说法中,正确的是( )。

A. 要选用防爆型风机、阻燃型防静电风管

B. 风机布置在距洞口30m处

C. 通风机必须设两路供电系统

D. 因工序衔接、施工组织等临时停工的施工点不得停风

10. 以下说法中,符合瓦斯隧道安全规定的是( )。

A. 正确佩戴安全防护用品

B. 瓦斯工区爆破必须使用煤矿许用炸药和煤矿许用瞬发雷管

C. 洞内爆破时人员与爆破作业点的安全距离为单线300m、双线半断面400m、双线全断面500m

D. 高瓦斯及瓦斯突出区,不应进行电焊、气焊、喷灯焊接、切割等作业

12 电工安全培训

一、单选题

1. 国家标准规定,对( )V 以下电压不必考虑防止电击的危险。
   A. 36　　　　　　B. 65　　　　　　C. 25　　　　　　D. 45

2. 停电检修时,在一经合闸即可送电到工作地点的开关或刀闸的操作把手上,应悬挂( )标示牌。
   A. 在此工作　　　　　　　　　B. 止步,高压危险
   C. 禁止合闸,有人工作　　　　D. 有电危险

3. 安装在室外的落地配电变压器四周应设置安全围栏,围栏高度不低于( )m。
   A. 3　　　　　　B. 2.5　　　　　C. 1.8　　　　　D. 2

4. 触电事故中,绝大部分是( )导致人身伤亡的。
   A. 人体接受电流遭到电击　　　B. 烧伤
   C. 电休克　　　　　　　　　　D. 麻木

5. 如果触电者伤势严重,呼吸停止或心脏停止跳动,应竭力施行( )和胸外心脏按压。
   A. 按摩　　　　B. 点穴　　　　C. 人工呼吸　　　D. 拍打背心

6. 电器着火时,不能用的灭火方法是( )。
   A. 用四氯化碳进行灭火　　　　B. 用沙土灭火
   C. 用水灭火　　　　　　　　　D. 用干粉灭火器灭火

7. 静电电压最高可达( )V,可产生静电火花,引起火灾。
   A. 50　　　　　B. 数万　　　　C. 220　　　　　D. 280

8. 漏电保护器的使用是防止( )。
   A. 触电事故　　B. 电压波动　　C. 电荷超负荷　　D. 静电

9. 安装在室外的落地配电变压器四周应设置安全围栏,围栏各侧悬挂( )的警告牌。
   A. 止步,危险　　　　　　　　B. 有电请注意
   C. 有电危险,严禁入内　　　　D. 禁止跨越

10. 下列灭火器中,不适于扑灭电气火灾的是( )。
    A. 二氧化碳灭火器　　　　B. 干粉灭火器　　　C. 泡沫灭火器

11. 金属梯子不适用的工作场所是( )。
    A. 有触电可能的工作场所　　　B. 坑穴场所
    C. 高空作业　　　　　　　　　D. 密闭场所

12. 在遇到高压电线断落到地面时,导线断落点周围( )m 内,禁止人员进入。
    A. 10　　　　　B. 20　　　　　C. 30　　　　　D. 50

13. 使用手持电动工具时,应注意( )。
    A. 使用万能插座　　B. 使用漏电保护器　　C. 让身体潮湿　　D. 让衣服潮湿

14. 发生触电事故的危险电压一般高于( )V。

343

  A. 24   B. 26   C. 65   D. 120

15. 使用电气设备时,如果维护不及时,当( )进入时,可导致短路事故。
  A. 导电粉尘或纤维   B. 强光辐射   C. 热气   D. 弧光直射

16. 项目部照明电路电压为( )。
  A. 直流电压220V   B. 交流电压280V   C. 交流电压220V   D. 直流电压280V

17. 配电室(箱)进、出线的控制电器和保护电器的( )、频率应与系统电压、频率相符,并应满足使用环境的要求。
  A. 额定电压   B. 参比电压   C. 标定电压   D. 直流电压

18. 下列有关漏电保护器的说法,正确的是( )。
  A. 漏电保护器既可用来保护人身安全,还可用来对低压系统或设备对地绝缘状况起到监督作用
  B. 漏电保护器安装点以后的线路不可对地绝缘
  C. 在日常使用中,不可在通电状态下按动试验按钮来检验漏电保护器是否灵敏可靠
  D. 漏电保护器可以保护电气设备不受潮湿季节影响

19. 安装使用漏电保护器,属于( )。
  A. 基本保安措施   B. 辅助保安措施   C. 绝对保安措施   D. 可有可无

20. 在电磁场作用下,( )将使人体受到不同程度的伤害。
  A. 电流   B. 电压   C. 电磁波辐射   D. 核辐射

21. 如果工作场所潮湿,为避免触电,使用手持电动工具的人应( )。
  A. 站在铁板上操作   B. 站在绝缘胶板上操作
  C. 穿防静电鞋操作   D. 穿静电服操作

22. 雷电放电具有( )的特点。
  A. 电流大、电压高   B. 电流小、电压高
  C. 电流大、电压低   D. 电压小、电流小

23. 任何电气设备在未验明无电之前,一律认为( )。
  A. 无电   B. 也许有电   C. 有电   D. 有静电

24. 按有关安全规程,电气设备外壳应有( )防护措施。
  A. 无   B. 保护性接零或接地
  C. 防锈漆   D. 责任铭牌

二、判断题

1. 在充满可燃气体的环境中,可以使用手动电动工具。   ( )

2. 在使用电器过程中,可以用湿手操作开关。   ( )

3. 为了防止触电,可采用绝缘、防护、隔离等技术措施以保障安全。 ( )

4. 对于容易产生静电的场所,应保持地面潮湿,或者铺设导电性能好的地板。( )

5. 电工可以穿防静电鞋工作。   ( )

6. 在距离线路或变压器较近、有可能误攀登的建筑物上,必须挂"禁止攀登,有电危险"的标示牌。   ( )

7. 有人低压触电时,应该立即将其拉开。   ( )

8. 在潮湿、高温、有导电灰尘的场所,应该用正常电压供电。   ( )

9. 雷击时,如果作业人员孤立处于暴露区并感到头发竖起时,应该立即双膝下蹲,向前

弯曲,双手抱膝。   (   )
    10. 清洗电动机械时,可以不关掉电源。   (   )
    11. 为防止跨步电压伤人,防直击雷接地装置距建筑物出入口和人行道边的距离不应小于3m,要求距电气设备装置5m以上。   (   )
    12. 负荷开关分闸后有明显的断开点,可起隔离开关的作用。   (   )
    13. 无论备用电源是否有电压,只要工作电源断路器跳闸,备用电源断路器均自动投入。
                                                                              (   )
    14. 变压器停电时,先停负荷侧,再停电源侧;送电时相反。   (   )
    15. 使用RL螺旋式熔断器时,其底座的中心触点接负荷,螺旋部分接电源。   (   )

三、多选题

1. 正弦交流电的三要素是(   )。
    A. 瞬时值   B. 最大值   C. 相位   D. 角频率   E. 初相位
2. 对称三相交流电压的特点是(   )。
    A. 各相频率相同   B. 各相瞬时值相同
    C. 各相相位依次相差120°   D. 各相幅值相同
    E. 各相相位相同
3. (   )属于值班员的岗位职责。
    A. 参加检修班组,完成工作规定的检修任务
    B. 巡视检查
    C. 完成倒闸操作
    D. 完成检修安全技术措施
4. 保证电工安全的技术措施包括(   )。
    A. 停电   B. 验电   C. 装设接地线
    D. 悬挂安全标示牌   E. 装设遮拦
5. 保护接零系统的安全条件是(   )。
    A. 在同一保护接零系统中,一般不允许个别设备只有接地而没有接零
    B. 过载保护合格
    C. 重复接地合格
    D. 设备发生金属漏电时,短路保护元件应保证在规定时间内切断电源
    E. 保护线上不得装设熔断器
6. 重复接地的安全作用是(   )。
    A. 改善过载保护性能   B. 减轻零线断开或接触不良时电击的危险性
    C. 降低漏电设备的对地电压   D. 缩短漏电故障持续时间
    E. 改善架空线路的防雷性能
7. (   )场所应安装漏电保护装置。
    A. 有金属外壳的Ⅰ类移动式电气设备 B. 安装在潮湿环境的电气设备
    C. 公共场所的通道照明电源   D. 临时电气设备
    E. 建筑施工工地的施工电气设备
8. 应采用12V安全电压的场所有(   )。
    A. 使用电动工具的地点   B. 金属管道内

    C.周围有大面积接地导体的狭窄位置　　　　　D.隧道内
    E.金属容器内
9.引起电气火灾和爆炸的原因有(　　)。
    A.电气设备过热　　　　　　　　B.电火花和电弧
    C.危险物质　　　　　　　　　　D.短时过载
10.低压电器中常配备(　　)保护。
    A.短路　　　B.防雷　　　　　C.过载　　　D.失压　　　E.缺相

案例　触电事故

一、单选题

1.电力生产中最常见的人身伤害事故是(　　)。
    A.触电　　　　B.高处坠落　　　　C.机械伤害　　　　D.灼烫伤
2.电对人体的伤害,主要来自(　　)。
    A.电压　　　　B.电流　　　　　　C.电磁场　　　　　D.电弧
3.电击是指电流对人体(　　)的伤害。
    A.内部组织　　B.表皮　　　　　　C.局部　　　　　　D.大脑
4.成年男子触及工频交流电的平均感知电流为(　　)mA。
    A.0.7　　　　B.1.1　　　　　　C.1.5　　　　　　D.2.0
5.摆脱电流是人触电后能自主摆脱带电体的(　　)电流。
    A.最大　　　　B.最小　　　　　　C.平均　　　　　　D.以上都是
6.隔离开关的主要作用之一是(　　)。
    A.隔离电源　　B.断开短路电流　　C.通断大负荷电流　D.散热
7.按其基本作用,电气安全用具可分为(　　)。
    A.绝缘安全用具和一般防护安全用具　　B.基本安全用具和辅助安全用具
    C.绝缘安全用具和辅助安全用具　　　　D.基本安全用具和一般防护安全用具
8.使用漏电保护器可以防止(　　)。
    A.触电事故　　B.电压波动　　　　C.电荷超负荷　　　D.静电
9.员工的安全生产义务包含(　　)。
    A.自觉遵守安全规章制度　　　　　B.自觉学习安全知识
    C.自觉报告危险和不安全因素　　　D.以上都是
10.任何电气设备在未验明无电之前,应该一律认为(　　)。
    A.有电　　　　B.无电　　　　　　C.可能有电　　　　D.也可能无电
11.当带电体有接地故障时,(　　)可作为防跨步电压的基本安全用具。
    A.低压试电笔　B.绝缘鞋　　　　　C.标识牌　　　　　D.临时遮栏
12.在全部停电和部分停电的电气设备上工作,必须完成的技术措施依次为(　　)。
    A.停电→验电→挂接地线→装设遮栏,悬挂标识牌
    B.停电→放电→挂接地线→装设遮栏,悬挂标识牌
    C.停电→验电→放电→装设遮栏,悬挂标识牌
    D.停电→验电→放电→挂接地线

13.( )是用来安装和拆除高压熔断器或执行其他类似工作的工具。
    A.绝缘夹钳　　B.绝缘杆　　C.验电器　　D.绝缘手套

14.《中华人民共和国安全生产法》适用于各个行业的生产经营活动,它的根本宗旨是保护从业人员在生产经营活动中应享有的保证( )和身心健康的权利。
    A.福利待遇　　B.生命安全　　C.劳动报酬　　D.各项公积金

15.以下不属于电工基本条件的是( )。
    A.高中以上文化程度
    B.年龄满18周岁
    C.无妨碍从事电工作业的病症和生理缺陷
    D.初中以上文化程度

16.防止人身电击,最根本的是对电气工作人员或用电人员进行( ),严格执行有关安全用电和安全工作规程,防患于未然。
    A.安全教育和管理　　　　B.技术考核
    C.学历考核　　　　　　　D.全面技术装备

17.电工必须熟知本工种( )和施工现场的安全生产制度,不违章作业。
    A.生产安排　　B.安全操作规程　　C.工作时间　　D.安全风险

18.电气安全管理人员应具备必要的( )知识,并要根据实际情况制定安全措施。
    A.组织管理　　B.电气安全　　C.电气基础　　D.电压等级

19.线路限时电流速断保护装置动作,可能是( )部分发生短路故障。
    A.全线　　B.始端　　C.中端　　D.末端

20.下列有关容易发生"三违"现象的时间的说法中,有误的是( )。
    A.生产任务紧张时"三违"现象较多
    B.领导不在场时"三违"现象偏多
    C.安全思想教育不及时或不经常进行教育培训时容易出现"三违"现象
    D.倒班前后容易发生"三违"现象

21.以下不属于作业前检查内容的是( )。
    A.自身穿戴是否符合安全作业要求
    B.施工资料是否满足安全作业要求
    C.安全设施、装置如有隐患要及时处理
    D.设备、器具是否齐全、正常,有损坏的要修理或更换

22.安全管理的重要手段是监督、检查日常的( )工作事项。
    A.管理　　B.安全　　C.生产　　D.检查

23."四不放过"原则不包括( )。
    A.事故原因分析不清不放过　　　　B.事故责任人没有处理不放过
    C.后果特别严重者不放过　　　　　D.没有防范措施不放过

二、判断题

1.人触电时,电对人体的伤害有电伤、电击两种。　　　　　　　　　　　　( )
2.可以用电线、铁丝、细绳等作止血带用。　　　　　　　　　　　　　　　( )
3.未经医务人员同意,灼伤部位不宜敷搽任何东西和药物。　　　　　　　　( )
4.救护人可以用双手缠上围巾拉住触电人的衣服,把触电人拉离带电体。　　( )

5.电工可以不戴绝缘手套工作。( )
6.未取得省级住建部门颁发的建筑施工特种作业人员操作资格证书,只具有地方电工协会颁发的证书,可以上岗操作。( )
7.电工检修作业时可以不断电检修。( )
8.影响触电后果的因素只有电流大小。( )
9.跨步电压触电属于间接接触触电。( )
10.一般情况下,单相触电发生得较少。( )
11.电流通过人体的途径中,从左手到前胸是最危险的电流途径。( )
12.触电伤害程度与人体健康状态无关。( )
13.一般情况下,两相触电最危险。( )
14.85%以上的触电死亡事故是由电伤造成的。( )
15.只有触及带电体才能导致电流流经人身发生触电事故。( )

三、多选题

1.按照人体触及带电体的方式和电流流过人体的途径,触电可分为( )。
　　A.单相触电　　　B.直接接触触电　　　C.跨步电压触电　　　D.两相触电
2.直接接触电击的防护措施有:( )、安全电压、漏电保护、电气隔离和电气联锁等。
　　A.绝缘　　　　　B.屏护　　　　　　　C.等电位连接　　　　D.间距
3.触电急救必须做到( )。
　　A.迅速　　　　　B.及时　　　　　　　C.正确　　　　　　　D.坚持
4.在电气设备上工作,保证安全的技术措施是( )。
　　A.停电　　　　　　　　　　　　　　　B.验电
　　C.装设接地线　　　　　　　　　　　　D.悬挂标识牌,装设遮栏
5.电气安全管理的技术有( )。
　　A.选取合适的电源开关、导线和保护装置
　　B.电气设备和线路保持合格的绝缘、屏护和间距
　　C.电气设备和线路周围预留一定的操作和检修场地
　　D.采用接零保护的设备,实行三相四线制接线

13 焊割工安全培训

一、单选题

1. 在矿井空气中,如果氧气浓度低于( ),煤尘就不会爆炸。
   A. 12%　　　　　B. 18%　　　　　C. 20%　　　　　D. 22%
2. 距焊接场所( )m 内,不得存放易燃易爆物品。
   A. 3　　　　　　B. 10　　　　　　C. 13　　　　　　D. 20
3. 电气焊在同一场所作业时,氧气瓶必须采取( )措施。
   A. 绝缘　　　　B. 接地　　　　　C. 接零　　　　　D. 接火
4. 乙炔瓶必须留有( )MPa 以上的剩余压力。
   A. 0.05~0.1　　B. 0.1~0.15　　C. 0.1~0.2　　　D. 0.2~0.25
5. 电焊机外壳接地电阻不得大于( )Ω。
   A. 1　　　　　　B. 2　　　　　　C. 3　　　　　　D. 4
6. 铸铁、不锈钢、铜、铝及其合金采用( )切割。
   A. 等离子　　　B. 电弧熔割　　　C. 氧气-氢气气体　　D. 氧气-乙炔气体
7. 可燃液体具有( )特性。
   A. 悬浮性　　　B. 扩散性　　　　C. 蒸发型　　　　D. 流动性
8. 变压器使用 A 级材料时,极限温度为( )℃。
   A. 85　　　　　B. 90　　　　　　C. 95　　　　　　D. 105
9. 成为焊割工,要求年满____周岁、不超过____周岁,身体健康,且必须取得省级住建部门颁发的建筑施工特种作业人员操作资格证书。正确选项是( )。
   A. 19;57　　　B. 18;55　　　　C. 18;57　　　　D. 19;55
10. 焊机的一次接线必须由( )接线。
    A. 焊割工　　　B. 钳工　　　　　C. 电工　　　　　D. 仪表工
11. 电气焊在同一场所作业时,氧气瓶必须采取( )措施,且工人之间必须安置隔光板。
    A. 接地　　　　B. 绝缘　　　　　C. 接零　　　　　D. 接火
12. 割炬点火前应用氧气吹风,如果发现异常情况,严禁点火。点燃割炬时,应先开____阀点火,再开____阀调整火。关闭时,应先关闭____阀,再关闭____阀。正确选项是( )。
    A. 氧气;乙炔;氧气;乙炔　　　　　　B. 氧气;乙炔;乙炔;氧气
    C. 乙炔;氧气;乙炔;氧气　　　　　　D. 乙炔;氧气;氧气;乙炔
13. 瓶阀和管道被冻结时,应用( )℃以下热水解冻,严禁用火烘烤或者扑击。
    A. 40　　　　　B. 50　　　　　　C. 60　　　　　　D. 70
14. 氧气和乙炔气管不能对调,当发现气管漏气时,应及时( )。
    A. 拨打 119 电话　　　　　　　　　B. 继续工作,影响不大
    C. 停火检查　　　　　　　　　　　D. 找现场技术人员
15. 焊割作业过程中主要存在的风险有火灾、触电、( )、灼伤、职业病等。
    A. 车祸　　　　B. 爆炸　　　　　C. 腰肩伤痛　　　D. 滑伤

16. 雨雪天和风力大于或等于(　　)时须停止室外焊接作业,雷雨天禁止焊割作业。
　　A. 4级　　　　　　B. 5级　　　　　　C. 6级　　　　　　D. 7级
17. 凡坠落高度在基准面(　　)m以上的作业,均称为高处作业。
　　A. 2　　　　　　　B. 3　　　　　　　C. 4　　　　　　　D. 5
18. 焊割工在作业时,不准携带或穿戴(　　)。
　　A. 眼镜　　　　　　B. 手机　　　　　　C. 金银饰物,如手镯　D. 香烟
19. 氧气瓶内的气体在使用将尽时,(　　)。
　　A. 应尽量用完　　　　　　　　　B. 压力应保持在65～95kPa
　　C. 应保持一定压力　　　　　　　D. 压力应保持在98～196kPa
20. 焊机与焊钳必须使用软线,一般长度不超过(　　)m,以保证电缆绝缘层不受损坏。
　　A. 10～15　　　　　B. 15～20　　　　　C. 10～20　　　　　D. 20～30
21. 若发生火灾,火势太大无法控制或气瓶有爆炸危险时,现场人员应(　　)。
　　A. 及时撤离现场并拨打119　　　B. 先关闭割炬阀门再关闭气瓶阀门
　　C. 立即报告现场监管人员　　　　D. 拿起灭火器紧急灭火
22. 若有人触电,附近人员应(　　)。
　　A. 立即报告相关领导　　　　　　B. 立即抢救触电者使其脱离危境
　　C. 立即关闭所有电源　　　　　　D. 拨打120

二、判断题

1. 焊割工应遵守项目规章制度,有权拒绝违章指挥、强令冒险作业。　　　　　　　(　　)
2. 看到他人的违规操作时,应离得远远的,反正跟自己也没关系。　　　　　　　　(　　)
3. 建筑施工特种作业人员操作资格证书有效期为三年,应在期满前3个月内向原考核发证机关申请办理延期复核手续。　　　　　　　　　　　　　　　　　　　　　(　　)
4. 禁止在输电线路下放置乙炔发生器、乙炔瓶、氧气瓶等气焊设备。　　　　　　　(　　)
5. 李明手续和要求都符合规定,由于公司工作紧急,未经入场安全培训就开始焊割。这一行为符合规定。　　　　　　　　　　　　　　　　　　　　　　　　　　　　(　　)
6. 焊割工进入有限空间作业前必须办理作业许可证,气体检测合格后方可入内,作业过程中保持通风良好,穿戴好防护用具,且必须由专人监护。　　　　　　　　　　　(　　)
7. 为了节省资金和方便工人操作,某公司每台电焊机均设有单独开关,但交流焊机没有设置二次降压保护器。这样做是安全的。　　　　　　　　　　　　　　　　　(　　)
8. 氧气瓶阀门着火,只要操作者将阀门关闭,杜绝氧气,火就会自动熄灭。　　　　(　　)
9. 冬季使用气焊时,发现乙炔瓶冻结,可用热水或蒸汽解冻。　　　　　　　　　　(　　)
10. 对机械设备进行电弧焊时,必须将该设备的保护接零暂时拆除。　　　　　　　(　　)
11. 乙炔瓶和氧气瓶可以放在同一储存室,但总数量不能超过40瓶。　　　　　　　(　　)
12. 当违反焊割"十不烧"时,焊工有权拒绝焊割,各级领导都应支持,不能违章作业。
　　　　　　　　　　　　　　　　　　　　　　　　　　　　　　　　　　　　(　　)
13. 发现事故隐患及时向有关部门报告,不是从业人员的义务,而是领导的责任。
　　　　　　　　　　　　　　　　　　　　　　　　　　　　　　　　　　　　(　　)
14. 从业人员有遵守本单位的安全生产规章制度和操作规程、服从管理、正确佩戴和使用劳动防护用品的义务。　　　　　　　　　　　　　　　　　　　　　　　　(　　)
15. 作业部位与外单位相接触,在未弄清对外单位有否影响前,或明知危险而未采取有

效的安全措施时,不能焊割。 ( )

三、多选题

1. 长期在密闭环境中进行电焊作业,如没有相应的通风防尘措施,可能导致焊工尘肺或( )中毒。
   A. 尘肺　　　　　B. 金属热　　　　　C. 锰　　　　　D. 甲醛

2. 下列操作中,不正确的是( )。
   A. 登高焊接铁架时未戴手套。　　　　B. 用电焊焊补管道时不穿工作服。
   C. 用单相电源时把电源零线与焊接地线相连。 D. 穿均压服进行管道电焊。

3. 在焊接电弧强烈的紫外线作用下,在弧区周围可形成多种有毒气体,其中主要有( )。
   A. 臭氧　　　　　B. 一氧化碳　　　　C. 氢氧化物　　　D. 氮氧化物

4. 高空作业前,焊割工应进行体检,患有( )等不能进行高空作业。
   A. 精神病　　　　B. 高血压　　　　　C. 心脏病　　　　D. 癫痫病

5. 如果油类着火,可采用( )灭火。
   A. 水　　　　　　B. 泡沫灭火器　　　C. 二氧化碳灭火器　D. 干粉灭火器

6. 乙炔着火时,可用( )灭火。
   A. 黄沙　　　　　B. 水　　　　　　　C. 泡沫灭火器　　　D. 干粉灭火器

7. 下列属于金属焊接与切割作业职业病的是( )。
   A. 尘肺病　　　　　　　　　　　　　B. 锰中毒
   C. 电光性眼炎　　　　　　　　　　　D. 红外线白内障

案例　爆炸事故

一、单选题

1. 电焊机外壳必须有可靠的保护接地(或接零),接地电阻不得大于( )Ω。
   A. 15　　　　　B. 10　　　　　C. 8　　　　　D. 4

2. 存放氧气瓶、乙炔瓶时,其间距不得小于( )m。
   A. 3　　　　　　B. 4　　　　　C. 5　　　　　D. 6

3. 在电焊作业过程中,要经常检查所使用的电焊线皮,保证其不破皮、( )。
   A. 不通电　　　B. 不接地　　　C. 不漏电　　　D. 不松弛

4. 所有从事焊接和切割的人员,都必须持有效特种作业操作证,并严格履行动火审批手续,未经安全主管或消防人员许可,不得在船上( )进行焊接和切割。
   A. 任何部位　　B. 生活区域　　C. 重点防火部位　D. 施工部位

5. 在使用( )瓶前,如发现钢瓶的阀门有油污或油迹,应禁止使用。
   A. 氧气　　　　B. 乙炔　　　　C. 二氧化碳　　D. 氢气

6. 施工前要组织班前安全交底,明确( )交底内容。
   A. 工程　　　　B. 施工　　　　C. 安全　　　　D. 技术

7. 电弧焊是利用( )作为热源的熔焊方法。
   A. 电弧　　　　B. 气体燃烧火焰　C. 化学反应热　D. 电阻热

351

8. 焊接电流越大,电弧燃烧( )。
   A. 越稳定　　　　B. 越不稳定　　　　C. 无影响　　　　D. 稳定性不变

9. 焊条、焊剂中的水分是( )的主要来源之一。
   A. 氧　　　　　　B. 氢　　　　　　　C. 氮　　　　　　D. 氦

10. 电焊作业可能造成的危害是( )。
    A. 爆炸与火灾危险　　　　　　　　B. 触电伤害
    C. A、B 两者都是　　　　　　　　　D. A、B 两者都不是

11. 焊接面罩应使用( )。
    A. 透明的防撞击性镜片　　　　　　B. 太阳镜片
    C. 深色的滤光镜片　　　　　　　　D. 浅色的滤光镜片

12. 发现电焊机着火,应( )。
    A. 先断电后灭火　　　　　　　　　B. 先灭火后断电
    C. 用水泼　　　　　　　　　　　　D. 用泡沫灭火器

13. 弧变压器的空载电压一般要求不大于( )V。
    A. 80　　　　　　B. 95　　　　　　　C. 60　　　　　　D. 100

14. 焊割用胶管长度一般不小于( )m。
    A. 5　　　　　　　B. 10　　　　　　　C. 15　　　　　　D. 20

15. 使用乙炔瓶时,要求保留( )MPa 的余压。
    A. 2　　　　　　　B. 1　　　　　　　C. 0.1　　　　　　D. 0.05

16. 以下属于焊割工金属烟热症状的是( )。
    A. 下蹲困难　　　B. 发烧　　　　　　C. 头晕　　　　　D. 胸闷

17. 焊割工登高作业的正确防火措施是( )。
    A. 登高作业时,下方地面上 2m 范围内应设栏隔挡
    B. 可不清除火星飞落范围内的易燃易爆物品
    C. 焊接结束后,可立即离开现场
    D. 作业场所应配有足够的消防器材

18. 下列关于焊接电流、焊接电压、焊接速度对焊接质量影响的说法中,不正确的是( )。
    A. 焊接电流主要影响熔深。电流过大,容易产生咬边、烧穿、焊瘤等缺陷,飞溅也多
    B. 电流过小,熔深小,电弧不稳定,容易造成未焊透和夹渣等缺陷
    C. 焊接电压主要影响熔宽。电弧过长,电弧燃烧不稳定,增加金属飞溅,且易引起咬边、未焊透、气孔等缺陷
    D. 焊接速度主要影响焊缝成形。速度过慢,成形不好,易引起未焊透;速度过快,容易引起焊瘤

19. 下列关于未焊透的原因及防止未焊透的措施的说法,正确的是( )。
    A. 未焊透产生的原因:焊接电流过大、运条速度太慢、焊条角度不当等
    B. 未焊透产生的原因:焊接电流过小、运条速度太快、焊条角度不当等
    C. 防止未焊透的措施:加大电流,减慢速度,选择合适的焊条
    D. 防止未焊透的措施:提高焊工的操作水平;按工艺要求加工坡口;根据经验选择,可不考虑工艺;焊前清理坡口的锈垢和污物

20. 焊接电流是优质质量的关键性条件之一,如果过大不会产生( )影响。

A. 焊条容易发红,使药皮变质　　　　B. 焊缝过热,使晶粒粗小
C. 易造成咬边、弧坑等缺陷　　　　　D. 焊缝过热,使晶粒粗大

二、判断题

1. 焊割工是焊接与热切割作业人员的简称,是指操作焊接和气割设备、进行金属工件的焊接或切割的人员。（　　）
2. 公路桥梁工程中常用的焊接方法主要有焊条电弧焊、氩弧焊、二氧化碳保护焊、闪光对焊等。（　　）
3. 金属主要焊接方法有:气焊、钎焊、压焊。（　　）
4. 按操作方式,气割作业分为自动气割和机械化气割。（　　）
5. 压焊是在不施加压力的情况下,将焊接处的母材金属融化以形成焊缝的方法。（　　）
6. 电焊机一次电源线长度不大于8m,二次线电缆长度不大于20m,进出线处设置防护罩。（　　）
7. 施工中常用的氧气乙炔气割设备主要由气瓶、压力表、连接软管、割炬组成。（　　）
8. 搬运乙炔等气体瓶时,必须拧紧保险帽,不得将保险帽当手把抬运。现场运输时应使用专用小推车,严禁抛掷、拖动、滚动气瓶。（　　）
9. 作业时氧气瓶与乙炔瓶间距必须大于5m,瓶体距离动火作业点必须大于10m。气瓶应设置防晒、防雨淋措施,环境温度不超过50℃。（　　）
10. 焊接储存过易燃、易爆、有毒物品的容器或管道时,必须将残留物或气体吹扫干净并经有效通风检测合格后方可作业。（　　）
11. 高处焊接作业时,规范放置焊割机具及材料,焊割工应佩戴阻燃安全带,下方设置接火盘,地面必须有人监护。（　　）
12. 气瓶储存器不得设在地下室,和办公区、生活区保持5m以上安全距离,储存场所10m范围内禁止从事明火和生成火花的工作。（　　）
13. 焊割作业结束后,关好割炬阀门、气瓶阀门,拆除软管,安装安全帽,将气瓶运送至储存间。（　　）
14. 如气瓶发生火灾且火势较小时,先用手裹湿毛巾关闭气瓶阀门,然后用水、干粉灭火器、浸水石棉等灭火。（　　）
15. 焊割等明火作业时,应清除附近的可燃物。（　　）

三、多选题

1. 对焊接电源的基本要求是(　　)。
   A. 适当的空载电压　　　　　　　　B. 有合适的外特性
   C. 有良好的动特性　　　　　　　　D. 灵活的调节范围
2. 焊条是焊割工需要的材料之一,选用焊条时应遵循(　　)原则。
   A. 等强度原则　　B. 等同性原则　　C. 等条件原则　　D. 等外观原则
3. 焊割工在工作中预防触电事故,应做到(　　)。
   A. 严格执行焊割工安全培训、持证上岗制度　　B. 加强安全生产管理
   C. 采取一线多机的方法　　　　　　　　　　　D. 采取有效的电气安全措施
4. 某施工工地的一名焊割工,在焊接一废柴油罐时,没有经过清洗,也没打开桶盖,发生爆炸,造成焊割工左小腿粉碎性骨折,事故原因是(　　)。

353

A. 焊割工的技术不标准　　　　　　　B. 未将油罐内的残余柴油彻底清洗
C. 未对油罐进行有效通风　　　　　　D. 未对油罐内的气体进行浓度检测

5. 在焊接过程中,对碳弧气刨的特殊要求有(　　)。

A. 直流电源

B. 选用200A以上的焊机

C. 用镀铜实心碳棒和石墨棒

D. 压缩空气要达到0.4～0.6MPa甚至更高

6. 进行高空焊割工作时,预防高处落物砸伤的措施有(　　)。

A. 随身工具必须装在牢固无孔洞的工具袋内　B. 进入高空作业区必须戴安全帽
C. 可以把电线踩在脚下,防止晃动　　　　　　D. 不准随意乱扔焊条头

7. 下列关于使用电焊机主要安全要求的说法,正确的有(　　)。

A. 一闸多机,减少使用开关

B. 应选用封闭的铁壳开关或自动空气开关

C. 放置电焊机的环境温度要低于60℃、高于-10℃

D. 使用前应检查保护接地(接零)线是否完好

9. 焊接盛装过汽油的油涌时,应(　　)。

A. 清洗后直接焊接　　　　　　　　　B. 首先应将油桶清洗通风
C. 气体浓度检测合格后方可焊割　　　D. 做好保护措施

10. 焊接电缆是重要的传输系统,下列关于维护焊接电缆的注意事项的说法中,正确的是(　　)。

A. 焊机用的软电缆线应采用多段细铜线电缆

B. 电缆外皮必须完整、绝缘良好

C. 焊机与焊钳必须使用软线,长度不超过30～40m

D. 禁止焊接电缆后与油脂等易燃的物体接触

14 钢筋工安全培训

一、单选题

1. 下列不属于钢筋工工作范畴的是( )作业。
   A. 切断　　　　B. 除锈　　　　C. 吊装　　　　D. 调直

2. 下列不属于钢筋工常用机械设备的是( )。
   A. 调直机　　　B. 直螺纹滚丝机　　C. 数控弯曲机　　D. 电动葫芦

3. 下列不属于钢筋工常用工具的是( )。
   A. 定位卡具　　B. 剥线钳　　　C. 扭矩扳手　　D. 钢丝刷

4. 下列不属于钢筋工作业过程中面临的主要安全风险的是( )。
   A. 淹溺　　　　B. 触电　　　　C. 物体打击　　D. 机械伤害

5. 年龄在( )周岁且身体健康的人员适宜从事钢筋作业。
   A. 18~50　　　B. 18~55　　　C. 18~60　　　D. 18~65

6. 场内存放的钢筋,离地高度不小于( )cm。
   A. 20　　　　　B. 30　　　　　C. 40　　　　　D. 50

7. 钢筋的堆放高度不宜超过( )m。
   A. 1　　　　　B. 1.2　　　　C. 1.5　　　　D. 2

8. 存放圆盘钢筋及钢筋笼,不宜大于( )层。
   A. 4　　　　　B. 3　　　　　C. 2　　　　　D. 1

9. 切断钢筋时,手与刀口的距离不得少于( )cm。
   A. 15　　　　　B. 20　　　　　C. 30　　　　　D. 40

10. 切断钢筋时,如果钢筋长度小于( )cm,应使用套筒或夹具将钢筋压住或夹住。
    A. 20　　　　B. 30　　　　C. 40　　　　D. 50

11. 切断钢筋时,下列操作中正确的是( )。
    A. 双手在刀面两侧送料　　　　B. 在刀面进料一侧送料
    C. 在刀面出料一侧送料　　　　D. 在刀面上方送料

12. 切断直螺纹钢筋端部,应使用( )。
    A. 切断机　　B. 电焊机　　　C. 砂轮切割机　　D. 气割设备

13. 钢筋绑扎搭接长度一般不少于钢筋直径的( )倍。
    A. 20　　　　B. 25　　　　C. 30　　　　D. 35

14. 钢筋单面焊接搭接长度不少于钢筋直径的( )倍。
    A. 5　　　　　B. 10　　　　C. 15　　　　D. 20

15. 安装钢筋机械连接标准型接头后,外露螺纹不宜超过( )丝。
    A. 1　　　　　B. 2　　　　　C. 3　　　　　D. 4

16. 制作钢筋垫块,厚度误差是( )mm。
    A. ±1　　　　B. +1　　　　C. ±2　　　　D. -2

17. 钢筋垫块的数量应不少于( )个/m²。
    A. 2　　　　　　　B. 3　　　　　　　C. 5　　　　　　　D. 10
18. 下列操作中,符合钢筋工作业操作规程的是( )。
    A. 用扎丝将施工电缆线绑扎牢固,避免线路混乱
    B. 钢筋骨架安装过程中,应尽快拆除辅助支撑的钢筋
    C. 人力搬运钢筋下坡时,应前后呼应,步伐稳、慢
    D. 同一排的钢筋接头位置应左右对齐,受力统一
19. 钢筋的机械连接包括( )。
    A. 直螺纹套筒连接　B. 电弧焊连接　　C. 绑扎连接　　D. 对焊连接
20. 安装钢筋骨架时,必须搭设脚手架或者作业平台;当在坠落基准面( )m 及以上高度时,必须系安全带。
    A. 1　　　　　　　B. 2　　　　　　　C. 3　　　　　　　D. 4
21. 下列小型机具传动部位中,属于危险部位的是( )。
    A. 齿轮与齿条分离处　　　　　　　B. 皮带轮的中间部位
    C. 联轴器的突出件　　　　　　　　D. 蜗杆顶端
22. 电焊机必须设置接地保护,接地电阻不应大于( )Ω。
    A. 1　　　　　　　B. 2　　　　　　　C. 3　　　　　　　D. 4
23. 张拉钢筋作业时,作业人员应站在张拉方向的( )侧。
    A. 左　　　　　　　B. 右　　　　　　　C. 两　　　　　　　D. 后
24. 手持电动工具切割钢筋作业时,应佩戴( )。
    A. 绝缘鞋　　　　　B. 护目镜　　　　　C. 线手套　　　　　D. 塑胶手套
25. 安装钢筋骨架时,不允许( )作业。
    A. 吊装　　　　　　B. 焊接　　　　　　C. 交叉　　　　　　D. 绑扎

二、判断题

1. 机械调直钢筋前,应确保料架、料槽安装平直,使导向筒、调直机和切口孔位于同一直线。( )
2. 砂轮切割机作业时,手应压紧钢筋,尽量靠近叶轮,避免钢筋甩出。( )
3. 钢筋切断作业中,不得剪切与机械铭牌不符的钢筋。( )
4. 钢筋切断作业中,机械运转时,应及时观察机械运转情况,清理刀口附近的断头和杂物。( )
5. 钢筋弯曲作业时,挡铁轴的直径和强度不得小于钢筋的直径和强度。( )
6. 钢筋弯曲作业时,发现钢筋不直,应先使用弯曲机调直,再进行弯曲作业。( )
7. 钢筋弯曲作业中,严禁更换芯轴、销子、变换角度以及调速,也不得清扫和加油,作业后应及时清除转盘及孔内铁锈及杂物等。( )
8. 钢筋套丝机作业过程中,必须确保钢筋夹持牢固。( )
9. 钢筋绑扎作业,严禁少绑、漏绑交叉点,骨架交叉点应全部绑扎,其他交叉点绑扎数量不少于50%。( )
10. 钢筋套筒连接后,钢筋丝头必须在套筒中央位置正对轴线相互顶紧,应使用扭力扳手校核拧紧扭矩。( )
11. 钢筋挤压套筒连接挤压时,挤压机应与钢筋轴线保持垂直,从套筒两侧向中央挤压,

挤压后的套筒不得有肉眼可见的裂纹。（　　）
12. 钢筋混凝土垫块应有足够的强度和密实性，垫块制作厚度误差不得超过±2mm。（　　）
13. 布设的马镫筋应有一定的刚度，避免被踩踏后变形或者下陷。（　　）
14. 两层钢筋及钢筋架体之间应按设计要求设置临时支撑，架体未成形前严禁提前拆除支撑或者解除约束。（　　）
15. 在钢筋骨架上堆载钢筋、模板，不应超过骨架的承载能力。（　　）

三、多选题

1. 钢筋的品种有（　　）。
   A. 热轧光圆钢筋　　　　B. 热轧带肋钢筋　　　　C. 冷轧带肋钢筋
   D. 冷轧扭钢筋　　　　　E. 余热处理钢筋

2. 钢筋工佩戴的劳动防护用品包括（　　）。
   A. 安全帽　　B. 安全带　　C. 防尘口罩　　D. 防滑鞋　　E. 反光服

3. 钢筋工的安全职责包括（　　）。
   A. 严格遵守安全操作规程　　　B. 规范佩戴安全防护用品
   C. 接受安全交底及其培训　　　D. 服从现场安全人员指挥
   E. 做好设备及工具的保养

4. 钢筋不得与（　　）等混合存放，防止腐蚀。
   A. 酸　　　　B. 沙石　　　　C. 油　　　　D. 盐

5. 钢筋调直机作业前的准备工作有（　　）。
   A. 电源合闸　　　　　B. 检查传动机构
   C. 调整间隙　　　　　D. 紧固螺栓

6. 钢筋除锈的方法包括（　　）。
   A. 人工除锈　　B. 机械除锈　　C. 化学除锈　　D. 热处理除锈

7. 钢筋弯曲作业前，应检查弯曲机（　　）等部位是否有损伤。
   A. 芯轴　　　　B. 转盘　　　　C. 按键　　　　D. 挡铁轴

8. 使用套丝机前，应检查（　　）。
   A. 刀片是否按顺序安装　　　B. 刀片连接是否牢固
   C. 各运转部位润滑是否良好　D. 有无漏电现象

9. 钢筋连接包括（　　）。
   A. 绑扎连接　　B. 焊接连接　　C. 机械连接　　D. 错位连接

10. 钢筋的手工绑扎形式包括（　　）。
    A. 一面顺扣法　　B. 兜扣法　　C. 缠扣法　　D. 反十字花扣法　　E. 套扣法

案例　钢筋垮塌事故

一、单选题

1. 下列属于钢筋工安全防护用品的是（　　）。
   A. 防护网　　　　B. 绝缘手套　　　　C. 护目镜　　　　D. 防寒服

2. 拉直钢筋时，卡头要卡牢，地锚要结实牢固，拉筋沿线（　　）m区域内禁止有人。
   A. 1　　　　B. 2　　　　C. 3　　　　D. 4

3. 多人抬运长钢筋时,应注意( )。
   A. 绑扎牢固　　　　　　　　　　B. 按人员负重能力分配负荷
   C. 起落、转、停和走行要一致　　　D. 最后一人负责指挥
4. 上下传递钢筋,不得站在( )。
   A. 同一垂直线上　B. 同一水平线上　C. 交叉位置　　D. 传递人背后
5. 钢筋堆放要( )。
   A. 集中　　　　　　　　　　　　B. 稳当
   C. 尽量减少占地面积　　　　　　D. 捆扎固定
6. 绑扎梁板钢筋骨架时应注意( )。
   A. 人员尽量在一侧作业　　　　　B. 集中堆放工具和材料
   C. 设置防倾覆撑杆　　　　　　　D. 电焊工与绑扎人员交错作业
7. 起吊钢筋骨架时,其下方禁止站人,必须待骨架降落到距地面( )以下方准靠近,在骨架就位支撑好后,方可摘钩,以防钢筋骨架倾倒伤人。
   A. 0.5m　　　　B. 1m　　　　　C. 1.5m　　　　D. 2m
8. 用砂轮机切割板梁端钢绞线端头,应站在( )上进行。
   A. 爬梯顶端　　B. 工作平台　　C. 爬梯底端　　D. 梁顶末端
9. 切断钢筋时,手与刀口的距离不得少于____cm。切断短料时,如果手握端小于____cm,应用套管或夹具将钢筋短头压住或夹住,严禁用手直接送料。正确选项是( )。
   A. 10;30　　　B. 20;40　　　C. 40;30　　　D. 15;40
10. 改变钢筋弯曲机工作盘旋转方向时,必须( )。
    A. 停机后进行　B. 从正转直接反转　C. 从反转直接正转　D. 戴手套进行
11. 下列说法中,错误的是( )。
    A. 弯曲机运转中,严禁更换芯轴和成型轴
    B. 弯曲机运转中,严禁变换角度及调速
    C. 严禁在运转时加油或清扫
    D. 钢筋弯曲机出现故障时,严禁关闭电源
12. 绑扎钢筋骨架过程中不允许( )。
    A. 人员交叉作业　　　　　　　　B. 佩戴防护用品
    C. 在骨架上堆载半成品　　　　　D. 配备灭火器材
13. 绑扎钢筋骨架过程中,发现骨架偏移应( )。
    A. 通知安全主管部门　　　　　　B. 通知带班领导
    C. 停止作业并撤离　　　　　　　D. 立即进行支护
14. 发现安全隐患,管理人员不得( )。
    A. 强令停止作业流程　　　　　　B. 违章指挥,强令冒险作业
    C. 进入施工现场　　　　　　　　D. 越级上报
15. 在安全管理中,下列说法错误的是( )。
    A. 钢筋作业人员有权拒绝冒险作业　　B. 钢筋作业人员有权拒绝安全管理
    C. 钢筋作业人员有权拒绝违章指挥　　D. 钢筋作业人员有权拒绝越级管理
16. 钢筋坍塌事故中,直接经济损失包括( )。
    A. 人员死亡或受伤的工伤补偿款　　　B. 人员教育培训费用

C. 停工造成经济损失　　　　　　　D. 罚款

17. 下列关于生产安全事故的说法,正确的是(　　)。
    A. 发现重大事故隐患时,应由专业安全管理人员管理,其他人员不得干预
    B. 发现重大事故隐患时,应立即上报工程管理部门,由工程负责人决定是否停工整改
    C. 事故发生后,项目部应立即组织进行现场救援,并上报上级主管部门
    D. 事故发生后,应立即通知上级主管部门,统一协调进行事故救援工作

18. 钢筋作业中,发生触电事故后,应(　　)。
    A. 立即搬运伤员至最近的医院进行救治　　B. 立即关闭电源
    C. 立即上报给现场安全管理人员　　　　　D. 检查用电设备是否工作正常

19. 钢绞线穿束作业中,不允许(　　)。
    A. 佩戴防护手套　　　　　　　　B. 单股穿束
    C. 焊接钢绞线,整股穿束　　　　D. 佩戴安全带

20. 钢筋笼堆载高度不能超过(　　)层。
    A. 2　　　　　　B. 3　　　　　　C. 4　　　　　　D. 5

二、判断题

1. 作业人员必须遵守安全操作规程,经安全培训且考试合格后方可上岗作业。(　　)
2. 钢筋为易导电材料。因此,雷雨天气作业人员应佩戴绝缘手套、绝缘鞋,以防电击伤人。(　　)
3. 钢筋加工机械作业完毕后必须拉闸,切断电源,锁好开关箱。用工具清除铁屑、钢筋头,严禁用手擦抹或嘴吹。切好的钢材、半成品必须按规格码放整齐。(　　)
4. 展开盘圆钢筋,要一头卡牢,防止回弹,切断时要用脚踩紧。(　　)
5. 钢筋的绑扎工作应当在张拉结束8h后进行。绑扎时,人尽可能蹲在已张拉好的钢绞线两侧,不要蹲在已张拉好的钢绞线上,更不要在钢绞线上走动、蹦跳、锤敲钢绞线或将钢筋等物体猛砸在钢绞线上,在两头靠近锚具的地方更要注意。(　　)
6. 钢绞线上不要放置其他杂物。(　　)
7. 起吊预制钢筋骨架时,钢筋骨架本身应形成稳定结构,必要时加临时斜撑、支撑;吊具的方向、位置应正确。(　　)
8. 在调直块未固定、防护罩未盖好前,不得穿入钢筋。作业中,严禁打开防护罩和调整间隙,严禁不戴手套操作。(　　)
9. 钢筋加工机械上不准搁置工具、物件,避免振动落入机体。(　　)
10. 操作钢筋切断机前,必须检查切断机刀口,确定安装正确、刀片无裂纹、刀架螺栓紧固、防护罩牢靠,然后手扳动皮带轮检查齿轮、啮合间隙,调整刀刃间隙,空运转正常后再进行操作。(　　)

三、多选题

1. 钢筋工作业前应检查(　　)。
   A. 使用的工具、机械设备是否完好　　B. 作业场所的环境是否整洁
   C. 电气设备的安装是否符合要求　　　D. 夜间作业点是否有足够的照明
   E. 焊机四周的防火设备是否完善

2. 钢筋工的安全防护用品包括(　　)。

A.安全帽　　　　　B.手套　　　　　C.护目镜　　　D.绝缘鞋　　　E.口罩

3.用起重机吊送钢筋时,(　　)。
　　A.应符合起吊重量的安全规定　　　B.拴挂吊具的捆绑钢筋应牢靠,位置应正确
　　C.应由挂绳人员指挥　　　　　　　D.必要时要拴溜绳
　　E.起重机旋转范围内严禁站人

4.绑扎新型骨架结构时,应(　　)。
　　A.熟悉绑扎方案及工艺　　　　　　B.快速完成任务
　　C.重新进行交底　　　　　　　　　D.明确绑扎骨架结构应力方向

5.切割钢绞线前要(　　)。
　　A.清除钢绞线根部杂物　　　　　　B.戴好护目镜
　　C.佩戴口罩　　　　　　　　　　　D.对危险区域进行警示

6.安装钢筋调直机时,应(　　)。
　　A.平稳　　　　　　　　　　　　　B.料架料槽平直
　　C.错开导向筒　　　　　　　　　　D.调直筒和下刀切孔的中心线

7.已调直的钢筋,必须(　　)。
　　A.按规格、根数分成小捆　　　　　B.集中在工作台一侧
　　C.清理堆放整齐　　　　　　　　　D.整体捆扎牢固

8.钢筋切断机运转中,严禁(　　)。
　　A.用手直接清除刀口附近的断头和杂物
　　B.站在钢筋摆动范围内和刀口附近
　　C.非操作人员停留
　　D.佩戴手套

9.电焊作业时,操作人员应(　　)。
　　A.戴防护眼镜和手套
　　B.站在稳固的钢制脚手架上
　　C.防止焊接火花烫伤他人
　　D.严禁在周围堆放易燃、易爆物品,备有足够的灭火器材

15 混凝土工安全培训

一、单选题

1. 混凝土是由下列除( )以外,按一定配合比搅拌而成的先可塑后硬化的结构材料,根据施工需求可另加掺合料或外加剂。
   A. 水泥或其他胶凝材料　　　　B. 粗、细集料
   C. 水　　　　　　　　　　　　D. 土

2. 一般选用级配良好、质地坚硬、吸水率小的碎石、卵石、河沙、机制砂等作集料。拌制混凝土时宜采用饮用水。常用的掺合料不包括( )。
   A. 粉煤灰　　　B. 磨细矿渣　　　C. 硅灰　　　D. 黏土

3. 混凝土工应严格按照混凝土施工安全操作规程及技术交底规范施工,根据作业内容及所处作业环境规范佩戴防护用品。下列不属于混凝土工防护用品的是( )。
   A. 安全帽　　　B. 安全带　　　C. 手套　　　D. 面罩

4. 公路工程常用的水泥主要有硅酸盐水泥和普通硅酸盐水泥,常用的外加剂不包括( )。
   A. 减水剂　　　B. 速凝剂　　　C. 缓凝剂　　　D. 润滑剂

5. 混凝土工作业时,严格按照混凝土( )及技术交底规范施工。
   A. 施工安全操作规程　　B. 现场人员要求　　C. 作业人员意愿　　D. 监理要求

6. 混凝土工作业过程中面临的主要风险有多种,包括模板支架坍塌、车辆伤害、职业伤害等。下列不属于混凝土工面临的施工风险的是( )。
   A. 机械伤害　　　B. 触电　　　C. 高处坠落　　　D. 中毒

7. 混凝土工的基本要求为:年满____周岁,不超过____周岁且身体健康,必须经入场安全教育培训并考试合格方可上岗。正确选项是( )。
   A. 18;55　　　B. 16;55　　　C. 18;60　　　D. 16;60

8. 水泥应堆码整齐且高度不超过____袋,与地面的距离应大于____cm,底部铺设防潮垫层或方木。正确选项是( )。
   A. 15;30　　　B. 10;50　　　C. 10;30　　　D. 15;50

9. 运输混凝土应采用混凝土搅拌运输车,在运输途中及等候卸料时,搅拌运输车的罐体应( )。
   A. 加快转速　　　B. 保持正常转速　　　C. 减小转速　　　D. 停转

10. 运输混凝土应采用混凝土搅拌运输车,卸料前应采用快挡旋转罐体不少于( )s。
    A. 5　　　B. 15　　　C. 20　　　D. 30

11. 夏季天气炎热时,混凝土入模温度不宜超过____℃,模板、钢筋及周边环境温度不超过____℃。正确选项是( )。
    A. 28;40　　　B. 28;35　　　C. 25;35　　　D. 25;40

12. 当室外日平均气温连续____d稳定低于____℃时,混凝土施工必须按照冬季施工方案进行。正确选项是( )。
    A. 5;0　　　B. 5;5　　　C. 7;0　　　D. 7;5

13. 浇筑混凝土时,应保证入模温度不低于( )℃。
    A.5　　　　　　B.0　　　　　　C.7　　　　　　D.10

14. 自高处向模板内倾卸混凝土,当混凝土自由倾落高度大于( )m时,应加设串筒、溜槽等装置,防止混凝土离析。
    A.2　　　　　　B.3　　　　　　C.5　　　　　　D.10

15. 在出料口下方,混凝土的堆积高度不得超过( )m。
    A.0.8　　　　　B.0.3　　　　　C.0.5　　　　　D.1

16. 浇筑隧道二次衬砌混凝土时,一般使用输送泵。垂直向上输送混凝土时,泵与垂直管之间敷设长度不小于( )m的水平管,管路要固定牢固。
    A.10　　　　　 B.5　　　　　　C.2　　　　　　D.15

17. 浇筑二次衬砌混凝土时,台车两侧应对称分层浇筑,左右高差不大于____cm,水平分层厚度不大于____cm。正确选项是( )。
    A.10;10　　　　B.50;50　　　　C.20;20　　　　D.15;15

18. 清理泵管时,管道前端( )m内不得站人。
    A.10　　　　　 B.5　　　　　　C.20　　　　　 D.15

19. 振捣混凝土时,振捣器的接线、绝缘应满足要求,电源线的长度不应大于( )m。
    A.20　　　　　 B.30　　　　　 C.5　　　　　　D.10

20. 插入式振捣器常用于振捣厚度较大的钢筋骨架结构。分层浇筑振捣时,插入式振捣器前端应插入下层混凝土( )。
    A.10~20cm　　　　　　　　　　B.20cm以上
    C.5~10cm　　　　　　　　　　 D.不得插入下层混凝土

21. 附着式振捣器常用于隧道二次衬砌及构件预制振捣,安装位置及振动时间应符合施工方案要求。在同一个混凝土模板同时使用多台附着式振捣器时,各振捣器( )的应一致。
    A.大小　　　　　B.振频　　　　　C.高低　　　　　D.周期

22. 混凝土振捣或养护过程中,如果线路着火,应( )再灭火,防止发生触电。
    A.先切断电源　　　　　　　　　B.用水灭火
    C.首先使用灭火器灭火　　　　　D.自己先撤离

23. 下列说法中,错误有( )。
    A.粗、细集料堆放场所必须全部硬化
    B.不同种类集料应设立材料标识牌,可不分仓堆放
    C.须定期清扫场地,避免二次污染
    D.粗、细集料堆放场所必须采取防雨措施

24. 下列说法中,错误有( )。
    A.混凝土结构施工,应采用预拌混凝土
    B.搅拌少量的低强度等级塑性混凝土,可使用小型搅拌机
    C.对于低强度等级塑性混凝土,可不按照配合比拌和
    D.混凝土结构施工中,可用小型搅拌机拌和

25. 浇筑隧道二次衬砌混凝土时,一般使用输送泵。敷设垂直向上的管道时,错误的做法是( )。
    A.垂直管可直接与泵的输出口连接,管路要固定牢固

B.作业时不得取下料斗的筛网,人不得站在料斗边缘

C.浇筑二衬混凝土时,台车两侧对称分层浇筑

D.开始泵送前,要向料斗加入适量渣水和水泥砂浆,润滑输送泵及管道

二、判断题

1.混凝土工应遵守项目规章制度,对违章指挥、强令冒险作业有权拒绝,对他人的违章操作要加以劝阻和制止,做好施工机具的维护保养。（　　）

2.存放混凝土时,袋装水泥和外加剂应存放在库房内,底部铺设防潮垫层或方木。（　　）

3.搅拌机料斗提升时,严禁作业人员在料斗下停留或经过。（　　）

4.当需要在料斗下方进行清理或者检修时,应将料斗提升至上止点并用保险锁锁定。（　　）

5.卸料前应采用快挡旋转罐体。使用小推车运输时可猛推或撒把卸料。（　　）

6.浇筑混凝土前,应清除模板内或垫层上的杂物,洒水湿润表面干燥的垫层、模板,检查模板、支架和钢筋,发现问题要及时处理。（　　）

7.在出料口下方,混凝土的堆积高度不得过高。严禁用振捣棒分摊混凝土。（　　）

8.应该分层浇筑混凝土,分层浇筑厚度应符合规范要求,上层混凝土应在下层混凝土初凝之前浇筑完毕。（　　）

9.混凝土运输、输送入模的过程中,应保证混凝土连续浇筑。（　　）

10.现浇梁、墩台等一般采用泵车浇筑,软管末端可没入混凝土中,严禁延长、弯曲末端软管。（　　）

11.在建筑物边缘作业时,应搭建稳固的作业平台,作业人员要系安全带。（　　）

12.安装、拆除导管时,吊装要稳固,下部导管限位要牢固安全。使用吊斗灌注混凝土时,应安排专人指挥起吊、运料、卸料,人员、车辆不得在料斗下停留,不得攀爬吊斗。（　　）

13.混凝土成型后,在强度达到1.2MPa前,可踩踏混凝土面;在强度达到2.5MPa前,可承受行人、运输工具、模板、支架等的载荷。（　　）

14.振捣混凝土时,振捣器的接线、绝缘应满足要求,严禁强行拉扯电缆。作业完毕,要及时切断振捣器电源。（　　）

15.对于平面结构混凝土,宜采用塑料薄膜覆盖养护,混凝土全部表面应覆盖严密,保持膜内无凝结水。（　　）

三、多选题

1.混凝土一般在搅拌站集中生产,由混凝土搅拌车运输。浇筑混凝土时采用（　　）等。

　A.串筒　　　　B.溜槽　　　　C.导管　　　　D.料斗

2.振捣设备主要有（　　）振捣器、振捣梁。

　A.附着式　　　B.插入式　　　C.平板式　　　D.移动式

3.从运输到输送入模浇筑完成的时间限制应符合规范要求。对掺（　　）的混凝土,通过试验确定允许时间。

　A.早强剂　　　B.减水剂　　　C.速凝剂　　　D.水

4.浇筑混凝土期间,要安排专人检查（　　）等构件的稳定情况。

　A.支架　　　　B.模板　　　　C.钢筋　　　　D.预埋件

5.水下浇筑混凝土时应使用导管,保持连续浇筑。提升导管时,应该（　　）。

A. 居中   B. 均匀   C. 慢速   D. 快速

6. 插入式振捣器常用于振捣厚度较大的钢筋骨架结构。分层浇筑振捣时,正确的做法是( )。

   A. 振捣器前端应插入下层混凝土

   B. 振捣器与侧模应保持5~10cm的距离

   C. 软管弯曲半径大于50cm

   D. 振捣器与主筋应保持5~10cm的距离

7. 养护混凝土时,常用的养护方式有( )、覆盖保湿养护等。

   A. 洒水养护   B. 电热养护   C. 蓄热养护   D. 蒸汽养护

8. 冬季时,一般采用( )方法养护混凝土。

   A. 蓄热法   B. 电热法   C. 蒸汽法   D. 覆盖保湿法

9. 下列说法中,正确是( )。

   A. 当模板支架轻微偏移或发出响声时,应停止混凝土浇筑,检查加固模板支架

   B. 发现异常情况,要加快浇筑,同时加强观测

   C. 当模板支架局部脱落垮塌时,作业人员应立即撤离现场

   D. 当模板局部脱落时,应通知现场管理人员对模板支架进行检测及风险评估,并根据情况采取处理措施

10. 下列关于冬季混凝土施工养护的说法中,正确的是( )。

   A. 采用电热法及蒸汽法养护时,应采取安全警戒措施

   B. 无关人员不得进入养护区域

   C. 蓄热及电热养护时,作业点要设置消防器材

   D. 作业人员佩戴好防护用品

案例 爆模事故

一、单选题

1. 下列关于模板工作业的说法中,正确是( )。

   A. 对模板进行进场验收   B. 安装完成后不用验收

   C. 对于部分螺栓孔,不用安装螺栓   D. 规范搭设脚手架,不用设置人行爬梯

2. 进入施工现场,必须佩戴( )。

   A. 口罩   B. 安全带   C. 安全帽   D. 工作证

3. 下列关于泵送混凝土施工的说法中,错误的是( )。

   A. 泵送前,应检查输送泵和布料系统

   B. 首次泵送前,应进行管道抗扭试验

   C. 输送泵出料软管应由专人牵引、移动,布料臂下不得站人

   D. 拆卸混凝土输送管道接头前,应释放输送管内剩余压力

4. 下列关于混凝土振捣施工安全规定的说法中,错误的是( )。

   A. 作业停止,应切断电源

   B. 不得用电缆线、软管拖拉或吊挂振捣器

   C. 装置振捣器的构件模板应坚固牢靠

D. 带电检修振捣器时,应有专人监护

5. 混凝土施工中,维修、保养或检查清理搅拌系统、供料系统时,错误的做法是( )。
A. 悬挂"严禁合闸"安全警示标志　　B. 封闭下料门,切断电源
C. 不设安全保护装置　　D. 派专人看守

6. 混凝土运输小车通过或上下沟槽时必须走便桥或马道,便桥和马道的宽度应不小于( )m。
A. 1　　B. 1.2　　C. 1.5　　D. 1.8

7. 搬运袋装水泥时,必须按顺序逐层从上往下抽拿。存放水泥时,垫板应平稳、牢固,必须码放整齐,高度不得超过( )袋,码放的水泥袋不得靠近墙壁。
A. 5　　B. 8　　C. 10　　D. 15

8. 使用手推车运输时,应平稳推行,不得抢跑,空车避让重车。装运的混凝土量应低于车厢上沿( )cm。向搅拌机料斗内倒砂石时,应设挡掩,不得撒把倒料。向搅拌机料斗内倒水泥时,脚不得蹬在料斗上。
A. 3~5　　B. 5~10　　C. 10~15　　D. 15~20

9. 用塔式起重机运送混凝土时,料斗上必须焊有固定吊环,吊点不得少于( )个,并保持车身平衡。
A. 2　　B. 4　　C. 6　　D. 8

10. 浇筑拱形结构,应( )进行。浇筑圈梁、雨篷、阳台时,应设置安全防护设施。
A. 先左后右
B. 先右后左
C. 自两边拱脚对称同时
D. 随意

11. 沟槽深度大于( )m时,应设置混凝土溜槽,溜槽节间必须连接牢靠。操作部位应设护栏,不得直接站在溜放槽帮上操作。溜放时,作业人员应协调配合。
A. 1　　B. 2　　C. 3　　D. 4

12. 使用覆盖物养护混凝土时,预留孔洞必须按规定设牢固盖板或围栏,并设( )。
A. 安全标志　　B. 护头棚　　C. 安全网　　D. 防砸棚

13. 在雨期或春融季节进行深槽(坑)作业时,必须经常检查( ),确认安全。
A. 降水情况　　B. 天气变化情况
C. 槽(坑)壁的稳定状况　　D. 施工机械

14. 浇筑筒壁混凝土前,模板底部应均匀预铺5~10cm厚的( )。
A. 混凝土层　　B. 水泥浆　　C. 砂浆层　　D. 混合砂浆

15. 泵送作业中,应注意不要使料斗里的混凝土降到( )cm以下。
A. 20　　B. 10　　C. 30　　D. 40

16. 使用泵送混凝土浇筑竖向结构混凝土时,布料设备的出口离模板内侧面不应小于( )mm。
A. 20　　B. 30　　C. 40　　D. 50

17. 滑模施工时,应减少停歇。混凝土振捣停止( )h,应按施工缝处理。
A. 1　　B. 3　　C. 6　　D. 12

18. 振捣混凝土时,棒头伸入下层( )cm。
A. 3~5　　B. 5~10　　C. 10~15　　D. 20

19. 浇筑与墙、柱连成整体的梁板时,应在柱和墙浇筑完毕后,再继续浇筑( )。

365

A. 10~30min　　　B. 30~60min　　　C. 60~90min　　　D. 120min 以上

20. 为了不损坏振捣棒及其连接器,振捣棒插入深度不得大于棒长的(　　)。
　　A. 3/4　　　　B. 2/3　　　　C. 3/5　　　　D. 1/3

21. 可以改善混凝土拌和物流动性能的外加剂为(　　)。
　　A. 减水剂　　　B. 抗冻剂　　　C. 早强剂　　　D. 膨胀剂

22. 当水泥强度等级一定时,混凝土的强度主要取决于(　　)。
　　A. 水泥用量　　B. 用水量　　　C. 砂、石用量　　D. 水灰比

23. 振捣棒(　　)部的振动力量最强。
　　A. 端头　　　　B. 根部　　　　C. 中间　　　　D. 全长

24. 振捣棒振动强度的大小与振捣棒的(　　)有关。
　　A. 长度和直径　B. 重量和振幅　C. 频率和振幅　D. 电动机的功率

二、判断题

1. 振捣时,应避免振捣器碰触模板及钢筋骨架。振捣混凝土路面时,一般使用振捣梁,作业时应由2人协调操作。振捣梁两侧前进速度要保持一致,偏位后及时调整。(　　)

2. 养护时间应符合施工方案要求。洒水养护时,应对周围配电箱和电气设备进行遮挡。(　　)

3. 养护时,每天的洒水次数以能保持混凝土表面经常处于湿润状态为准。覆盖养护时,预留孔洞周围应设置安全护栏及安全警示标志。(　　)

4. 从业人员发现直接危及人身安全的紧急情况时,不得自己停止作业或者采取应急措施并撤离作业场所。(　　)

5. 施工作业人员可以拒绝指挥人员的强令冒险作业命令。(　　)

6. 严禁施工人员酗酒或酒后上岗。(　　)

7. 任何人都不准私自动用或挪用施工现场消防设施、器材。(　　)

8. 从业人员在作业过程中,应当严格遵守本单位的安全生产规章制度和操作规程,服从管理,正确佩戴和使用劳动防护用品。(　　)

9. 进入施工现场作业时,必须戴安全帽,严禁赤脚、穿拖鞋。(　　)

10. 浇筑混凝土时,应以最快的速度完成。(　　)

11. 振捣混凝土时,可以用振捣器电线拉动振动棒电机。(　　)

12. 混凝土施工中,利用电缆线、软管拖拉或吊挂振捣器时,应防止刮伤。(　　)

13. 覆盖养护混凝土时,应在预留孔洞的周围设置安全护栏、盖板和安全警示标志,不得随意挪动。(　　)

14. 混凝土运送小车不得直接在模板上运行,是为了避免对模板产生重压。(　　)

15. 浇筑高度2m以上的壁、柱、梁、板混凝土时,应搭设操作平台,不得站在模板或支撑上操作。(　　)

三、多选题

1. 泵送混凝土施工应符合的安全规定有(　　)。
　　A. 首次泵送前,应进行管道耐拉试验
　　B. 混凝土输送泵接头和卡箍应密封、紧固
　　C. 泵送混凝土时,操作人员应随时监视各种仪表和指示灯,发现异常情况应立即停机

D. 拆卸混凝土输送管道接头前,应释放输送管内剩余压力

2. 下列混凝土施工做法中,错误的有( )。

　A. 袋装水泥应平齐码放

　B. 采用吊斗灌注混凝土时,安排专人指挥攀爬吊斗

　C. 袋装水泥靠墙码放时,不得超过墙高

　D. 水泥隔离垫板的刚度及稳定性应满足要求

3. 使用混凝土泵输送混凝土时,应由至少2人牵引布料管,必须把( )安装牢固。输送前应试送,检修时必须卸压。

　A. 管道接头　　　　B. 安全阀　　　　C. 管架　　　　D. 马道

4. 下列说法中,错误的是( )。

　A. 工期紧张的时候,浇筑人员可直接在钢筋上踩踏、行走

　B. 进场作业前,应接受安全教育。经过培训后,考试不合格者也可上岗作业

　C. 作业时应保持作业道路通畅、作业环境整洁。在雨、雪后和冬季,露天作业前必须先清除水、雪、霜、冰,并采取防滑措施

　D. 作业中出现危险征兆时,作业人员应暂停作业,撤至安全区域,并立即向上级报告,未经施工技术管理人员批准,严禁恢复作业。紧急处理时,必须在施工技术管理人员的指挥下进行作业

5. 以下说法中,错误的有( )。

　A. 施工现场用火,应申请办理动火证,并由专人监管。吸烟不会引起火灾。安全员不在的情况下,可以在施工现场抽烟

　B. 使用混凝土振捣器前,必须经电工检验确认合格。开关箱内必须装设漏电保护器,插座插头应完好无损,电源线不得破皮漏电。操作者必须穿绝缘鞋(胶鞋),戴绝缘手套

　C. 浇筑混凝土作业时,模板仓内照明用电可以为220V

　D. 向模板内灌注混凝土时,作业人员应协调配合,听从振捣人员的指挥

6. 以下说法中,正确的有( )。

　A. 振捣混凝土时,应注意插入深度,掌握好"快插慢拔"的振捣方法

　B. 浇筑墙体混凝土,应遵循"先边角、后中部,先外墙、后隔墙"的顺序

　C. 一排柱浇筑时,应从一端开始向另一端行进,并随时检查柱模变形情况

　D. 养护柱混凝土时,宜浇常温水

7. 以下说法中,错误的有( )。

　A. 采用串筒下料时,柱混凝土的灌注高度可不受限制

　B. 一般采用插入式振捣棒振捣刚性防水层

　C. 浇筑墙体混凝土时,要遵循先边角后中部、先内墙后外墙的原则,保证墙体模板稳定

　D. 任何情况下,梁板混凝土都必须同时浇筑

8. 以下说法中,错误的有( )。

　A. 浇捣柱混凝土,一般需5~6人协同操作

　B. 浇筑柱混凝土前,柱底表面应先填5~10cm厚的与混凝土内砂浆成分相同的水泥砂浆

　C. 为了防止浇筑混凝土时产生离析,混凝土自由倾落高度不宜高于2m

D.混凝土的浇筑应连续进行,如必须间歇作业,应尽量缩短时间,并在前层混凝土终凝前完成次层混凝土浇筑

9.以下说法中,正确的有(　　)。

　　A.独立基础混凝土台阶的修整,应在混凝土浇筑完成后立即进行。基础侧面修整应在拆除模板后进行

　　B.对于深度大于2m的基坑,可在基坑上部铺设脚手板并放置铁皮拌盘,然后用反铲下料

　　C.使用插入式振捣棒,如遇门窗洞及工艺洞口时,应两边同时对称振捣

　　D.任何水均可以作为拌制混凝土用水

10.以下说法中,正确的有(　　)。

　　A.养护混凝土所用的水的要求与拌制混凝土用的水相同

　　B.梁和板混凝土宜同时浇筑,当梁高超过1m时,可先浇筑主次梁,后浇板

　　C.在平均气温低于5℃时,梁板混凝土浇筑完毕后应浇水养护

　　D.混凝土泵送开始后,应连续进行,不得中途停顿

16 模板工安全培训

一、单选题

1. 拆除模板时,应(　　)。
   A. 从下而上　　B. 先拆底部模板　　C. 随意拆卸　　D. 先非承重后承重
2. 模板工不包括(　　)。
   A. 模板的制作人员　　　　　　　B. 安装与拆除人员
   C. 浇筑混凝土人员　　　　　　　D. 浇筑过程的监控人员
3. 下列不属于模板工常用的设备及工具的有(　　)。
   A. 圆盘锯、钻床、刨床　　　　　B. 电锯、电钻
   C. 扳手、铁锤、钳子、垂球　　　D. 铁锹、撬棍
4. 按(　　)不同,模板可分为组合模板、定型模板、工具式模板、爬升模板、滑升模板等。
   A. 形式　　　B. 结构　　　C. 功能　　　D. 材料
5. 模板体系的三大组成部分不包括(　　)。
   A. 模板　　　B. 支架　　　C. 紧固件　　D. 脚手架
6. 下列关于模板工岗位职责的说法中,错误是(　　)。
   A. 严格遵守项目规章制度及作业安全操作规程,根据作业内容及所处环境规范使用劳动防护用品
   B. 接受技术及安全交底培训并按交底要求规范作业
   C. 服从现场指挥,有权拒绝违章指挥、强令冒险作业,劝阻和制止他人的违章操作
   D. 将日常使用的设备及工具交给他人维护保养
7. 模板工作业过程中面临的主要安全风险有模板体系坍塌、爆模、起重伤害、触电等,下列不属于模板工面临的主要安全风险的是(　　)。
   A. 机械伤害　　B. 高处坠落　　C. 物体打击　　D. 中暑
8. 对于模板工的基本要求不包括(　　)。
   A. 模板工应年满18周岁、不超过55周岁且身体健康
   B. 应经过职业技能培训,熟练掌握岗位技能
   C. 必须在接受入场安全教育培训并考试合格后方可上岗
   D. 具有大学本科学历
9. 加工制作模板时,所用的钢模板不得使用(　　)及孔洞过多的钢板。
   A. 扭曲　　　B. 变形　　　C. 开裂　　　D. 生锈
10. 下列关于木模板的说法中,错误的是(　　)。
    A. 木模制作及堆放场地不得进行明火作业
    B. 木模板与明火保持10m以上安全距离,在现场设置消防器材
    C. 作业过程中严禁吸烟、焚烧各种垃圾和废料
    D. 木模板不得使用腐朽、开裂和结疤较大等的木料
11. 下列关于模板安装的说法中,错误的是(　　)。

A. 应按模板设计方案设置纵、横及斜向支撑

B. 吊环应采用冷拉钢筋

C. 加工模板使用的设备有圆盘锯、电刨、钻床等

D. 所使用的机具应符合安全操作规程

12. 吊运大块模板,竖向吊运时不应少于____个吊点,水平吊运时不应少于____个吊点。正确选项是(　　)。

　　A. 2;4　　　　　　B. 2;2　　　　　　C. 4;4　　　　　　D. 4;2

13. 现浇简支梁、连续梁结构模板,宜从(　　)依次循环卸落。

　　A. 随意拆除　　　　　　　　　　B. 支座向跨中方向

　　C. 跨中向支座方向　　　　　　　D. 以上说法都对

14. 拆除脚手架时,应做到(　　)。

　　A. 周围设置护栏或警戒标志　　　B. 从下而上拆除

　　C. 抛掷拆除的脚手杆时要注意观察　　D. 上、下双层作业时必须有专人指挥

15. 设置模板作业场地时,错误的做法是(　　)。

　　A. 搭设简易作业棚　　　　　　　B. 设消防通道

　　C. 四周不设置围栏　　　　　　　D. 避开高压线路

16. 拆除模板时,正确的做法是(　　)。

　　A. 制订的安全技术措施经班组长审批后方可用于施工

　　B. 应按从左至右的顺序拆除

　　C. 用机械大面积拉倒时,必须有人工配合

　　D. 严禁硬砸拆除

17. 模板作业中,向基坑内吊送材料和工具时,错误的做法是(　　)。

　　A. 设溜槽　　　　　　　　　　　B. 绳索系放

　　C. 小弧度抛掷　　　　　　　　　D. 机械吊送由专人指挥

18. 下列关于模板加工制作安全规定的说法中,正确的是(　　)。

　　A. 制作钢木结合模板,钢、木加工场地应设在同一场地,以方便施工

　　B. 制作钢木结合模板,应及时焚烧、清除锯末、刨花和木屑

　　C. 模板堆放高度不宜超过2m

　　D. 模板堆放宽度不宜超过3m

19. 下列关于模板支立及拆除的安全控制要点的说法中,错误的是(　　)。

　　A. 模板的支撑应钉在脚手架上

　　B. 当一块或几块模板单独竖立和竖立较大模板时,应设立临时支撑

　　C. 拆除模板时,应制订安全措施,按顺序分段拆除,不得留有松动或悬挂的模板

　　D. 拆除模板时,不得双层作业

20. 下列关于模板安装安全规定的说法中,错误的是(　　)。

　　A. 吊装模板前,应检查模板和吊点

　　B. 模板固定前,不得实施下道工序

　　C. 模板安装完成后,节点连接应牢固

　　D. 模板应按设计要求准确就位,且应与脚手架连接成整体

21. 下列关于拆除模板、支架的安全规定的说法中,错误的是(　　)。

A. 拆除模板、支架,应遵循"先拆承重模板、后拆非承重模板"的原则
B. 应按照"自上而下、分层分段拆除"的顺序
C. 承重模板应横向同时、纵向对称均衡卸落
D. 拆除人员应使用稳固的登高工具、防护用品

22. 下列关于拆除模板、支架的安全规定的说法中,正确的是( )。
A. 承重模板应横向对称、纵向同时均衡卸落
B. 简支梁、连续梁结构模板宜从支座向跨中依次循环卸落
C. 悬臂梁结构模板宜从固定端开始顺序卸落
D. 拆除人员应使用稳固的登高工具、防护用品

23. 下列关于模板存放的安全规定的说法中,错误的是( )。
A. 大型模板应存放在专用模板架内或卧倒平放
B. 大型模板应直靠其他模板或构件
C. 清理模板或刷脱模剂时,模板应支撑牢固
D. 两片模板间应留有足够的人行通道

24. 拆除( )模板时,为避免突然整块坍落,必要时应先设立临时支撑,然后进行拆卸。
A. 柱　　　　B. 墙体　　　　C. 承重　　　　D. 梁

25. 吊运大块或整体模时,竖向吊运吊点不少于( )个。
A. 1　　　　B. 2　　　　C. 4　　　　D. 6

二、判断题

1. 制作钢木结合模板时,钢、木加工场地应分开,及时清除锯末、刨花和木屑等杂物。（　）
2. 钢模打孔应采用电钻或钻床等冷加工设备,不得使用氧气乙炔。（　）
3. 施工中使用的钉子、锤子等工具应放在工具包内,不准随处乱丢。（　）
4. 对周转使用的钢模,使用前应清洁、除锈、涂抹无染色的隔离剂或脱模剂。（　）
5. 应按设计和施工方案要求对大模板进行编码,并在模板背面标注。（　）
6. 浇筑混凝土过程中,应做好模板及支撑体系的监控,发现异响、变形、松动等异常情况时应及时上报和处理。（　）
7. 拆除模板、支架时,应设警戒区,安排专人负责监护,非作业人员不得进入。（　）
8. 大型模板应存放在专用模板架内或卧倒平放,也可靠在其他模板或构件上,但在台风频发区或台风到来前,对存放的模板应采取防风加固措施。（　）
9. 模板安装就位后,应立即支撑和固定。支撑和固定未完成前,应根据现场情况及时升降或移动吊钩。（　）
10. 承重模板应横向同时、纵向对称均衡卸落。（　）
11. 拆除高度3m以上的模板时,应搭设脚手架、工作台;拆除高度不足3m的模板,可使用移动式马凳或站在拉杆、支撑杆上操作。（　）
12. 模板的拆除顺序和安装顺序相同,即先安装的模板先拆除、后安装的后拆除。（　）
13. 模板的安装方案可由施工人员根据施工现场的情况自行变动。（　）
14. 模板工登高作业时,应将连接件或工具放在箱盒、工具袋内或模板脚手板上,防止掉落。（　）

三、多选题

1. 按所用的材料不同,模板系统分为木模板、钢模板、( )、铝合金模板等。
   A. 钢竹模板　　　B. 胶合板模板　　　C. 钢木模板　　　D. 塑料模板

2. 下列说法中,正确的是( )。
   A. 在基坑或围堰内支模时,应检查基坑有无变形、开裂等现象以及围堰是否坚固,确认安全后方可操作
   B. 多人搬运、支立较大模板时,应由专人指挥,动作协调一致
   C. 支立模板时,应先固定底部,防止滑动倾覆
   D. 在操作平台上不得集中堆放模板,距临边保持一定安全距离

3. 模板安装完毕后,接缝应严密不漏浆,模板的( )等应符合验收标准。
   A. 高程　　　B. 垂直度　　　C. 表面平整度　　　D. 强度

4. 下列关于模板安装的说法中,正确的是( )。
   A. 模板宜安装在硬化的基础上,基础的承载力应满足要求,应设置排水措施
   B. 安装侧模时,可在模板外设立支撑固定基础侧模,防止模板位移和凸出。墩、台、梁的侧模可设拉杆固定
   C. 高处立模时,应搭设脚手架或施工平台,做好临边防护并系好安全带,禁止下方有人员作业或通行
   D. 模板及其支架必须设置有效防倾覆的临时固定设施

5. 下列关于模板拆除的说法中,正确的是( )。
   A. 拆除危险性较大的模板支架,应遵守专项施工方案的要求,任何部位的模板和支撑都必须经技术人员同意后方可拆除
   B. 模板、支架的拆除时间和程序等应按施工组织设计和方案要求进行
   C. 拆除模板支架,应遵循"先拆除非承重模板,后拆除承重模板"的原则
   D. 拆除模板时,自上而下分层分段进行,承重模板和支架应在混凝土强度达到设计要求后方可拆除

6. 下列说法中,错误的是( )。
   A. 拆模时,不得用力过猛或硬撬,可以直接用铁锤或撬杠敲打模板。及时整理、堆放、回收拆下的部件
   B. 严禁乱抛,应及时拔除或打弯木模板上的铁钉,防止扎脚
   C. 高处作业时,应将工具放置在平台或模板上
   D. 未携带工具包时,可以把工具插在腰带上

7. 下列关于模板存放的说法中,正确是( )。
   A. 木模、钢模、模板半成品应分类堆放
   B. 模板拆除后要分类妥善存放。下次使用前铲除模板上残留的混凝土
   C. 支撑垫木离地防潮,用篷布覆盖,防止雨水锈蚀板面
   D. 以上说法都正确

8. 安装模板时,应符合的安全规定有( )。
   A. 安装模板前,应检查地基和排水
   B. 模板未固定前,不得实施下道工序
   C. 模板应按设计要求准确就位,且不宜与脚手架连接

D.模板安装就位后,应立即换撑和预压

9.拆除模板、支架时应符合的安全规定有( )。
　A.应先拆承重模板,后拆非承重模板　　B.应自上而下拆除
　C.应自下而上拆除　　　　　　　　　　D.应分层分段拆除

10.模板支立及拆除施工中,正确的做法有( )。
　A.基坑内支模时,应先检查基坑有无塌方预兆
　B.模板支撑钉在脚手架上,有助于整体稳定
　C.向基坑内运送材料时,不得抛掷
　D.机械吊运模板时,人员在下方等待

案例　机械伤害

一、单选题

1.模板安装作业中必须搭设脚手架的最低高度为( )m。
　A.2.0　　　　　B.1.8　　　　　C.1.5　　　　　D.2.5

2.采用超重机械吊运模板等材料时,应捆牢被吊的模板构件和材料应捆牢,按指挥起落,被吊重物下方( )禁止人员停留。
　A.1m　　　　　B.2m　　　　　C.回转半径内　　D.3m

3.模板安装完成后,应由( )按照施工方案进行验收。
　A.现场技术负责人　B.项目负责人　C.安全监督人员　D.安装负责人

4.安装基础及地下工程模板时,必须检查基坑土壁边坡的稳定状况。基坑边沿( )m以内不得堆放模板及材料。
　A.0.5　　　　　B.1　　　　　　C.2　　　　　　D.1.5

5.吊装大模板时,必须采用带卡环吊钩。当风力超过( )时应停止吊装作业。
　A.4级　　　　　B.5级　　　　　C.7级　　　　　D.6级

6.模板工程作业高度在2m以上时,应根据高处作业安全技术规范的要求进行操作和防护;作业高度在4m或( )层以上时,周围应设安全网和防护栏杆。
　A.一　　　　　B.二　　　　　C.三　　　　　D.四

7.为保证立柱的整体稳定,立柱高度大于2m时应设两道水平支撑,满堂红模板立柱的水平支撑必须纵横双向设置,其支架立柱四边及中间每隔四跨立柱设置一道纵向剪刀撑。立柱每增高( )m时,除再增加一道水平撑外,还要每隔两步设置一道水平剪刀撑。
　A.1~1.5　　　B.1.5~2　　　C.2~2.5　　　D.2.5~3

8.木工机械有各种锯机、刨机等,木工机械事故与木工机械的特点有密切关系。下列有关木工刨床特点的说法中,错误的是( )。
　A.切削速度快　　　　　　　　　　　　B.切削过程中噪声大
　C.切削过程中振动大,安全防护装置容易失灵　　D.触电危险性高

9.木工机械的加工方法不包括( )。
　A.锯　　　　　B.割　　　　　C.夯　　　　　D.钻

10.在进行木材加工的过程中,造成皮肤症状、视力失调、中毒等现象的原因是( )。

A. 辐射 B. 木材的生物、化学危害
C. 木粉尘的危害 D. 噪声振动的危害

11. 木工机械应具有完善的安全装置,包括安全防护装置、安全控制装置和( )。
   A. 安全接地保护装置 B. 安全报警信号装置
   C. 安全距离隔离装置 D. 安全电器操作装置

12. 在木工机械中,采用安全送料装置或设置分离刀是为了( )。
   A. 防止误触电源开关或突然供电启动机械
   B. 防止加工作业中木料反弹
   C. 消除噪声
   D. 降低生产性粉尘

13. 木工机械的特点是切削速度快、转动惯性大,因而难以制动,所以应使木工机械具有完善的安全装置。由防护置、导板、分离刀和防木料反弹档架组成的安全装置主要用于( )。
   A. 木工刨床 B. 跑车带锯机 C. 圆锯机 D. 木工铣床

14. 为了防止木料反弹,应在圆锯上设置( )。
   A. 导板和分离刀 B. 分离刀和挡架
   C. 分离刀和防护罩 D. 挡架和防护罩

15. 预防平刨伤手较为有效的方法是( )。
   A. 配备保护用具 B. 远距离操作
   C. 用防护装置保护 D. 在危险区设置安全挡护装置

16. 木工手置平刨刀轴宜采用( )形刀轴。
   A. 六棱柱 B. 四棱柱 C. 多棱柱 D. 圆柱

17. 刨料厚度小于( )mm、长度小于300mm时,必须用压板。
   A. 0.5 B. 1 C. 1.5 D. 2

18. 距地面( )m以上的作业,要有防护栏杆、挡板或安全网。
   A. 2 B. 2.5 C. 3 D. 3.5

19. 木工机械距闸箱的水平距离不得大于( )m,以便发生故障时可以迅速切断电源。
   A. 1 B. 2 C. 3 D. 4

20. 木工机械应安装( )开关。
   A. 按钮 B. 倒顺 C. 闸刀 D. 负荷

21. 在木料接近圆盘锯尾端时,操作者应( )。
   A. 上手推料 B. 下手拉料
   C. 上、下手同时进行 D. 上、下手不动

22. 在安装模板及其支架的过程中,必须( )。
   A. 保证工程质量措施 B. 采取提高施工速度的措施
   C. 保证节约材料计划 D. 设置有效防倾覆的临时固定设施

23. 堆料场内确实需要架设用电线路时,架空线路与露天易燃物堆垛的最小水平距离不应小于电线杆高度的( )倍。
   A. 1 B. 1.5 C. 2 D. 2.5

24. 施工现场的木工作业区,属于( )动火区域。
   A. 一级 B. 二级 C. 三级 D. 四级

二、判断题

1. 悬空安装模板、吊装第一块预制构件、吊装单独的大中型预制构件时,必须站在操作平台上操作。( )
2. 安装圈梁、阳台、雨篷及挑檐等模板时,模板的支撑应自成系统,不得搭设在施工脚手架上。( )
3. 浇筑离地 2m 以上的框架、过梁、雨篷和小平台混凝土时,应设操作平台,不得直接站在模板或支撑上操作。( )
4. 拆除大跨度梁支撑柱时,从两端开始向跨中对称进行。( )
5. 模板工程施工方案内容应包括模板及支撑的设计、制作、安装、拆除的施工工序、作业条件以及运输、存放要求等。( )
6. 电圆锯的碳刷磨损到 3~4mm 以下时,应及时更换。( )
7. 顺着木纹方向的纵向刨削方法应用最为普遍。( )
8. 刨削 U 字形线条时,要根据木材的宽度选用内圆刨。( )
9. 内圆刨的刨底半径应该大于加工圆线的半径。( )
10. 横截木材时,锯条与木料锯割面约成 60°角。( )
11. 纵截木料推拉时,锯条与木料锯割面约成 80°角。( )
12. 活动圆规锯用于在较小的构件上开内小孔。( )
13. 安装刨刀时,要使刨刃刃口露出 1~2mm。( )
14. 轴刨适用于刨削各种大木料的弯曲部分。( )
15. 磨刨刃时,后拉时不要用力,否则容易磨坏刨刃。( )

三、多选题

1. 事故发生率较高的木工机械有( )。
   A. 带锯机　　B. 圆锯机　　C. 坪刨机　　D. 平刨床
2. 常用的木工机械主要有( )。
   A. 带锯机　　B. 横截锯机　　C. 压刨机　　D. 夹具
3. 下列关于木工机械安全装置的说法中,正确的有( )。
   A. 木工机械的安全装置包括安全防护装置、安全控制装置和安全报警信号装置等
   B. 对产生噪声、木粉尘或挥发性有害气体的机械设备,应配置与其机械运转相连接的消声、吸尘或通风装置
   C. 针对木材加工作业中的木材反弹危险,应合理采用安全送料装置、分离刀以及防弹安全屏护装置
   D. 在装设正常启动和停机操纵装置的同时,不需要专门设置遇事故时紧急停机的安全控制装置
4. 将高速运转的带锯机锯条遮挡住,可带来的好处有( )。
   A. 大大提高工作效率
   B. 能有效地进行锯割
   C. 能在锯条断的时候,控制锯条迸溅,保护操作者安全
   D. 防止工人在操作中手指误触锯条造成伤害
5. 刨床对操作者可能造成的人身伤害包括( )。

A. 徒手推木料伤手指　　　　　　　B. 刨床噪声导致职业危害
C. 刨床产生的火花导致火灾　　　　D. 刨床上的木料反弹导致伤害

6. 为了安全,手压平刀轴的设计与安装须符合的要求包括(　　)。

A. 必须使用圆锥形刀轴

B. 禁止使用方刀轴

C. 压力片的外缘应与刀轴外圆相合,当手触及刀轴时,只会碰伤手指皮而不会切断

D. 刨刀刃口伸出量不能超过刀轴外径 1.5mm

7. 爬模爬升定位后,应主要对(　　)的安全性能进行检查。

A. 锚固系统　　　B. 作业平台　　　C. 模板

8. 翻模施工与拆除作业中的检查要求包括(　　)。

A. 拆除前检查上节模板的锚固情况,确认螺杆无变形、松动

B. 尽量避免交叉作业;无法避免时,须做到防护措施及交底到位

C. 分节段、分块拆除模板

D. 平台需设限载标示,实际荷载不得超过设计值,堆积物不得集中堆放

9. 下列说法中,正确的是(　　)。

A. 承重结构中的受弯构件,可以使用部分有木节的木材

B. 使用有部分木节的木材作受弯构件时,应把木节部分安置在受压区域

C. 温度越高,干燥的速度越快,木材的干燥质量越好

D. 要对长期置于时干时湿环境中的木构件进行防腐处理

10. 下列说法中,正确的是(　　)

A. 手枪式电钻的最大钻孔直径是 13mm

B. 手提式电钻的最大钻孔直径是 22mm

C. 一般冲击钻在砖墙中的最大钻孔直径为 24mm

D. 若木材中含有水分,其强度会显著降低。含水率每变化 1%,所对应的抗压强度、抗弯强度会变化 6%

17 沥青混凝土摊铺机操作工安全培训

一、单选题

1. 中型摊铺机适用于( )。
   A. 路面的养护和低等级路面的摊铺   B. 二级以下公路的修筑和路面养护
   C. 高等级路面的摊铺   D. 高速公路路面的摊铺
2. 高速公路施工中一般采用( )传动自动控制型摊铺机,以保证作业精度。
   A. 机械   B. 液压   C. 静液   D. 电力
3. 作业过程中,施工人员被行走的车辆碰撞、刮擦、碾压,这种伤害是( )。
   A. 机械伤害   B. 起重伤害   C. 车辆伤害   D. 人员伤害
4. 摊铺机工作前,应根据( )要求调整摊铺机的摊铺宽度、厚度和拱度等参数。
   A. 技术员   B. 操作规程   C. 操作员   D. 技术交底
5. 摊铺机应设置至少( )具灭火器,并经常检查,确保有效。
   A. 1   B. 2   C. 3   D. 4
6. 摊铺机输分料传动系统的动力传递过程是从( )开始的。
   A. 液压泵   B. 柴油机   C. 液压马达   D. 螺旋输送器
7. 摊铺机料斗升降和熨平板伸缩由( )控制。
   A. 压力阀   B. 换向阀   C. 顺序阀   D. 流量阀
8. 应使摊铺机发动机低速运转( )min,降温后再停机,严禁在高速运转状态下突然停机。
   A. 5   B. 8   C. 10   D. 12
9. 振捣梁的振动是由( )驱动的偏心传动机构带动的。
   A. 柴油机   B. 分动箱   C. 液压马达   D. 行走装置
10. 在高架电缆附近摊铺时,错误的做法是( )。
    A. 保证摊铺机及其部件与高架电缆之间的安全距离
    B. 必要时将高架电线断电
    C. 摊铺机能过去就能摊铺
    D. 有专人在边上指挥
11. 下列关于桥梁摊铺的说法中,错误的是( )。
    A. 保证桥梁足以承载摊铺机熨平装置和其他设备及自卸货车的重量
    B. 注意机器的通过性
    C. 务必考虑振动对桥梁的影响
    D. 可以加快摊铺速度
12. 在开始摊铺作业前,错误的做法是( )。
    A. 确保摊铺机所有安全装置功能正常
    B. 确保机器无明显损坏
    C. 不必在理想情况下使用
    D. 撤出作业区所有杂物

13. 蓄电池与发电机在摊铺机上的连接方式是( )。
    A. 串联连接　　　　B. 并联连接　　　　C. 各自独立　　　　D. 以上选项都可以
14. 运料车运料时,应在距摊铺机( )m处停车。
    A. 0.2　　　　　　B. 0.5　　　　　　C. 0.7　　　　　　D. 0.6
15. 摊铺机主机的基本功能是( )。
    A. 牵引熨平板、推动卡车,为材料提供流动的路径
    B. 行走
    C. 输料
    D. 平整和封严摊铺层
16. 电磁阀是( )元件。
    A. 开关　　　　　　B. 线圈　　　　　　C. 执行器　　　　　D. 阀门
17. 电磁式继电器一般由( )组成
    A. 保险、电磁铁　　　　　　　　　　　B. 开关
    C. 铁芯、线圈、衔铁、触点簧片　　　　D. 触点
18. 沥青混凝土摊铺机是( )技术高度集成的路面机械。
    A. 机、电　　　　　B. 机、电、液　　　C. 电、液　　　　　D. 机、液
19. 液压系统清洗阀的作用是( )。
    A. 清洁　　　　　　B. 散热　　　　　　C. 清洁、散热　　　D. 使油缸上升或下降
20. 起动机长期运转后,电刷磨损,会造成接触不良,产生火花,烧蚀整流器,影响起动机正常工作。因此,要定期更换( )。
    A. 定子　　　　　　B. 转子　　　　　　C. 电刷　　　　　　D. 起动机
21. ( )可根据冷却液温度,限制流入散热器的冷却液流量。
    A. 节温器　　　　　B. 水滤清器　　　　C. 水泵　　　　　　D. 水管
22. 油缸功能泵的作用是控制( )
    A. 左、右行走　　　B. 振动强弱　　　　C. 油缸上升、下降　D. 刮板快慢

二、判断题
1. 摊铺机操作工应严格执行安全管理及操作规章制度和安全技术交底,不违章作业,不擅离操作岗位。　　　　　　　　　　　　　　　　　　　　　　　　　　　　　　( )
2. 摊铺机操作工应服从现场指挥人员的指令,有权拒绝违章指挥及强令冒险作业。( )
3. 发现摊铺机发动机机油压力指示不正常时,不必立即熄火。　　　　　　　　( )
4. 摊铺机发动机启动后便可立即带负荷工作。　　　　　　　　　　　　　　　( )
5. 增压是将空气压入发动机,获得更多功率和转矩的过程。　　　　　　　　　( )
6. 摊铺机行走直线控制主要靠人工调整转向电位器来实现。　　　　　　　　　( )
7. 摊铺机行走机构左右共用一个行走驱动系统。　　　　　　　　　　　　　　( )
8. 在摊铺机发动机上,不同机件、不同部位和不同工况下,声源产生的振动相同。( )
9. 摊铺机工作时,无关人员不得上、下摊铺机或在操作台上停留,防止跌落在螺旋布料器中。　　　　　　　　　　　　　　　　　　　　　　　　　　　　　　　　　　( )
10. 在摊铺作业中,可以随意更改摊铺机摊铺速度。　　　　　　　　　　　　　( )
11. 当发动机温度过高时,严禁将冷水急剧注入水箱或用冷水浇泼内燃机强制降温。( )
12. 摊铺机履带越紧越好。　　　　　　　　　　　　　　　　　　　　　　　　( )

13. 严禁在摊铺机发动机处于运转状态时或工作装置处于负荷状态时拆卸液压油管。(   )

三、多选题

1. 按照宽度,摊铺机可分为(   )。
   A. 小型　　　　B. 中型　　　　C. 大型　　　　D. 超大型
2. 按照行走方式,摊铺机可分为(   )。
   A. 履带式　　　B. 轮胎式　　　C. 滚轮式　　　D. 链条式
3. 按照熨平板加热方式,摊铺机可分为(   )。
   A. 电加热式　　B. 燃油加热式　C. 燃气加热式　D. 太阳能加热式
4. 摊铺机作业前,应确认(   )安全状态。
   A. 紧固螺栓　　B. 熨平板　　　C. 旋钮　　　　D. 操作杆
5. 摊铺机作业前,用喷油器向(   )等部位喷洒薄层柴油,并试运转各机构。
   A. 料斗　　　　　　　　　　B. 推辊　　　　C. 刮板输料器
   D. 螺旋分料器　　　　　　　E. 行走传动链　F. 熨平板
6. 熨平板、螺旋分料器伸长后,检查确认相应的(   )。
   A. 拉杆　　　　B. 挡板　　　　C. 撑杆　　　　D. 阀门
7. 沥青混合料摊铺机最低温度根据(   )综合确定,且不得低于规范要求。
   A. 铺筑层厚度　B. 气温　　　　C. 风速　　　　D. 下卧层表面温度
8. 摊铺机作业时应采取的防火措施有(   )。
   A. 检查燃气管道是否漏气　　　B. 停机时关闭燃气,鼓风机降温2min
   C. 夏季做好气瓶遮盖　　　　　D. 进行清理与作业时,严禁靠近烟火
9. 摊铺机作业完毕后,应(   )。
   A. 熄火　　　B. 关闭气管阀门　C. 锁闭操作台　D. 停靠路边
10. 检修摊铺机时,应注意(   )等位置存在高温,当心烫伤。
    A. 熨平板　　B. 发动机　　　　C. 液压系统　　D. 料斗

案例1　机械伤害

一、单选题

1. 对于机械传动的摊铺机,换挡应在机械(   )后进行,严禁强力挂挡。
   A. 完全停止　　B. 匀速行驶　　C. 减速　　　　D. 加速
2. 在开始摊铺作业前,错误的做法是(   )。
   A. 确保摊铺机所有安全装置功能正常　　B. 确保机器无明显损坏
   C. 不用在理想情况下使用　　　　　　　D. 撤出作业区所有杂物
3. 摊铺机操作工在离机前,错误的做法是(   )。
   A. 拔掉点火开关钥匙
   B. 只要离开的时间不久,就可以不采取任何措施
   C. 禁止在摊铺机运行中离开驾驶室
   D. 离开驾驶室前应将后熨平降至地面
4. (   )是机械保养工作中最重要的一项基础工作。

A.清洁 B.检查 C.更换 D.保养

5.发动机过热时,正确的处理方法是( )。
　　A.立即熄火　　　　　　　　　B.继续工作
　　C.降低转速继续工作　　　　　D.空负荷怠速降温

6.摊铺机应采用( )方式找平。
　　A.人工找平　　　　　　　　　B.自动找平
　　C.机械运行加人工调整　　　　D.挂钢丝

7.自卸车向摊铺机卸料时,不正确的做法是( )。
　　A.必须设专人在侧面指挥　　　B.自卸车由摊铺机推着前进
　　C.料斗与自卸车之间不得站人　D.辅助作业人员应协调配合

8.在摊铺机作业过程中,不正确的做法是( )。
　　A.无关人员不得在驾驶台上逗留　　B.驾驶员不得擅离岗位
　　C.在驾驶台上放置需要的工具　　　D.驾驶台上及作业现场的视野要开阔

9.启动摊铺机前,不正确的做法是( )。
　　A.确认摊铺机前方、两侧和底部没有人员或障碍物
　　B.可随意攀爬或跳离机器
　　C.所有操纵杆和控制开关必须处在空挡位置
　　D.所有保护装置在正确位置上

10.下列做法中,不符合摊铺作业安全要求的是( )。
　　A.操作人员在工作中不得擅离岗位
　　B.不得操作与操作证不符的机械
　　C.工作经历丰富者可以没有操作证
　　D.不得将机械设备交给非操作人员操作

11.摊铺工作前,应( )。
　　A.检查工作场地周围有无妨碍工作的障碍物
　　B.确认机械设备正常运转的条件是否完备
　　C.检查指示仪表、指示灯是否正常可靠
　　D.参照例行保养规定进行保养

12.用柴油清洗铺摊机时,正确的做法是( )。
　　A.在摊铺位置清洗　　　　　　B.在接缝位置清洗
　　C.可以接近明火　　　　　　　D.不得接近明火

13.用其他车辆牵引摊铺机时,只允许用( )。
　　A.弹性拖杆　　B.刚性拖杆　　C.钢丝绳　　D.钢绞线

14.在高架电缆附近摊铺时,错误的做法是( )。
　　A.保证摊铺机及其部件与高架电缆之间的安全距离
　　B.必要时将高架电线断电
　　C.摊铺机能过去就能摊铺
　　D.有专人在边上指挥

15.摊铺桥梁时,错误的做法是( )。
　　A.保证桥梁足以承载摊铺机、熨平装置和其他设备及自卸卡车的重量

B. 注意机器的通过性

C. 务必考虑振动对桥梁的影响

D. 可以加快摊铺速度

16. 操作燃气加热系统时,错误的做法是(　　)。

　　A. 在开始作业前,要保证燃气加热系统处于理想状态

　　B. 保证点火和火焰控制功能正常

　　C. 严格保证燃气压力

　　D. 当燃气瓶结冰时,用锤子敲击使其解冻

17. 摊铺机上应设置(　　)具以上灭火器,并经常检查,确保有效。

　　A. 1　　　　　　B. 2　　　　　　C. 3　　　　　　D. 4

18. 下列关于摊铺机作业完成后的操作,不正确的是(　　)。

　　A. 熄火　　　B. 关闭气管阀门　　　C. 锁闭操作台　　　D. 停靠在路边

19. 摊铺机在隧道内摊铺时,不得(　　)。

　　A. 采取必要的防火措施　　　　　　B. 保证充分的通风

　　C. 操作人员佩戴防毒口罩　　　　　D. 摊铺过程中对设备进行维修保养

20. 摊铺机熨平板加热时,不正确的做法是(　　)。

　　A. 管道应正确连接,无泄漏　　　　B. 人工直接点火

　　C. 点火时人员应保持一定的安全距离　D. 加热时应安排专人看护

21. 摊铺机要做到"四不漏",下面不属于"四不漏"的是(　　)。

　　A. 不漏水　　　B. 不漏电　　　C. 不漏气

　　D. 不漏油　　　E. 不漏料

22. 沥青混合料摊铺机摊铺作业时,错误的做法是(　　)。

　　A. 作业时无关人员不得在驾驶台上逗留,驾驶人员不得擅离岗位

　　B. 用柴油清洗摊铺机时,不得接近明火

　　C. 熨平板加热过程中,必须有专人看管

　　D. 运料车向摊铺机卸料时,应协调运作,交错进行,防止互撞

23. 关于摊铺机停放的要求,错误的是(　　)。

　　A. 摊铺机停放在平坦的地点

　　B. 设置警示标识牌,用反光锥围挡

　　C. 施工结束后可以停在有坡度的道路边

　　D. 停放地点安排专人看守

24. 转移摊铺机时,不正确的做法是(　　)。

　　A. 摊铺机上、下拖板车时,要将操作台及座椅固定好

　　B. 摊铺机转移最好在白天进行

　　C. 未拆除熨平板的情况下,不得转移摊铺机

　　D. 摊铺机自行转移时,必须有安全人员现场进行交通管制

二、判断题

1. 摊铺机工作前,加热熨平板时需有专人值守,以防过热或不热。(　　)

2. 摊铺机工作前,要和左右调平人员取得联系,确保其他人员不在作业范围内,方可

作业。( )
3. 发现发动机机油压力指示不正常时,不用立即熄火。( )
4. 摊铺机工作时,无关人员不得上、下摊铺机或在操作台上停留,防止跌落在螺旋布料器中。( )
5. 严禁在发动机运转状态和工作装置负荷状态下拆卸液压油管。( )
6. 摊铺机履带张紧度越紧越好。( )
7. 为保证机器的无故障运行,并减轻磨损、延长其使用寿命,必须按照规定的时间间隔对机器进行维护保养作业。( )
8. 引起电气设备故障的因素主要有电器零件损坏或调整不当、电路断路或短路、电源设备损坏。( )
9. 履带张紧后,两侧履带张紧度不必完全一致。( )
10. 设备保养必须按照说明书的要求进行。( )
11. 作业时,应经常注意各仪表读数,严禁带病作业,严禁打电话、戴耳机。( )
12. 机械传动的摊铺机换挡时,必须在机械完全停止后进行操作,严禁强力挂挡。下坡时可以空挡滑行。( )
13. 工作过程中,驾驶舱内的警示灯闪亮时,可不予理睬,继续作业。( )
14. 检修时应停机,关闭电源,停放在平坦、坚实的路面上。( )
15. 在检修保养过程中,发现机械故障或安全隐患时,可自行维修,不必上报。( )

三、多选题

1. 摊铺机作业前,应确认( )安全状态。
   A. 紧固螺栓   B. 熨平板   C. 旋钮   D. 操作杆
2. 摊铺机作业后应( )。
   A. 熄火   B. 关闭气管阀门   C. 锁闭操作台   D. 停靠路边
3. 防止机械伤害的安全防护措施有( )。
   A. 操作人员严格遵守安全操作规程   B. 设备安全装置完好
   C. 禁止带病作业   D. 做好机械设备检查、维修、保养工作
4. 机械检修、维修保养的正确操作有( )。
   A. 停机,关闭电源   B. 设置警示标识
   C. 作业过程中安排专人现场看护   D. 设备上锁
5. 摊铺机开始工作前,须检查( )等是否处于良好工作状态。
   A. 刮板送料器   B. 熨平板   C. 料斗收开闸门   D. 螺旋铺料器
6. 摊铺机作业前,用喷油器向( )等部位喷洒薄层柴油,并试运转各机构。
   A. 料斗   B. 推辊   C. 刮板输料器   D. 螺旋分料器
   E. 行走传动链   F. 熨平板
7. 熨平板、螺旋分料器伸长后,检查确认相应的( )。
   A. 拉杆   B. 挡板   C. 撑杆   D. 阀门
8. 摊铺机检修作业时,应注意( )等位置存在高温,当心烫伤。
   A. 熨平板   B. 发动机   C. 液压系统   D. 料斗
9. 摊铺机维修保养时,必须( )。

A. 料斗、熨平板固定牢靠

B. 发动机熄火

C. 维修液压系统时,必须释放液压系统的余压

D. 按照说明书的要求进行

10. 摊铺机操作人员必具备的条件有( )。

　　A. 身心健康　　　　　　　　B. 若有丰富的工作经历,可以无证

　　C. 工作责任心强　　　　　　D. 受过专门的培训并取得上岗资格证书

案例2　中毒窒息

一、单选题

1. 各类沥青中,( )的毒性最大。
　　A. 煤焦油沥青　　B. 天然沥青　　　　C. 改性沥青　　　D. 乳化沥青
2. 从事沥青作业的人员应佩戴( )。
　　A. 一次性口罩　　B. 防毒面罩　　　　C. 手套　　　　　D. 眼镜
3. 患有( )的人员不得从事沥青工作。
　　A. 皮肤病或结膜炎　B. 鼻炎　　　　　C. 中耳炎　　　　D. 糖尿病
4. 一般在接触沥青( )h 后,面部、颈部及四肢暴露部位即可发生大片红斑。
　　A. 1~2　　　　　B. 2~3　　　　　　C. 3~4　　　　　D. 4~5
5. 从事接触沥青工作的人员应定期进行体检,每年( )次。
　　A. 1　　　　　　B. 2　　　　　　　C. 3　　　　　　D. 4
6. 参加沥青路面施工的作业人员不得穿戴( )。
　　A. 工作服　　　　B. 防毒面罩　　　　C. 帆布手套　　　D. 布鞋
7. 沥青操作工的工作服及防护用品应( )。
　　A. 集中存放　　　B. 穿戴回家　　　　C. 放在集体宿舍　D. 放在作业现场
8. 如果有人员沥青中毒,应( )。
　　A. 及时送医院救治
　　B. 自行治疗
　　C. 进行现场急救
　　D. 打120急救电话,等待医护人员到现场治疗
9. 路面施工人员吸入高温沥青混合料的蒸气,会引起( )。
　　A. 中暑　　　　　B. 中毒　　　　　　C. 高血压　　　　D. 心脏病
10. 沥青路面施工作业人员应在( )作业。
　　A. 上风头　　　　B. 下风头　　　　　C. 上、下风头都行
11. 在喷洒沥青方向( )m 以内不得有人停留。
　　A. 3　　　　　　B. 5　　　　　　　C. 7　　　　　　D. 10
12. 沥青的粉尘和挥发性气体对人体( )有刺激作用。
　　A. 皮肤　　　　　B. 心脏　　　　　　C. 大脑　　　　　D. 呼吸道
13. 沥青中毒者应( )。
　　A. 撤离沥青现场,避免阳光照射　　　B. 多喝淡盐水

C. 多休息 D. 立即救治

14. 裸露的皮肤上溅上熔融状的沥青后,应( )。
   A. 立即用温水进行冲洗 B. 立即用大量冷水冲洗
   C. 用酒精冲洗 D. 用淡盐水冲洗

15. 因沥青中毒出现光毒性皮炎者,( )。
   A. 应暂离原工作,避免日光 B. 可以继续从事现在的工作,避免日光
   C. 应调离沥青工作 D. 以上都不对

16. 因从事沥青作业出现痤疮者,应( )。
   A. 每日用肥皂、温水洗涤患处 B. 每日用淡盐水清洗患处
   C. 每日用酒精清洗患处 D. 以上说法均不对

17. 沥青中毒的症状有( )。
   A. 急性中毒 B. 慢性中毒
   C. 急性中毒和慢性中毒 D. 以上都不对

18. 下列属于急性中毒症状的是( )。
   A. 急性红斑 B. 水泡 C. 黑斑 D. 脓包

19. 下列属于慢性中毒症状的是( )。
   A. 痤疮 B. 黑痣 C. 头痛 D. 恶心

20. 长期接触沥青可能引起( )。
   A. 脱发 B. 皮肤瘤 C. 痤疮 D. 高血压

21. 高温环境下沥青摊铺作业,应控制好作业时间,持续接触热后必要休息时间不应少于( )min。
   A. 10 B. 15 C. 30 D. 45

22. 以下有关沥青路面铺摊作业职业健康的说法中,错误的是( )。
   A. 施工现场应设置有毒气体的警示标志
   B. 作业人员休息时应脱离高温作业环境
   C. 正确使用防毒口罩(面具)、手套、防护服等
   D. 劳动者可以在施工现场进食和吸烟

23. 从事沥青摊铺的作业人员应准备( )。
   A. 含盐饮料 B. 冰水 C. 热水 D. 碳酸饮料

24. 下列关于沥青喷洒作业的说法中,正确的是( )。
   A. 喷头向上喷洒 B. 逆风向喷洒
   C. 喷洒范围内不得站人 D. 以上说法均正确

二、判断题

1. 沥青中毒者应避免光线刺激,饮食清淡,避免食用辛辣食品。 ( )
2. 沥青有中等毒性,但是不接触、不食入、不吸入沥青,一般是不会中毒的。 ( )
3. 患有皮肤病、糖尿病者不应从事沥青作业。 ( )
4. 从事沥青作业的人员,皮肤外露部分均须涂抹防护药膏,工地上应配备急救药箱。
   ( )
5. 沥青操作工的工作服及防护用品应集中存放,严禁穿戴回家。 ( )
6. 从事沥青作业的人员,必须严格执行安全操作规程,作业时正确佩戴相应的劳动保护

用品。( )
7. 沥青作业只可以在夜间进行。( )
8. 沥青摊铺施工时,应避开夏季火热的中午,降低沥青中毒事件的发生概率。( )
9. 工人从事沥青作业时,应穿着全套防护用品;对外露皮肤和脸部、颈部,应遍涂防护药膏。( )
10. 经常进行沥青作业的现场,必须设置足够的温水淋浴。( )
11. 煤焦沥青的装卸、搬运在白天或有阳光照射的条件下进行。( )
12. 沥青路面摊铺作业人员工作时尽量站在上风侧,减小吸入有毒有害气体的可能性。( )
13. 劳动者可以在沥青作业现场进食和吸烟。( )
14. 从事沥青作业的人员,应每季度进行一次职业健康体检。( )
15. 在隧道内部进行沥青路面摊铺作业时,必须确保通风良好。( )

三、多选题

1. 沥青中毒时,皮肤的临床表现有( )。
   A. 光毒性皮炎　　　B. 黑变病　　　C. 痤疮　　　D. 热烧伤
2. 沥青可分为( )。
   A. 天然沥青　　　B. 石油沥青　　　C. 页岩沥青　　　D. 煤焦沥青
3. 沥青的加热及混合料拌制,宜在( )。
   A. 人员较少的地方　　B. 空旷的地段　　C. 人员集中的地方　　D. 施工现场附近
4. 对沥青中毒人员进行应急救援时,应( )。
   A. 设置警戒线　　　　　　　　B. 有序疏散现场人员
   C. 佩戴相关的防护用品　　　　D. 给被救人员补充生理盐水
5. 施工单位应给沥青作业人员提供( )。
   A. 防护眼镜　　　　　　　　B. 防毒面罩
   C. 帆布手套　　　　　　　　D. 坚实的棉布或麻布工作服
6. 急性中毒除引起急性红斑、皮肤炎及眼炎,还可能引起全身症状,如( )。
   A. 头痛　　　B. 恶心　　　C. 体温上升　　　D. 倦怠
7. 从事沥青摊铺作业时,应预备的应急救援物资有( )。
   A. 防毒面罩　　　B. 松节油　　　C. 防护手套
   D. 担架　　　　　E. 车辆　　　　F. 医药箱
8. 发生沥青烫伤时,应( )。
   A. 立即用冷水浸泡　B. 用松油擦拭　C. 用淡盐水冲洗　D. 涂烫伤膏
9. 有沥青接触史者,常出现的症状有( )。
   A. 暴露的皮肤有红肿　B. 结合膜充血　C. 恶心、呕吐　D. 血压下降
10. 从事沥青路面摊铺作业的人员,应( )。
    A. 身心健康
    B. 按规定正确使用个人防护用品
    C. 根据季节、气候和作业条件安排适当的间歇时间
    D. 受过专门培训机构的培训并取得上岗资格证书

18 防水工安全培训

一、单选题

1. 隧道防水作业常用的机械设备不包括(   )。
   A. 电磁焊枪   B. 超声波热熔焊枪   C. 爬焊机   D. 电焊机
2. 下列关于防水作业的说法中,错误的是(   )。
   A. 爬焊机可用于隧道防水板搭接缝焊接
   B. 电磁焊枪具有焊接速度快、强度高、质量稳定、操作简单等特点
   C. 喷枪不属于桥涵及房建工程防水作业常用的机械设备
   D. 桥涵及房建工程防水作业常用的清理工具有铲子、刷子、扫帚等
3. 下列关于防水工的岗位职责的说法中,错误的是(   )。
   A. 熟练掌握并遵守防水作业安全操作规程
   B. 作业结束后立即离开施工现场,不得逗留
   C. 严格执行安全管理规章制度和安全技术交底
   D. 确保施工安全和质量
4. 防水作业主要安全风险不包括(   )。
   A. 火灾   B. 物体打击   C. 高处坠落   D. 中毒窒息
5. 防水工最低从业年龄为(   )周岁,应身体健康,无恐高症等职业禁忌。
   A. 16   B. 20   C. 18   D. 22
6. 下列关于防水作业基本要求的说法中,错误的是(   )。
   A. 防水工不经入场安全教育培训即可上岗作业
   B. 正确穿戴个人防护用品,着装符合安全要求
   C. 防水作业前必须对周边环境、设备状态及工具完好状况进行确认、检查
   D. 遵守劳动纪律
7. 铺贴双层卷材时,上下两层和相邻两幅卷材的接缝应错开(   )幅宽。
   A. 1/3~1/2   B. 1/4~1/2   C. 1/3~2/3   D. 1/4~3/4
8. 下列关于防水卷材搭接宽度的说法中,正确的是(   )。
   A. 弹性体改性沥青防水卷材搭接宽度为 80mm
   B. 改性沥青聚乙烯胎防水卷材搭接宽度为 120mm
   C. 自粘聚合物改性沥青防水卷材搭接宽度为 80mm
   D. 氯乙烯丙纶复合防水卷材(黏结料)搭接宽度为 90mm
9. 下列关于防水作业的安全、质量要求的说法中,错误的是(   )。
   A. 防水作业使用的材料外观、规格、性能等应满足要求
   B. 不得使用破损、失效以及经验收不合格的防水材料
   C. 领用的防水材料,可适当超过当班用量
   D. 防水作业使用的电动工具必须绝缘良好
10. 防水材料应分层涂刷或喷涂,涂层应均匀,层厚满足要求,不得漏刷、漏涂,接槎宽度

不应小于( )mm。

  A.120   B.100   C.80   D.60

11.掺外加剂、掺合料的水泥基防水涂料的厚度不得小于( )mm。

  A.3.0   B.4.0   C.5.0   D.6.0

12.水泥基渗透结晶型防水涂料的用量不应小于( )kg/m³,且厚度不应小于1.0mm。

  A.1.0   B.1.5   C.2.0   D.2.5

13.有机防水涂料的涂层厚度不得小于( )mm。

  A.1.0   B.1.5   C.1.2   D.2.0

14.防水作业施工时,错误的做法是( )。

  A.高处防水作业施工时,应有稳固的作业平台和安全防护措施

  B.在地下、潮湿环境中,照明一般采用36V安全电压

  C.易然材料与普通灯具间应保持不小于0.3m安全距离

  D.易然材料与高温灯具间应保持不小于0.3m安全距离

15.防水施工应根据材料和施工设计要求,选择适宜的环境温度进行作业。下列说法中,正确的是( )。

  A.无机防水涂料适宜在5~35℃气温条件下使用

  B.防水混凝土、防水砂浆适宜在0~35℃气温条件下使用

  C.采用热熔法施工时,高聚物改性沥青防水卷材适宜在不低于-20℃气温条件下使用

  D.采用焊接法施工时,高合成分子防水卷材适宜在不低于-20℃气温条件下使用

16.溶剂型有机防水涂料最适宜的气温条件是( )。

  A.0~35℃   B.-5~35℃   C.-10~35℃   D.-10~25℃

17.下列关于基面平顺的说法中,错误的是( )。

  A.初期支护表面应平整圆顺,无空鼓、裂缝、松酥

  B.初期支护表面无尖锐物,凹凸处矢跨比小于1/6

  C.初期支护表面无尖锐物,凹凸处矢跨比小于1/5

  D.锚杆有凸出部位时,螺头顶预留5mm切断后,按技术交底采用塑料帽处理

18.下列关于隧道防水作业的说法中,错误的是( )。

  A.采用人工上下传递防水板时,应加强沟通、统一信号

  B.采用防水板铺挂机时,应将防水板安装牢固

  C.热熔垫圈焊接应无漏焊、假焊、焊焦、焊穿等现象

  D.防水板接缝焊接完成后应及时进行下道工序施工

19.加热沥青时,盛装量不得超过容器的( )。

  A.2/3   B.1/2   C.1/3   D.3/4

20.下列关于桥涵防水要求的说法中,错误的是( )。

  A.桥涵防水层基面应平顺、清洁、充分干燥

  B.铺设防撞护栏与桥面倒角前,应做好节点圆弧处理

  C.应由专人操作喷枪,喷枪口不得正对人和易燃物

  D.加热沥青时,人员应站在下风向并保持安全距离

21.对于伸出屋面的管道,应在交接处按要求增设附加防水层,附加层在平面及里面的宽度均不小于( )mm。

A.100 B.250 C.150 D.200

22.房屋建筑防水作业中,涂膜伸入落水口的深度不得小于( )mm。
　　A.10　　　　　B.20　　　　　C.30　　　　　D.50

23.检测防水板接缝密封性时,应将5号注射针与压力表相接,充气到____MPa,保持____min,压力下降在____%以内则焊缝合格。正确选项是( )。
　　A.0.2;15;10　　B.0.25;10;10　　C.0.25;15;10　　D.0.25;15;15

二、判断题

1.桥涵及房建工程防水作业常用的涂刷工具包括刮板、油漆刷、滚动刷、压辊等。( )
2.防水施工常用的材料包括油毡、防水板、止水带、沥青类及高分子类防水涂料等。( )
3.隧道和夜间防水施工时应有良好照明,特别潮湿等特别危险环境中应采用24V安全电压照明。( )
4.铺设隧道防水板时,应松紧适度,并与岩面保持一定空隙。( )
5.焊接隧道防水板接缝时,接头处应平整并清洗干净,无气泡、褶皱或空隙等现象。( )
6.防水涂料应按规定的涂层抹压、涂刷或喷涂,厚度均匀一致。( )
7.应按照规定操作程序开启聚氨酯涂膜喷涂空压机,先开启空气压缩机,再启动发泡剂物料泵,进行试喷。( )
8.防水面与女儿墙、排气口、变形缝转角处应做成直角,并嵌填密封材料。( )
9.落水口周围与屋面交接处,应做密封处理,并加铺一层有胎体增强材料的附加层。( )
10.屋面防水层完工后,不得凿孔打洞或受重物冲击,并淋水或蓄水检验。( )
11.房屋建筑防水作业中的卷材须经剪裁处理后方可使用。( )
12.发生火灾时,现场人员应立即撤离火灾现场。( )
13.带电设备着火时,现场人员应保持冷静,先断开电源再灭火。( )
14.防水作业的个人防护用品包括防护眼镜、过滤式防毒口罩、防护手套、软底防滑鞋等。( )
15.防水作业使用的材料应满足要求,抽检有机防水涂料时,每5t为一批,不足5t时可不进行抽检。( )

三、多选题

1.桥涵及房屋建筑工程防水作业中,常用的机械设备包括( )。
　　A.抛丸及除尘设备　　B.空气压缩机　　C.电动搅拌机
　　D.喷涂机　　　　　　E.沥青加热设备

2.防水作业产生的职业危害主要包括( )。
　　A.沥青过敏　　　　B.尘肺病　　　　C.结膜炎　　D.角膜炎

3.下列关于防水作业的说法中,正确的是( )。
　　A.雨、雪和大风等恶劣天气下中,不得进行室外防水施工
　　B.施工过程中突降雨雪时,应做好防水施工区的保护工作
　　C.涉及易燃防水材料作业时,应严禁烟火,设置消防设施
　　D.明火作业时,应按要求执行动火审批

4. 下列关于隧道防水作业的说法中,正确的是( )。
   A. 台架上作业必须系挂安全带,必要时可配合防坠器使用
   B. 要把作业使用的工具妥善放置在工具包内,不得抛掷
   C. 防水板铺挂后,应切除基面锚杆头、钢筋头等尖锐物,确保基面平顺
   D. 基面处理应超前进行,避免热切割造成下部防水板损伤或引发火灾
5. 下列关于桥涵防水的说法中,表述正确的是( )。
   A. 卷材宜采用机械烘烤设备热熔铺贴,从一段开始,桥面横向由低向高顺序进行
   B. 卷材宜采用机械烘烤设备热熔铺贴,从一段开始,桥面横向由高向低顺序进行
   C. 烘烤要均匀,应先铺贴后滚压排气黏合
   D. 烘烤要均匀,应边铺贴边滚压排气黏合
6. 下列关于房屋建筑防水施工的说法中,错误的是( )。
   A. 铺贴屋面防水卷层,宜平行于屋脊,由高向低进行
   B. 上下层卷材可相互垂直铺贴
   C. 羧基氯丁橡胶沥青涂料可露天存放
   D. 聚氨酯涂膜喷涂空压机应按照规定操作程序开启或关闭
7. 阴阳角防水基层应做增强附加层,阴阳角可做成( )。
   A. 圆角   B. 直角   C. 45°坡角   D. 60°坡角
8. 扑救( )火灾时,可用干粉灭火器。
   A. 木材   B. 塑料   C. 橡胶类材料   D. 沥青
9. 下列关于火灾应急处置措施的说法中,正确的是( )。
   A. 发生火灾时,现场人员首先应辨明火势大小、方向及性质
   B. 对于初期火灾,现场人员应立即利用现场消防器材进行扑救
   C. 若火势较大,现场人员应及时通知周边人员,向上风侧、隧道外等安全区域撤离
   D. 撤离时应尽量降低身体高度,用湿毛巾或衣物捂住口鼻
10. 下列灭火措施中,正确的是( )
    A. 沥青桶加热着火时,可用水直接扑救
    B. 沥青桶加热着火时,应盖住桶口隔绝空气灭火
    C. 油类或液体物质着火,应首选沙土掩盖方式灭火
    D. 油类或液体物质着火,应首选干粉灭火器灭火

案例 1 火 灾

一、单选题

1. 关于明火作业,下列做法中,错误的是( )。
   A. 执行动火审批要求   B. 无专人监护
   C. 清理下方可燃物   D. 设置隔挡措施
2. 当屋面板的耐火极限不低于____h 时,屋面板上的屋面防水层和绝热层材料的燃烧性能不应低于____级。下列最符合要求的选项为( )。
   A. 1;B2   B. 2;B2   C. 1;B1   D. 2;B1
3. 某隧道进行防水层施工时发生一起火灾事故,造成1人死亡,3人受伤,该事故等级为

( )。

  A. 一般事故 B. 较大事故 C. 重大事故 D. 特大事故

4. 隧道防水施工时,突发火灾,若火势较大,可拨打( )。

  A. 120 B. 119 C. 110 D. 112

5. 火灾致人死亡的最主要原因是( )。

  A. 被踩踏 B. 窒息 C. 烧伤 D. 高温

6. 手提式灭火器的最大保护距离是( )m。

  A. 3 B. 5 C. 10 D. 20

7. 解决火隐患时应坚持"三定"原则,"三定"是指( )。

  A. 定专人、定岗位、定编制 B. 定专人、定时间、定地点

  C. 定专人、定时间、定整改措施 D. 定时间、定地点、定整改措施

8. 企业应至少( )组织一次防火检查。

  A. 每周 B. 每月 C. 每半年 D. 每年

9. 下列物品中,( )着火时,用水扑救会使火势扩大。

  A. 塑料 B. 木材 C. 防水卷材 D. 油类

10. 身上着火时,下列自救方法中错误的是( )。

  A. 就地打滚 B. 迎风快跑

  C. 用厚重衣物压灭火苗 D. 迅速脱掉外衣

11. ( )应分间、分库存放。

  A. 灭火方法相同的物品 B. 氧气空、重瓶

  C. 易发生化学反应的物品 D. 以上说法均正确

12. 隧道防水施工期间,下列做法中错误的是( )。

  A. 遮挡消防安全疏散指示标志 B. 在安全出口设置疏散标志

  C. 限制作业人员数量

13. 火灾起始阶段是扑救火灾( )的阶段。

  A. 最不利 B. 最有利 C. 较有利 D. 较不利

14. 采取适当的措施,使燃烧因缺乏或隔绝氧气而熄灭,这种方法被称为( )。

  A. 冷却灭火法 B. 隔离灭火法 C. 窒息灭火法 D. 以上说法均错误

15. 由于人的过失引起火灾,造成严重后果的行为,属于( )。

  A. 纵火罪 B. 失火罪 C. 玩忽职守罪 D. 重大责任事故罪

16. 火灾扑灭后,现场负责人应( )。

  A. 拨打火警电话 B. 尽快抢修设施争取复工

  C. 保护现场 D. 速到现场抢救物资

17. 燃烧的三要素不包括( )。

  A. 可燃物 B. 助燃物 C. 着火源 D. 易燃物

18. 建筑物起火后( )min 内是灭火的最好时间。

  A. 5~7 B. 8~10 C. 10~15 D. 2~5

19. 灭火器检查频率是( )。

  A. 每月一次 B. 每季度一次 C. 每半年一次 D. 每年一次

20. 建筑工程施工现场的消防安全由( )负责。

A.建设单位　　　　B.监理单位　　　　C.施工单位　　　　D.设计单位
21.(　　)灭火剂是扑救精密仪器火灾的最佳选择。
　　A.二氧化碳　　　B.干粉　　　　　　C.泡沫　　　　　　D.水
22.处理烫伤或烧伤的方法是(　　)。
　　A.用冰敷伤口　　B.先用水冲洗伤口,再用消毒敷料遮盖伤口
　　C.弄破水泡,在伤口处涂上任何化学药品
23.扑救电器火灾,在火势较小的情况下应首先(　　)。
　　A.切断电源　　　B.抢救贵重电器　　C.快速撤离现场　　D.拨打火警电话
24.疏散用的应急照明,其最低照度不应低于(　　)lx。
　　A.2.0　　　　　　B.1.5　　　　　　C.1.0　　　　　　D.0.5
25.当火灾处于发展阶段时,(　　)是热传播的主要形式。
　　A.热传导　　　　B.热对流　　　　　C.热辐射　　　　　D.其他

二、判断题

1.防水板铺设作业前,应对基面进行有效检查。　　　　　　　　　　　　(　)
2.焊割作业人员应持证上岗,焊割作业人员上岗前应接受安全培训和考核。(　)
3.涉及易燃物的防水作业现场,应严禁烟火,不需设置消防设施。　　　　(　)
4.对于初期火灾,现场人员应及时利用现场消防器材在第一时间进行扑救。(　)
5.油类或液体物质着火时,可采用水直接扑救的方式灭火。　　　　　　　(　)
6.防水材料不宜露天存放;在室外存放时,宜搭设防晒棚。　　　　　　　(　)
7.5级以上大风或雨雪天气时,若因施工需要,可继续进行热熔防水施工。(　)
8.患有皮肤病、结膜炎以及对防水材料严重过敏的人员不得从事防水作业。(　)
9.装卸、搬运防水材料时,须按要求佩戴劳动防护用品,皮肤不得外露。　(　)
10.防水施工现场须设置明显的警戒标志,施工范围内可进行电气焊作业。(　)
11.防水施工中,使用喷灯时加油不得过满,使用的时间不宜过长,点火时火嘴不得对人。　　　　　　　　　　　　　　　　　　　　　　　　　　　　　　(　)
12.管理人员应对防水施工现场配备的消防器材进行定期检查、维护,保证器材完好。(　)
13.隧道防水施工时,可在隧道内存放防水板及辅助材料。　　　　　　　(　)
14.焊割作业中应采取安全保护措施,作业完毕后应清理现场,防止遗留火种。(　)
15.若隧道发生火灾,火势较大时,现场人员应及时撤离至安全区域,再找人施救掌子面作业人员。　　　　　　　　　　　　　　　　　　　　　　　　　　　　(　)

三、多选题

1.防水板铺设作业前,应按要求提前处理基面外露的(　　)。
　　A.钢筋头　　　　B.锚杆头　　　　　C.凸石　　　　　　D.混凝土块
2.明火割除锚杆头前,应(　　)。
　　A.清理下方可燃物　　　　　　　　　B.设置挡板
　　C.设置接火斗　　　　　　　　　　　D.直接进行切割作业
3.割除锚杆头时,可能引发火灾的情况有(　　)。
　　A.产生的高温熔渣掉落在可燃物上　　B.未设置隔离措施
　　C.切割人员无证上岗　　　　　　　　D.切割作业点下方存在可燃物

4.若火势较大,应及时通知周围及掌子面人员迅速向( )撤离。
　　A.隧道外　　　　B.火势下风侧　　　C.隧道内　　　　D.火势上风侧
5.木材、塑料及橡胶类固体物质着火时,可用( )灭火。
　　A.干粉灭火器　　B.水　　　　　　　C.二氧化碳灭火器　D.沙土扑救
6.下列关于防水卷材、辅助材料及燃料的存储、发放要求的说法中,正确的是( )。
　　A.分类存放并保证安全距离　　　　　B.设专人管理
　　C.防水卷材应倒放　　　　　　　　　D.实行发放登记制度
7.隧道施工中,防水板着火时,若火势较大,正确的做法是( )。
　　A.现场人员立即组织掌子面及其他作业面人员撤离
　　B.撤离过程中应捂住口鼻、低头、弯腰迅速通过
　　C.及时拨打火警,说明地点、火情
　　D.现场负责人组织人员自行进洞灭火
8.下列对于防水层的表述,正确的是( )。
　　A.若可燃保温层被不燃材料覆盖,防水层无须覆盖
　　B.若可燃保温层没有覆盖,则防水层应被覆盖
　　C.对难燃保温层不要求覆盖,其屋面防水层也无须覆盖
　　D.屋面外露防水层不宜被覆盖
9.灭火的基本方法有( )。
　　A.冷却法　　　　B.隔离法　　　　　C.窒息法　　　　D.抑制法
10.下列物质或材料中,易引发火灾的有( )。
　　A.防水材料　　　B.木材　　　　　　C.沥青　　　　　D.塑料

案例2　高处坠落

一、单选题

1.进行隧道衬砌防水施工时,为防止高处坠落,应当在作业台架上设置( ),以便挂设安全带。
　　A.安全绳　　　　B.灭火器　　　　　C.护栏　　　　　D.安全网
2.工人有权拒绝( )的指令。
　　A.违章作业　　　B.班组长　　　　　C.安全人员　　　D.领导
3.塑料安全帽的使用期限为不超过( )。
　　A.两年　　　　　B.两年半　　　　　C.三年半　　　　D.一年
4.从业人员发现直接危及人身安全的紧急情况时,应( )。
　　A.停止作业,撤离危险现场　　　　　B.继续作业
　　C.向上级汇报,等待上级指令　　　　D.不予理会
5.隧道衬砌工作台车上应搭设不低于( )m的栏杆,跳板设防滑条,梯子应安装牢固,不得有钉子露头和突出尖角。
　　A.0.6　　　　　　B.0.8　　　　　　C.1.2　　　　　D.1.5
6.在( )m以上高处作业时,按照高处作业有关规定进行防护。
　　A.2　　　　　　　B.3　　　　　　　C.4　　　　　　D.5

二、判断题

1. 涂刷处理剂和胶粘剂时，必须戴防毒口罩和防护眼镜。操作中可以用手直接揉擦皮肤。（ ）
2. 防水材料应存放于有专人负责的库房，严禁烟火，挂醒目的警告标志，采取有效的防火措施。（ ）
3. 施工现场的各种安全设施、设备和警告、安全标志等，不得任意拆除和随意挪动。（ ）
4. 工作时思想集中，坚守作业岗位，对发现的危险必须报告，对违章作业的指令有权拒绝，并有责任制止他人违章作业。（ ）
5. 使用液化气喷枪及汽油喷灯，点火时，火嘴不准对人，汽油喷灯加油不得过满，打气不能过足。（ ）
6. 防水工下班清洗工具，未用完的溶剂可以随手倒掉。（ ）
7. 装运油的桶壶应用铁皮咬口制成，并应设桶壶盖，严禁用锡焊桶壶。（ ）
8. 登高作业时，应穿防滑鞋，设置防滑梯。（ ）
9. 从业人员有获得工作场所和工作岗位危险因素的知情权。（ ）
10. 新工人进场必须经过"三级安全教育"（公司、项目部、班组）且考核合格，履行签字手续后才能上岗。（ ）
11. 施工中发生危及人身安全的紧急情况时，作业人员有权立即停止作业或者在采取必要的应急措施后撤离危险区域。（ ）
12. 若电源线破损，闸刀、插座、插头等用电装置损坏，设备外壳带电，必须及时请电工修理或更换。（ ）
13. 在宿舍里可以使用煤油炉、液化气炉以及电炉、电热棒、电饭煲、电炒锅等大功率电器。（ ）
14. 作业人员进入现场后要对现场的情况进行全面检查，无危险后方可进行作业。（ ）
15. 从业人员可以随意改变或拆卸工具或设备的防护罩。（ ）

三、多选题

1. 防水工必须熟知本工种的安全操作规程和施工现场的安全生产制度，服从领导和安全检查人员的指挥，自觉遵章守纪，做到（   ）。
   A. 自己不伤害自己　　　　　　B. 自己不伤害他人
   C. 自己不被他人伤害　　　　　D. 保护他人不受伤害

2. 施工现场和配料场地应通风良好，操作人员应穿（   ），扎紧袖口，并应佩戴手套及鞋盖。
   A. 软底鞋　　B. 工作服　　C. 拖鞋　　D. 短裤

3. 隧道内有电焊作业时，下列说法中有误的是（   ）。
   A. 可以不设置有效而足够的消防器材
   B. 必须设置有效而足够的消防器材，并放在明显易取的位置上，设立明显标志
   C. 没有特别规定
   D. 不必由专人操作，监护各种器材应定期检查补充或更换，不得挪作他用

4. 高处作业的施工人员，应（   ）。

A. 系安全带　　　B. 戴安全帽　　　C. 穿防滑鞋　　　D. 穿紧口工作服

5. 下列说法中,正确的是(　　)。

   A. 台架上高处作业必须系挂安全带

   B. 安全带可同生命绳、防坠器等配合使用

   C. 拆除作业中,拆除物可以向下抛掷

   D. 以上说法都对

19 挖掘机操作工安全培训

一、单选题

1. 挖掘机操作工应年满( )岁。
   A. 19　　　　　B. 20　　　　　C. 18　　　　　D. 21
2. 不得使用挖掘机进行重物吊装和( )等作业。
   A. 牵引车辆　　B. 挖装硬石　　C. 挖装土方　　D. 倒运土方
3. 挖掘机装卸车时,应有指挥人员进行指挥。装卸过程中需搭设斜板上下的,斜板搭设角度不得超过( )。
   A. 10°　　　　B. 15°　　　　C. 20°　　　　D. 25°
4. 挖掘机长途转移工地应采用( )装运。
   A. 卡车　　　　B. 火车　　　　C. 平板拖车　　D. 自行转移
5. 挖掘机短距离自行转移时,应( )。
   A. 低速缓行　　B. 卡车拖运　　C. 快速通行　　D. 拖车装运
6. 挖掘机工作后,应驶离工作区域,放在安全、平坦的位置,将机身转正,挖斗收回落地放平,所有操纵杆置于( ),关闭发动机,拔出钥匙,锁好门窗。
   A. 低位　　　　B. 中位　　　　C. 高位　　　　D. 平位
7. 相邻车辆及其他挖掘机之间应当保持安全距离,安全距离最少要大于( )m。
   A. 5　　　　　B. 10　　　　　C. 15　　　　　D. 20
8. 挖掘机回转时,宜( )旋转,以确保视野良好并提高工效。
   A. 逆时针　　　B. 顺时针　　　C. 平转　　　　D. 垂直
9. 挖掘机作业时,应停放在坚实、平坦的地面上,履带距工作面边缘距离应大于( )m。
   A. 2　　　　　B. 4　　　　　C. 6　　　　　D. 1
10. 挖掘机作业过程中必须与架空线路保持安全距离,当遇到220kV电压线时,垂直(水平安全)距离不宜小于( )m。
    A. 6　　　　　B. 8　　　　　C. 4　　　　　D. 10
11. 挖掘机作业过程中必须与架空线路保持安全距离,当遇到330kV电压线时,垂直距离不宜小于( )m。
    A. 6　　　　　B. 7　　　　　C. 8　　　　　D. 10
12. 挖掘机作业过程中必须与架空线路保持安全距离,当遇到110kV电压线时,水平距离不宜小于( )m。
    A. 6　　　　　B. 7　　　　　C. 4　　　　　D. 10
13. 挖掘机移动时,臂杆应放在行走前进方向,挖斗距地面保持在( )m左右,并锁止回转机构。
    A. 6　　　　　B. 7　　　　　C. 4　　　　　D. 1
14. 挖掘机在水平面及上坡行走时,驱动轮应在( )。
    A. 后部　　　　B. 前部　　　　C. 左部　　　　D. 右部

15. 挖掘机操作工应无( )色盲。
   A. 红绿　　　　　B. 黄红　　　　　C. 红蓝　　　　　D. 黄绿
16. 挖掘机操作工矫正视力应为( )以上。
   A. 2.0　　　　　B. 1.0　　　　　C. 1.5　　　　　D. 3.0
17. 挖掘机操作工应经过( )培训,持证上岗。
   A. 专门　　　　　B. 业余　　　　　C. 专业　　　　　D. 轮流
18. 挖掘机下坡时,驱动轮应在( )。
   A. 前面　　　　　B. 后面　　　　　C. 左面　　　　　D. 右面
19. 挖掘机最大爬坡度为( )度。
   A. 15　　　　　B. 25　　　　　C. 35　　　　　D. 45
20. 挖掘机加油时,应( )发动机,严禁吸烟。
   A. 关闭　　　　　B. 开启　　　　　C. 制动　　　　　D. 发动

二、判断题

1. 挖掘机操作工应取得劳动和社会保障部门核发的职业资格证。（　）
2. 挖掘机按行走形式分为正铲和反铲挖掘机。（　）
3. 挖掘机的工作装置由动臂、斗杆、铲斗、液压油缸、连杆、销轴、管路等组成。（　）
4. 挖掘机的行走机构由履带架、履带、引导轮、支重轮、托轮、驱动轮、张紧装置等组成。（　）
5. 挖掘过程中,挖掘机操作工应服从挖掘机指挥人员的指令,没有权利拒绝违章指挥、强令冒险作业。（　）
6. 挖掘机在挖土过程中不得挖神仙土。（　）
7. 挖掘机操作工要做好挖掘机的日常维护工作,并形成交底。（　）
8. 挖掘机在高压线附近作业,要明确高压线的高度,保留一定的安全距离。（　）
9. 挖掘机在软土作业段挖掘时,要采取措施防止沉陷。（　）
10. 挖掘机操作工不得穿过于紧身的衣物。（　）
11. 挖掘机发动机起动后,严禁有人站在挖斗、履带、机棚上。（　）
12. 挖掘机旋转半径内不允许有人,指挥人员必须站在挖掘机正面右侧旋转半径范围外进行指挥。（　）
13. 挖掘机通过特殊路段时,应铺钢板,以免造成压伤和倾覆。（　）
14. 挖掘机在坡道上行驶时,下坡应慢速行驶,上坡应加速行驶。（　）
15. 挖掘机挖斗未离开地面时,不得做回转、行走动作;挖斗满载悬空时,不得行走。（　）

三、多选题

1. 挖掘机操作工是操作挖掘机、进行挖掘和( )等工程施工的专业人员。
   A. 装载　　　　　B. 平整　　　　　C. 破碎　　　　　D. 运输
2. 挖掘机主要由动力装置、工作装置、回转机构、操纵机构、传动机构、行走机构和辅助设施等组成。从外观结构上看,由( )构成。
   A. 工作装置　　　B. 传动机构　　　C. 行走机构　　　D. 上部转台
3. 挖掘机按照铲斗形式分为反铲、( )类型。
   A. 正铲　　　　　B. 拉铲　　　　　C. 抓铲　　　　　D. 爬铲
4. 挖掘机按行走形式分为( )。

A. 正铲　　　　B. 反铲　　　　C. 履带式　　　　D. 轮胎式

5. 挖掘机操作工的主要职责有（　　）。
   A. 熟练掌握挖掘机安全操作规程
   B. 熟练掌握安全技术交底并严格遵守
   C. 严格执行安全管理规章制度，不违章作业，不擅离操作岗位
   D. 能熟练修理挖掘机

6. 挖掘机操作工在接受施工任务后，应详细了解、确认施工任务具体内容，做好（　　）安全检查，采取必要的安全措施后才能开展作业。
   A. 施工区段　　B. 安全检查　　C. 设备检查　　D. 环境检查

7. 挖掘机驾驶和操作过程中存在的主要安全风险有（　　）。
   A. 机械伤害　　B. 触电　　　　C. 坍塌　　　　D. 设备倾覆

8. 挖掘机操作要严格按照"三定"原则，"三定"原则指（　　）。
   A. 定人　　　　B. 定机　　　　C. 定岗位职责　　D. 定时保养

9. 应定期对挖掘机机身进行全面检查，发现（　　）问题应及时处理。
   A. 裂纹　　　　B. 严重磨损　　C. 紧固件松动　　D. 油漆脱落

10. 严禁挖掘机在运转中进行（　　）。
    A. 检修　　　　B. 保养　　　　C. 铲运　　　　D. 运转

11. 挖掘机日常检查，应检查（　　）。
    A. 仪表、管线、照明　B. 制动系统　　C. 转向装置　　D. 发动装置

12. 下列属于挖掘机使用中的禁止事项的是（　　）。
    A. 不得使用挖掘机进行重物吊装　　B. 不得使用挖掘机作为载人平台
    C. 挖掘机加油，必须关闭发动机　　D. 挖掘机转移时，使用平板拖车

13. 挖掘机在爆破后的环境中作业时，当发现（　　），应立即停止作业并上报。
    A. 瞎炮　　　　B. 盲炮　　　　C. 残余炸药　　D. 残余雷管

14. 挖掘机遇到较大的坚硬石块或障碍物时，应待清除后方可开挖，（　　）。
    A. 不得用挖斗破碎石块　　　　B. 不得用挖斗破碎冻土
    C. 不得用单边斗齿硬啃　　　　D. 不得用挖斗挖土

15. 挖掘机挖斗未离开地面时，不得（　　）。
    A. 回转　　　　B. 行走　　　　C. 禁止　　　　D. 操作

案例1　机 械 伤 害

一、单选题

1. 某隧道施工中，发生一起机械伤害事故，导致一人受重伤，构成生产安全（　　）事故。
   A. 一般事故　　B. 较大事故　　C. 重大事故　　D. 特别重大事故

2. 某隧道施工时，发生一起坍塌事故，导致5人死亡。该事故应该由（　　）组织调查组进行调查。
   A. 事故发生地的县级人民政府　　B. 事故发生地的市级人民政府
   C. 事故发生地的省级人民政府　　D. 国务院

3. 挖掘机清理隧道内余渣时，下列说法中正确的是（　　）。

397

A.指挥人员不必对作业区进行检查确认

B.闲杂人员可以站在挖掘机旋转半径以内

C.在挖掘机左侧安装移动照明灯

D.挖掘机司机应从右侧旋转

二、判断题

1.夜间及隧道内作业时,必须通过加装摄像头等措施消除盲区。　　　　　(　　)

三、多选题

1.夜间及隧道内作业时,以下说法中正确的是(　　)。

A.作业区域应有良好的照明并安排专人指挥

B.挖掘机旋转半径内禁止人员停留

C.指挥人员必须站在挖掘机正面左侧旋转半径范围外进行指挥

D.挖掘机回转时,应使用回转离合器配合回转机构制动器平稳转动

案例2　触　　电

一、单选题

1.某公路路基施工时,采用挖掘机破拆敷设有高压电缆的混凝土沟槽,属(　　)。

A.违章作业　　　B.违章指挥　　　C.违章操作　　　D.正常指挥

二、判断题

1.在带电情况下使用挖掘机破碎锤直接破拆电缆沟槽盖板,属违章作业。　(　　)

2.挖掘机操作过程中应服从挖掘机指挥人员的指令。现场指挥人员命令把电缆沟槽破碎掉,挖掘机司机应该及时完成任务。　　　　　　　　　　　　　　(　　)

3.某公路路基沟槽盖板施工中,在地下电缆、管线附近作业时,必须查清电缆、管线的走向并进行标记,保持安全距离方可挖掘。　　　　　　　　　　　　(　　)

4.某公路路基沟槽盖板施工中,在地下电缆、管线附近作业时,严禁使用挖掘机进行管线探挖或破拆。　　　　　　　　　　　　　　　　　　　　　　(　　)

三、多选题

1.某公路路基施工中,在进行混凝土沟槽破拆前,在知晓沟槽内有高压电缆的情况下,应对(　　)等进行确认。

A.电缆带电情况　　　B.埋置深度　　　C.具体位置　　　D.电压级别

2.挖掘机司机在接受任务后,应详细了解确认任务具体内容,在做好(　　)检查、采取必要的安全措施后方可开展作业。

A.设备　　　　　　　　　　　　B.环境安全

C.上岗操作证　　　　　　　　　D.身体健康情况

20 起重机械操作工安全培训

一、单选题

1. 起重额定质量大于或等于(　　)t,且提升高度大于等于2m的起重设备属于特种设备。
   A. 3　　　　B. 4　　　　C. 5　　　　D. 2

2. 起重机械操作工年龄应满(　　)周岁,身体健康,在定点医院体检合格。
   A. 16　　　B. 18　　　C. 20　　　D. 22

3. 根据《特种设备目录》,以下不属于特种设备的是(　　)。
   A. 架桥机　　B. 升降机　　C. 电梯　　D. 汽车起重机

4. 按照《特种设备作业人员监督管理办法》有关要求,经(　　)指定的考试机构培训考核合格,持有特种设备作业人员证后方可从事相应的作业。
   A. 国家级质量技术监督部门　　　B. 省级质量技术监督部门
   C. 市级质量技术监督部门　　　　D. 县级质量技术监督部门

5. 起重机械安装维修的项目代号为(　　)。
   A. Q1　　　B. Q2　　　C. Q3　　　D. Q4

6. 以下不属于汽车吊的组成部分的部件是(　　)。
   A. 汽车底盘　　B. 起重臂　　C. 行走机构　　D. 变幅

7. 门式起重机滑触线安装高度必须不低于(　　)m。
   A. 2　　　　B. 3　　　　C. 4　　　　D. 5

8. 起重机械电气安装维修的项目代号为(　　)。
   A. Q1　　　B. Q2　　　C. Q3　　　D. Q4

9. 塔式起重机主要由金属结构、工作机构和(　　)三部分组成。
   A. 电气系统　　　　　　　B. 行走系统
   C. 起升系统　　　　　　　D. 操作系统

10. 门式起重机采用(　　)供电方式,安全性更高。
    A. 电缆供电　　　　　　　B. 滑触线供电
    C. 配电箱供电　　　　　　D. 花线供电

11. 起重机械的安装、拆卸均须制定专项方案;起重量(　　)kN及以上的起重设备安装工程、高度200m及以上内爬起重设备的拆除工程的专项方案须经专家论证。
    A. 200　　　B. 400　　　C. 300　　　D. 500

12. 起重机械安装完毕后,安装单位应当在起重机安装完成并验收后(　　)日内将相关资料和文件移交使用单位,以便建立起重机安全技术档案。
    A. 30　　　B. 15　　　C. 10　　　D. 5

13. 起重机械指挥的项目代号为(　　)。
    A. Q1　　　B. Q2　　　C. Q3　　　D. Q4

14. 桥门式起重机操作工的项目代号为(　　)。

A. Q1 B. Q2 C. Q3 D. Q4

15. 在起重机械投入使用前或者投入使用后( )日内,应向市级质量技术监督管理部门申请办理使用登记证,并将登记标志置于起重机的显著位置。
　　A. 20　　　　B. 30　　　　C. 40　　　　D. 60

16. 起重机械拆除后( )日内,应到原登记部门办理登记注销。
　　A. 20　　　　B. 30　　　　C. 40　　　　D. 60

17. 起重设备的使用单位应做好在用起重机的日常检查工作,每月至少组织( )次全面检查,并做书面记录。
　　A. 4　　　　B. 3　　　　C. 2　　　　D. 1

18. 塔式起重机操作工的项目代号为( )。
　　A. Q1　　　　B. Q2　　　　C. Q3　　　　D. Q5

19. 起重作业吊装前,应对吊具和( )进行检查,并进行试运转。
　　A. 索具　　　　B. 支腿　　　　C. 走行机构　　　　D. 钢丝绳

20. 门座式起重机操作工的项目代号为( )。
　　A. Q6　　　　B. Q2　　　　C. Q3　　　　D. Q5

21. 缆索式起重机操作工的项目代号为( )。
　　A. Q6　　　　B. Q7　　　　C. Q3　　　　D. Q5

22. 流动式起重机操作工的项目代号为( )。
　　A. Q8　　　　B. Q2　　　　C. Q3　　　　D. Q5

23. 升降机操作工的项目代号为( )。
　　A. Q1　　　　B. Q9　　　　C. Q3　　　　D. Q5

24. 机械式停车设备操作工的项目代号为( )。
　　A. Q1　　　　B. Q5　　　　C. Q8　　　　D. Q10

25. 特种设备作业人员证每( )年复审一次,持证人员应当在复审期届满3个月前,向发证部门提出复审申请。
　　A. 2　　　　B. 3　　　　C. 4　　　　D. 5

26. 特种设备作业人员证每4年复审一次,持证人员应当在复审期届满( )个月前,向发证部门提出复审申请。
　　A. 2　　　　B. 3　　　　C. 4　　　　D. 5

二、判断题

1. 起重机吊运操作须平稳匀速,严禁自由下降、突然变速、变向或急开急停。　　( )
2. 起重机起吊重物时可以长时间在空中滞留。　　( )
3. 严禁随意调整或拆除起重机限位装置和保护装置,可以使用限制器和限位装置代替操纵机构。　　( )
4. 钢丝绳在卷筒上必须排列整齐,尾部卡牢,工作中最少保留3圈。　　( )
5. 当钢丝绳直径为10~20mm,采用绳夹固接时,钢丝绳索绳夹最少数量为4个。　　( )
6. 起重机械固定钢丝绳的夹板应在钢丝绳受力绳一边,绳夹间距不应小于钢丝绳直径的5倍。　　( )
7. 起重机械吊钩的吊点与吊物重心可不在同一铅垂线上。　　( )

8. 起重机械吊起重物时,可以斜挂吊物。（　）

9. 汽车起重机应停放在坚实平整的地面上,支腿必须使用枕木或钢板支垫平稳、牢固,轮胎全部离地,确保机体处于水平状态。（　）

10. 起重机械作业前,须将各操纵杆放于空挡,手制动器锁死,方可启动设备。（　）

11. 起重机械起重臂伸缩按规定程序进行,伸臂后再下降吊钩;不得带负载伸缩臂杆。（　）

12. 起重机械吊运物料需较长时间滞空时,应将起升卷筒制动锁住,操作人员才能离开操纵室。（　）

13. 塔式起重机吊钩提升至接近臂杆顶部、小车行至端点时,应减速缓行至停止位置,吊钩至臂杆顶部不得小于1m。（　）

14. 塔式起重机停机时,臂杆应转到逆风方向,将控制器拨回零位并松开回转制动器。（　）

15. 门式起重机作业前,应重点对结构架体、轨道及夹轨器、电力线路进行检查。（　）

三、多选题

1. 患有（　）疾病,不能从事起重机械操作工作。
   A. 心脏病　　　　B. 眩晕　　　　C. 感冒　　　　D. 恐高症

2. 起重机械操作工应熟练掌握起重机械安全操作规程并严格遵守,做到"三知四会"。"三知"是指（　）。
   A. 知结构原理　　　　　　　　B. 知技术性能
   C. 知安全装置作用　　　　　　D. 知设计原理

3. 起重机械操作工应熟练掌握起重机械安全操作规程并严格遵守,做到"三知四会"。"四会"是指（　）。
   A. 会操作　　　B. 会维护　　　C. 会修理　　　D. 会保养

4. 起重机械操作工的职责有（　）。
   A. 严格服从指挥人员的指令,无权拒绝违章指挥
   B. 严格执行安全管理规章制度
   C. 不违章作业,不擅离操作岗位
   D. 做好吊装作业前的设备、环境安全检查确认

5. 起重机械按结构形式分为（　）。
   A. 桥式起重机　B. 门式起重机　C. 塔式起重机　D. 拖拉起重机

6. 公路工程常用的起重机械有（　）。
   A. 汽车起重机　B. 随车起重机　C. 塔式起重机　D. 门式起重机

7. 门式起重机由（　）组成。
   A. 主梁　　　　B. 支腿　　　　C. 起升机构　　D. 回转部件

8. 使用门式起重机吊装的优点有（　）。
   A. 场地利用率高　B. 作业范围大　C. 机动性好　　D. 使用安全性能好

9. 塔式起重机的缺点有（　）。
   A. 有效作业空间大　　　　　　B. 机动性好,转移迅速
   C. 对基础要求高　　　　　　　D. 设备安拆复杂,安全风险相对较高

10. 下列属于起重机械的安全技术档案内容的有（　）。

A. 定期检验和定期自行检查记录　　　B. 日常使用状况记录
C. 运行故障和事故记录　　　　　　　D. 操作人员上岗证

案例 1　起重伤害

一、单选题

1. 某高速公路项目在钢筋吊装过程中发生钢筋坠落事故,造成 10 人重伤。该起事故构成(　　)事故。
    A. 一般事故　　　B. 较大事故　　　C. 重大事故　　　D. 特别重大事故
2. 某高速公路项目中,吊装钢筋时,桥式起重机司机王某在钢筋未完全吊起的情况下斜拉拖拽,造成钢筋突然下坠晃动,配合吊装人员李某从车上掉下,此伤害属于(　　)。
    A. 起重伤害　　　B. 物体打击　　　C. 车辆伤害　　　D. 碰撞

二、判断题

1. 吊装作业时,被吊物重心可以与吊物重心在同一铅垂线上。　　　　　　　　(　　)
2. 起重吊装作业中,不准斜牵斜挂。　　　　　　　　　　　　　　　　　　　(　　)
3. 起重吊装时,不得直接手扶控制被吊物平衡及方向。　　　　　　　　　　　(　　)

三、多选题

1. 吊装作业前应做好(　　)等准备。
    A. 设备检查确认　　　　　　　　　B. 环境安全检查确认
    C. 合理选择吊具　　　　　　　　　D. 被吊货物重量核定
2. 起重吊装时,下列做法中,正确的是(　　)。
    A. 不得直接以手扶控制被吊物平衡及方向
    B. 起重吊装作业中不准斜牵斜挂
    C. 做好吊装作业前的设备、环境安全检查确认,合理选择吊具
    D. 吊钩的吊点应与吊物重心在同一铅垂线上

案例 2　设备倾覆

一、单选题

1. 在汽车起重机投入使用前或者投入使用后(　　)d 内,应向市级质量技术监督局申请办理使用登记证。
    A. 10　　　　　B. 15　　　　　C. 20　　　　　D. 30
2. 门式起重机离场后(　　)d 内应到原登记部门办理登记注销。
    A. 20　　　　　B. 30　　　　　C. 45　　　　　D. 60

二、判断题

1. 汽车起重机操作工段某在试吊未完全分离的桩头混凝土时,发现存在起重量不明且在持续增大,在这种情况下仍然违章冒险起吊作业。这一行为属于违章指挥作业。(　　)

三、多选题

1. 汽车起重机操作工段某吊装桩头时,发生了设备倾覆,导致重伤。设备倾覆的可能原因有(   )。

  A. 在试吊未完全分离的桩头混凝土时,发现存在起重量不明且在持续增大的情况下仍然违章冒险进行起吊作业

  B. 段某在进行起吊作业前,未按要求对汽车起重机支腿进行支垫

  C. 段某在副经理要求试吊未能完全分离的桩头混凝土时,未能拒绝违章指挥要求

  D. 段某按要求对周边环境进行了检查

21 起重机械指挥人员安全培训

一、单选题

1. 下列不属于起重机械指挥人员现场作业中面临的风险的是( )。
   A. 起重伤害　　B. 物体打击　　C. 高处坠落　　D. 触电伤害
2. 起重机械指挥人员应年满( )周岁,身体健康。
   A. 16　　B. 18　　C. 20　　D. 22
3. 特种设备作业人员证每( )年复审1次。
   A. 1　　B. 2　　C. 3　　D. 4
4. 特种设备作业人员证的持证人员应当在复审期届满( )个月前,向发证部门提出复审申请。
   A. 1　　B. 2　　C. 3　　D. 4
5. 固定钢丝绳的夹板应在钢丝绳受力绳一边,绳夹间距不小于钢丝绳直径的( )倍。
   A. 6　　B. 4　　C. 2　　D. 3
6. 多台塔式起重机相邻作业存在作业半径重叠时,相邻两台塔式起重机的大臂与对方塔身的安全距离理论上不小于( )m。
   A. 1　　B. 2　　C. 3　　D. 4
7. 吊物降落前,检查确认降落区域安全状态后,方可发出降落信号;必要时应发出( )信号,缓慢降落。
   A. 微动　　B. 停止　　C. 开始　　D. 紧急停止
8. 吊装前应与起重机械操作工确认信号传输方式,统一传输指令。指挥指令中"微微上升"的指挥语言是( )。
   A. 上升一点　　B. 上升　　C. 移动一点　　D. 移动
9. 吊装前,除了检查确认吊装区域安全防护、物件摆放等情况外,还应检查( )。
   A. 吊运材料　　B. 吊运场地　　C. 吊运环境　　D. 人员状态
10. 起吊前,确认起吊物吊点设置、捆扎方式并试吊。试吊时应将重物试吊到离地面( )cm。
    A. 5~10　　B. 10~15　　C. 10~20　　D. 10~30
11. 起重机械离220kV架空线路的水平方向最小安全距离是( )m。
    A. 3　　B. 4　　C. 5　　D. 6
12. 起重机械离330kV架空线路的垂直方向最小安全距离是( )m。
    A. 7　　B. 8　　C. 9　　D. 10
13. 起重机械用的钢丝绳出现( )现象,可以继续使用。
    A. 绳股钢丝挤出　　　　B. 单股钢丝绳绳芯挤出
    C. 钢丝绳弯曲　　　　D. 局部压扁
14. 当采用直径为36~40mm绳夹固接钢丝绳吊索时,绳夹最少数量应为( )个。
    A. 7　　B. 6　　C. 5　　D. 4

15. 当采用直径小于或等于10mm的绳夹固接钢丝绳吊索时,绳夹最少数量应为( )个。
   A. 6   B. 5   C. 4   D. 3
16. 当采用直径为10～20mm的绳夹固接钢丝绳吊索时,绳夹最少数量应为( )个。
   A. 6   B. 5   C. 4   D. 3
17. 当采用直径为21～26mm的绳夹固接钢丝绳吊索时,绳夹最少数量应为( )个。
   A. 6   B. 5   C. 4   D. 3
18. 当采用直径为28～36mm的绳夹固接钢丝绳吊索时,绳夹最少数量应为( )个。
   A. 6   B. 5   C. 4   D. 3

二、判断题

1. 起重机械指挥人员不属于特种作业人员。（ ）
2. 起重机械指挥人员负责合理选择吊具、索具,并做好日常检查工作。（ ）
3. 用人单位应当查询特种作业人员证件真伪。（ ）
4. 起重机械吊物体时,钢丝绳可以采用打结方式捆绑吊物。（ ）
5. 吊物降落后需抽取钢丝绳的,可以直接使用起重机抽取。（ ）
6. 当采用两点或多点起吊时,吊索数宜与吊点数相符,且各吊索的材质、结构尺寸、索眼端部固定连接等性能应相同。（ ）
7. 特殊情况下,应与吊物保持安全距离,严禁进入吊物下方。（ ）
8. 遇下雨、刮风、下雪、大雾等恶劣天气,不准起吊。（ ）
9. 起重机械吊装时,棱刃物与钢丝绳不得直接接触。（ ）
10. 如果起重机械的力矩限制器损坏,不准起吊。（ ）
11. 可以用起重机械吊运人员。（ ）
12. 起重机械指挥人员在作业中必须正确使用个人防护用品。（ ）
13. 起重机械指挥人员进场参加进场安全教育培训即可。（ ）
14. 起重机械指挥人员的职责之一是排除工作现场的各种起重障碍,并配合起重机械操作工做好应急处置。（ ）
15. 起重机械指挥人员只要能发出指挥信号、口令即可。（ ）

三、多选题

1. 起重机械指挥方式通常有( )。
   A. 旗语   B. 哨语   C. 对讲机   D. 喊话
2. 起重机械指挥人员的职责包括( )。
   A. 严格执行安全管理规章制度   B. 严格执行安全技术交底
   C. 不违章指挥,不擅离岗位   D. 熟悉起重机械安全操作规程即可
3. 起重机械指挥人员要负责本岗位( )的保管和维护。
   A. 配件   B. 工具
   C. 通信器材   D. 防护用品
4. 患有( )的人员不能从事起重机械指挥工作。
   A. 晕眩   B. 身体残疾   C. 发烧   D. 心脏病
5. 起重机械指挥人员在作业中须正确使用的个人防护用品包括( )。
   A. 防滑鞋   B. 反光背心   C. 太阳镜   D. 工作服

405

6. 起重吊装中要严格执行"十不吊",以下属于"十不吊"的有( )。
　　A. 信号指挥不明不准吊　　　　　　B. 斜牵斜挂不准吊
　　C. 吊物重量不明或超负荷不准吊　　D. 地下物件不准吊
7. 严禁将吊物降落在( )。
　　A. 管线　　　　B. 安全通道　　　　C. 作业平台　　　　D. 作业平台边缘
8. 起重机械指挥人员与起重机械操作工保持密切联系,专心注视负载( )全过程。
　　A. 落地　　　　B. 起吊　　　　C. 运转　　　　D. 就位

案例1　起重伤害

一、单选题

1. 某高速公路项目发生一起起重伤害事故,造成1人重伤,此事故属于( )。
　　A. 一般事故　　　B. 较大事故　　　C. 重大事故　　　D. 特别重大事故

二、判断题

1. 起吊钢筋笼时,应将钢丝绳固定在专用吊点上。　　　　　　　　　　　　( )
2. 起重机械操作工属于特种设备作业人员,起重机械指挥人员不属于特种设备作业人员。
　　　　　　　　　　　　　　　　　　　　　　　　　　　　　　　　　　( )

三、多选题

1. 某高速公路项目中,吊装钢筋笼时发生了一起起重伤害事故,造成1人重伤。以下属于导致该事故原因的有( )。
　　A. 起吊钢筋笼时未将钢丝绳固定在专用吊点上
　　B. 领工员不具备起重指挥资格,无证上岗
　　C. 指挥人员指挥吊装时站在吊物下方
　　D. 起重机械指挥人员应正确选择指挥站位
2. 起重机械指挥人员应具备的条件有( )。
　　A. 年满18周岁　　　　　　　　　　B. 按照要求取得特种设备作业人员证
　　C. 身体健康,无职业禁忌病　　　　D. 具备一定的学历

案例2　机械伤害

一、单选题

1. 起重吊装作业时,当吊钩正在正常向后移动,指挥语言应是( )
　　A. 向后　　　　B. 向后一点　　　　C. 微微向后　　　　D. 正常向后

二、判断题

1. 指挥作业人员应选择正确的站位,在视野开阔的地方进行指挥。　　　　　( )
2. 起重机械指挥人员要与起重机械操作工保持密切联系,专心注视负载起吊、运转、就位的全过程。　　　　　　　　　　　　　　　　　　　　　　　　　　　　　　( )

22 载货汽车驾驶员安全培训

一、单选题

1. 重型载货汽车最大允许总质量为大于或等于( )kg。
   A.1000　　　　B.12000　　　　C.14000　　　　D.16000

2. 中型载货汽车为车长大于或等于( )mm、或总质量大于或等于4500kg且小于12000kg的载货汽车,但不包括低速货车。
   A.4000　　　　B.5000　　　　C.6000　　　　D.7000

3. 轻型载货汽车为车长小于6000mm且总质量小于( )kg的载货汽车,但不包括微型载货汽车和低速汽车。
   A.4000　　　　B.4500　　　　C.5000　　　　D.5500

4. 载货汽车须按规定频次到专业机构进行安全技术检验,车龄小于10年的,每( )检验一次,并获得相应的检验合格标志。
   A.年　　　　B.半年　　　　C.季　　　　D.月

5. 载货汽车须按规定频次到专业机构进行安全技术检验,车龄大于或等于10年的,每( )检验一次,并获得相应的检验合格标志。
   A.年　　　　B.半年　　　　C.季　　　　D.月

6. 载货汽车需在施工场外道路行驶时,应经( )登记,取得机动车登记证书、号牌和行驶证。
   A.建管部门　　　　B.环保部门　　　　C.交管部门　　　　D.路政部门

7. 载货汽车驾驶员应熟练掌握并严格遵守安全操作规程;严格执行安全管理规章制度,做好( ),规范驾驶车辆。
   A.技术交底　　　　　　　　B.安全技术交底
   C.车辆检查　　　　　　　　D.维修保养

8. 载货汽车驾驶员应遵守道路交通安全法规及交通规则,驾驶员开车时不需要关注( )。
   A.信号　　　　B.道路状况　　　　C.警示标识　　　　D.道路养护状况

9. 载货汽车操作过程中存在的风险不包括( )。
   A.倾覆　　　　B.火灾　　　　C.车辆伤害　　　　D.撞击

10. 载货汽车驾驶员应年满( )周岁,身体健康,无视力及听力障碍等职业禁忌证。
    A.16　　　　B.18　　　　C.20　　　　D.23

11. 载货汽车严格执行"三不超",下列不属于"三不超"的是( )。
    A.不超时　　　　B.不超载　　　　C.不超员　　　　D.不超速

12. 载货汽车严格执行"五不开",下列不属于"五不开"的是( )。
    A.不开有隐患的车辆　　　　　　B.不开准驾不相符的车辆
    C.不开斗气车　　　　　　　　　D.不开车主不是自己的车

13. 载货汽车起动前,应检查驻车制动是否有效,挡位操纵杆是否处于( )。
    A.一挡　　　　B.空挡　　　　C.二挡　　　　D.倒车挡

14.载货汽车起动后,系好安全带,待水温达到( )℃以上、制动气压达到安全压力以上时,确认周边环境安全后低挡起步。
 A.30 B.40 C.50 D.35

15.载货汽车进入施工现场,按规定线路及速度行驶,注意避让人员及障碍物。当在隧道内作业地段行驶时,速度应不超过( )km/h。
 A.6 B.8 C.10 D.12

16.载货汽车进入施工现场,应按规定线路及速度行驶,注意避让人员及障碍物。当在隧道内非作业地段行驶时,速度应不超过( )km/h。
 A.15 B.20 C.25 D.30

17.载货汽车进入施工现场,应按规定线路及速度行驶,注意避让人员及障碍物。当在施工便道上行驶时,速度不宜超过( )km/h。
 A.20 B.30 C.40 D.50

18.载货汽车通过软基或泥泞地段时,应( )行驶,严禁突然换挡,不得靠近路边或沟旁,防止侧滑。
 A.低挡匀速 B.高挡快速 C.慢刹通过 D.加速通过

19.载货汽车通过下坡路段,应提前减速,并充分利用发动机阻力控制车速,严禁空挡滑行;上下坡时须与前方车辆保持( )m以上的车距。
 A.30 B.40 C.50 D.60

20.载货汽车行驶中,遇相对方向来车,应减速慢行,相互礼让。以下说法中错误的是( )。
 A.有障碍的让无障碍的先行 B.已进入狭窄路段的先行
 C.上坡的先行 D.下坡的先行

21.载货汽车卸料前,应服从现场人员指挥。当在弃渣场、边坡边缘等位置卸料时,应保持安全距离,安全距离最少为( )m。
 A.1.5 B.2.5 C.3.5 D.4.5

22.平板拖车的跳板应紧实,在装卸自行式机械时,跳板与地面夹角一般不应大于( )度。并有专人指挥,平稳上下。
 A.10 B.15 C.20 D.25

23.混凝土搅拌运输车在装料前应先空载运转,检查无误并低速旋转搅拌筒( )min后方可装料,装载量不得超过额定容积。
 A.2~4 B.3~5 C.4~6 D.5~7

24.当混凝土泵车布料杆处于全伸状态时,不得移动车身。需要移动车身时,应将布料杆折叠固定,移动速度不得超过( )km/h。
 A.5 B.10 C.15 D.20

25.载货汽车必须在坡道上坡向停放时,应将挡位置于( )。
 A.前进挡 B.倒挡 C.空挡 D.一挡

二、判断题
1.载货汽车驾驶员在驾驶过程中要服从指挥,有权拒绝违章指挥、强令冒险作业。( )
2.载货汽车驾驶员要做好车辆的日常检查、维修保养等工作,及时处理车辆故障,不应驾驶带"病"车。( )

3. 载货汽车驾驶员必须持驾驶证件,并经入场安全教育培训后,方可上岗。（   ）
4. 载货汽车驾驶员必须严格按照定人、定机、定证的"三定"原则作业。（   ）
5. 载货汽车作业前,应检查车体外观是否正常,有无漏水、漏油、漏气、漏电现象。（   ）
6. 载货汽车驾驶员在作业前,应对车体结构,轮胎气压及磨损情况,燃油、润滑油及冷却液等的添加情况进行检查,确认无问题后可以启动。（   ）
7. 易燃易爆类载货汽车在作业前,不仅要对安全防护措施进行检查确认,还要对消防和消除静电措施等进行检查确认。（   ）
8. 载货汽车装载物品,应捆绑稳固牢靠,并注意控制整车中心。装运轮式机具和圆形物件时应采取防止滚动的可靠措施。车厢可以载人。（   ）
9. 载货汽车驾驶员上、下驾驶室必须抓稳、扶牢,可以跳跃上下。（   ）
10. 载货汽车回转、倒车、卸料时,可以不安排专人指挥。（   ）
11. 自卸汽车顶升作业时,应将顶升操作杆放在空挡位置。（   ）
12. 载货汽车行驶过程中,发现机油压力偏低、水温过高或有异响、异味时,应立即停车处理。（   ）
13. 载货汽车卸料完毕后,方可起步离开。（   ）
14. 爆破器材运输车应按指定路线行驶,保持安全车速及车距,一般行驶速度不超过40km/h。（   ）
15. 载货汽车加油时可以停机熄火,遵守油库或加油站安全管理规定。（   ）

三、多选题

1. 载货汽车主要组成部分包括(　　)。
   A. 液压系统　　　　　　　　B. 电气系统
   C. 散热系统　　　　　　　　D. 底盘
2. 载货汽车的底盘主要包括(　　)。
   A. 传动系统　　B. 行驶系　　C. 转向系统　　D. 起动系统
3. 载货汽车的电气系统包括(　　)。
   A. 电源　　　　B. 点火系统　　C. 信号系统　　D. 制动系统
4. 按照最大设计总质量,载货汽车分为(　　)。
   A. 重型　　　　B. 小型　　　　C. 中型　　　　D. 轻型
5. 按车型载货汽车,分为(　　)。
   A. 平板车　　　B. 自卸车　　　C. 卡车　　　　D. 厢式车
6. 载货汽车中的专用作业车辆是指(　　)。
   A. 平板拖车　　B. 混凝土泵车　C. 混凝土运输车　D. 爆破器材运输车
7. 公路工程施工常用的专用作业车主要用于(　　)等的运输。
   A. 生活用品　　B. 砂石料　　　C. 火工品　　　D. 混凝土
8. 用于场内施工的专用载货作业车宜安装(　　)等辅助安全装置,避免盲区、死角等引发事故。
   A. 倒车声光报警系统　　　　　B. 倒车雷达
   C. 行车记录仪　　　　　　　　D. 音响系统
9. 载货汽车驾驶员应熟悉驾驶车辆的机械性能和车辆状况,做到"三知四会"。其中,"三知"是指(　　)。

409

A. 知结构原理 B. 知技术性能
C. 知安全装置的作用 D. 知汽车修理

10. 载货汽车驾驶员应熟悉车辆的机械性能和车辆状况,做到"三知四会"。其中,"四会"包括(　　)。

A. 会检查一般故障 B. 会维护
C. 会排除一般故障 D. 会修理

案例 1　车 辆 伤 害

一、单选题

1. 弃渣车卸料时应与弃渣场边缘保持安全距离,距离最少应为(　　)m。
A. 0.5　　　　B. 1.0　　　　C. 1.5　　　　D. 2.0

二、判断题

1. 进行弃渣外运时,驾驶员林某未服从现场调度安排,在非指定区域弃渣,属于违章指挥作业。(　　)
2. 汽车驾驶员在卸料时,应服从现场人员指挥,在指定区域卸料。(　　)
3. 当弃渣车在斜坡面上时,只要做好止挡措施,就可以举升车厢进行卸料。(　　)

三、多选题

1. 某高速公路项目中,进行弃渣外运时,发生一起车辆伤害事故。可能造成该事故的原因是(　　)。

A. 弃渣车卸料时离渣场边缘的安全距离不够
B. 对非指定弃渣场未设备隔离警戒措施
C. 对非指定弃渣场未设置阻挡措施
D. 驾驶员在驾驶时未按要求系好安全带

案例 2　机 械 伤 害

一、单选题

1. 某隧道施工过程中,一混凝土罐车驾驶员在清理凝固在罐车内的混凝土时未对罐体采取防止旋转的措施,被罐体挤压导致身亡,此伤害属于(　　)。

A. 车辆伤害 B. 机械伤害
C. 高处坠落 D. 物体打击

二、多选题

1. 某隧道施工过程中,一混凝土罐车驾驶员在清理凝固在罐车内的混凝土时未对罐体采取防止旋转的措施,被罐体挤压导致身亡。为杜绝此类事故发生,必须做到(　　)。

A. 进入混凝土罐车搅拌筒维修前,将发动机熄火并拔出钥匙
B. 将罐车操作杆置于空挡
C. 悬挂安全警示牌
D. 对罐体要采取防转动措施

2.当运输混凝土的罐车突然发生状况时,驾驶员应采取(　　)措施对罐车内混凝土进行处理。

　　A.使用同型号混凝土搅拌车连接紧急驱动管,驱动罐体旋转排出混凝土

　　B.打开罐体检修孔盖板,排出罐内混凝土

　　C.使用不同型号混凝土搅拌车连接紧急驱动管,驱动罐体旋转排出混凝土

　　D.不用理会,等罐车修好后继续使用

23 装载机操作工安全培训

一、单选题

1. 公路工程施工中常用的装载机为( )。
   A. 轮胎式装载机   B. 履带式装载机   C. 前卸式装载机   D. 后卸式装载机
2. 下列不属于装载机安全风险的为( )。
   A. 设备倾覆   B. 机械伤害   C. 车辆伤害   D. 触电
3. 装载机操作工年龄必须满( )。
   A. 16   B. 18   C. 20   D. 22
4. 装载机操作工应取得( )部门核发的岗位职业资格证书,持证上岗。
   A. 安全生产监督管理   B. 人力资源和社会保障   C. 公司培训
5. 装载机作业前,要严格执行"三定"原则,下列不属于"三定"原则的是( )。
   A. 定人   B. 定机   C. 定岗位职责   D. 定时
6. 装载机在使用过程中的"三个禁止",不包括( )。
   A. 禁止搭乘无关人员   B. 禁止长距离运输物料
   C. 禁止使用装载机装卸坚硬物体   D. 禁止使用装载机进行吊装作业
7. 下列不属于装载机作业前环境检查内容的是( )。
   A. 查明水深   B. 控制好安全距离
   C. 检查设备的完好性   D. 隧道作业时照明是否充分
8. 当检查装载机外观时,检查内容不包括( )。
   A. 无漏水   B. 无漏油   C. 无裂纹   D. 无掉漆
9. 启动装载机前,挡位应处于( )。
   A. 空挡   B. 1挡   C. 2挡   D. 倒挡
10. 装载机空车运转( )min,测试灯光、仪表、转向、制动性能。
    A. 2~3   B. 3~5   C. 5~7   D. 7~9
11. 装载机鸣笛后,铲斗提升离地( )m,确认安全后方能起步。
    A. 0.3   B. 0.5   C. 0.7   D. 0.9
12. 以下不属于装载机应减速鸣笛、缓慢通过的路段是( )。
    A. 狭窄区域   B. 台架   C. 弯道   D. 宽阔的施工便道
13. 装载机在边坡卸料时,轮胎离边缘应大于( )m。在大于3°的坡面上,不得前倾卸料。
    A. 1.0   B. 1.5   C. 2.0   D. 2.5
14. 检修装载机时,须停放在平坦、稳固的维修场地,远离( )。
    A. 火源   B. 易燃物   C. 火源和易燃物   D. 电源
15. 装载机发动机熄火后,待( )冷却后方可进行维修保养作业,防止烫伤。
    A. 水温   B. 水温和油温   C. 油温   D. 机器

16. 在修理装载机过程中,(　　)须在场做好配合,不得将钥匙私自交予他人或离开现场。
    A. 机管员　　　　B. 办公室主任　　　　C. 操作工　　　　D. 修理工
17. 装载机在爆破后的地段作业时,如发现(　　),应立即停止作业并上报。
    A. 盲炮　　　　　　　　　　　　　　B. 残余炸药
    C. 残余雷管　　　　　　　　　　　　D. 盲炮、残余炸药、雷管

二、判断题

1. 装载机操作工应服从现场指挥,无权拒绝违章指挥及强令冒险作业。　　　　　(　　)
2. 装载机在维护检修时因未使用安全装置、违反安全操作规程等引发的伤害,属于机械伤害。　　　　　　　　　　　　　　　　　　　　　　　　　　　　　　　　(　　)
3. 装载机操作工违章驾驶、视线受阻、制动转向系统失灵、通过作业区域未减速慢行造成的碰撞、碾压等,属于机械伤害。　　　　　　　　　　　　　　　　　　(　　)
4. 装载机操作工的基本要求是年满18周岁,在医院体检合格,无色盲、视力及听力障碍等。　　　　　　　　　　　　　　　　　　　　　　　　　　　　　　　　(　　)
5. 装载机操作工入场后,要进行岗前安全教育培训并考核合格,接受安全技术交底。(　　)
6. 装载机操作工应穿戴规范,禁止穿拖鞋、戴耳机,可以穿短裤。　　　　　　　(　　)
7. 装载机加油时可以停机熄火,遵守油库安全管理要求。　　　　　　　　　　　(　　)
8. 装载机下坡时严禁空挡滑行。　　　　　　　　　　　　　　　　　　　　　　(　　)
9. 装载机在行驶过程中,如遇特殊情况可以紧急换向。　　　　　　　　　　　　(　　)
10. 装载机应避免铲斗偏载,可以在举臂、收斗时行驶。　　　　　　　　　　　　(　　)
11. 装载机装料时应与运输车保持一定的安全距离,严禁铲斗从车辆驾驶室上方越过。
　　　　　　　　　　　　　　　　　　　　　　　　　　　　　　　　　　　　(　　)
12. 装载机装运土时,遇到坚硬的土质,如果能挖得动,可以直接装。　　　　　　(　　)
13. 装载机作业过程中,当发动机水箱需添加冷却水或冷却液时,应停机降温后加入,注意防止烫伤。　　　　　　　　　　　　　　　　　　　　　　　　　　　　　(　　)
14. 离开装载机,应将各手柄置于空挡,拉起驻车制动手柄,拔掉钥匙,锁闭门窗。(　　)
15. 两台或多台装载机配合作业时,保持安全距离后,不需要专人指挥。　　　　　(　　)

三、多选题

1. 装载机操作工是指操作装载机,进行(　　)等作业的专业人员。
    A. 推铲　　　　　B. 运输　　　　　C. 装卸　　　　　D. 铲运
2. 装载机主要由(　　)、转向系统、电气系统、行走装置和车架等组成。
    A. 动力系统　　　B. 传动系统　　　C. 液压系统　　　D. 自动系统
3. 按行走方式,装载机分为(　　)。
    A. 轮胎式　　　　B. 履带式　　　　C. 前卸式　　　　D. 后卸式
4. 按卸料方式,装载机分为(　　)。
    A. 履带式　　　　B. 前卸式　　　　C. 后卸式　　　　D. 侧卸式
5. 按转向方式,装载机分为(　　)。
    A. 全轮转向　　　B. 滑移转向　　　C. 铰接转向　　　D. 前轮转向
6. 下列属于装载机安全风险的有(　　)。
    A. 设备倾覆　　　B. 机械伤害　　　C. 车辆伤害　　　D. 触电

7. 在装载机使用过程中,"三个禁止"包括(   )。
    A. 禁止搭乘无关人员   B. 禁止长距离运输物料
    C. 禁止使用装载机装卸坚硬物体   D. 禁止使用装载机进行吊装作业
8. 下列属于装载机作业前环境检查内容的有(   )。
    A. 检查设备的性能是否完好   B. 涉水作业时事先查明水深
    C. 软土地段作业时防止陷入淤泥   D. 临边作业时,应保持安全距离
9. 当检查装载机外观时,应查(   )。
    A. 有无漏水   B. 有无漏油   C. 有无裂纹   D. 有无掉漆
10. 装载机空车运转 3~5min 后,应测试(   )制动性能。
    A. 灯光   B. 仪表   C. 胎压   D. 转向

案例 1 车辆伤害

一、单选题

1. 装载机在施工隧道的台架下的行驶速度不得大于(   )km/h。
    A. 5   B. 10   C. 15   D. 20

二、判断题

1. 装载机在栈桥、台车台架、弯道等特殊地段的行驶速度不得大于 5km/h,但在宽敞的施工便道上可以不限制行驶速度。   (   )

三、多选题

1. 装载机在作业过程中的"三个禁止"是(   )。
    A. 禁止搭乘无关人员   B. 禁止长距离运输物料
    C. 禁止吊装作业   D. 禁止从装载机上跳跃
2. 某隧道施工过程中,发生一起装载机车辆伤害事故,导致一人受伤。以下说法中,错误的是(   )。
    A. 装载机操作工路上遇到急忙赶去修理电路的电工,在叮嘱其抓好护栏后,可以让其搭乘
    B. 装载机操作工在通过台车、台架等部位时,以 20km/h 的速度行驶
    C. 装载机操作工应鸣笛警示周边人员
    D. 装载机操作工应持证上岗
3. 装载机操作工在行驶过程中应避免(   )操作。
    A. 突然换向   B. 超速行驶   C. 紧急制动   D. 急转弯

案例 2 设备倾覆

一、单选题

1. ZL50C 装载机的额定载重量是(   )t。
    A. 3   B. 4   C. 5   D. 6
2. 装载机通过弯道,车速应控制在(   )km/h。
    A. 3   B. 4   C. 5   D. 6

二、判断题

1. 某装载机操作工周某在接到现场负责人江某提出的使用装载机长距离运输混凝土的要求时,无权拒绝。（　　）

2. 装载机通过泥泞、软弱地段,应避免紧急转变和紧急制动,减速慢行,以免发生倾覆。（　　）

三、多选题

1. 以下属于较大安全生产事故的是(　　)。

　　A. 造成 3 人以上 10 人以下死亡的事故

　　B. 造成 10 人以上 30 人以下死亡的事故

　　C. 造成 10 人以上 50 人以下重伤的事故

　　D. 造成 1000 万元以上 5000 万元以下直接经济损失的事故

　　E. 造成恶劣社会影响的事故

24 混凝土搅拌设备操作工安全培训

一、单选题

1. 下列属于按搅拌方式进行分类的混凝土搅拌设备类型是(　　)。
　A. 自落式搅拌机　　　　　　　　B. 锥形搅拌机
　C. 中型搅拌机　　　　　　　　　D. 鼓形搅拌机
2. 小型搅拌机的工作容积小于(　　)L。
　A. 400　　　　B. 500　　　　C. 600　　　　D. 700
3. 中型搅拌机工作容积在(　　)L。
　A. 400~600　　B. 400~800　　C. 400~1000　　D. 600~1000
4. 大型搅拌机的容积超过(　　)L。
　A. 800　　　　B. 1000　　　　C. 1200　　　　D. 1400
5. 当采用自落式搅拌机搅拌混凝土时,搅拌时间宜延长(　　)。
　A. 30s　　　　B. 30min　　　C. 40s　　　　D. 50s
6. 混凝土搅拌设备操作工易得的职业病是(　　)。
　A. 尘肺　　　　B. 硅肺　　　　C. 电尘　　　　D. 白内障
7. 混凝土搅拌设备操作工的年龄至少要满(　　)岁。
　A. 16　　　　B. 18　　　　C. 20　　　　D. 22
8. 下列不属于混凝土搅拌设备常规检查项目的是(　　)。
　A. 皮带传送装置　　　　　　　　B. 搅拌机限位装置
　C. 钢丝绳磨损情况　　　　　　　D. 搅拌筒内是否有物料
9. 下列不属于混凝土搅拌设备重点检查项目的是(　　)。
　A. 皮带传送装置　　　　　　　　B. 检查搅拌筒内是否有检修人员
　C. 检查搅拌筒内是否有物料　　　D. 确认搅拌筒运转方向是否正确
10. 混凝土搅拌设备操作工职责的"三定"原则不包括(　　)。
　A. 定机　　　　B. 定人　　　　C. 定岗位职责　　D. 定时间
11. 维修混凝土搅拌设备时,必须拉闸断电,挂(　　)标识牌,按下操作面板上的急停开关。
　A. 设备检修　　　　　　　　　　B. 禁止合闸
　C. 设备检修,禁止合闸　　　　　　D. 工作中
12. 混凝土搅拌设备的日常检查及维护由(　　)进行。
　A. 操作工　　　B. 专业人员　　　C. 修理工　　　D. 专业修理工
13. 混凝土搅拌设备的定期检查、维护由(　　)进行。
　A. 操作工　　　B. 专业人员　　　C. 修理工　　　D. 专业修理工
14. 混凝土搅拌设备的维修必须由(　　)进行。
　A. 操作工　　　B. 专业人员　　　C. 修理工　　　D. 专业修理工
15. 混凝土搅拌设备不需要采取安全防护措施的部位是(　　)。
　A. 提升装置　　B. 检修爬梯　　　C. 料仓　　　　D. 螺旋输送机

16. 下列不属于混凝土搅拌设备操作工作业后应清理部位的是(　　)。
    A. 搅拌筒内外　　B. 输送带　　C. 料斗　　D. 料仓
17. 要在混凝土搅拌设备料场及上料区域设置(　　)措施,进料及上料过程中对该区域实施封闭,严防无关人员进入。
    A. 人车隔离　　B. 安全隔离　　C. 紧急隔离　　D. 人货隔离
18. 在搅拌站工作平台及料仓检查爬梯上应设置稳固牢靠的(　　)。
    A. 隔离措施　　B. 防护措施　　C. 安全措施　　D. 防坠落措施
19. 混凝土搅拌设备操作工应在(　　)医院体检。
    A. 指定　　B. 定点　　C. 三甲　　D. 普通
20. 以下不属于混凝土搅拌设备操作工的职业禁忌的是(　　)。
    A. 色盲　　B. 听力障碍　　C. 心脏病　　D. 糖尿病
21. 大型搅拌站常用(　　)L以上的强制式搅拌机。
    A. 325　　B. 425　　C. 525　　D. 625
22. 混凝土搅拌设备操作工应做好混凝土搅拌设备的日常检查、维护等工作,并形成(　　)记录。
    A. 原始　　B. 口头　　C. 书面　　D. 打印

二、判断题

1. 混凝土搅拌设备操作工应按配料单准确下料,严格遵守投料顺序及搅拌时间等要求。(　　)
2. 当混凝土掺有外加剂与矿物掺和料时,搅拌时间应当缩短。(　　)
3. 混凝土搅拌操作工应及时、认真地做混凝土生产记录、设备运转记录和交接班记录。(　　)
4. 混凝土搅拌设备的齿轮转动部位应设置防护栏杆。(　　)
5. 应在混凝土搅拌设备的皮带机、料斗提升机、配料机、自落式搅拌机料斗工作范围设置隔离措施及醒目的安全警示标志。(　　)
6. 在搅拌站工作平台及料仓检修爬梯上应设置稳固牢靠的防护措施。(　　)
7. 混凝土搅拌设备操作工上班时应规范穿戴帽子、衣服、防尘口罩、反光背心。(　　)
8. 混凝土搅拌设备操作工上班时禁止穿拖鞋、短裤。(　　)
9. 混凝土搅拌设备运转中,禁止靠近或触摸各转动部件。(　　)
10. 对混凝土搅拌设备搅拌筒内外、输送带、料斗等区域进行清理作业时,要切断总电源,安排专人监护。(　　)
11. 在冬季施工时,混凝土搅拌设备操作间严禁使用电暖炉、火炉、碘钨灯等明火取暖。(　　)
12. 混凝土搅拌设备操作工在作业前应检查供水、供气管路及粉料输送系统连接处,确保密封可靠。(　　)
13. 混凝土搅拌设备操作工在常规检查时,要对料斗下方、皮带传送装置、卸料口下方等危险区域以及齿轮、皮带轮等传动装置护罩等设备的防护情况进行确认。(　　)
14. 启动混凝土搅拌设备后要满载运转,确认搅拌筒或叶片运转方向正确、无异响、各仪表指示正常后,方可投料。(　　)
15. 混凝土搅拌设备发生故障时,视情况切断电源,排除故障后方可继续操作,无法排除

时及时上报。 ( )

三、多选题

1. 按拌和鼓筒的构造形状,搅拌机分为( )。
   A. 鼓形搅拌机　　B. 锥形搅拌机　　C. 自落式搅拌机　　D. 强制式搅拌机
2. 按拌和鼓筒的装料容积,搅拌机分为( )。
   A. 小型搅拌机　　B. 大型搅拌机　　C. 中型搅拌机　　D. 锥形搅拌机
3. 大型搅拌站组成部分包括( )。
   A. 物料储存系统　　B. 称量系统　　C. 输送系统　　D. 搅拌系统
4. 混凝土搅拌设备操作工应熟练掌握并严格遵守搅拌设备安全操作操作规程,做到"三知四会",其中"三知"是指( )。
   A. 知结构原理　　B. 知技术性能　　C. 安全装置的作用　　D. 知设计原理
5. 混凝土搅拌设备操作工应熟练掌握并严格遵守搅拌设备安全操作操作规程,做到"三知四会",其中"四会"包括( )。
   A. 会修理　　B. 会操作　　C. 会维护　　D. 会排除一般故障
6. 混凝土搅拌设备操作工除应严格执行安全管理规章制度外,还应严格执行( )。
   A. 设备安全管理制度　　B. 设备检修保养制度
   C. 技术交底　　D. 设备交接班制度
7. 混凝土搅拌设备操作工的操作风险有( )。
   A. 职业病危害　　B. 高处坠落　　C. 机械伤害　　D. 崩塌
8. 混凝土搅拌设备易发生卷入风险的部位有( )。
   A. 皮带机　　B. 齿轮转动部位　　C. 提升料斗下方　　D. 提升料斗上方
9. 混凝土搅拌设备上易发生高处坠落的部位是( )。
   A. 提升料斗的上方　　B. 搅拌站作业平台　　C. 罐体检修爬梯　　D. 上料区域
10. 混凝土搅拌设备上易发生绞切的部位是( )。
    A. 螺旋输送机　　B. 搅拌筒内部　　C. 齿轮转动部位　　D. 皮带机

案例　机械伤害

一、单选题

1. 某混凝土拌和站在生产混凝土过程中,发生一起机械伤害事故,造成1人死亡,此事故构成安全生产( )。
   A. 一般事故　　B. 较大事故　　C. 重大事故　　D. 特别重大事故
2. 以下说法中,错误的是( )。
   A. 混凝土搅拌设备运转中,操作工听到异常响声,可以直接查看或修理
   B. 混凝土搅拌设备运转中,禁止靠近或触摸各转动部件
   C. 进行混凝土搅拌设备检修、保养、清理作业时,必须拉闸断电
   D. 进行混凝土搅拌设备检修、保养、清理作业时,必须安排专人监护后方可进行

二、判断题

1. 较大事故由省级人民政府直接组织事故调查组或授权或委托有关部门调查。( )

2.特种设备安全工作应当坚持安全第一、预防为主、节能环保、综合治理的原则。（　　）

三、多选题

1.某混凝土搅拌设备出现故障，修理工在进行修理时，发生机械伤害事故。以下说法中，正确的是(　　)。

A.维修工可在设备运转状态下进行检修

B.进行混凝土搅拌设备检修、保养清理作业时，必须拉闸断电

C.进行混凝土搅拌设备检修、保养、清理作业时，必须挂"设备检修，禁止合闸"牌

D.设备运转时，禁止靠近或触摸各转动部件

25　机修钳工安全培训

一、单选题

1. 机修钳工的年龄应满(　　)岁。
   A. 19　　　　　　B. 20　　　　　　C. 18　　　　　　D. 21

2. 机修钳工在交叉作业、多人配合作业和复杂环境作业时必须统一协调配合。下列不属于复杂环境的是(　　)。
   A. 有限空间　　　B. 高空作业　　　C. 潮湿环境　　　D. 大风天气

3. 下列不属于机修钳工作业时易发生的机械伤害的是(　　)。
   A. 触电　　　　　B. 挤压　　　　　C. 切割　　　　　D. 刺扎

4. 不会因为有铰接部位而造成机修钳工在修理过程中受到伤害的位置是(　　)。
   A. 载货汽车车厢　　　　　　　　　B. 压路机
   C. 压浆机内部往复运动部位　　　　D. 装载机

5. 机修钳工在作业时,应使用安全电压照明,一般采用(　　)V 安全电压。
   A. 12 或 24　　　B. 24 或 36　　　C. 12 或 36　　　D. 110 或 220

6. 机修钳工在作业时,应使用安全电压照明,当在金属容器内、特别潮湿等特别危险环境中,应采用(　　)V 安全电压。
   A. 11　　　　　　B. 12　　　　　　C. 24　　　　　　D. 36

7. 机修作业时应断开电、液、气动源,悬挂(　　)警示牌,必要时应将开关箱上锁或安排专人监护。
   A. 正在检修　　　　　　　　　　　B. 禁止启动
   C. 正在检修,禁止起动　　　　　　D. 禁止合闸

8. 下列地点中,不需要禁止烟火的是(　　)。
   A. 油库　　　　　B. 炸药库　　　　C. 机修车间　　　D. 宿舍

9. 机修钳工在清洗零件时,严禁吸烟或进行明火作业,不准用(　　)清洗零件、擦洗设备。
   A. 汽油　　　　　B. 柴油　　　　　C. 清水　　　　　D. 清洗剂

10. 使用砂轮机、切割机时,应当在砂轮片(切割片)的(　　)操作。
    A. 前方　　　　　B. 后方　　　　　C. 侧方　　　　　D. 右方

11. 机修钳工在维修作业时,以下做法中,错误的是(　　)。
    A. 用铁锤敲打被维修机械　　　　　B. 用橡胶锤敲打被维修机械
    C. 拆卸热装零件时,先加热后拆除　　D. 分类堆放拆除的零件

12. 下列不属于机修钳工作业注意事项的是(　　)。
    A. 用人力移动机件时,要注意重心,防止砸伤
    B. 多人搬抬应有人指挥,相互配合,动作一致
    C. 吊运大型、重型机件,应严格遵守起重作业安全操作规程
    D. 检查作业场所环境

13. 下列不属于机修钳工作业时会发生的伤害的是( )。
    A. 触电　　　　B. 车辆伤害　　　　C. 高处坠落　　　　D. 人身伤害

14. 下列不属于机修钳工作业危险部位的是( )。
    A. 大型设备高处维修作业时的临边部位
    B. 维修试机时轮式机械相对运动的部位
    C. 停机状态的检修部位
    D. 用电设备及工具的开关、线缆及接头部位

15. 以下关于机修钳工零部件修复一般安全要点的说法中,错误的是( )。
    A. 使用手拉葫芦等起吊机具,应检查支架、钢丝绳等是否符合相关规范要求,安排专人指挥,平稳起吊
    B. 须确保车床及钻床床体、刀具、钻头、夹具等固定牢靠,作业时佩戴线手套
    C. 清理铁屑,须用刷子或铁钩,严禁嘴吹或徒手清理
    D. 使用砂轮机、切割机时,应当在砂轮片(切割片)的侧方操作

16. 机修钳工在作业时,遇到特殊情况必须由专业人员进行处理,严禁私自操作。以下不属于特殊情况的是( )。
    A. 吊装　　　　B. 焊割　　　　C. 用电　　　　D. 拆卸热装零部件

17. 在有限空间、易燃易爆物品周围作业时,须办理( )。
    A. 动火许可　　B. 生产许可　　C. 用电许可　　D. 安全许可

18. 为保证防火安全,企业应设固定的动火车间(或场地),加强对临时动火部位和场所的管理,坚持动火审批制度。下列不属于一级动火情况的是( )。
    A. 禁火区域内　　　　　　　　B. 油罐、油槽车
    C. 储存过可燃气体的容器　　　D. 仓库

19. 三级动火由( )审批。
    A. 项目防火负责人　　　　　　B. 项目负责人
    C. 项目安全负责人　　　　　　D. 项目所在地消防部门

20. 下列不属于二级动火审批范围的是( )。
    A. 在机修房临时进行焊、割动火作业　　B. 小型油箱存储器
    C. 特殊工种冬季电器保暖　　　　　　　D. 在已竣工建筑内进行焊、割动火作业

21. 机修钳工装配与调整安全要点的正确顺序是( )。
    A. 装配准备→装配→固定→现场清理
    B. 装配准备→装配→现场清理→固定
    C. 现场清理→装配准备→装配→固定
    D. 现场清理→装配准备→固定→装配

22. 机修钳工要严格按照零部件的装配顺序进行装配。正确的装配顺序是( )。
    A. 先外后内,先难后易,先精密后一般
    B. 先内后外,先难后易,先精密后一般
    C. 先内后外,先易后难,先精密后一般
    D. 先外后内,先易后难,先精密后一般

23. 下列不属于机修钳工在机械试运转中要观察的情况的是( )。
    A. 泄漏　　　　B. 异常振动　　　　C. 异常噪声　　　　D. 各部件的连接

24. 下列不属于机修钳工在试车、试机与检验过程中的安全要点的是( )。
   A.试车准备   B.试运转中观察   C.试机完成   D.试装配准备
25. 以下不属于机修钳工在拆卸前的准备工作的是( )。
   A.查阅设备说明书   B.查阅设备图纸
   C.查阅设备维护修理记录   D.查阅设备运转记录

二、判断题

1. 机修钳工应服从现场指挥人员的指令,有权拒绝违章指挥及强令冒险作业。( )
2. 机修钳工发现非机修人员擅自拆、改机械设备,应立即劝阻、制止,必要时向施工现场负责人报告。( )
3. 机修钳工在医院体检合格、确认无职业禁忌后,才能上岗作业。( )
4. 机修钳工作业时,禁止穿拖鞋,可以穿短裤。( )
5. 机修钳工在修理过程中,要谨防载货汽车车厢、驾驶室、压路机、装载机等铰接部位对人造成伤害。( )
6. 机修钳工作业时,应戴手套作业,严防钻床、车床、零件表面毛刺、锯片等锋利部位伤手。( )
7. 机修钳工作业时,要安全用电,对用电设备及工具的开关、线缆及接头部位进行安全检查。( )
8. 机修钳工在对机械进行检修时,机械应处于停机状态。( )
9. 机修钳工在检修时,对铰接部位已打开安全装置,可以不顶紧。( )
10. 机修钳工高空作业时,必须正确使用安全帽、安全绳,可以根据工具数量来确定是否需要佩戴工具包。( )
11. 机修钳工在特别潮湿或金属容器内作业时,应采用24V安全电压照明。( )
12. 机修钳工在锯销时应平稳慢速,防止锯条断裂造成人员受伤。( )
13. 机修钳工在锉削前应先清除锉刀表面的锉屑和油污,锉刀与锉刀柄连接稳固后方可锉削。( )
14. 涉及吊装、焊接、用电、危险化学品等特殊情况时,必须由特殊人员进行,严禁私自操作。( )
15. 机修钳工对装载机、载货汽车等行走机械进行试机,必须由定岗的专职驾驶员进行。( )

三、多选题

1. 机修钳工是指( )的专业人员。
   A.使用各种工具对出现状态劣化的机械进行故障诊断工作
   B.使用各种仪器对出现状态劣化的机械进行拆解维修及安装调试工作
   C.使用各种工具对出现故障的设备进行故障诊断工作
   D.使用各种仪器对出现故障的设备进行拆解维修及安装调试工作
2. 机修钳工的工作包括( )项目。
   A.故障诊断   B.拆解维修   C.安装调试   D.日常保养
3. 机修钳工日常使用的工具有( )。
   A.錾子   B.液压千斤顶   C.小型起重吊具   D.锉刀

4. 机修钳工的岗位职责包括(　　)。
   A. 熟悉并掌握机械设备工艺性能及安全操作规程
   B. 严格执行安全管理规章制度和安全技术操作规范,不违章作业
   C. 掌握各类机械设备的拆卸、修复与修理工艺
   D. 掌握錾削、锉削、锯削等操作技能
5. 机修钳工的基本要求包括(　　)。
   A. 年满18周岁
   B. 身体健康且在指定医院体检合格
   C. 经入场安全教育培训
   D. 正确穿戴个人劳动防护用品,着装符合安全要求
6. 机修钳工在作业前必须对(　　)进行确认并消除危险因素。
   A. 周围环境　　　　　　　　B. 设备状态
   C. 交叉作业统一协调配合　　D. 多人配合作业统一协调配合
7. 机修钳工上岗前必须正确穿戴的个人防护用品包括(　　)。
   A. 安全帽　　　B. 反光服　　　C. 防护手套　　　D. 耳机
8. 机修钳工作业时的安全风险有(　　)。
   A. 机械伤害　　B. 触电　　　C. 高处坠落　　　D. 车辆伤害
9. 机修钳工在作业时,要谨防(　　)等旋转部位对机修人员造成损害。
   A. 齿轮部位　　B. 皮带部位　　C. 往复运动部位　　D. 轮轴部位
10. 机修钳工在作业时,危险部位有(　　)。
    A. 机械的旋转部位
    B. 混凝土泵、压浆机等内部往复运动部位
    C. 装载机等铰接部位
    D. 吊物下方部位

案例1　机械伤害

一、单选题

1. 某高速公路项目机修车间发生一起机械伤害事故,造成1人死亡,该事故属于生产安全(　　)。
   A. 一般事故　　B. 较大事故　　C. 重大事故　　D. 特别重大事故
2. 某高速公路项目机修车间发生一起机械伤害事故,造成1人死亡,该事故应该由(　　)来调查。
   A. 事故发生单位
   B. 项目所在地省级人民政府
   C. 项目所在地市级人民政府
   D. 项目所在地县级人民政府委托事故发生单位

二、多选题

1. 某高速公路项目驾驶员孔某驾驶载货汽车卸渣过程中,发现车厢举升缓慢并伴有异

响,孔某将车开到汽修车间找机修工严某进行修理。严某初步判断为车厢顶升液压管路存在泄漏故障,随即要求孔某将车厢升起以便查看。车厢顶升到位后,严某立即探身查看液压管路是否存在泄漏点,此时顶升油缸液压管突然发生爆裂,车厢瞬间落下,将严某挤压在车厢及大梁之间,致其当场死亡。就案例情况,以下说法正确的有(　　)。

　　A.严某忽视车厢下部危险区域检修要求
　　B.进入危险区域进行检修时,未对车厢采取支垫措施,违章作业
　　C.机修钳工应熟悉并掌握机械设备工艺性能及安全操作规程
　　D.顶升载货汽车车厢进行检修、润滑等作业时,应将车厢支撑牢靠

案例2　机械伤害

一、判断题

1.在钻床、车床、齿轮、皮带、轮轴等旋转部位进行作业时,禁止戴手套,在机器运转时保持安全距离。　　　　　　　　　　　　　　　　　　　　　　　　　　　　(　　)

2.在清理车床及钻床使用中产生的铁屑时,应使用刷子或铁钩等工具,严禁徒手清理。
　　　　　　　　　　　　　　　　　　　　　　　　　　　　　　　　　　　(　　)

二、多选题

1.某高速公路在施工时需要加工一批支架,机修钳工张某在使用摇臂钻床钻孔时,手腕部以下被钻头绞伤,造成重伤。张某在此工作中可能错误的地方有(　　)。
　　A.违反摇臂钻床安全操作规程　　　　B.违章佩戴手套操作钻床
　　C.徒手清理钻床产生的钻屑　　　　　D.站在钻床侧面进行作业

2.钻床、车床、齿轮、皮带、轮轴等旋转部位存在(　　)风险。
　　A.卷入　　　　　B.绞切　　　　　C.挤压　　　　　D.切割

26 砌筑工安全培训

一、单选题

1. 砌筑工在砌筑时,不常用的石材是( )。
   A. 毛石　　　　　B. 粗料石　　　　　C. 细料石　　　　　D. 块石
2. 砌筑工在砌筑时,不常用的砌块是( )。
   A. 加气混凝土砌块　　　　　　　B. 普通混凝土大砌块
   C. 普通混凝土空心小砌块　　　　D. 石膏砌块
3. 为了确保砌筑的垂直度,在砌筑一定高度后,应该用( )测量。
   A. 摊灰尺　　　　B. 水平尺　　　　　C. 线锤　　　　　　D. 准线
4. 一顺一丁普通砖砌筑形式适用于( )。
   A. 适合砌一砖及一砖以上厚墙　　B. 砖基础大放脚部分
   C. 清水外墙　　　　　　　　　　D. 圆弧形水塔、圆仓
5. 以下不属于一顺一丁普通砖砌筑形式优点的是( )。
   A. 搭接好　　　　B. 无通缝　　　　　C. 整体性强　　　　D. 砍砖较少
6. 以下不属于一顺一丁普通砖砌筑形式缺点的是( )。
   A. 竖缝不易对齐　　　　　　　　B. 砍砖较多
   C. 平整度不易控制　　　　　　　D. 功效低
7. 三顺一丁普通砖砌筑形式适用于( )。
   A. 砖基础大放脚部分　　　　　　B. 砌一砖及一砖以上厚墙
   C. 清水外墙　　　　　　　　　　D. 砌筑半砖厚的墙体
8. 全顺普通砖砌筑形式仅适用于( )。
   A. 砌一砖及一砖以上厚墙　　　　B. 清水外墙
   C. 半砖厚的墙体　　　　　　　　D. 砖基础
9. 全丁普通砖砌筑形式仅适用于( )。
   A. 砖基础大放脚部分　　　　　　B. 清水外墙
   C. 砌筑半砖厚的墙体　　　　　　D. 圆弧形水塔
10. 下列属于三顺一丁普通砖砌筑形式优点的是( )。
    A. 砍砖较少　　　　　　　　　　B. 搭接完成后无通缝
    C. 灰缝美观　　　　　　　　　　D. 墙体美观
11. 下列属于三顺一丁普通砖砌筑形式缺点的是( )。
    A. 砌法难度最大　　　　　　　　B. 平整度不易控制
    C. 墙体强度较低　　　　　　　　D. 砍砖较多
12. 砌筑砖墙及砌块时,应上下错缝、内外搭接,上下顺、顺砖层应错开( )砖长。
    A. 1/3　　　　　B. 1/4　　　　　　C. 1/2　　　　　　D. 1
13. 砌筑砖墙及砌块时,应上下错缝、内外搭接,上下皮砖至少错缝( )砖长。
    A. 1/3　　　　　B. 1/4　　　　　　C. 1/2　　　　　　D. 1

14. 砌筑砖墙及砌块时,应上下错缝、内外搭接,上下顺、丁砖层错开(　　)砖长。
   A. 1/3　　　　　B. 1/4　　　　　C. 1/2　　　　　D. 1
15. 普通砖砌筑的墙体应平整,灰缝厚度规范,勾缝整齐牢固。灰缝一般为(　　)mm。
   A. 8±2　　　　　B. 6±2　　　　　C. 10±2　　　　D. 12±2
16. 下列属于毛石墙体干砌法优点的是(　　)。
   A. 整体性好　　　B. 平整度好　　　C. 工效高　　　D. 强度高
17. 下列属于料石墙体坐浆法砌筑形式缺点的是(　　)。
   A. 工效低　　　　　　　　　　　　B. 墙体整体性差
   C. 工艺要求高　　　　　　　　　　D. 仅适用于受力较小的墙体
18. 下列不属于毛石墙体组砌形式的是(　　)。
   A. 丁顺组合组砌法　　　　　　　　B. 交错混合组砌法
   C. 全丁顺组合组砌法　　　　　　　D. 丁顺分层组砌法
19. 下列不属于料石墙体组砌形式的是(　　)。
   A. 全顺叠砌　　　B. 丁顺叠砌　　　C. 丁顺组砌　　　D. 全丁叠砌
20. 砌筑作业中存在的主要风险不包括(　　)。
   A. 高处坠落　　　B. 车辆伤害　　　C. 物体打击　　　D. 触电
21. 下列不属于砌筑工职业禁忌的是(　　)。
   A. 心脏病　　　　B. 高血压　　　　C. 糖尿病　　　　D. 癫痫
22. 砌筑用砖的品种、规格、强度等级等应符合设计要求。当采用烧结普通实心砖砌筑墙体时,砂浆稠度应为(　　)mm。
   A. 60~80　　　　B. 70~90　　　　C. 80~100　　　D. 90~110
23. 当采用普通混凝土小型空心砌块作为主砌块时,空心率应小于或等于(　　)。
   A. 30%　　　　　B. 40%　　　　　C. 50%　　　　　D. 60%
24. 当采用毛石、粗料石、细料石砌筑时,砂浆稠度应为(　　)mm。
   A. 30~50　　　　B. 60~80　　　　C. 50~70　　　　D. 40~60
25. 当砌筑高度超过(　　)m时,必须由架子工搭设脚手架,经验收合格后方可作业。
   A. 0.8　　　　　B. 1.0　　　　　C. 1.2　　　　　D. 1.5
26. 砌筑砂浆应按照施工配合比集中拌制,随拌随用。拌制时,水泥偏差要控制在(　　)以内。
   A. ±2%　　　　　B. ±3%　　　　　C. ±4%　　　　　D. ±5%

二、判断题

1. 浆砌石砌体应采用坐浆法,嵌缝均匀、饱满、密实。　　　　　　　　　　　(　　)
2. 干砌石体应咬合紧密,无叠砌、贴砌和浮塞。　　　　　　　　　　　　　　(　　)
3. 严禁砌筑工带病作业,严禁酒后作业。　　　　　　　　　　　　　　　　　(　　)
4. 砌筑作业时,禁止穿拖鞋,可以穿短裤。　　　　　　　　　　　　　　　　(　　)
5. 砌筑作业对工作内容(施工图、设计要求、技术交底)进行检查确认后方可作业。(　　)
6. 砌筑工发现墙体有裂缝、支护结构发出声响、变形等情况,应立即停止作业,撤离现场。　　　　　　　　　　　　　　　　　　　　　　　　　　　　　　(　　)
7. 砌筑工在高处作业时,应先检查脚手架、支撑等的加固情况,确认安全后方可作业。(　　)
8. 砌筑砂浆应按照施工配合比集中拌制,随拌随用。可以使用已初凝的砂浆。(　　)

9. 砌筑时,脚手架上允许的堆料荷载不超过3000N/m²。 ( )
10. 砌筑作业应避开夏季高温时段,并采取防暑降温措施。当最高气温达到或超过30℃时,应停止作业。 ( )
11. 洞口边仰坡、路基挡护工程及岩体破碎、土质松软地段的砌筑作业,禁止在雨季施工。 ( )
12. 严禁将砌块等材料堆放在基坑顶边缘线1m范围内。 ( )
13. 砌筑不同深度的基础时,应先浅后深。 ( )
14. 采用台阶式砌筑基础时,台阶与墙体应同时砌筑,基底与墙趾台阶转折处砌成垂直通缝,缝隙砂浆应饱满。 ( )
15. 分段砌筑基础时,必须留踏步槎,分段砌筑的高度相差不得超过1m。 ( )

三、多选题

1. 砌筑工在砌筑砌体时,使用的砂浆材料有( )。
   A. 水泥砂浆　　B. 石灰砂浆　　C. 防水砂浆　　D. 聚合物砂浆
2. 砌筑作业常用的机械设备有( )。
   A. 砂浆搅拌机　　B. 垂直运输设备　　C. 自卸汽车　　D. 混凝土搅拌机
3. 砌筑作业常用的垂直运输设备包括( )。
   A. 卷扬机　　B. 附壁式升降机　　C. 井架　　D. 龙门架
4. 砌筑作业常用的工具有( )。
   A. 摊灰尺　　B. 灰板　　C. 皮数杆　　D. 线锤
5. 砌筑普通砖墙的组砌形式主要有( )。
   A. 一顺一丁　　B. 三顺一丁　　C. 梅花丁　　D. 全顺和全丁
6. 三顺一丁砌筑形式的优点有( )。
   A. 砍砖较少　　B. 可提高功效　　C. 墙体强度最高　　D. 灰缝美观
7. 梅花丁砌筑形式的缺点有( )。
   A. 墙体强度较低　　B. 砌法难度大　　C. 速度慢　　D. 竖缝不易对齐
8. 下列属于石材砌筑墙体方法的是( )。
   A. 全丁法　　B. 铺浆挤浆法　　C. 干砌法　　D. 坐浆法
9. 下列属于毛石墙体铺浆挤浆法优点的是( )。
   A. 砂浆饱满　　B. 整体性好　　C. 强度高　　D. 工效高
10. 砌筑工的岗位职责有( )。
    A. 严格执行安全管理规章制度
    B. 熟练掌握砌筑安全操作规程
    C. 服从现场指挥人员的指令
    D. 做好砌筑施工设备、工具的维护保养和保管

案例1　高处坠落

一、单选题

1. 高空作业通常指的是高处作业,指人在以一定位置为基准的高处进行的作业。国家标准《高处作业分级》(GB/T 3608—2008)规定:"凡在坠落高度基准面( )m以上有可能

坠落的高处进行作业,都称为高处作业。"

A.2 B.3 C.4 D.5

2.砌筑高度超过( )m时,必须由架子工搭设脚手架作业平台,经验收合格后方可作业。

A.0.8 B.1 C.1.2 D.1.5

二、判断题

1.砌筑工入场未戴安全帽属于违规作业,易导致事故发生。 ( )
2.严禁砌筑工擅自拆除脚手架各构件及防护栏杆、安全网等配套安全装置。 ( )
3.某高速公路项目进行边坡挡护施工时,现场负责人认为挡土墙高度只有3.5m,为加快进度,不搭设脚手架,以留踏步槎施工。这种情况属于违章作业。 ( )
4.砌筑工钱某在使用手锤敲击修整石料时,未避开人员,属于违章作业。 ( )

三、多选题

1.某高速公路项目进行边坡挡护施工时,现场负责人认为挡土墙高度只有3.5m,为加快进度,不搭设脚手架,以留踏步槎施工,砌筑工没有反对。由此可能出现的伤害有( )。

A.高处坠落 B.物体打击 C.车辆伤害 D.触电

案例2 砌体坍塌

一、判断题

1.某高速公路项目进行路堑护面墙砌筑施工时,林某在项目副经理何某明确通知"夜间有强降雨"的情况下,未对新砌的护面墙砌体进行防雨遮盖,属于违章作业。 ( )
2.林某在发现护面墙因降雨出现开裂及鼓出险情后,依然派人上去作业,属于违章指挥作业。 ( )
3.浆砌石砌体应采用灌浆法施工,嵌缝均匀,砂浆饱满、密实。 ( )
4.浆砌砌体咬口应紧密,无通缝、裂缝、空鼓。 ( )

二、多选题

1.某高速公路项目进行路堑护面墙砌筑施工时,发生砌体坍塌事故,造成1人重伤。导致事故发生的原因有( )。

A.班长林某要求当班砌筑工加快砌速度,用灌浆法施工
B.将部分已初凝的砂浆掺杂后使用到护面墙中
C.按规定搭设了脚手架及平台
D.发现前一日施工的部分护面墙出现开裂和鼓出,未及时撤离人员

2.( )部位应避开雨季进行浆砌作业。

A.洞口边仰坡 B.路基挡护工程 C.岩体破碎地段 D.土质松软地段

27　压路机操作工安全培训

一、单选题

1. 压路机操作工应取得(　　)核发的岗位职业资格证书。
   A. 人力资源部　　　　　　　　　B. 社会保障部门
   C. 劳动和社会保障部门　　　　　D. 交通运输部

2. 按压实原理对压路机进行分类,不包括(　　)。
   A. 自行式　　　B. 静压式　　　C. 振动式　　　D. 冲击式

3. 工作质量小于或等于(　　)t 的压路机属于轻型压路机。
   A. 2.5　　　　B. 3.5　　　　C. 1.5　　　　D. 4.5

4. 超重型压路适用于(　　)。
   A. 压实人行道　　　　　　　　　B. 路基和路面中间的压实
   C. 砾石和碎石路基　　　　　　　D. 公路、水坝、机场等大面积基础回填

5. 工作质量大于或等于(　　)t 的压路机属于超重型压路机。
   A. 12　　　　B. 14　　　　C. 16　　　　D. 18

6. 压路机操作主要安全风险不包括(　　)。
   A. 车辆伤害　　B. 倾覆　　　C. 高处坠落　　D. 职业病

7. 压路机碾压行驶速度宜控制在(　　)km/h,在一个碾压行程中不得变速。
   A. 2~3　　　　B. 3~4　　　　C. 4~5　　　　D. 5~6

8. 压路机操作工应年满(　　)周岁。
   A. 16　　　　B. 18　　　　C. 20　　　　D. 22

9. 下列不属于压路机操作工作业要求中的"三定"原则的是(　　)。
   A. 定人　　　B. 定机　　　C. 定时　　　D. 定岗位职责

10. 压路机碾压路基的振动频率一般为(　　)Hz。
    A. 10~20　　B. 20~30　　C. 30~40　　D. 40~50

11. 压路机在碾压松软路时,应先在不振动情况下碾压(　　)遍,然后再振动碾压。
    A. 1　　　　B. 2　　　　C. 1~2　　　D. 2~3

12. 压路机碾压行驶速度宜控制在(　　)km/h,在一个碾压行程中不得变速。
    A. 1~2　　　B. 2~3　　　C. 3~4　　　D. 4~5

13. 在碾压路堤时,压路机距路基边缘不应小于(　　)m。
    A. 0.2　　　B. 0.3　　　C. 0.4　　　D. 0.5

14. 在碾压坑边道路时,压路机应由内侧向外侧碾压,距路基边缘不应小于(　　)m。
    A. 0.5　　　B. 0.6　　　C. 0.8　　　D. 1.0

15. 压路机在坡道作业时,应事先选好挡位,不得中途换挡,下坡时严禁(　　)滑行。
    A. 空挡　　　B. 驻车挡　　C. 倒挡　　　D. 前进挡

16. 下列说法中,正确的是(　　)。
    A. 压路机在斜坡上可以横向行驶　　B. 压路机在斜坡上可以停留

C. 压路机在下坡时空挡滑行　　　　　　D. 压路机在坡道上行驶不得换挡

17. 两台以上压路机同时作业,前后间距不应小于(　　)m,在坡道不应纵队行驶。
　　A. 1　　　　　　　B. 2　　　　　　　C. 3　　　　　　　D. 4

18. 当压路机在标准住宅附近作业时,最大允许振动速度值为(　　)mm/s。
　　A. 2　　　　　　　B. 5　　　　　　　C. 10　　　　　　D. 10~40

19. 下列不属于压路机停放要求的是(　　)。
　　A. 压路机应停放在平坦、坚实的地面上
　　B. 压路机不得停放在边缘、斜坡上
　　C. 压路机停放后应设安全警示标志
　　D. 压路机必须在停机状态下进行检修

20. 振动式压路机应先调好振动频率再作业,应先起步后振动,当碾压路面时,压路机的振动频率一般为(　　)Hz。
　　A. 20~30　　　　　B. 30~40　　　　　C. 40~50　　　　　D. 50~60

21. 下列不属于压路机操作工作业前安全要求的是(　　)。
　　A. 检查压路机外观是否正常　　　　　B. 检查压路机是否漏水、漏油
　　C. 设备起动后须进行试运转　　　　　D. 随时关注各仪表状态和设备动转状况

22. 重型压路机的适用范围是(　　)。
　　A. 砾石和碎石路基　　　　　　　　　B. 压实补黑色路面
　　C. 路基的初步压实　　　　　　　　　D. 路面的最后压实

23. 压路机形式选择表中,"无其他机器可代用"是用(　　)色表示的。
　　A. 红　　　　　　　B. 蓝　　　　　　　C. 黄　　　　　　　D. 绿

24. 中型压路机的工作质量范围为(　　)t。
　　A. 5~8　　　　　　B. 6~10　　　　　　C. 10~12　　　　　D. 10~14

25. 压路机形式选择表中,"不适用"是用(　　)色表示的。
　　A. 红　　　　　　　B. 蓝　　　　　　　C. 黄　　　　　　　D. 绿

二、判断题

1. 压路机操作工在工作中,要服从作业人员的指挥。操作工应该服从作业人员的一切指令。　　　　　　　　　　　　　　　　　　　　　　　　　　　　　　　(　　)
2. 严禁将压路机用于牵引、载人等设计性能以外的用途。　　　　　　　　(　　)
3. 压路机操作工应在当地正规医院体检合格,无色盲、视力及听力障碍等。(　　)
4. 压路机操作工要在入场前接受岗前安全教育培训并考核合格,接受技术交底后才可以上岗作业。　　　　　　　　　　　　　　　　　　　　　　　　　　　　(　　)
5. 压路机操作工应按规定使用安全帽、防尘口罩、防滑鞋等,禁止穿拖鞋,可以穿短裤操作压路机。　　　　　　　　　　　　　　　　　　　　　　　　　　　　　　(　　)
6. 压路机操作工在工作时,由于压路机太吵,可以戴耳机。　　　　　　　(　　)
7. 履带式压路机作业前,应检查轮胎气压,并将胎压调整至安全范围,两侧胎压应一致。　　　　　　　　　　　　　　　　　　　　　　　　　　　　　　　　　　(　　)
8. 起动压路机前,应将各操纵杆置于驻车挡位置,确认周边环境安全后方可起动。
　　　　　　　　　　　　　　　　　　　　　　　　　　　　　　　　　　(　　)
9. 压路机起动时,不得用牵引法强制起动发动机。　　　　　　　　　　　(　　)

10. 压路机在碾压坑边道路时,应由外侧向内侧碾压。( )
11. 两台以上压路机同时作业时,前后间距应不小于规定值,在坡道上应纵队行驶。
( )
12. 压路机停机时,应将各手柄置于空挡,拔掉钥匙关闭门窗后,方可离开。( )
13. 压路机冬季停车后,应将冷却水放出或加入防冻液,防止冻坏柴油机。( )
14. 长距离转移压路机时,必须采用平板拖车将压路机固定后拖运。( )
15. 压路机的"三滤"装置是指空气滤清器、机油滤清器、燃油滤清器。( )

三、多选题

1. 压路机由( )部分组成。
   A. 液压系统　　　B. 动力系统　　　C. 电气系统　　　D. 行走系统　　　E. 车架
2. 压路机广泛用于( )等建筑物基础回填工程的压实。
   A. 路基　　　　　B. 机场跑道　　　C. 桥涵　　　　　D. 地铁
3. 压路机是一种利用机械自重、振动等方法,对碾压物进行重复加载,提高其( )能力等的工程机械。
   A. 密实度　　　　B. 强度　　　　　C. 承载　　　　　D. 刚度
4. 按压实轮结构,压路机分为( )。
   A. 光轮式　　　　B. 轮胎式　　　　C. 凸块式　　　　D. 自行式
5. 按工作质量,压路机分为( )。
   A. 轻型　　　　　B. 中型　　　　　C. 重型　　　　　D. 超重型
6. 压路机操作工应熟练掌握压路机安全操作规程并严格遵守,做到"三知四会",其中"四会"是指( )。
   A. 会操作　　　　B. 会维护　　　　C. 会保养　　　　D. 会排除一般故障
7. 压路机操作工应熟练掌握压路机安全操作规程并严格遵守,做到"三知四会",其中"三知"是指( )。
   A. 知结构原理　　　　　　　　　B. 知技术性能
   C. 知安全装置的作用　　　　　　D. 知选型
8. 压路机操作工可能得的职业病是( )。
   A. 振动病　　　　B. 硅肺病　　　　C. 尘肺病　　　　D. 噪声聋
9. 压路机操作工在作业前,应检查压路机外观是否正常,有无( )等现象。
   A. 漏水　　　　　B. 漏油　　　　　C. 松动　　　　　D. 裂纹
10. 检修维护压路机时,( )。
    A. 必须在停机状态下进行维护、检修
    B. 应注意水温、油温
    C. 维护检修过程中发现机械故障或安全隐患,应及时上报、处理
    D. 检修过程中,压路机操作工不得将钥匙私自交予他人或离开现场

案例　车辆倾覆

一、单选题

1. 压路机在进行路基外缘土石方碾压作业时,压路机钢轮距路基边缘不应小于( )m。

A.0.2 B.0.3 C.0.4 D.0.5

2.压路机在碾压坑边道路时,应由里向外碾压,距路基边缘不应小于( )m。

A.0.5 B.1.0 C.1.5 D.2.0

二、判断题

1.振动式压路机应先起振后起步。（ ）

2.压路机在进行初压时,可以边振动边碾压。（ ）

3.压路机在进行碾压时,应从中间向两侧进行。（ ）

4.振动式压路机停车时,应先停振后停机。（ ）

参考答案

第一部分　安　全　管　理

1　安全生产法规

一、单选题

1. B　　2. D　　3. C　　4. C　　5. D　　6. B　　7. B　　8. A　　9. D　　10. D
11. C　　12. D　　13. B　　14. B　　15. B　　16. A　　17. B　　18. C　　19. D　　20. B
21. A　　22. B　　23. C　　24. D　　25. B

二、判断题

1. ×　　2. ×　　3. √　　4. ×　　5. ×　　6. ×　　7. √　　8. √　　9. √　　10. √
11. ×　　12. ×　　13. ×　　14. ×　　15. √

三、多选题

1. ABCE　　2. AB　　3. ABD　　4. ABE　　5. ACE　　6. ACDE　　7. ABC
8. CDE　　9. BCE　　10. ABC

2　安全教育培训

一、单选题

1. C　　2. B　　3. A　　4. A　　5. C　　6. D　　7. D　　8. B　　9. C　　10. C
11. B　　12. A　　13. B　　14. A　　15. D　　16. D　　17. C　　18. D　　19. B　　20. B
21. B　　22. D　　23. D　　24. A　　25. B

二、判断题

1. ×　　2. ×　　3. √　　4. ×　　5. ×　　6. √　　7. √　　8. ×　　9. ×　　10. √
11. ×　　12. ×　　13. √　　14. ×　　15. √

三、多选题

1. ABCE　　2. ABD　　3. BCD　　4. ABCE　　5. ABD　　6. ABC　　7. ABDE
8. ACDE　　9. ABCD　　10. ACD

3　安全技术管理

一、单选题

1. C　　2. D　　3. C　　4. C　　5. C　　6. C　　7. D　　8. B　　9. B　　10. B
11. C　　12. B　　13. B　　14. D　　15. B　　16. C　　17. B　　18. C　　19. B　　20. A
21. C　　22. B　　23. D　　24. C　　25. D

二、判断题

1. √　　2. ×　　3. ×　　4. ×　　5. √　　6. ×　　7. ×　　8. √　　9. ×　　10. √
11. √　　12. ×　　13. ×　　14. √　　15. ×

三、多选题

1. ADE　　2. ABCE　　3. ABCD　　4. ABDE　　5. ABDE　　6. ABCE　　7. ABDE
8. ADE　　9. ABCE　　10. ABC

4 安全生产费用管理

一、单选题

1. C 2. A 3. C 4. D 5. B 6. A 7. A 8. A 9. B 10. D
11. C 12. B 13. B 14. B 15. B 16. C 17. C 18. C 19. A 20. C
21. B 22. D 23. D 24. A 25. C

二、判断题

1. √ 2. × 3. × 4. √ 5. × 6. × 7. √ 8. × 9. √ 10. ×
11. × 12. × 13. √ 14. × 15. √

三、多选题

1. ACDE 2. ABCD 3. AC 4. BCD 5. DE 6. ABCD 7. ABC
8. ADE 9. ACE 10. AB

5 职业健康管理

一、单选题

1. B 2. D 3. C 4. B 5. D 6. B 7. B 8. D 9. A 10. C
11. C 12. B 13. A 14. B 15. A 16. A 17. B 18. D 19. D 20. C
21. B 22. A 23. D

二、判断题

1. × 2. × 3. √ 4. × 5. √ 6. × 7. × 8. × 9. √ 10. ×
11. × 12. √ 13. × 14. √ 15. × 16. √ 17. √

三、多选题

1. ACD 2. ACDE 3. ACE 4. ABCD 5. ABC 6. ABC 7. ACD
8. CE 9. ABCD 10. ABDE

6 工伤保险及意外伤害保险

一、单选题

1. C 2. D 3. B 4. B 5. A 6. D 7. C 8. A 9. B 10. D
11. C 12. A 13. C 14. B 15. C 16. C 17. B

二、判断题

1. × 2. × 3. √ 4. × 5. × 6. √ 7. √ 8. √ 9. × 10. √
11. × 12. × 13. × 14. × 15. × 16. × 17. × 18. √ 19. √

三、多选题

1. ACD 2. CDE 3. BCDE 4. ABC 5. BCE 6. BCDE 7. ABC
8. ABC 9. ABCD 10. ABCD 11. ABDE 12. ABD 13. ABD

7 施工现场消防管理

一、单选题

1. B 2. D 3. C 4. A 5. A 6. B 7. D 8. A 9. C 10. C

11. A 12. B 13. D 14. C 15. C 16. B 17. B 18. C 19. A

二、判断题
1. × 2. × 3. √ 4. √ 5. √ 6. × 7. √ 8. × 9. √ 10. √
11. √ 12. × 13. × 14. √ 15. × 16. √ 17. √

三、多选题
1. BC 2. ABCE 3. ACD 4. AD 5. ABE 6. ABCD 7. ABDE
8. ABCDE 9. ABD 10. AC 11. ABCDE 12. ABCE 13. ACD 14. AD

8　常用危险化学品管理

一、单选题
1. D 2. C 3. B 4. D 5. B 6. A 7. B 8. B 9. C 10. C
11. D 12. D 13. D 14. B 15. D 16. A

二、判断题
1. √ 2. × 3. √ 4. √ 5. √ 6. × 7. × 8. × 9. √ 10. √
11. √ 12. × 13. × 14. √ 15. × 16. × 17. × 18. ×

三、多选题
1. ACDE 2. BC 3. ACD 4. ABDE 5. ACD 6. ABC 7. BCD
8. ABCDE 9. AD 10. ABC 11. ABCD 12. BCD 13. AD 14. ABCDE
15. ABCDE 16. AB

9　民用爆炸物品管理

一、单选题
1. C 2. B 3. D 4. A 5. B 6. D 7. A 8. B 9. C 10. C
11. D 12. B 13. B 14. B 15. B 16. D

二、判断题
1. × 2. × 3. × 4. × 5. × 6. × 7. × 8. × 9. √ 10. √
11. × 12. × 13. × 14. × 15. × 16. √ 17. √ 18. √ 19. × 20. √

三、多选题
1. CDE 2. ACE 3. CDE 4. ABCD 5. ABC 6. AB 7. BDE
8. AC 9. AB 10. ABCD 11. ACD 12. ACD 13. ACDE 14. AB

10　劳动防护用品管理

一、单选题
1. A 2. C 3. D 4. A 5. D 6. A 7. B 8. B 9. B 10. D
11. D 12. B 13. B 14. B

二、判断题
1. × 2. × 3. √ 4. √ 5. × 6. √ 7. × 8. √ 9. × 10. ×
11. × 12. × 13. √ 14. √ 15. √ 16. √ 17. ×

三、多选题

1. AD	2. ABD	3. ABCE	4. AC	5. AB	6. CD	7. ACD
8. AC	9. ABCD	10. ABCDE	11. ABC	12. ABCD	13. ABD	14. ACD
15. ABD	16. ABC	17. AB	18. AC	19. ABC	20. ABDE	

11 安全风险评估

一、单选题

1. B	2. D	3. B	4. A	5. A	6. C	7. A	8. B	9. C	10. D
11. A	12. B	13. C	14. D	15. A	16. B	17. C	18. D	19. C	20. B
21. C	22. A	23. B	24. D	25. B					

二、判断题

1. √	2. ×	3. √	4. ×	5. √	6. √	7. √	8. ×	9. ×	10. ×
11. √	12. ×	13. √	14. √	15. ×					

三、多选题

1. ABCD	2. ABCD	3. ABCD	4. AB	5. BD	6. BC	7. ABCD
8. BCD	9. ABCD	10. ABCD				

12 重大(重要)危险源管理

一、单选题

1. B	2. C	3. B	4. D	5. A	6. C	7. A	8. C	9. D	10. A
11. C	12. B	13. A	14. C	15. C	16. D	17. C	18. B	19. B	20. A
21. B	22. A	23. D	24. B	25. D					

二、判断题

1. √	2. √	3. ×	4. √	5. √	6. √	7. √	8. ×	9. √	10. ×
11. √	12. ×	13. √	14. ×						

三、多选题

1. BD	2. ABC	3. ABCD	4. AD	5. ABD	6. CDE	7. ABCD
8. ABCD	9. ACD	10. ABCD				

13 生产安全事故隐患排查治理

一、单选题

1. C	2. A	3. B	4. B	5. A	6. D	7. B	8. C	9. D	10. B
11. B	12. C	13. D	14. C	15. B	16. A	17. D	18. C	19. D	20. D
21. C	22. C	23. B	24. A	25. B					

二、判断题

1. √	2. ×	3. √	4. √	5. ×	6. √	7. √	8. √	9. ×	10. ×
11. √	12. ×	13. √	14. ×	15. √					

三、多选题
1. ABCD 2. AC 3. ACD 4. ABC 5. ABCD 6. BCD 7. ABD
8. BCD 9. AD 10. BCD

14　生产安全事故报告与调查

一、单选题
1. C 2. A 3. B 4. C 5. D 6. A 7. B 8. C 9. D 10. B
11. B 12. B 13. A 14. B 15. C 16. D 17. B 18. D 19. D 20. D
21. B 22. A 23. B 24. B 25. A

二、判断题
1. × 2. √ 3. √ 4. × 5. √ 6. × 7. × 8. √ 9. × 10. √
11. √ 12. √ 13. √ 14. √

三、多选题
1. ABCD 2. ABCD 3. CD 4. ABCD 5. ABC 6. ABCD 7. ABC
8. ABCD 9. ABCD 10. AC

15　临时设施建设与管理

一、单选题
1. A 2. B 3. C 4. D 5. B 6. C 7. A 8. D 9. D 10. D
11. B 12. A 13. A 14. C 15. A 16. A 17. D 18. C 19. B 20. C
21. C 22. C 23. B 24. B 25. D

二、判断题
1. √ 2. √ 3. × 4. √ 5. √ 6. √ 7. × 8. √ 9. √ 10. √
11. × 12. √ 13. √ 14. × 15. √

三、多选题
1. ABCD 2. ABCD 3. ABCD 4. ABC 5. ABCD 6. AB 7. ABCD
8. ABCD 9. ABCD 10. AD

16　施工现场机械设备管理

一、单选题
1. A 2. C 3. D 4. B 5. A 6. B 7. A 8. C 9. B 10. A
11. A 12. A 13. A 14. B 15. C 16. C 17. B 18. B 19. C 20. C
21. A 22. B 23. C

二、判断题
1. × 2. × 3. √ 4. × 5. × 6. × 7. √ 8. √ 9. √ 10. ×
11. √ 12. × 13. × 14. √ 15. √

三、多选题
1. ABCD 2. ABCD 3. ABCD 4. ABCDE 5. ABCDE 6. ABCDE 7. ABCD
8. ABCD 9. ABC 10. ABCDE

17 特殊环境施工

一、单选题

1. D　2. C　3. D　4. A　5. B　6. C　7. B　8. B　9. C　10. A
11. B　12. C　13. D　14. B　15. D　16. C　17. C　18. B　19. B　20. C
21. B　22. D　23. A　24. D　25. D

二、判断题

1. ×　2. √　3. ×　4. √　5. √　6. √　7. √　8. √　9. √　10. ×
11. √　12. ×　13. ×　14. √　15. √

三、多选题

1. ABCD　2. AD　3. ABCD　4. ABCD　5. ABCD　6. ABCD　7. BC
8. ABCD　9. ABC　10. ABCD

18 有限空间作业

一、单选题

1. B　2. A　3. B　4. C　5. C　6. C　7. D　8. D　9. D　10. A
11. C　12. D　13. B　14. A　15. B　16. D　17. A　18. B　19. D　20. B
21. C　22. B　23. D　24. B　25. C

二、判断题

1. ×　2. ×　3. ×　4. √　5. √　6. √　7. √　8. √　9. √　10. ×
11. ×　12. √　13. √　14. √　15. ×

三、多选题

1. ABCD　2. ABC　3. ABDE　4. ABC　5. ABCD　6. ABCD　7. ABD
8. BCDE　9. ABCD　10. AB

19 事故应急救援组织与常用救援装备

一、单选题

1. B　2. C　3. A　4. A　5. B　6. B　7. A　8. D　9. C　10. B
11. A　12. A　13. C　14. A　15. B　16. D　17. A　18. B　19. C　20. B

二、判断题

1. √　2. √　3. √　4. ×　5. ×　6. ×　7. √　8. √　9. ×　10. √
11. √　12. ×　13. √　14. ×　15. √

三、多选题

1. ABCD　2. ABC　3. ABC　4. AB　5. ABCD　6. ABCDE　7. ABC
8. BCD　9. ABCDE　10. ABCDE

第二部分　路基路面施工

1　路基基础知识

一、单选题

1. B 2. D 3. B 4. C 5. B 6. A 7. D 8. B 9. C 10. A
11. B 12. C 13. A 14. B 15. B 16. B 17. B 18. C 19. A 20. A
21. B 22. B 23. D 24. C 25. B

二、判断题

1. √ 2. √ 3. √ 4. × 5. √ 6. × 7. × 8. √ 9. √ 10. √
11. √ 12. √ 13. √ 14. √ 15. √

三、多选题

1. BCD 2. ACD 3. BC 4. ABD 5. ABCD 6. ABCD 7. ABCD
8. ACD 9. ABCD 10. ABCD

2　路基土石方施工

一、单选题

1. D 2. B 3. A 4. D 5. A 6. A 7. C 8. C 9. B 10. B
11. B 12. B 13. C 14. D 15. A 16. C 17. B 18. C 19. D 20. C
21. A 22. A 23. C 24. B 25. C

二、判断题

1. √ 2. √ 3. √ 4. × 5. × 6. √ 7. √ 8. × 9. √ 10. ×
11. √ 12. × 13. √ 14. √ 15. ×

三、多选题

1. ABC 2. BCD 3. AB 4. AB 5. ABCD 6. ABC 7. ABD
8. ACD 9. ABCD 10. ABCD

案例1　压路机倾翻

一、选择题

1. B 2. B 3. A 4. D 5. C 6. C 7. C 8. B 9. C 10. A
11. B 12. C 13. B 14. B 15. C 16. C 17. B 18. B 19. B 20. A
21. B 22. B 23. C 24. C 25. C

二、判断题

1. √ 2. × 3. √ 4. √ 5. √ 6. × 7. × 8. × 9. × 10. √
11. √ 12. √ 13. √ 14. √ 15. ×

三、多选题

1. ABCD 2. ABD 3. AD 4. AB 5. ABC 6. BC 7. BC
8. AB 9. AC 10. ABC

案例2 爆破飞石伤害

一、选择题

1. A 2. B 3. B 4. D 5. C 6. C 7. C 8. C 9. C 10. C
11. C 12. A 13. A 14. B 15. B 16. C 17. C 18. B 19. B 20. A
21. B 22. C 23. D 24. D 25. B

二、判断题

1. √ 2. √ 3. √ 4. × 5. √ 6. √ 7. √ 8. √ 9. × 10. √
11. √ 12. √ 13. × 14. √ 15. √

三、多选题

1. ABC 2. ABCD 3. ABC 4. ABCD 5. ABC 6. ABCD 7. ABD
8. ABCD 9. AC 10. ABCD

3 特殊路基施工

一、单选题

1. B 2. D 3. C 4. B 5. A 6. D 7. A 8. D 9. B 10. B
11. D 12. C 13. D 14. B 15. A 16. B 17. D 18. D 19. B 20. B
21. C 22. A 23. B 24. B 25. C

二、判断题

1. √ 2. √ 3. √ 4. √ 5. √ 6. × 7. × 8. √ 9. × 10. √
11. √ 12. × 13. √ 14. √ 15. √

三、多选题

1. ABCEFG 2. ACD 3. ABC 4. ABCD 5. ABDE 6. ABCDEF 7. ABE
8. ABCD 9. ABD

案例1 机械伤害

一、单选题

1. C 2. A 3. B 4. B 5. A 6. A 7. A 8. A 9. B 10. C
11. B 12. A 13. B 14. D 15. D 16. C 17. C 18. B 19. D 20. B
21. C 22. A 23. A 24. A 25. B

二、判断题

1. √ 2. √ 3. √ 4. × 5. √ 6. √ 7. × 8. √ 9. √ 10. √
11. √ 12. √ 13. √ 14. √ 15. √

三、多选题

1. ABCDEFG 2. ACDE 3. ACD 4. ABC 5. ABC 6. ABC
7. AC 8. ABCD 9. ABCDE 10. ABD

案例2　滑坡坍塌事故

一、单选题

1. D　2. C　3. B　4. A　5. A　6. B　7. D　8. D　9. D　10. D
11. B　12. A　13. A　14. C　15. C　16. D　17. A　18. C　19. C　20. C
21. D　22. B　23. A　24. B　25. C

二、判断题

1. ×　2. √　3. √　4. √　5. √　6. ×　7. ×　8. √　9. √　10. √
11. √　12. √　13. √　14. √　15. √

三、多选题

1. ABCD　2. ABCD　3. ACDE　4. ACD　5. ABC　6. ABCD　7. ACDE
8. ABCDE　9. AB　10. BCD

4　边坡防护与支挡工程施工

一、单选题

1. B　2. B　3. B　4. C　5. C　6. B　7. A　8. A　9. C　10. C
11. B　12. B　13. C　14. D　15. C　16. C　17. C　18. B　19. B　20. B
21. C　22. A　23. B　24. D　25. C

二、判断题

1. √　2. ×　3. √　4. √　5. √　6. √　7. √　8. √　9. √　10. √
11. √　12. √　13. ×　14. √　15. √

三、多选题

1. ACDE　2. ACE　3. ACDE　4. ABDE　5. ABC　6. ADE　7. ABC
8. ABCD　9. ABCD　10. ABC

案例1　边坡坍塌

一、单选题

1. D　2. A　3. C　4. A　5. D　6. D　7. A　8. D　9. B　10. C
11. A　12. D　13. D　14. D　15. B　16. B　17. A　18. B　19. B　20. A
21. A　22. D　23. B　24. D　25. D

二、判断题

1. ×　2. √　3. ×　4. ×　5. √　6. √　7. √　8. √　9. √　10. ×
11. ×　12. √　13. √　14. √　15. √

三、多选题

1. BC　2. ABC　3. BCD　4. AB　5. CD　6. ACD　7. ABCD
8. BD　9. ABCD　10. ABCD

案例2　起重机倾翻

一、单选题

1. A　2. B　3. B　4. C　5. B　6. C　7. A　8. C　9. C　10. A

11. B 12. C 13. B 14. C 15. C 16. B 17. B 18. B 19. B 20. C
21. B 22. C 23. A 24. B 25. B

二、判断题

1. × 2. × 3. √ 4. × 5. √ 6. × 7. √ 8. √ 9. √ 10. ×
11. √ 12. √ 13. √ 14. × 15. √

三、多选题

1. ABC 2. ABCD 3. ABCDE 4. ABCD 5. ABE 6. ABD 7. ABC
8. ACD 9. AC 10. ABC

5 涵洞施工

一、单选题

1. D 2. D 3. A 4. A 5. A 6. D 7. D 8. C 9. C 10. D
11. B 12. D 13. A 14. B 15. D 16. C 17. D 18. A 19. D 20. C
21. D 22. C 23. B 24. A 25. D

二、判断题

1. √ 2. × 3. √ 4. × 5. × 6. √ 7. √ 8. × 9. × 10. √
11. √ 12. × 13. √ 14. √ 15. √

三、多选题

1. ABCD 2. ABCD 3. ABCD 4. ABCD 5. ABCD 6. ABCD 7. ABCD
8. ABCD 9. ACD 10. ABCD

案例1 基坑坍塌

一、单选题

1. A 2. B 3. C 4. D 5. C 6. B 7. D 8. C 9. C

二、判断题

1. √ 2. × 3. × 4. × 5. √ 6. × 7. × 8. √ 9. √

三、多选题

1. ABCD 2. ABC 3. BC

案例2 既有线交通事故

一、单选题

1. B 2. D 3. D 4. C 5. A 6. C 7. B 8. B 9. C

二、判断题

1. √ 2. √ 3. × 4. √ 5. √ 6. √ 7. × 8. √ 9. ×

三、多选题

1. ABCD 2. ABC 3. ABD 4. BCD

443

6 路面基础知识

一、单选题
1. D 2. B 3. C 4. D 5. A 6. D 7. D 8. B 9. A 10. A
11. D 12. D 13. B 14. C 15. A 16. D 17. B 18. B 19. C 20. A
21. B 22. C 23. A 24. C 25. B

二、判断题
1. × 2. × 3. × 4. √ 5. × 6. √ 7. × 8. √ 9. × 10. ×
11. √ 12. × 13. × 14. √ 15. ×

三、多选题
1. ACD 2. ABCF 3. AB 4. BCD 5. ABCD 6. ABCD 7. ACDEF
8. ABCDEF 9. BCD 10. ABCDEF

7 路面施工

一、单选题
1. B 2. A 3. D 4. C 5. A 6. C 7. A 8. B 9. C 10. C
11. A 12. D 13. C 14. D 15. C 16. C 17. A 18. C 19. B 20. A
21. D 22. B 23. C 24. B 25. A

二、判断题
1. √ 2. √ 3. × 4. × 5. √ 6. √ 7. √ 8. × 9. × 10. √
11. √ 12. √ 13. × 14. √ 15. ×

三、多选题
1. ABC 2. ABCD 3. AC 4. ABCDA 5. ABC 6. ACD 7. BD
8. ABCD 9. ABCD

案例1 机械伤害

一、单选题
1. A 2. D 3. D 4. C 5. C 6. D 7. B 8. B

二、判断题
1. √ 2. √ 3. × 4. √ 5. × 6. × 7. √ 8. × 9. √

三、多选题
1. ABCD 2. ABCD 3. ABCD

案例2 中暑事故

一、单选题
1. A 2. A 3. D 4. C 5. A 6. B 7. B

二、判断题
1. √ 2. × 3. √ 4. √ 5. × 6. × 7. √ 8. × 9. √

三、多选题
1. ABCD 2. ABD 3. ABCD 4. ABCD

8　交通安全设施施工

一、单选题

1. D　2. D　3. A　4. D　5. B　6. C　7. B　8. A　9. D　10. C
11. D　12. B　13. C　14. C　15. D　16. D　17. B　18. A　19. C　20. C
21. C　22. D　23. B　24. B　25. D

二、判断题

1. √　2. ×　3. √　4. ×　5. √　6. √　7. √　8. √　9. √　10. √
11. ×　12. √　13. ×　14. √　15. ×

三、多选题

1. ABC　2. AB　3. ABC　4. AB　5. ABC　6. ACD　7. ABCD
8. ABD　9. BCD　10. ABCD

案例　高处坠落

一、单选题

1. A　2. C　3. D　4. B　5. C　6. D　7. D　8. A

二、判断题

1. ×　2. ×　3. ×　4. ×　5. √　6. √　7. √　8. ×

三、多选题

1. AC　2. BCD　3. ACD　4. ABC

第三部分　桥梁施工

1　桥梁基础知识

一、单选题

1. B　2. C　3. B　4. A　5. A　6. A　7. A　8. A　9. B　10. A
11. D　12. C　13. A　14. C　15. C　16. A　17. C　18. C　19. D　20. C
21. A　22. C　23. C　24. C

二、判断题

1. ×　2. ×　3. √　4. √　5. √　6. √　7. ×　8. √　9. √　10. √
11. ×　12. ×　13. √　14. ×　15. ×

三、多选题

1. ACD　2. ABCD　3. AD　4. BCD　5. ABCD　6. BC　7. ABCD
8. ABCD　9. ABCD　10. ABD

2　人工挖孔灌注桩施工

一、单选题

1. A　2. C　3. B　4. C　5. A　6. B　7. B　8. C　9. C　10. A
11. A　12. B　13. B　14. A　15. A　16. A　17. D　18. B　19. C　20. B

21. C　22. C　23. B

二、判断题

1. √　2. ×　3. ×　4. √　5. ×　6. √　7. √　8. √　9. √　10. √
11. √　12. √　13. ×　14. √　15. √

三、多选题

1. ABC　2. ABD　3. ABCD　4. AB　5. ABC　6. ABCD　7. ABCD
8. ABCD　9. ABCD　10. ABCD

案例1　孔壁坍塌

一、单选题

1. A　2. B　3. B　4. A　5. A　6. B　7. B　8. B　9. C　10. A
11. A　12. B　13. D　14. B　15. A　16. A　17. A　18. D　19. B　20. C
21. C　22. B　23. A　24. D　25. A

二、判断题

1. √　2. ×　3. ×　4. √　5. ×　6. √　7. √　8. ×　9. √　10. √
11. √　12. ×　13. √　14. √　15. √

三、多选题

1. AB　2. CD　3. AB　4. ABCD　5. ACD　6. BC　7. ABCD
8. ABC　9. ABCD　10. ACD

案例2　中毒窒息

一、单选题

1. A　2. A　3. A　4. D　5. C　6. C　7. B　8. B　9. D　10. D
11. B　12. B　13. C　14. A　15. C　16. C　17. D　18. D　19. C　20. B
21. A　22. B　23. D

二、判断题

1. ×　2. ×　3. √　4. √　5. √　6. √　7. ×　8. ×　9. ×　10. √
11. √　12. ×　13. √　14. √　15. √

三、多选题

1. ABCD　2. ABCD　3. ABC　4. ACD　5. ABCD　6. ABC　7. ABCD
8. ABC　9. ABD　10. ABCD

3　钻孔灌注桩施工

一、单选题

1. D　2. C　3. B　4. A　5. A　6. D　7. A　8. B　9. A　10. B
11. B　12. B　13. D　14. C　15. B　16. C　17. C　18. A　19. B　20. B
21. C　22. A　23. C　24. D　25. B

二、判断题

1. √　2. √　3. ×　4. ×　5. √　6. √　7. ×　8. ×　9. ×　10. √

11. ×　12. √　13. ×　14. √

三、多选题

1. ABCD　2. BD　3. ABCD　4. ABCD　5. ACD　6. ABD　7. ABD
8. ABCD　9. ABCD　10. ABCD

案例　设备倾覆

一、单选题

1. B　2. B　3. A　4. C　5. B　6. D　7. D　8. D　9. D　10. B
11. C　12. C　13. B　14. D　15. C　16. C　17. A　18. B　19. B　20. B
21. A　22. C　23. D　24. B　25. A

二、判断题

1. √　2. √　3. ×　4. ×　5. ×　6. √　7. ×　8. √　9. √　10. √
11. √　12. ×　13. √　14. √　15. √

三、多选题

1. ABCD　2. BCD　3. ABCD　4. ABCE　5. ABCD　6. ABC　7. BCD
8. ABC　9. ACD　10. ABCD

4　围堰施工

一、单选题

1. B　2. A　3. A　4. D　5. A　6. D　7. C　8. B　9. B　10. B
11. B　12. A　13. B　14. C　15. B　16. C　17. C　18. C　19. D　20. D
21. B　22. B　23. A　24. D　25. B

二、判断题

1. √　2. ×　3. √　4. √　5. √　6. √　7. ×　8. √　9. √　10. ×
11. √　12. √　13. ×　14. ×　15. √

三、多选题

1. ABCD　2. ABCD　3. ACD　4. ABCD　5. ABCD　6. AC　7. ABD
8. AC　9. BCD　10. ABCD

案例　淹溺事故

一、单选题

1. A　2. A　3. A　4. A　5. B　6. C　7. A　8. D　9. C　10. B
11. D　12. A　13. D　14. C　15. A　16. A　17. B　18. C　19. C　20. C
21. A　22. B　23. C　24. A　25. C

二、判断题

1. √　2. √　3. ×　4. √　5. √　6. ×　7. ×　8. ×　9. √　10. √
11. √　12. ×　13. √　14. √　15. √

三、多选题

1. ABDEF　2. ABD　3. ABC　4. BC　5. ABCDE　6. ABCDE　7. ABCE

8. ABCD   9. AB   10. ABC

5 承台施工

一、单选题
1. A   2. A   3. B   4. C   5. D   6. C   7. A   8. D   9. C   10. C
11. A   12. A   13. C   14. D   15. B   16. C   17. B   18. B   19. B   20. A
21. C   22. C   23. A   24. B   25. A   26. A

二、判断题
1. √   2. √   3. √   4. ×   5. ×   6. √   7. ×   8. √   9. √   10. √
11. ×   12. √   13. √   14. √   15. ×

三、多选题
1. AD   2. ACD   3. ACD   4. ABC   5. AC   6. ABC   7. AB
8. CD   9. ABD   10. ABC

案例1 基坑顶车辆倾覆

一、单选题
1. C   2. D   3. B   4. A   5. B   6. D   7. D   8. B   9. A   10. D
11. C   12. C   13. D   14. C   15. A   16. C   17. A   18. C   19. B   20. A
21. C   22. C   23. B   24. C   25. A

二、判断题
1. ×   2. ×   3. √   4. √   5. ×   6. √   7. ×   8. √   9. √   10. ×

三、多选题
1. ABCD   2. ABD   3. ABD   4. ACD   5. ABCD   6. ABCD   7. BCD
8. ABD   9. ABCD   10. ABCD

案例2 模板坍塌

一、单选题
1. B   2. C   3. A   4. A   5. B   6. B   7. B   8. D   9. C   10. B
11. B   12. D   13. D   14. B   15. C   16. D   17. C   18. A   19. D   20. B
21. C   22. D   23. B   24. A   25. A   26. D

二、判断题
1. ×   2. √   3. √   4. ×   5. ×   6. √   7. √   8. √   9. √   10. √
11. ×   12. √   13. ×   14. √   15. ×

三、多选题
1. ABCD   2. BC   3. BD   4. AB   5. ABC   6. ABC   7. ABD
8. AB   9. ABC   10. BCD

6 墩台施工

一、单选题

1. A 2. D 3. A 4. C 5. B 6. D 7. A 8. C 9. C 10. C
11. A 12. A 13. C 14. B 15. A 16. C 17. C 18. D 19. A 20. A
21. B 22. C 23. D 24. C 25. C

二、判断题

1. × 2. √ 3. √ 4. √ 5. × 6. √ 7. √ 8. √ 9. √ 10. √
11. √ 12. √ 13. × 14. √ 15. ×

三、多选题

1. ABC 2. ABCD 3. ABC 4. ABC 5. ABCD 6. ABCD 7. ABC
8. ABD 9. ABCD 10. ABD

案例　钢筋墩柱倾覆

一、单选题

1. C 2. B 3. A 4. A 5. C

二、判断题

1. × 2. √ 3. √

三、多选题

1. ABC 2. ABD 3. ABCD 4. ABCD

7 系、盖梁施工

一、选择题

1. B 2. D 3. C 4. A 5. D 6. A 7. C 8. A 9. A 10. B
11. D 12. C 13. D 14. B 15. C 16. A 17. A 18. B 19. D 20. B
21. C 22. A 23. D 24. A 25. B

二、判断题

1. √ 2. √ 3. × 4. √ 5. √ 6. × 7. × 8. √ 9. √ 10. ×
11. × 12. × 13. √ 14. × 15. ×

三、多选题

1. ABC 2. ACD 3. AB 4. AC 5. ABCD 6. ABCD 7. AB
8. ABCD 9. ABD 10. BC

案例1　盖梁浇筑垮塌

一、单选题

1. C 2. B 3. C

二、判断题

1. √ 2. × 3. √ 4. ×

三、多选题

1. ACD   2. ACD

案例2　高处坠落

一、单选题

1. D   2. D   3. B   4. C   5. D   6. C

二、判断题

1. ×   2. √

三、多选题

1. ABD   2. BCD

8　梁板预制施工

一、选择题

1. C   2. B   3. C   4. C   5. B   6. A   7. B   8. C   9. A   10. C
11. A   12. B   13. C   14. B   15. A   16. C   17. C   18. C   19. A   20. A
21. D   22. A   23. A   24. A   25. C

二、判断题

1. √   2. ×   3. ×   4. ×   5. √   6. √   7. √   8. √   9. √   10. ×
11. √   12. ×   13. √   14. √   15. √

三、多选题

1. ABCD   2. ABC   3. BCD   4. BC   5. ABC   6. ABCD   7. ABD
8. ABCD   9. BCD   10. ABCD

案例1　锚夹片弹出伤人

一、单选题

1. D   2. C   3. B   4. D

二、判断题

1. ×   2. √   3. ×

三、多选题

1. ABCD   2. ABC   3. ABD

案例2　存梁区梁体坍塌

一、选择题

1. D   2. B   3. B   4. C

二、判断题

1. ×   2. √   3. ×

三、多选题

1. ABCD   2. ABC   3. ABCD

9 架桥机拼装及拆卸

一、选择题

1. C   2. A   3. C   4. C   5. D   6. D   7. A   8. C   9. B   10. A
11. D   12. A   13. D   14. B   15. A   16. C   17. C   18. A   19. A   20. C
21. A   22. C   23. C   24. B

二、判断题

1. √   2. √   3. ×   4. √   5. √   6. √   7. √   8. √   9. ×   10. √
11. √   12. ×   13. √   14. √   15. ×

三、多选题

1. ABC   2. ABC   3. ABC   4. ABC   5. ABD   6. ABD   7. ABC
8. ABD   9. ABCD   10. AB

案例 架桥机倒塌

一、单选题

1. D   2. B   3. A   4. C

二、判断题

1. ×   2. √   3. √

三、多选题

1. ABC   2. ACD   3. ABCD

10 预制梁板运输安装

一、选择题

1. A   2. C   3. A   4. D   5. A   6. A   7. B   8. B   9. B   10. C
11. A   12. C   13. C   14. A   15. A   16. C   17. C   18. C   19. A   20. B
21. B   22. A   23. A   24. A   25. A

二、判断题

1. √   2. √   3. ×   4. √   5. √   6. √   7. ×   8. √   9. √   10. ×
11. √   12. ×   13. ×   14. ×   15. ×

三、多选题

1. ABC   2. EFG   3. AB   4. ABCD   5. AB   6. ABCD   7. ABCDE
8. ABD   9. ACD   10. ABC

案例1 梁体运输倾翻

一、单选题

1. D   2. C   3. C   4. C

二、判断题

1. √   2. √   3. ×

三、多选题

1．ABC　　2．ABCD　　3．ABCD

案例2　架桥机倾覆

一、单选题

1．D　　2．B　　3．A

二、判断题

1．√　　2．√　　3．×

三、多选题

1．ABCD　　2．ABC　　3．AC

11　支架现浇法施工

一、选择题

1．B　　2．D　　3．A　　4．D　　5．B　　6．D　　7．D　　8．C　　9．B　　10．C
11．A　　12．C　　13．C　　14．B　　15．C　　16．C　　17．C　　18．D　　19．A　　20．B
21．B　　22．D　　23．D　　24．D　　25．C

二、判断题

1．√　　2．√　　3．√　　4．×　　5．√　　6．√　　7．×　　8．√　　9．×　　10．×
11．√　　12．×　　13．√　　14．√　　15．×

三、多选题

1．ABC　　2．ABC　　3．ABC　　4．BCD　　5．AB　　6．ABCD　　7．ABC
8．ABD　　9．ABD　　10．ABD

案例1　支架预压坍塌

一、单选题

1．D　　2．D　　3．C　　4．C

二、判断题

1．×　　2．√　　3．√

三、多选题

1．AB　　2．AB　　3．AC

案例2　支架现浇梁坍塌

一、单选题

1．C　　2．A　　3．C　　4．B

二、判断题

1．√　　2．√　　3．√

三、多选题

1．ABC　　2．ABD　　3．ABCD

12 悬臂现浇法施工

一、选择题

1. C 2. C 3. D 4. D 5. C 6. A 7. B 8. B 9. C 10. A
11. C 12. C 13. D 14. C 15. D 16. A 17. C 18. C 19. C 20. D
21. B 22. D 23. A 24. D 25. D

二、判断题

1. √ 2. √ 3. × 4. √ 5. × 6. √ 7. √ 8. × 9. √ 10. √
11. × 12. √ 13. × 14. √ 15. ×

三、多选题

1. BC 2. ABD 3. BD 4. ABCD 5. ACD 6. ABC 7. ABCD
8. ABC 9. ABCD 10. ABD

案例1 挂篮安装起重伤害

一、单选题

1. D 2. C 3. D 4. B

二、判断题

1. × 2. √ 3. ×

三、多选题

1. ABD 2. ACD 3. ABCD

案例2 挂篮倾覆

一、单选题

1. D 2. B 3. B 4. C

二、判断题

1. × 2. × 3. √

三、多选题

1. ABC 2. ACD 3. ABCD

13 移动模架施工

一、单选题

1. A 2. C 3. B 4. A 5. B 6. A 7. D 8. C 9. B 10. A
11. A 12. D 13. A 14. D 15. C 16. C 17. A 18. A 19. B 20. C
21. A 22. A 23. B 24. C 25. A

二、判断题

1. × 2. √ 3. √ 4. × 5. √ 6. × 7. √ 8. × 9. × 10. √

三、多选题

1. ABCDE 2. ABE 3. ABCE 4. ABCDE 5. ABCDE 6. ABCDE 7. ABCDE
8. ABC 9. BCDE 10. ABCDE 11. ABCDE 12. AC 13. BCE 14. ABC

453

15. ABCDE

案例　移动模架坠落

一、单选题
1. C　　2. B　　3. B

二、判断题
1. √　　2. √　　3. √　　4. √

三、多选题
1. ABC　　2. ABCD　　3. BCD

14　悬臂拼装法施工

一、选择题
1. B　　2. B　　3. C　　4. A　　5. C　　6. B　　7. B　　8. A　　9. A　　10. B
11. A　　12. C　　13. D　　14. C　　15. C　　16. A　　17. A　　18. D　　19. D　　20. D
21. D　　22. C　　23. D　　24. A

二、判断题
1. ×　　2. √　　3. √　　4. √　　5. √　　6. √　　7. ×　　8. √　　9. ×　　10. √
11. √　　12. √　　13. √　　14. √　　15. √

三、多选题
1. ABCD　　2. ABCD　　3. ABCD　　4. ABC　　5. ABCD　　6. ABCD　　7. ABCD
8. ABCD　　9. ABCD　　10. ABCD　　11. ABC

案例　起重伤害

一、单选题
1. D　　2. B　　3. A　　4. A

二、判断题
1. √　　2. √

三、多选题
1. BC　　2. AC　　3. CD　　4. ABCD　　5. ABCD

15　桥面系施工

一、单选题
1. C　　2. D　　3. B　　4. C　　5. A　　6. B　　7. C　　8. D　　9. A　　10. C
11. B　　12. D　　13. C　　14. D　　15. A　　16. B　　17. A　　18. C　　19. C　　20. D
21. B　　22. C　　23. A

二、判断题
1. √　　2. √　　3. √　　4. ×　　5. √　　6. √　　7. √　　8. ×　　9. ×　　10. √
11. √　　12. ×　　13. √　　14. √　　15. ×　　16. ×　　17. √　　18. √　　19. √　　20. √

三、多选题

1. ABCD 2. BD 3. ABC 4. ABCD 5. ABD 6. ABC 7. AD
8. ABCD 9. ABCD 10. ABCD 11. ABCD 12. ABCD 13. ABD 14. ABC
15. BCD

案例1 高处坠落

一、单选题
1. D 2. C 3. B 4. B

二、判断题
1. √ 2. √ 3. √

三、多选题
1. ACD 2. ABC 3. ABD

案例2 物体打击

一、单选题
1. D 2. A 3. B 4. B

二、判断题
1. × 2. √

三、多选题
1. BC 2. ACD 3. BCD

第四部分 隧 道 施 工

1 隧道基础知识

一、单选题
1. B 2. C 3. C 4. C 5. C 6. A 7. A 8. C 9. A 10. A
11. A 12. C 13. A 14. B 15. B 16. A 17. B 18. C 19. A 20. A
21. C 22. C 23. B 24. C 25. B

二、判断题
1. √ 2. √ 3. √ 4. √ 5. × 6. × 7. √ 8. × 9. √ 10. √
11. √ 12. × 13. √ 14. √ 15. √

三、多选题
1. AD 2. ABC 3. ACD 4. CD 5. AB 6. ABC 7. ABDE
8. ABCD 9. ACD 10. ABCD

455

2 超前地质预报

一、单选题
1. C 2. D 3. A 4. A 5. B 6. B 7. C 8. C 9. B 10. B
11. B 12. D 13. D 14. C 15. A 16. A 17. C 18. B 19. B 20. B
21. A 22. A 23. D 24. A 25. A

二、判断题
1. √ 2. √ 3. √ 4. √ 5. × 6. √ 7. √ 8. √ 9. √ 10. √
11. × 12. × 13. × 14. √ 15. √

三、多选题
1. ABC 2. ABC 3. ABCE 4. ABC 5. ABCD 6. AB 7. ABCD
8. ABCD 9. ABC 10. ABDE

3 洞口工程

一、单选题
1. C 2. C 3. A 4. D 5. C 6. C 7. D 8. A 9. A 10. A
11. C 12. D 13. C 14. A 15. B 16. B 17. A 18. A 19. C 20. C
21. B 22. A 23. B 24. C

二、判断题
1. × 2. √ 3. √ 4. √ 5. × 6. √ 7. √ 8. √ 9. × 10. ×
11. × 12. × 13. × 14. × 15. √

三、多选题
1. ABCD 2. ABD 3. ABC 4. ABCD 5. AC 6. AB 7. ABCD
8. ABCD 9. ACE 10. ABCD

案例 隧道洞口坍塌事故

一、单选题
1. C 2. B 3. D 4. C 5. A 6. A 7. D 8. A 9. A

二、判断题
1. √ 2. √ 3. × 4. √ 5. √ 6. √ 7. √ 8. × 9. √ 10. √
11. × 12. × 13. ×

三、多选题
1. ACE 2. ABCD

4 超前支护

一、单选题
1. C 2. A 3. A 4. B 5. B 6. D 7. B 8. B 9. D 10. D
11. D 12. A 13. D 14. A 15. A 16. A 17. D 18. A 19. D 20. A
21. C 22. C 23. C 24. B 25. C

二、判断题

1. √ 2. × 3. √ 4. × 5. × 6. √ 7. √ 8. × 9. √ 10. √
11. √ 12. × 13. √ 14. × 15. ×

三、多选题

1. ABCD 2. ACD 3. ABCD 4. ABC 5. ABC 6. ABE 7. ABCD
8. AB 9. ABC

案例　隧道气体中毒事故

一、单选题

1. D 2. B 3. A 4. B 5. A 6. C 7. D 8. C 9. B 10. A
11. C 12. A 13. A 14. B 15. D 16. B 17. B 18. B 19. C 20. B
21. C 22. A

二、判断题

1. √ 2. √ 3. × 4. × 5. √ 6. √ 7. √ 8. √ 9. √ 10. √
11. × 12. √ 13. √

三、多选题

1. ABD 2. ABCE 3. ABCD 4. ABCD 5. ABCD

5　洞身开挖

一、单选题

1. C 2. C 3. C 4. A 5. B 6. B 7. D 8. C 9. D 10. B
11. B 12. C 13. A 14. A 15. C 16. D 17. A 18. B 19. A 20. B
21. D 22. D 23. C 24. B 25. B

二、判断题

1. √ 2. √ 3. × 4. √ 5. × 6. √ 7. × 8. √ 9. √ 10. √
11. × 12. √ 13. × 14. × 15. √

三、多选题

1. ABCD 2. ABD 3. ABCD 4. ABD 5. ABCE 6. ABC 7. ABC
8. ABCD 9. ABCD 10. AC

案例1　隧道洞身开挖岩爆事故

一、单选题

1. B 2. A 3. D 4. B 5. C 6. D 7. D 8. A 9. C 10. B
11. D 12. D 13. B 14. A 15. B 16. B 17. B 18. A 19. C 20. A
21. A 22. B 23. A 24. A

二、判断题

1. √ 2. √ 3. × 4. √ 5. √ 6. × 7. √ 8. √ 9. × 10. √
11. √ 12. √ 13. √ 14. √ 15. √

三、多选题

1. ABCD 2. AC 3. ACD 4. ABCD 5. ABD 6. AB

案例2　火工品爆炸

一、单选题

1. B 2. C 3. D 4. B 5. B 6. B 7. D 8. C 9. B 10. B
11. A 12. B

二、判断题

1. √ 2. √ 3. × 4. √ 5. √ 6. √ 7. √ 8. × 9. ×

三、多选题

1. ACD 2. BCD 3. ABCE

6　装运渣作业

一、单选题

1. D 2. B 3. C 4. C 5. D 6. A 7. C 8. D 9. D 10. B
11. C 12. D 13. C 14. D 15. C 16. A 17. B 18. A 19. C 20. A
21. A 22. A 23. B 24. C 25. B

二、判断题

1. √ 2. × 3. × 4. √ 5. √ 6. × 7. √ 8. × 9. √ 10. ×
11. × 12. √ 13. × 14. √ 15. √

三、多选题

1. ABCD 2. ACDE 3. CDE 4. ABCE 5. ABCD 6. ABCD 7. ABCD
8. AB 9. BCD

案例1　弃渣场坍塌事故

一、单选题

1. A 2. C 3. B 4. A 5. A 6. A 7. A 8. A 9. A 10. A
11. D 12. C

二、判断题

1. √ 2. × 3. × 4. √ 5. √ 6. √ 7. × 8. √ 9. × 10. √
11. √ 12. √

三、多选题

1. ABC 2. ABCD

案例2　装运渣车辆伤害事故

一、单选题

1. C 2. A 3. A 4. C 5. C 6. B 7. A 8. D 9. D 10. A
11. A 12. D 13. B 14. A 15. D 16. B 17. C 18. A 19. B 20. B

21. A

二、判断题

1. √   2. ×   3. √   4. √   5. ×   6. ×   7. √   8. ×   9. √   10. ×
11. √   12. √   13. √   14. √   15. ×

三、多选题

1. ABCD   2. ABCD

7 初期支护

一、单选题

1. B   2. C   3. B   4. B   5. C   6. C   7. C   8. C   9. B   10. C
11. C   12. D   13. B   14. D   15. C   16. C   17. A   18. D   19. C   20. B
21. C   22. C   23. C   24. C   25. A

二、判断题

1. √   2. ×   3. ×   4. ×   5. √   6. ×   7. ×   8. √   9. 2√   10. ×
11. √   12. √   13. √   14. √   15. √

三、多选题

1. ABCD   2. ABD   3. ABCD   4. ABC   5. ABCD   6. ACE   7. ABCD
8. ABC   9. ABC   10. ABCD

案例　隧道冒顶片帮事故

一、单选题

1. A   2. A   3. C   4. A   5. B   6. A   7. C   8. B   9. B

二、判断题

1. √   2. √   3. √   4. ×   5. ×

三、多选题

1. ABCD

8 仰拱施工

一、单选题

1. D   2. C   3. B   4. B   5. A   6. C   7. B   8. D   9. B   10. B
11. D   12. A   13. C   14. B   15. D   16. A   17. D   18. C   19. D   20. A
21. C   22. A   23. D   24. D   25. C

二、判断题

1. √   2. ×   3. ×   4. ×   5. √   6. √   7. √   8. ×   9. √   10. ×
11. ×   12. ×   13. ×   14. √   15. √

三、多选题

1. ABD   2. BCD   3. ABCD   4. ABCDE   5. ACD   6. BCD   7. BCD
8. ABCD   9. ABCD   10. ABC

案例　隧道坍塌事故

一、单选题

1. A　　2. C　　3. B

二、判断题

1. √

9　二次衬砌

一、单选题

1. C　　2. D　　3. A　　4. B　　5. A　　6. D　　7. B　　8. A　　9. C　　10. B
11. D　　12. B　　13. C　　14. D　　15. B　　16. C　　17. C　　18. B　　19. D　　20. C
21. A　　22. C　　23. A　　24. D　　25. B

二、判断题

1. ×　　2. ×　　3. √　　4. ×　　5. ×　　6. √　　7. ×　　8. √　　9. ×　　10. ×
11. ×　　12. ×　　13. √　　14. ×　　15. ×

三、多选题

1. ABCD　　2. AC　　3. ABCD　　4. ABCD　　5. BC　　6. AB　　7. AD
8. ABCD　　9. ABD　　10. ACD

案例1　隧道火灾事故

一、单选题

1. B　　2. D

二、判断题

1. ×　　2. ×　　3. √　　4. ×　　5. √　　6. ×

三、多选题

1. ABCD

案例2　隧道二次衬砌钢筋垮塌事故

一、单选题

1. B　　2. D　　3. C

二、判断题

1. ×　　2. √　　3. √　　4. ×　　5. √

10　辅助作业

一、单选题

1. C　　2. B　　3. B　　4. A　　5. D　　6. A　　7. C　　8. D　　9. B　　10. C
11. B　　12. C　　13. B　　14. B　　15. D　　16. C　　17. B　　18. A　　19. C　　20. A
21. B　　22. A　　23. B　　24. C　　25. B

二、判断题

1. × 2. × 3. √ 4. × 5. × 6. √ 7. √ 8. √ 9. × 10. √
11. × 12. √ 13. √ 14. × 15. ×

三、多选题

1. ABCD 2. ACD 3. ACD 4. BCD 5. BC 6. ABD 7. BCD
8. ABC 9. ABC 10. BC

案例　隧道辅助作业压力容器爆炸事故

一、单选题

1. A

二、判断题

1. √ 2. × 3. × 4. √

三、多选题

1. ABCD

11　隧道斜井施工

一、单选题

1. B 2. C 3. B 4. C 5. C 6. B 7. C 8. A 9. C 10. D
11. A 12. B 13. A 14. B 15. C 16. D 17. D 18. B 19. C 20. C
21. A 22. B 23. B 24. D 25. D

二、判断题

1. √ 2. × 3. √ 4. √ 5. × 6. × 7. √ 8. × 9. √ 10. ×
11. √ 12. √ 13. × 14. × 15. ×

三、多选题

1. ABC 2. ABD 3. ABCD 4. ABCD 5. ABCD 6. ABC 7. ABCD
8. BCDE 9. ACD 10. ABCD

案例1　斜井溜车事故

一、单选题

1. B 2. B 3. C

二、判断题

1. × 2. × 3. √ 4. × 5. √

案例2　斜井淹井事故

一、单选题

1. A

二、判断题

1. √ 2. ×

三、多选题

1．ABCD   2．ABCD   3．ABCD

12　隧道竖井施工

一、单选题

1．D   2．A   3．B   4．C   5．B   6．D   7．A   8．D   9．A   10．D
11．B   12．A   13．A   14．C   15．B   16．C   17．D   18．C   19．C   20．B
21．C   22．A   23．C   24．B

二、判断题

1．√   2．√   3．×   4．×   5．√   6．√   7．×   8．√   9．×   10．×
11．×   12．√   13．√   14．×   15．√

三、多选题

1．ABCD   2．ABC   3．ACD   4．ABD   5．ABCD   6．ABCD   7．ABCD
8．ABC   9．BCD   10．ABCD

案例　隧道竖井物体打击事故

一、单选题

1．A

二、判断题

1．×   2．√   3．√

13　瓦斯隧道施工

一、单选题

1．B   2．B   3．C   4．D   5．A   6．A   7．D   8．C   9．D   10．A
11．C   12．A   13．B   14．A   15．B   16．A   17．C   18．A   19．D   20．A
21．B   22．C   23．A   24．B   25．C

二、判断题

1．×   2．×   3．√   4．√   5．×   6．√   7．√   8．×   9．√   10．√
11．×   12．√   13．×   14．×   15．√

三、多选题

1．ABD   2．ABCD   3．ABCD   4．AB   5．ABC   6．ABC   7．ABD
8．ABD   9．ABCD   10．ABC

案例1　瓦斯隧道事故

一、单选题

1．B   2．A

二、判断题

1．×   2．√   3．×

三、多选题
1. ABCD

案例2　瓦斯隧道事故

一、单选题
1. D　　2. A
二、判断题
1. ×　　2. √　　3. √　　4. ×
三、多选题
1. ABCD

14　岩溶隧道施工

一、单选题
1. A　　2. B　　3. B　　4. B　　5. A　　6. B　　7. C　　8. A　　9. D　　10. B
11. C　　12. D　　13. C　　14. A　　15. A　　16. B　　17. C　　18. D　　19. C　　20. D
21. B　　22. B　　23. D　　24. B　　25. D
二、判断题
1. √　　2. √　　3. ×　　4. ×　　5. √　　6. ×　　7. √　　8. ×　　9. ×　　10. ×
11. √　　12. ×　　13. ×　　14. √　　15. ×
三、多选题
1. ABC　　2. ABCD　　3. ABCD　　4. ABC　　5. ABCD　　6. ABC　　7. BCD
8. BCD　　9. ABCD　　10. ABC

案例1　岩溶隧道突泥、突水事故

一、单选题
1. C
二、判断题
1. √　　2. ×　　3. √　　4. √　　5. ×
三、多选题
1. ABCD

案例2　岩溶隧道突泥、突水事故

一、单选题
1. B　　2. C
二、判断题
1. √　　2. ×　　3. √　　4. √
三、多选题
1. ABCD

15 机电安装及隧道装饰施工

一、单选题

1. C   2. B   3. A   4. D   5. C   6. A   7. A   8. B   9. B   10. C
11. B   12. B   13. A   14. B   15. D   16. A   17. B   18. B   19. C   20. B
21. D   22. B   23. D   24. C   25. B

二、判断题

1. √   2. √   3. ×   4. ×   5. ×   6. ×   7. √   8. √   9. √   10. ×
11. ×   12. √   13. ×   14. √   15. √

三、多选题

1. ABCD   2. ABC   3. ABD   4. ABCD   5. ACD   6. ABCD   7. ABD
8. CD   9. ABCD   10. ABC

案例1 机电安装高处坠落事故

一、单选题

1. A   2. B

二、判断题

1. √   2. ×   3. ×   4. √

案例2 机电安装触电事故

一、单选题

1. A

二、判断题

1. ×   2. √

三、多选题

1. ABD   2. ABC

16 隧道常见事故抢险救援

一、单选题

1. A   2. A   3. B   4. A   5. C   6. D   7. C   8. B   9. A   10. C
11. D   12. D   13. C   14. C   15. A   16. A   17. A   18. C   19. A   20. B
21. D   22. B   23. A   24. C

二、判断题

1. ×   2. √   3. ×   4. ×   5. √   6. √   7. ×   8. √   9. ×   10. √
11. ×   12. ×   13. √   14. √   15. ×

三、多选题

1. ABCD   2. ABC   3. ABCD   4. ABCD   5. ABCD   6. ABC   7. BCD
8. ABD   9. ABCD   10. ABC

第五部分　工种安全操作

1　作业人员基本安全常识

一、单选题

1. B　2. B　3. B　4. B　5. B　6. A　7. B　8. A　9. B　10. A
11. A　12. A　13. B　14. B　15. D　16. C　17. A　18. C　19. A　20. B
21. D　22. C　23. B　24. C　25. D

二、判断题

1. √　2. √　3. √　4. ×　5. √　6. √　7. √　8. √　9. ×　10. ×
11. √　12. ×　13. √　14. ×　15. √　16. ×　17. √　18. ×　19. √　20. ×
21. √　22. √　23. √

三、多选题

1. ABCD　2. BCD　3. ABCD　4. ABCD　5. ABC　6. ABCD　7. ABD
8. ABC　9. ABCDE　10. BD

2　班组日常安全管理

一、单选题

1. D　2. C　3. A　4. C　5. C　6. A　7. B　8. A　9. D　10. B
11. C　12. D　13. C　14. D　15. C　16. C　17. A　18. C　19. B　20. B
21. A　22. D　23. B　24. D　25. B

二、判断题

1. √　2. ×　3. ×　4. √　5. ×　6. ×　7. √　8. ×　9. √　10. ×
11. ×　12. ×　13. ×　14. √　15. √

三、多选题

1. ABCD　2. ACD　3. ABC　4. BCD　5. ABCD　6. ACD　7. ABCD
8. BC　9. ABCD　10. BD

3　个人劳动防护及工程临边防护

一、单选题

1. C　2. B　3. A　4. C　5. A　6. A　7. D　8. C　9. B　10. B
11. A　12. A　13. D　14. B　15. A　16. C　17. B　18. D　19. B　20. A
21. C　22. C　23. B　24. A

二、判断题

1. √　2. ×　3. ×　4. √　5. ×　6. √　7. √　8. √　9. ×　10. √
11. √　12. √　13. √　14. ×　15. ×　16. √　17. √

三、多选题

1. ABCD　2. AB　3. BD　4. AC　5. ACD　6. BC　7. ABCD

8. ABC   9. ABC   10. AB

4　施工现场临时用电

一、单选题

1. B   2. C   3. A   4. C   5. B   6. D   7. B   8. A   9. C   10. B
11. D   12. B   13. B   14. B   15. C   16. D   17. B   18. D   19. C   20. C
21. B   22. C

二、判断题

1. √   2. ×   3. √   4. ×   5. √   6. √   7. ×   8. √   9. ×   10. ×
11. ×   12. ×   13. ×   14. √   15. √   16. ×   17. √   18. √

三、多选题

1. AC   2. ABCD   3. ABCD   4. ACD   5. AB   6. ABCD   7. AD
8. ABCD   9. ABC

5　施工现场急救常识

一、选择题

1. C   2. B   3. A   4. B   5. B   6. C   7. B   8. C   9. C   10. C
11. D   12. C   13. B   14. A   15. C   16. D   17. A   18. B   19. B   20. C
21. B   22. B   23. A   24. D   25. C

二、判断题

1. ×   2. ×   3. √   4. √   5. √   6. √   7. √   8. √   9. ×   10. ×
11. √   12. ×   13. ×   14. √   15. ×

三、多选题

1. ABD   2. ACD   3. BCD   4. ABC   5. BCD   6. ABCD   7. ABC
8. BCD   9. ACD   10. ABD

6　爆破作业人员安全培训

一、单选题

1. C   2. B   3. C   4. A   5. B   6. B   7. C   8. C   9. C   10. B
11. C   12. D   13. B   14. B   15. A   16. A   17. C   18. A   19. B   20. D
21. C   22. D   23. C   24. D   25. A

二、判断题

1. √   2. ×   3. √   4. √   5. ×   6. √   7. ×   8. √   9. ×   10. √
11. √   12. ×   13. ×   14. √   15. √

三、多选题

1. AB   2. ABC   3. ABD   4. ABCD   5. ABC   6. ACD   7. ABCD
8. ACD   9. ABCD   10. ABCDE

案例1 违规运输

一、单选题
1．A   2．B   3．C
二、判断题
1．×   2．×   3．√   4．√

案例2 违规销毁

一、单选题
1．B   2．C   3．D
二、判断题
1．×   2．×   3．√   4．√

7 架子工安全培训

一、单选题
1．C   2．A   3．A   4．B   5．D   6．D   7．C   8．D   9．B   10．B
11．B   12．C   13．C   14．A   15．D   16．B   17．D   18．A   19．D   20．B
21．D   22．A   23．C   24．D   25．C
二、判断题
1．√   2．×   3．×   4．×   5．√   6．√   7．√   8．√   9．√   10．√
11．√   12．×   13．×   14．√   15．×
三、多选题
1．ABD   2．ABC   3．BCD   4．ACD   5．ABC   6．ABD   7．BD
8．ABCD   9．ACD   10．ABCD

案例 脚手架坍塌

一、单选题
1．B
二、多选题
1．ABCDE   2．ABCD

8 模板台车操作工安全培训

一、单选题
1．A   2．A   3．B   4．C   5．A   6．C   7．B   8．A   9．D   10．A
11．C   12．B   13．C   14．A   15．D   16．B   17．C   18．A   19．C   20．C
21．A   22．B   23．A   24．B   25．C
二、判断题
1．√   2．√   3．×   4．√   5．√   6．×   7．√   8．×   9．√   10．√
11．√   12．√   13．√   14．√   15．×

三、多选题

1. ABCDE 2. BCD 3. ABCD 4. ACD 5. ABCDEF 6. ABCD
7. ABCD 8. ABC 9. ABCD 10. ABD

案例1　高处坠落

一、单选题

1. D 2. C

二、判断题

1. √ 2. √ 3. √

案例2　高处坠落

一、单选题

1. A

二、判断题

1. × 2. ×

三、多选题

1. ABCD

9　张拉工安全培训

一、单选题

1. C 2. B 3. B 4. D 5. A 6. C 7. C 8. A 9. C 10. C
11. D 12. C 13. C 14. D 15. D 16. D

二、判断题

1. × 2. √ 3. √ 4. × 5. √ 6. × 7. √ 8. × 9. √ 10. ×
11. × 12. × 13. × 14. √ 15. √ 16. √ 17. × 18. × 19. √ 20. ×
21. √ 22. × 23. √

三、多选题

1. ABD 2. AC 3. ABC 4. ABCD 5. ABCD 6. ABCD 7. BD
8. ABCD 9. ACD 10. ABC

案例　机械伤害

一、单选题

1. C

二、判断题

1. √

三、多选题

1. ABC 2. ABCD

10 隧道工安全培训

一、单选题

1. A 2. B 3. B 4. D 5. A 6. C 7. A 8. C 9. A 10. B
11. D 12. A 13. B 14. B 15. C 16. D 17. A 18. B 19. A 20. D
21. B 22. B 23. B 24. C 25. B

二、判断题

1. × 2. √ 3. √ 4. × 5. × 6. × 7. √ 8. √ 9. × 10. √
11. × 12. √ 13. √ 14. × 15. ×

三、多选题

1. ACD 2. ACD 3. CD 4. ACD 5. BCD 6. AC 7. BCD
8. ACD 9. BCD 10. ABC

案例　洞身开挖掌子面坍塌事故

一、单选题

1. B 2. C 3. C 4. A 5. C 6. A 7. B 8. A 9. C 10. B
11. C 12. A 13. B 14. C 15. C 16. C 17. B 18. D 19. B 20. C
21. C 22. C 23. C 24. C 25. A

二、判断题

1. √ 2. √ 3. × 4. × 5. √ 6. √ 7. √ 8. × 9. √ 10. √
11. √ 12. × 13. √ 14. √ 15. √

三、多选题

1. ACD 2. ABD 3. BCD 4. ABC 5. ABC 6. ABCD 7. ACD
8. ACD 9. ABD 10. ABC

11 瓦斯检测员安全培训

一、单选题

1. C 2. D 3. C 4. A 5. A 6. C 7. B 8. A 9. C 10. C
11. C 12. D 13. C 14. C 15. D 16. B 17. A 18. C 19. C 20. C
21. A 22. D 23. A 24. B 25. D

二、判断题

1. √ 2. √ 3. √ 4. × 5. √ 6. × 7. √ 8. √ 9. √ 10. ×
11. √ 12. √ 13. √ 14. × 15. √

三、多选题

1. ABCD 2. ABD 3. ABC 4. ABCD 5. ABD 6. ABCD 7. ABC
8. ABCD 9. ABCD 10. ABCD

12 电工安全培训

一、单选题

1. C 2. C 3. C 4. A 5. C 6. C 7. B 8. A 9. C 10. C
11. A 12. B 13. B 14. C 15. A 16. C 17. A 18. A 19. A 20. C
21. B 22. A 23. C 24. B

二、判断题

1. × 2. × 3. √ 4. √ 5. × 6. √ 7. × 8. × 9. √ 10. ×
11. √ 12. √ 13. × 14. √ 15. ×

三、多选题

1. BDE 2. ACD 3. BCD 4. ABCDE 5. ACDE 6. BCDE 7. ABCD
8. BCE 9. ABCD 10. ACDE

案例 触电事故

一、单选题

1. A 2. B 3. A 4. B 5. A 6. A 7. A 8. A 9. D 10. A
11. B 12. A 13. A 14. B 15. A 16. A 17. B 18. B 19. B 20. C
21. B 22. B 23. C

二、判断题

1. √ 2. × 3. √ 4. × 5. × 6. × 7. × 8. × 9. √ 10. ×
11. √ 12. × 13. √ 14. × 15. ×

三、多选题

1. ACD 2. ABD 3. ABCD 4. ABCD 5. ABC

13 焊割工安全培训

一、单选题

1. B 2. B 3. A 4. B 5. D 6. A 7B 8. B 9. B 10. C
11. B 12. C 13. A 14. C 15. E 16. B 17. A 18. C 19. D 20. D
21. A 22. C

二、判断题

1. √ 2. × 3. × 4. √ 5. × 6. √ 7. × 8. × 9. × 10. √
11. × 12. √ 13. × 14. √ 15. √

三、多选题

1. BC 2. ABC 3. ABD 4. ABCD 5. BCD 6. ACD 7. ABCD

案例 爆炸事故

一、单选题

1. D 2. C 3. C 4. A 5. A 6. C 7. A 8. A 9. B 10. C
11. C 12. A 13. C 14. B 15. D 16. D 17. D 18. D 19. B 20. B

二、判断题

1. √ 2. √ 3. × 4. × 5. × 6. × 7. √ 8. √ 9. × 10. √
11. √ 12. × 13. √ 14. √ 15. √

三、多选题

1. ABCD 2. ABC 3. ABD 4. BCD 5. ACD 6. ABD 7. BD
9. BCD 10. ABD

14 钢筋工安全培训

一、单选题

1. C 2. D 3. B 4. A 5. B 6. B 7. B 8. C 9. A 10. C
11. B 12. C 13. D 14. B 15. B 16. B 17. B 18. C 19. A 20. B
21. C 22. D 23. C 24. B 25. C

二、判断题

1. √ 2. × 3. √ 4. × 5. √ 6. × 7. √ 8. √ 9. √ 10. √
11. × 12. × 13. √ 14. √ 15. ×

三、多选题

1. ABCDE 2. ABCDE 3. ABCDE 4. ACD 5. BCD 6. ABC 7. ABD
8. ABCD 9. ABC 10. ABCDE

案例 钢筋垮塌事故

一、单选题

1. C 2. B 3. C 4. A 5. B 6. C 7. B 8. B 9. D 10. A
11. D 12. C 13. C 14. B 15. B 16. A 17. C 18. B 19. C 20. A

二、判断题

1. √ 2. × 3. √ 4. √ 5. √ 6. √ 7. √ 8. × 9. √ 10. √

三、多选题

1. ABCDE 2. ABCE 3. ABDE 4. ACD 5. ABCD 6. ABD 7. AC
8. ABC 9. ACD

15 混凝土工安全培训

一、单选题

1. D 2. D 3. D 4. D 5. A 6. D 7. A 8. C 9. B 10. C
11. A 12. B 13. A 14. A 15. D 16. D 17. B 18. A 19. B 20. C
21. B 22. A 23. B 24. C 25. A

二、判断题

1. √ 2. √ 3. √ 4. √ 5. × 6. √ 7. √ 8. √ 9. √ 10. ×
11. √ 12. √ 13. × 14. √ 15. ×

三、多选题

1. ABCD 2. ABC 3. AB 4. ABCD 5. ABC 6. ABC 7. ABCD

8. ABC   9. ACD   10. ABC

案例1　爆模事故

一、单选题

1. A   2. C   3. B   4. D   5. C   6. C   7. C   8. B   9. B   10. C
11. C   12. A   13. C   14. C   15. A   16. D   17. B   18. B   19. C   20. A
21. A   22. D   23. A   24. C

二、判断题

1. √   2. √   3. √   4. ×   5. √   6. √   7. √   8. √   9. √   10. ×
11. ×   12. ×   13. √   14. √   15. √

三、多选题

1. BCD   2. ABC   3. ABC   4. AB   5. AC   6. ABD   7. BCD
8. AD   9. ABC   10. ABD

16　模板工安全培训

一、单选题

1. D   2. C   3. D   4. A   5. D   6. D   7. D   8. D   9. D   10. B
11. B   12. A   13. C   14. A   15. C   16. D   17. C   18. C   19. A   20. D
21. A   22. D   23. B   24. C   25. B

二、判断题

1. √   2. √   3. √   4. √   5. √   6. √   7. √   8. ×   9. ×   10. √
11. ×   12. ×   13. ×   14. ×

三、多选题

1. ABCD   2. ABCD   3. ABC   4. ABCD   5. ABCD   6. ACD   7. AC
8. BC   9. BD   10. AC

案例　机械伤害

一、单选题

1. A   2. C   3. A   4. B   5. B   6. B   7. B   8. D   9. C   10. B
11. B   12. B   13. C   14. C   15. D   16. D   17. C   18. C   19. C   20. A
21. B   22. D   23. B   24. A

二、判断题

1. √   2. √   3. √   4. ×   5. √   6. ×   7. √   8. ×   9. ×   10. ×
11. √   12. ×   13. ×   14. ×   15. √

三、多选题

1. ABD   2. AB   3. ABC   4. BCD   5. AB   6. ABC   7. ABC
8. ABCD   9. ABD   10. ABC

17 沥青混凝土摊铺机操作工安全培训

一、单选题

1. B　2. B　3. C　4. D　5. B　6. B　7. B　8. A　9. C　10. C
11. D　12. C　13. B　14. B　15. A　16. C　17. D　18. B　19. C　20. C
21. A　22. C

二、判断题

1. √　2. √　3. ×　4. ×　5. √　6. ×　7. ×　8. ×　9. √　10. ×
11. √　12. ×　13. √

三、多选题

1. ABCD　2. AB　3. AC　4. ACD　5. ABCDEF　6. ABC　7. ABCD
8. ABCD　9. ABC　10. AB

案例1　机械伤害

一、单选题

1. A　2. C　3. B　4. A　5. D　6. B　7. B　8. C　9. B　10. C
11. D　12. D　13. B　14. C　15. D　16. D　17. B　18. D　19. D　20. B
21. E　22. D　23. C　24. C

二、判断题

1. √　2. √　3. ×　4. √　5. √　6. ×　7. √　8. √　9. ×　10. √
11. √　12. ×　13. ×　14. √　15. ×

三、多选题

1. ACD　2. ABC　3. ABCD　4. ABCD　5. ABCD　6. ABCDEF　7. ABC
8. AB　9. ABCD　10. ACD

案例2　中毒窒息

一、单选题

1. A　2. B　3. A　4. D　5. B　6. D　7. A　8. A　9B　10. A
11. D　12. D　13. A　14. B　15. A　16. A　17. C　18. A　19. B　20. B
21. B　22. D　23. A　24. C

二、判断题

1. √　2. √　3. ×　4. √　5. √　6. √　7. ×　8. √　9. √　10. √
11. ×　12. √　13. ×　14. ×　15. √

三、多选题

1. ABCD　2. ABD　3. AB　4. ABC　5. ABCD　6. ABCD　7. ABCDEF
8. BBD　9. ABCD　10. ABC

18 防水工安全培训

一、单选题

1. D 2. C 3. B 4. B 5. C 6. A 7. A 8. C 9. C 10. B
11. A 12. B 13. C 14. D 15. A 16. B 17. C 18. D 19. A 20. D
21. B 22. D 23. C

二、判断题

1. × 2. √ 3. × 4. × 5. √ 6. √ 7. √ 8. × 9. × 10. √
11. × 12. × 13. √ 14. √ 15. ×

三、多选题

1. ABCDE 2. AC 3. ABCD 4. ABD 5. AD 6. ABC 7. AC
8. ABC 9. ABCD 10. BC

案例1 火 灾

一、单选题

1. B 2. A 3. A 4. B 5. B 6. D 7. C 8. B 9. D 10. B
11. C 12. A 13. B 14. C 15. B 16. C 17. D 18. A 19. A 20. C
21. A 22. B 23. A 24. D 25. C

二、判断题

1. √ 2. √ 3. × 4. √ 5. × 6. √ 7. × 8. √ 9. √ 10. ×
11. √ 12. √ 13. × 14. √ 15. √

三、多选题

1. ABCD 2. ABC 3. ABCD 4. AD 5. AB 6. ABD 7. ABC
8. ABCD 9. ABCD 10. ABCD

案例2 高处坠落

一、单选题

1. A 2. A 3. B 4. A 5. C 6. A

二、判断题

1. × 2. √ 3. √ 4. √ 5. √ 6. × 7. √ 8. √ 9. √ 10. √
11. √ 12. √ 13. × 14. √ 15. ×

三、多选题

1. ABCD 2. AB 3. ACD 4. ABCD 5. AB

19 挖掘机操作工安全培训

一、单选题

1. C 2. A 3. B 4. C 5. A 6. B 7. B 8. A 9. D 10. A
11. B 12. C 13. D 14. A 15. A 16. B 17. A 18. A 19. C 20. A

二、判断题

1. √ 2. × 3. √ 4. √ 5. × 6. √ 7. × 8. √ 9. √ 10. ×
11. √ 12. × 13. √ 14. × 15. √

三、多选题

1. ABC 2. ACD 3. ABC 4. CD 5. ABC 6. CD 7. ABD
8. ABC 9. ABC 10. AB 11. ABC 12. ABC 13. BCD 14. ABC
15. AB

案例1　机械伤害

一、单选题

1. A 2. B 3. A

二、判断题

1. ×

三、多选题

1. ABCD

案例2　触　电

一、单选题

1. B

二、判断题

1. √ 2. × 3. √ 4. √

三、多选题

1. ABC 2. AB

20　起重机械操作工安全培训

一、单选题

1. A 2. B 3. D 4. B 5. A 6. C 7. A 8. B 9. A 10. B
11. C 12. A 13. C 14. D 15. B 16. B 17. D 18. D 19. A 20. A
21. B 22. A 23. B 24. D 25. C 26. B

二、判断题

1. √ 2. × 3. × 4. √ 5. √ 6. × 7. × 8. × 9. √ 10. √
11. × 12. × 13. √ 14. × 15. √

三、多选题

1. ABD 2. ABC 3. ABD 4. BCD 5. ABC 6. ACD 7. ABC
8. ABD 9. CD 10. ABC

案例1 起重伤害

一、单选题
1. B   2. A

二、判断题
1. ×   2. √   3. √

三、多选题
1. ABCD   2. ABCD

案例2 设备倾覆

一、单选题
1. D   2. B

二、判断题
1. ×

三、多选题
1. ABC

21 起重机械指挥人员安全培训

一、单选题
1. D   2. B   3. D   4. C   5. A   6. B   7. A   8. A   9. A   10. C
11. D   12. A   13. C   14. B   15. D   16. C   17. B   18. A

二、判断题
1. ×   2. √   3. √   4. ×   5. ×   6. √   7. ×   8. ×   9. √   10. √
11. ×   12. √   13. ×   14. √   15. ×

三、多选题
1. ABC   2. ABC   3. BC   4. ABD   5. ABD   6. ABC   7. ABD
8. BCD

案例1 起重伤害

一、单选题
1. A

二、判断题
1. √   2. ×

三、多选题
1. ABC   2. ABC

案例2 机械伤害

一、单选题
1. A

二、判断题
1. √   2. √

22　载货汽车驾驶员安全培训

一、单选题
1. B   2. C   3. B   4. A   5. B   6. C   7. B   8. D   9. D   10. B
11. A   12. D   13. B   14. B   15. C   16. B   17. C   18. A   19. C   20. D
21. A   22. B   23. B   24. B   25. A

二、判断题
1. √   2. √   3. ×   4. ×   5. √   6. ×   7. √   8. ×   9. ×   10. ×
11. ×   12. √   13. ×   14. √   15. ×

三、多选题
1. ABD   2. ABC   3. ABC   4. ACD   5. ABD   6. BCD   7. BCD
8. ABC   9. ABC   10. ABC

案例1　车辆伤害

一、单选题
1. C

二、判断题
1. ×   2. √   3. ×

三、多选题
1. ABC

案例2　机械伤害

一、单选题
1. B

二、多选题
1. ABCD   2. AB

23　装载机操作工安全培训

一、单选题
1. A   2. D   3. B   4. B   5. D   6. C   7. C   8. D   9. A   10. B
11. B   12. D   13. B   14. C   15. B   16. C   17. D

二、判断题
1. ×   2. √   3. ×   4. √   5. √   6. ×   7. ×   8. √   9. ×   10. ×
11. √   12. ×   13. √   14. √   15. ×

三、多选题
1. AC   2. ABC   3. AB   4. BCD   5. ABC   6. ABC   7. ABD

477

8. BCD   9. ABC   10. ABD

案例1　车辆伤害

一、单选题
1. A

二、判断题
1. ×

三、多选题
1. ABC   2. AB   3. ABCD

案例2　设备倾覆

一、单选题
1. C   2. C

二、判断题
1. ×   2. √

三、多选题
1. ACD

24　混凝土搅拌设备操作工安全培训

一、单选题
1. A   2. A   3. C   4. B   5. A   6. A   7. B   8. D   9. A   10. D
11. C   12. A   13. B   14. D   15. C   16. D   17. A   18. B   19. A   20. D
21. B   22. C

二、判断题
1. √   2. ×   3. √   4. ×   5. √   6. √   7. ×   8. √   9. √   10. √
11. √   12. √   13. √   14. ×   15. ×

三、多选题
1. AB   2. ABC   3. ABC   4. ABC   5. BCD   6. ABD   7. ABC
8. AB   9. BC   10. AB

案例　机械伤害

一、单选题
1. A   2. A

二、判断题
1. ×   2. √

三、多选题
1. BCD

25　机修钳工安全培训

一、单选题

1. C　2. D　3. A　4. C　5. B　6. B　7. C　8. D　9. A　10. C
11. A　12. D　13. D　14. C　15. B　16. D　17. A　18. D　19. A　20. C
21. A　22. B　23. D　24. D　25. D

二、判断题

1. √　2. √　3. ×　4. ×　5. √　6. √　7. √　8. ×　9. ×　10. ×
11. ×　12. ×　13. √　14. ×　15. √

三、多选题

1. ABCD　2. ABC　3. ABCD　4. ABCD　5. ABD　6. AB　7. ABC
8. ABCD　9. ABD　10. ABCD

案例1　机械伤害

一、单选题

1. A　2. D

二、多选题

1. ABCD

案例2　机械伤害

一、判断题

1. √　2. √

二、多选题

1. ABC　2. ABC

26　砌筑工安全培训

一、单选题

1. D　2. B　3. C　4. B　5. D　6. C　7. B　8. C　9. D　10. A
11. B　12. C　13. B　14. B　15. C　16. C　17. C　18. C　19. D　20. D
21. C　22. B　23. C　24. A　25. C　26. A

二、判断题

1. ×　2. √　3. √　4. ×　5. ×　6. √　7. √　8. ×　9. √　10. ×
11. ×　12. √　13. ×　14. √　15. ×

三、多选题

1. ABCD　2. AB　3. ABCD　4. ABCD　5. ABCD　6. AB　7. BC
8. BCD　9. ABC　10. ABD

479

案例1 高处坠落

一、单选题
1. A 2. C

二、判断题
1. × 2. √ 3. × 4. √

三、多选题
1. AB

案例2 砌体坍塌

一、判断题
1. √ 2. √ 3. × 4. √

二、多选题
1. ABD 2. ABCD

27 压路机操作工安全培训

一、单选题
1. C 2. A 3. D 4. D 5. C 6. C 7. B 8. B 9. C 10. C
11. C 12. C 13. D 14. D 15. A 16. D 17. C 18. C 19. D 20. C
21. D 22. A 23. C 24. A 25. A

二、判断题
1. × 2. √ 3. × 4. √ 5. × 6. × 7. × 8. √ 9. √ 10. ×
11. × 12. √ 13. √ 14. × 15. √

三、多选题
1. ABCDE 2. AB 3. ABC 4. ABC 5. ABCD 6. ABCD 7. ABC
8. AC 9. ABCD 10. ABCD

案例 车辆倾覆

一、单选题
1. D 2. B

二、判断题
1. × 2. × 3. √ 4. √